北京东城年鉴

2005

（总第九卷）

《北京东城年鉴》编委会

民族出版社
2005

责任编辑：周毛吉
装帧设计：邢荣祥

图书在版编目(CIP)数据

北京东城年鉴.2005卷:总第9卷/《北京东城年鉴》编委会编.—北京:民族出版社,2005.11
ISBN 7-105-07382-9

Ⅰ.北... Ⅱ.北... Ⅲ.区(城市)—北京市—2005—年鉴
Ⅳ.Z521.3

中国版本图书馆CIP数据核字(2005)第135375号

北京市东城区地方志办公室

地址：北京市东城区东四十一条83号
邮编：100007 **电话：**64009361 64065191

民族出版社出版发行
(北京市和平里北街14号 邮编100013)
北京和平印刷有限公司排版印刷
各地新华书店经销
2005年11月第1版2005年11月北京第1次印刷
开本:787×1092毫米1/16 印张:28.625 插页:32 字数:855千字
印数:0001-2100册 定价:90.00元

2005卷《北京东城年鉴》编委会

《北京东城年鉴》编辑部

主　　　编　卢　彦

常务副主编　冯　熙　毛桂芬

副　主　编　王之鸿　邢荣祥　彭积冬

编　　　辑　（按姓氏笔画排列）

王莉莎　吕学清　张继宗　李长林

李焕巧　胡　澄　高云彩　闫宝璐

韩绍华

《北京东城年鉴》特约编审

刘瑞宾　马战校　边振英　梁　军　郭瑞敏　王红兵

编辑说明

一、《北京东城年鉴》是一部综合性资料性工具书，在中共北京市东城区委和东城区人民政府的领导下，由《北京东城年鉴》编委会主持编纂。

二、本年鉴以马克思列宁主义、毛泽东思想、邓小平理论和“三个代表”重要思想为指导，坚持以经济建设为中心，坚持实事求是的原则，与时俱进，开拓创新，科学地反映客观情况。

三、自1996年始，逐年编辑出版，2005卷为总第九卷。全面记述东城区各系统、各方面发生的重大事件和新情况，汇集年度内重要的文献信息，为领导决策提供可靠的依据，为各界人士了解东城、研究东城提供最新信息和资料，本卷年鉴反映2004年1月1日至12月31日情况，文内一般直书月、日，不再书写年份。

四、结构设置分为东城区情、大事记、文献、政党团体、政权政协、民政和社会保障、政法军事、工商贸易、经济行政管理、财税金融、城建与管理、文化教育、社会生活、街道、人物、统计资料、附录共17个一级栏目。一级栏目下设二级栏目，二级栏目下设分目，分目下设条目。采用文章、条目、表格等体裁，以条目为主体。

五、本年鉴收有东城区党、政、军、各民主党派、团体、街道和部分企业负责人名录，以及部分区域单位负责人名录。所列均以2004年内任职为限。还列有获得国家、国务院部委和市、区奖励与荣誉称号的单位和个人名单，获得高级职称的人员名单。

六、本年鉴所选文章、条目，均由各部门、单位确定专人撰写，并经主管负责人审核。统计资料由区统计局提供。照片由各单位提供。

七、本年鉴在编辑出版工作中，得到全区各单位的大力支持和热情帮助，在此一并表示感谢。由于编辑水平所限，疏漏和不足之处恳请各位读者批评指正。

1、胡锦涛参加国庆55周年中山公园游园活动

2、刘淇、王岐山调研四合院微循环改造情况

1
2

1、区第九次党代会
2、区人大十三届一次会议
3、区政府第二次全体（扩大）会议
4、区政协十一届一次会议
5、党风廉政建设工作会议

1
2
3
4
5

1、区委领导出席区委九届二次会议

2、区领导检查政务公开和全程办事代理工作

3、区政协领导带队视察北京站东街

4、区人大代表听取审计工作汇报

1
2
3
4

1、博士后工作实践基地启动仪式

2、中心组秘书交流培训会

3、“邓小平理论与东城发展”座谈会

4、领导干部法律法规考试

1
2
3
4

1、区委统战部开展学习教育活动

2、“一把手素质培训工程”研修班

3、学习两办《声明》暨台湾形势座谈会

4、处级干部培训班课题成果答辩会

5、老干部局领导家访离休老干部

1
3 2
4
5

1、 民盟区委、九三学社区工委“文化强区”研讨会
2、 民建区委捐助太阳村儿童
3、 区农工党医疗专家义诊
4、 民主党派台情研讨会

1
2
3
4

1、非公企业捐助贫困学生

2、区侨联街头宣传“侨法”

3、民盟成员参观太阳城国际老年公寓

4、区妇联接待美国圣地亚哥州立大学妇女参观团

1

2

3

4

1、科级公务员赴香港培训动员会
2、区领导参观外交部街胡同展
3、区精神文明建设大会
4、检查验收文明社区

1
2
3
4

1、“五一”期间，区领导检查北京站地区

2、区国资委业务培训

3、城管监督员班前点名

4、城管监督员认真工作

1

2 | 3

4

1、市、区领导检查国庆安保工作
2、交通民警素质练兵
3、公安民警保卫国际接力马拉松赛
4、公安民警执行安全检查

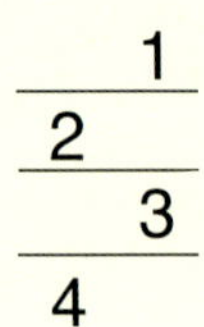

1、打击交通肇事危害公共安全犯罪大会

2、区检察院任命首批主侦检察官

3、社区法制宣传日活动

4、法官与青少年法律问答

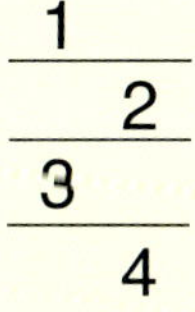

1、区领导检查国防教育工作
2、国家人防办领导视察区防震减灾指挥中心主体工程
3、二十二中教师辅导武警战士学文化
4、武警战士帮助居民修院墙
5、武警六支队为五中军训

	1
2	3
4	5

1、“扶贫济困送温暖”宣传日

2、职业技能比赛

3、劳动和社会保障局宣传农民工维权

4、区救助咨询站给流浪乞讨者提供食物

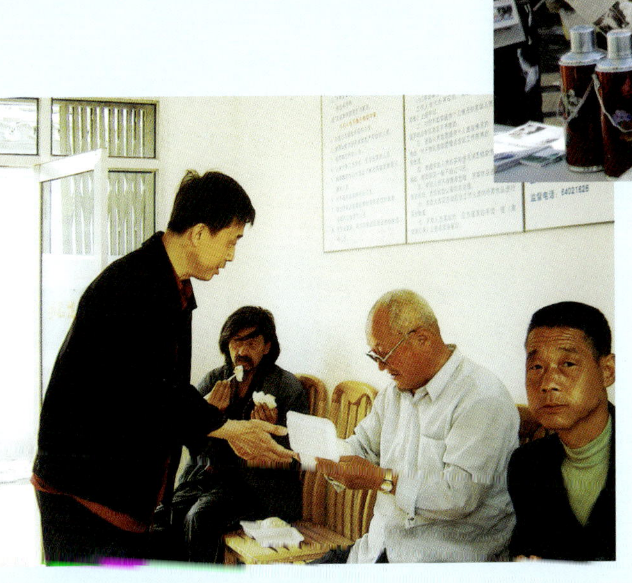

1
2
3
4

1、城市管理监督中心呼叫大厅
2、区重点企业表彰大会
3、国家统计局领导到东华门街道调研
4、香港居民个体工商户落户东城
5、工商分局设立流动投诉站

1	
2	3
	4
5	

·东城区妇女联合会·

·东城区工商业联合会·

·东城区归国华侨联合会·

政权　政协

北京市东城区人民代表大会常务委员会

东城区人民政府

·主要工作和重大活动·

·政府法制工作·

·人事管理·

·社会主义精神文明创建活动·

·对外事务·

·国资委·

·信访工作·

劳动和社会保障

经济行政管理

计　划

统　计

国有资产管理

·东方文化经济发展集团有限公司·

·宏达信资产经营公司·

工 商 贸 易

工 业

·金漆镶嵌厂·

商业 服务业

城市建设与管理

城市管理

· 环境卫生 ·

· 环境保护 ·

· 城市管理监察 ·

城市建设

文　化　教　育

教　育

文化文物

体　育

卫 生

·爱国卫生·

科 技

·科协工作·

驻区文化单位

·故宫博物院·

·首都博物馆·

社　会　生　活

民族·宗教·侨务

·民族工作·

·宗教工作·

·侨务工作·

计划生育

老龄工作

交道口街道

安定门街道

北新桥街道

东四街道

朝阳门街道

建国门街道

东直门街道

和平里街道

人　物

统　计　资　料

附 录

主 题 索 引

东 城 区 情

概　　况

东城区位于北京市中心城区东北部，面积25.38平方公里。全区设东华门、景山、交道口、安定门、北新桥、东四、朝阳门、建国门、东直门、和平里10个街道办事处，137个社区居民委员会。另外设有北京站地区管理处、王府井建设管理办公室和东二环建管办三个重点街区管理机构。年末全区常住人口22.45万户，62.24万人，其中女31.39万人。人口密度为每平方公里2.45万人。暂住人口10.40万人。全年户籍人口出生2736人，计划生育率为98.08%。出生率为4.40‰，死亡3442人，死亡率为5.53‰，年人口自然增长率为-1.13‰。全区有少数民族46个，3.67万人，占全区总人数的5.90%。

2004年，全区国内生产总值完成363亿元，同比增长10.3%；社会消费品零售额完成183亿元，同比增长10.2%；财政收入完成34.5亿元，同口径比上年增长10%；全社会固定资产投资完成120亿元，同比下降29.5%；财政支出29.1亿元，同比增长15%。

经济建设

服务业引领经济增长。全区现代服务业实现增加值165.52亿元，同比增长13%，占地区生产总值的45.6%。第三产业占地区生产总值的比重达到95%。

推进“总部战略”，培育新的经济增长点。引进国内外著名品牌及知名企业，一批大型企业总部相继落户东城，进一步增强了经济实力。

加快3个经济功能区建设。推进王府井升级战略，东方新天地、百货大楼、新东安、工美大厦等龙头企业基本完成商品结构调整，带动王府井进一步繁荣，全年实现零售额42亿元，同比增长22%。完成校尉胡同、帅府园胡同和东安东路市政改造工程，社科院综合楼、王府井御园大厦正式开工，王府井地下空间开发已提出初步意见。东二环交通商务区建设全面推进。组建了东二环建管办，完善了东二环交通商务区规划。9个已开工项目进展顺利，中海油大厦、北京人保办公楼已实现结构封顶；东方文化艺术中心、海运仓D1、D3号地和东直门交通枢纽等项目正在办理前期手续。机场快速轨道交通项目已完成前期工作，组建合作公司的各项准备工作基本完成。传统文化旅游区建设稳步推进。结合《北京历史文化名城保护条例(草案)》，制定了街区规划，开展全区旅游资源状况调查，基本摸清本区旅游资源底数。

经济体制改革取得新进展。成立国有资产监督管理委员会，加强对区属国有资产的监督管理。推进区属企业改革，奥士凯集团公司、稻香村食品集团、合力公司等一批企业进行改制。完成改制的企业健康发展，东方文化产业集团通过资产整合，初步盘活了隆福广场、安外303号楼等一批长期闲置资产，增强了企业发展后劲，东华服装集团等改制企业进入良性发展轨道。非公经济迅速发展，截至年末，个体工商户和私营企业已达17232户，同比增长20%；公司制企业达到16412户，同比增长7.9%。

对外开放，吸引外资。全年，新批外商投资企业98家，其中现代服务业企业达到86.7%，实际利用外资1.68亿美元。国内外友好市区交流进一步扩大。

大力营造良好的发展环境。进一步清理行政许可事项，全年取消23项，排除60项。全区实行政务公开的单位53家，公开事项669项。对274户为东城经济作出贡献的企业进行了奖励，奖励金额2340万元。全面推广跨部门全程办事代理制，确定了“一口一网一集中”的新型办事模式。截至11月末，41个政府部门实行了全程办事代理制，服务经济大厅推出跨部门全程办事代理制，至年底共受理2229件，办结2067件，无一例投诉，被评为全市优秀区县。继续坚持区级领导联系重点企业、企业联络员制度，完善“企业家日”活动、企业绿卡制度和中小企业发展讲坛。企业信用信息系统东城区平台搭建完成并正式投入使用。良好的服务环境为区域经济增添了活力，全年，全区新增企业3546户，企业总数达到20094户。

营造健康有序的消费环境和公平的市场竞争环境。深入实施“肉、菜、粮放心工程”严格食品安全市场准入和市场监管。加强对重点行业和特殊经营群体的监督管理，深入开展食品、药品、家具、建材及成品油等市场专项整治工作，105户企业被评为北京市守信企业。

城市建设和管理

做好危改和居民回迁工作。推进在施危改工程，建内危改居民回迁工作基本完成，朝内危改一至三期实现居民回迁；甘水桥危改达到结构封顶，西营房危改正在进行结构施工。根据全市风貌保护政策要求，新太仓、后永康、美仑、黄图岗等四片危改项目正在做方案调整。芍药居西区经济适用房5号、6号楼已具备开工条件；302、304号楼实现结构封顶。

推进历史风貌保护工作。成立历史文化保护委员会及办公室，基本完成全区平房区房屋院落现状调查和建立平房区基础数据库工作，为推进文保区危改奠定了基础；玉河、三眼井风貌保护项目方案已通过多次专家论证。探索了以群众自愿、社会参与为特点的文保区"微循环"改造方式和以确保群众安全为目的的"解危工程"试点。完成标准租私房腾退3526户，完成区属任务的97%。完成了吉安所、僧格林沁祠堂的修缮工作。

重点建设工程全面推进。一七一中学教学楼投入使用，新史家小学即将竣工，东直门中学实现结构封顶，五十五中学综合楼施工顺利，二中综合楼正在进行拆迁，五中综合楼正在进行前期方案设计调整。地税大厦和政府服务经济大厅已竣工，区法院大法庭建设已具备开工条件，检察院办公楼、残疾人活动中心选址基本落实，交通指挥中心规划选址已有初步意见。光彩、信远、地坛体育大厦、富华金宝中心等重点开发项目都实现年度计划。全年实现开复工面积512万平方米，新开工面积100万平方米，竣工面积120万平方米。市政基础设施建设稳步推进。全年投资2.3亿元，新建、改扩建城市道路2.25公里。新建东二环西辅路、海关东侧路市政工程竣工通车，地铁五号线扩大拆迁工作顺利完成。

城市管理新模式投入试运行，城市管理整体水平明显提高。在区委牵头领导下，通过对东城区近年来城市建设飞速发展经验的总结和对城市管理规律的认识握，依托"数字城市"技术等理论，完成了网格化城市管理新模式课题研究并通过专家组评审；组织力量对全区6大类、59种、16.8万件城市部件进行普查，为新模式运行奠定了基础；组建城市管理监督中心和城市综合管理委员会，创建了"两个轴心"的城市管理新体制，实现在数字城市技术应用领域的一次重大突破。经过试运行，城市管理新模式精确、敏捷、高效、全时段、全区域、全方位覆盖的特点得到较好体现，取得明显效果。

城市环境综合整治水平稳步提高。完成北京站东街环境整治工程，和平里西街重点整治工程正式启动。绿化及生态环境建设进展顺利。全年植树5.78万株，栽、摆花卉36万株(盆)，扩大改造绿地15.45公顷，种植草坪5.1公顷。完成柳荫湖湖水治理工程、柳荫公园北岸改造和地坛公园二期、三期道路改造。推进治理大气污染第十阶段任务，建立了重点施工工地远程可视综合管理平台系统，加大工地扬尘控制。完成20条胡同道路升级改造和112条胡同环境整治。完成改造死粪井100座、污水管线14条。77座公厕经过改造达到二类以上标准。全年拆除违法建设3.5万平方米。

科技　教育　文化　体育　卫生

发挥科技先导作用，推进知识产权保护，加快科技企业孵化器建设，全年新增高新技术企业19家。推进电子政务应用，完成全区政务宽带网铺设与接入工程和视屏会议系统建设，更新了政务地理信息系统，"数字东城"网站被评为市优秀网站。科普设施建设取得较大进展，建设了160米长的王府井科普长廊。科普活动丰富多彩，基层单位开展各种科普活动300项。

全面推进教育改革，制定《东城区教育改革与发展总体方案》及9个分方案。成立了区教师研修中心，完善"名校长工作室"和"名师工作室"。加强未成年人思想道德教育，开展丰富多采的德育活动，开通东城德育网，为学生开辟一个全新的德育网络环境和自育空间。以课程改革为突破口，不断深化新课程改革课题研究取得初步成果，教育部和市教委分别在和平里四小、东直门中学召开了全国课题改革研讨会和全市"深化教育发展改革"研讨会。东城区再次被评为北京市教育先进区。胡锦涛总书记于教师节到宏志中学慰问师生。全年区级财力对教育事业投入8.1亿元，比上年增长16%。

全区有托幼园所37所，收托幼儿7265人，教职工1326人；小学46所，在校生27196人，教职工3093人，其中专任教师2266人；中学27所，在校生41430人，教职工4870人，其中专任教师3162人。工读学校1所，在校生145人，教职工86人，其中专任教师33人。特教学校1所，在校生140人，教职工70人，其中专任教师47人。残疾儿童入学率均为100%。职业中学6所，其中独立设校2所，职普联合设校2所，民办2所。在校生7017人，教职工987人，其中专任教师592人。成人高校2所，在校生3812人，教职工117人，其中专任教师50人。成人中等学校3所，在校生424人，教职工37人，其中专任教师30人。职工学校2所，全年培训490人次，教职工14人(专任教师14人)。

实施"文化强区"战略，开展全区文化资源调查，基本完成记录区文物史料的《东华图志》图集编纂工作。发展群众文化事业，丰富基层文化生活。“周末相声俱乐部”被评为北京市群众文化创新之首。实现街道全部建立图书馆、全部实行图书统一配送、全部实现网络管理“一卡通”、全部加入“全国文化信息资源共享工程”。全区社区图书室21个。全年各街道举办文化广场活动73场，社区文化广场活动300余场。

群众体育和竞技体育水平进一步提高。全区全民健身工程172个，总面积达到7.85万平方米。10个街道全部被评为全国城市体育先进社区，建国门健身乐园被评为国家全民健身样板工程。东城区培养输送的运动员在雅典奥运会上获得3枚金牌。

健全突发公共卫生事件应急机制和公共卫生体系，初步形成以区急救站为龙头的急救联动网络，切实有效地开展了禽流感和非典防控工作。以创建全国社区卫生服务示范区为契机，进一步完善社区卫生服务工作。全年投入卫生事业资金1.3亿元。扎实推进人口与计划生育工作的“两个转变”。全年实际出生2131人，大大低于3200人的出生人口控制指标，计划生育率为98.1%。

社会保障与民政工作

群众居住条件继续改善，启动和续建了朝内、建内等4个危改项目，共拆迁居民1000户，竣工面积72万平方米。朝内实现了一至三期居民回迁。将东四南大街28号、寿比胡同5号和五四大街24～34号三处简易楼作为试点实施“解危工程”，将景阳胡同2号作为试点实施“微循环”改造。加快经济适用房建设，芍药居302、304号楼已封顶，芍药居西区5、6号楼已具备开工条件。

加强社区建设。坚持抓调研、抓队伍、抓特色、抓制度、抓社区民间组织培训。抓好重点社区建设，奥林匹克社区公园建成投入使用，社区体育文化主体工程完成。初步建成一批以学习、文化、科普、健康、环保为特色的社区。

深入开展“扶贫济困送温暖”活动，为弱势群体办实事。累计发放最低生活保证金4395万元，享受粮油帮困卡家庭6263户8323人。积极搭建社会救助平台，建成区级爱心捐助家园。开发社区就业岗位10000余个，安置失业人员8000余人，再就业率达到69.5%，登记失业率为1.2%。养老、失业、工伤、医疗四项社会保险基金累计收缴率平均为99%。加强廉租房登记审核工作，全区申请登记的廉租家庭配租367户，配租率达60%。完成77座公厕翻改建，全年大修危旧平房500间。本区5个街道平房院自来水“一户一表”试点工作完成，2600多户居民受益。全年新增社区便民菜店(点)22家，全区社区便民菜店(点)总数达到60家。扶持开办7家大众便民浴池，缓解了本区平房居民洗澡难问题。开展工程款和农民工工资清欠工作，已清理拖欠工程款1.19亿元。

全年办理结婚登记7602对，离婚登记1574对。全年，民政福利企业完成生产销售及营业总收入5240万元，实现利税315.6万元。接收安置退伍士兵210名。

基层政权建设

启动创建全国文明城区工作。突出未成年人思想道德建设和文明礼仪教育实践，进一步提高了市民文明素质和城市文明程度。在创建国家卫生区的基础上，创建健康城区活动取得初步成果。推进文明行业、文明街道、文明社区创建活动。推荐和平里等5个街道申报首都文明街道。开展军(警)民共建活动，探索新形势下军(警)民共建新途径。

提高社会主义民主建设水平。认真作好政府部门接受人大工作评议和政府组成人员向人大常委会述职评议工作。加强与政协联系，支持政协履行政治协商、民主监督和参政议政职能。对628件全国、市、区人大代表议案、建议和政协委员提案全部按期办复。

抓好公共安全工作，确保全区安全稳定。制定了《东城区突发公共事件应急预案》及11个分方案。高致病性禽流感和非典防控工作取得阶段性胜利。成立区食品安全协调领导小组及办公室，加大巡查及处罚力度，确保全区食品安全。以安全生产责任制为核心，建立了消防安全、地下空间安全和文化娱乐场所管理台帐，对2100余名危险化学品从业人员和特种作业操作人员进行安全培训。按照“关口前移，预防为主”的要求，加强对建筑工地、地坛庙会等重点单位和重大活动的安全检查，查出215处重大火灾事故隐患并全部整改完毕。全区各类伤亡指标均未超出市政府下达指标。

贯彻“打防结合，预防为主”方针，整合社会防范力量，切实提高科技创安水平，开展“平安社区”创建工作，初步建立起适应新形势的治安防控体系和工作机制。全年共破获各类刑事案件1635起，有效维护了社会安定。集中力量，妥善处理危改小区回迁后续问题等一批重点信访问题，信访工作保持平稳态势。全年受理群众信访5699件(批)，同比减少11.9%。

以贯彻《行政许可法》为契机，推进依法行政工作。召开全区依法治区大会，推进依法治区工作。落实依法行政实施方案，聘请新一届区政府法律顾问，建立东城区行政执法人员数据库。规范行政复议工作。落实《东城区国家公务员公共服务行为规范暂行规定》,成立东城区人民政府行政投诉分中心,制定《东城区公务员违法行政行为投诉办法(试行)》和《东城区全程办事代理投诉督查暂行办法》,规范公务员行政行为。

完善政府机构设置,组建发展和改革委员会、商务局、安全生产监督管理局等机构。市委、市政府规范公务员收入工作全面落实。制定《关于进一步深化政务公开工作的意见》,全区53个政府部门落实了政务公开制度,医院、学校等与群众利益密切相关的公用事业单位也实行了办事公开,公开内容达到669项。积极推进“数字东城”网站分点建设,扩大政务公开覆盖面。严格规范公务员公共服务行为,加强对政府公共工程、各类财政性资金投入绩效和领导干部任期经济责任审计,全年完成审计76个单位,涉及资金156亿元,纠正不规范资金5.6亿元,核减工程结算1.6亿元,查处违纪金额679万元。

DASHIJI
大事记

2004年东城区大事记

一　月

9日　国务院秘书长华建敏,代市长王岐山分别到北京站检查春运工作。

10~14日　区政协十一届一次会议。

☆　区举办再就业援助活动周专场招聘洽谈会,与588名失业人员达成用工意向。

11~15日　区人大十三届一次会议。

16日　九届区委二次全会召开。

☆　区领导慰问驻区部队。

☆　军政座谈会

18日　区新老四套班子领导、突贡专家、优秀知识分子、老干部新春团拜会。

☆　隆福寺庙会开幕。

☆　市政法委书记吉林到交道口派出所慰问干警。

19日　区文化馆第十四届春节室内文化庙会开幕。

☆　区与(北京)有限公司总部及株式会社7~11日本北京代表处签约仪式举行。

☆　第19届地坛春节文化庙会开幕。

20日　国家质检总局局长李长江,副市长陆昊到区质量技术监督局慰问

21日　公安部部长周永康到交道口派出所慰问公安干警。

☆　市委书记刘淇和王岐山到区慰问交通干警和城管队员。

22日　区领导分别慰问一线干部职工、老党员、特级教师和医务工作者

29日　预防禽流感工作启动。

31日　东直门中学新教学楼工程开工。

二　月

1日　北京站刑警队抓获“客运黑霸”。

4日　区委召开“创新城市管理体制与机制研究”课题开题会。

☆　国务院信息办副主任杨学山到区调研社区信息化建设。

6日　市第十二届二次人代会东城代表团的活动举行。

7日　刘淇、市委副书记于均波等到区检查安全工作。

☆　区领导分四路检查区安全工作。

13日　区政府第一次全体(扩大)会。

☆　大兴区四套班子领导到区参观学习。

19日　社会党国际主席古特雷斯到文天祥祠和府学小学参观。并为文天祥祠题词“向英雄致敬”。

23日　苏里南总统费内西恩一行到六十五中参观。

25日　党风廉政建设会。

☆　韩国大邱市北区议会代表团到区人大常委会交流访问。

☆　国家体育总局群体司到区调研群众体育工作。

26日　丹麦首相夫人参观东华门幼儿园。

27日　区8名援疆教师启程。

三　月

1日　党务工作会。

☆　城市管理综合行政执法启用新式执法证件。

3日　市委副书记阳安江到区调研党风廉政建设。

4日　九届区委三次全体(扩大)会。

☆　庆“三八”国际劳动妇女节94周年大会。

5日　审计工作会。

10日　岗位目标责任制签订大会。

☆　市人大常委会副主任赵凤山到区调研乞讨救助工作。

☆　区学校卫生保健综合信息平台开通。

11日　政协提案交办会。

13日　全市第一批青年中心建设试点单位在和平里、交道口街道挂牌。

15日　国家质检总局、市质量监督局在王府井大街举办“3.15”现场咨询活动。

17日　吉林、首都综治办副主任李万钧到北新百姓房地产纪经中心调研。

18日　市首家老年人协会在和平里街道成立。

18～19 日　80 家旅行社到区考察旅游资源。

19 日　区首批城管协管员上岗。

23 日　区青少年思想教育系列团队日活动启动。

☆　密克罗克西亚总统夫人参观北京市第一幼儿园。

25 日　市委副书记龙新民到区调研教育改革工作。

26 日　精神文明建设会。

29～31 日　区纪委组织新任特邀监察员、党风廉政监督员培训。

30～31 日　人防工作会。

四　　月

1 日　岳鹏会见台湾国际奥委会吴经国委员，洽谈合作东二环海运仓招商项目。

☆　政协之友联谊会成立。

3 日　开展义务植树日活动。

5 日　行政投诉分中心成立。

9 日　香港刚毅(集团)有限公司董事长王敏刚先生一行到区参观。

☆　市区(县)人大教科文卫工作联席会在区召开。

10 日　王岐山视察东方广场地下人防结建工程。

10～11 日　王府井天主教堂举行“复活节”庆祝活动。

14 日　召开驻区金融企业座谈会暨 2004 年第一次企业家日活动。

15 日　“北京市维护群众利益规范拆迁行为现场会”在区召开。

☆　卫生部常务副部长高强到区调研卫生系统行业作风。

16～25 日　北京地坛春季书市。

19 日　国家“保护知识产权宣传周”活动开幕式在王府井举行。

☆　区名教师、名校长工作室启动。

20 日　区第二代身份证换发试点启动。

22 日　捷克总统夫人参观王府井大街。

☆　区爱心捐助家园举行揭牌仪式。

☆　区政府与各责任单位签订《落实北京市第十阶段控制大气污染责任书》。

☆　节水工作会。

27 日　副市长刘志华视察东二环中国新兴保信建设公司、皇城大厦等工程建设。

29 日　区《依托数字城市技术创建城市管理新模式》通过评审。

☆　全国经济普查试点宣传活动在区举办。

五　　月

8 日　区政府服务经济大厅启动跨部门全程办事代理制。

10 日　市妇联基层组织建设座谈会在区召开。

11 日　市委副书记杜德印、副市长范伯元到区听取城市管理新模式课题成果汇报。

☆　区“六大爱心助残工程”启动。

☆　四城区科技工作研讨会在区召开。

11～13 日　区 2300 余名公务员参加《行政许可法》考试。

12 日　区老年人协会经验交流暨表彰大会。

☆　联合国教科文组织世界遗产中心主任邦德先生参观菖蒲河皇城艺术馆和普度寺。

☆　罗马尼亚青年代表团到和平里街道参观考察。

13 日　区中学生奥林匹克文明礼仪宣讲队活动启动。

14 日　第 4 届全国城市体育舞蹈锦标赛开幕式在地坛体育馆举行。

☆　俄国斯国家电视台驻华记者采访史家小学。

15 日　开展“社会治安综合治理宣传日”活动。

☆　区第十九届夏日文化广场开幕式在钟鼓楼文化广场举办。

16 日　吉林到区听取城市管理新模式课题成果汇报。

☆　区举行第二代居民身份证首发仪式。

18 日　市政协副主席王长连到区调研危旧房改造和古都风貌保护工作。

20 日　市政协副主席朱相远等在交道街道召开改善居民住房条件、文保区风貌保护问题座谈会。

21 日　公安工作会

☆　区首家社区科协在胡家园社区成立。

24 日　全国人大副委员长顾秀莲到区调研修订《中华人民共和国城市居民委员会组织法》问题。

☆　美国圣地亚哥大学妇女考察团到区考察妇女就业情况。

25 日　市政协副主席黄以云到区调研区县政协民主监督工作。

26 日　美国新泽西州商会考察团到区参观考察。

27 日　杜德印到区调研基层党组织建设。

☆　“东四奥林匹克社区再就业服务超市”举行揭幕仪式。

☆ 国家劳动保障部金保工程督查小组到区检查。

☆ 科技项目《多功能路桥设施养护洒水车》《生活垃圾中转站压块机组研制》通过市科委验收。

29 日 举行东城“阳光·成长”基金发放暨欢庆六一活动。

六 月

1 日 区特殊教育学校举行首届艺术节。

2 日 十一世班禅大师在雍和宫举办浴佛节法事活动。

☆ 北京夏季书市在地坛公园开幕。

4 日 王岐山到六十五中学视察高考考场准备工作。

8 日 区举办“携手共建平安东城”综合书法绘画摄影展。

☆ 卢彦会见韩国汉城钟路区区长金钟勇,双方签署《公务员交流协议》。

12 日 区安全工作会。

14 日 隆福大厦停业。

☆ 全国政协民族宗教委员会主任钮茂生到东四清真寺调研。

15 日 区第十八届老干部文艺汇演举行。

☆ 卢彦会见台湾“工商建会”理事长马爱珍。

☆ 青年东城财智论坛暨驻区部委、大型企业团委书记沙龙举行。

☆ 市委政法委书记强卫到区调研律师工作。

17 日 区召开城市秩序综合整治工作会议。

18 日 教育系统食品卫生安全工作会在二十七中学召开。

19 日 进京创业少数民族青年俱乐部在东四奥林匹克社区揭牌。

22 日 区规范公务员收入工作会。

☆ 王长连到区调研司法所建设、社区矫正工作。

23 日 区人才工作会。

25 日 刘淇到区调研城市管理模式创新。

☆ 区城市部件测绘普查技术方案通过专家论证。

26 日 国际禁毒日宣传活动。

29 日 加拿大审计署署长希拉·弗雷泽女士到北新桥街道九道湾社区考察。

☆ 庆祝建党 83 周年文艺演出。

30 日 陈平带队到天津市和平区学习考察未成年人思想道德建设。

七 月

1 日 庆七一暨“党旗飘扬在社区”宣传服务日活动

5 日 区领导会见内蒙古清水河县县委书记一行。

9 日 区召开张自忠路 3 号院重大火灾隐患清理整治工作,

☆ 国际古迹遗址理事会执行局及亚泰会议考察团到雍和宫参观。

14 日 区政府国有资产监督管理委员会挂牌。

☆ 北京市东城区商务局挂牌.

☆ 意大利政府官员、文物修缮保护专家考察地坛古建筑修缮工作。

16 日 奥地利国民议会代表团到区访问。

☆ 香港工联会妇委会代表团到区考察女性就业、社区建设和居民生活。

17 日 召开中国·北京王府井中学生国际音乐节组委会全体会。

☆ 昆明市法院、检察院、公安局到交道口街道调研社区矫正工作。

22 日 区重点企业表彰会,

23 日 召开创建全国文明城区动员会,

☆ 区博士后实践基地启动仪式举行,

26 日 国家人防重点城市建设研讨班一行 40 人参观调研东方广场人防地下工程。

☆ 区第一次全国经济普查动员会。

27 日 区级领导分四路走访慰问驻区部队基层连队。

28 日 山东省政协副主席王宗廉一行到区考察“平安创建”工作。

29 日 区第十八届文化艺术节暨“五月的鲜花”群众歌咏活动闭幕式举行。

☆ 双拥共建表彰会暨军政座谈会。

八 月

9 日 王府井中学生国际音乐节与会外国学生参加“一日北京、体验民情”主题活动,

10 日 王岐山到国子监、孔庙考察。

☆ 全市经济普查工作现场会在区召开。

☆ 门头沟区总工会到区学习交流工会工作经验。

11 日 卢彦会见日本新宿区区长中山弘子女士。

12—13 日 北京市青年摔跤锦标赛在地坛体育

馆举行。东城代表团获团体第四名。

13 日 区统一战线纪念邓小平诞辰 100 周年座谈会，

☆ WHO 艾滋病高危人群干预模式建立项目启动暨艾滋病预防控制干预技能培训会在区召开。

18 日 区网上办公 OA 分系统运行。

☆ 利比里亚共和国外交部长托马斯·亚雅·尼梅利参观王府井大街。

19 日 卢彦主持召开四片危改小区解决遗留问题调度会。

20 日 北京基督教青年会与区吉安老年护理院举行合作意向签字暨义工服务基地揭牌仪式。

21 日 纪念邓小平诞辰 100 周年书画展暨区第三届金秋老年书画展在区文化馆开幕。

23 日 纳福胡同 11 号危楼改建工程竣工。

24 日 区工商联举行非公经济企业助学捐赠仪式。

30 日 全国政协副主席徐匡迪率全国政协“历史文化名城”考察团视察区南池子修缮改建工程和菖蒲河公园。

31 日～9 月 1 日 市、区领导参加区中小学新学年开学典礼。

九 月

1 日 雍和宫住持嘉木扬·图布丹 80 寿辰，全国政协民宗委副主任卫元琪等领导前往祝贺。

☆ 市政法委副书记慕平到区检查政法系统“执法为民、服务发展”学习教育活动及涉法上访工作。

2～6 日 日本东京都新宿区代表团到区交流访问。

3 日 东方广场“王府井科普文化长廊”启动。

☆ 南池子菖蒲河联合社区揭牌。

4 日 国家人口计生委副主任王国强到区调研。

7 日 城八区人大常委会主任研讨会在区召开。

8 日 和平里街道成立流动人口家长学校。

10 日 国家主席胡锦涛到宏志中学看望宏志师生。刘淇、中共中央书记处书记王刚、国务委员陈至立、教育部部长周济、王岐山等陪同。

☆ 庆祝教师节暨表彰大会。

☆ 拉萨市政法委副书记毛胜利、林生等到区参观考察。

13 日 北京站东街市政改造工程中发现 13 门清代铁炮。

☆ “12366”纳税服务热线远程座席在区开通。

15 日 王岐山到中山公园检查游园活动准备工作。

18 日 未成年人思想道德建设主题游园会在地坛公园举行。

☆ 东城区未成年人法制教育示范校揭牌。

19 日 区召开首届精神康复者运动会。

20 日 强卫到区检查国庆安全保卫工作。

21 日 加拿大魁北克公证人公会卡罗琳娜·塞尔尼卡一行到区公证处考察。

22 日 宋鱼水先进事迹报告会。

☆ 举行“共享阳光，轮椅畅通行”助残活动。

☆ 美国北卡罗莱纳州众议院议员兼教育部部长道格拉斯·杨一行参观府学小学。

23 日 雍和宫举行纪念宫改寺 260 周年“雍和宫藏传佛教造像艺术展”开幕式。

24 日 区举行东四奥林匹克社区体育活动日暨奥林匹克社区公园开园仪式。

☆ 迎中秋·庆国庆新老四套班子联谊会。

25 日 吉林带队检查区城市秩序综合整治。

☆ 区举行社区治安巡逻志愿者启动仪式。

27 日 刘淇、王刚检查中山公园国庆游园筹备工作。

29 日 一七一中学新教学楼竣工。

十 月

1 日 胡锦涛、国务院副总理曾培炎等参加中山公园游园活动，市领导刘淇、王岐山等，区领导陈平、卢彦陪同。

☆ 宁夏大厦开业典礼举行。

2～10 日 第六届北京图书节在地坛公园举办。

6 日 区举行学习贯彻胡锦涛重要讲话精神大会。

9 日 药监分局新办公楼启用。

11 日 王府井国际汽车展览会开幕。

14 日 中央党校省部级领导学习班到区考察宗教活动场所。

☆ 第十一世班禅到雍和宫接见蒙古国代表团并做佛式摸顶。

16～17 日 二十五中、一六六中举行建校 140 周年庆祝活动。

18 日 中央编办听取区城市管理新模式课题汇报。

20 日 区委召开创建和谐社区工作座谈会。

21 日 德国柏林政府代表团访问北京五中。

26 日 区召开“构建和谐社区”座谈研讨会。

☆ 区政协委员视察区部分重点工程建设情况。

27 日　举行学习贯彻十六届四中全会精神系列报告会。

☆　区人大代表视察区部分重点工程建设情况。

28～29 日　区举办基层党组织示范培训班。

31 日　区召开未成年人课外活动座谈会。

十 一 月

2 日　国家工商总局纪检组到区工商分局调研队伍教育整顿工作。

4 日　区举办市民文明礼仪展示活动。

☆　区领导到牛牛基因科技有限公司等 4 家非公企业调研。

☆　国家统计局副局长张为民到区调研人口抽样调查。

5 日　区冬季征兵体检工作开始。

6 日　区召开冬季防火工作会。

7 日　中国石油大厦项目举行开工奠基典礼。

8 日　区公务员赴港培训班结束。

☆　以色列副总理沙姆洛一行参观东华门小吃街,游览王府井步行街并购物。

10 日　区第十次妇女代表大会。

☆　区穆斯林群众欢度开斋节。

15 日　陈平到区特殊教育学校调研。

17 日　副市长陆昊到区调研银街发展课题。

18 日　卫生部副部长高强、蒋作君到区调研社区卫生服务工作。

☆　区召开北京移动通信综合楼工地火灾事故现场会。

19 日　中央政法委调研小组到区调研社区矫正工作。

23 日　范远谋到景山学校调研。

☆　区召开军队转业干部安置会。

25 日　总参军务部副部长冷德贵等检查北京站新老兵接待转运工作。

26 日　李铁林、杜德印等中央、市有关领导到区听取城市管理新模式成果汇报。

☆　禁毒工作会议。

29 日　市政协副主席黄承祥到区听取城市管理新模式课题成果汇报。

☆　教育部预防艾滋病宣传活动暨向学校赠送预防艾滋病专题教育系列教学资料仪式在二中举行。

十 二 月

1 日　军队转业干部及随军家属安置双选见面会。

2 日　部分市人大代表到区人民法院视察。

☆　区非公企业高管人员培训班举行。

☆　区首届“十佳进京创业青年表彰会暨非公青年技能展示活动举行。

4 日　《北京市旅游管理条例》宣传咨询活动在王府井大街举行。

9 日　全国教学经验交流与工作研讨现场会在区召开。

☆　刘淇、王岐山到区调研解危试点和四合院微循环改造。

10 日　新时期和谐社区建设试点会,

12 日　区领导到北京站欢送区籍入伍新兵。

13 日　市人大副主任田麦久和市人大代表到东直门中学视察。

14 日　国家计生委宣教司到建国门、安定门等街道检查计划生育情况。

17 日　国家食品药品监督管理局、市药品监督管理局到药监分局检查工作。

20 日　卢彦主持召开交东危改小区后续工作协调会。

21 日　区举行“东城—高校人才直通车”协议签订仪式。

22　区领导到一七一中学、区特殊教育学校调研。

☆　举行“圣诞节招待会”。

23 日　副市长牛有成及市卫生系统有关领导到区检查今冬明春呼吸道传染病防治工作。

24 日　尤兰田、孙安民等市有关领导到王府井天主教堂、东交民巷天主教堂、崇文门基督教堂走访慰问和调度安全保障工作。

27～28 日　区委九届五次全体(扩大)会议召开,

29 日　全国中小学幼儿园安全管理专项整治行动督查组到区督查校园安全专项整治工作。

31 日　区召开纪委三次全会。

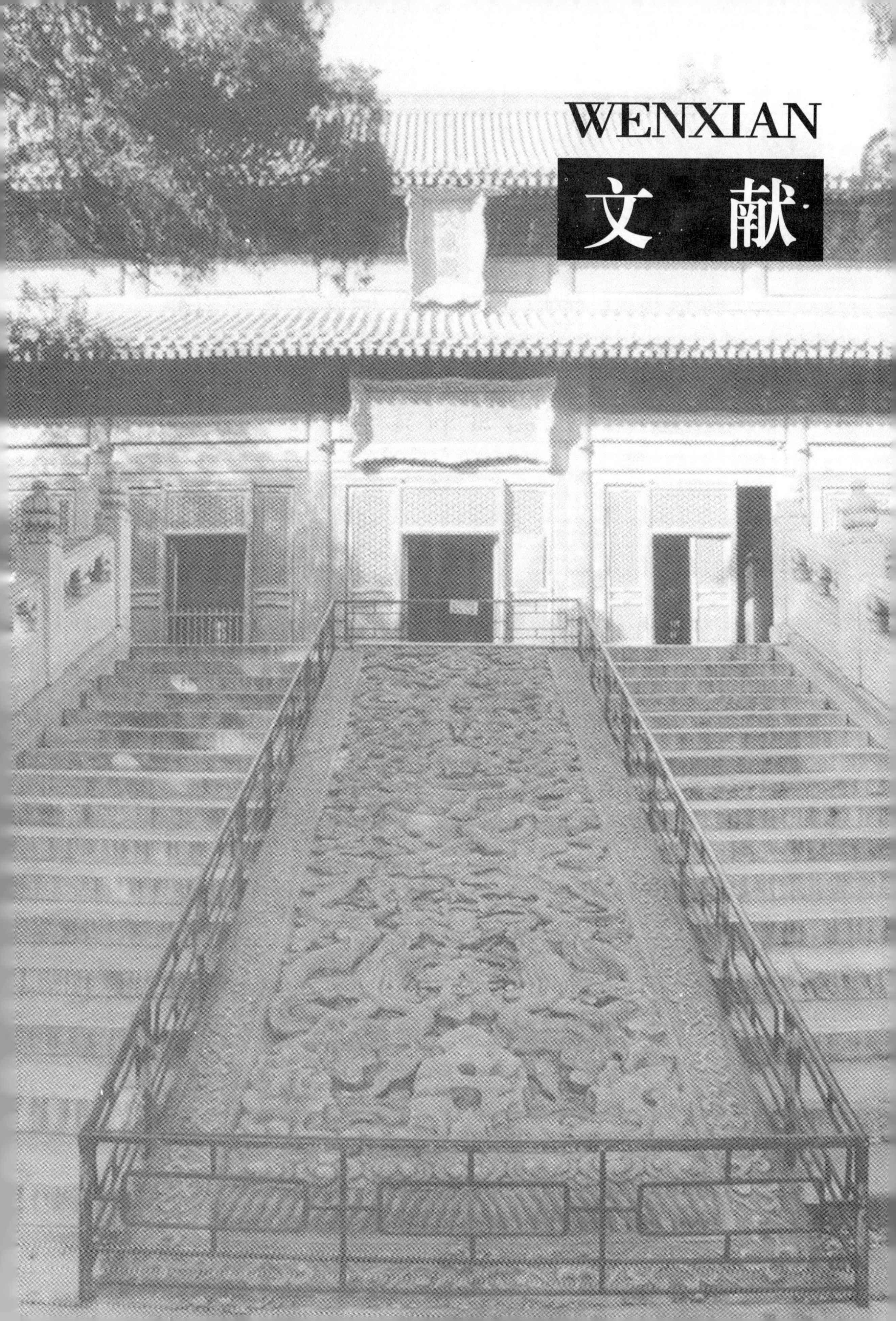
WENXIAN
文 献

文　件　(节选)

解放思想,加快发展,为东城区在首都率先基本实现现代化的进程中走在前列而努力奋斗

2004年1月5日在中国共产党北京市东城区第九次代表大会上的报告

中共东城区委书记　陈　平

一、过去五年工作的回顾

五年来,区委高举邓小平理论伟大旗帜,认真实践"三个代表"重要思想,全面落实党中央的重大决策和市委、市政府的各项工作部署,带领全区广大党员、干部和职工群众,解放思想、开拓进取、同心同德、艰苦创业,胜利完成了区八次党代会确定的各项目标和任务,在全面建设社会主义现代化的进程中迈出了坚实一步。经过全区的共同努力,使过去的五年成为东城区历史上经济发展最快、城市面貌变化最大的五年;是社会事业迅速发展、民主法制建设稳步推进、社会政治稳定的五年;是党组织核心领导更加坚强、执政水平较大提高和党的先进性充分发挥的五年,也是全区人民得到实惠最多、生活水平提高最显著的五年。五年发展取得的成就,在东城现代化建设的史册上写下了精彩一页。

坚定不移地坚持以经济建设为中心,实现经济建设持续快速健康发展,物质文明建设跃上新台阶。主要经济指标大幅攀升,2003年全区国内生产总值预计完成329.4亿元,是上届末的2.5倍,年均递增20.6%,人均GDP居全市各区县之首;区级财政收入预计完成31.38亿元,是上届末的3.3倍,年均递增26.7%;全区社会消费品零售额预计完成166亿元,是上届末的2倍,年均递增14.6%;全社会固定资产投资额预计完成170亿元,是上届末的3.1倍,年均递增25%。三个经济功能区建设成果显著,王府井现代化中心区已基本建成,对全区经济促进作用愈加明显;东二环交通商务区建设取得明显成效,中海油等一批大型企业总部相继落户,为东城经济发展积蓄了强大后劲;雍和宫、地坛、国子监传统文化旅游区建设开始启动,东城经济三足鼎立的格局已具雏形。不断强化服务意识,营造了良好的经济环境。积极进行党政机关机构改革,成立了市政管委、住宅发展中心、国有资产经营总公司等机构,对转变政府职能、实行政企分开起到了重要作用;认真落实最底生活保障制度,社会保障体系初步建立;非公经济得到较快发展。城市现代化建设取得新突破,城市面貌发生显著变化,用经营城市的理念整合城市要素,用有限的财力办成了我们过去想干而不敢干的事情;五年累计竣工539万平方米,是前五年的3.47倍;新建和改造了19条市政道路23.1公里,形成了八横七纵的交通干线网络;新建和改造了皇城根遗址公园、南馆水景公园、地坛园外园等一批园林项目,生态环境大为改观,江泽民同志亲自视察菖蒲河公园并给予高度赞扬;创新工作模式,采取多种方式,使危旧房改造取得了历史性突破;正确处理历史风貌保护与现代化建设的关系,南池子历史文化保护区的修缮改建为全市提供了鲜活的经验,受到了老百姓的热烈欢迎和有关专家的高度赞赏,温家宝总理亲临视察并给予肯定;完成了社保中心大楼、东方国际文化交流中心等一批重点项目。以"两级政府、三级管理"为目标进行了城市管理体制改革,初步理顺了城管体制;以治理脏乱为突破口,创建国家卫生区工作取得明显成果。对外开放取得显著成绩,去年实际利用外资累计12.3亿元;对外友好交流与国内合作继续发展,与上海黄埔区、法国巴黎香榭丽舍大街等49个市、区、街正式建立了友好交流合作关系。通过举办王府井国际著名商业街研讨会等大型国际会议和加强对外宣传,东城区的国内国际影响日益扩大。

民主法制进程不断加快,社会主义政治文明建设扎实推进。区委先后就加强人大、政协工作作出决定,进一步加强和改善对人大和政协的领导,坚持和完善人民代表大会制度,保证区人大及其常委会依法履行职能,充分发挥了地方国家权力机关的作用,坚持人大工作创新,在全市率先进行了设立人大街工委和代表公示等改革尝试并取得明显效果。坚持和完善共产党领导的多党合作和政治协商制度,推进了人民政协履行职能的制度化、规范化建设,保证人民政协积极发挥政治协商、民主监督和参政议政作用。爱国统一战线进一步巩固发展,加强与各民主党派的合作共事,民族、宗教、侨务和对台工作开展得扎实活跃。工会、共青团、妇联、科协、工商联等群众团体围绕全区中心工作,开展了一系列富有特色的活动。依法治区深入开展,依法行政、依法管理水平不断提高;努力进行司法制度改革,"四五"普法深入人心。积极推进基层民主政治建设,九道湾社区居委会直选在社会上产生强烈反响;坚持"五个注重"工作思路,社区建设取得突破性进展;街道各项工作迈上新台阶,在城市管理中发挥了巨大作用。高度重视保稳定工作,有效维护了社会政治稳定;圆满完成了十六大和建国50周年庆典活动等重大任务的安全保卫工作;打击"法轮功"邪教组织和帮教转化工作取得重要成果;持续开展"严打"整治斗争。全面加强社会治安综合治理工作,群众安全感逐年上升。深入细致地做好信访和人民内部矛盾排查调处工作,及时化解不稳定因素。抓好安全生产,创造了稳定的社会生产秩序。

社会主义精神文明建设取得显著成绩,社会各项事业全面进步。健全和完善了五条战线创建工作体系,以提高市民文明素质为重点,以创建文明社区等系列群众性精神文明创建活动为载体,开展了理想信念教育、文明素质教育和国防教育,《公民道德建设综合评价指标体系》成为全国公民道德建设先进典型之一。全面实施素质教育,积极推进教育教学改革,加快现代化学校建设进程,教育教学质量继续保持领先地位。科技事业不断进步,"数字东城"建设进展显著,有力推动了经济和社会事业发展。群众文化活动不断繁荣,文物保护工作进一步加强。卫生事业健康发展,医疗服务质量不断提高,尤其是在抗击非典斗争中,广大医护人员以崇高的敬业精神和良好的医疗水平,在人民群众心目中树立起崭新形象。全民健身活动蓬勃开展,竞技体育在重大比赛中取得好成绩。区委、区政府高度重视精神文明建设和社会事业的发展,不断加大投入,五年来共投入68.9亿元。民政、双拥、保密、党史、修志等项工作都取得了新的进展。

立党为公、执政为民,全心全意实现好、维护好、发展好人民的根本利益。实际工作中,我们坚持把群众的呼声作为第一信号,把群众的需要作为第一选择,把群众的利益作为第一考虑,把群众的满意作为第一标准,通过认真办理人民代表和政协委员的议案和提案、区级领导干部联系基层和贫困户、开通便民热线、设立区长信箱等方法,架起了党和政府与人民群众联系的桥梁;对群众住房难、出行难、买菜难和生活环境脏乱、下岗职工再就业等问题,都予以认真解决,尽最大力量保证投入。五年来,我区在经济建设的快速发展中使群众生活水平大幅提高,2003年年人均可支配收入预计达到14800元、消费性支出为11600元,分别是上届末的1.9和1.7倍,使人民群众得到了看的见、摸的着的实惠,也使得我区的改革和现代化建设得到了人民群众的积极支持和广泛参与。

不断提高党的领导水平和执政水平,为我区在新世纪实现新发展提供坚强的政治保证。不断加强思想政治建设,用"三个代表"重要思想统领全区各项工作,先后开展了"三讲"教育、学习"三个代表"和十六大精神、"解放思想、加快发展"大讨论等活动,使各级领导干部和广大党员的思想真正统一到十六大精神上来,统一到"三个代表"重要思想上来,统一到全区奋斗目标上来。区、处两级理论中心组坚持学习制度,形成了《应对入世的研究与对策》等一批理论成果。党的宣传工作和思想政治工作继续加强,围绕中心、服务大局,发挥了"对内凝聚人心、对外树立形象"的作用,为发展稳定创造了良好的舆论氛围。社区、国企、机关和非公有经济组织等党的基层组织建设不断加强。干部队伍建设积极推进,"一把手"素质不断提高,干部年轻化进程大大加快,后备干部队伍建设更加规范。逐步加大干部人事制度改革力度,公开选拔和竞争上岗等举措已经形成制度,一批德才兼备的优秀干部走上各级领导岗位。建立健全干部分类管理机制和考核体系,加强了对干部工作绩效的考核力度。积极推进干部交流工作。通过进行教育培训,干部队伍整体素质大幅提高。通过开展"保持党的先进性"等主题教育活动,使全区党员较好地发挥了先锋模范作用,作到了"平常时候看的出来,关键时刻站得出来"。不断加大对党员的管理力度。继续加强对发展党员工作的指导,党员队伍不断壮大。切实加强作风建设,落实"八个坚持、八个反对",努力坚持扎实、务实、朴实的作风,解决"文山会海"问题取得初步成效,各级领导干部深入一线调查研究,密切了党和政府与人民群众的血肉联系。继续加强党风廉政建设,认真落实责任制,积极探索从源头上预防和治理腐败工作的各项措施;通过加强重点工程跟踪审计监察等制度,保证了经济建设的健康运行;严格执行廉洁自律各项规定,切实加大案件查处力度,坚决纠正部门和行业不正之风;认真开展党性党风党纪教育,增强了广大党员干部拒腐防变的能力。努力抓好区委自身建设,不断提高执政能力,坚决按照“三个代表”重要思想的要求和《中国共产党地方委员会工作条例(试行)》的规定,切实履行好自身职责,坚持科学决策、把关定向,领导和组织制定了“二三六三”等发展战略和工作思路,保证了东城发展的正确方向;坚持总揽全局、协调各方的工作原则,积极探索、改革领导方式和执政方式,核心凝聚力显著增强;认真执行民主集中制,健全了区委书记办公会和常委会的议事规则,加强了对“三重一大”问题的集体讨论、研究和决策;通过加强自身团结带动全区上下的团结,成为全区的坚强领导核心,特别是在抗击“非典”斗争中,区委审时度势、临危不乱、科学决策、周密部署,体现了高度的政治敏锐性和良好的政治素质。在区委的正确领导下,全区形成了同心同德、团结奋斗的氛围和良好的工作环境。

五年来,在全区党员、干部和职工群众的共同努力下,我区各项工作都取得了显著成绩,荣获了“全国精神文明建设先进城区”、“全国文化先进区”、“全国社会治安综合治理优秀单位”、“全国社区建设示范区”等称号,争创“全国双拥模范城”活动连获佳绩,区公安分局实现“全国优秀公安局”四连冠,区检察院荣获“全国模范检察院”称号等,同时还有一些单位和个人被评为本系统的全国先进或全市先进。这些单位和个人为我区争得了荣誉,是我们的光荣和骄傲,全区都要向他们学习。

回顾和总结五年来的工作实践,我们的主要体会是:

(一)“三个代表”重要思想是统领全区各项工作的纲领。只有不断增强贯彻“三个代表”重要思想的自觉性和坚定性,才能始终保持与时俱进的精神状态,才能在思想上、政治上、行动上时刻与党中央保持高度一致,使中央和北京市的各项方针、决策在我区得到及时、全面的贯彻执行。五年来,由于我们始终保持政治上的坚定,才使不断开创我区现代化建设新局面有了可靠的思想保证。

(二)坚持党的思想路线是我们做好各项工作的基础。只有始终把解放思想、实事求是、与时俱进作为我们判断形势、研究问题、制定政策的基础才能在不断发展变化的形势下准确把握区情,使发展思路更加清晰,更加符合实际。五年来,我们依据党的思想路线提出的一系列发展战略和工作思路,经过实践证明是正确的。

(三)加快发展是解决前进中各种问题的关键。只有牢牢抓住经济建设这个中心,不失时机,加快发展,才能有效促进各种矛盾的解决,使全区经济建设和各项社会事业得到全面进步。五年来,我们始终坚持发展是硬道理,核心就是要使东城区不断发生变化,紧紧抓住机遇,不断开拓创新,全力推进现代化建设,取得了令全区满意的可喜成果。

(四)为全区人民谋利益是党的各级组织的重要职责。只有坚持立党为公、执政为民,把实现人民的愿望、满足人民的需要、维护人民的利益,作为所有工作的根本出发点和落脚点,把实现好、维护好、发展好人民利益作为己任,才能做到权为民所用,情为民所系,利为民所谋。五年来,我们一方面集中力量加快发展,另一方面坚持从群众的实际需要出发,为人民群众办了大量好事、实事,使全区群众在发展变化中真正得到了实惠。

(五)加强区委自身建设是做好全区工作的根本保证。只有高度重视并不断加强区委的自身建设,坚持用时代发展的要求审视自己,以改革的精神加强和完善自己,在加强领导的基础上,注意调动方方面面的积极性,努力创造宽松、和谐的工作环境,才能不断提高领导水平和执政水平。五年来,我们正是不断加强区委领导班子的自身建设,从而真正成为带领全区人民团结奋进的坚强领导核心。

五年来,八届区委尽管取得了较达成绩,但仍然存在着一些问题和不足。一是城市管理改革尚未取得突破性进展,城市管理水平有待提高;二是区属国有企业经济效益不高,体制和机制改革应进一步深化;三是高素质的管理人才和一些领域的专业人才仍然短缺;四是发展环境有待进一步改善;五是党的建设需要进一步加强,以更好地保持先进性。对于上述问题,我们必须高度重视,采取有力措施予以解决。

二、今后五年的形势和总体发展思路

今后的五年,是逐步完善社会主义市场经济体制和全面建设小康社会的五年,是北京实现举办最出色一届奥运会和在全国率先基本实现现代化奋斗目标的五年。全区人民经过50多年特别是改革开放20年以来的艰苦奋斗,东城发展已进入一个新的阶段。面对新形势,实现新发展,需要我们科学分析时代特征、中国特色和首都特点,准确把握基本国情、首都市情和东城区情,只有这样,才能在新的历史起点上找准我们的定位,开辟新的思路,做出科学的战略选择。自如应对面临的机遇和挑战,正确把握形势,必须坚持一分为二,实事求是。从国际形势来看,既要看到和平、缓和、稳定的政治环境和经济全球化进程加快给我们带来了更大发展空间,中国入世后我区投资环境更加看好,又要看到我们在体制、机制上还存在着许多不适应的地方;从国内形势来看,既要看到党的十六大制定的宏伟蓝图为我们增添了前进动力,中央继续坚持扩大内需的方针有利于刺激消费的增长,又要看到我国市场济济体制的不完善对我们加快发展的制约;从北京市形势来看,既要看到奥运会的举办将为我们带来新的契机,又要看到我区城市管理水平、市民素质状况等方面同举办一届最出色奥运会的要求还很不适应;从我区自身情况来看,既要看到我区具有得天独厚的区位优势,已经具备了较强的经济实力,积累了宝贵的发展经验,又要看到地域狭小、发展空间有限,古都风貌保护与加强城市现代化建设、进行危旧房改造之间存在着突出矛盾,各区县竞相发展带来了很大的外部压力等。综合看来,机遇大于挑战,希望多于困难。只要我们认清形势,居安思危,抓住机遇,扬长避短,就能够在全市发展的大局中把握趋势,抢占先机,赢得主动权。

今后五年全区党的工作的指导思想是:在邓小平理论和“三个代表”重要思想指导下,以党的十六大和市第九次党代会精神为指针,以提高人民生活水平为根本出发点,以加强和改进党的建设为保障,坚持全面、协调、可持续发展和人的全面发展,加快三个文明建设,坚持“创一流、争第一”的标准,围绕“新北京、新奥运”的战略构想,以创新体制、调整结构、优化环境、全面发展为主题,积极实施“二三六三”发展战略,解放思想,实事求是,加快发展,乘势而上,在全面建设小康社会的基础上,努力把东城区建设成为现代化、国际化的首都中心城区。

东城区今后五年发展的总体奋斗目标是:

按照党的十六大关于全面建设小康社会的要求,努力完成现代化建设的新目标。全面推进东城区的经济、城市和社会现代化建设,在首都率先基本实现现代化的进程中走在前列。

按照党的十六大关于社会主义经济、政治、文化全面发展的要求,努力形成三个文明协调发展的新局面。在经济持续快速协调健康发展的基础上,实现我区社会主义物质文明、政治文明、精神文明的协调发展,实现人的全面发展。

按照“三个代表”重要思想关于维护最广大人民根本利益的要求,努力实现人民生活水平的提高。通过发展使全区人民得到更多实惠,物质生活更加殷实,文化生活更加丰富,精神生活更加充实。

按照文化古都进行现代化建设客观规律的要求,努力达到深厚历史文化底蕴和强烈现代化气息有机结合的新高度。把东城区建设成为既承载千年悠久历史,又充满蓬勃生机活力的国际化大都市中心城区。

东城区今后五年的发展战略是:在产业结构上扎扎实实发展“两业”(现代服务业;高新技术产业)、在发展布局上集中精力建设“三区”(王府井现代化商业中心区;东二环交通商务区;雍和宫、地坛、国子监传统文化旅游区)、在工作重心上努力实现六个新突破(危旧房改造;市政交通设施建设;历史风貌保护;科教兴区;城市管理;经济结构调整)、在保障手段上认真实施三项举措(良好环境的吸引力;总部经济的吸纳力;城市精品的辐射力)。

今后五年东城区发展必须坚持的四项原则是:一是坚持发展是第一要务的原则。这是“三个代表”重要思想的内在要求,是解决东城区所有问题的关键。二是坚持全面、协调、可持续发展的原则。东城的发展,应当是经济和社会的全面发展,是物质文明、政治文明和精神文明的协调发展,还应当是可持续的发展,这是我们继续保持持续快速协调健康发展态势的需要,是保证长远发展的需要,是在发展中实现速度、质量、效益有机结合的需要,也是人类社会发展的必然趋势。三是坚持资源有效整合与充分利用的原则。东城区振奋人心的发展目标和发展空间相对狭小、资源有限的矛盾,决定了我们绝不能走规模发展和粗放式经营的道路,而只能坚持总部战略和精品战略的方向,把东城区做强做精。四是坚持以人为本的原则。这既是促进人的全面发展的要求,也是坚持“三个代表”重要思想立党为公、执政为民的本质需要,更是我们进行现代化建设的最终目的、出发点和立足点。

今后五年东城区发展应当突出四个特色。这是我区与各区县不同的特点和比较优势,是我区工作的着力点和突破口,也是我们的努力方向和主打品牌。一是要突出文化特色。通过发掘深厚的文化底蕴、营造浓郁的文化氛围、构建强大的文化产业,实现与其他区县的差异化发展,使东城区成为充满魅力的文化强区,成为全市文化氛围最浓厚的城区。二是要突出环境特色。通过城市环境的改善和营造良好的发展环境,提升城市的聚集功能和精神文明建设水平,促进经济发展和人的全面发展,使东城区成为全市最美丽、最舒适、最整洁,发展环境最好的城区之一。三是要突出现代化特色。通过以城市现代化带动经济现代化,促进社会现代化,使东城区成为全市现代化气息最为强烈、现代化水平最高的城区之一。四是要突出国际化特色。在资源上大力利用外资,在经营上积极参与国际合作,在办事上坚持国际标准,遵循国际惯例,在交往上不断加强与国外的联系,提高开放度,使东城区尽快溶入全国,溶入世界,成为全市国际化程度最高的城区之一。

三、坚定不移推进现代化建设,努力实现三个文明协调发展

未来五年,我们必须按照党的十六大的要求,坚持全面、协调、可持续的发展观,围绕在首都率先基本实现现代化的进程中走在前列的目标,努力推动东城区物质文明、政治文明和精神文明的协调发展。

(一)不断提高经济现代化和城市现代化水平,切

实加强社会主义物质文明建设

今后五年,我们要敏锐地把握社会生产力的发展要求和知识经济的发展趋势,紧紧抓住加入世贸组织和筹办奥运会的历史机遇,按照“五个统筹”的原则和“五个坚持”的要求,全面完成“十五”计划,制定并实施好“十一五”规划,重点抓好以下四个方面工作。

坚持发展这个第一要务,努力取得经济建设新成就。今后五年,全区经济发展要再上新台阶。经济增长质量和效益显著提高,力争到2008年,国内生产总值达到546亿元左右,人均GDP达到10400美元左右;财政收入按照现行体制达到53亿元左右;社会消费品零售额突破200亿元;全社会固定资产投资额累计达到690亿元左右;五年实际利用外资总额达到8亿美元;城市人均住房面积达到20平方米;城市人均道路面积达到8平方米。以发展“两业”为重点,积极调整经济结构。根据我区特点和在首都经济格局中的地位,东城区的经济应当与其他区县形成差异化发展,做到人有我有,人有我精,在大力发展第三产业的基础上,重点发展现代服务业和高新技术产业,如金融保险业、邮电通信业、现代流通业、文化产业、旅游业、房地产业、中介服务业等,尤其要重视吸引和打造适合城区发展的企业总部,使之成为我区的支柱产业和行业。以建设“三区”为核心,科学规划经济布局。积极实施王府井升级战略,按照世界著名商业街的标准,全面提升经营水平和档次,使其真正成为国际一流的现代化商业中心区,成为东城经济的品牌和龙头;高标准建成东二环交通商务区,完成机场快速轨道交通线和东二环沿线公建项目建设,使之成为我区新的经济增长点与财政收入的重要来源;全面启动雍和宫、地坛、国子监传统文化旅游区建设,深入挖掘文化内涵,推动旅游业的蓬勃发展;做好特色街规划建设工作。要通过“三区”的辐射和带动作用,促进全区的均衡发展。以加强服务为基础,全力优化经济环境。进一步推进政企分开、政资分开、政事分开、政社分开,切实把政府经济管理职能转到主要为市场主体服务和创造良好发展环境上来,改善政府经济调节和市场监管职能,强化社会管理和公共服务职能,努力为经济发展营造统一透明的政策环境、优质高效的办公和服务环境、公平的法制和市场环境、安全稳定的政治和社会环境,使我区成为首都经济发展环境最好的地区之一。在加快东城经济发展的基础上,不断满足人民群众日益增长的物质文化需要,确保居民可支配收入逐年稳步增长,确保困难群体得到基本生活保障;坚持经济社会发展与扩大就业同步增长的发展战略,统筹考虑体制改革、结构调整与扩大就业的关系,多渠道、多层次、多形式开发就业岗位;进一步完善社会保障体系,使人民的生活水平和生活质量明显提高,生活更方便、更舒心、更幸福,从改革发展中获得更多的实惠。

坚持市场经济的发展方向,努力开创改革开放的新局面。要充分认识加快改革的重要性和紧迫性,坚持把改革的力度、发展的速度和社会可承受的程度统一起来,把解放思想、实事求是和重点突破、大胆推进结合起来,加快改革步伐,继续扩大开放,不断解决发展中的深层次矛盾和关键性问题,为生产力发展和现代化建设提供内在动力。以市场化为取向,进一步完善社会主义市场经济体制。改革的重点是按照十六届三中全会的要求,搞好产业结构调整、所有制调整和经济布局调整,大力发展混合所有制经济和非公有制经济,毫不动摇地巩固和发展公有制经济,毫不动摇地鼓励、支持和引导非公有制经济的发展,凡是法律没有禁止的领域和行业都允许外资和民营资本进入。理顺和完善国有资产管理和监督体制,积极探索国有资产监管和经营的有效形式;深化国有企业改革,进行国有资产的有效整合,通过建立现代企业制度,完善公司法人治理结构,不断提高其经济效益和市场竞争力,积极培育区属上市公司;以财政预算体制和支付体制改革为重点,加快公共财政建设,推进投融资体制改革。以国际化为目标,全面提升对外开放水平。充分利用国内外两种资源、两个市场,发挥我区的比较优势,以更加主动的姿态,用更加宽阔的胸怀,营造更加开放的氛围,在经济建设和社会事业发展各方面,加强与国内外全方位、多领域的联系和交流,参与合作和竞争。积极、合理、有效地利用外资,大力发展外向型经济,鼓励和支持有条件的企业“走出去”。

坚持古都风貌保护和城市现代化建设相结合,努力展现城市的新形象。按照以人为本和可持续发展的要求,正确处理经济社会与人口资源环境的关系,提高城市规划和建设水平,坚持用城市现代化带动经济和社会现代化的发展思路,通过我们的共同奋斗,努力把东城区建设成为具有浓郁的文化氛围、强烈的现代化气息、美丽的城市形象、舒适欢乐的人文感受的现代化新城区。充分发挥规划的龙头作用。以北京市对城市空间布局进行调整为契机,按照北京历史文化名城保护规划的要求,在全市发展的总体布局中,高起点、高标准地规划东城,彰显我区历史风貌特色,利用资源、财富和有利条件,加快城市现代化建设步伐,用辩证、积极的方法,努力实现风貌保护、经济发展和人民生活条件改善的统一,使东城区的建设格局更加符合国际化大都市中心城区和古都风貌特点的要求。危旧房改造要实现新的突破。把解决群众的住房问题作为党和政府的重要职责,根据城区危改拆迁、保护私有财产和历史风貌保护等政策调整的新形势,根据经济发展的布局和需要，积极探索新模式，努力创造新经验，加快城市建设和有机更新的步伐，使人民群众的住房条件早日得到改善。市政基础设施建设要实现新的突破。运用国际化、市场化的手段，建设好东直门到首都机场的快速轨道交通，抓好地铁5号线东城段的建设，同时要在交通主干线改造基本完成的基础上，改造好次干线和支线，加强区域内的交通管理工作，使城市承载能力和服务功能进一步增强。重点工程项目建设要加大力度。创造条件，积极筹建，争取建成一批事关我区经济社会发展、具有强大后劲的项目，使之成为新的经济增长点，成为城市景观的新亮点。进一步加强环境建设。搞好城市绿化美化，加强环境综合整治，不断改善空气质量，把生态环境建设和居住环境的改善有机结合起来，努力建设良好的人居环境和高品位的生态环境，实现人、城市、自然的和谐共生，增强城市吸引力和持续发展能力。

坚持体制创新和机制创新，努力实现城市管理的新突破。要对城市管理体制进行综合改革，理顺管理体制，按照健全市、区、街相互衔接、合理分工和规范高效的城市管理框架的要求，形成城市管理的有效机制，完善城市功能，提高营运质量；建立起能够妥善处理公共突发事件、具有快速反应能力的城市防灾减灾指挥系统，建立健全各种预警和应急机制，健全长效管理机制，提高政府应对突发事件和风险的能力。全面加强社区建设，不断完善城市管理模式。把社区建设作为加强城市基层基础工作的总抓手，按照建立"两级政府、三级管理"城市管理体制的要求和"五个注重"的工作思路。继续推进政府职能转变和管理重心下移，进一步规范政府部门、街道和社区之间的关系，逐步建立适应城市管理现代化要求的社区管理体系，建立政府依法行政、社区依法自治、市场机制充分发挥作用，政府资源、社会资源与社区资源整合利用，社区居民与社区单位共驻、共建、共享的社区管理模式。继续加大整治力度，努力提高城市环境水平。进一步加强城市管理和综合执法，从根本上解决环境脏乱差等问题。建立健全城市公共管理和服务体系，引入竞争机制，逐步使城市管理实现市场化、专业化。进一步巩固国家卫生区的成果，建立先进的智能化交通管理系统、公共秩序和社会安全维护系统，切实提高城市管理的科技含量，提升城市的管理水平。

（二）努力提高民主法制水平，切实加强社会主义政治文明建设

发展社会主义民主政治，建设社会主义政治文明，是全面建设小康社会的重要目标。要实现坚持党的领导、人民当家作主和依法治国的有机统一，在坚持四项基本原则的前提下，继续扩大社会主义民主，健全社会主义法制，形成团结和谐的政治局面，建设廉洁高效透明的法治型、服务型政府，营造安全稳定的社会环境，为经济发展和社会进步提供更加良好的外部条件，使人民群众对社会秩序的满意度显著提高，使东城的政治文明程度不断提升。

积极推进社会主义民主政治建设。坚持和完善人民代表大会制度，支持人大依法履行地方国家权力机关的职能。坚持和完善中国共产党领导的多党合作和政治协商制度，积极推进政治协商、民主监督、参政议政的规范化、制度化。巩固和发展新时期的爱国主义统一战线，加强同各民主党派、工商联和无党派人士合作共事。充分发挥各群众团体在管理国家和社会事务中的民主参与、民主监督和社会调节作用。巩固和扩大基层民主，加强基层政权建设，切实保障人民群众依法行使民主权利。

进一步加强党对依法治区的领导。依法治区是推动政治文明建设的重要切入点，是使我区三个文明协调发展的重要保证。要制定并实施好依法治区五年规划；把依法行政作为实施依法治区方针的具体体现，加快政府管理创新，明确职责，规范程序，提高效率，降低行政成本和商务成本，不断提高公共管理水平，努力实现领导方式由注重依靠行政手段管理向注重运用法律手段管理的转变；继续加强普法教育，努力实现从提高公民特别是各级领导干部的法律意识向提高法律素质的转变；完善司法保障，强化司法监督，维护司法公正，提高执法水平，逐步把东城区的各项事业纳入法制化、规范化轨道。

切实维护社会安定稳定。各级领导干部都要树立新的安全观，从政权建设的高度出发，正确认识和处理好改革、发展与稳定的关系，担负起"保一方平安"的政治责任。根据新矛盾和新问题，研究新机制和新办法，建立社会公共安全管理机制，提高社会整体防范能力和突发事件的应变能力；继续坚持"严打"基本方针，有效遏制犯罪势头；坚持"打防结合、预防为主"，"专群结合、群防群控"的思路，积极探索建立社会治安综合治理长效机制；继续深化同"法轮功"邪教组织的斗争；大力加强政法队伍建设，进一步提高整体素质；积极做好信访工作，完善人民内部矛盾排查调处机制，积极预防和化解群体性事件；继续做好安全生产，有效防范重大安全事故的发生；关心、支持国防建设，形成维护稳定的强大合力。

（三）进一步提高社会现代化水平，切实加强社会主义精神文明建设，促进人的全面发展

全面建设小康社会，必须大力发展社会主义文化，建设社会主义精神文明。我们要牢牢把握先进文化的发展趋势和要求，立足于东城现代化建设的实践，着眼

于满足人民群众的精神文化需求，把科技教育摆在优先发展的战略地位，努力促进城市文明程度、市民文明素质、群众文化生活质量的明显提高，促进社会全面进步和人的全面发展，努力培育和创造一流的市民素质、一流的人文环境、一流的服务水平、一流的社会风气，使我区的文化建设始终走在全市前列。

继续加强思想道德建设，广泛开展群众性精神文明创建活动。坚持用“三个代表”重要思想武装、教育群众，用“新北京、新奥运”的生动实践鼓舞、激励群众，用“走在前列”的宏伟目标吸引、凝聚群众，教育和引导全区人民树立正确的世界观、人生观和价值观，树立首都意识、首善意识和公德意识。坚持“以德治国”方略，深入贯彻《公民道德建设实施纲要》，完善并运用《东城区公民道德建设综合评价指标体系》研究成果，进一步健全与社会主义市场经济相适应的道德体系，不断提高人民群众的思想道德素质。坚持精神文明重在建设的方针，深入开展文明机关、文明社区等群众性精神文明创建活动。深化军（警）民共建观念，积极开展创建全国双拥模范城活动。围绕中心工作和重点工作，加强和改进宣传思想工作，牢牢把握正确的舆论导向，增强工作的针对性、实效性和感染力，为全区改革发展稳定提供坚实的思想保证和精神动力。

全面推进社会事业的改革和发展，实现科教兴区的新突破。在坚持经济建设这个中心的同时，更加注意发展社会事业，实现经济社会统筹协调发展，促进社会全面进步。全面贯彻党的教育方针，继续把教育摆在优先发展的战略地位，努力创造教育发展的良好环境，全面推进教育现代化进程，确保我区教育工作继续走在全市前列；继续加大办学体制改革、经费管理和人事制度改革的力度；继续加大教育资源整合和现代化学校建设力度，努力实现经验的均衡发展；继续加大校长、教师队伍建设的力度，注重师资培养，推进教师全员聘用合同制；继续加大投入力度，完善以政府投入为主、多渠道筹措经费的体制，大力吸引社会投资，推进教育对外开放；大力推进学习型城区建设，努力构建以提高人口综合素质为中心的终身教育体系。科技各种要继续坚持以“数字东城”建设为突破口，以信息化为先导，着眼于提高城市服务功能、管理功能和城市运行效率，全面推动全区现代化建设进程；加强科技企业的原始创新能力，以科技进步的成果促进经济和社会各项事业的发展；加强科学知识与科学思想的传播，努力提高人们的科学文化素质。坚持“二为”方向和“双百”方针，一手抓好文化事业，努力开展丰富多彩的群众文化活动，建设健康有序的文化娱乐市场，加强文物保护和文物修缮工作，加强文化体制和机制的创新；一手抓好文化产业，不断提高其竞争力，把我区建设成为文化强区。卫生工作要坚持“预防为主”的方针，实施区域卫生规划，合理利用卫生资源，以维护人民健康和生命安全为首要任务，以提高医疗救治质量为核心，建立健全突发公共卫生事件应急机制、疾病预防控制体系、卫生监督执法体系和公共卫生信息网络，改革公立医疗机构运行机制，强化政府公共卫生管理职能，全面提升公共卫生的保障能力和基本医疗服务水平。要紧紧抓住举办奥运会的契机，以全民健身为基础，以竞技体育为突破口，以建设国际化体育中心城市的体育强区为目标，继续整合体育资源，加快发展体育事业。继续认真执行计划生育的基本国策，把计划生育工作提高到新的水平。保密、党史、修志等项工作也都要努力达到新高度。

认真落实迎奥运行动计划。要树立强烈的机遇意识，以“新北京、新奥运”为主题，从关系东城形象的重点地区、行业、窗口和人群抓起，继续抓好语言、礼仪、服务、环境、秩序等方面的突出问题，教育市民树立奥运理念，加快奥林匹克社区建设步伐，能力发展相关产业，紧紧抓住并用好用足举办奥运这一特殊机遇，促进经济发展，改变城市面貌，提高市民的文明素质和城市的文明程度。

努力提高人的素质，促进人的全面发展。要把促进人的全面发展作为社会主义社会的本质要求、全面建设小康社会的客观需要和贯彻落实“三个代表”重要思想的具体体现。着眼于保持经济持续快速协调健康发展，为促进人的全面发展创造雄厚的物质基础；着眼于促进人与自然的协调与和谐，促进经济建设与环境建设的和谐，努力加快城市现代化建设进程，为促进人的全面发展提供良好的生存环境；着眼于不断加强社会主义政治文明建设，为促进人的全面发展提供健康有序的社会政治环境；着眼于切实加强社会主义精神文明建设，努力开发人的智能，发展人的才能和创造性，为促进人的全面发展提供思想保证和精神动力，使我区成为全市市民素质最高的城区。

四、按照“三个代表”重要思想的要求，全面推进党的建设新的伟大工程

全面推进东城区三个文明建设协调发展，关键在于不断加强和改进党的领导，在于把各级党组织建设得更加坚强有力，在于全区共产党员真正承担起神圣使命。未来五年，我们要以与时俱进的创新精神全面加强和推进党的建设，使党的执政能力进一步增强，党内民主进一步扩大，基层组织建设进一步巩固，党员干部素质进一步提高，党的先进性进一步保持，为东城区各项事业的发展提供坚强的政治、组织保证。

（一）注重提高党的领导水平和执政水平，坚持不

懈地加强党的执政能力建设

面对执政条件和社会环境的新变化，区委要不断深化对执政规律、社会主义建设规律和社会发展规律的认识，不断提高执政能力和领导水平，真正成为带领全区人民进行现代化建设的坚强领导核心。

进一步健全党的领导体制。区委要按照总揽全局、协调各方的原则，加强对人大、政府、政协、群众团体党组的领导，并通过科学化、规范化、制度化的机制，支持各方依法履行各自的职责。地方国家权力机关、行政机关、司法机关的党组，必须保证党的路线方针政策和区委决议的贯彻落实。工会、共青团、妇联作为党领导的群众组织，必须适应新形势，围绕党的中心工作，贴近群众、独立自主、创造性地开展工作。各级党组织必须忠实履行职责，广大党员都要自觉维护党的领导，执行党的决议，使党的主张变为广大干部群众的自觉行动。

努力改革和完善党的领导方式和执政方式。各级党组织必须在宪法和法律的范围内活动，坚持依法执政，全区党员和干部必须带头学法、用法、守法。区委要坚持谋全局、把方向、官大事，有效发挥领导核心作用。坚持和完善党的民主集中制，严格执行党的政治纪律，正确履行全委会、常委会、书记办公会的工作职责，牢固树立科学决策意识，建立健全科学决策机制，保证决策的民主化、科学化和正确有效。坚持党委集体领导下的分工负责制，确保党的决议的执行和各项任务的落实。积极探索扩大党内民主的新途径，逐步实行重要岗位处级领导干部正职人选的任免由区委全委会无记名投票表决，探索党的代表大会闭会期间党代表发挥作用的有效途径和形式。积极做好思想政治工作和群众工作，充分调动各方面的积极性和创造性。善于把中央、市委的精神与我区实际相结合，创造性的开展工作。

进一步加强区委领导班子自身建设。面对难得的发展机遇和前所未有的挑战，区委肩负着继往开来的历史重任。为此，区委要带头学习邓小平理论和“三个代表”重要思想，不断提高理论联系实际的的能力，进一步增强创造力；带头解放思想，振奋精神，永葆革命朝气，进一步增强战斗力；带头改进作风，维护团结，进一步增强凝聚力，以更加务实的作风、更加勤奋的精神、更加团结的氛围、更加为民的态度，切实提高科学判断形势、驾驭市场经济、应对复杂局面、依法执政和总揽全局的能力，真正把区委建设成领导全区不断开创发展新局面的坚强核心。

（二）注重提高全区党员马克思主义理论水平，坚持不懈地抓好思想政治建设

在新的五年，我们要切实把加强思想政治建设放在首位。把深入学习贯彻“三个代表”重要思想和十六大精神，作为当前和今后一个时期首要的政治任务。进一步规范中心组学习制度，充分发挥党校理论教育的主阵地作用，坚持党的思想路线，弘扬与时俱进的创新精神，大兴马克思主义学风，研究新情况，解决新问题，用马克思主义理论创新的最新成果武装头脑，使全区党员进一步增强党的意识，强化执政意识，树立宗旨意识、发展意识、责任意识、团结意识，牢固树立马克思主义的世界观、人生观、价值观，牢固树立正确的权力观、地位观、利益观和政绩观，把思想真正统一到党的十六大精神上来。充分发挥各种思想文化阵地的作用，运用多种形式宣传党的路线方针政策，真正使“三个代表”重要思想深入人心。

（三）注重巩固党的执政基础，坚持不懈地抓好党的组织建设

以社区党建为重点，切实加强党的基层组织建设。促进社区党建工作的规范化、制度化；科学整合社区党建资源，努力形成新格局。根据区属国企改制、改组和调整结构的实际，进一步改进和加强国有企业党的建设。切实抓好非公经济组织的党建工作，不断扩大党的工作领域。进一步抓好机关党建工作，积极发挥政治保证作用和协助监督职能。各类基层组织都要从自身特点出发，认真履行党章赋予的职责，深入探索自身建设的机制、途径和方法，充分发挥战斗堡垒作用。

以优化结构为重点，不断加强各级领导班子建设。通过不断提高“一把手”素质，带动各级领导班子的全面建设。进一步优化领导班子结构，注意选拔专门人才，提高领导班子的整体水平。继续做好培养选拔女干部、少数民族干部和党外干部工作。有计划地加大干部交流力度，增强干部活力。拓宽渠道，开阔视野，及时发现和大胆启用优秀年轻干部。要从政治上关心、生活上照顾好老干部。

以深化干部人事制度改革为重点，努力加强干部队伍建设。坚持党管干部的原则，改善党管干部的方式方法，促使干部管理由职务管理为主向职务管理与职责管理相统一、以职责管理为中心的管理模式转变。探索建立科学的干部选拔任用和监督管理体系，认真贯彻实施《党政领导干部选拔任用工作条例》，坚持德才兼备标准，规范干部选拔任用工作，坚持用好的作风选人，选作风好的人，落实群众对干部选拔任用工作的知情权、参与权、选择权和监督权。积极推行领导干部公开选拔和竞争上岗等措施；坚持和完善民主推荐、民主测评和民主评议等制度，建立健全干部轮岗和回避机制，探索试行领导干部任期制。把科学的发展观和正确的政绩观作为评价和考核干部业绩的基本要求，建立和完善科学的干部政绩考核体系和奖惩制

度，形成正确的用人导向和用人制度。

以优化人才发展环境为重点，大力加强人才队伍建设。各级党组织都要从东城经济社会的长远发展和人才的总体需求出发，把人才问题作为一件大事抓紧抓好，坚持党管人才的原则，树立科学的人才观，创新培养、吸引和用人机制，优化人才成长环境，加强人才培训工作，推进人才结构调整，努力开创人才辈出、群贤荟萃、人尽其才、才尽其用的新局面，努力培养造就高素质的党政人才、企业经营管理人才、专业技术人才，将更多的人才聚集到东城区现代化建设事业上来。

以提高党员素质为重点，全面加强党员队伍建设。继续抓好保持共产党员先进性教育活动，使广大党员脚踏实地地为实现党在社会主义初级阶段的纲领而奋斗，在学习、工作和生活中身体力行“三个代表”重要思想，充分发挥先锋模范作用，以实际行动维护、体现党的先进性。按照“坚持标准、保证质量、改善结构、慎重发展”的方针，做好党员发展工作，提高党的社会影响力。坚持从严治党，积极探索新形势下加强党员管理工作的新机制新方法，进一步改进党员管理的方法和手段。

（四）注重保持党同人民群众的血肉联系，坚持不懈地抓好党的作风建设

始终按照“八个坚持、八个反对”和“两个务必”的要求，切实解决思想作风、学风、工作作风、领导作风和干部生活作风中的突出问题。要以密切党同人民群众的血肉联系为核心，把树立正确的政绩观作为新时期党的建设的伟大工程的重要内容，牢固树立扎实、务实、朴实的作风，深入一线开展调查研究，密切联系人民群众，坚持重实绩、鼓实劲、求实效，坚决克服形式主义、作风漂浮、贪图虚名、搞“花架子”等不正之风，以突出的业绩造福于民，以优良的作风取信于民，以良好的形象感召于民，把作风建设的成果落实到立党为公、执政为民上来，落实到代表和维护最广大人民群众的根本利益上来，以好的党风带动政风、行风和社会风气的根本好转。

进一步加强和改进党风廉政。继续坚持反腐败指导思想、基本原则、工作格局、领导体制和工作机制，落实党风廉政建设责任制，坚持标本兼治、综合治理，逐步加大治本力度；继续加大党风廉政建设教育力度，筑牢思想道德防线；逐步建立健全与社会主义市场经济体制相适应的教育、制度、监督并重的惩治和预防腐败体系。从而使党员干部廉政勤政意识有所增强，整体素质有所提高；形成较为完善的制度体系，监督约束力得到增强；权力运行进一步规范，监督制衡取得明显效果，为实现党的各项任务提供坚强的纪律保证。

东城区人民代表大会常务委员会工作报告

2004年1月12日在东城区第十三届人民代表大会第一次会议上

东城区人大常委会主任　刘朋庆

东城区第十二届人大常委会在任期的五年里，高举邓小平理论伟大旗帜，以“三个代表”重要思想为指导，全面贯彻落实党的十六大精神，在中共东城区委领导下，围绕全区中心任务，坚持“有所提高、有所扩展、有所改进、有所创新”的工作思路，振奋精神，开拓进取，认真行使宪法和法律赋予的职权，执行区人民代表大会决议，在物质文明、政治文明、精神文明建设中发挥了应有的作用。五年来，筹备组织了7次代表大会；召开了41次常委会会议、70次主任会议，共听取审议329项工作报告和汇报；组织代表开展评议、执法检查、视察；依法任免国家机关工作人员，对被任命人员进行述职评议；妥善处理群众来信、来电、来访，较好地完成了各项工作任务，为促进我区经济和社会各项事业的协调发展做出了新的贡献。

一、行使重大事项决定权，促进科学民主决策

讨论、决定本行政区域内的重大事项，是宪法和法律赋予地方人大及其常委会的重要职权，是代表人民的利益和意志，管理国家和社会事务的具体体现。五年来，常委会依法行使重大事项决定权，共作出决议、决定、审议意见37项。特别是在2001年制定了《关于区人民政府向区人民代表大会常务委员会报告重大事项若干规定》的实施细则，对“一府两院”应报告的重大事项的具体内容、方式方法、要求时限等作出明确规定，为有效行使重大事项决定权提供了依据。

加大对预算的监督和决算的审查力度。常委会把好预算初审关，要求区财政、发展计划、审计等相关部门汇报情况并提供相应材料，了解区级预算单位的部门预算编制情况。尤其是重点对预算草案的主要内

容、预算编制的依据、预算收入和支出是否合理合法等进行研究，提出意见，从而使提请代表大会批准的预算内容更加全面、准确。在审查决算前，常委会建立畅通的信息渠道，及时了解全区财政运行情况，注重发挥审计部门的职能作用，提高了决算的审查水平。

审查批准政府专项中长期规划。常委会在听取并审议区政府关于制定《东城区开展法制宣传教育第四个五年规划》情况报告的基础上做出了决议，从法制宣传教育的指导思想、普法对象、措施形式、监督检查等方面提出明确要求，推动了“四五”普法工作在我区的启动和开展。常委会审查了《东城区教育事业发展规划》，首次对政府专项发展规划做出决定，对进一步优化教育资源配置、加强干部教师队伍建设，促进我区教育事业发展起到了积极的作用。2000年，常委会对《东城区国民经济和社会发展第十个五年计划纲要（草案）》进行了讨论，就如何进行国企改革、促进非公有制经济发展、加快危旧房改造、全面推进精神文明建设等提出要求，建议区政府进一步论证、修改，为代表大会审查批准纲要奠定了基础。此外，常委会还听取了区妇女儿童“十五”发展工作计划、推进依法行政及制定五年实施方案工作情况的汇报；多次参加王府井现代化商业中心区和地坛、雍和宫、国子监传统文化旅游区规划的论证活动；参加实施总部战略情况的调研，提出优化产业结构、完善区域经济布局等建议，促进决策更加民主、科学。

听取审议全区有关重大事项的工作报告。五年来，常委会听取并审议了关于制定“十五”计划纲要实施方案、国企改革、危旧房改造、环境保护、创建全国文明城区、依法治区、行政执法监督、预防职务犯罪等全区有关重大事项的工作汇报，促进了相关工作。

为确保我区“两业（现代服务业、高科技产业）、三区（王府井现代化商业中心区、东二环交通商务区、雍和宫传统文化旅游区）、六个突破（经济结构战略性调整、王府井现代化商业中心区建设、危旧房改造、基础设施和交通设施建设、科技创新和经济社会信息化、城市管理现代化）、三项举措（良好环境的吸引作用、总部经济的吸纳作用和城市精品的辐射作用）”发展战略的贯彻实施，常委会每年将人代会批准的国民经济和社会发展计划与财政预算的执行情况作为审议的重点，对全区调整经济结构、优化发展环境、加强财政管理、促进社会事业发展等方面工作提出意见。城市居民最低生活保障工作是人大代表和人民群众极为关注的问题，60余名代表在十二届六次人代会上就此提出了5项议案。常委会高度重视，专门听取并审议了区政府关于社会保障和再就业情况的工作报告，提出要解决低保工作运行机制不顺畅、人户分离造成低保金流失等问题。针对企业拖欠政府财政周转金比较突出的问题，常委会提出审议意见，区政府及财政部门积极落实，制定了《财政周转金清理整顿实施办法》，加大了对财政逾期不还资金的清缴力度，当年收回财政周转金5000余万元。

围绕重大突发事件积极履行职责。面对“非典”疫情，常委会以对人民高度负责的精神，及时增加议题，多次听取区政府相关工作情况的汇报；走访区卫生局、物价局和部分复课学校等单位；组织代表检查我区贯彻《药品管理法》的情况；采取多种形式加强与市区人大代表的联系，听取对防治“非典”工作的意见，支持政府采取有力措施，夺取抗击“非典”斗争的胜利。

二、加大监督力度，推进“一府两院”工作

五年来，常委会本着抓住难点、关注热点、贴近百姓、力求实效的原则，围绕“二三六三”发展战略和科教兴区、依法治区方略，采取执法检查、工作评议、视察等形式，开展法律监督和工作监督，提高监督水平。

深化执法检查，保障法律法规的贯彻落实。五年来，共检查了125部法律法规在我区的贯彻实施情况，其中对《残疾人保障法》、《体育法》、《大气污染防治法》等进行了重点执法检查。

常委会不断探索执法检查新形式，将听取汇报与实地考察相结合、明查与暗访相结合、学习法律法规与执法检查相结合、座谈听取意见与填写执法检查意见书相结合，尤其是加大暗访力度、抓好填写执法检查意见书环节，增强了执法检查的实效性。为进一步加大执法检查力度，常委会制定了《重点执法检查办法》，规定了重点执法检查的主要内容、方法步骤和受检单位及有关部门的义务，对执法检查报告和审议意见提出了要求，使执法检查工作不断深化。

在执法检查中，常委会抓住时机，抓住龙头，及时有效地推动有关工作的开展。为贯彻首都城市现代化建设“新三步走”战略提出的改善生态环境，提高城市承载能力的要求，常委会组织代表对《大气污染防治法》进行了重点执法检查，针对燃煤污染防治工作中存在的问题，提出了加快东四3～8条燃煤污染源的治理、加强科技人员队伍建设等意见。在对《行政复议法》进行执法检查时，不仅检查了该法的贯彻实施情况，而且了解了全区47个行政执法部门执法的综合情况，通过反馈意见，促进依法行政工作。常委会坚持每年对教育法律法规、食品卫生法进行执法检查，针对当年检查的重点督促政府整改，使监督落到实处。

改进工作评议，增强评议实效。五年来，常委会共组织代表评议了“一府两院”11个部门的工作。在前几届实践的基础上，不断改进评议工作。一是将工作评议意见上升为常委会审议意见,增强评议意见的法律效力;二是拓宽评议领域,不仅对"一府两院"的部门进行评议,还对区政府专项整治工作和驻区市属分支机构的工作进行评议。同时,注意增强评议的实效。在评议区卫生局时,参评代表针对我区社区卫生服务工作推进力度不够、社区卫生服务站经费不足和部分社区卫生服务人员的业务技术水平偏低等问题提出意见。常委会加强跟踪检查,就此问题连续两年进行调研和视察,促进政府加快了社区卫生服务工作的步伐。区人民检察院反贪污贿赂局是全国的先进单位,面临着如何再创新业绩的问题,参评代表提出要进一步总结经验、明确目标、加大科技投入等建议。反贪局积极整改,理清工作思路,认真研究新时期经济犯罪的特点,加大案件查办力度,工作又上了一个新台阶。对市工商局东城分局的评议使其进一步加大了执法力度,有效打击制售假冒伪劣商品的行为,强化广告、商标、市场、合同等日常监督,完善消费者维权网络,保障法律法规在我区的贯彻落实。

探索新的方式,开展重点视察。常委会组织代表对全区危旧房改造和社区卫生服务等工作进行了重点视察,通过常委会听取视察报告、提出书面视察意见、主任会议听取整改情况汇报等环节,加大监督力度,提高了视察质量和效果。例如:在对全区危旧房改造情况进行重点视察后,提出了处理好危改与风貌保护、设施规划、物业管理的关系等视察意见,区政府认真办理,推动了全区的危改工作。

加强司法监督,促进司法公正。常委会通过听取和审议司法机关工作报告、加强案件监督、发挥人民陪审员作用、启动司法机关内部监督机制等工作,促进司法机关公正司法。

常委会制定了《区人大代表旁听区人民法院公开审理案件办法》,组织代表集体旁听23次,400多人次参加。代表在旁听后按照规定对依法审理、庭审能力、审判作风、公诉水平等进行评价,提出建议,对增强法院审理案件的透明度,提高法院办案工作效率和质量起到了促进作用。

对执法检查、工作评议、群众信访中发现的案件,责成办案机关作出处理;委托工作委员会进行调查,提出建议。2002年,区法院根据常委会反馈情况责成相关办案部门提出改进措施,加以落实,当年常委会受理的涉及法院的信访量比上年下降31%。

常委会大力支持"两院"实行错案责任追究制度,定期听取法院对案件审判监督情况的汇报。同时,支持检察院依法加强对审判机关的法律监督,充分发挥自身职能。

关注热点难点问题,维护百姓切身利益。常委会抓住重点,促进政府切实解决群众工作和生活中的实际困难和问题,维护广大人民群众的根本利益。

常委会对残疾人这一特殊群体十分关注,就残疾人劳动就业比较困难、综合服务设施滞后等问题提出意见,并组织代表对落实残疾人无障碍设施情况进行复查,确保工作取得实效。针对广大职工关注的国企改革和再就业问题,常委会积极督促区政府及有关部门认真研究制定了《关于建立企业改制稳定机制的意见》、《关于进一步开展再就业工作的意见》等政策,维护了下岗职工的利益和社会的稳定。常委会还密切关注全区便民工程建设情况,多次组织代表开展专题调研和视察,推进人民群众关心的热点问题的解决。

三、完善任免程序,依法监督任命干部

五年来,常委会注重规范程序,依法办事,将人事任免、人事监督与工作监督相结合,先后任免了377名国家机关工作人员及常委会工作委员会、常委会街道工作委员会组成人员,对48名被任命人员进行了述职评议,增强被任命人员的法律意识和公仆意识。

将人事监督向前延伸。常委会实行了任前公示、任前考试、任前谈话、任前供职发言等一系列制度,拓宽了对拟任命人员任前了解的渠道和方式,尤其是首次对25名"两院"拟任命人员进行任前公示,增加了常委会组成人员对他们的了解,使任免工作更加客观公正,同时提高了拟任命人员的责任感和使命感。

增强任免工作透明度。一是改进工作方法,将过去在会议上发放任免材料,改为会前一周将拟任免人员的材料送达常委会组成人员,使其有较为充裕的时间了解情况、听取意见。二是完善任免表决方式,过去审议免职事项时采用举手表决的方式,现在无论是任职还是免职,一律采用无记名投票的方式进行表决,充分尊重常委会组成人员的意志,使任免工作更加规范和民主。三是当场向被任命人员公开得票数,使其了解常委会组成人员对自己新任职务的认可程度。

加强任后监督。每年组织一次常委会任命人员的集中培训,学习法律法规和人民代表大会制度等知识。通过规范述职内容、扩大述职范围、在述职前进行调研、在述职后跟踪整改情况等,深化了述职评议工作。常委会在每次述职评议前都成立调研小组,组织部分常委会组成人员和人大代表向述职人员所在单位、区政府分管领导及市政府主管部门领导了解其依法履职的情况。几年来,共召开各种座谈会85次,800余人参加,由于较好的掌握了翔实的第一手材料,使评议既实事求是又有力度。同时,加强对整改情况的跟踪检查,在评议半年后再次组织调研小组了解述职人员的整改情况,并向主任会议汇报,增强了评议的实效。

常委会还制定了《关于区人民代表大会选举的“一府两院”领导人员述职评议试行办法》，首次开展了对副区长的述职评议，取得了积极效果。提高了监督的层次，丰富了监督的内容，进一步加强了政府与人民群众的联系，有利于人民群众更直观地了解和监督区政府的工作，有效地促进了被评议干部及其主管部门提高工作水平。

四、夯实人大工作基础，充分发挥代表主体作用

五年来，常委会遵循“四个有所”的工作思路，不断改进和加强代表工作，为代表依法行使职权提供支持和保障，充分发挥代表在管理国家和社会事务中的作用。

重探索，努力创新代表工作。在全市率先成立了人大常委会街道工作委员会（人大街工委），各街道从此有了人大工作机构，对代表更好地履行职务、充分发挥作用具有重要的意义。人大街工委成立以来，组织代表在闭会期间开展活动177项。他们主动协助代表联系选民，认真接待和处理群众的来信来访，其组织、联络、服务职能不断得到完善和增强，受到了代表和选民的欢迎，得到了市委和市人大的肯定和推广，引起了众多新闻媒体的关注。市领导于均波等先后多次就此问题来我区进行专题调研。市委于2003年8月专门召开座谈会，在全市推广人大街工委的工作经验。为进一步加强代表与选民的联系，积极反映选民的意愿，维护选民的利益，常委会首开先河，在全区推行了“代表公示制”，产生了广泛的影响。为充分有效地发挥代表主体作用，将代表置于选民监督之下，常委会开展了代表向选民述职的工作，98%的代表向选民报告了自己履行职责的情况，并接受了评议。工作的创新和行之有效的措施，不仅夯实了代表工作的基础，也为代表工作注入了新的生机和活力。

重服务，为代表履职提供保证。常委会在全区开展了对《代表法》贯彻执行情况的检查；依法维护代表的合法权益；注重对代表的培训；召开“一府两院”工作通报会、代表座谈会，组织代表集中走访选民，开展视察、调研和执法检查等活动，使代表更好地了解区情、为全区发展建言献策；邀请代表列席常委会会议和主任会会议，了解和监督常委会的工作；建立有关制度，密切与代表的联系；督办代表议案和建议，推动“一府两院”切实解决代表提出的问题；对代表开展活动的时间和经费等给予保障，为代表履行职务创造了良好的环境和条件。

重实效，使代表的主体作用得到进一步发挥。“代表职务是第一职务，代表职责是第一职责”已成为全区绝大多数代表的共识。每年闭会期间按照规定参加活动在15天以上的代表比上届提高了31.6个百分点。95.4%的代表全勤出席了届内七次人代会，比上届高出26.6个百分点。共有203名人大代表提出或复议过议案、建议，占代表人数的84.6%，整理归纳出议案393件、建议1191件，平均每位代表6.6件，比上届增加18.6个百分点。共有近900人次代表主动走访选民27000余人次，听取收集意见5000余条，整理出代表建议496件。代表们认真履行职务，反映群众呼声，积极献计献策，推动了“一府两院”工作，较好地发挥了主体作用。

在因工作调离本行政区等原因造成代表名额空缺较多的情况下，常委会于2001年下半年首次尝试了补选区人大代表的工作，维护了人民代表大会组成人员的完整性和选民的利益。根据《选举法》的有关规定和市人大常委会的工作部署，在2003年下半年进行了区十三届人大代表的选举工作。常委会将坚持党的领导、充分发扬民主、严格依法办事贯穿选举工作始终，在人户分离严重、下岗人员增加、外来人口增多给选举工作带来诸多困难的情况下，加强宣传、周密组织、扎实工作，圆满完成了任务。新选出的人大代表结构进一步优化，总体素质进一步提高。

五、加强自身建设，提高工作水平

加强常委会及其机关的自身建设，担负起宪法和法律赋予的职责，成为联系群众、反映民意、解决矛盾、为人民所信赖的工作部门，是常委会坚持不懈的努力方向。

思想理论建设贯穿始终。常委会组成人员和机关工作人员注重学习马克思列宁主义、毛泽东思想、邓小平理论和“三个代表”重要思想，提高政治素质；注重学习人民代表大会制度的基本理论，进一步提高法律意识，增强做好人大工作的责任感和使命感；不断加强立党为公、执政为民的宗旨教育，切实改进工作作风和工作方法，增强工作的积极性和主动性；加强革命传统教育，坚定理想信念，与时俱进，不断开拓人大工作新局面。

学习研讨形成共识。常委会坚持“边工作、边学习、边研究”，提高了履职水平。五年来，集中学习法律17部；组织各种类型的学习研讨活动20余次，撰写论文200余篇；参加全国十城区、十一城区人大工作研讨会和联席会近20次，交流了经验，开阔了视野，拓展了知识领域，形成了学习、工作、研究相互促进的良好氛围。

调查研究不断深入。常委会围绕全区中心任务，结合审议的议题、法律法规的贯彻落实情况和人民群众普遍关心的问题，深入基层，采取多种形式，广泛听取意见，共开展调研180余项。同时，注意发挥人大工作研究会的优势，注重调研成果的转化和运用，为领导决策和提高工作水平起到了应有的作用。

制度建设成效显著。制度建设是人大工作规范化的保证,常委会结合工作实际,在不断总结经验的基础上,加强对工作规律的探索,共制定和修订了24项工作制度,使常委会依法行使职权更加制度化、规范化。

宣传信息有所突破。常委会加强对宣传信息工作的领导,完善制度,健全队伍,不断提高工作水平。五年来,在国家和省市级新闻媒体和网络上发表文章、照片400余篇幅,编发《东城人大信息》、《代表通讯》300余期,向市人大及区委报送重要信息500余条。先后三年被市人大评为优秀信息单位,特邀参加了全国人大新闻宣传工作经验交流会,并在市人大新闻宣传工作会议上作了典型发言。常委会编辑出版了《东城区人民代表大会志》、《纪念区人大常委会成立20周年画册》等有较高历史价值的资料。通过以上工作,宣传了人民代表大会制度和人大工作,在社会上产生了积极的影响。

组织建设有所加强。常委会规范和加强了各工作委员会的工作,明确了职责。各工委会发挥自身作用,为协助常委会依法行使职权做了大量工作。常委会适应新时期人大工作的需要,重视和加强对人大机关干部的培养、使用和交流,努力造就一支精干、高效的干部队伍。

硬件建设得到改善。新建设了人大常委会会议厅,适应了政治文明建设对人大工作的更高要求,为更广泛地拓宽民主渠道、组织公民有序参与政治生活创造了条件。

通过五年的实践,我们对做好人大常委会工作有以下几点主要体会:

第一,必须自觉坚持、紧紧依靠党的领导。中国共产党是社会主义事业的领导核心。只有自觉坚持和紧紧依靠党的领导,才能坚持正确的政治方向,才能更好地履行职责,促进全区各项事业的发展。几年来,区人大常委会始终依靠中共东城区委的领导,坚持重大问题请示报告制度,努力将党的领导、人民当家作主和依法治国有机统一起来,把党的主张通过法定程序变为国家意志,保证了党的基本路线和基本方针的贯彻落实。区委历来重视和支持人大常委会工作,每年多次听取工作汇报,大力支持常委会在探索中前进,尤其是专门召开人大工作会议,做出进一步加强人大工作的决定,总揽全局、协调各方,创造了有利于人大常委会开展工作的氛围。正因为坚持和依靠党的领导,区人大常委会的工作才得以不断深化,作用得到明显增强。

第二,必须坚持监督与支持的有机结合。对"一府两院"进行法律监督和工作监督,是宪法和法律赋予人大常委会的重要职权。同时,人大常委会与"一府两院"又是根本利益一致基础上的国家机关。这就决定了必须把监督与支持有机地结合起来,在监督中支持,在支持中监督。几年来,区人大常委会严格依法履行监督职能,不断丰富监督内容,拓宽监督领域,加大监督力度,注重监督实效,促进"一府两院"依法行政、公正司法。同时,紧紧围绕发展这个执政兴国的第一要务,紧密结合全区热点难点问题部署工作,提出建设性意见,支持"一府两院"推进工作,从而发挥了国家权力机关应有的作用。

第三,必须充分发挥人大代表的主体作用。人大代表是人民代表大会组成人员,充分发挥代表主体作用是人大常委会行使各项职权的基础。只有代表广泛参与全部工作,发挥积极性和创造性,人大常委会的工作才能有旺盛活力。为此,我们深入基层密切联系代表,充分听取代表的意见,尊重代表的职权;强化各工委会和人大街工委职能,组织学习、培训、考察,开展评议、执法检查、视察和调研。代表的履职意识和履职水平不断增强,为人大常委会工作增添了蓬勃生机和不竭动力。

第四,必须把维护人民的根本利益作为工作出发点和落脚点。人大常委会是人民行使当家作主权力的机关,它的权力是人民赋予的。代表人民的根本利益是民主制度的本质要求和常委会的职责所在。因此,我们牢固树立全心全意为人民服务的思想和真心实意对人民负责的精神,围绕人民群众普遍关心的热点难点问题、围绕关系人民群众切身利益的问题履行职责,无论是安排常委会议题,还是组织代表活动,或是向"一府两院"提出建议,乃至办理信访案件,都细心倾听群众的呼声,关心群众的疾苦,诚心诚意办实事、尽心竭力解难事,维护了群众的利益,赢得了人民的支持和称赞。

第五,必须具有明确的工作思路和勇于创新的精神。用清晰的思路指导工作,用明确的目标引领工作,与时俱进、开拓创新,是坚持和完善人民代表大会制度,不断开创人大工作新局面必不可少的条件。为此,常委会集思广益,在届首之年就制定了五年工作思路,确定了"有所提高、有所扩展、有所改进、有所创新"的工作目标。根据每年的实际情况,分别以学习、推进、提高、深化、总结为主题,有条不紊地开展工作。五年来,正是始终不渝地坚持和贯彻既定的思路和目标,在实践中将依法办事与创造性工作相结合,努力研究探索工作规律,积极采取新举措,不断深化工作,常委会才实现了在依法履职和加强监督方面有所提高、在行使重大事项决定权方面有所扩展、在行使人事任免权方面有所改进、在代表工作方面有所创新,从而为推进我区社会主义民主法制建设积累了新的经验。

回顾几年来的工作,在取得进步的同时,我们也清醒地看到常委会的工作与党的要求和人民群众的期望相比,还有不少差距。如:对人民代表大会制度的学习和理解还有待深入;监督的力度和实效有待增强;代表的主体作用有待进一步发挥;常委会审议质量和组成人员的整体素质还需继续提高;有些工作制度仍需进一步完善和落实等等。

要按照建设社会主义政治文明的要求,认真研究制定2004年工作计划和今后五年工作规划,明确工作思路和目标,发挥好国家权力机关应有的作用。

要围绕我区政治、经济、社会发展中的重大问题以及涉及人民群众切身利益的问题依法行使决定权,改革和完善决策机制,集中广大人民群众的智慧和力量,促进全区各项事业发展。

要把监督工作作为重点,综合运用审议、听取汇报、视察、执法检查、评议等行之有效的监督方式,加大监督力度,增强监督实效,促进"一府两院"依法行政、公正司法,保障法律法规在我区的贯彻落实。

要进一步拓宽人民群众参与人大工作的途径和形式,进一步调动和激发人大代表履职的积极性和创造性,密切联系群众,倾听和反映群众呼声,发挥人大及其常委会的民主主渠道作用,努力实现好、发展好、维护好最广大人民群众的根本利益。

要全面加强人大常委会自身建设,深入实际开展调查研究,努力把常委会及机关建设成为学习型组织,增强整体素质,提高工作水平,以适应新形势下承担的重要任务。

东城区人民政府工作报告

2004年1月11日在东城区第十三届人民代表大会第一次会议上

东城区区长　卢　彦

过去五年工作回顾

区十二届人大一次会议以来,我们高举邓小平理论伟大旗帜,深入实践"三个代表"重要思想,认真贯彻党的十六大精神,在市委、市政府和区委的领导下,紧紧抓住跨世纪发展的重要战略机遇期,以"新北京、新奥运"为主题,全力推进"二三六三"发展战略,解放思想,开拓创新,艰苦奋斗,加快发展,圆满完成"九五"计划,顺利实施"十五"计划,全面完成人代会确定的各项任务,全区现代化建设取得可喜成果。

五年来,东城经济持续快速健康发展,综合实力显著增强

2003年,全区国内生产总值预计完成329.4亿元,是1998年的2.5倍,年均递增20.6%;区级财政收入完成31.38亿元,是1998年的3.3倍,年均递增26.7%;全区社会消费品零售额预计完成166亿元,是1998年的2倍,年均递增14.6%;全社会固定资产投资额预计完成170亿元,是1998年的3.1倍,年均递增25%。

两业发展势头良好,经济结构调整初见成效。2003年底,全区现代服务业和高科技产业预计实现增加值151.2亿元,是2000年的4.9倍,年均递增69.4%,占全区国内生产总值的比重已达到45.9%。东城经济结构已经开始从以传统零售服务业为主向以两业为主的第三产业转变。

三个经济功能区建设进展顺利,东城经济三足鼎立的格局已具雏形。王府井现代化商业中心区初具规模,每年实现零售额达到全区的三分之一左右。王府井升级战略正式启动,地下空间综合开发规划、"数字王府井"建设和"王府井·北京商情指数"发布取得阶段性成果。国际著名商业街研讨会获得巨大成功,王府井的国际知名度和影响力显著提高。交通商务区建设成效明显,制定了规划方案,基本完成了招商引资工作,一批大型企业总部相继落户东二环,新保利、中海油等已开工项目进展顺利,东直门交通枢纽暨东华广场建设正式启动,城市铁路东直门站竣工通车。雍和宫、地坛、国子监传统文化旅游区建设规划意见和工作方案已完成,确定了以五大旅游街区和五条特色街为主的基本格局,重点地区环境整治取得初步成效。

经济体制改革进一步深化,对外开放水平继续提高。坚持以理顺国有资产管理体制为龙头,以产权制度改革为核心,组建了东方信达资产经营总公司,在整合全区国有资产、推进区属企业改革、提高营运水平方面发挥了较好作用。区属企业改革初见成效,东方文化经济发展集团、永安复星医药有限公司等已完成改制的企业发展良好。非公有制经济实现新发展。对外开放进程加快,累计实际利用外资12.3亿美元,是改革开放以来最多的五年。2003年,外商投资企业预计实现增加值111.4亿元,是1998年的14.1倍。成功举办了“加速建设21世纪北京现代化东城”发展战略研讨会,扩大了我区的国际影响力。对外友好交往稳步推进,与韩国汉城市钟路区正式建立友好关系。

五年来,城市现代化建设日新月异,城市管理水平不断提高

五年累计实现竣工面积539万平方米,完成投资544.6亿元,与上个五年相比,分别增长247%和202%。

历史文化风貌保护成绩突出。坚持以保护为前提,以发展为动力,积极实施皇城保护与修缮,高标准建成皇城根遗址公园和菖蒲河公园,荣获“中国人居环境范例奖”。江泽民同志视察菖蒲河公园并给予高度赞扬。南池子修缮改建试点工程取得成功,受到群众和专家好评,温家宝总理等领导人亲临视察并给予肯定。五年共筹集资金14.6亿元,完成了普度寺、地坛坛墙、宣仁庙一期、凝和庙等一批文物整治修缮工程。天主教东堂和南豆芽清真寺等宗教场所修复工程在国内外产生较大影响。

危旧房改造取得历史性突破。按照危改加房改的思路,组建了住宅发展中心,通过政府组织、居民参与、市场运作、企业实施的新模式,先后启动并完成了海运仓、交东、东四、民安、育什五片危改小区建设,朝内、建内等危改项目正在抓紧进行。五年共完成危改投资116亿元,实现开工总面积422万平方米,竣工面积142.3万平方米,累计动迁居民44800户,是前10年危改拆迁总量的2倍。累计回迁居民17500户,居民户均面积由不足20平方米增加到70平方米以上。

市政基础设施建设全面加快。共投资35亿元,年均递增23.9%,相继完成了金宝街、东内大街、交东大街等19条市政道路的拓宽改造工程,新建、改造市政道路23.1公里,建成了八横七纵的交通干线网络,全区主要道路改造任务基本完成。

城市环境建设取得良好效果。高标准完成地坛园外园、南馆水景公园、北京站西街整治等一批精品环境工程,全区绿地面积达到642.4公顷,人均绿地面积9.99平方米。完成东四三至八条平房电采暖示范工程、崇雍大街整治等工程,全区环境质量明显改善。

社会事业项目及重点项目建设进展良好。建成了东方国际文化交流中心、科技中心、和平里医院医技楼等33个项目;通过资源整合,启动了现代化学校建设,府学小学、和平里四小、二中一期、六十五中综合教学楼等工程相继完成,回民小学迁入新址,一七一中学、新史家小学即将建成;信远大厦、光彩大厦等一批重点项目正在建设。

城市管理水平逐步提高。成立了市政管委,初步理顺了城市管理体制;以治理环境脏乱为突破口,全面加大城市环境整治力度,共拆除违法建设50万平方米,实现全区无占路市场目标,荣获“国家卫生区”称号;扎实推进胡同工程,相继建成一批精品胡同;控制大气污染各阶段任务全面落实;按照三类以上标准,完成了全区1300座公厕的改造任务。

五年来,精神文明建设成绩喜人,社会现代化建设稳步推进

精神文明建设水平不断提高。认真落实《公民道德建设实施纲要》,紧密结合东城实际,深入开展文明城市、文明行业、规范化达标和民族团结进步等群众性创建活动,荣获“全国精神文明建设先进城区”称号,争创“全国双拥模范城”活动连创佳绩。

教育和科技事业蓬勃发展。认真落实五年教育规划,大力推进素质教育、现代化学校建设、校长和教师队伍建设、信息化四项工程,继续保持东城教育领先优势。承办了全国基础道德教育研讨会;在全国第十八届青少年科技大赛中获得优异成绩,被评为“全国中小学生课外文体活动工程示范区”;二中、景山学校被认定为北京市示范性普通高中。“数字东城”建设取得明显进展,网络平台及信息应用等系统基本完成;制定了《2003~2008年东城区科技工作规划纲要》,科普工作成绩突出,现代科学技术应用于重大工程项目并取得较好效果。

文化、卫生、体育等工作成绩明显。文化事业繁荣发展,群众文化活动内容更加丰富,被评为“全国文化先进区”。继续深化卫生体制改革,积极推进卫生资源调整,卫生防病、医疗质量和服务水平稳步提高。群众体育活动蓬勃开展,8个街道荣获“全国城市体育先进社区”称号,全区体育人口达到56%,我区输送的运动员在国内外大赛上屡获佳绩。计划生育优质服务深入开展,荣获四项全国先进,残疾人、侨务工作获全国先进称号,妇女儿童、档案、保密、老龄等各项工作均取得新进展。

五年来,坚持立党为公、执政为民,下大力量提高人民群众生活水平

努力推进社区建设,为市民营造优美舒适的生活环境。坚持“五个注重”的总体思路,制定了社区建设整体规划,完成了社区居委会规模调整和第五届居委会换届选举工作,九道湾社区居委会直选在国内外产生较大影响,社区干部素质进一步提高。成功举办了

“21世纪中国北京社区建设王府井国际研讨会”，东四奥林匹克社区、海运仓等四个社区体制机制创新进展良好，社区便民服务体系逐步完善。多渠道筹集资金1.1亿元用于社区建设，胡家园等三个小区被评为全市首批金牌小区，荣获“全国民政工作先进区”和首批“全国社区建设示范区”称号。

扎扎实实为群众办实事，人民生活质量进一步提高。累计开发就业岗位33.95万个，失业人员再就业率平均为70.19%，城镇登记失业率平均为0.67%。预计2003年居民人均可支配收入14800元，年均递增13%。社保及低保工作各项措施全面落实，社会保险参统人数42.2万人。五年共投入低保金、粮油帮困补贴金、医疗救助金1亿多元，全区有45577人次享受城市最低生活保障。466户居民享受到廉租房政策。

全力维护政治稳定和社会安定。确保建国50周年庆典等重大活动的绝对安全。深入开展“严打”和各种专项斗争，全力推进“科技创安”和“科技强警”工程，刑事发案率逐年下降，连续两次获“全国综合治理先进单位”，公安分局实现“全国优秀公安局”四连冠。做好法轮功人员的教育转化工作，共转化282人次。妥善处理新时期人民内部矛盾，共受理群众来信来访来电6万余件，办结率达99%以上，为群众解决了大量实际困难。扎实开展安全生产工作，工伤事故和非正常死亡人数大大低于市政府下达的控制指标。

五年来，以转变政府职能为重点，努力加强政府自身建设

切实加强民主政治建设。认真执行区人民代表大会及其常委会的各项决议，主动接受人大监督。支持政协发挥参政议政职能，重大决策做到事前与政协和民主党派协商。共办理完成人大代表、政协委员的议案、提案、批评建议3298件，办结率为100%。建立政府与工会联席会制度和政府、工会、企业三方协商机制，积极支持工青妇的工作，民族、宗教和涉台工作取得新进展。

以抗击“非典”为契机，不断提高驾驭全局和应对复杂局面的能力。在区委的领导下，迅速建立坚强有力的防治“非典”领导和工作体系，高效有序推进防治工作；坚持科学态度，努力提高救治水平；依靠全区各部门和广大群众，构建覆盖全区的疫情防护网和强有力的保障体系，先后拨款2489万元用于防控工作，确保抗击“非典”斗争取得重大胜利。

不断强化依法行政和服务意识，大力优化发展环境。制定并实施了《推进依法行政工作实施方案》，行政效能进一步提高。加强行政执法监督，试行了巡查制，群众对依法行政的满意率由65%上升到85%。连续三次清理精简行政审批事项共412项，精简比例为59.5%。“四五”普法、人民调解、法律服务和法律援助工作健康发展。基层政权建设扎实推进，街道办事处工作水平稳步提高。制定了26项优化发展环境措施，全面提升“一站式”服务质量，在全市首家设立了“企业家日”和中小企业发展讲坛，实行了企业绿卡制度和重点企业联络员制度。城管、园林等部门积极探索工作和服务新机制，按照ISO9001质量管理体系进行规范化管理取得初步成效。大力整顿和规范市场秩序，努力营造公平竞争的市场环境。政府机构改革取得显著成效。

进一步树立扎实、务实、朴实的工作作风。各级领导、广大干部深入一线，及时发现、研究并解决问题，完成了王府井升级战略、城市现代化思考与实践等重大课题。从2002年开始，将政府31个专业工作会议合并召开，节省了大量人力、物力和财力并抢出了宝贵的工作时间。在危改等工作中，全区各单位坚持从群众利益出发，深入细致地做好工作，密切了政府与群众的联系。

认真落实党风廉政责任制，大力加强廉政勤政建设。严格执行廉政反腐败各项规定，扎实抓好廉政建设。进一步完善重点工程建设资金的全过程审计，组织审计400多项，涉及单位818个、资金量387亿元，保证了财政资金的合理、有效使用。在全市率先制定了拆迁工作“八公开、八不能”制度，规范了拆迁行为。治理中小学乱收费工作取得初步成效。

回顾五年来政府工作，我们有许多有益的启示。

第一，不断强化政治意识、大局意识和责任意识是保持正确发展方向的前提。我们始终坚持把东城工作自觉纳入全市工作之中，主动争取市委、市政府的领导；自觉接受区人大、区政协监督，维护全区团结和谐的工作氛围，特别是在抗击“非典”和重点工作的考验面前，我们在区委的坚强领导下，凝聚力、战斗力进一步增强。

第二，坚持抓住发展这个执政兴国第一要务是解决一切问题的关键。我们始终坚持发展是硬道理，用发展的办法解决前进中的问题。不管面临多大困难和压力，我们牢牢把握经济建设这个中心，聚精会神搞建设，一心一意谋发展，在全市发展的激烈竞争中赢得了主动权。

第三，以与时俱进的精神不断完善发展思路是推进工作的动力。在“十五”计划编制过程中，我们通过深入调研，针对东城发展中的重点、难点和薄弱环节，确定了“二三六三”发展战略，明确提出在首都率先基本实现现代化进程中走在前列的战略目标，为实现快速发展奠定了坚实基础。

第四,大力加强政府系统队伍建设是确保任务完成的重要基础。通过坚持不懈地抓好政府系统作风建设,全区逐步锻炼出一支作风扎实、团结奋斗、能打硬仗的干部队伍,为我们战胜困难,夺取胜利提供了有力保障。

第五,坚持立党为公、执政为民是一切工作的出发点和落脚点。认真实践“三个代表”重要思想,努力使广大人民群众在不断发展变化中得到更多实惠,是政府工作的根本目的。只有真正把人民群众的根本利益实现好、维护好、发展好,才能进一步密切政府与群众的血肉联系。

东城区的现代化建设虽然取得了较大成绩,但仍然存在着一些突出矛盾和问题:一是政府职能转变与市场经济发展的客观要求还不相适应,政府公共管理和社会服务职能方面还存在许多问题;二是全区发展环境有待进一步改善,建设服务型政府还存在一定差距;三是城市管理体制改革尚未实现实质性突破,城市管理现代化水平亟待提高,人民生活还有诸多不便;四是区属国有企业经济效益不高、发展后劲不足的问题仍较突出;五是多渠道筹融资机制需继续完善;六是人才短缺,特别是高素质管理人才和一些领域专业人才短缺。这些问题要在今后工作中认真加以解决。

今后五年的形势和任务

未来五年,东城发展面临难得的历史机遇。十六届三中全会提出“五个统筹”、“五个坚持”的原则和要求,北京在全国率先基本实现现代化和举办最出色一届奥运会的目标,为东城发展提供了新的契机。历届区委、区政府和全区人民共同努力创造的良好发展态势,“十五”计划确定的发展战略,为我们实现在首都率先基本实现现代化进程中走在前列的战略目标奠定了坚实基础。东城区深厚的历史文化底蕴和丰富的教育、医疗卫生、信息资源,既是东城区特有的优势,也是我们今后发展的宝贵财富。

未来五年发展也面临严峻挑战。面对经济体制改革进入攻坚阶段、对外开放不断深化的新形势,如何有效解决发展中的深层次问题,仍然是我们面临的重要课题。在狭小的地域空间中,如何抓住北京筹办奥运会的机遇,找准自身位置、寻求更广阔的发展空间,是我们必须认真对待并力求突破的现实课题。随着首都发展,历史风貌保护与城市现代化建设之间的矛盾更加突出,群众对改善居住条件的要求还很强烈。在东城发展的较高平台上,如何继续保持经济社会协调发展和人与社会的全面进步,还有大量问题需要我们认真研究解决。

面对难得的发展机遇和严峻挑战,我们必须始终坚持发展是第一要务和以人为本等原则,力求在首都整体格局中实现差异化发展,努力把东城区建设成为全市文化氛围最浓厚,城市环境最美丽、最舒适、最整洁,现代化水平和国际化程度最高的城区之一。

今后五年政府工作的总体要求是:坚持以邓小平理论和“三个代表”重要思想为指导,认真贯彻十六大、十六届三中全会和市九次党代会精神,全面落实区九次党代会确定的指导思想、总体奋斗目标、发展战略和工作原则,坚持以人为本,树立全面、协调、可持续的发展观,围绕“新北京、新奥运”的战略构想,以创新体制、调整结构、优化环境、全面发展为主题,深入实施“二三六三”发展战略,深化改革、扩大开放,把握全局、解决矛盾,统筹兼顾、协调发展,在全面建设小康社会的基础上,突出文化特色、环境特色、现代化特色和国际化特色,努力实现在首都率先基本实现现代化进程中走在前列的战略目标,把东城区建设成为现代化、国际化的首都中心城区。

未来五年政府工作的主要任务是:

一、在经济结构调整上实现新突破,基本实现经济现代化

继续坚持以经济结构调整为主线,实现经济增长总量与质量和效益的高度统一。到2008年,全区国内生产总值达到546亿元,人均国内生产总值达到10400美元左右;财政收入按照现行体制达到53亿元;社会消费品零售额突破200亿元;全社会固定资产投资额累计达到690亿元。

扎扎实实发展两业。以金融保险、邮电通讯、旅游、房地产、商业、IT业、文化产业以及各类中介服务等行业为重点,积极引进大型企业总部,逐步形成稳定的产业链,实现东城经济结构优化升级。

集中精力完成三区建设。以机场线快速轨道交通项目、东直门交通枢纽和东二环商务带为重点,全力推进东二环交通商务区建设,形成以空港服务功能和大型企业总部为特色的现代化交通商务区。积极实施王府井升级战略,完善王府井的硬件设施,全面提升王府井的经营结构和管理水平,建成国际一流的现代化商业中心区。加快实施雍和宫、地坛、国子监传统文化旅游区建设,有效整合文化旅游资源,推动旅游业快速发展。进一步抓好特色街规划建设,形成以三个经济功能区为核心,以特色街区为骨干的经济布局。

全面深化经济体制改革。建立完善的国有资产监督管理体制和经营者激励约束机制,完成区属企业重组改制工作,培育1～2家区属上市公司;进一步增强公有制经济的活力，大力发展混合所有制经济，积极支持非公有制经济发展，完善东城经济所有制结构。

全面加快国际化步伐，对外开放达到新水平。加大招商引资宣传力度，制定优惠政策，形成较完善的招商引资工作协调机制；建立外商投资绿色通道，扩大外商投资领域，创新利用外资方式，五年实际利用外资总额达到8亿美元；实施“走出去”战略，发展涉外经济，推动外向型经济发展。

努力营造良好发展环境。认真落实优化发展环境的政策措施，不断探索新的服务理念和方式；继续深入整顿和规范市场经济秩序；全面贯彻《行政许可法》，规范行政审批行为，增强行政执法水平和服务意识；逐步形成以法律为保障、产权为基础、道德为支撑的社会信用制度。

二、切实提高城市建设管理水平，基本实现城市现代化

继续坚持以保护为前提，以发展为动力的工作思路，集中力量推进城市现代化建设。到2008年，人均住房面积达到20平方米；人均道路面积达到8平方米；人均绿地面积达到11平方米以上；空气质量显著改善，把东城区建设成为具有浓郁的文化氛围、强烈的现代化气息、美丽的城市形象、舒适欢乐的人文感受的现代化城区。

历史文化保护区修缮和保护实现新突破。认真落实《北京历史文化名城保护规划》和《北京皇城保护规划》，以皇城保护为重点，积极探索历史文化保护区修缮保护的新模式，采取多种方式推进历史文化保护区修缮保护工作。

危旧房改造和市政基础设施建设实现新突破。进一步创新危改机制和模式，基本完成现有危旧房改造任务。全力加快轨道交通建设，继续实施路网加密工程，分阶段逐步改造现有市政管线，形成较完善的市政设施和道路交通设施体系。

继续加强生态环境建设，全面提升环境质量。进一步抓好绿化美化工作，全区绿化覆盖率达到28%以上，绿地率提高到25.6%。落实控制大气污染各项任务，对重点地区和街道进行高标准整治，实现主要大街、重点地区清扫机械化和垃圾收运密闭化、机械化。

城市管理体制机制创新取得实质性突破。确定城市管理现代化的工作思路，继续深化城市管理体制改革，理顺市政管理部门职能，形成条专块统、职责明确、配合密切、管理到位的城市管理长效机制。加快专业作业市场化，降低管理成本。继续加大环境整治和综合执法力度，彻底解决环境脏乱问题，保持“国家卫生区”称号。建立智能化交通管理系统、公共秩序和社会安全维护系统，健全城市防灾减灾指挥系统，完善危机管理和应对体系，增强处理突发事件的快速反应能力。

三、以促进人的全面发展为目标，基本实现社会现代化

发挥先进文化在社会进步与人的全面发展中的重要作用，努力建设学习型社会，推进社会各项事业协调发展，健全覆盖全社会的社会保障体系，文明城区建设达到新水平。到2008年，全区信息化指数达到300；人口平均预期寿命保持在77岁以上；教育经费支出占国内生产总值比重保持在2%以上，18～22岁年龄组人口高等教育毛入学率达到50%；万人拥有医生数达到90名以上，育龄群众享有基本生殖保健服务；万人拥有文化娱乐设施保持在13.5家以上；全区体育人口达到66%，人均体育场地面积达到1平方米；万人刑事案件发生数控制在40起以下。

以公民道德建设为重点，促进精神文明建设水平显著提高。扎扎实实开展公民道德建设，促进人民群众的思想道德素质、社会道德水平明显提高。深入开展群众性精神文明创建活动，进一步提高社会文明程度。继续抓好双拥共建活动，力争实现“全国双拥模范区”五连冠。

努力实现科教兴区的新突破，带动社会各项事业协调健康发展。继续深化教育改革，全面抓好现代化学校建设，提高干部教师的整体素质和教科研能力，推进东城教育均衡发展。大力加强科技工作，以科技进步不断推进经济和社会事业发展，全区公众科学素养显著提高。完善政府公共卫生管理职能，建立健全疾病信息网络体系、疾病预防控制体系和医疗救治体系，提高基本医疗服务水平和突发性公共卫生事件应急能力，努力创建“健康城市”。不断提高群众文化活动规模和水平，进一步繁荣文化事业；发挥文化资源优势，促进文化产业发展。大力开展全民健身活动，切实提高东城人民健康水平。

不断提升社区建设水平。进一步理清职能部门与社区的关系，发挥职能部门在社区建设中的作用，创新社区管理体制和运行机制；进一步理清社区职能，提升社区自治功能；以满足不同人群、不同层次需要为目标，进一步完善社区服务功能，运用市场机制推进社区服务发展。

进一步完善劳动和社会保障体制。建立市场导向就业机制和适应市场经济要求的就业服务体系，创造更多就业岗位。完善各项保险制度，基本形成覆盖全社会的社会保障体系。完善城市居民最低生活保障制度，健全信息网络和救助体系，实现有效社会救助。

四、推进政治文明建设，全力维护社会稳定，打造法治型、服务型政府

切实提高民主政治建设水平。强化法律意识、民主意识和责任意识，自觉接受人民代表大会及其常委会的工作监督和法律监督；主动接受政协民主监督，发挥各民主党派、工商联及工青妇等群众团体联系群众的桥梁和纽带作用。

保持良好的社会环境。加强社会治安综合治理，认真贯彻“严打”方针，继续开展与法轮功邪教组织的斗争。推进维护稳定工作向以防范为主转变，规范工作机制，落实维护稳定领导责任制和责任追究制。加强政法队伍建设，提高政法干部素质。建立健全人民内部矛盾纠纷排查调处机制和工作网络，有效化解各种矛盾和纠纷。深化公民法律宣传教育，切实推进法律援助和法律服务，完成“四五”普法任务。全面落实安全生产责任制和责任追究制。

实施“人才强区”战略。按照《中共中央、国务院关于进一步加强人才工作的决定》要求，紧紧围绕全区现代化建设需要，抓好培养人才、吸引人才、用好人才三个关键环节，努力形成公平竞争、人尽其才、充满活力的用人机制和鼓励优秀人才脱颖而出的良好环境。以行政管理、企业经营管理和专业技术人才为主体，建设结构合理的高素质人才队伍。

努力建设法治型、服务型政府。大力推进政府职能转变，加快政府资源整合，把政府职能转变到经济调节、市场监督、社会管理和公共服务上来，进一步完善行为规范、运转协调、公正透明、廉洁高效的行政管理体制，树立扎实、务实、朴实的政府形象。努力提高政府依法决策、依法管理、依法行政水平。合理划分区街职能，发挥街道办事处在社区建设、城市管理等方面的重要作用。

2004年工作建议

2004年，是新一届政府的届首之年。区九次党代会已经确定了未来五年工作的总体奋斗目标，扎实做好全年工作，开好头、起好步，对于完成今后五年发展任务至关重要。

2004年东城经济主要预期目标是：全区国内生产总值实现362亿元，社会消费品零售额实现182亿元，财政收入实现34.5亿元，全社会固定资产投资额实现187亿元，同比增长均在10%左右。城镇居民人均可支配收入达到16130元，同比增长9%左右。

为实现上述目标，主要抓好六方面工作：

一、全力推进东城经济持续快速协调健康发展

以两业发展为重点，加快经济结构调整步伐。一是研究制定产业结构调整措施，促进现代服务业和高科技产业快速发展。二是继续落实总部战略，积极引进符合东城特点的国内外知名企业，促进产业结构升级。进一步整合全区资源，加快形成与总部经济配套的产业链。三是适应流通现代化的客观要求，结合资源调整和企业重组，加快推进商业经营水平的提升。四是制定传统产业改造提升的鼓励性政策，引导、扶持传统企业特别是老字号企业，运用高新技术、现代经营理念和经营手段进行改造。五是积极引导旅游、文化等新兴产业发展，不断壮大东城经济实力。六是紧密结合未来发展需要，启动“十一五”规划编制工作。

全面推进三个经济功能区建设。一是确保东二环交通商务区各建设项目全面开工。成立交通商务区建设管理办公室，负责这一地区的开发建设和协调管理，确保中海油等已开工项目顺利施工，机场线快速轨道交通项目上半年正式开工。二是继续实施王府井升级战略。以启动国际品牌中心项目建设为重点，进一步加大招商引资力度，提高王府井的国际化水平。以信息化应用为重点，积极推进“数字王府井”建设，完善“王府井·北京商情指数”，促进管理水平提高。继续抓好硬件建设，实施校尉胡同北口拓宽工程和帅府园胡同市政改造工程，创造条件力争启动富阳大厦、王府井御园大厦等工程，做好地下空间综合开发等项目的前期准备。三是加快传统文化旅游区建设。以国子监地区整治为重点，逐步启动实施传统文化旅游区建设规划，规范旅游市场环境，推动旅游业蓬勃发展。四是采取积极有效措施，抓好银街、隆福寺等特色街的规划建设。

继续加大经济体制改革力度。一是深化国有资产管理体制和机制改革，着手组建国资委，为实现政企分开奠定基础。进一步理顺国有资产经营公司与权属企业的内部管理体制，确保国有资产保值增值。二是加大国库集中收付体制改革力度，扩大部门预算编制范围，启动“金财工程”。三是加快奥士凯、天元等企业的改制，全面完成区属企业改制工作。加强对改制后重点企业的跟踪调研，进一步完善政策措施，促进企业发展。

全面提升对外开放水平。抓住入世、筹办奥运及CEPA生效的有利时机，积极尝试商业、卫生、教育、旅游等行业的合资合作。落实招商引资责任制，全年实际利用外资1.6亿美元。积极引导企业发展服务贸易，扩大高新技术产品出口。进一步扩大与国内外友好市区的交往，积极配合办好中法文化年北京经贸洽谈会等重要外事交往活动。

集中力量优化发展环境。一是强化政府政策和信息导向功能，通过多种形式，及时向社会公布政策、规划、招投标等情况。二是坚持和完善“企业家日”活动、企业绿卡制度和中小企业发展讲坛，积极探索优化发展环境的新机制和新举措，全面推广全程办事代理制，真正做到方便群众、方便企业。三是抓好政府信用建设，推行服务承诺制，保持政策的连续性、稳定性。四是完善企业警示系统，鼓励和支持中介机构开展信用评估业务。五是认真落实市场准入的各项政策，鼓励非公有资本进入法律法规未禁止的投资领域，积极支持非公有制中小企业做强做大。六是大力整顿和规范市场经济秩序，营造公平竞争环境，继续开展对重点市场、重点商品的专项整治行动，维护经营者、消费者的合法权益。七是高质量做好经济普查工作。

二、积极推进城市现代化建设与管理

全年实现开复工面积600万平方米，其中新开工面积100万平方米，竣工面积100万平方米。

积极稳妥抓好历史文化保护区修缮保护。按照《文物保护法》和《北京历史文化保护区房屋保护和修缮工作的若干规定》要求，积极探索历史风貌保护与现代化建设有机结合的途径，力争实现新的突破。努力创造条件启动玉河、三眼井和菖蒲河二期等工程，恢复这些地区的历史风貌。以南锣鼓巷四合院保护区为重点，探索实施四合院保护、利用的新模式。

创造条件推进危旧房改造。一是继续抓好在施危改小区建设，确保朝内、建内危改居民顺利回迁，甘水桥危改力争年内实现结构封顶，西营房危改正式开工建设。二是下大力量抓好芍药居经济适用房建设，力争302、304号楼完成主体结构，其余栋号全面开工建设。三是积极创造条件，力争启动新太仓、后永康、黄土岗、美仑等危改项目。

以轨道交通为重点，推进市政基础设施建设。充分运用市场化手段，启动机场线快速轨道交通项目，积极配合地铁总公司抓好地铁五号线建设，提高区域内轨道交通总体水平。启动崇内大街、海关东侧路等市政道路改造，完成东二环西辅路朝阳门至大方家胡同段道路建设。

坚持不懈抓好生态环境建设。完成北京站东街等重点环境整治项目，进一步抓好雍和宫等周边环境综合整治，力争完成柳荫公园和青年湖公园湖水处理改造工程。全年扩大改造绿地5公顷、植树2万株、种植草坪2公顷，创建5个花园式单位。

加快推进重点项目建设。地税大厦和政府服务经济大厅争取年内竣工，一七一中学和新史家小学确保新学年投入使用，区法院大法庭、二中、五中、五十五中、东直门中学、地坛体育大厦等项目开工建设，落实残疾人活动中心和区妇幼保健院建设项目，力争启动区检察院办公楼及区交通指挥中心建设，积极协调推进光彩、信远、富华金宝中心等房地产开发项目。

创新体制和机制，努力提高城市管理水平。运用信息化手段，推进数字化城市管理，提高科技含量和实际效果。进一步加大城市环境整治力度，全年拆除违法建设3万平方米。继续实施“胡同工程”，再建一批精品街巷。全面完成燃煤锅炉改造任务，总结推广平房采暖改造经验。建立大型工地可视监视系统，提高治理扬尘污染水平。大力发展循环经济，积极推广垃圾分类，促进垃圾减量化、资源化。在全市率先完成节水型小区和单位创建工作，继续抓好防汛、供暖、人防等各项工作。

三、切实加强精神文明建设，促进社会各项事业协调进步和人的全面发展

把精神文明建设放在突出位置抓好。落实《公民道德建设实施纲要》，积极倡导“爱国守法、明礼诚信、团结友善、勤俭自强、敬业奉献”基本道德规范，全面推进以社会公德、职业道德、家庭美德为重点的道德教育和道德实践，不断提高人民群众的思想道德素质。深化文明城市创建活动，积极探索新形势下军(警)民共建新途径。

以建设教育改革试验区为契机，积极推进教育现代化。继续推进素质教育，保持领先优势。全面深化教育人事制度、办学体制、投资体制和学校后勤服务社会化改革，促进教育事业持续发展。把干部教师素质和教科研能力作为全面提高教育质量的关键环节抓好抓实。加快教育结构布局调整，整合教育资源，做好职教、成教、特教和学前教育等工作。认真做好争创社区教育先进区工作。进一步规范社会力量办学，加大治理中小学乱收费力度。

继续推进科技、文化、卫生、体育等各项事业协调发展。以发挥科技的先导作用为目标，完善科技服务体系，促进成果转化和科技企业发展。整合全区信息化资源，建立健全信息化管理协调机制。大力开展科普工作，提高群众的科学素养。以庆祝建国55周年为契机，打造一批文化精品，提升群众文化活动水平；加强文物修缮保护工作，加大文化市场管理力度，促进文化市场繁荣。建立健全突发公共卫生事件应急机制和公共卫生体系，全面提升公共卫生保障能力和基本医疗服务水平；以争创全国社区卫生服务示范区为契机，进一步做好社区卫生服务工作；继续深化医疗卫生体制改革，提高医疗机构经营管理、医疗质量和服务水平。加大卫生监督管理力度，规范全区医疗、药品和医疗器械市场。进一步落实《全民健身计划纲要》，全区体育人口达到58%，国民体质测试合格率达到78%。抓好计划生育工作，创造良好人口环境。进一步做好档案、保密、老龄、残联、地方志、妇女儿童、红十字会等各项工作。

四、进一步加强社区建设，切实提高人民生活水平

稳步推进社区建设。坚持“五个注重”的工作思路，努力创新社区建设的机制体制，重点抓好东四奥林匹克社区和海运仓、交东、民安、南池子等新型社区的建设。继续抓好重点社区建设，力争再推出一批特色社区。进一步加强社区自治组织建设，增强社区自我管理能力。从居民群众的实际需要出发，拓展服务内容，完善服务形式，推进社区服务社会化。

切实做好劳动和社会保障工作。全年新开发社区就业岗位7500个，确保失业人员再就业率达60%以上，城镇登记失业率控制在2.5%以内。加强失业人员的创业培训，提高创业和就业能力，鼓励弹性就业、自谋职业和自主创业。凡财政支出的社会公共服务项目所开发的公益性就业岗位，优先安置“4050”失业人员。规范企业用工行为，保障劳动者合法权益。继续深化社会保障制度改革，确保各项基金收缴率达到95%以上。大力做好城市低保和救灾救济工作，实现低保人员的科学动态管理。

继续实施办实事工程，方便群众生活。在面向全区公开征集建议的基础上，切实抓好20件为群众拟办重要实事的落实。全年大修房屋500间，按照二、三类标准改造20条胡同，继续改造无煤气或无暖气楼房。做好社区商业发展规划，落实危改小区菜市场建设，深入实施放心食品工程，保证居民吃上放心的肉蛋菜粮。按照二类标准改造77座公厕和100个死粪井，创造条件争取自建一处粪便排放点。加大力度做好标准租私房工作，完成市政府下达的任务。进一步推行廉租住房工作，改善特困人群基本居住条件，

五、以转变政府职能为突破口，切实加强法治型、服务型政府建设

加快政府职能转变。一是更新政府行政理念，强化服务意识，树立依法公开、有限行政、法治行政理念，提高服务效能和服务水平。二是理顺政府与社会的关系，充分发挥市场在资源配置中的作用和中介组织的作用。三是进一步改革政府机构，积极稳妥推进事业单位改革。四是明晰行政分级管理体制和区街责权，推进管理重心下移。五是按照人才资源是第一资源的要求，创新人才工作机制，制定有关政策，多层次、多渠道开展人才培训，重点培养一批高层次和高技能人才。

切实提高依法行政水平。在政府系统广泛开展《行政许可法》学习培训。抓紧组织清理现有行政许可事项，规范行政许可行为。按照《推进依法行政工作实施方案》，建立和完善重大决策事前法律分析论证制度、违法责任追究制度。健全行政执法责任制、行政执法公示制、行政执法听证制和行政执法错案责任追究制，做好行政复议受理工作。全面推行规章文本和规范性文件自由索取工作，深入开展“四五”普法活动，提高广大群众的法制观念。

创新行政管理方式。推进电子政务建设，提高政府信息的利用效率及信息资源共享，基本实现政府网上办公。不断充实、及时更新政府网站，扩大服务领域，为公众提供方便、快捷、高效的网上服务。总结推广城管和园林部门按照ISO9001质量管理体系进行规范化管理的经验，执行《东城区国家公务员公共服务行为规范暂行规定》，进一步规范行政行为。

完善监督制约机制。一是加强社会监督。健全特邀监察员、廉政监督员和群众举报等制度，深入开展纳税人评议政风、行风活动。通过完善人民群众建议征集制度、重大事项社会公示制度和重大政策社会参与制度，保障群众的知情权和参与权。二是强化行政监察。加强廉政监察、效能监察和执法监察，落实领导干部述职、述廉制度、质询制度和民主评议制度，促进政府勤政廉政建设。三是抓好资金监管。加强对部门预算、会计信息质量、税收征管和财政性投资的监督管理，提高依法理财水平。规范“收支两条线”管理。加强对政府公共工程、各类财政性资金投入绩效和领导干部任期经济责任审计，扩大审计结果公布范围。

六、大力加强民主政治建设，全力维护政治稳定和社会安定

努力建设民主政治。更加自觉接受区人大及其常委会的法律监督、工作监督，积极为人大代表依法履行职责、行使职权创造条件，继续做好政府组成人员向人大述职、接受评议工作。坚持和完善多党合作和政治协商制度，进一步形成人民政协和各民主党派参政议政、发挥民主监督职能的良好氛围。继续加大办理人大代表议案、建议和政协委员提案力度。依法做好民族、宗教、侨务和涉台工作，积极支持工会、共青团、妇联、科协等群众团体开展工作。

全力维护东城政治稳定和社会安定。坚持专群结合，建立打、防、控一体化的长效机制，加快推进“科技强警”，提高技防水平。持续开展“严打”整治和与法轮功邪教组织斗争，加强重点地区治安防范，降低刑事案件发案率，增强群众安全感。以控制集体访为重点，深入开展信访问题排查工作，落实逐级信访工作制度，建立完善社会化信访工作网络，强化部门与属地的信访责任制。加强政府便民电话工作，切实为群众排忧解难。认真贯彻《安全生产法》，确保不发生重大责任事故，确保不突破市政府下达的控制指标

中国人民政治协商会议北京市东城区第十届委员会常务委员会工作报告

2004年1月10日在政协北京市东城区第十一届委员会第一次会议上

东城区政协副主席 王汉民

一、工作回顾

第十届区政协任期的五年,是我们伟大的祖国跨世纪跨千年豪迈前进的五年。在中国共产党的领导下,全国各族人民万众一心,艰苦奋斗,战胜了国内外的各种困难和风险,取得了改革开放和社会主义现代化建设的巨大成就。首都北京日新月异,经济建设和各项社会事业的发展硕果累累。东城区经济快速增长,城市面貌焕然一新,社会事业全面发展,民主法制建设稳步推进,人民生活水平显著提高,在东城区现代化建设史册上写下了光辉的篇章。五年来,区政协在中共东城区委的领导和北京市政协的指导下,高举邓小平理论伟大旗帜,努力学习和贯彻"三个代表"重要思想,突出团结和民主,认真贯彻落实市、区政协工作会议精神,紧紧围绕全区的工作大局,坚持与时俱进,积极开展政治协商,主动实施民主监督,不断拓宽参政议政渠道,在实践中探索,在前进中开拓,为全区的改革发展稳定和现代化建设作出了积极的贡献。

(一)围绕全局积极建言献策,政治协商取得显著成效

政治协商是人民政协的首要职能。按照协商于决策之前和执行过程之中的要求,十届政协制订了《关于进一步推进政治协商规范化制度化的意见》,坚持了全体会议集中协商、主席会议重点协商、常委会议专题协商、专委会议对口协商的制度,认真安排议题,精心组织会议,充分发扬民主,努力协调落实,各种政治协商取得了显著效果。

每年一次的全体会议是就贯彻落实党和国家重大决策,推进全区战略发展进行集中政治协商的重要形式。十届政协委员以高度负责的精神,在全会上对各年度政府的工作报告、国民经济和社会发展计划及其执行情况的报告、财政预算和执行情况的报告,以及区人民法院、区人民检察院的工作报告进行认真充分地协商讨论。通过大会发言、专题座谈和分组讨论,对我区的重要工作部署和全局性的工作提出意见建议。中共东城区委、东城区人民政府的主要领导同志和各部门负责人都亲临历次大会,直接听取意见,与政协委员共商我区发展大计。委员在全会上协商提出的意见建议,经归纳整理后报送区委区政府,区委书记、区长都亲自批示有关部门认真研究,吸纳办理。十届三次全会认真协商讨论了《东城区国民经济和社会发展第十个五年计划纲要(草案)》,各党派、团体、各界委员围绕全区的发展战略积极献计出力,得到了区委区政府的高度评价。

五年来,围绕全区改革发展稳定的重要问题,主席会和常委会认真组织了重点协商和专题协商,听取有关经济体制改革、社会保障和劳动就业、社区建设、普法教育、与法轮功斗争、教育事业发展规划等情况通报78次。第35次常委会议协商讨论了《东城区2003~2008年科技工作发展规划(草案)》。在深入调查研究的基础上,通过协商讨论提出了关于进一步鼓励非公有制经济健康发展、关于东城区中小学生心理健康教育、关于发展旅游文化促进王府井商业中心区建设、关于建设东二环经济发展新区、关于优化发展环境等22项建议案,为区委区政府的决策和改进工作提供了重要的参考意见。建立了专委会与政府相关部门的对口联系,紧紧围绕全区经济、政治、文化等各方面的重点工作开展各种沟通讨论,充分反映社情民意,发表真知灼见,促进了我区各项事业的健康发展。

(二)探索多种方式,主动开展工作,加大了民主监督的力度

民主监督是政协的一项主要职能,也是发展社会主义民主政治的必然要求。十届政协增强监督意识,创造知情条件,加强与人大、纪检、监察、司法等机构的配合,努力探索民主监督的有效途径。第3次常委会审议通过了《关于进一步推进民主监督规范化制度化的意见》。坚持会议、视察、提案、信息等监督方式和选派监督员的工作,探索与行政执法单位结合的专题监督,加大了监督工作的力度。

五年来,组织委员对政府重点工作进行了近百次专项视察。通过视察、考察,委员们对我区整顿市场经济秩序、城市建设重点工程、文物保护、城区危旧房改造、文教卫体事业发展、创建文明社区、加强民族宗教

等方面的工作有了深入的了解，针对问题提出了许多批评意见和改进工作的建议，积极地履行了民主监督的职责。加强了特邀监督员的选派工作。61 名委员受聘担任各类监督员，参加了区委区政府及有关部门组织的以“政务公开”为重点的各项行风评议、党风廉政建设责任制和达标创先活动等项检查考核工作。委员们克服困难，发挥优势，工作一丝不苟，作风严谨扎实，推动了一些群众反映强烈的难点热点问题的解决，受到各方的好评。在总结监督员工作实践的基础上，深入研究，反复论证，制订了《东城区政协监督员工作规则》，明确和规范了监督员的性质、作用、聘任程序、组织管理等问题，经区委转发全区后，对监督员工作起到了推动作用。

（三）发挥优势，努力创新，参政议政工作不断深化

深入实际调查研究，是政协参政议政、建言立论的重要形式。常委会和各专委会，紧紧抓住全区改革发展稳定中带有全局性、战略性、前瞻性的问题和群众关注的难点热点问题，组织各界委员开展多种形式的参政议政活动。五年来，常委会确定了 27 项重点专题调研，各专委会联合各党派团体开展工作，深入实际，调查研究，形成了调查报告，对存在的问题进行了分析，提出了改进工作的建议。这些报告经区委区政府批转有关部门和单位研究参考，许多建议得到了采纳，对科学决策起到了积极的促进作用。《关于东城区中小学生心理健康教育问题的调查与建议》、《关于王府井商业中心区的调查报告》、《关于雍和宫、国子监、地坛传统文化旅游区建设的调研报告》、《关于推进东城区老旧住宅小区实施物业管理的调研报告》、《关于推进东城区危旧房改造的建议》等调研，紧扣重点问题，分析透彻、建议具体，针对性和可操作性较强，有些被《人民政协报》、《北京调研》等报刊作了长篇报道或全文刊载。《关于东城区中小学生心理健康教育问题的调查与建议》、《关于东城区中小学生身体健康状况的调查与建议》还获得了东城区“调研成果一等奖”。

常委会注重发挥政协优势和委员专长，创新多种形式，不断拓展参政议政领域，“各抒己见”专题座谈活动，是十届政协委员参政议政的一个新形式。几年来，委员们分别围绕“我是政协委员”、“我谈民主监督”、“我谈公民道德”、“我谈东城发展”等主题，讲实话、道实情、说发展、提建议，畅所欲言，增进共识。参会委员准备充分，发言踊跃，许多观点刊登在《东城政协》报上，并经报送区委区政府，引起了重视。2003年，常委会结合本区今后五年的发展举办了“奥运东城·发展”论坛，抓住奥运机遇与东城的经济现代化发展、城市现代化发展和社会现代化发展，组织委员并邀请有关专家，结合实际，从实施“新北京，新奥运”的战略构想到发展理念，从思路建议到措施方法，发表了许多有益的观点。区领导和有关部委办局的负责同志到会，认真听取了意见建议，为全区的发展建设提供了切实有效的智力支持。

（四）完善措施，提高质量，提案工作迈出新的步伐

提案是各界委员履行职能最方便、最直接、最有效的方式。常委会注重发挥提案作用，努力创新方法，抓住重点，采取有效措施，不断提高提案质量、办案质量和服务质量。坚持主席、秘书长督促重点提案办理工作制度，加强与区政府的协调配合，不断促进提案工作的落实。坚持研究提案工作的新情况、新问题，积极探索做好提案工作的新方法，运用编印《提案目录》和《重点提案摘报》这一创新形式，加快了办理进度。健全和加强了优秀提案的表彰工作。十届政协以来共收到各党派团体和政协委员提案 1592 件，审查立案 1589 件。这些提案紧紧围绕东城区物质文明、政治文明和精神文明建设以及群众反映的热点问题提出了意见建议。在区委区政府的高度重视下，通过各级党政部门的积极努力，都得到认真地办理（关于提案工作另有报告）。

（五）密切联系群众，反映社情民意工作进一步拓展

十届政协坚持把反映社情民意的信息工作作为政协履行职能的重要基础和关键环节来抓。通过召开信息工作会、研讨会和社情民意漫谈会，加强和外省、市、区政协的学习交流等形式，不断提高委员反映信息的意识和能力。进一步加强了信息工作的硬件建设和网络建设。委员深入群众、深入实际，听取各界的呼声，及时报送社情民意。委员反映情况积极踊跃，信息覆盖面广泛。五年来共报送各种信息 1235 条，编发《社情民意》1017 期，被采用 1307 条次。其中被中央办公厅等国家级信息刊物采用 6 条，市委市政府市政协等市级机关采用 351 条，市、区领导批示 176 条。意见建议具有一定的建设性、操作性，表现出委员们对党和政府工作的高度关注和参政议政意识的不断增强，为全区理顺情绪、化解矛盾、增进共识、凝聚人心、维护稳定作出了积极贡献。去年，在全市政协系统率先报送了关于我市应重视防治非典的信息。“暂时关闭网吧”、“开设空中课堂”、“加强医院内管理防止交叉感染”等一批社情民意，为各级领导的科学决策提供了很好的参考意见。本届政协连续保持了市政协系统和区委区政府系统的信息先进单位。

（六）推进制度建设，政协履职的规范化、制度化、

程序化不断加强

五年来，在政协履行职能的制度建设方面取得了新的进展。区政协在深入调查研究、广泛听取各方面意见的基础上，为中共东城区委制订《关于贯彻北京市政协工作会议精神，进一步加强新时期人民政协工作的决定》提出了具体建议。连续三年分别对政治协商、民主监督、参政议政工作进行研究，总结了实践经验，加强了制度建设，制定了进一步推进规范化制度化建设的意见。继续坚持、修订和完善了《区政协全体会议、常委会议、主席会议操作程序》、《常务委员会工作规则》、《专门委员会组织通则》、《政协东城区委员会提案工作条例》、《区政协委员意见建议处理办法》等90多项规章制度，编印了《东城区政协制度汇编》。

在执行和落实制度方面不断取得新的成效。结合贯彻市、区政协工作会议精神，把执行和落实规章制度作为推进政协工作的一项重要任务。进一步提高人民政协是我国政治生活中发扬社会主义民主的重要形式的认识，努力推动各项制度的落实，并在实践过程中，不断听取委员意见，努力探索新的经验，有效地提高了政协的工作效率和委员的履职水平。

（七）倡导情通心通理通业通，促进了爱国统一战线的发展

十届政协始终把大团结、大联合作为工作的主线。政协领导坚持委员接待日和谈心会制度，经常了解和关心各界委员的思想、工作和生活情况，努力帮助他们排忧解难。开展委员活动日、联欢、联谊和慰问活动，密切各界委员间的交流和沟通。坚持与区委统战部、政府民族宗教办公室联合举办民族宗教界人士的“学习研讨班”，加深了对党的民族宗教政策的理解，统一了认识。加强同港澳台侨的联系，在建国50周年之际邀请香港委员参加国庆观礼，香港、澳门顺利回归后召开“新世纪，话统一”座谈会，激发了委员热爱祖国、统一祖国的爱国热情；围绕首都的发展，组织委员开展“爱祖国，逛京城”活动，使委员亲眼目睹了首都的巨大变化。委员自编自导自演的“委员大联欢”，以“爱东城、颂东城、建东城、繁荣东城”为主题的中秋联谊会等一系列活动，贴近东城、贴近群众、贴近生活，加强了沟通，凝聚了力量。非典期间，政协三次发出《致委员的一封信》，传达中央和市、区委的工作要求，提出希望；看望和走访了委员和各界代表人士，了解情况，征求意见，沟通情感；动员委员主动参与抗击非典的各项工作，积极宣传抗击非典斗争中委员的先进事迹；委员自发地为一线的医护人员、公安干警、社区干部捐款近百万元和部分医疗卫生用品。几年来，常委会和各专委会带着课题，组织委员赴外地学习参观考察，和当地政协进行交流，了解党和国家重大决策取得的伟大成就。积极创造条件走出国门，拓展海外联谊渠道，组团赴法国、德国及我国香港、台湾地区进行友好交流活动，增进了相互之间的了解和友谊。

开展多种形式的活动，扩大交往，活跃和推进了政协工作，“古都书画联谊会”坚持以文会友，广交朋友，举办了迎接21世纪书画展，与外省市政协进行书画交流。“东城政协摄影沙龙”举办的《纪念中国共产党建党80周年》、《我们的家园——政协委员眼中的东城》等摄影展受到各方的称赞。开展了纪念东城政协成立45周年活动，出版了大型画册。收集整理文史资料314篇，编辑出版了《今日王府井》、《与共和国同行》、《心声集》、《非常的战斗》等95万字的文史书籍，体现了广大委员与东城各项事业紧密相连。组织少数民族委员参加市政协系统的蹴球比赛，展现了东城政协的风采。支持委员参与社区建设和社会公益活动，主动为下岗职工提供再就业机会、看望和捐助弱势群体。适时慰问教师、护士、公安交通干警、环卫工人、市政重点工程建设者和备战市运动会的教练员运动员。积极开展为10个街道社区捐献图书活动。委员在自愿的前提下，为贫困地区发展教育卫生等事业捐款捐物、义务支教义诊。在广大委员捐助下，支持贵州遵义务川仡佬族苗族自治县建设了一所北京东城希望小学。

（八）加强自身建设，政协委员和机关工作人员素质不断提高

按照面向新世纪、迎接新挑战、开拓新局面的要求，常委会积极开展“三个代表”重要思想的学习教育活动，不断提高政治素质和思想水平。坚持主席会、常委会每年听取专委会工作计划和总结，重视发挥专委会基础作用和委员的主体作用，为专委会开展活动创造良好的工作基础。

认真抓好委员队伍建设。把加强学习作为推进人民政协事业发展的基础，努力建设适应时代发展要求的学习型政协组织。常委会注重把学习与增进共识、与提高履职水平、与创新工作结合起来，努力提高政协组织的学习力、创新力和凝聚力。十届政协常委会外出学习考察，以“重走长征路”为主题，加深了委员对中国共产党领导中国革命走过的艰苦历程的了解，深刻认识“没有共产党就没有新中国”的历史意义和现实意义，更加自觉地贯彻“长期共存、互相监督、肝胆相照、荣辱与共”的方针。五年来，坚持每年组织贯彻全国“两会”精神报告会和区情通报会，举办了《加入WTO对我国经济及人民生活的影响与对策》、《我国金融状况及金融机构改革》、《经营城市与优化发展环境》、《伊拉克问题和中东问题》、《学习中共十六届三中全会精神报告会》等各种学习报告会、形势报告会，播放内参录相，为全体委员订阅了《人民政协报》和

《北京观察》,为常委和各专委会正副主任发送《学习》期刊,为委员学习提供条件。在自愿学习、自我教育的前提下,通过举办研讨、培训、报告会、组织参观等多种形式,组织委员学习政治理论和现代经济、科技、法律等知识,更新观念,开阔视野,增长才干,提高参政议政的能力和水平。

机关处以上干部开展了以"讲学习、讲政治、讲正气"为主要内容的教育活动,处级干部参加了区委组织的"一把手素质工程"教育培训,科级干部参加了"三个代表"重要思想学习教育和全区"解放思想,优化发展环境"的大讨论。按照区委部署,政协机关进行了机构改革,完成了人员分流,实行了岗位目标责任制,完善内部考核,调动了机关干部职工的工作主动性和创造性,机关工作人员的学习意识、主动创新意识、协调配合意识和廉洁自律意识进一步得到加强,思想政治素质、工作效率和服务质量都有新的提高。适应工作的需要,创建了"东城政协网站",设立了"区情通报"、"在线议政"、"党派情况"、"委员信箱"等栏目,为委员了解区情,反映社情民意,上网参政议政提供服务。坚持编发《东城政协》报,通过重要工作的通报、"议政参考"、"委员论坛"、"委员风采"等栏目,方便委员对形势和区情的了解,加强自我教育和相互学习,宣传政协委员履职工作。关心老委员和代表人士的学习和生活,为他们参政议政、发挥作用提供条件。

我们虽然取得了新的成绩,但同时应看到政协工作面临的新形势、新任务和新要求,工作中也还存在着一些差距和不足。比如,按照中共十六大精神,如何进一步加强政协履行职能的规范化、制度化、程序化;如何适应东城区的发展要求,进一步提高专题调研和参政议政的水平;如何加强与党政机关的经常性联系,进一步拓宽委员知情参政的渠道;如何更好地发挥界别作用和委员主体作用,更广泛地调动委员履职积极性。这些都需要在今后工作中进一步研究和改进。

二、主要体会

回顾十届区政协五年来的工作,主要体会是:

(一)必须自觉坚持中国共产党的领导,用邓小平理论和"三个代表"重要思想统领政协工作

坚持中国共产党的领导,是人民政协在我国政治生活中履行职能,发挥作用的根本保证。政协工作的一切发展,都是贯彻中共中央的要求,解放思想、实事求是、与时俱进、开拓创新的结果;政协事业的一切成就,都是在中国共产党领导下,同各党派团体、各族各界人士团结合作的结果。十届区政协牢固树立党的领导观念,在政治上同中共中央保持一致,在工作上坚决贯彻中共东城区委的各项决定和部署,主动请示汇报,争取领导,确保党的路线方针政策在政协的贯彻执行。常委会坚持用邓小平理论和"三个代表"重要思想指导政协的全面工作,自觉增强政治意识、大局意识和责任意识,把贯彻党的路线方针政策和区委的决议,同履行政协三大职能结合起来,坚定地为改革发展稳定献计出力。

(二)必须主动围绕中心,选好参政角度,注重履行职能的实效

围绕中心服务大局是政协工作不断开拓新局面的基础,也是政协履职必须遵循的原则。五年来,政协紧紧围绕经济建设这个中心,服从和服务于党和政府的工作大局,抓住涉及全局性的重大问题和群众关注的热点难点问题,积极主动地开展参政议政活动。发挥政协人才荟萃、联系广泛、位置超脱、渠道畅通的作用,组织委员着力在"尽职"、"帮忙"和"切实"上下功夫,想实招、鼓实劲、办实事、富有成效地开展工作。实践证明,只有这样,政协才能充分体现整体的优势,切实发挥自身作用,"聚精会神搞建设,一心一意谋发展",为推动全区改革开放和现代化建设作出应有的贡献。

(三)必须坚持与时俱进,在实践中不断开拓创新

十届政协在实践中坚持不懈地学习统一战线和人民政协理论,不断深化对人民政协性质、地位和作用的认识,积极开展对人民政协理论与实践的研讨,遵循"在前进中开拓,在开拓中前进"的工作思路,努力适应发展的要求,探索切实有效地履行职能的方法和途径,注重研究新情况,探索新方法,解决新问题,创造性地履行职能。努力实现统一意志和调动各方面积极性的有机统一,实现反映多数人的普遍愿望和注意吸纳少数人的合理要求的有机统一,实现扩大政治参与和保持政治稳定的有机统一,实现监督与支持、批评与促进的有机统一。实践证明,坚持解放思想,实事求是,与时俱进,开拓创新,政协工作就会充满生机和活力。

(四)必须突出团结和民主两大主题,创造宽松和谐的氛围

人民政协是大团结大联合的象征,实现同心同德,团结合作,把各方面力量最大限度地凝聚起来,共同致力于社会主义现代化建设是政协工作的重要任务。十届政协坚持在增进团结的过程中发扬民主、在发扬民主的基础上巩固团结,坚持了求同存异、体谅包容、平等待人、协商办事的原则,形成了发扬民主,畅通渠道,广开言路,努力促进大团结大联合的政治局面,调动和保持了各界委员参政议政的热情,使广大委员确实感到人民政协是学习的大学校、参政议政的大舞台和温馨和谐的大家庭,齐心协力为共建小康社会献计出力。

（五）必须始终贴近群众、关心群众，注重发挥政协的界别作用、委员的主体作用和专委会的基础作用

政协的工作必须密切联系群众，深深地扎根于群众之中。必须适应我国经济和社会结构的深刻变化，加强委员深入实际，联系各界群众的工作。十届政协坚持以人为本和“群众利益无小事”的观念，始终把人民群众的安危冷暖作为履职的第一信号和工作的第一职责，实事求是地反映问题，用科学的理论和知识分析问题，为党和政府的科学决策提出建议。十届政协工作的开展，得益于积极拓展联系委员的渠道，努力探索发挥界别作用的途径和方法；得益于调动了委员参政议政的积极性，委员的主体作用在政协工作的各个方面、各个环节上更充分地得到体现；得益于发挥了各专委会联系各界别、各方面人士的基础作用，组织委员开展经常性活动，促进了政协工作向广度和深度发展，进一步提高了政协工作的整体水平。

三、工作建议

今后五年，是我们国家深化改革、扩大开放、完善体制，推进全面、协调、可持续发展，实现全面建设小康社会目标的关键时期；是东城区抓住“新北京、新奥运”的契机，加快发展，努力在首都率先基本实现现代化进程中走在前列的重要机遇期。新一届区政协要继续深入学习贯彻中共十六大和十六届三中全会精神，全面落实中共东城区第九次代表大会提出的各项工作部署，以邓小平理论和“三个代表”重要思想为指导，坚持和完善中国共产党领导的多党合作和政治协商制度，在中共东城区委领导下，依靠全体政协委员，团结各民主党派、人民团体和各族各界人士，高举爱国主义和社会主义旗帜，坚持团结民主两大主题，适应发展要求，积极推进我区“两业”（现代服务业、高新技术产业）、“三区”（王府井现代化商业中心区，东二环交通商务区，雍和宫、地坛、国子监传统文化旅游区）、“六个新突破”（危旧房改造、市政交通设施建设、历史风貌保护、科教兴区、城市管理、经济结构调整）、“三项举措”（良好环境的吸引力、总部经济的吸纳力、城市精品的辐射力）的发展战略，解放思想、实事求是、加快发展、乘势而上，在实践中开拓、在开拓中前进，为实现东城区在首都基本实现现代化进程中走在前列的发展目标，促进东城区的物质文明、政治文明和精神文明协调发展作出新的贡献，努力开创政协工作的新局面。

为此，提出如下工作建议。

（一）进一步深入学习中共十六大精神，认真贯彻东城区第九次党代会的各项部署

要深入学习和全面贯彻中共十六大精神，深刻领会“三个代表”重要思想的精神实质和科学内涵。当前，要特别学习和贯彻好中共十六届三中全会精神，认真贯彻中共东城区第九次代表大会提出的各项部署和要求，把广大委员的思想认识和各界的智慧与力量凝聚到实现党和国家的各项任务上来。要认真学习修改后的政协新章程，加深对新时期人民政协性质、地位、作用的理解和认识，增强履职的主动性和自觉性。要采取多种形式，围绕履职需要，组织委员学习党的路线方针政策、国家法律法规和现代科学知识。要大兴学习之风，联系不断发展的实际，解放思想、实事求是、与时俱进，努力倡导科学的精神，树立开放式、团队式、创新式的学习意识，不断增强政协的学习力、创新力和凝聚力，把政协建设成为适应时代发展要求的学习型组织，为更加有效地履行政协职能打下坚实的基础。

（二）进一步围绕全面建设小康社会和在率先中走在前列的奋斗目标，积极主动地履行政协职能

坚持以经济建设为中心，紧密围绕发展这个执政兴国的第一要务，抓住北京2008年奥运会的机遇和实现我区在首都率先基本实现现代化的进程中走在前列的发展目标，积极主动地开展各项履职活动。要加强对贯彻落实党的方针政策和国家法律法规的政治协商和民主监督，针对改革发展稳定中的突出问题认真搞好参政议政。要主动围绕区委区政府的中心工作，发挥政协的优势和特点，努力拓展履职的渠道和形式，促进我区经济和社会各项事业全面、协调、可持续性发展。要从实际出发，关注党和政府的工作难点和群众反映的社会热点，深入调查研究，为优化发展环境，推进城市现代化建设和不断改善人民生活等问题献计出力。要进一步提高提案工作的质量，努力促进各项履职工作的深化。

（三）进一步坚持团结和民主两大主题，充分调动各族各界群众的积极性

在中国共产党领导下实行团结和民主，是人民政协性质的集中体现，是人民政协继往开来的方向和使命。坚持“长期共存、互相监督、肝胆相照、荣辱与共”的方针，继续发挥优势，加强与各民主党派、人民团体和各族各界人士的沟通、联系与合作，促进大团结、大联合。继续坚持情通心通理通业通，努力营造宽松和谐、生动活泼的氛围。按照中共十六大关于发展社会主义民主，建设社会主义政治文明的总体要求，在实践的基础上，不断创新，完善制度，积极推进政协履行职能的规范化、制度化和程序化。要广泛团结港澳台胞和海外侨胞，团结一切可以团结的力量，坚决同分裂祖国的“台独”势力进行斗争，为早日完成祖国统一大业贡献力量。

（四）进一步协助党和政府协调关系、化解矛盾、

理顺情绪、凝聚人心

完成改革和发展的繁重任务,必须保持和谐稳定的社会环境。人民政协要高举爱国主义和社会主义的旗帜,把团结各界、凝聚人心的工作摆在突出位置。要根据新情况、新变化,加强同各方面人士包括新的社会阶层人士的联系,调动一切积极因素,巩固和发展最广泛的爱国统一战线。要宣传和协助贯彻党的民族政策,巩固和发展平等、团结、互助的社会主义民族关系。要宣传和协助贯彻党的宗教信仰自由政策,积极引导宗教与社会主义社会相适应。要深入了解群众的愿望和呼声,进一步拓宽反映社情民意的渠道,协助党和政府做好协调关系,化解矛盾的工作,努力维护安定团结的政治局面。

(五)进一步加强自身建设,夯实做好政协工作的基础

要适应时代的要求,进一步发挥常委会的领导作用。要深入学习邓小平理论和“三个代表”重要思想,增强政治意识、大局意识和责任意识;要完善政协的各项工作机制,不断提高履行职能的实效;要坚持求真务实、勇于实践、大胆探索,奋发有为的精神状态,更好地发挥领导作用。政协委员要适应形势发展的要求,努力增强履行职责的使命感和责任感,自觉学习,增进共识,不断提高参政议政的能力和水平。要从思想上、作风上、制度上进一步加强机关建设,提高干部队伍素质,树立良好形象,贴近委员、尊重委员、方便委员,为委员履行职责创造良好的条件。

关于东城区2003年国民经济和社会发展计划执行情况与2004年计划(草案)的报告

2004年1月11日在东城区第十三届人民代表大会第一次会议上

东城区发展计划委员会主任　刘　力

一、2003年国民经济和社会发展计划执行情况

2003年是全面建设小康社会的开局之年,也是我区落实“迎奥运行动计划”,加快现代化进程的启动之年。全区以邓小平理论和“三个代表”重要思想为指导,深入学习贯彻党的十六大精神和十六届三中全会决议,积极落实市委、市政府总体工作部署和区委八届十四次全会精神,全面推进“二三六三”发展战略,克服了“非典”疫情等不利因素的影响,各项主要经济指标保持两位数增长,社会事业蓬勃发展,圆满完成了区十二届人民代表大会第六次会议审议通过的2003年国民经济和社会发展计划。

(一)国民经济快速增长,综合实力跃上新台阶

国内生产总值首次突破300亿元,预计完成329.4亿元。经济的发展以及北京市实施完全“在地统计”,使经济规模和总量实现了历史性跃升,同口径增长12%,比预期目标高出2个百分点,完成计划的154%。第三产业发展迅速,预计实现增加值311.5亿元,增长13.5%,占GDP比重达到94.6%;第二产业预计实现增加值17.9亿元,三产为主,二三产业互补增长的格局更趋明显。财政收入首次突破30亿元,达到31.38亿元,增长15%,完成计划的102.7%。财政支出预计完成25.3亿元,为变化后年度预算的95.3%。

消费品市场繁荣活跃。通过积极营造商势,开展系列专项整治活动,消费品市场保持了快速健康发展。社会消费品零售额预计完成166亿元,增长14.6%,完成计划的121.2%。成功引进7~11、冠军店、迪亚等新兴业态和知名品牌,新增连锁企业3家、连锁分店145家。新兴营销方式蓬勃开展,网上销售、电话销售和邮购销售额下半年比上半年分别增长了27.2%、103%和59.2%。旅游业在“非典”疫情有效控制后快速恢复,三季度接待旅游人数比二季度增长2.7倍,全年旅游总收入预计实现70亿元。

固定资产投资增势强劲。全社会固定资产投资预计完成170亿元,增长16.7%,完成计划的112.7%,开复工面积1050.5万平方米,增长20.8%。其中,基本建设投资预计完成40亿元,增长42.3%;房地产开发业投资预计完成125.2亿元,占全社会固定资产投资的73.6%。商品房销售大幅增长,实现销售额95.1亿元,增长271%;销售面积264.6万平方米,增长252.3%。投资主体趋向多元化,预计国有单位投资72亿元,非国有单位投资98亿元,国有投资带动、非国有投资支撑的格局逐步形成。

(二)结构调整向纵深推进,对外开放取得新成绩

以现代服务业为龙头，多元发展的经济格局逐步形成。预计“两业”实现增加值151.2亿元，增长14.6%，占GDP比重达到45.9%。现代服务业预计实现增加值146.9亿元，增长15.4%，成为带动经济发展的主要动力。租赁和商务服务、房地产、专业技术服务及金融等产业快速增长，增幅分别达到51.9%、28.3%、24.8%和18.3%，拉动第三产业上升4.4个百分点。传统产业得到提升，社会服务业、批发和零售业增加值分别增长16%和23.9%，吴裕泰和稻香村分别发展连锁店14家和5家。

实施“总部战略”，“三区”建设取得新成就。新引进苏宁电器、金士力等总部型企业，三菱商会、汇丰银行、菲利浦电器等37家世界500强企业落户东城。按照结合实际、突出特色的原则，完善了“三区”总体规划，预计完成投资45.9亿元，占全社会固定资产投资的27%。全年投资20.2亿元，加快实施王府井升级战略，充分发挥王府井现代化商业中心区购物、娱乐、旅游、会展功能，成功举办国际啤酒节、国际美食节、汽车展等活动。东二环交通商务区完成投资24.4亿元，东二环西侧13个公建项目已有11个完成招商，中国海洋石油、新保利大厦等项目已开工建设。传统文化旅游区完成投资1.3亿元，《雍和宫、国子监历史风貌保护区功能规划》已经完成并抓紧落实。

进一步理顺国有资产管理体制，91%的国有和集体企业完成改制。经过合并重组先后成立了东方信达资产经营总公司房产经营分公司、新北方旅游产业发展有限责任公司等五家公司。企业所有制结构趋于多元化，非公经济迅速发展。有限责任公司和股份合作制企业达到15217家，占全区企业总数的77.7%。个体工商户和私营企业已达14398家。

对外开放进一步扩大，外资外贸大幅增长。全年新批外商投资企业71家，协议投资总额达到1.51亿美元，实际利用外资突破2亿美元。涉外税收入库区财政预计达到12亿元，占区财政收入38.2%。对外贸易大幅增长，实现工业出口交货值10.2亿元，商业商品出口额160亿元，增长41.4%。

（三）基础设施和生态环境有效改观，城市现代化水平进一步提高

市政基础设施建设继续推进。投资1.97亿元，完成2.48公里道路建设。朝阳门北小街、金宝街东段、站西街先后竣工通车，八横七纵的交通路网基本形成。地铁五号线东城站点完成拆迁并开工建设。升级改造7条胡同19000平方米的道路，新铺步道7500平方米。完成102条胡同整治，建成29条精品胡同，胡同面貌得到改观。市政基础设施建设投资达到11.4亿元，增长15.2%，城市服务功能有效提高。

生态环境明显改善。配合市政道路改造和青年湖、柳荫公园等景区建设，全年植树12.6万株，铺植草坪6公顷，扩大改造绿地20.1公顷，人均绿地面积达到9.99平方米，绿地覆盖率达到27.6%。崇雍大街整治工程顺利完工，地坛园外园二期和站西街等一批新的城市精品工程相继建成。完成大气治理第九阶段任务，改造锅炉222台，东四三至八条平房电采暖示范工程全面完成，清洁燃料使用率达到97%。30座公厕经过改造全部达到二类以上公厕标准。

（四）人民生活水平显著提高，劳动和社会保障工作稳步推进

居民收入较快增长。城镇居民人均可支配收入预计达到14800元，增长13%；城镇居民人均消费性支出预计为11600元，增长12%。消费结构升级继续加快，家庭设备用品及服务、居住等服务性支出快速增长，增幅分别达到31%和45%；移动电话、空调、汽车等热点消费持续增长，百户拥有量分别达到131部、115台和3辆。恩格尔系数达到33.9%，居民生活质量进一步提高。

群众居住条件明显改善。全年在施危改项目12个，其中新开工建设2个，共投入危改资金29.4亿元，拆迁居民4012户，竣工面积达113.7万平方米。海运仓、交东、东四、民安、育什五片危改小区顺利竣工，13000户居民迁入新居。朝内、建内、甘水桥等危改工程正在抓紧建设。积极探索历史风貌保护和城区危旧房改造的有机结合，完成南池子保护区修缮改建试点工程，受到群众和专家的好评。加快经济适用房建设，芍药居10.4万平方米的经济适用房已经开工，303号楼进入收尾阶段。

社区建设扎实推进。全年投入4200万元用于社区事业的发展。特色精品社区建设走向深入，确定了32个重点社区，东四奥林匹克社区、九道湾传统胡同型社区、南池子古都风貌保护社区等特色社区建设成果显著。初步制定《东城区社区商业发展规划》，促进社区商业发展。

劳动和社会保障工作再创佳绩。全年登记失业人员达到23511人，比上年增加4522人，通过各种渠道实现再就业15988人，增长24.4%，再就业率达到68%。其中，新开发社区就业岗位14599个，实现社区就业9327人。城镇登记失业率为1.24%，低于2%的控制指标。社会保险扩面征缴取得新进展，参加养老、失业、工伤、基本医疗保险缴费人数分别完成计划的109%、128%、101%和101%，四项基金平均收缴率达到99%以上。积极落实“两个确保”，全年为7643户居民16674人发放最低生活保障金3662万元，为44700人次支付失业保险金5730.9万元。

(五)坚持经济与社会协调发展,各项社会事业取得新成就

"科教兴区"取得新进展。制定了《2003～2008年东城区科技工作规划纲要》。全年新增高新技术企业7家,累计达到30家,我区第一家科技企业孵化器——金兰巢科技孵化器有限公司正式成立,王府井地区停车诱导系统(二期)荣获国家级火炬计划项目证书。坚持教育优先发展和适度超前战略,全年投资1.62亿元加快教育基础设施建设,一七一中学和新史家小学正在抓紧施工,二中、五中方案设计正在抓紧论证。教育布局继续优化,合并调整部分中小学、幼儿园,进一步扩大优质教育资源。

信息化建设成效显著。在电子政务方面,相继完成政务专网二期、网络视频会议系统、电子政务安全平台(一期)、重点地区安全视频监控系统、政务地理信息系统和全区基本单位名录库的开发。覆盖全区的OA办公系统,使我区党政机关、企事业单位的公文、信息等实现了网上交换。在公共服务系统建设方面,以"数字东城"网站为政府服务窗口,实现区属17个职能单位的176张对外办公表格网上下载、群众来信网上办理、政府拟办实事项目网上征集等为民服务事项;建成"东城文化网"、"职业介绍网"等10个网站分站点;在全市率先开通了高三同步课程的远程教学;全区街道图书馆实现互联互通;推出体育场馆一卡通网络售票系统。在电子商务方面,进一步完善和扩展了"数字王府井"网站的电子商务功能。

深入贯彻《公民道德建设实施纲要》,精神文明建设稳步推进,文明行业达标率为60%。群众文化体育活动蓬勃开展,全区街道图书馆建馆率达到100%。成功举办"北京夏日广场6·21国际音乐日"活动,扩大国际文化交流。文物保护工作力度加大,投资640万元,完成宣仁庙一期、凝和庙、大慈延福宫文物修缮工作。全面开展全民健身运动,完善三级全民健身组织网络,新增全民健身居家工程35处,新增面积7000平方米,完成东单体育中心和地坛体育馆装修改造工程。竞技体育取得可喜成绩,部分运动员在世界级比赛中获得金牌。深化医疗卫生体制改革,加快公共卫生体系建设,全年卫生事业投入资金1.1亿元,保证了医疗卫生服务水平的提高。建立"非典"疫情应急防控体系,通过"创建国家卫生区"考核。加强计划生育宣传与管理,实际出生人口2066人,人口出生率为3.2‰,计划生育率达到98.8%。

2003年,在突发"非典"疫情、高经济起点和皇城保护规划调整等多方面因素的影响下,我区经济和社会事业仍取得快速发展,成绩来之不易,总结主要经验和体会:一是坚持以发展的眼光解决经济建设中出现的问题。全区上下紧紧围绕发展这个主题不放松,特别是在"非典"初期,区委区政府果断决策,及早确定了"一手抓防治'非典',一手抓经济建设"的思路,及时提出恢复经济的一系列具体措施,快速扭转了经济运行的暂时被动局面。面对皇城保护规划调整的新形势,立足于发展,积极探索历史风貌保护和危旧房改造有机结合的新路子,在南池子保护区修缮改建工作中进行了成功尝试,居民居住条件和周边环境得到明显改善,经验被全国借鉴推广。二是优化发展环境取得成效。制定并积极落实《东城区委、东城区人民政府关于优化发展环境的意见》;创新工作思路和服务机制,发挥"七条线"的协同作用;倡导企业信誉行为,向诚信纳税、合法经营的66家企业颁发纳税信誉A级证书;建立为企业服务绿色通道,向142家企业颁发企业绿卡,做出"建立两个渠道,提供五项服务,实现一个走访"的服务承诺;完善区级领导联系重点企业制度,首创中小企业发展讲坛和企业家日活动,搭建政府与企业之间交流与沟通的平台。三是各部门协同配合,加大了宏观调控的力度。"非典"初期,通过协调调度组织货源,使抢购风潮迅速得到平息,有效平抑了物价,确保了市场的稳定和社会的安定。及时启动东城区"经济信息快速收集分析系统",加强对经济运行的跟踪监测和对"非典"疫情滞后影响的分析,提出启动市场推动经济发展的18条即期调控措施,促进了经济的迅速恢复和良性增长。面对"非典"疫情和皇城保护规划调整的严峻形势,加强对固定资产投资项目的调度和协调管理,努力发挥投资对经济的拉动作用,确保了年度计划目标的实现。

在看到成绩的同时,也要正视我们面临的困难和问题,主要有:历史风貌保护和城市现代化建设的矛盾较为突出,妥善处理风貌保护和城市建设的任务仍很艰巨;城市公共服务体系尚不健全,应对经济社会突发事件的能力亟待提高;企业改制和新增劳动力的大幅增长使就业和再就业压力持续增大,社会保障体制有待进一步健全;加快现代化建设与资金有效供给不足之间的矛盾比较突出;城市现代化对城市管理水平提出了更高的要求,建立长效管理机制的任务仍很繁重;综合开发、整合利用各类资源的能力有待进一步加强。

二、2004年国民经济和社会发展计划草案

2004年是深入贯彻十六大和十六届三中全会精神,全面完善社会主义市场经济体制、增强发展动力的一年,是保证"十五"计划全面完成的关键一年,也是我区新一届政府的届首之年。我们既面临着世界经济的进一步复苏和国内经济将继续保持较快增长的有利形势,也面临着加入WTO后过渡期进程加快,来自方

方面面竞争将更为激烈的巨大压力；我们既具有经济社会步入新阶段、发展环境不断优化的有利条件，也面临着发展空间有限的不利因素。我们要在邓小平理论和“三个代表”重要思想指导下，以党的十六大和十六届三中全会精神为指针，认真落实中央经济工作会议提出的关于经济工作的“三十二字”方针和市委、市政府以及区委的部署，加速推进我区现代化进程，为“在首都率先基本实现现代化进程中走在前列”打下坚实的基础。在安排2004年国民经济和社会发展计划中，重点把握以下五个方面：一是坚持以人为本原则，把不断改善人民生活和促进人的全面发展作为一切工作的出发点和落脚点，加大对社会公共服务的投入，实现好、维护好、发展好人民群众利益。二是牢固树立全面、协调和可持续的发展观，努力实现速度、质量、效益相结合，风貌保护、经济发展和人民生活条件改善相统一，保持经济快速增长和社会事业协调发展。三是坚持不断创新的原则，着力研究解决制约经济社会发展的“瓶颈”问题，创新体制机制，优化发展环境，增强发展活力。四是坚持资源有效整合和充分利用原则，加强对资源的统筹协调管理，促进文化、教育、卫生等各类资源的优化配置，努力把资源优势变为发展优势。五是坚持即期调控和战略导向相结合原则，立足当前，谋划长远，把年度计划、“迎奥运行动计划”和中长期规划有机衔接，促进经济社会的持续稳定发展。

2004年国民经济和社会发展的主要预期目标是：

全区国内生产总值362亿元，增长10%左右；全区社会消费品零售额182亿元，增长10%左右；财政收入34.5亿元，增长10%左右；财政支出23亿元，比上年年初预算增长8.5%；全社会固定资产投资额187亿元，增长10%左右；城镇居民人均可支配收入达到16130元，增长9%左右；出生人口控制在3200人以内，计划生育率98%以上。

为确保上述目标的实现，要着力抓好以下工作。

（一）坚持消费投资双轮驱动，保证经济快速健康发展

增强消费对经济的拉动作用，形成消费需求持续稳定增长的内在机制。一是培育和开发住房、汽车、旅游等个人消费新热点，增加文化教育、医疗保健等服务性消费的比重，进一步激活消费市场。二是大力引进大型零售企业和总部型企业，发展特许加盟、租赁、拍卖等新兴业态。积极推动电子商务发展，鼓励持卡消费和合伙消费，尝试租赁消费。三是完善社区便民服务体系。落实《东城区社区商业发展规划》，实施早点工程，抓好社区菜市场建设。四是打造假日经济品牌，开发假日特色经济和会展经济，促进商旅结合。五是继续整顿和规范市场经济秩序，净化消费环境。规范市场主体行为，做好产品质量的监督检查和各项专项检查工作，严厉打击制假售假、非法传销、价格垄断、价格欺诈等违法犯罪活动。六是大力推进企业信用等级分类监管。研究制定企业信用等级分类标准，实行企业信用信息记录和披露制度，建立企业信用激励、信用预警和失信惩戒机制。

加强投资引导和调控，发挥投资乘数效应。一是创新项目管理模式。认真落实北京市《关于深化城市基础设施投融资体制改革的实施意见》和《北京市招标投标条例》，对政府投资项目和公益性项目推行代建制，依法必须招标的项目实行公开招标，进一步强化责任，规范投资行为。二是优化投资结构。重点投向市政基础设施建设、环境整治和生态建设、经济适用房开发以及社会公益性项目。三是继续做好重点项目的调度。搞好重大项目的前期调研、策划和运作。积极督促法院大法庭、后永康等44个新项目开工。保证现代化学校、地税大厦等31个续建项目的顺利推进。四是加强投资管理的基础性工作。将注重事前审批转向加强事后监管，实施项目稽查制；启动东城区投资项目库和投资平台，建立和完善投资项目预报和储备制度。

（二）培育经济新增长点，不断提高经济增长质量和效益

以结构调整为主线，大力发展支柱产业。扎扎实实地发展“两业”，提升传统产业，推进产业结构优化升级。一是制定产业结构调整措施，发展风险投资，建立产业结构调整基金，从贷款担保、贷款贴息、奖励等方面积极引导现代服务业和高科技产业发展。二是细化“两业”，重点发展金融保险业、邮电和电信业、旅游业、商务服务业等行业，引导行业聚集，形成规模效应。三是提升传统产业。以制度创新、技术创新、管理创新和产品创新为动力，发挥稻香村等老字号应有的品牌效应，促进传统产业的升级改造。大力发展现代流通业。四是将“总部战略”和促进“两业”发展结合起来，整合经济资源，做大做强文化产业，在已组建文化、旅游产业集团的基础上，组建体育产业集团，打造我区经济“航母”。五是制定相关政策，建立中小企业发展基金，发挥中介机构作用，引导中小企业进入高科技、高附加值的行业，促进产业结构调整。

继续优化经济布局，集中力量建设“三区”。进一步细化和实施王府井升级战略，完善“王府井·北京商情指数”。做好国际品牌中心开工的前期准备，开工建设富阳大厦、王府井御园大厦、帅府大厦、吉祥大厦等工程，进一步增强王府井的购物、休闲、会展等功能。继续举办多种形式的高品位大型活动，塑造符合现代化、国际化标准的王府井品牌。全面落实东二环

交通商务区经济、交通、城市景观设计三个规划，组建东二环建设管理机构，协调商务区建设。东二环沿线中石油、中青旅、北京移动等近200万平方米的大型公建项目全面开工建设，启动机场线快速轨道交通项目。进一步搞好地坛、雍和宫、国子监传统文化旅游区建设，建立东城区旅游资源信息库，举办首届“金街古韵——东城旅游节”。重点加快银街、隆福寺商业街规划和建设，落实《东内大街商业规划》，做好市政改造、拆迁与商业网点分布之间的协调，推进我区经济布局的进一步优化。

以产权制度改革为突破口，完善国有资产管理体制，深化国有企业改革。一是建立和健全国有资产监督和管理体制。建立国有资本预算制度和企业经营业绩考核体系，完善授权经营制度。二是调整国有企业结构和布局。压缩战线，鼓励和支持企业兼并、重组，重点转向现代服务业和现代流通业。三是大力发展混合所有制经济。加快稻香村、天元等企业的改制，组建多元投资主体的规范的公司制企业。四是完善公司法人治理结构。健全企业领导人员的聘任制度，形成权力机构、决策机构、监督机构和经营管理者之间的制衡机制。五是积极采用国际风险投资、跨国并购、重组、股权转让等方式，引导外资参与国有企业改制。

积极促进非公有制经济的发展。以拓宽发展领域、改善融资环境、加强全程服务为重点，大力促进民营经济发展。在市场准入、投融资、土地使用等方面，与其他企业享受同等待遇，构建公平竞争的市场环境。努力解决“担保难、贷款难”问题，加快中小企业信用服务体系建设。

(三)继续推进信息化建设，加快城市现代化进程

以公共服务为重点，积极推进信息化建设。一是逐步开发与整合对外服务事项，以“数字东城”网站为依托，大力开展面向社会的网上办公业务。二是推广OA办公等系统的应用，实现各单位办公系统的互联互通；整合信息资源，建立全区经济共享数据库。三是加快社会公共服务系统建设，重点完成疫情监测报送系统和社区便民服务网络建设；完善远程教育平台和劳动力市场信息系统的建设。四是完善王府井步行街多媒体触摸屏系统和电子商务平台，启动刷卡无障碍工程。五是制定信息化管理制度，加强信息化建设项目的协调管理和已开发系统的应用维护工作。

以美化人居环境为目标，加快危改和市政基础设施建设。在南池子改造成功经验的基础上，不断创新古都风貌保护与危改有机结合新模式。以南锣鼓巷四合院保护区为重点，积极探索四合院保护与合理开发的新途径。按照精品工程和方便居民生活的要求，规划和建设好居民生活服务配套设施。搞好甘水桥等5个续建危改项目建设，积极创造条件，力争启动新太仓、玉河北段、菖蒲河二期等16个危改项目和风貌保护项目。加快芍药居西区经济适用房建设，力争302、304号楼年内完成主体结构。启动东直门交通枢纽暨东华广场项目，配合地铁总公司抓好地铁五号线建设。年内启动崇内大街、大羊毛胡同等市政道路改造。

按照“绿色奥运”、“人文奥运”要求，抓好城市环境整治、皇城保护和生态建设。新开工北京站东街等10项整治工程。继续实施“胡同工程”，全年改造20条胡同道路。加强对现有树木的养护，全年扩大改造绿地5公顷、植树2万株、种植草坪2公顷，利用中水技术改造柳荫公园和青年湖公园。加大大气污染治理力度，全面完成锅炉改造，扩大清洁燃料使用范围。建设77座二类公厕，完成100个死粪井接活任务。推广垃圾分类，促进垃圾减量化和资源化。

(四)进一步优化发展环境，增强区域吸引力和综合竞争力

深化体制改革，促进政府职能转变。一是深入贯彻执行《行政许可法》，规范行政许可行为，严格按照法定权限和程序行使权力、履行职责，大力推进依法行政。二是突出政府服务功能，切实把政府经济管理职能转到主要为市场主体服务和创造良好发展环境上来。三是强化政策和信息导向功能，完善信息披露制度和政府行政措施与规范文件公民自由索取制度，通过信息披露会、网站等形式，及时将政务、建设规划、产业发展等信息向社会各界公布。四是增强社会公众对重大经济社会问题的参与度，完善政府决策的科学化、民主化、规范化，进一步提高政府行政管理水平。五是加快政府机构改革和财税体制改革，推动科技、教育、文化、卫生等各项配套改革，为经济社会发展注入强大的活力。

继续落实《东城区委、东城区人民政府关于优化发展环境的意见》，进一步优化发展环境。坚持“建立两个渠道，提供五项服务，实现一个走访”的服务承诺；完善重点企业联络员、企业绿卡、中小企业发展讲坛和企业家日等制度；在推行“全程办事代理制”的基础上，创新工作思路，提高服务质量；改进政府服务经济大厅工作方式，采取授权方式，做到职权到大厅、工作无缺位；推出年检工作集中时间、集中地点、集中部门，减少办事环节，提高工作效率；加快新服务经济大厅建设，实现内外资审批一条龙服务。

拓宽招商引资领域，提高对外开放水平。加强政府引导，推进市场运作，积极尝试教育、医疗、文化、商业、旅游、基础设施等方面的合资合作。加强区域引资政策研究，落实引资责任制，全年实际利用外资1.6亿

美元。继续实施“走出去”战略,进一步加强国内外交流与合作。

(五)大力促进就业和再就业,完善社会保障体系

积极采取多项措施,大力促进就业和再就业。确保全年再就业率达到60%以上,城镇登记失业率控制在2.5%以内。一是认真贯彻“劳动者自主就业,市场调节就业,政府促进就业”的方针,积极宣传和落实各项就业政策,对“4050”等特殊困难对象实施就业援助。二是加强再就业培训,完善职业教育和再就业培训体系,提高劳动者就业能力。三是广辟就业门路,促进多形式、多渠道就业。开发社区就业岗位7500个,安置就业6000人。大力发展劳动服务企业和劳务派遣企业,利用多种所有制经济扩大就业。四是积极引导劳动者转变就业观念,鼓励自主创业。引入国内外创业组织,开展创业培训,提供开业、贷款等便利条件,提高劳动者创业能力。

切实作好社会保障工作,保障居民基本生活。一是继续扩大社会保险覆盖面,确保各项社会保险基金收缴率全部达到95%以上。实行“三险合一、一票托收”的社会保险征缴方式,完善企业动态管理信息库,使新办企业、应参加而未参加社会保险的企业尽快入险。贯彻实施《北京市生育保险条例》。二是健全社会保险制度。按照《关于完善城镇社会保障体系试点方案》要求,逐步实现养老保险个人账户实帐运行,发挥失业保险促进再就业的功能。继续完善多层次医疗保障体系,贯彻执行《工伤保险条例》。三是建立区、街两级退休人员管理服务社会化组织机构,基本实现企业退休人员管理服务社会化。四是改革完善城镇居民最低生活保障制度,落实特困人员医疗救助等措施,解决好困难群众的生活。

全面推进社区建设,在抓好软件建设的同时,不断改善硬件环境。着力抓好东四奥林匹克社区体育文化中心和奥林匹克社区公园项目建设,建成一批各具特色的精品社区。围绕居民需求,大力发展社区医疗和老年服务等多种形式的便民利民服务,鼓励小型超市、集中配送等多种营销方式进社区。

(六)推动社会事业全面发展,满足社会公共需求

坚持“科教兴区”战略,提高科技教育水平。贯彻落实《2003~2008年东城区科技工作规划纲要》,完善科技服务体系建设,促进科技成果转化,重点发展信息技术应用、环境保护、洁净能源和节能技术应用等方面的科技项目。积极开展科普教育,加强国际技术交流合作。进一步优化教育布局,整合教育资源,合理撤并和扩大改造部分学校。加快示范校建设,启动二中(二期)、五中新校舍工程,抓好东直门中学和五十五中学的施工建设,确保一七一中学、新史家小学竣工交付使用。调整专业设置,突出专业特色,办好财经学校和东城区职教中心学校两所国家级重点职业高中学校。合理安排校外教育,促进校外教育发展。

继续加强精神文明建设,开展文明礼仪教育,推进以社会公德、职业道德和家庭美德为重点的德育教育,倡导健康文明生活,革除各种不文明行为和陋习,不断提高城市文明程度。大力推动文化体育事业发展。以社区文化建设为重点,完善文化工作三级网络建设,发挥文化馆、站、室的宣传教育作用。加强文化市场管理,组织网吧等娱乐业协会。认真执行“保护为主、抢救第一、合理利用、加强管理”的文物工作方针,做好地坛、国子监、宣仁庙二期修缮和保护工作。全面落实《全民健身计划纲要》,加快群众体育工作社会化,做好全区青少年业余训练工作,建设地坛体育大厦。以建立健全突发公共卫生事件应急机制和公共卫生体系为重点,全面提高医疗服务水平。加强公共卫生设施建设,落实妇幼保健院建设项目。建立公共卫生指挥决策系统,建成畅通的公共卫生信息系统和社区卫生服务网络,创建全国社区卫生服务示范区。进一步落实“一法三规”和《北京市人口和计划生育条例》,搞好计划生育的信息网络化管理和基层基础工作。采取有效措施,切实保障妇女儿童和老年人的合法权益。抓好无障碍设施和残疾人活动中心建设,发展残疾人事业。

(七)强化统筹协调和综合平衡,提高宏观管理水平

2004年是加快改革与发展的一年,机遇与挑战并存,工作任务艰巨,我们要加强对关系全区经济社会发展重大问题的研究,着力解决阻碍发展的体制性、机制性矛盾,为全年各项任务的完成提供有力保障。

一是加强和改善宏观调控。进一步调整和完善宏观监测指标体系,加强经济运行和人文社会指标的监测和分析,建立经济社会预警机制,增强调控的科学性、预见性和有效性。加强部门间的协调,建立相互配合的宏观调控体系,努力形成调控合力,做到适时适度调控。充分发挥区域规划和产业政策的导向作用,集中精力搞好发展战略的研究制定,全面启动“十一五”规划编制工作,广泛吸取社会力量搞好前期研究,形成规划总体思路。

二是加强统筹协调和综合平衡。按照“五个坚持”、“五个统筹”的内在要求,正确处理城市建设与经济布局和产业结构调整的关系,搞好发展平衡和资源平衡。针对东城地域狭小的特点,加强对各种资源的科学整合和开发利用,特别是要抓好土地资源等关系全局和长远发展的战略性资源的综合平衡,编制实施好年度土地供应计划,增强计划的权威性,提高土地使

用效率。

三是创新投融资机制,为各项建设提供资金支持。按照“政府引导、市场运作、社会参与”的原则,探索多种融资方式,积极引导社会投资,逐步建立起市场筹措为主、政府投入为辅,政府、企业和个体共同投资的多元化、市场化投融资机制。按照“存量试点,增量改革”的原则,以资源吸纳资金,有效缓解建设资金不足的压力。

关于东城区2003年财政预算执行情况和2004年财政预算(草案)的报告

2004年1月11日在东城区第十三届人民代表大会第一次会议上

东城区财政局局长　陈　虹

一、2003年财政预算执行情况

2003年,全区人民在区委的领导下,以邓小平理论和“三个代表”重要思想为指导,认真贯彻党的十六大精神,大力推进“二三六三”发展战略,团结一致,艰苦奋斗,夺取了抗击非典和经济建设的双胜利。财政工作立足本职,顾全大局,注重发挥财政政策和资金的导向作用,财政预算执行情况良好,各项指标圆满完成。

现将2003年财政预算执行情况报告如下:

(一)财政收入

2003年,全区财政收入完成313801万元,为区第十二届人民代表大会第六次会议批准年度预算的102.7%,比上年增收40928万元,增长15%。其中,财政经常性收入比上年增长8%。

主要收入项目的完成情况是:

1、增值税16806万元,比上年增长1.2%。

2、营业税132238万元,比上年增长14.5%。

3、企业所得税77235万元,比上年下降7.3%。

4、城市维护建设税10669万元,比上年增长29.4%。

5、地方各税57273万元,比上年增长40.4%。

6、行政性收费收入6902万元。

7、专项收入5393万元。

8、罚没收入和其他收入3816万元。

9、基金收入3469万元。

(二)财政支出

2003年,全区财政支出预计完成253142万元,为变化后年度预算的95.3%,比上年增加29367万元,增长13.1%。

主要支出项目的完成情况是:

1、基本建设支出17050万元。

2、企业挖潜改造资金支出641万元。

3、工业交通等部门的事业费支出27万元。

4、流通部门事业费支出128万元。

5、文体广播事业费支出2303万元。其中,文化事业费支出1068万元,比上年增长26.7%。

6、教育支出36678万元,比上年增长8.1%。2003年区财政对教育的投入预计达到70000万元,比上年增长12.7%左右。

7、科学支出1431万元,按可比口径比上年增长20.6%。

8、医疗卫生支出20625万元。其中,卫生事业费支出7460万元,比上年增长9.9%。2003年区财政对卫生事业的投入预计达到11000万元,比上年增长13.3%左右。

9、其他部门的事业费支出8671万元。

10、抚恤和社会福利救济支出9834万元,比上年增长49.6%。

11、行政事业单位离退休支出32327万元。

12、社会保障补助支出2645万元。

13、行政管理费支出27020万元。

14、公检法司支出21284万元,比上年增长17%。

15、城市维护费支出18591万元,比上年增长6.4%。

16、政策性补贴支出1386万元。

17、专项支出6951万元。

18、其他支出41437万元。主要支出项目是:“收支两条线”管理经费、执法部门办案补助经费、税源奖励专项经费、大气治理专项经费、崇雍大街综合整治专项经费、东四三至八条平房[illegible]示范工程专项经费、政府住房资金、街道财政列报的其他支出等。

19、基金支出3213万元。

当年财政收支相抵，扣除需结转下年继续使用的资金后，区街两级财政可动用的一般结余预计为200万元（财政预算执行情况的有关数字，待决算编制完成以后，将有所变动）。

2003年，财政预算执行主要有以下特点：一是财政预算执行总体正常，但由于非典的影响，财政收支增长各自呈现新的特点。财政收入增幅波动较大，基本呈现高开局、中偏低、后回升的走势；财政刚性支出增幅居高不下，财力供给与支出需求之间的矛盾更加突出。二是财政收入体制结构保持稳定，增收结构发生较大变化。市区共享收入依然构成财政收入主体，区级固定收入和非税收入对财政增收的贡献显著提高。三是公共财政职能进一步体现，财政支出满足了抗非典、保重点、促发展的政府工作需要，资金调度效率和资金使用效益进一步提高。

二、抓收入、抗非典、促改革、保平衡，全力以赴完成2003年财政各项任务

（一）团结奋斗，克服困难，完成财政收入任务

2003年，财政收入开局良好。但非典疫情的突发，使我区以第三产业上缴税收为主的财政收入受到较大冲击，而兑现优惠政策和税收滞后性等因素也造成一定减收影响。为此，全区各部门密切配合，下大力量优化区域经济发展环境；财税部门知难而进，团结奋斗，努力加强收入征管和监控。一是加强税源建设。落实营造区域环境促进经济发展的有关政策，兑现重点税源企业奖励2801万元。以东二环交通商务区招商引资为重点，积极实施总部战略，中国电信集团、中青旅、上海浦东发展银行北京分行等总部型企业相继落户东城。同时积极吸纳各类经济实体，扩大税基。全年新增税源企业1851户，实现区级税收1131万元。二是进一步完善财政收入目标责任管理和分析监测体系。将预算收入任务分解落实到具体部门、具体时限；动态监测重点税源，研究财政收入发展趋势，及时确定应对预案。三是加强税收征管。在倡导诚信纳税、加强纳税服务的同时，严格执行《税收征管法》及其实施细则，强化发票的源头控管，加大税务稽查和清欠力度，进一步提高了征管效能。四是认真执行“票款分离”、“罚缴分离”管理办法，积极组织非税收入，努力实现应收尽收。在全区各部门特别是税务部门的艰苦努力下，较好地完成了财政收入预算任务。

（二）优化财政支出结构，支持各项事业发展

2003年，为了调整和优化财政支出结构，更好的满足社会公共需要，我区继续采用零基预算和政府发展预算的编制方法，坚持公用经费预算定额标准，大力压缩一般性支出；制定教育、卫生系统编制政府发展预算的指导性意见，以更好的支持教育、卫生事业发展；统筹安排项目预算，进一步增强财政保证重点事业投入的能力。

一是加强政权建设，保证政法机关履行职能。全年投入48304万元。其中，贯彻“科技强警”要求，投入2400万元购置专用设备，提高应对突发事件的能力，进一步完善了维护社会公共秩序及安全的财政保障机制。

二是坚持依法理财，保证教科文卫等事业支出依法增长。全区教育资源进一步整合，现代化学校建设进展顺利。信息化建设迅速推进。群众文化设施进一步完善，文物保护工作力度加大，文体活动蓬勃开展。卫生监督、卫生执法和社区卫生体系建设的投入进一步增加。全年教育、卫生事业的支出预计分别达到70000万元、11000万元，分别比上年增长12.7%、13.3%左右。

三是加大社会保障投入，维护社会稳定。全年投入65431万元，比上年增长24.9%，占财政支出总额的25.8%。其中，贯彻中央和北京市再就业工作会议精神，拨付再就业专项资金879.4万元，安置失业人员1.6万人；制定《东城区离休干部医疗费用暂行规定》，建立了离休干部医药费保障机制；落实城市居民最低生活保障和医疗救助制度，累计为全区17.9万人次发放了最低生活保障金和粮油帮困资金4375万元。

四是提高城市管理水平。全年投入城市维护经费18591万元，支持了公厕改造、绿地扩大等优化环境工作，确保全区环境综合整治的资金需要。投入社区建设资金4200万元，支持我区社区建设达到全市先进水平。积极落实大气治理第九阶段任务，投入资金2231.4万元，支持了锅炉改造和黄标车、残疾人专用车更换工作。

五是努力筹措资金，支持重点建设。全年通过争取土地出让金返还和市财政专项拨款等途径筹集资金38375万元。全年共投入31234万元，高质量地完成了北京站西街改造、地坛园外园二期、崇雍大街综合整治、东四三至八条平房电采暖示范工程和金宝街东段等重点工程。

（三）集中力量抗击非典，维护安全稳定大局

一是保障非典防治资金需要。全年共安排非典防治专项经费2489万元。为了保证资金及时到位，区财政与中国工商银行紧急协商，建立了财政资金“绿色通道”，实施了疫情期间非典拨款紧急预案，确保财政资金在最短时间到达非典防治第一线。

二是落实卫生和社会保障政策。制发了有关非典医疗费用等一系列文件及操作规程，确保非典患者得到及时有效的救治。认真执行北京市对防治非典医务

工作者的补助政策,体现了党和政府对医护人员的关怀。认真贯彻市政府的要求,努力做好感染非典亡者的善后工作。

三是加大财税政策支持力度。根据市政府《关于防治非典型肺炎疫情期间保持社会稳定促进经济发展若干政策措施》的精神,制定了借支基本生活费、缓缴社会保险费等管理办法,运用财政贴息、担保、减免税费、政府采购等调控手段,将有关优惠政策落到实处,累计减免缓缴税费 9739 万元,对稳定人心、保持社会安定、恢复经济活力起到了重要作用。

四是保证非典防治资金合理使用。对各单位防治非典经费实行单独设账、单独核算;对社会捐赠款物的管理,出台了具体规定。全区非典防治资金使用情况经受住了中央和北京市的专项检查。财政部驻京监察专员办事处认为:东城区非典防治资金基本做到了专款专用、核算清晰、使用恰当,在抗击非典斗争中发挥了应有的财力保障作用。

(四)公共财政改革取得突破性进展

正式实施财政国库管理制度改革。《东城区财政国库管理制度改革实施方案》已经区委审议批准;全区 51 个行政事业单位实行了按用款计划申请拨付财政资金的管理方式;"票款分离"管理覆盖到所有收费项目;由财政直接支付供应商的政府采购资金占政府采购支出的比重已提高到 30% 以上;以公开招标方式确定了工资统发代理银行,在区人事局等四家单位实施了财政统一发放工资和离退休金的改革试点,为从制度上提高财政资金使用效益奠定了基础。

以部门预算改革为核心,全面推进预算编制改革。在编制方法上,对基本支出实行零基预算,对项目支出实行政府发展预算;在编制范围上,涵盖全区 74 个一级预算单位及 44 个二级预算单位;在编制内容上,将各预算单位的收支和需要财政资金补助的基本建设项目全部纳入,并增加了政府采购预算和工资统发预算,使预算的覆盖面进一步拓展。

依法开展政府采购工作。2003 年是《政府采购法》实施的第一年,我区加大宣传教育力度,进一步完善政府采购管理制度,初步形成以审计、监察、财政等专业监督为主、社会监督为辅的政府采购监督机制,政府采购工作规范化运行。集中定点采购范围由 4 项扩大到 8 项,部门集中采购成果得到巩固。全年政府采购规模达到 19767 万元,完成年度计划的 106.8%,节约资金 748 万元。

启动东城"金财工程"建设。结合东城实际和财政改革的要求,整合信息资源,实施了财政专网一期工程,加快建设财政业务应用系统平台,"预算编制系统"、"工资统发系统"投入试运行,"基础资料数据库"、"预算执行系统"进一步完善。

加强街道财政管理。进一步规范街道财政预算编制工作和专项转移支付,区街财政管理体制继续平稳运行。全年街道财政收入预计完成 21600 万元,预计实现财力 39200 万元(含上年结余)。财政支出预计完成 27600 万元,保证了街道办事处履行职能的资金需要。其中,社区建设支出 2700 万元,城市管理支出 2100 万元,社会保障支出 7300 万元,维持街道办事处正常运转支出 15500 万元。

支持国有资产管理体制改革。区财政对区属国有及国有控股企业开展了国有资本金效绩评价工作,对区属商业、开发、工业、建筑等行业的 10 家企业进行了财产清查和资产评估,对北京东兴建筑工程公司等多家企业的资产损失、预留费用进行了审核,提出了资产处置意见。通过支持区属企业改组、改制,促进了全区经营性国有资产的整合。

(五)加强法制建设,严肃财经纪律

加强规范性文件管理,精简行政审批项目。截至 2003 年底,区财政行政审批项目仅保留 5 项,较入世前精简了 80%,审批时限缩短了一半。通过加强财政法制建设,保证了财政行政行为合法合规。

严肃财经纪律。区财政对会计信息质量、重点建设工程、区街财政体制执行情况等方面开展了专项检查。监察部门加大对财经违法违纪案件的查处力度。审计部门对 87 个单位或项目进行了审计,全年审计监督资金达到 132 亿元,查补入库收入 45 万元。财政监督、审计监督和行政监督进一步规范了全区财政财务管理。

回顾过去的五年,财政工作取得了可喜的成绩。一是"二三六三"发展战略充分发挥了我区的比较优势,促进了全区经济持续快速健康发展,区级财政收入由 1998 年的 9.63 亿元增加到 2003 年的 31.38 亿元,年均递增 26.6%,财政实力迈上了一个新台阶。二是财政支出累计达到 96.84 亿元,财政为重点建设筹资累计达到 42.3 亿元,极大的促进了城市面貌的改观、重点事业的发展和人民生活水平的提高。三是财政管理的公共性和规范性显著增强。财政国库管理制度改革和部门预算改革取得突破性进展,"收支两条线"管理不断完善,政府采购规模逐年扩大。四是区街财政体制进一步完善,支持了街道办事处不断强化社会管理与公共服务职能。街道财力由 1998 年的 1.3 亿元增加到 2003 年的 2.7 亿元,各街道用于社区建设、城市管理、社会保障的支出大幅度增加。在看到财政工作成绩的同时,我们也应该清醒地认识到,全区财政经济工作仍然面临着不少困难和矛盾。一是虽然近年来财政收入增长较快、增收幅度较大,但财政支出的压力更大，财政收支矛盾仍十分突出；二是财政改革虽然取得了一定进展，但与建立公共财政体系的要求还有相当差距；三是财经秩序不够规范的现象依然存在，资产重复购置与闲置并存，会计信息质量有待进一步提高。对于这些问题，我们要立足长远，着眼当前，通过深化财政改革，强化财政管理，逐步加以解决。

今后五年，是东城区实现“在率先中走在前列”目标的关键时期。“十五”计划和“迎奥运行动计划”的宏伟目标能否实现，经济和社会各项事业能否取得新的突破，财政工作将起到关键作用。为此，区财政要认真贯彻十六大、十六届三中全会和全国财政工作会议精神，落实区九次党代会的战略部署，科学生财，规范聚财，高效用财，为东城区“在率先中走在前列”和全面建设小康社会服务。其主要目标：一是建立稳定的财政收入增长机制，促进财政与经济相协调；二是调整和优化财政支出结构，促进财政与社会发展相协调；三是深化公共财政改革，促进财政管理与监督相协调；四是规范和完善收入分配，促进不同利益群体之间相协调。

三、积极稳妥，服务大局，科学合理安排2004年财政预算

按照《预算法》的有关规定，根据国务院以及北京市财政局关于2004年财政预算编制工作的总体要求，确定编制东城区2004年财政预算（草案）的指导思想是：以邓小平理论和“三个代表”重要思想为指导，深入贯彻十六届三中全会、全国财政工作会和市委九届六次全会、区九次党代会精神，集中力量推进“二三六三”发展战略，深化经济体制改革，促进东城经济社会全面、协调、可持续发展。全面加快公共财政体制改革，推进部门预算、国库管理制度改革，扩大政府采购规模，抓好“收支两条线”工作，优化财政支出结构。探索建立稳定的财政收入增长机制，强化征收管理，完善征管手段，为东城区“在首都率先基本实现现代化进程中走在前列”提供财力保障。按照上述指导思想，在充分考虑我区经济和社会各项事业发展因素以及2003年财政预算执行情况的基础上，遵照《预算法》的规定，编制东城区2004年财政预算（草案）。

（一）财政收入

2004年财政收入预算安排345000万元，比上年增加31199万元，增长10%。

主要收入项目的安排情况是：

1、增值税18900万元。

2、营业税150500万元。

3、企业所得税86500万元。

4、城市维护建设税12000万元。

5、地方各税64200万元。

6、行政性收费收入4000万元。

7、专项收入6020万元。

8、罚没收入和其他收入2380万元。

9、基金收入500万元。

财政收入预算扣除应上解市财政财力后，区级财政当年可支配财力预计为220000万元。

需要说明的是，2004年财政收入预算是按照现行市区财政体制规定的收入范围及分享比例安排的，未考虑国务院改革出口退税机制需要区级财政承担的出口环节增值税退税因素，未考虑中央进一步深化企业所得税分享改革，区级财政分享比例调减因素。待有关改革政策明确，区级财政收入总额及结构相应发生变化时，将另行向区人大常委会报告。

（二）财政支出

2004年财政支出预算安排230000万元（其中：当年财力安排220000万元，上年预计专项结转安排10000万元），比上年年初预算增加18000万元，增长8.5%。

主要支出项目的安排情况是：

1、基本建设支出11100万元，其中：当年安排11000万元。主要项目是北京站东街整治、检察院办公楼建设、教委系统危楼修缮、现代化学校建设、奥林匹克社区建设、民兵训练基地和残疾人活动中心建设等。

2、企业挖潜改造资金390万元。主要是市追加下放中小企业划转补助资金。

3、流通部门事业费96.3万元。

4、文体广播事业费3341.85万元，其中：文化事业费2128.69万元，比上年年初预算增长5%。

5、教育支出40330.88万元，比上年年初预算增长10.3%。

6、科学支出800.84万元，比上年年初预算增长10.5%。

7、医疗卫生支出14267万元，其中：卫生事业费7959万元，比上年年初预算增长9%。行政事业单位医疗经费6308万元，主要是增加离休干部医疗统筹资金1188万元。

8、其他部门的事业费4628.32万元。

9、抚恤和社会福利救济费6891.57万元，主要是增加最低生活保障金。

10、行政事业单位离退休支出32601.41万元。

11、社会保障补助支出2905.2万元，主要是增加再就业资金1800万元。

12、行政管理费19263.34万元。

13、公检法司支出16563万元。

14、城市维护费24568.16万元。

15、政策性补贴支出1386万元，主要是上划市财政的粮食风险基金。

16、专项支出8540万元。

17、其他支出32840.13万元。主要是“收支两条线”管理经费4000万元，税源建设经费3000万元，地方税征管经费纳入预算管理3000万元，政府住房资金2000万元，还贷资金2000万元，应急反应机制保障资金2000万元，精神文明建设基金1000万元，代编街道预算6046万元，预留调整工资经费9000万元等。

18、总预备费6900万元。

19、基金支出2586万元。其中，上年结转残疾人就业保障金2086万元。

2004年财政预算安排体现了收支平衡的原则，收支规模继续扩大，支出预算将当年预计的可支配财力全部予以了安排，但财力与需求之间的矛盾仍然存在，一些事业发展项目仍需要在预算执行过程中，通过努力超收予以解决。

由于2003年财政决算尚未编制完成，2004年的财政支出预算是按照目前掌握的情况安排的。待2003年财政决算编制完成，市、区两级财政结算后，有关财政预算安排的数字和内容会有所变化，届时将另行向区人大常委会报告。

四、统筹兼顾，扎实工作，确保完成2004年财政工作任务

（一）树立全面、协调、可持续的发展观，探索建立稳定的财政收入增长机制

“发展是执政兴国的第一要务。”发展是经济、政治、文化的协调发展和人的全面发展。区财政要按照科学的发展观，积极置身于经济社会发展的大系统之中，探索建立稳定的财政收入增长机制。一是积极推进经济和社会事业的协调发展，为财政收入的稳定健康增长创造条件。要强化政府部门的社会管理和公共服务职能，深化社会领域的改革，加快社会各项事业的发展，确保财政经济的可持续发展。二是加快“三个经济功能区”建设，优化我区财源结构。以“两业”为重点，大力发展高附加值、高税收含量的区域经济，提高区域经济对区级财政收入的贡献度。三是形成全区优化发展环境的合力，稳定并扩大税源基础。运用财政贴息、担保、专项扶持等调控手段，积极引导非公有资本投资东城区基础设施、公用事业。本着一视同仁的服务原则，积极支持国有经济、集体经济、非公有制经济和混合所有制经济协调发展。四是加强收入征管，深入挖掘增收潜力。针对中央分步实施的税制改革，完善税源基础管理工作，确保税制改革平稳推进。以“金税工程”和“金财工程”为技术支撑，着力提高征管效率。加大征管力度，寓税收征管查于服务之中，严厉打击各种偷逃骗税行为；完善对非税收入的管理，确保应收尽收。

（二）推进预算编制改革，调整支出结构，保证重点支出

深化部门预算改革。规范和细化公用经费预算定额，稳步推进滚动项目预算管理的规范化、程序化。预算基础资料数据库涵盖面将扩展到全区所有与财政有缴拨关系的预算单位，建立动态的预算基础资料数据报送体系。

进一步优化财政支出结构。2004年的财政支出预算进一步体现了公共财政的理财思想，主要目标是实现“五保”：即保稳定、保运转、保安全、保改革、保重点。一是进一步完善社会保障财政支持机制，落实积极的就业政策，保证最低生活保障金按时足额发放，维护社会稳定。二是确保国家机关正常运转，保证工资增长机制和街道财政财力保障机制的经费需要。三是保证政法机关履行职能的基本需要。四是加大对住房制度等各项改革的支持力度，确保我区完善社会主义市场经济体制改革的资金需要。五是保证教育、科学、文化、卫生等重点事业的资金需要，确保财政对教育、卫生的投入达到法律法规规定的水平，重点支持基础教育及公共卫生体系的建设。

加强预算管理应急反应机制建设。区财政从抗击非典斗争中得到的最深刻启示是财政工作必须有能力随时由常态转入应急。在上年初步建立应急反应长效机制的基础上，区财政将进一步建立健全财政预警、资金保障、应急工作程序、监测评估相衔接的工作机制，最大限度的防范和规避公共风险和财政风险，增强财政的快速反应能力、资金保障能力及效益管理能力。

（三）加快预算执行改革，完善国库集中收付、政府采购和“收支两条线”管理

全面加快财政国库管理制度改革。按照《东城区财政国库管理制度改革实施方案》的要求，建立国库单一账户体系。在保证稳定安全的前提下，全面推行财政统一发放工资，试行财政授权支付方式。结合财政国库支付中心的组建，健全监督制约制度，制定科学、规范的业务流程，确保财政资金安全、高效运转。

深入贯彻《政府采购法》，推进政府采购工作的规范化、法制化。继续扩大政府采购的范围和规模，提高政府采购规模占财政支出的比重，提高政府采购预算额占政府采购规模的比重，提高国库集中支付额占政府采购规模的比重。结合东城区实际，完善政府采购配套措施。

抓好“收支两条线”管理。坚持“凭证领购、验旧

购新、票款分离、款缴票清”的原则，抓好票据领购、使用环节，严格实行源头控管。全面推行综合预算管理，抓好收罚资金使用环节，严格支出预算管理。认真执行财经纪律，抓好银行账户开设审核环节，严格账户管理制度。

（四）强化财政监督，坚持依法理财

一是自觉接受区人大监督。结合《东城区预算监督办法》的实施，进一步完善财政内部工作机制，加快推行部门预算改革，确保人大代表对财政预算的监督更加规范。二是严格执行《行政许可法》，提高财政依法行政水平。三是积极探索预算绩效评价机制，将绩效考评与预算管理有机结合起来，提高政府管理效率、资金使用效益和公共服务水平。四是进一步规范财经秩序。财政、税务、审计等部门要加强工作协调，扩大检查的覆盖面，减少监督的空白点。按照“诚信为本，操守为重，坚持准则，不做假账”的要求，全面加强财会队伍建设。

（五）切实履行财政职能，积极推动各项改革

完善街道财政财力保障机制。按照财权与事权相统一的原则，规范转移支付制度，建立区街相对稳定的收入分配关系。以社区建设、社会保障等公共服务职能为主要目标，加大区财政对街道的支持力度，保证街道财政公共支出的基本需求。

支持社会保障体系建设。积极发挥财政职能，推进城镇职工基本医疗保险制度改革，确保就业再就业、最低生活保障、医疗救助、临时救助等政策的落实。认真贯彻国务院《城市生活无着流浪乞讨人员救助管理办法》，完善社会救助体系。

支持住房制度改革。财政部门要与有关部门加强协调，掌握全区标准租私房搬出安置和住房分配货币化工作情况。要严格按照政策，认真组织测算，统筹安排资金，确保住房制度改革政策落实到位。

积极推进国有资产管理体制改革。要根据十六届三中全会精神和北京市及区委的总体部署，进一步完善东城区国有资产监督管理体制，实现政府公共管理职能和国有资产出资人职能相分离。继续履行财政职能，支持区属企业改组、改制。积极探索非经营性国有资产的监管模式。

东城区人民法院工作报告

2004年1月12日在东城区第十三届人民代表大会第一次会议上

东城区人民法院院长　王　飞

1999年至2003年，是我国民主法制建设不断完善的五年，是首都和东城区社会经济不断发展的五年，同时也是东城法院各项工作不断进步的五年。五年来，东城法院在中共东城区委领导下、在区第十二届人民代表大会及其常务委员会的监督和市高级人民法院指导下，高举邓小平理论伟大旗帜，按照“三个代表”重要思想要求，围绕“公正与效率”世纪主题，以维护稳定、促进发展为中心全面完成审判任务，以确保公正、提高效率为目标开展司法改革，以落实法官法和法官职业建设要求为重点加强队伍建设，以接受监督、强化自律为保障确保司法公正，案件质量、审判效率和队伍素质明显提高，为首都、东城区的政治稳定、社会安定和经济发展提供了有力的司法保障。

一、以维护稳定、促进发展为中心全面完成审判任务

五年来，东城法院坚持维护稳定与促进发展相统一、法律效果与社会效果相统一、公正审判与司法为民相统一，发挥审判为改革开放服务、为首都现代化建设服务和为东城区“二三六三”发展战略服务的职能作用，克服受理案件增多、审理难度加大、干警总数减少和物质条件较差等困难，完成了审判任务。五年受理各类案件52656件，同比增长71%，审结52281件，同比增长85%。其中审结刑事案件2709件，判处案犯3841人。审结民事案件34722件，结案总标的额36亿元。审结行政案件（包括行政非诉执行案件）546件。执结案件13696件，执结标的额10.39亿元。受理审查申诉、申请再审案件407件，审结404件。

（一）严厉打击刑事犯罪，全力维护社会安定

刑事审判中，我院坚持严厉打击各种犯罪活动，积极参与社会治安综合治理。一是通过“严打”整治斗争净化社会环境、维护市场秩序。在为期两年的“严打”整治斗争中，我院以严重暴力犯罪、影响群众安全感的多发性犯罪和扰乱市场经济秩序犯罪为打击重点，审结案件281件，判处案犯452人，90名犯有抢劫、诈骗、生产销售伪劣产品等罪行的犯罪分子被判处5年以上有期徒刑。二是坚持与“法轮功”犯罪活动的

斗争,2000 年至今审结相关案件 30 件 102 人,通过审判活动严惩了极少数顽固分子,教育、警醒了大多数痴迷者。三是严厉惩处渎职犯罪行为。五年中有 72 人因贪污、受贿、挪用公款等被判处刑罚,增强了群众对反腐倡廉的信心。四是保证无罪的人不受法律追究,19 名被告人因证据不足等原因被宣告无罪。五是积极参与社会治安综合治理。通过公判会、公开庭、法律咨询、以案讲法等方式进行法制宣传教育,与有关部门合作对监外服刑人员进行社区矫正,2003 年 7 月发出了全市第一份矫正通知,现有我院判处的 10 名监外服刑人员正在接受社区矫正。

未成年人刑事案件审判中,审结未成人犯罪案件 289 件,判处未成年被告人 308 人,严惩侵害未成人合法权益的成年犯罪分子 289 人。审理过程中,我院依照“教育、感化、挽救”的审判方针,对未成年被告人依法可以判处非监禁刑的,都力争以宣告缓刑、管制或单处罚金等方式处理,五年依法宣告缓刑或判处非监禁刑的有 237 人,占未成年被告人总数的 77%。在及时公正审结案件的同时,我院积极推进“审判向前延伸和向后延伸”。在审判向前延伸方面:通过法制校长讲课、指导组织模拟法庭、参与成立“未成年保护研究中心”、请区内中学德育教师旁听案件等方式推进校园未成年人保护法制建设;以共建社区“青少年法律服务站”等方式开展未成年人保护进社区工作;以接听未成年人保护法律咨询热线、与新闻单位合作制作专栏等方式加强法制宣传;以编印案例集、组织案件研讨等方式开展青少年犯罪问题研究。在审判向后延伸方面:一是以庭审为中心,以审前家访、审中教育和审后回访等方式与家长、学校一起开展帮教活动。二是注重做好拟宣告缓刑、判处非监禁刑未成年被告人家属、学校的工作,为其回归社会创造较好的家庭和学习环境。三是以“母亲节恳谈会”等方式坚持对判处缓刑的未成年罪犯的教育改造。经过努力,五年来,经我院审判的未成年人重新犯罪率低于 1%,绝大部分被告人走上了自新自强之路。未成年人案件审判庭(原少年刑事审判庭)先后获得“全国未成年人保护工作先进集体”、“全国未成年人犯罪研究先进单位”、“全国优秀青少年维权岗”和“全国保护妇女儿童权益先进集体”等荣誉称号。

(二)维护社会公平正义,促进经济持续发展

五年来,随着经济发展、改革深入和公民法律意识的提高,民事案件数量持续攀升,热点、难点案件不断出现。为此,我院坚持从维护稳定、促进发展大局出发,在及时审结普通案件的同时,不断加强对重点案件的研究审理工作。一是妥善处理群体纠纷。五年来,劳动争议、市场摊位租赁和拆迁等涉及人员众多的案件不断起诉到法院,有时有上百名乃至数百名员工、租户或居民集中起诉,处理不好极易产生不稳定因素。审理过程中,我院坚持从大局出发,在坚决维护群众合法权益、依法定纷止争的同时,注意掌握审判节奏、处理方式和时机,为区政府等部门解决相关问题提供了法律保障。二是慎重裁判房屋租赁、医患纠纷和婚姻家庭等社会热点案件。审理中,我院坚持通过法律手段平等保护产权人和承租人、医疗单位和患者以及妇女、儿童和老年人的合法权益,依法开展调解工作,注重从根本上化解矛盾、解决问题,使近 60% 的案件以调解方式妥善解决。三是公正审结各种疑难复杂、新类型或有一定社会影响的案件。五年中,我院审理的古树砸奔驰车赔偿案、周某某诉保利剧院侵犯综合教育权案、八哥鸟“骂人”名誉权案等因涉及法律深层次问题和类型新颖受到社会普遍关注。审理过程中,我院严格依照法律规定,吃透立法精神,从公平和公正角度分析判断,成功审结了这些案件,既产生了较好的社会效果,又为今后审理类似案件提供了借鉴。四是加强涉及改革政策案件的审理工作。坚持适用法律与贯彻政策相统一和平等保护原则,依法审结了建设银行东四支行起诉的 105 件借款合同案、涉及区内划转企业的借款、租赁案、知名老字号委托经营案以及八家市、区属企业破产案等案件,防止了国有资产的流失,保护了企业、职工和投资人的合法权益。

在做好审判工作的同时,我院进一步落实司法为民措施,加强法律服务工作。通过先予执行等方式保护弱势群体合法权益,依法批准减、缓、免交诉讼费以保证经济困难的当事人打得起“官司”,适用有关规定为当事人指定法律援助律师;采取举办医疗、合同、宅基地、婚姻家庭等专题讲座的方式为医务人员、企业员工、武警官兵和社区群众讲解法律知识;采取与有关部门合作设立咨询热线、组织公开庭、参加“外地来京人员法律服务站”活动、建立企业法律服务网等方式为社会各界提供法律帮助;通过编印民事、民商事《案例选编》等方式宣传法律知识;加强对人民调解工作的指导,与区司法局合作组织人民调解员旁听和培训,注重涉及人民调解协议的审理工作,使一些矛盾通过人民调解解决,将依法化解矛盾、维护稳定阵线前移。

(三)依法保护行政相对人合法权益,以行政审判促进依法行政

五年来,随着行政法制建设、行政体制改革和依法治区工作的不断进步,我院的行政审判工作呈现出收案数量增多、案件类型增多、难点案件增多和非诉执行案件增多的特点。针对这些新特点,我院严格履行司法审查职责,坚持依法保护相对人合法权益与促进依

法行政相统一，充分发挥了行政审判维护稳定、促进发展，规范行政行为的职能作用。

从发挥行政审判维护稳定、促进发展职能作用出发，我院高度重视重点、难点、热点案件的审理和非诉行政执行工作。一是妥善处理了明城墙遗址公园拆迁等一批重点案件，在依法保护群众合法权益的同时，帮助行政机关解决了在城市改造等工作中产生的难题。二是依法审结了东亚骨病研究所案和人民日报房屋产权登记案等案件，为相关单位解决了一些时间长、矛盾大、难处理的问题。三是公正裁决了招商银行商品房预售登记等热点案件，为规范房地产市场行政管理活动提供了帮助。四是加大对行政非诉执行案件的审查、执行力度。30%的案件因不符合法定条件未予执行，依法从快执结了涉及地坛园外园建设的森森艺术中心拆除违法建筑等案件，保障了相对人的合法权益，维护了合法行政行为的严肃性。

从发挥行政审判促进依法行政作用出发，五年来，我院坚持以讲座等形式在执法人员和人民群众中开展行政法制培训和宣传教育，坚持以邀请涉案单位人员旁听的形式使他们接受直观的法制教育，坚持为区委党校学员讲解行政法课程，坚持与涉案较多的单位交流研讨以帮助他们改进工作，坚持以发送司法建议并跟踪落实情况的方式帮助相关单位查找问题、提高执法水平。2003年我院还结合审判中发现的问题，组织编印了三十万字的《行政审判理论与实践》一书并赠送给区内数十家行政机关，为他们推进依法行政提供了指导和借鉴。

（四）大力加强执行工作，努力突破“执行难”

五年来，我院坚决贯彻党中央1999年第11号文件精神，通过加大执行力度、规范执行行为、推进执行改革等措施大力加强执行工作，执结案件比前五年增加一倍以上，在突破“执行难”方面取得了一定成效。

加大执行力度，以多种方式最大限度地实现申请人的合法权益。通过执行和解等方式促使当事人自动履行8636件。深入贯彻执行全国人大常委会关于“拒不执行法院判决、裁定罪”的立法解释，对抗拒、阻挠执行、逃避履行法律义务的当事人依法采取强制措施，强制执行1097件，拘留336人，罚款233,200元。

深化执行改革，以改革促进执行公正和高效。五年来，除推行了执行风险告知、先执行后收费、被申请人财产申报和当事人自主选择拍卖机构等改革以外，我院还深入开展了以执行全程告知、执行中止文书改革、案外人执行异议听证等为主要内容的执行公开改革，以改革促进执行的公正和高效。

规范执行行为，以规范化建设促进执行案件质量和执行效率的提高。开展执行纪律教育整顿，进一步提高执行人员规范意识；加强“执行办案规范”等制度建设，为规范化建设提供制度保障；强化内部监督制约，深入贯彻最高人民法院《执行工作纪律处分办法》，确立主执行官负责制下的执行实施权与执行裁判权“两权分离”制度；成立评估、拍卖、变卖工作领导机构、实行案款集中管理，规范执行物变现、案款发还等行为；集中清理中止案件，明确中止执行条件，严格审批程序以提高执行效率；使用执行格式文书，统一表格、文书样式，提高执行程序的规范化程度。

二、以确保公正、提高效率为目标开展司法改革

1999年至2003年是第一个《人民法院五年改革纲要》实施之年。五年来，东城法院按照“纲要”要求积极开展各项改革，审判方式、审判组织运行机制和人事制度等改革取得了不同程度的进展。

（一）开展审判方式改革，形成公正、高效的审判方式

1、证据制度改革

在2001年开始全面推行的证据制度改革中，我院采取了加强证据规则培训强化现代证据意识、编印《证据知识问答》和举证须知指导当事人举证、适用证据表格规范证据活动、开展文书改革促进证据公开和推行诉讼风险告知等措施。经过近三年的努力，证据制度改革在三个方面取得实效：一是符合法制原则和形势要求的诉讼证据体系初步形成，并且已经成为了诉讼活动的核心内容。二是包括证据所反映的法律事实才是裁判依据、法院要居中裁判，除法律规定外不能主动替当事人收集证据和经过质证的证据才能作为定案依据等三个方面为基本内容的司法理念基本确立。三是“打官司就是打证据”的诉讼观念被越来越多的当事人所接受，当事人意识到“有理无据”也会输“官司”，开始积极、正确、及时地履行证据义务。

2、审判流程管理改革

从2002年开始，借助日益成熟的网络系统，我院的审判流程管理改革在三个方面收到成效：一是审判流程管理已经完成由人工管理为主向由计算机管理为主的转变，立案、分案、审理、结案等各个环节都处于“审判管理系统”监督管理之下，管理效率明显提高。二是由于建立了自动化的“审限警示系统”，无故超审限、超审限不报告等现象被基本杜绝。三是通过自动化管理规范了审判流程管理的各个环节，杜绝了人工管理中可能发生的违规问题。

3、简便、高效的诉讼机制改革

一是开展刑事适用普通程序案件简便化审理改革。在尊重控、辨双方意见基础上，简化被告人认罪案件庭审讯问、举证、辩论等环节，2003年首次试行了法

官主持下的控辩双方庭前证据交换。改革后庭审时间与一般案件相比平均缩短了三分之一。二是依法扩大简易程序适用范围。五年适用简易程序审结案件30807件，民事、刑事案件适用比例分别为88%和34%。2002年9月，从便于当事人诉讼和便于审判的“两便原则”出发，我院组建了专门适用简易程序的民事简易审判法庭，当事人选择适用简易程序并同时来院的可以即收、即审、即结。该法庭成立一年结案近千件，无一上诉、无一反悔。三是积极探索民事诉讼调解制度改革。改革庭前调解程序，充分发挥调解提高效率，缓和、化解矛盾的作用，民事案件调解结案率一直保持在70%左右。

(二)开展审判长、独任审判员和主执行官选任改革，建立公正高效的审判组织运行机制

五年来，我院以审判长、独任审判员和主执行官选任为主要内容，全面开展审判组织运行机制改革。在加强监督制约、严格选任标准、规范选任程序的基础上，依法赋予合议庭和独任审判员更多的案件决定权，改变“审者不判，判者不审”的现象，达到明确审判组织职责、提高审判质量和效率、培养高素质法官的目的。在1999年试行“主审法官合议庭负责制”基础上，自2000年至今已经进行了两次选任。四年来，选任机制不断健全，审判长、主执行官在审理、执行疑难复杂案件中发挥了骨干作用，提高了组织能力和业务水平，一批年轻审判人员因此很快锻炼成为业务骨干。独任审判员在及时审结案件方面发挥了积极作用，占审判员总数17%的独任审判员结案总数达到全院结案数的34%。此外，针对案件和人员特点，我院还在负责审理民商事案件的民事审判第三庭试行了由一名选任审判长、两名助理审判员和两名书记员组成固定合议庭的“一二二”审判模式。自2002年试行以来，合议庭经过近两年的“磨合”，职责更加明确，效率进一步提高。

(三)开展人事制度改革，建立、完善以人员分类管理为中心的人事制度

五年来，我院从职业化分工、专业化管理角度出发，以人员分类管理为中心积极开展人事制度改革：一是推行中层干部竞争上岗。五年来，23名干警经民主推荐、公开竞争、择优任用程序被选拔为中层干部，“民主、公开、竞争、择优”的干部选拔机制已经形成。二是开展机构精简、人员分流改革，设置内部机构14个，分流人员45人。三是推行书记员单独序列管理改革。自2000年开始招录聘用制书记员19名，书记员录用、培养、管理、考核和晋升进入单独序列。四是推行司法警察聘任制。自2001年至今招聘聘任制法警8名，使法警专业化、年轻化问题得到初步解决。

三、以《法官法》和法官职业建设要求为重点不断加强队伍建设

五年来，我院按照《法官法》和法官职业化的要求，不断加强领导班子和干警职业化建设，队伍整体素质有较大提高。

(一)加强领导班子建设，提高审判管理水平

院级领导班子建设中，我院始终坚持学习提高，以中心组学习和自学相结合提高政治素质和管理能力；坚持民主集中制，重大事项都要经过民主研究，集中决策；坚持实践，通过指导审判活动和亲自审理案件提高业务水平；坚持密切联系群众，从加强沟通交流、虚心接受监督评议和从优待警入手保持与群众的密切联系；坚持开拓创新，树立改革意识，积极参与改革，做开拓创新的模范。班子成员的政治素质、党性修养、领导能力和工作水平有较大提高，发挥了领导核心的作用。

庭级领导班子建设中，一是在选拔过程中引入竞争机制。二是严格执行“一岗双责”，使中层干部真正负起业务建设和队伍建设的双重责任。三是加强培训，提高中层干部的专业知识和管理水平。四是发挥庭领导的业务示范作用，严格办案要求，明确副庭长以办案为主。五是加强后备干部队伍建设。六是倡导争优意识，以每年向全院报告工作并接受评议的方式促进中层干部不断进步。中层干部的职责意识、管理能力和创新精神不断提高，得到全院干警的认可。

(二)加强职业化建设，提高干警综合素质

1、以政治思想教育为中心加强职业道德建设

一是以“三个代表”教育为中心，严格落实区委和上级法院要求，开展“三个代表”重要思想学习教育、立党为公、执政为民、公正司法、服务发展等主题教育活动，提高干警政治思想觉悟和为人民服务的宗旨意识。二是按照《法官职业道德基本准则》要求，以保障司法公正等六个方面内容培养干警的职业道德观念。三是树立理论联系实际的学风，开展健康向上的文化活动，推进法院文化建设。四是成立机关党委加强基层党组织建设，以开展“三会一课”和坚持党员责任区制度等措施发挥党员在政治思想建设中的带动作用。经过五年努力，干警政治思想觉悟、职业道德水平不断提高，工作作风特别是审判作风明显转变。据区人大常委会信访部门统计，在2002年关于我院审判作风信访量同比下降69%的基础上，2003年又比2002年下降了20%。

2、以党风廉政建设为中心加强职业纪律建设

完善重大事项报告、廉政信用档案及廉政谈话等

制度。制定《党风廉政建设工作分工意见》,通过层层签订责任书明确责任。通过“党风廉政宣传教育月”等活动提高干警遵守职业纪律的自觉性。通过聘请廉政监督员等方式加强监督。严格落实《人民法院审判人员违法审判责任追究办法(试行)》和《人民法院审判纪律处分办法(试行)》查处违法违纪问题。五年来,我院党风廉政建设不断加强,干警职业纪律意识不断提高,本院监察部门收到的关于违反审判纪律的信访数量逐年下降,2003 年相关信访投诉同比下降了 70% 。

3、以岗位培训为重点加强职业素质建设

一是加强规划、制度建设。二是按照《法官法》和上级法院要求,鼓励干警参加学历教育。三是结合审判需要组织全员岗位培训。四是选派骨干力量参加“入世”规则、审判业务、行政管理、政治工作和专业技术等专项培训。五是加强高素质人才的培养,重点培养、放手使用学历高、能力强、表现突出的干部,特别是年轻干部。岗位培训基本实现了上级法院要求的“三个转变”,队伍整体业务素质不断提高。

四、以接受监督、强化自律为保障促进司法公正

(一)自觉接受区委领导和区人大常委会、区政协监督

五年中,我院接受领导、监督工作逐步制度化、规范化。一是坚持重点工作、重要案件向区委、区人大常委会请示报告,在区委、区人大常委会和市高级人民法院领导、监督和指导下妥善处理了一批大案要案。二是以多种方式确保人大代表和政协委员行使监督权。明确承诺人大代表和政协委员执代表证、委员证可以直接旁听公开审理的案件,以接待代表视察、邀请代表旁听或监督执行等方式接受法律监督,以向区政协通报工作等方式接受政协的民主监督。三是通过接受评议和述职等方式接受区人大常委会的监督。接受区人大常委会对未成年案件审判庭的评议并认真整改。副院长、庭长按照要求进行述职并接受评议。四是与区人大常委会信访部门建立信访联系制度,结合信访中发现的问题有针对性地改进工作。五是认真做好督办案件工作。五年办结人大代表、政协委员等督办的案件 235 件,2003 年办结率达到了 100% 。

(二)主动接受社会各界监督

五年中,我院注重通过多种方式主动接受社会监督。落实院、庭长接待日制度,院、庭长接待来访 1520 人次。设立值班法官,接待咨询、投诉 945 人次。严格信访责任制,坚持每访必查、每访必复和限时答复,接待信访 1067 件,来访 452 人次。结合专项教育活动向社会各界征求意见、建议。通过新闻媒体宣传我院工作,接受社会监督。

(三)以审判公开促进司法公正

以庭审公开为中心,深化公开审判:一是在审判人员中树立“程序公正与实体公正并重”的观念,强化公开意识。二是完善庭审规则、规范庭审程序,促进庭审公开。三是改革文书格式、提高文书制作水平、提高文书中证据和论理的比重,促进裁判公开。四是推行文书档案查阅制度,促进文书公开。五年来,近三万人次旁听了我院审理的各类案件,公开审判已经成为人民群众监督我院审判工作的重要途径。

作为公开审判的重要内容之一,人民陪审员工作不断发展。在区人大常委会指导下,我院通过健全机制保障陪审员依法履行职责,通过规范培训提高陪审员业务水平,通过加强沟通及时征求陪审员的意见建议,通过表彰先进激发陪审员的工作热情,相关工作规范化程度不断提高。五年中,陪审员参与结案 1645 件,出庭 2000 余人次,通过陪审活动促进了审判公开和公正。

(四)强化审判监督确保案件质量

在强化自律方面,我院从审判监督入手,强化对案件质量的内部监督。不断完善差错案件追究制度建设,为确保案件质量提供制度保障;坚持对所有上诉案件进行查评,采取抽查方式检查每名审判员审结的案件;严格追究案件差错责任,提高审判人员规范办案意识。五年来,全院案件质量一直保持较高水平,2003 年上诉案件发回重审率和改判率都达到市法院系统评选先进法院的标准。

以上是东城法院在区人大第十二届会议期间的主要工作情况。总结五年的工作,我们始终清醒地认识到,尽管我们取得了一些成绩,但是也存在很多的不足,主要包括:有些工作规范化、科学化程度还有待提高;人员整体素质还不能完全适应形势发展要求,职业化建设力度还要进一步加大;个别审判人员的审判理念还需进一步转变,一些不符合形势要求的传统审判观念和作法还没有彻底改变;极少数审判人员的宗旨意识还需进一步提高,审判作风建设还需加强;审判基础设施建设滞后,制约了审判公开化、科学化和规范化建设的发展。

未来的五年,东城法院将深入贯彻落实党的“十六大”和十六届三中全会精神,以“三个代表”重要思想统领各项工作,基本的工作思路是:

第一,充分发挥审判职能,全面完成审判任务。严厉打击危害国家安全、社会治安和经济秩序的犯罪活动,发挥民事审判、行政审判职能作用,积极参与社会治安综合治理,坚持司法为民,努力突破“执行难”,为首都、东城区现代化建设提供法制保障。

第二,围绕公正、效率主题深化司法改革。深化审

判方式改革,完善以证据制度为核心的公正、科学、高效的审判方式;深化审判组织运行机制改革,完善保障审判组织独立、公正行使审判权和培养高素质法官的相关机制;深化人事制度改革,完善“公开、民主、竞争、择优”的人事制度。

第三,以法官职业化建设为中心推进队伍建设。加强领导班子建设,严格职业准入标准,以“三个代表”思想教育为主要内容加强宗旨教育和职业道德教育,注重职业素质培养,强化职业纪律观念,努力缔造一支政治坚定、业务精通、作风优良、执法公正的司法队伍。

第四,提高认识自觉接受区委领导和区人大监督。坚持请示报告制度,通过邀请代表旁听、监督执行、信访联系、述职、接受评议和办理督办案件等工作接受区人大常委会的监督。

第五,采取多种措施加强基础工作。大兴调查研究之风,加强法制宣传力度,推进审判基础设施建设,提高审判管理和办公自动化水平。

东城区人民检察院工作报告

2004年1月12日在东城区第十三届人民代表大会第一次会议上

东城区人民检察院代理检察长　王　立

一、五年工作的回顾

区第十二届人民代表大会的五年,是我区改革开放和现代化建设取得辉煌成就的五年,也是我院各项工作全面发展的五年。五年来,我院以邓小平理论和“三个代表”重要思想为指导,认真贯彻党的十五大、十六大精神,在区委和市检院的领导下,在区人大及其常委会的监督下,以“强化法律监督,维护公平正义”为检察工作的主题,全面履行检察职责,逐步推进检察改革,不断加强队伍建设,为首都和我区的改革、发展、稳定做出了贡献。

(一)以公正执法为中心,认真履行检察职责

1、依法严厉打击各类刑事犯罪

五年来,我院与公安、法院等机关密切配合,坚持公正司法,进一步加大对严重危害社会治安、破坏社会主义经济秩序、干扰经济体制改革的刑事犯罪的打击力度,努力做好刑事检察环节的各项工作,共批准逮捕犯罪嫌疑人3631人,提起公诉3538人。2001年4月,全国性的“严打”整治斗争开始后,我院深入贯彻上级机关的重大部署,成立了“严打”工作领导小组,全院干警以高度的政治意识、大局意识和责任意识,全力以赴投入“严打”。在为期两年的“严打”整治斗争中,我院共批准逮捕1301人,提起公诉1431人,其中属于杀人、抢劫等恶性暴力犯罪和其他“严打”重点的案件分别占批捕总数的66%和起诉总数的55.7%。通过依法快捕快诉一大批具有较大社会影响的重点案件,如高检院挂牌督办、涉案金额4000多万元、受害人数近万人的被告人[illegible]非法倒卖“神龙数码卡”案、北京市首例的被告人林楚国骗取国家出口退税款案等,有力地震慑了犯罪,促进了社会治安的明显好转,增强了人民群众的安全感,实现了“严打”的目标。

在打击犯罪的同时,我院高度重视依法保障人权,严格按照法定标准,严把事实关、证据关、程序关和运用法律关,慎重行使批捕权和公诉权,避免错捕错诉。五年中,共决定不批准逮捕358人,不起诉120人,贯彻了打击犯罪与保障人权并重的工作方针。

2、坚决查办和预防职务犯罪

五年来,我院坚持为经济建设和发展大局服务,保持查办贪污贿赂、渎职侵权大案要案的传统,把突出查办人民群众关注、社会反映强烈、有震动有影响的职务犯罪案件作为侦查工作的主攻方向,重点查办了一批发生在党政机关、司法机关、行政执法机关和经济管理部门的工作人员职务犯罪案件,着力查办了一批乘国有企业转制、改组之机私分、侵吞国有资产的犯罪分子,深挖职务犯罪“窝案”、“串案”,及时抓捕了多名负案潜逃的犯罪嫌疑人。我院查办的华润集团下属瑞深公司原总经理邹秀海受贿、挪用公款2.4亿元案被评为北京市检察系统十大精品案;我院查办的原中国银行东城支行安定门分理处主任戴增利案,涉案金额1.24亿元,被告人被法院判处死刑;经我院查办的原国家海关总署调查局副局长王立伟和原最高人民法院干部冷冰因受贿分别被判处10年以上有期徒刑。五年来,我院共立案侦查贪污贿赂、渎职侵权案件192件204人,立案数名列全市检察系统前茅。其中,涉案金额在百万元以上案件17件,千万元以上案件6件,超亿元案件3件;查办局级干部23人,处级干部44人,

司法执法人员 4 人。通过办案,共为国家和集体挽回经济损失 1.73 亿元。2001 年以后,我院积极查办发生在新领域的职务犯罪案件,先后依法查办的 2 起税务人员徇私舞弊发售发票案和 2 起区属单位在危改拆迁过程中的职务犯罪案件,为有关部门有的放矢地查处相关领域的违法违规行为提供了依据。在 2003 年上半年“非典”疫情最严重的时期,我院又在区委的领导下,在区纪委的协调支持下,查办了一起区属国有公司领导乘企业即将改制之机,集体私分巨额国有资产的严重经济犯罪案件。这些案件的办理,对促进廉政建设和反腐败斗争的深入开展,为东城区改革发展起到了积极的促进作用。

在查处职务犯罪的同时,五年来,我院充分发挥职能优势,积极开展职务犯罪预防工作,确立了以个案预防为基础,以行业预防为重点,以网络预防为依托的预防工作模式,逐步形成了由区委统一领导,区纪委统一协调,有关部门共同参与,检察机关发挥职能作用的“大预防”格局,建立并完善了三个社会预防网络。预防部门结合职务犯罪典型案例,通过组织调查问卷、参加各单位廉政座谈会等方法,找准预防工作的切入点,先后在有关单位举办预防职务犯罪法制讲座近百场,自行设计制作了宣传展板,先后在国家人事部、北京奥组委等中央、市属、区属近 40 家单位展出,共讲解 300 余场,参观人数达 2 万余人次,其中部、局级干部 300 人次;自行汇编、印制了《预防职务犯罪工作手册》和《怎一个悔字了得——贪官忏悔录》等书籍,定期刊发《东城预防报刊文摘》,被驻区干部群众称为“流动的警示教育基地”,取得了良好的社会效果。预防部门还结合查办的案件,总结出带有行业特点的犯罪规律,并针对经济转型期间,尤其是国有企业改制、改组等措施出台的过程中极易产生的机构、人员、资金(资产)管理松懈、混乱等问题,及时向有关部门提出“采取必要的行政手段保护有关资金帐目”等六条预防建议,受到区委领导重视,区医疗卫生、税务、教育、城建、金融等系统采纳建议,对本单位财务管理等制度进行完善,有效地预防了各种经济违纪违法案件的发生。

3、全面强化诉讼监督工作

五年来,我院围绕“强化监督,公正执法”的检察工作主题,与公安、法院加强协调,为营造我区公正执法的有利环境,防止各项诉讼活动中发生司法不公的问题作出了积极的努力。

一是拓宽立案监督渠道。以防止和纠正有案不立、有罪不究、以罚代刑等问题为重点,我院积极落实与区公安分局的刑事立案沟通联系机制,与工商分局等行政执法机关签订了违法、犯罪案件线索移送协议,及时了解和掌握辖区内刑事案件发案和线索查处情况,初步实现了刑事立案的信息共享,对应当立案而没有立案的案件,及时向公安机关发出《说明不立案理由通知书》。同时,我院对公安机关依据刑事诉讼法的规定不应当立案的,坚决予以维护和支持。

二是强化侦查监督效果。立足于保障公正司法和规范司法,我院贯彻区政法委的统一领导,在“严打”之初牵头制定了《关于建立联席会议制度的规定》,坚持每月与公安机关就政策性问题和重大工作部署进行协调交流,逐步形成了检察机关敢于监督、善于监督,公安机关自觉接受监督的公正执法良性机制。在工作方法上,我院通过提前介入重大案件的侦查,有针对性地提出侦查或补充侦查建议,帮助公安机关把握案件定性,引导侦查方向;采取集中授课、组织旁听庭审等措施,强化公安侦查人员在办案中的证据意识和庭审意识;以公安机关侦查预审人员为阅读对象创编了《沟通与交流》专刊,集中反馈侦查监督中发现的问题,及时肯定公安机关行之有效的侦查方法,逐步实现了由“纠错型”向“预防型”监督方式的转变。近年来,公安机关的案件质量有了明显提高,“严打”前后普通刑事案件的退回补充侦查率下降了 47%。例如,在交通肇事案件的侦查权转由交通管理部门行使后,我院主动与东城交通支队联系,从东城交通支队立案的第一起案件着手,对侦查工作进行引导,使此类案件无一件退回补充侦查,无一件当事人提出申诉,法院对提起公诉的被告人均作出有罪判决。经我院主动介入引导侦查,蓄意制造交通事故 60 余起、并以此为手段进行敲诈勒索犯罪活动的被告人郑植被绳之以法。同时,我院持续加大监督力度,五年来共依法追捕、追诉犯罪嫌疑人 76 人;改变原侦查定性 134 件,增减犯罪事实 103 起,提出口头和书面纠正违法意见 60 余件,有效地维护了法律的严肃性。

三是拓展审判监督方式。五年来,我院大力加强与法院的沟通联系,依法出庭支持公诉并对法院审判活动是否合法进行监督,并及时提出纠正意见和改进建议;对认为确有错误的 5 件案件,依法提出了抗诉。与法院共同制定了“分歧案件研讨会议制度”,双方定期对分歧案件进行研讨,努力解决我院各主诉组、法院各合议庭因标准不统一而造成的量刑建议、判决结果差异较大的问题。坚持“维护司法公正,维护司法权威”,采取多种方式开展民事行政检察监督工作,对认为确应改判的 8 件申诉案,提请或建议上级检察机关提起抗诉,其中 6 件案件经法院重审得以改判;对 2 件案件提出再审建议得到法院认同。

四是落实监所检察监督制度。我院与区公安分局看守所开展了预防与杜绝超期羁押的专项工作,初步形成了以责任追究制度为核心,各专项机制协调配合,各业务部门形成合力的防止超期羁押长效机制,实现了连续9年无超期羁押,得到高检院领导的肯定。五年来,我院结合各个时期的重点,配合监管场所就戒具使用、监内安全卫生、防疫防病等情况进行专项职能检察,并针对检察中发现的问题提出口头或书面纠正意见,保证了监管秩序的稳定和安全,维护了在押人员的合法权益。

4、积极开展检察环节上的社会治安综合治理工作

五年来,我院在严厉打击各类犯罪,依法开展诉讼监督工作的同时,认真落实检察环节上的综合治理措施,为确保国庆五十周年庆典、迎接澳门回归、申办奥运、党的十六大等重大活动期间良好的社会秩序和生产生活秩序作出了积极贡献。

一是高度重视未成年人保护工作。以“教育、感化、挽救”为原则,我院在办理未成年人犯罪案件中积极贯彻宽严相济的刑事政策,动员亲属参与对未成年违法犯罪人员的帮教,与有关部门联系解决其回归社会后的复学、升学问题。指派干警担任法制校长,配合中小学校做好在校生的法制教育,并通过办案,及时惩处了一批在中小学周边抢劫殴打在校学生,严重扰乱正常教学秩序的犯罪分子。

二是以坚持检察长接待日为重点,积极发挥“窗口”作用,落实和完善“首办责任制”。五年来,我院控申、民行、渎职侵权检察部门积极参与人民内部矛盾的排查调处,力争把问题解决在首次办理环节,有效化解社会矛盾,减少社会不稳定因素。充分运用电话举报自动受理系统和信访线索自动管理系统,积极做好举报控告初查和接待答复工作。正副检察长共接待来访121次,接待群众200余人次,直接批办重点信访件40余件,基本解决或落实了39件。控告申诉部门妥善处理群众来信、来访1732件2026人(其中集体访21件123人),受理公民举报529件,办结初查、调查案件453件。在民事行政检察工作中,对法院判决正确而案件当事人又反复申诉上访的,积极采取说服、协调、解决实际困难等方法,做好申诉人的思想工作,疏导申诉人服判息诉。我院控告申诉部门多次获得高检院授予的“文明接待室”荣誉称号,并于2001年第三次被评为“文明示范窗口”。

三是积极投身与“法轮功”邪教组织的斗争。五年来,我院认真执行有关法律规定,加大对“法轮功”邪教组织犯罪活动的打击力度,共审查起诉“法轮功”分子利用邪教组织破坏法律实施案36件115人,占全市“法轮功”案件的二分之一。经我院依法审结后,法院已全部按指控做出有罪判决。2001年我院公诉的被告人邵强等27人在天安门广场张打宣传“法轮功”的“百米横幅”案在全国产生影响。我院公诉一处被评为北京市“与‘法轮功’斗争先进集体”。

四是注重发挥检察建议在综合治理中的积极作用。结合办案,我院通过对典型案件中反映出的犯罪特点、原因、条件进行综合分析,五年来,共有针对性地向有关单位发出检察建议60余份。如我院在办案中,发现有关部门对外来人口、外资企业职员从事犯罪活动缺乏应有警惕,遂就此问题发出多份检察建议,得到地区主管部门的高度重视,迅速进行了整改,并将处理结果函告我院。

五是加强检察宣传工作,及时报道检察队伍建设的新成绩,树立检察机关的良好形象。通过披露典型案例,进行犯罪警醒,大力宣传群众与犯罪分子斗争的感人事迹,弘扬社会正气。五年来,报刊、电台、电视台、互联网络等媒体共采发我院稿件1300余篇次,收到了良好的检察宣传效果。

(二)以检察改革为动力,大力推进各项机制创新

1、深化干部人事制度改革

五年来,我院逐步将各级干部晋职晋级工作全面纳入竞争机制。在2000年度的干部竞争上岗工作中,我院制定了公开、公正的竞争方案,增强改革的民主性和科学性,将院级领导职位纳入竞争范畴,改善了班子成员的年龄和专业知识结构;确立中层干部任期制,使中层干部队伍的年龄、学历结构和素质能力不断得以改善;在一般干警双向选择工作中加大组织协调力度,使骨干力量优先满足办案一线部门的需要,形成了不拘一格选人才,用人才,让优秀人才脱颖而出的选人用人新机制。

2、建立新的办案管理机制

五年来,我院在公诉、反贪、民行等部门逐步完善主诉、主办检察官办案责任制及配套的业务保障机制,减少了案件的审批环节,弱化了业务工作的行政管理色彩,办案进度明显加快,案件质量有了新的提高。1999年起,公诉部门在全市率先启动主诉检察官办案责任制试点工作,在主诉制全面并轨后致力于摸索配套机制改革,试行主诉检察官助理制,为更深层次的公诉工作机制改革打下基础。2000年起,反贪部门改革业务运行机制,稳步推进主办检察官办案责任制试点工作,初步建立了案件动态管理体系和监督体系,有效调动了主办检察官的积极性,形成主办检察官主导办案的新机制。2003年,综合保障部门探索建立有利于提升管理和工作水平的良性机制,试行主管责任制。逐步建立并完善了以“双五好”为标准的岗位目标量化考核责任制,对检察业务、队伍建设和后勤保障等工作实行定量考核,使各项管理机制日臻完善。

3、努力完善各项公正执法保障机制

一是完善了专家咨询监督制度。1999 年以来，我院先后聘请 2 名著名法学专家担任兼职副检察长，成立了由 21 名专家教授组成的“专家咨询监督委员会”，通过组织疑难案件论证会、专家讲座等形式，利用“外脑”，畅通检察机关执法工作的专业化监督渠道；二是对办案的评价方式实现了“以数量为中心”向“以质量为中心”的转变，公诉、反贪、侦查监督、控告申诉、民事行政检察、渎职侵权检察等办案部门相继制定案件质量考核评价体系，强化了检察业务各环节之间的监督与制约，确保了检察权的依法正确行使；三是稳步推进各项业务改革，全面展开当庭行使量刑建议权的工作，进行了量刑建议与适用普通程序审理被告人认罪案件改革相结合的尝试，积极探索开庭前的证据开示和庭审中的多媒体示证，为确保司法公正做出有益的探索；四是坚持“检务十公开”的各项内容，与中华全国律师协会相互承诺“双十条”，增强检察工作的透明度，逐步完善了检察机关的外部监督机制。

4、建立保障诉讼参与人合法权益工作机制

检察权是人民赋予检察机关的重要权力，从人民群众不满意的地方进行改革是检察工作的本质要求。五年来，我院广泛借鉴兄弟检察机关的先进经验，充分吸纳专家学者、人民群众和社会各界的意见，制定了具有较强操作性的《东城区人民检察院全面保障诉讼参与人合法权益工作规则》及配套的实施细则，从制度上保障检察官公正执法，保障了公民和法人的合法权益，体现了注重人权保护的现代法治精神，树立了检察机关为民执法的良好形象。

（三）加强队伍和基础设施建设，奠定检察工作的发展基础

1、从教育活动入手，提高队伍的政治思想素养

五年来，我院先后开展了“三讲”教育、纪律作风教育整顿、执法作风大检查、反特权思想和霸道作风、“执法为民，服务发展”等主题教育活动，领导班子着力加强以邓小平理论和“三个代表”重要思想为核心内容的政治理论学习，努力改进工作作风，加强廉政建设，动员干警深入查找执法观念、执法作风、执法形象、执法纪律等方面的差距和不足，自下而上制定了切实可行的整改措施，增强了干警为民执法的观念和抵制腐朽思想侵袭的自觉性。2002 年，我院广泛开展了“向方工同志学习，做新世纪合格检察官”活动，并注意树立培养身边的典型，形成“远学方工，近学身边榜样”的浓厚氛围。通过大力弘扬忠诚、公正、清廉、严明的检察职业道德，检察队伍的整体素质不断提高，基本杜绝了干警违法违纪现象的发生。

2、加大教育培训力度，着力提高队伍的职业技能水平

1999 年起，我院制定了《学历教育三年规划》，使较高学历的人才成为我院队伍的主体。2000 年以来，我院教育培训的重点开始由学历教育为主向实施“能本教育”为主的转变，采取专家授课、练兵比武、组织观摩庭、进行业务研讨等形式，分多个层次对干警进行在岗业务培训，努力建设学习型检察院。在 2003 年下半年举行的“全国十佳公诉人”比赛中，我院邹开红同志取得第一名佳绩，为首都检察官赢得了荣誉。

3、加强各项基础设施建设，奠定扎实的物质保障

五年来，我院在区委、区人大和区政府的领导、监督和大力支持下，认真落实最高人民检察院《关于加强基层检察院建设的意见》和《人民检察院基层建设纲要》的各项部署，综合保障能力明显增强。为提高检察工作的科技含量，2001 年我院开始了检察系统二级专线网的建设，初步建立了检察机关电视电话会议系统、案件管理和办公自动化系统等现代化网络办公办案系统，逐步把信息化技术的先进成果运用、渗透到检察实践的方方面面。

（四）自觉强化人大意识，主动接受监督

五年来，我院坚持做到事先向人大常委会报告本院重大工作部署，邀请区人大常委会领导参加院内重要活动，坚决贯彻人大常委会的各项决议，认真办理人大常委会交办的事项以及代表、委员提出的建议、反映的问题。5 名副检察长先后向人大常委会作了述职，并接受了考察评议。经人大常委会任命的干部都参加了常委会组织的培训和考核。聘请常委会副主任为全体干警作报告，增强了干警接受人大监督的自觉意识。2000 年，我院诚恳地接受了人大代表对反贪局工作的评议，并针对评议内容逐条制定了整改措施。随后，我院以认真落实各项整改措施为契机，全面改进院内的各项工作，收到了显著成效，并向人大常委会主任会议做出工作汇报。2002 年以来，我院积极争取人大常委会领导对检察工作的了解和支持，在调研的基础上先后就本院开展法律监督、职务犯罪预防工作的情况向人大常委会主任会议做了全面汇报。五年来的检察实践证明，区人大及其常委会的监督和社会各界的信任与支持，是检察队伍整体素质不断提高，检察事业健康发展的根本保证。

回顾五年来的检察工作实践，我们对做好检察工作的基本经验和体会是：

1、必须坚持以邓小平理论和“三个代表”重要思想为指导，牢牢把握检察工作的正确方向。实践表明，只有用邓小平理论和“三个代表”重要思想统揽检察工作，才能做到政治坚定、思想统一、目标明确，在检察

工作中自觉地贯彻执行党的路线、方针、政策,为促进先进生产力、先进文化和维护最广大人民群众根本利益服好务。

2、必须突出检察工作主题,自觉为工作大局服务。五年来,我们始终突出"强化监督、公正执法"的主题,全面履行各项检察职责,自觉服从和服务于首都改革发展稳定大局,较好地发挥了职能作用。实践证明,只有紧紧围绕首都工作大局服务,检察工作才能大有作为,检察事业才能不断发展。

3、必须坚持党对检察工作的绝对领导,自觉接受人大及其常委会的监督,确保检察工作健康发展。我院做到坚决贯彻区委的重大决定决议,提前向区委汇报重大事项和重要工作部署,落实大要案请示汇报制度。主动征求人大代表、社会各界对检察工作的意见建议,并认真进行整改,贯彻为民执法的检察工作本质要求。

4、必须不断深化检察改革,为检察工作发展增添新动力。改革是推动检察工作与时俱进的强大动力和有效手段,只有改革,才能保证检察工作与时俱进;只有改革,才能永葆检察事业的蓬勃发展生机。

5、必须坚持从严治检,长期不懈地抓好队伍建设。只有按照中央关于"政治坚定、业务精通、作风优良、执法公正"建设司法队伍要求,努力打造一支高素质的专业化检察队伍,才能保证各项检察职能的充分发挥,保证各项重大任务的圆满完成。

在总结经验的同时,我们也清醒地认识到,检察工作还存在许多问题和不足,与党和人民的期望相比,还有差距。主要表现在:一是按照《检察官法》的要求,队伍结构还不尽合理,整体素质还有待于进一步提高,维护司法公正的自觉意识还需进一步强化,执法水平还不能完全适应新形势新任务的要求;二是新的办案机制和工作机制还需进一步深化和完善;三是检察职能宣传方面还有待于进一步加强。针对这些问题,我院将高度重视,深入分析产生问题的原因,积极采取有针对性的措施,认真加以克服和解决。

二、今后五年的工作思路

今后五年,是北京市全面建设小康社会、全力筹办奥运会、为率先基本实现现代化而努力奋斗的重要历史时期。党的十六届三中全会提出了进一步完善社会主义市场经济体制的目标,对司法工作提出了新的要求。作为工作在首都中心城区的检察机关,我们要进一步认清形势,明确任务,振奋精神,在区委和市检院的领导下,在区人大及其常委会的监督下,以邓小平理论和"三个代表"重要思想为指导,认真学习贯彻党的十六届三中全会精神,全面履行各项检察职能,继续深化检察改革,坚持不懈的加强队伍建设,不断推进检察事业的创新发展,为首都率先基本实现现代化和成功举办奥运会、创造稳定和谐的社会法治环境作出新的贡献。

充分发挥检察职能,全力维护社会安全和稳定。认真贯彻中央、市、区关于维护社会稳定的要求和部署,与公安、法院密切配合,形成对严重刑事犯罪的打击合力。加强对市场经济条件下新型犯罪的打击力度。积极参与社会治安综合治理。

坚决查办和预防职务犯罪,促进反腐败斗争的深入开展。突出打击重点,集中查办职务犯罪大要案,力争在查办渎职侵权案件方面取得突破。继续做好职务犯罪预防工作,进一步摸索预防方法,延伸预防范围,拓宽预防网络,积极配合有关部门搞好行业预防、系统预防和社会化大预防,有效抑制职务犯罪的发生。

依法履行诉讼监督职责,努力维护司法公正。把监督工作贯穿于刑事立案、侦查、审判、刑罚执行的全过程,强化监督措施,增强监督实效,促进各项监督工作的深入开展。

积极稳妥地推进检察改革,促进各项工作的创新发展。继续推进干部人事制度改革,深化竞争机制,摸索主诉主侦和综合业务主管责任制的改革方向。积极完善并落实已经实施的案件质量评价考核体系、量刑建议权、证据开示、多媒体示证等各项业务改革。

以强化教育培训为重点,全面加强检察队伍建设。充分利用内部网络、业务期刊等多种载体,通过举办专家讲座、举行岗位练兵和业务比武、开辟学习园地等多种形式,强化素质教育,提高专业技能水平。提高检察工作的科技含量。进一步加快和改善我院办案用房和专业技术用房的建设,奠定检察工作持续发展的基础。

专题　专载

东城区不断深化人大街工委工作

费文勇

届首之年,东城区各人大街工委都力求开好局,起好步,制定新规范,打好新基础,有力促进了代表作用的明显发挥。首先,代表的履职意识增强。在今年上半年组织的集中走访选民周活动中,代表参与面达到了92.7%,共走访选民5421人次,听取选民意见1411条,整理并提出代表建议125件。其次,代表为选民服务的意识提高了。代表们能经常利用多种形式深入选区,到选民中间去,了解老百姓关注的热点、难点问题,并及时向有关部门反映,关注解决问题的进展情况。三是代表能够认真提写议案、建议。区十三届一次人代会代表共提议案57件,建议162件。代表对办理的结果的同意和满意率也高达91.9%。

人大街工委工作是一件新生事物,虽然我区已取得了明显成效,但就其工作的体制和机制,代表作用的深化、工作领域的拓宽等方面仍存在一些不足,需要进一步研究解决。深化人大街工委工作在许多方面是可以有所作为的:

注重发挥人大街工委的整体作用。人大街工委是区人大常委会任命的工作机构。深化人大街工委工作,首先要从过去的委托型、松散性联组工作及联组长个人"议决事"的工作模式中解脱出来,注重发挥街工委全体委员的集体智慧和力量。其二是要坚持定期召开委员会全体会议,集体决策。坚持全体委员合理分工,充分发挥每一个人的工作特长,形成集合优势。此外,还要坚持人大街工委主任在其工作中的第一责任意识。

注重丰富代表履职的实践活动。代表履职的实践活动是代表发挥作用的重要载体。深化人大街工委工作一个重点就是力求在丰富代表活动上下功夫。各人大街工委要高度重视会议期间代表履职作用的发挥,通过日常的学习、培训、交流与座谈等形式,不断提高代表在会议期间审议报告的能力,提写议案和建议的能力。在闭会期间更要通过一系列的丰富活动,促进代表履职能力的提高,通过联系走访选民,提高代表做好群众工作的能力。通过调查、视察、检查和评议提高代表进言献策、推动政府工作的能力。各项代表履职的实践活动,要做到精心设计、精心安排、精心组织,达到内容与形式的有效统一,使代表的责任感和兴趣感明显增强。使代表通过丰富的实践活动个人素质、履职能力明显增强。

注重发挥人大代表的主体作用。从我区人大代表工作的实践看,下一步在发挥代表主体作用方面应侧重于三个方面。一是发挥代表自身优势,建言献策,为我区的经济和社会各项事业发展做出贡献。二是发挥人大监督职能,促进和推动"一府两院"工作。三是发挥联系选民的作用。为社区建设和基层民主政治建设贡献力量。随着城市管理重心的下移和社区建设的不断深入,代表工作与基层联系更加密切。自本届按属地划分选区,选举产生代表的工作格局形成后,选民对代表的要求越来越高,各人大街工委要紧紧抓住这一契机,及时将代表工作重心下移至基层,实现"代表工作基础在选区,发挥作用在社区"的工作转变,鼓励人大代表经常深入选区,倾听群众呼声,了解民情民意,在推进我区社区建设和基础民主化的进程方面有所作为。

注重创新人大街工委的工作机制。人大街工委工作机制的完善与创新,将有助于推进人大整体工作。当前要努力探索代表履职的监督机制,鼓励和推广建立代表履职手册、代表履职档案和代表履职情况公示制度,使广大代表能够增强代表意识,不懈怠履职行为,不愧对于代表的光荣称号。要努力探索代表小组活动机制,鼓励和提倡按行业、按地域、按特长划分代表小组,明确小组职责,丰富小组的活动内容,推进代表工作的深入开展。要努力探索市区代表工作互动机制,形成市区代表共同携手,促进人大工作上水平的新格局。

注重加强街道人大专职工作的基础建设。深化人大街工委工作同样也离不开街道层面人大专职工作的基础建设。各人大街工委要继续加强硬件基础建设,有条件的人大街工委要建立"代表之家",并适当增加代表活动经费。此外,还应注重理顺人大街工委与人大街工委办公室的工作关系,防止和纠正简单用"人大街工委办公室"替代人大街工委、人大专职干部替代人大代表履职的现象。鼓励和提倡人大街工委办公室工作的专一化。同时区人大常委会也要加强人大街工委工作的信息化建设,建立和健全区人大常委会与人大街工委为一体的人大工作网站,设立“人大街工委工作之窗”,通过信息化的网络建设为代表履职创造良好的条件。

作者职务:区人大常委会副主任

此文发表于:《北京人大》2004 年第 12 期

ZHENGDANG TUANTI

政党团体

中国共产党北京市东城区委员会

概　述

本年，贯彻党的十六届三中、四中全会及胡锦涛总书记视察北京时的重要讲话精神，落实市委的各项工作部署，带领全区党员、干部和职工群众解放思想、扎实工作，使全区经济建设、各项社会事业、民主法制建设都取得了新成就，形成全面协调可持续的发展局面和团结和谐稳定的政治局面。全年发展党员489名，其中35岁以下255名，占发展党员总数的52.15%。年末，全区有基层党(工)委84个，社区党委35个，党总支125个，支部1300个，党员39053人，其中一线职工占4.59%，女党员占48.44%，机关干部占10.61%。

坚持科学发展观，加强对经济建设的研究和领导。推进王府井现代化商业中心区、东二环交通商务区和雍和宫、地坛、国子监传统文化旅游区的建设，经济布局更趋合理；加大经济体制改革力度，通过整合资产增强发展后劲；转变政府职能，推进全程办事代理制，优化投资环境和经营环境；强化城市建设和城市管理，创建城市管理新模式；探索平房院落修缮改造的“微循环”模式，努力创新历史文化保护区中的危改途径；扩大对外开放，利用外资工作形成结构优化、质量提高的良好局面。

加快民主法制进程，推进社会主义政治文明建设。加强对人大、政协工作和群众团体的领导，坚持和完善中国共产党领导的多党合作和政治协商制度，爱国统一战线得到进一步巩固发展；积极开展依法治区工作，依法行政、依法管理的水平不断提高；落实司法改革各项措施，全力维护司法公正；加强“四五”普法工作，不断提高市民的法律意识和素质；继续开展严打斗争，切实提高科技创安水平，建立健全社会治安防控体系和工作机制；坚持同法轮功等邪教组织开展斗争；做好信访和人民内部矛盾排查调处工作；抓好安全生产。

加强精神文明建设工作，推进社会事业发展。开展和谐社区建设工作，制定《关于加强新时期和谐社区建设的意见》；启动创建全国文明城区工作；以创建学习型城区、学习型组织为载体，开展“求真务实找差距、勤政为民促发展”主题教育活动，圆满完成国庆55周年的各项任务；实施教育优质均衡发展战略，加快教育体制机制改革；制定《东城区未成年人思想道德建设实施纲要》，举办“王府井国际中学生音乐节”和未成年人思想道德建设主题游园会等活动；推进科技工作，电子政务应用不断扩展；进一步完善突发公共卫生事件防控体系；加强体育工作，十个街道全部被评为全国城市体育先进社区；开展国防教育工作。

加强党的建设，推进党的组织、宣传和思想政治建设等工作。制定并落实《关于加强区级领导班子思想政治建设的意见》和《贯彻<中共中央关于加强党的执政能力建设的决定>的意见》，不断提高各级党组织的执政能力；举办“一把手”素质工程主题研修班，抓好区、处两级中心组学习；以“一个转变、两个系统、四个机制”建设为重点，深化干部人事制度改革，坚持重要干部全委会票决制；开展“解放思想，加快发展”大讨论和“党心连民心，亲情进万家”活动；加强调查研究工作，解决城市管理、教育体制改革等一批实际问题和难点问题；狠抓作风建设，弘扬扎实、务实、朴实的工作作风，落实“八个坚持、八个反对”的要求，强化立党为公、执政为民理念，全面落实责任制，推进党风廉政建设和反腐败工作。

单位名称：中国共产党北京市东城区委员会
单位地址：钱粮胡同3号
联系电话：64035419　邮政编码：100010　　(王家岩)

主要工作和重大活动

【中共东城区第九次代表大会】　1月5～8日召开。陈平、卢彦、刘朋庆、吴弘勇、冯熙、曾刚健、杨艺文、刘瑞宾、马战校、边振英、梁军、郭瑞敏、岳鹏等291名代表出席。卢彦主持。陈平代表中共东城区第八届委员会作题为《解放思想，加快发展，为东城区在首都率先基本实现现代化的进程中走在前列而努力奋斗》的工作报告。曾刚健代表中共东城区纪律检查委员会作工作报告。选举产生中共东城区第九届委员会和区纪律检查委员会。　(王家岩)

【区委全体会议】　1月8日，召开九届一次全体会议。区委委员、候补委员参加。选举产生区委常委、区委书记和区委副书记，通过区纪委一次全会选举结果。

1月16日，召开九届二次全体会议。陈平主持。区委委员、候补委员参加。审议通过“票决办法”，投票表决区委常委会提名的5名街道工委书记拟任人选的任职,并根据计票结果宣布区委的任职决定。

3月4日,召开九届三次全体(扩大)会议。陈平主持。区委委员、候补委员参加。审议通过《中共东城区委关于加强区级领导班子思想政治建设的意见》、《中共东城区第九届委员会工作规则》、《中共东城区委关于处级领导干部选拔任用实行全委会投票表决和闭会期间征求意见的办法》,审议街道办事处主任人选和向区人大常委会推荐的31位政府委办局正职人选,以无记名方式投票表决。

7月15日,召开九届四次全体(扩大)会议。陈平主持。区委委员、候补委员,区级领导班子成员,区纪委委员,区级机关各部、委、办、室主要负责人,区属各单位党政主要负责人,区属重点企业、学校、医院主要负责人200余人参加。卢彦作题为《求真务实,创新发展,以优异成绩迎接建国55周年》工作报告。陈平作题为《坚持科学发展观和正确政绩观、群众观的统一,进一步加强党的执政能力建设》讲话。

12月27~28日,召开九届五次全体(扩大)会。卢彦主持。区委委员、候补委员参加。陈平代表区委常委会作题为《认真落实党的十六届四中全会精神,全面扎实推进东城区各项事业的发展》工作报告。总结本年工作,部署2005年工作任务。会议递补许汇为区委委员,审议并通过《中共东城区委贯彻〈中共中央关于加强党的执政能力建设的决定〉的意见》和《中共东城区委九届五次全体(扩大)会议决议》。(王家岩)

【工作调研】 6月25日,刘淇到区调研。充分肯定本区在数字城市技术应用及城市管理模式创新方面所作的努力和取得的成果。市委常委、市委秘书长孙政才,市委、市政府有关部门负责,陈平等参加调研。

12月9日,刘淇、王岐山到区调研解危试点工作和四合院微循环改造情况。孙政才,副市长刘志华,市政府秘书长刘晓晨,市有关部门负责人,区领导陈平、卢彦等参加。刘淇、王岐山一行察看了东四南大街28号院、五四大街28号楼等解危试点院落改造情况及微循环改造后的秦老胡同25号院、未改造的秦老胡同17号院的居民生活情况。张家明汇报东城区解危试点工作和四合院微循环改造情况。陈平汇报东城区2004年经济社会发展情况。 (王家岩)

【指导检查工作】 1月9日,国务委员、国务院秘书长华建敏,代市长王岐山分别到北京站检查春运工作。华建敏在铁道部部长刘志军陪同下,察看北京站体温检测站、旅客接待情况。王岐山在刘志华、刘晓晨,陈平、卢彦等陪同下,察看老年妇幼服务室、体温检测站、售票厅等处。

2月7日,刘淇、市委副书记、市人大常委会主任于均波等市领导到区检查安全工作。肯定区各项安全工作落实情况。陈平、刘朋庆等陪同检查。

4月10日,王岐山视察东方广场地下人防结建工程。市人防办主任刘寿海、副主任宗绪盛,区领导陈平、卢彦等陪同。

9月27日,刘淇,中央政治局候补委员、书记处书记、中央办公厅主任王刚检查中山公园国庆游园筹备工作。中央办公厅副主任令计划,王岐山,强卫,孙政才,马振川,吉林,区领导陈平、卢彦等陪同。

(王家岩)

【军政座谈会】 1月16日召开。曾庆源、吴玉海、任海泉、王伯廷等驻区部队领导,陈平、卢彦、刘朋庆、吴弘勇等区级领导班子成员参加。

7月29日,召开庆"八一"军政座谈会。驻区部队领导孙本胜、尹心愿、于清吉、韩平、李金榜等,陈平、卢彦、刘朋庆、吴弘勇等区级领导班子成员参加。

(王家岩)

【慰问部队】 1月16日,陈平、卢彦、刘朋庆、吴弘勇等走访慰问驻区部队。杨艺文、马战校、边振英等参加。

7月27日,陈平、卢彦、刘朋庆、吴弘勇等分四路走访慰问驻区部队基层连队。市委常委、北京军区副司令员兼卫戍区司令员刘逢君中将、北京卫戍区政委孙本胜少将、空军后勤部政委曾庆源少将等参加。

7月28日,区领导冯熙、曾刚健、杨艺文分三路走访慰问驻区部队。 (王家岩)

【领导慰问】 1月21日,周永康到交道口派出所慰问公安干警。市领导强卫、吉林、刘志华,区领导陈平等陪同。同日,刘淇、王岐山到区慰问交通干警和城管队员。市领导强卫、吉林、刘晓晨,区领导陈平、卢彦等陪同。

9月10日,胡锦涛到宏志中学看望宏志师生。刘淇、王刚,国务委员陈至立,教育部部长周济,王岐山等陪同。 (王家岩)

【工作汇报】 7月7日,城市管理模式创新课题组向科技部领导进行专题汇报。科技部部长徐冠华,秘书长石定寰,政策法规司司长张景安,高新技术发展及产业化司副司长李武强听取汇报。副市长范伯元,市科委总工程师李石柱,区领导陈平等参加。

11月26日,中央编办主任李铁林、市委副书记杜德印等到区听取城市管理新模式成果汇报。陈平、卢彦等以及区委、区政府相关部门负责人参加汇报会。

（王家岩）

【中国·北京王府井中学生国际音乐节】 8月5日，中国·北京王府井中学生国际音乐节开幕。团中央书记处第一书记周强，中国文联主席周巍峙，外交部党组书记、副部长戴秉国，中宣部副部长，中央文明办主任胡振民，中国人民对外友好协会会长陈昊苏，教育部副部长陈小娅，文化部副部长孟晓驷，市委常委、宣传部部长蔡赴朝，孙政才，市人大常委会副主任金生官，副市长刘敬民，市政协副主席张和平，奥组委副主席蒋效愚，市广播电视局局长赵东鸣，中央有关部委办负责人，陈平、卢彦、刘朋庆、吴弘勇等区级领导班子成员参加。卢彦致开幕词。蔡赴朝宣布音乐节开幕。

（王家岩）

【未成年人思想道德建设工作】 9月18日，“我们共同成长”未成年人思想道德建设主题游园会在地坛公园举行。团中央书记处书记杨岳、蔡赴朝，市人大常委会副主任赵凤山，中央文明办未成年人思想道德建设工作组副组长张英伟等，区领导陈平、刘朋庆等参加。

（王家岩）

组织工作

【概况】 本年，按照全国、全市组织部长会议和区九次党代会精神和部署，围绕区发展战略和工作大局，探索，创新，扎实工作，取得成效。

加强处级领导班子思想政治建设，以“一把手”素质工程等为载体开展理论学习培训。加强对领导干部特别是党政“一把手”的民主集中制教育，建立健全并严格执行民主集中制的各项规定。开展“党心连民心”活动。倡导和树立求真务实、勤政为民、踏实苦干的风气。

深化干部人事制度改革。推进干部管理信息系统建设和决策系统建设，探索实行领导干部任免票决制，全年对36名提职干部进行全委会投票表决任用。选择7家单位开展职位说明书试点工作。在日常干部考察中实行“现场应试和群众打分”制度。以岗位目标责任制为载体强化干部职责管理，推进干部管理方式的转变，完善和修改岗位目标责任制考核评分办法。创新干部考评手段，对干部进行心理测试和量化考评。优化配置处级领导班子，破格提拔优秀年轻干部任正处级领导职务，从区外引进3名高级管理和专业人才充实班子，全年任免干部392人次，其中提拔任用处级干部72人，交流处级干部38人。全区公开选拔副处级领导干部5名，开展正处级非领导职务竞争上岗，重新调整处级后备干部队伍。建立干部监督激励机制，坚持和完善任前公示、明示谈话、重大事项报告制度、收入申报制度、经济责任审计等制度。做好“12380”监督举报电话开通工作，清理在企业兼职的干部。重视做好老干部工作。

扎实开展培训干部工作，提高干部队伍整体素质。以一把手素质培训为重点，实施东城区现代化管理人才培养工程。强化对干部培训工作的规划和指导，按照干部需求设置培训内容，创新培训方式，增强培训针对性、实效性和吸引力，确保培训效果。实施赴港、赴日、赴韩等境外培训项目，选派22人到机关或基层双向挂职锻炼，选派32名处级后备干部和优秀年轻干部到和谐社区建设试点挂职。开展干部教育培训教材编写工作，制定《东城区党政干部和人才培养专项经费管理使用办法》，健全和完善计划调训等制度。

坚持“党管人才”原则，召开全区人才工作会议，制定《关于进一步加强人才工作的决定》。建立“优秀青年人才俱乐部”、“博士后工作实践基地”、“高校人才直通车”人才工作新模式。建立完善人才服务机制、人才推荐选拔和教育培养机制，营造良好的人才发展环境。

扎实推进基层党组织和党员队伍建设，根据区委部署，开展“党心连民心、亲情进万家”活动，使群众得到实惠，党员受到教育，促进基层党建工作。对基层党组织书记进行政治理论和业务能力培训1028人次。通过调研，制定《加强新时期和谐社区建设的意见》。创新基层党建工作方式方法和制度机制，开展无职务党员设岗定责试点工作，总结北新桥“365”阳光驿站等基层典型经验，组织开展“党旗飘扬在社区”党建宣传服务日活动等。对流动人员中的党员进行调查摸底，共查出党员2155人。做好发展党员工作。

开展“公道正派杯”树组工干部形象主题演讲比赛，举办组工干部培训班。内部干部跨组交流或组内轮岗，增强队伍活力。

单位名称：中共东城区委组织部
单位地址：钱粮胡同3号
联系电话：64031118（转）　邮政编码：100010　（姜泽洵）

【学习贯彻十六届四中全会精神】 召开常委扩大会议，陈平就全区学习贯彻好四中全会精神提出要求。10月14～16日，区委举办由区级领导班子成员、正处级党政一把手和组织部、宣传部等部门领导干部参加的学习贯彻十六届四中全会和胡锦涛讲话精神研讨会。制定《中共东城区委、东城区人民政府关于加强新时期和谐社区建设的意见》和《中共东城区委贯彻〈中共中央关于加强党的执政能力建设的决定〉的意见》,对全区贯彻落实十六届四中全会精神提出具体要求,做出全面部署。 （姜泽洵）

【信息与调研】 全年向市委组织部报送信息196条,采用58条。向中组部报送信息78条,采用6条。获市优秀信息9条,中组部和市委组织部领导批示信息2条。报区委办233条,采用177条,优秀信息6条。制定《信息工作管理暂行办法》,建立信息员例会制度,进行信息工作季度分析和通报,实行市采信息对口传阅制度,建立健全信息工作机制,加强专职、兼职信息员队伍建设。创办《信息策划》刊物。建立信息电子资料库和信息资料档案卷宗。

完成市委组织部(《关于无职务党员设岗定责试点工作的调查与思考》、《关于以岗位目标责任制为载体实现干部管理方式转变的调研》课题)2个,区委课题5个,部内课题23个。采取召开座谈会、实地考察、个别访谈等方式,围绕"领导班子建设"、"岗位目标责任制"、"社区党建"、"无职务党员设岗定责"、"和谐社区建设"、"'党心连民心、亲情进万家'活动"、"人才工作现状和思路"等课题开展调研。制定和实施《调研工作管理暂行办法》,实行调研课题中期督办制度。在《北京组工通讯》刊发文章5篇,图片10幅。

（姜泽询）

【干部人事制度改革】 在日常干部考察中坚持实行现场应试、群众面试、心理测试。现场应试:要求被考察人现场答题,限时二十分钟,考试内容包括《党政领导干部公开选拔和竞争上岗考试大纲》规定的内容,对中央、北京市各项方针政策的理解、掌握程度,履行岗位职责所必需的基本政治理论和有关应知应会的基础知识,以及计算机、外语、经济、领导科学等知识。群众面试:考察组从该单位干部名册中随机抽取五至七名普通干部群众,与考察组干部组成评委团对被考察人进行面试,要求被考察人从考察组事先准备好的试题中随机抽取试题作答,侧重考察干部分析问题的思维能力、解决问题的创新能力和处理突发事件的决断能力。心理测试:将心理学理论和综合心理测试技术运用到干部考察工作中。引进国家人事部最新研制开发的现代管理心理测验系统软件(MMP),运用现代心理学、管理学、计算机科学及相关学科的研究成果,通过人机对话的方式,对被考察对象进行综合心理素质测试,掌握干部的综合心理素质和个性特征,考察其日常工作的稳定性、工作效率、协调能力等情况。本年,在49名处级干部考察中进行现场测试和心理测试。

（马振星）

【目标责任制考核】 根据东城区委、区政府联合下发的《东城区党政机关领导干部和区直属企业党政正职岗位目标责任制考核办法(试行)》的通知要求,对全区党政机关、事业单位进行岗位目标责任制考核,考核单位(部门)80个,民主测评领导班子64个,处级领导干部466名。经区委常委会决定21个单位被评为特等,57个单位被评为A等,1个单位被评为B等。

（罗义）

【设立举报电话】 3月29日,中央组织部在全国组织系统开通"12380"专用举报电话,东城区在区委组织部设立"12380"举报电话站,群众可以通过此电话举报党政干部选拔任用中的不公正行为。 （程俊珍）

【区级领导班子民主生活会】 6月,按照市纪委、市委组织部《关于开好2004年各级领导班子党员领导干部民主生活会的通知》精神,区委、区政府及区人大、区政协领导班子分别召开民主生活会。会前,采取座谈会、发征求意见表等形式,广泛征求领导班子和党员领导干部在党性党风、思想作风、工作作风、学风和廉洁自律等方面的意见和建议。分系统召开"党风廉政建设监督员和监察员"、"基层党员干部"等五个座谈会,60余人参加向全区各单位发《征求意见表》100套,2100份,征求到意见和建议八个方面35条。对领导班子及成员的意见和建议,通过书面形式向班子及成员反馈。在民主生活会上,区级领导班子成员查找班子存在的不足和自身的思想差距。对照胡锦涛指出的党员干部队伍中存在突出问题和中纪委三次全会提出的"四大纪律"、"八项要求"逐条检查。结合群众提出的意见和建议,开展批评与自我批评。 （李巍）

【公开选拔】 8月,经区委常委会研究决定,面向全区各区属国家机关、人民团体及事业单位公开选拔45岁以下副处级领导干部。设有区委党校副校长、区司法局副局长、区人口与计划生育委员会副主任、区城市综合管理委员会副主任、区政府法制办副主任五个职位。32人报名参加选拔,通过资格审查、统一笔试、结构化面试、心理测试等程序,13人进入考察阶段。经组织考察、民主测评、任前公示等环节4名综合成绩优秀者走上副处级领导岗位。 （李巍）

【竞争上岗】 8月,经区委常委会研究决定,在全区党政机关和参照公务员管理的单位及部门(不包括法院、检察院),通过竞争上岗选拔7名正处级调研员。报名条件要求女年满52周岁,男年满57周岁,担任副处级领导干部8年以上并三年连续考核均在“称职”以上等次。全区共有14名符合条件的副处级干部报名参加竞争,经资格审查、笔试、面试、民主测评、心理测试等,将14名竞争者的考试成绩排名与民主测评排名相加除以二,确定排名顺序,前7位被任命为正处级调研员。 (李巍)

【正处级干部健康疗养】 7月12～8月4日,组织正处级干部健康疗养。参加疗养的干部及家属95人。 (王斌)

【处级干部体检】 9月13～23日,在职处级干部在第六医院体检中心体检。全区在职处级干部共422人参加,其中男性290人,最大年龄60岁,最小年龄26岁。 (王斌)

【机构变动】 更名单位2个:北京市东城区计划生育委员会更名为北京市东城区人口和计划生育委员会(简称区人口计生委)(东文〔2004〕25号)。北京市东城区市政管理委员会更名为北京市东城区综合管理委员会(东文〔2004〕27号)。

重组改组单位5个:组建北京市东城区人民政府国有资产监督管理委员会(简称区国资委),为区政府直属正处级特设机构(东文〔2004〕26号)。组建北京市东城区商务局(简称区商务局)。组建北京市东城区安全生产监督管理局(简称区安全生产监督局)。原北京市东城区发展计划委员会改组为北京市东城区发展和改革委员会(简称区发展改革委)。原与北京市东城区商业委员会合署办公的北京市东城区旅游局单独设立(简称区旅游局)。

新成立单位1个:北京市东城区城市管理监督中心,为负责城市管理监督与评价工作的区政府正处级行政机构(东文【2004】27号)。

撤销单位7个:中共北京市东城区委企业工作委员会(京办字【2004】12号)。北京市东城区国有资产管理办公室。北京市东城区经济委员会。北京市东城区人民政府经济体制改革办公室。北京市东城区物价局。北京市东城区商业委员会。北京市东城区对外经济贸易委员会。 (王斌)

【清理企业兼职】 贯彻落实中央纪委、中央组织部《关于对党政领导干部在企业兼职进行清理的通知》精神,清理全区处级以上党政领导干部在企业兼职情况,共清理在企业兼职12人:区财政、审计部门处级领导干部兼任区直属国有企业董事会、监事会成员4人,区直属国有企业领导兼任事业单位领导1人,区卫生局处级领导干部兼任下属劳动服务中心董事会、监事会成员7人。 (黄琼琅)

【干部培训】 落实中央、市委关于大规模培训干部的要求,制定下发《中共东城区委组织部关于做好大规模培训干部工作的实施意见》。本年共举办各类培训班28期(次),培训干部2719人,7009人次。举办主体班培训5期,其中:“一把手素质培训工程”主题研修班1期1314人次,处级领导干部政治理论进修班2期61人,中青年干部培训班2期53人;十六届四中全会精神专题培训班1期100人,十六届四中全会专题系列讲座5期2040人次;知识技能培训6期1191人次,岗位适应性培训10期2215人次;境外培训1期35人。处级干部培训累计58680学时,人均达到3.1周。选送局处领导干部参加中央和市委各类培训班14期14人:局级领导11人,处级干部3人。编写培训教材,制定《东城区组工干部2004～2006年培训计划》。写出关于《加强“一把手”队伍教育培训工作的实践与思考》的调研报告,被市委组织部评为调研工作先进单位。

为落实市委组织部提出的“区县委对市管干部提供年人均不少于一周的补充培训”的要求,制定并完善《东城区关于加强局级干部补充培训的计划》,先后组织市管干部参加军事集训活动、“一把手”素质培训工程、人才俱乐部活动、“科学发展观”专题报告会、十六届四中全会精神专题培训班等,27名市管干部累计完成2588学时的培训任务,人均2.4周。

4月19～23日,举办“一把手素质培训工程”第四单元主题研修班。陈平、卢彦、刘朋庆、吴弘勇等区领导及全区各单位党政“一把手”130余人参加,以“求真务实和官德锤炼”为主题,安排8个专题报告。集中授课期间,进行交流研讨。梁军主持,冯熙动员和总结讲话。撰写《努力探索大胆创新不断提高“一把手”队伍的综合素质》一文,在全市干部教育培训工作经验交流会上交流。7月9日～8月3日,分六个单元对区属企业高层管理人员425人次进行系列培训。10月24日～11月8日,组织优秀中青年公务员35人赴香港培训16天。安排《公共政策的制订及效果评价分析》等专题授课12讲,参观访问廉政公署、贸易发展局、社区服务中心等香港政府机关、团体组织等。11月25日,举行学习培训情况汇报会,全区400余名公务员听取成果汇报。12月2日,举办“东城区非公企业高管人员培训班”。中科院研究生院副院长卢存岳,北京民营科技实业家协会副会长郭天祥分别作《企业的组织发展和管理》和《企业文化及领导艺术和管理》专题讲座。域内非公企业、高新技术企业高级经营管理者及部分区属国有企业高级管理人员170余人参加。梁军出席并讲话。12月13日,市委组织部干教教育培训工作考察组一行四人到区检查《中共北京市委组织部关于做好大规模培训干部工作实施意见》的落实情况。听取汇报,抽样访谈6名处级班、中青班学员参加主体班培训情况,考查党校教学硬件环境。考察组对区干部教育培训工作给予肯定。 (陈波)

【理论学习考核】 按照区委《关于东城区党政领导干部理论学习考核工作的实施办法(试行)》的有关要求,采取个人述学、群众评学和组织考学方式对84个单位的403名处级领导干部参加中心组学习、培训和在职自学情况进行考核,集中审阅《干部教育培训手册》,将检查情况在全区通报,将理论学习考核、年度考核和干部管理相结合。 (陈波)

【法律法规党纪政纪考试】 组织上年度处级干部《东城区领导干部法律法规党纪政纪读本(二)》补考,在网上点评试卷,在全区通报考试情况。12月24日,针对《东城区领导干部法律法规党纪政纪读本(三)》和《中华人民共和国行政许可法》进行考前辅导,05年1月15日组织第三次东城区领导干部法律法规党纪政纪知识考试,全区500名处级干部及企业高级经营管理人员参加。 (陈波)

【挂职锻炼】 年内,分三批选调59名机关和基层干部在区内进行挂职锻炼。接待市委和外省市挂职干部13人,其中中央单位及市直机关挂职干部5人,新疆、大连等地区挂职锻炼干部8人。 (陈波)

【人才工作】 区委调整充实知识分子工作领导小组成员,成立东城区人才工作领导小组,成员22名,冯熙任组长,梁军、岳鹏任副组长,领导小组办公室设在区委组织部。

春节前,组织优秀专家、人才参加区春节团拜会走访慰问优秀知识分子。看望援藏、患病和有特殊困难的优秀知识分子。3月1~15日,对全区180家单位的500余人进行问卷调查,召开座谈会5次,全面调研全区人才状况。6月23日,召开区人才工作会议。市委组织部、市人事局,区委、区人大、区政府和区政协的领导,区各单位党政一把手、主管组织人事工作的领导,各单位组织部长、人事科长、劳动科长、宣传部长,区三支人才队伍的代表,区优秀青年人才俱乐部成员以及驻区单位、高新技术企业代表参加。传达全国和北京市人才工作会议精神。冯熙作《解放思想,求真务实,努力开创东城区人才工作的新局面》的工作报告。下发《中共东城区委东城区人民政府关于进一步加强人才工作的意见》。 (汪东)

【人才培养资助经费】 7月,落实市优秀人才培养专项经费资助的推荐申报工作。起重运输机械研究所黄平,教委李奕,六院刘寿全、王建辉及二中孟艳获资助经费13.5万元,《东城区名师工程》获集体类资助经费20万元。 (汪东)

【落实专家待遇】 9月13~19日,组织突出贡献专家、市级优秀共产党员、优秀党务工作者25人、优秀青年15人赴四川和云南健康疗养。9月,组织突出贡献专家(14人)体检,根据发现的问题,有针对性地组织健康知识讲座。10月,按照《有突出贡献的优秀知识分子管理办法》有关规定,协调区卫生局和三家二级医院为20名专家办理门诊优疗证,享受门诊照顾。

(汪东)

【人才规划】 10月21日,区"十一五人才规划"编制工作领导小组成立,冯熙任组长,梁军、岳鹏任副组长,成员单位:组织部、人事局、发展改革委员会,举行第一次会议。 (汪东)

【政工职评工作】 年内,申报初、中、高级政工专业职称54人,经初、中级评审委员会评审,确认政工员1人、助理政工师38人、政工师7人。向市高级评审委员会推荐7人,4人通过评审获高级政工师职称。8月,8位局级领导通过评审,获高级政工师职称。

(汪东)

【干部人事档案工作】 为落实中央组织部干部人事档案目标管理考核工作要求,6月,组成二个小组,对本区第二批18个单位目标管理考核检查验收。9月完成对40个单位的干部人事档案工作目标管理等级考核,结果为二级4个、三级16个、合格20个。

(崔美华)

【党组织状况】 年内,发展党员489名,其中35岁以下255名,占52.15%,同比减少4.27%。年末,全区有基层党(工)委84个,其中社区党委35个,党总支125个,支部1300个。党员39053人,同比增加853人,其中:工人、营业员、服务员等一线职工占4.59%,同比减少1.65%,女党员占48.44%,同比增长0.18%;35岁以下党员占10.42%,同比减少0.84%;

机关干部占 10.61%,同比增长 0.01%。 (商文茹)

【基层党组织调整】 为切实加强党的领导,区委研究决定,撤销中共北京市东城区发展计划委员会党组、中共北京市东城区经济委员会党组、中共北京市东城区商业委员会党组、中共北京市东城区物价局党组,成立中共北京市东城区发展和改革委员会党组、中共北京市东城区商务局党组、中共北京市东城区安全生产监督管理局党组、中共北京市东城区旅游局党组。决定成立中共北京市东城区国有资产监督管理委员会,隶属于中共北京市东城区委员会。调整原中共北京市东城区委企业工作委员会所属 41 个党组织、中共北京东方信达资产经营总公司委员会及所属 10 个党组织隶属关系。

12 月 2 日,中共北京市东城区市政管理委员会党组更名为中共北京市东城区城市综合管理委员会党组。成立中共北京市东城区城市管理监督中心党组。 (商文茹)

【党建活动】 6 月 29 日,在少年宫举办东城区庆祝中国共产党成立 83 周年文艺演出。区级班子领导、区级离退休老领导以及各民主党派、工商联的负责人出席并观看演出。陈平致辞。7 月 1 日,各街道社区开展庆“七一”党建宣传服务日活动。全区 10 个街道的机关党员,137 个社区的部分党员,驻区中央、市属等 500 余家社区单位以及非公经济组织党员和部分在职党员共 1 万余人,以“党旗飘扬在社区”为主题,利用横幅、板报、发放宣传材料、文艺演出、演讲会、座谈会等形式,开展宣传服务活动。各街道还开展房改拆迁、社保、法律、医疗保健、计划生育、城市管理等 50 多项义务咨询服务和修理自行车、家电、理发、量血压、入门服务,打扫卫生等 60 多项便民服务活动。并到困难党员和群众家中,送上慰问品。9 月,在全区各级党组织中开展“党心连民心、亲情进万家”活动。至 11 月末,中央、市、区属各级党组织共为困难家庭办实事 2561 件,救助老、困、残、孤1.53万名,发放“助老卡”1.72 万张、“优惠价购药卡”5407 张,为残疾人员发放轮椅 76 辆;给予 155 名见义勇为人员一次性补助共计 12.55 万元;为困难家庭学生捐款 23.26 万元,受惠学生 334 名;为 2.14 万名外来务工人员捐赠衣物 4.44 万件。对全区 247 栋(2345 户居民)中式楼和简易楼进行调研,启动东华门街道五四大街 28 号、朝阳门街道东四南大街 28 号、交道口街道寿比胡同 5 号 3 栋危楼 48 户居民的“解危”试点工程。分期分批对 6300 个院落 1.66 万户区自管公房进行用电线路改造 2600 户居民的“一户一表”安装工程登记工作完成。至 11 月 25 日,与 277 个院落 2683 户居民签订《自来水“一户一表”改造工程协议书》,全部竣工并通过验收。全区 1492 个基层党组织以“一对一”、“一帮一”、“一带一”等形式,为所在社区生活困难群众办一件最需要帮助解决的事共计 1360 件,为社区办实事 1567 件,惠及居民群众 27.97 万人。 (唐赫)

【党员教育管理】 3 月 24 日,召开区开展无职务党员设岗定责试点工作部署会。13 个试点单位党组织书记、主管副书记、组织部长以及没列入试点单位的组织部长参加。梁军参加并讲话。5 月 31 日,区委成立以梁军为组长的保持共产党员先进性教育活动准备工作领导小组,在全区各基层党组织中开展“八个一”活动。即:征求一次对开展保持共产党员先进性教育活动的意见;进行一次党员队伍状况的摸底调查;进行一次党支部对照自查;开展一次新时期如何保持共产党员先进性的讨论活动;总结、宣传一批先进典型;帮助解决基层党组织和党员的一些实际困难;建立一支开展先进性教育活动的骨干分子队伍;营造一个好的舆论氛围。采取七种培训方式提升基层党组织负责人整体素质。即外出考察、训前调研、举办示范培训班、重点调训、联谊研讨、外送培训、利用流动培训站培训。7 月 1 日,市委组织部调研区流动人口中的党员调查摸底工作。全区各级党组织按照统一要求,摸底调查非北京市户籍,在本市工作或生活 3 个月以上的党员;具有北京市户籍,组织关系已从原党组织转出,但因各种原因未落实组织的党员;具有北京市户籍,组织关系存放在人才中心、职介中心等人力资源中介机构的党员。5 月 26 日~7 月 15 日,共抽调工作人员 1449 人,走访摸查单位 6714 个,摸查出流动人员中的党员 2155 人。 (龙斯钊 商文茹)

【社区党建】 3 月 15 日,市委组织部来区调研社区党建工作。北新桥、和平里、建国门 3 个街道工委书记和主管社区党建的副书记参加座谈。分别就本单位社区党建工作的现状和进展情况、存在的问题以及如何深化社区党建工作进行交流和探讨。5 月 14 日,召开区社区党的建设指导委员会工作会议。卢彦、曾刚健等区委领导出席。国家人事部、中国社会科学院、市直机关工委、北京卫戍区等 13 个驻区中央、市属单位的东城区社区党的建设指导委员会成员负责人参加。冯熙主持会议。陈平讲话。北新桥街道九道湾社区、朝阳门内务社区党组织负责人结合社区党建工作实际介绍经验。区委有关部门负责人、区政府有关职能局和工、青、妇、群团组织的党组织负责人及 10 个街道工委书记参加会议。编辑下发《社区党建工作文件及经验材料汇编》(第二辑),指导社区党建工作。以社区党建为重点,在全区确立并培育32个社区典型。12月8日,召开东城区加强新时期和谐社区建设大会。区级领导班子成员、区和谐社区建设指导委员会成员、区属各单位党政主要负责人及有关职能部门主管领导,各民主党派负责人,部分区人大代表、政协委员,社区党组织书记、主任以及赴社区挂职锻炼干部参加。大会宣读《中共东城区委、东城区人民政府关于加强新时期和谐社区建设的意见》,民政局、和平里街道工委、朝阳门街道内务社区、总政直工部管理保障局四个单位代表发言,陈平讲话。 (龙斯钊)

【非公有制企业党建】 年末,全区共有非公有制经济组织党委3个,党总支3个,独立党支部56个,联合党支部15个,派驻党建联络员843名。 (龙斯钊)

宣传思想工作

【概况】 宣传贯彻党的十六大、十六届四中全会和区九次党代会精神,学习贯彻十六届四中全会和区九次党代会精神及全区各项重点工作,策划组织明清皇城图片展、教育改革试验区现场研讨会、运用加减法服务老百姓、王府井北京商情指数发布、东城居民接力绣奥运会旗、东城推出精品学校等活动专题,对外报道的各类文字图片稿件200篇,电视新闻110条。累计在中央和市级报刊、电视、网络等媒体刊发稿件1.18万条。完成2005年度党报党刊征订工作,受到市委表彰。获2003年度市局级领导干部理论文章评选优秀组织奖,市“灵山杯”优秀报告(党课)评选工作组织奖。

开展创建全国文明城区工作,制作《文明的脚步——北京市东城区精神文明创建活动个案点击》一书,编辑《北京在线——东城实用宝典》一书,《魅力皇城》杂志创刊号于12月出版。实施“一四四”工程。开展“扶贫济困春风行动”,收到社会捐款9万余元,救助全区164名特困学生。

通过召开舆情信息培训会、下基层辅导、电话访谈、电子邮件沟通等方式,围绕危改拆迁、城市管理、教育改革、校园安全等群众关心的热点难点问题,及时收集掌握社会舆情动态,全年共编发《舆情动态》41期(其中专报18期)。区委宣传部获2003年度市宣传系统舆情信息工作先进单位称号。

加强爱国主义教育工作,推进实施“文化强区”战略。完成奥运火炬接力活动,开展“文明东城,牵手奥运”市民日暨第十九届文化广场重点日活动,完成国庆55周年中山公园游园活动的组织工作,举办中法文化年法国年开幕式王府井分会场活动。

3月,组织开展5次“宣传部长系列论坛”,研讨改进和加强宣传思想工作。11月,举办东城区宣传干部培训班,区属单位宣传干部100人参加。

单位名称:中共北京市东城区委宣传部
单位地址:钱粮胡同3号　邮政编码:100010
联系电话:64031118(转)2313 (王少华)

【学习贯彻十六届四中全会精神】 起草《中共东城区委关于认真学习宣传贯彻党的十六届四中全会精神的通知》,要求全区各级党组织把学习贯彻全会精神作为当前的首要政治任务。以区委区政府理论学习中心组扩大学习会的形式,与区委办和组织部共同举办贯彻落实十六届四中全会和胡锦涛总书记重要讲话精神学习研讨班,区级领导班子成员,各主要单位党政一把手参加。对全区处级干部进行十六届四中全会精神全员培训,举办系列学习报告会8场。《今日东城》报、《东城宣传》开辟专栏,编发《学习贯彻十六届四中全会精神简报》10期。 (王纪平)

【理论学习】 本年,区中心组以学习贯彻十六大、十六届三中、四中全会和区第九次党代会精神为主线,围绕学习贯彻四中全会精神、创建学习型城区、树立和落实科学发展观、推进“文化强区”战略实施、加强和改进区未成年人思想道德建设、提高城市管理水平、保护古都风貌、落实民族宗教政策、贯彻新《宪法》等内容开展专题学习,共安排和组织集体学习研讨26次。 (王纪平)

【纪念邓小平诞辰100周年】 开展“邓小平理论与东城发展”征文活动,收到稿件386篇,选出70篇优秀征文和12个优秀组织单位。选出43篇有代表性的文章,编辑出版《邓小平理论与东城发展》征文集。召开“邓小平理论与东城发展”座谈会。区委宣传部获市纪念邓小平同志诞辰100周年征文活动优秀组织工作奖。 (王纪平)

【区第九次党代会精神宣讲】 2月18日学习贯彻东城区第九次党代会精神宣讲组,以“三个代表”重要思想、党的十六大、十六届三中全会和市第九次党代会精神为指导,深入机关、社区、企业等42个基层单位宣讲,受教育6000余人。 (王少华)

【学习型城区建设】 起草《中共东城区委关于进一步深化学习型城区创建活动的工作意见》。区委宣传部、区直机关工委、区文明办、区教委、区妇联、东方信达总公司分别就创建“学习型领导集体”、“学习型机关”、“学习型社区”、“学习型家庭”和“学习型企业”下发工作意见和规划。6月1日,召开创建学习型城区领导小组第一次会议,领导小组成员就各自牵头系统的工作进行情况进行交流,讨论如何推进学习型城区的创建工作。 (王少华)

【思想政治工作】 结合“党心连民心、亲情进万家”活动,实施“解危工程”,改善群众生活环境,增强思想政治工作实效性。加强对基层舆情信息员的培训和指导,延伸和拓展舆情信息三级网络,增强舆情信息的深度性和前瞻性。利用《今日东城》报等刊物,进行典型宣传。重新进行思想政治工作研究会基层分会的申报工作,区思想政治工作研究会换届选举,健全思想政治工作机制。深入开展调研并形成理论成果。在市“两会”及“丹柯杯”优秀调研成果评选中,区分获一、二、三等奖。市委表彰的“双优”评比中,区委宣传部、北新桥街道工委、东城公安分局政治处被评为市思想政治工作优秀单位,三人被评为市优秀思想政治工作者。 (付彦)

【未成年人思想道德建设】 6月2日,召开东城区加强和改进未成年人思想道德建设学习座谈会。制定《东城区未成年人思想道德建设实施纲要》。以“青春、友谊、和平、发展”为主题的“中国·北京王府井中学生国际音乐节”于8月4~10日在本区举行。9月18日,在地坛公园举办“我们共同成长”未成年人思想道德建设主题游园会,展示区未成年人思想道德建设丰硕成果。开展“掀开历史画卷,激荡爱国情怀”爱国主义教育基地参观寻访;40所学校暑期“敞开门”;“读好书、上好网”等活动。 (唐执科)

【爱国主义教育工作】 调整区爱国主义教育基地领导小组成员,健全领导机构。在北京警察博物馆召开爱国主义教育基地工作座谈会,组织多次基地观摩活动,加强基地之间的交流与合作。开展“承民族精神,建现代东城”征文活动。12月,命名北京皇城艺术馆、东城区特殊教育学校、王府井古人类文化遗址博物馆等第二批东城区爱国主义教育基地。 (唐执科)

【推进实施文化强区战略】 进行东城区文化事业和文化产业资源调查,完成调研报告,组织相关人员到西城、崇文、朝阳、海淀等区县调研,为制定《东城区文化强区战略发展纲要(2005~2010)》奠定基础。创编大型音乐剧《胡同情》,崇于相声俱乐部获中国曲协“德艺双馨先进集体”称号,王府井文化广场获全国特色文化广场称号。 (束庆明 王燕芬)

【主题游园会宣传】 王府井中学生国际音乐节期间,中央电视台播出新闻15条(其中专题2个),闭幕式录播30分钟;北京电视台播出新闻24条(其中专题4个),开幕式50分钟录播三次;凤凰卫视播出1条;中央级和市级报纸62条(其中专版5版);中央广播电台、北京广播电台播出10条(其中专题2个);人民网、千龙网、新华网等设专页进行全程重点跟踪报道;香港文汇报、大公报报道三次。“我们共同成长”未成年人思想道德建设主题游园会在中央级和市级电视播出8条新闻,报刊、广播、网络播出17条新闻(其中专题1个、专版2版)。 (谢超 王小平 王燕芬)

【《今日东城》报】 及时报道社区群众、区属单位中出现的先进人物、事迹、经验及热点问题;结合学习贯彻十六届四中全会和区九次党代会精神、创建文明城区、警示教育、“党心连民心、亲情进万家”等活动。全年完成正报48期192版,加版及特刊72版。 (刘立军)

【调研工作】 完成《实施文化强区战略的调查与思考》、《东城区创建学习型城区的实践与思考》、《励精图治创文明城区,协力同心建和谐东城——东城区创建全国文明城区工作的实践与思考调研报告》、《关于做好社会舆情信息工作的几点思考》、《关于东城区宣传队伍建设现状的调查报告》等5篇调研报告。 (王少华)

统战工作 对台工作

【概况】 坚持和完善中国共产党领导的多党合作制度,加强党外代表人物队伍建设,认真做好民族宗教工作及海外联谊工作,加强对基层统战工作的指导,继续抓好统战信息、调研、宣传工作,为统战人士办实事、办好事,切实加强统战部门自身建设,为加快东城区经济和社会事业的发展做出新贡献。

本年,区委统战部获市统战系统信息工作优秀单位特等奖和调查研究优秀组织奖;《关于新形势下民主党派领导班子及部分骨干成员思想状况的调查与思考》和《东城区新的社会阶层情况调查报告》获市统战系统优秀调研成果一等奖。

单位名称:中共北京市东城区委统战部
单位地址:钱粮胡同3号
联系电话:64031118 8425 邮政编码:100010 (张颀凯)

【春节团拜会】 1月19日,和区政协共同举办东城区统一战线各界人士春节团拜会，区各民主党派、团体负责人、民族宗教、非公经济、港澳台侨代表人士和区政协常委参加。区领导吴弘勇、冯熙、肖幼谊、罗嘉陵、生敏、戚安国、王汉民、赵亚洲、危天倪出席。郭瑞敏主持。冯熙致贺辞。（林立）

【党外处级领导干部座谈会】 2月4日，与组织部共同召开，区领导冯熙、梁军、郭瑞敏出席，区城建、卫生系统、区属企业、职能局的15名党外处级领导干部参加。冯熙讲话：区委非常重视党外干部的培养和教育，建立党外干部队伍是建设社会主义政治文明的需要，是坚持多党合作、巩固执政党地位的需要，也是东城区现代化建设的需要。（向愚）

【统战系统协调会】 3月8日，郭瑞敏主持召开本年区统战系统第一次协调会议。区委统战部、区台办、区民宗侨办、区工商联、侨联的负责人参加。各部门汇报本年工作计划。郭瑞敏强调抓好五个方面工作：加强学习，明确形势和任务围绕中心，服务大局。加强党外代表人物队伍建设。统战工作是做人的工作，重点是做代表性人士的工作。重点抓好民主党派领导干部、党外知识分子、党外干部、非公有制经济代表人士、宗教界代表人物队伍建设，为巩固和发展新世纪新阶段的爱国统一战线奠定坚实的组织保证。加强统战系统机关建设。加强沟通、协调和配合。6月30日，召开第二次协调会议，郭瑞敏主持。听取各部门工作汇报，强调下半年重点工作：搞好邓小平同志诞辰100周年和建国55周年纪念活动；贯彻全国、北京市宗教工作座谈会精神。11月5日，召开统战系统协调会。区委统战部、区台办、区民宗侨办、区工商联、侨联的负责人参加。各部门就本年工作进行交流和沟通。郭瑞敏传达市委统战部近期工作要求，强调各部门抓好四个方面的工作：学习贯彻十六届四中全会精神和胡锦涛视察北京市工作的重要讲话精神，深刻理解加强党的执政能力建设的重要性和紧迫性，努力提高干部素质，提高工作水平。对照岗位目标责任制的要求，确保今年工作保质保量按时完成。做好本年工作总结，提出明年工作思路，努力开拓统战工作的新局面。加强沟通、协调和配合，增强整体合力，提高工作质量和效率。（张颖毅）

【海外联谊会理事会】 3月9日，东城海外联谊会召开常务理事会和四届二次理事会全体理事会。冯熙到会并讲话。郭瑞敏作上年工作报告，提出海外联谊会本年工作计划。理事们对今后海外联谊会的工作提出意见和建议。（赵志高）

【统战系统区情通报会】 3月12日召开，姚维通报区第九次党代会精神。区各民主党派成员、海外联谊会理事、台胞台属等150人参加。（林立）

【研讨会】 3月24～25日，召开部门研讨会。学习全国、北京市统战部长会议精神，沟通交流本年主要工作任务和一季度情况，分析研究工作中的主要“亮点”和难点。郭瑞敏参加并提出希望。3月26～27日，召开八个民主党派一把手工作研讨会。各党派负责人就本年工作安排及开展调研、发挥参政党作用座谈研讨。（张颖毅 林力）

【非公有制经济人士培训班】 4月8～9日，与区工商联共同举办东城区第八期非公有制经济代表人士培训班，区工商联执委、会员、有关职能局领导和10个街道分会的主管领导140余人参加。全国工商联副主席王以铭作《宪法》修正案的辅导报告，岳鹏介绍区情和东城区未来五年发展战略和发展规划，光华管理学院副院长黄建东教授就如何做企业家和创新型企业进行讲解。表彰为区工商联“扶危济困基金会”踊跃捐款的企业家和诚信企业，通过人事议程，区政府职能局的领导介绍非公经济在从事经营中的规定。冯熙、郭瑞敏参加并讲话。（赵志高）

【对口联系工作座谈会】 4月8日，召开区政府有关部门与民主党派对口联系工作座谈会。区政府计委、商委、科委、教委、卫生局有关部门的主管领导和民主党派中的民盟、民建、民进、农工、九三区（工）委负责人及有关人员参加。

总结交流开展对口联系工作情况，对今后更好地开展工作进行研究和探讨。（林立）

【基督教代表大会】 4月28日，东城区基督教第一次代表大会在北京青蓝大厦召开市宗教局副局长马兰霞、市基督教“两会”主席于新粒，区领导冯熙、郭瑞敏、张勤、章冬梅等出席并讲话。

大会审议通过《北京市东城区基督教三自爱国运动委员会筹备工作报告》及《北京市东城区基督教三自爱国运动委员会章程》（草案），选举产生东城区基督教三自爱国运动委员会第一届领导班子，区民政局负责人向大会宣读法人证书并颁发社团登记证。市宗教局宗教一处、市基督教教务委员会负责人、区县民宗办及三自爱国组织的领导、区有关领导和各宗教团体的负责人参加。（向愚）

【宗教问题报告座谈会】 5月11日，举办宗教问题报告会,邀请国家宗教局局长叶小文作“社会主义的宗教论”报告。区四套班子领导、五大机关各委、办、室负责人,区属各单位党委(党组)主管宣传、统战工作的书记,主管民族宗教工作的行政领导,统战部长,宣传部长,民族宗教科科长等400余人参加。

7月22日,召开宗教工作座谈会,传达学习贯彻全国、市宗教工作座谈会精神。区领导冯熙、郭瑞敏、王红兵、张勤、罗嘉陵出席,区五大机关各委、办、室负责人,区属各单位党委(党组)主管宣传、统战工作的书记,主管民族宗教工作的行政领导,统战部长,宣传部长,民族宗教科科长等150余人参加。郭瑞敏代表区委区政府作近年来宗教工作报告,并就新形势下做好区宗教工作、抵御境外利用宗教对我国进行渗透,做出具体安排。冯熙讲话强调:大力培养和培训宗教工作的“三支队伍”,及时妥善处理好因民族宗教问题引发的矛盾,建立有效的协调机制,加强对统战和宗教工作部门的支持与配合。　(向愚)

【民族宗教人士学习班】　5月18~20日,举办第八期民族宗教代表人士学习班,区领导郭瑞敏、章冬梅、生敏出席。区伊斯兰教、佛教、天主教、基督教的教职人员、宗教团体主要负责人及部分骨干信徒教友和民族宗教界的政协委员100余人参加。学习班以加强民族宗教代表人士自身建设、抵御境外敌对势力利用宗教对我国进行渗透为重点,邀请中央党校教授、民族宗教研室主任龚学增作宗教问题的形势报告,市民委主任、宗教局局长张恕贤作如何加强宗教团体自身建设的报告,区委研究室主任姚维结合未来五年发展规划介绍区情。　(向愚)

【统战信息工作会】　5月21日召开,区属各单位的统战部长、统战干部、区各民主党派负责信息工作的领导和信息员参加。传达北京市统战信息工作会议精神,郭瑞敏作《夯实基础　争创一流　不断提高统战信息工作水平》报告,表彰上年度优秀信息员17名,民主党派优秀信息单位3个,优秀信息2条。民革区委、民建区委、区卫生局介绍做好信息工作的经验和体会。郭瑞敏对做好统战信息工作提出要求。发挥统战信息工作的优势和作用;提高统战信息质量;健全信息网络和工作制度。　(张颖毅)

【民主党派调研培训】　5月28日,举办各民主党派调研工作培训班,请九三学社北京市委副主任兼秘书长王琳以“加强调查研究　提高参政水平”为题,就民主党派开展调研工作的意义、作用、方法以及新时期民主党派工作所面临的挑战等,用多媒体的形式讲课。各党派区(工)委负责参政议政工作的领导和参政议政专委会的成员共30余人参加。　(林立)

【统战理论政策培训】　6月3~4日,举办区统战理论政策培训班。区属54家单位的100余名主管书记、统战部长和统战干部参加。

北京市社会主义学院党组书记赵龙飞作“关于多党合作制度”的报告,市委统战部工商经济处处长作“关于新的社会阶层统战工作”的报告,郭瑞敏作“新时期统战工作地位和作用及统一战线各领域有关政策”的报告。　(苏群安)

【社区统战工作座谈会】　6月4日召开,全区十个街道主管统战工作的书记、统战部长、统战干部30余人参加。学习市委统战部《关于加强北京市社区统一战线工作的意见》,分析研究目前社区统战工作的开展情况和加强这项工作的措施。安定门街道、东华门街道、交道口街道,就加强社区统战工作交流想法和意见。郭瑞敏出席,就社区统战工作的意义、任务、对象、方法提出要求。　(张颖毅)

【民主党派研讨会】　7月16~17日,召开民主党派一把手研讨会。各党派负责人就上半年工作进行小结和交流,研讨下半年工作。

郭瑞敏强调,各党派结合中央14号文件颁布15周年,组织成员学习文件精神,总结经验,开展研讨活动。围绕邓小平诞辰100周年、建国55周年,组织开展纪念、研讨、座谈活动。发挥党派优势,深入调研,为东城区的各项建设建言献策。抓好后备干部队伍和领导班子建设。　(马宁)

【党派团体通报座谈会】　7月20日召开。各民主党派、团体负责人及民族宗教界代表人士参加。区领导冯熙、郭瑞敏、岳鹏出席,冯熙主持。冯熙、岳鹏分别通报区委、区政府上半年工作,听取意见。大家对上半年各项工作成绩给予肯定,就实施文化强区、教育改革、加强政治文明建设等方面提出意见、建议。冯熙希望各党派、团体继续关注东城区的整体发展,群策群力,为推进东城区的现代化建设做出新的贡献。9月24日,召开“创建全国文明城区”工作情况通报会,各民主党派、工商联、侨联、民族宗教、台胞台属共70余人参加。通报区文明办区创建全国文明城区的工作情况进行。9月28日,召开各民主党派、团体负责人学习中共中央十六届四中全会精神座谈会。民革区委、民盟区委、民进区委、农工党区工委、致公党区工委、九三区工委、台盟区工委、区工商联、区侨联参加。11月2

日，区委召开党派、团体提案办理情况通报会，各民主党派、团体负责人参加。边振英通报本年党派、团体提案办理情况。郭瑞敏希望各党派、团体认真选题，精心组织，提高党派提案质量。（马宁 张颖毅）

【党派负责人学习班】 7月30～31日，以学习"中共中央14号文件、提高民主党派参政议政水平"为主题，举办各民主党派负责人学习班，区各民主党派负责人及部分骨干近100人参加。邀请中央统战部、民盟北京市委、民革中央的有关领导分别作坚持和完善多党合作制度、民主党派如何履行参政议政职能和对台工作形势的报告。大家就如何正确认识我国的政党制度、加强民主党派自身建设进行交流和讨论，郭瑞敏作总结。（马宁）

【理论学习研讨会】 8月4日，与区统战理论研究会举办"邓小平统一战线理论学习研讨会"。区各民主党派、统战系统各单位负责人、各街道主管统战工作的领导、区统战理论研究会理事50余人参加。民盟东城区委、区侨联、区工商联、区民族宗教侨务办公室、朝阳门街道分别发言，阐述邓小平新时期统一战线理论的丰富内容以及邓小平的丰功伟绩。郭瑞敏讲话强调：学习邓小平新时期统一战线理论，要与学习"三个代表"重要思想相结合，要与新阶段统战工作的实际相结合，要巩固和发展最广泛的爱国统一战线，为全面建设小康社会提供支持。（张颖毅）

【纪念邓小平诞辰100周年座谈会】 8月13日，召开统一战线纪念邓小平同志诞辰100周年座谈会。全区各民主党派、工商联、侨联主要负责人及民族宗教界的代表人士30余人参加。郭瑞敏主持，各民主党派、工商联、侨联及民族宗教界的代表人士结合自己的工作和体会发言，阐述邓小平新时期统一战线理论，缅怀邓小平的丰功伟绩。冯熙出席并讲话。（马宁）

【参观活动】 9月9日，组织统战干部70余人参观白云观、牛街清真寺、基督教崇文门教堂、王府井天主教堂。9月15日，各民主党派、民族宗教界代表人士、东城海外联谊会理事等70人前往门头沟宛平抗日烈士纪念碑等地参观。（张颖毅 向愚）

【学习教育活动】 中央统战部决定在全国统战系统普遍开展一次"五型干部"和"五个之家"为主要内容的"树统战干部形象、建党外人士之家"集中学习教育活动（"五个之家"即团结之家、民主之家、交友之家、建言之家和温暖之家。"五型干部"即学习型、思考型、民主型、创新型、实干型干部）。区委统战部作为中央统战部确定的15个试点单位之一，成立学习教育活动领导小组和办公室，从7月下旬开始，集中四个月的时间，开展学习教育活动试点工作。

根据要求，研究制定开展活动的意见、措施、方案。郭瑞敏就开展学习教育活动的意义、指导思想、目标和步骤进行动员和部署。

学习教育活动中，组织学习"三个代表"重要思想和党的三代领导人对统战干部的重要论述；郭瑞敏讲党课；邀请原区政协副主席、区委统战部部长于水旺结合亲身经历，讲解统战工作优良传统。冯熙参加学习交流活动并对提高统战干部素质提出希望和要求。

召开5个座谈会，听取工作对象的意见。向各民主党派团体、统战系统各部门和基层单位发放《征求意见表》100余份走访街道、职能局、宗教团体和重点宗教场所等20余家单位，通过沟通，找差距及存在的问题，提出改进措施。总结学习教育的收获，制定《统战干部行为规范》、《部长接待日制度》、《与党外代表人士联系制度》、《部门学习制度》、《后备干部制度》等。市委统战部副部长刘宪苏等到区检查试点情况，给予肯定。（陈霞光）

【各界人士中秋联欢会】 9月22日，与区政协、区台办、区民族宗教侨务办公室联合举办各界人士中秋联欢会。区各民主党派、非公经济、民族宗教、港澳台侨各界人士200人参加。区领导刘朋庆、吴弘勇、冯熙、曾刚健、杨艺文、边振英、梁军、郭瑞敏、王红兵等出席。（张颖毅）

【形势报告会】 11月3日，区委统战部举办"中国的统一与和平崛起"报告会。邀请中国人民大学港澳台研究中心副主任齐鹏飞教授讲解中国和平发展战略及台湾、香港形势。郭瑞敏出席。区各民主党派、海外联谊会理事、非公有制经济人士、台胞台属、归侨侨眷、基层单位主管统战工作的书记和干部近400人参加。（赵志高）

【市领导调研】 11月9日，市委统战部副部长周伯琦到区民族宗教工作，郭瑞敏陪同。周伯琦走访东直门外清真寺、南豆芽清真寺、安定门外清真寺，与区伊协负责人、各寺阿訇及寺管会主任座谈。

对区民族宗教工作表示满意，特别是对落实宗教房产政策所做的工作给予肯定。要求贯彻全国、市宗教工作座谈会精神，抓好信教群众工作，确保首都稳定。（曲涛）

【调查研究】 11月,郭瑞敏到和平里、北新桥、景山街道调研,听取各单位贯彻落实中央、市及区宗教工作座谈会情况,对各单位的统战、民族宗教工作给予肯定,强调把基层的统战工作做深做细,为东城区的社会稳定、经济建设提供一个安定的社会环境。 (向愚)

【经验交流会】 11月17日,召开社区统战工作经验交流会。10个街道的统战部长、10个重点社区书记总结交流开展社区统战工作的经验,探讨加强社区统战工作的措施。郭瑞敏出席并肯定各街道和社区一年来所作的有益探索,强调做好提高对开展社区统战工作重要意义的认识。明确任务,提高社区统战工作水平。围绕中心工作,整合统战资源,加强协调配合。11月30日,区委召开党派团体座谈会,就《东城区关于加强新时期和谐社区建设的意见》(征求意见稿)听取党外人士的意见。各民主党派、团体负责人及民族宗教界代表人士参加。冯熙主持,郭瑞敏出席。12月2日,区委召开"纪念《中共中央关于坚持和完善中国共产党领导的多党合作和政治协商制度的意见》(以下简称《意见》)颁布十五周年"座谈会,区各民主党派、工商联的负责人参加。冯熙出席。郭瑞敏主持。15年来,区委认真贯彻落实《意见》,制定《中共东城区委关于进一步落实中国共产党领导的多党合作和政治协商制度的规定》,充分发挥各民主党派政治协商、民主监督、参政议政的作用。各民主党派、工商联负责人畅谈《意见》颁布15年来的体会和感受。

(张颖毅 马宁)

【党派 团体协商会】 12月14日,召开党派团体民主协商会,就《中共东城区委贯彻〈中共中央关于加强党的执政能力建设的决定〉的意见》(征求意见稿)及《东城区人民政府工作报告》(征求意见稿)进行协商。各民主党派、团体负责人及民族宗教界代表人士参加,区领导卢彦,郭瑞敏出席,冯熙主持。与会同志认为:《中共东城区委贯彻〈中共中央关于加强党的执政能力建设的决定〉的意见》全面落实党的十六届四中全会精神,体现东城区委切实加强执政能力建设的责任感、紧迫感和使命感。《东城区人民政府工作报告》总结全区本年的工作,体现区委、区政府立党为公、执政为民的工作思路。对完善《中共东城区委贯彻〈中共中央关于加强党的执政能力建设的决定〉的意见》(征求意见稿)及《东城区人民政府工作报告》(征求意见稿)提出意见建议。12月28日,召开党派、团体协商通报会。冯熙主持,各民主党派、团体负责人参加。就东城区有关人事安排进行协商。郭瑞敏通报中共东城区委九届五次全体(扩大)会精神。 (马宁)

【台胞台属工作】 3月9日,召开区海外联谊会台胞台属理事座谈会,学习温总理的报告,座谈"大选"前的两岸形势,听取他们对两会及台湾"大选"的看法、对海外对台工作的认识和看法。冯熙出席并讲话。3月29日,与区侨办在北京国际艺苑皇冠饭店宴会厅举办东城区侨、台企业家联谊会。郭瑞敏、张勤、罗嘉陵等区领导,市台办彭先林、吴小珊及台侨企业家70余人参加。4月,与区教委统战部组织区部分小学生参加全国台联、全国侨联、人民日报海外版、国际广播电台等单位共同组织的《第五届世界华人小学生作文大赛》,共推荐六篇台籍小学生作文,均获好评,一篇获二等奖。6月30日,组织台胞台属50余人参观《西柏坡精神巡回展》。8月21日,组织驻区台商及其家属20余人赴灵山旅游。9月20日,结合中央统战部开展的"树统战干部形象,建党外人士之家"学习教育活动,召开台胞台属座谈会,发放《征求意见表》,征求对本区对台部门和对台领导干部的意见和建议。9月23日,与区教育工委统战部带领五十五中国际学生部的台湾籍学生,参加区政协、区统战部、区台办组织的中秋联谊活动。9月23日,区政协、区委统战部、区台办、区民族宗教侨务办公室联合举办各界人士迎中秋联欢会。区台属、台生与各界人士近200人参加。区领导刘朋庆、吴弘勇、杨艺文、曾刚健、边振英、梁军、郭瑞敏、王红兵及区委、区人大、区政府、区政协的其它领导等出席。冯熙代表区委、区人大、区政府、区政协四套班子致词。9月24日,组织台胞台属参加"创建全国文明城区"工作情况通报会,各民主党派、工商联、侨联、民族宗教、台胞台属70余人参加。区文明办通报区创建文明城区的工作情况。11月10日,组织在区就读的台湾籍中小学生40余人参观人民大会堂台湾厅及天安门城楼,进行爱国主义教育。

(朱海丹 陈万华 王爱东)

【涉台宣传】 3月11日,特邀中国社会科学院台湾研究所所长余克礼做《当前台湾选举形势分析与选后两岸关系走向》的报告。杨艺文主持。参加报告会的有区领导吴弘勇、曾刚健、梁军、郭瑞敏、王红兵及胡小松、李荣庆,各区县有关领导及对台工作干部,区属单位的主管领导、对台干部和宣传干部及政协委员、台胞台属500余人。3月12日,召开统战系统区情通报会,区委研究室主任向各民主党派、海外联谊会理事、台胞台属等150余人通报区情。3月18日,台办主任向区委常委会汇报本年对台工作计划及就当前重要敏感期做出对台工作的思路。常委会对台办工作给予肯定。陈平就做好台湾"大选"前后的对台工作提出要求。4月,在接到台盟北京市委副主委、市政协副秘书长郭理在政协会上提交的题为《关于在五十五中就读的台生可以自由选择国际和国内部的建议》后，区台办与区政协、区教委、五十五中学一同前往台盟北京市委对委员提案给予了满意的答复。5月24日，组织区政协港澳台委员会、区侨联、台盟东城区工委、民革东城区委、致公党东城区工委、区海外联谊会、区台胞台属联谊会等涉台部门召开“学习两办《声明》，维护祖国统一”为主题的涉台部门台湾形势座谈会。生敏出席并讲话。8月13日，区台办接待来自台湾卓枫国小布农族23名师生组成的多元文化艺术团。参观雍和宫和钟鼓楼。8月14日，区少年宫的小学员们同台湾多元文化艺术团的小朋友联欢。11月3日，举办《台湾、香港问题形势报告会》。邀请中国人民大学港澳台研究中心副主任齐鹏飞教授讲解中国和平发展战略及台湾、香港形势。郭瑞敏出席。区基层单位主管统战、对台工作的领导和干部、台胞台属、民主党派、海外联谊会理事，非公经济人士、归侨侨眷近300人参加。

（朱海丹 王爱东）

【对台经济工作】 1月8日，市台办副主任曹居京一行五人走访慰问区台资企业鼎泰珍餐饮有限公司。区台办主任陪同。1月18日，召开台胞台属联谊会年会，总结上年联谊会工作，制定本年工作方案和明确工作要点。各分会会长及理事参加会议。2月12日，在王府井接待“台湾商圈参观考察团”一行67人。考察团由台湾全省各地的商界代表组成。参加接待的有市台办和市商务局领导。4月6日，章冬梅副区长等会见台资企业“生迹生命科学控股公司”的台商及德国、奥地利专家。章冬梅介绍区投资环境和有关政策，欢迎台商及外国企业来区投资。4月23日，接待南非华人企业家考察团一行14人（都是台湾籍企业家）。胡小松、生敏等参加接见。会谈后，参观雍和宫。5月25日，组织区政协委员近20人参观驻区台资企业。参观北京美兆健康体检中心、优比（中国）有限公司北京分公司、鼎泰珍餐饮有限公司。使委员们了解台资企业，为促进两岸经贸交流做出贡献。6月5日，举办驻区台商联谊活动。30位台商参加。6月15日，卢彦会见台湾“工商建研会”理事长马爱珍一行。“工商建研会”是台湾四大工商团体之一，马女士是台湾国民党中央委员，现任该会理事长。这次来京拟在东城区筹建台资商品展示中心，双方就筹建事项进行探讨。市台办、区台办和区政府办有关领导参加会见。6月26日，台商在本区举办联谊茶会，受到台商的普遍欢迎，近60位台商及家人参加，区台办派人参加。8月份，与区交通支队协调，台资企业同等条件优先对待，为台资企业英业达公司办实事，解决台资企业无固定停车位之忧。9月19日，郭瑞敏、罗嘉陵等出席台资企业情订奇缘国际婚纱摄影机构金宝亚太分店开业典礼。摄影机构的董事长杜旺龙先生感谢东城区委、区政府长期以来的帮助，并表示将尽力办好企业。市台办经济处领导出席典礼，代表市台办对新店的开业表示祝贺。

（陈万华 朱海丹）

【接待台湾记者】 4月28日，接待台湾三立电视台5位记者，协助拍摄名胜古迹鼓楼及胡同民俗。大力支持拍摄，使台湾记者体会到大陆对台湾的包容。台湾三立电视台的《中国那么大》节目在台湾播出，对祖国大陆在台宣传起到积极作用。10月14、15、18、19日接待台湾《天下》杂志社记者，协助采访史家小学、府学小学、东交民巷小学、北京市第一幼儿园分园、东四街道铁营社区5个窗口单位。协助采访北京市民迎奥运学英语情况，引导其进行正面报道。（朱海丹）

【领导调研】 11月2日，市台办副主任曹居京一行五人来区调研，章冬梅参加。市台办对东城区的对台工作给予肯定，简要介绍今后工作的要点及市台办近期规划。区台办汇报区对台工作。（朱海丹）

政策研究工作

【概况】 本年，围绕区委、区政府的中心工作和全区经济社会发展的重大问题，开展调查研究，完成区委、区政府交办的各项任务。完成各类文稿100多篇，起草和参与起草40万字，修改、审稿20万字。组织召开和参加各类专题调研会、座谈会、协调会、论证会和进行其他形式的调研100多次。收集、整理和研究资料、信息、理论、政策，编发《改革与发展》9期，《领导参阅》38期、文件4期，《城市管理新模式试点准备工作简报》20期，撰写信息17期和十多种汇报稿，编写培训教材、市民手册、城市管理监督员工作手册，为区委、区政府提供理论信息。加强与建设部、科技部、国务院信息办、中国社科院、中国科学院、国家发改委、国家基础地理信息中心、北京工业大学、市委研究室、市委市政府办公厅、市社科院、市知识产权局、市信息办、市科委、市市政管委、《北京观察》等单位的业务交往。完成创建全国文明城区理论学习与宣传部分的文字材料，办理区政协《关于成立东城区决策咨询委员会建议》的提案，参加区党代会、人大会、政协会的简报编辑工作。

单位名称：东城区委研究室
单位地址：钱粮胡同3号
联系电话：84014591　邮政编码：100010　（张聪颖）

【调研工作】 完成《依托数字城市技术创建城市管理新模式》课题的调查研究。参与完成《深化教育改革，加快教育发展》、《实施文化强区战略的思考》、《依托信息技术，创建未成年人课外活动管理的新模式》、《社区卫生服务改革》等课题的调查研究。3月，《依托数字城市技术创建城市管理新模式》课题经过陈述彭院士、李京文院士、崔俊芝院士以及国信办、建设部等有关专家论证和试运行，取得较好效果。被列为市科技计划项目和信息化重大工程项目。4月，经区委常委会研究决定，确定100个区级重点调研课题。组建评委会评审全区2002～2003年134篇调研报告，评选出50篇优秀调研报告及重视调研的领导干部12名、调研工作先进单位10个，进行区第三次调查研究工作会筹备工作。至年末，全区各单位上报党政处级正职领导调查报告90篇。有专、兼职调研员的单位65个，专、兼职调研员65名。向市委研究室上报本年度市委关注课题《深化教育改革，加快教育发展的调查》、《依托数字城市技术，创建城市管理新模式》两篇。

(张聪颖)

【起草区委文件】 按照区委部署，组织起草部分重要文件、理论文章、报告稿、讲课稿等，主要有：九届区委第四次全会和九届区委第五次全会报告、第九次党代会报告决议。参与起草学习辅导报告、关于加强区级领导班子思想政治建设的意见、查办民安和住开案件情况汇报、干部培训教材和城市管理案例、区委加强执政能力建设情况汇报、区级领导班子民主生活会整改措施、区委贯彻中央十六届四中全会《决定》的《意见》、《一次国际间有影响的未成年人思想文化交流活动——关于北京王府井中学生国际音乐节成功举办的思考》。起草区委领导讲话，主要有：在第九次党代会闭幕式、九届区委第一次全会、人大会、政协会、党务工作会、人才工作会、创建全国文明城区会、区委常委扩大会、全区城市管理新模式培训动员大会的讲话。修改区委领导在全区警示教育动员会、教育工作会、党风廉政建设会、依法治区工作会、公安工作会、庆祝教师节会、国庆活动会、中秋节各界人士联欢会、第十次妇女代表会讲话等。

(张聪颖)

【调研成果】 调研报告《东城区教育事业现状的调查及今后发展的建议》、《结合南池子地区修缮改建试点探索历史文化保护区的保护与更新》获北京市第六届优秀调查研究成果三等奖。调研报告《建设好南池子，为人民谋利益》，被《北京观察》杂志2004年第9期刊用。理论文章《全心全意实现好、维护好、发展好人民的根本利益》发表在《北京党史》2004年增刊上。

(张聪颖)

【其他工作】 组织开展“党心连民心、亲情进万家”和“求真务实找差距、勤政为民促发展”的学习教育活动和精神文明创建活动。获区先进保密工作者1人。制定研究室折子工程、实行岗位目标责任制，层层签订责任书。定期走访、慰问退休干部8次。一名预备党员转正。

(张聪颖)

企业工委工作

【概况】 本年，贯彻十六届四中全会、区第九次党代会精神和区委各项工作部署，推进企业党建和精神文明建设工作。

指导企业开展学习贯彻区九次党代会精神活动。下发关于学习贯彻九次党代会精神的通知，召开宣讲会和学习贯彻经验交流会，组织2000余名党员和干部职工参加知识竞赛。采取听汇报和巡回检查等措施，组织开展对各单位学习贯彻情况的自查互查活动。

推进企业开展保持共产党员先进性教育活动准备工作。征求基层党组织和党员对开展先进性教育活动的意见建议，下发《企业工委关于扎实做好保持共产党员先进性教育活动准备工作的通知》；基层党支部对照“全优党支部”考核标准自查和讨论；指导企业党组织开展对流动人员中的党员的调查摸底工作；组织企业领导班子和党员深入学习贯彻党的十六届四中全会精神并广泛开展“党心联民心，亲情进万家”活动。

加强企业领导班子建设。开展“创建好班子”活动。制定《关于加强中心组学习的通知》。建立中心组学习情况月报制度。召开两次企业领导研讨会，就改制后党组织如何发挥作用等问题进行交流研讨。调整北京结力源制冷技术有限公司、北京百龙实业总公司、北京东兴建设有限责任公司党委(支部)主要负责人，任3人，免2人。下发《关于加强企业后备干部工作的意见》，注重企业后备干部的选拔培养工作。重视做好老干部工作，及时向区领导和有关部门汇报和反映情况，使北京第六针织有限公司、北京天坛地毯公司等4家企业的老干部生活待遇得到落实。完成政工职评工作，共评出初级职称人员5名，推荐中级职称人员2名。根据区机构改革方案，11月，企业工委撤消。

单位名称：中共东城区委企业工作委员会
单位地址：钱粮胡同3号　邮政编码：100010
联系电话：64031110转2401

(宋瑞英)

【组织建设】 企业工委管理41家企(事)业单位党组

织，共有党委7个、总支18个、支部16个，党员2238人。北京结力源制冷技术有限公司党支部、北京百龙实业总公司党委、北京东兴建设有限责任公司党委、北京双花工贸有限公司党总支、北京第六针织有限公司党总支完成换届选举工作。撤消北京二开万博特电气有限责任公司党委建制，成立北京二开万博特电气有限责任公司党总支。组建东城区住宅发展中心党支部。自查和抽查党费收缴、管理和使用，健全党费管理制度。从自管党费中下拨12万元补助困难企业党组织和生活困难党员。发展党员13人。1人被取消预备党员资格。举办入党积极分子培训班，共18家单位、56人参加培训。 （宋瑞英）

【警示教育】 下发《2004年党风廉政建设和反腐败工作要点》，对企业党风廉政建设工作作出部署。学习中央两个条例活动。组织1450人次参观区预防职务犯罪展览和电影《惊心动魄》。 （宋瑞英）

【精神文明创建】 制定《关于学习型企业创建活动的工作意见》、《东城区企业文明礼仪教育实践活动工作方案》，编辑《文明礼仪教育宣讲材料》，下发文明礼仪教育光盘和有关教材，组织企业职工学习文明礼仪知识，培育礼仪意识。 （宋瑞英）

【信息调研】 编辑《东城企业动态》、《企业工委简报》共6期。编辑《企工通讯》（电子版）2期。工委课题组关于企业党建工作的调研报告获市“丹柯杯”奖。 （宋瑞英）

老干部工作

【概况】 本年，全区离退休干部总数1996人，其中，本区离休干部1234人，易地安置离休干部124人；副处级以上退休干部638人。落实《北京市老干部工作领导责任制》（以下简称责任制），对全区85个单位进行了责任制检查。举办主管领导《责任制》知识答卷。充实、调整区委老干部工作领导小组，区委坚持每季度听取老干部工作汇报，把老干部工作纳入党政领导岗位目标年度考核内容。坚持区委主管书记季度接待日、老干部局长月接待日制度，每季度对老干部信访问题进行排查，先后解决35件老同志反映的有关住房、生活待遇问题。

在老干部中开展“坚持与时俱进，做四好老干部”主题教育活动。各级党组织和老干部部门把组织老同志学习十六大、十六届三中、四中全会精神作为落实老干部政治待遇的首要任务，针对老同志关注的热点理论问题，邀请中央党校韩宝江、叶笃初等专家教授为老干部和老干部读书会作了七次学习三中、四中全会辅导报告；邀请北京师范大学李松林、中国传媒大学刘洪潮教授作台海形势和中美关系报告；请区委副书记、纪委书记曾刚健向老同志们通报党风廉政建设情况。老干部党校分三期对190余位老干部党支部书记、委员、理论骨干系统辅导。老干部读书会举办专题讲座、理论研讨、组织参观等。老干部思想政治研究会召开研讨，印发加强老干部思想政治工作会议纪要。《东城老干部》报开辟学习专版，交流学习体会；为全区老干部党支部（小组）配置了DVD机56台；制作发放四期《多彩夕阳》光盘640盘、录音资料210盘。组织千名老同志参观市、区工农业建设以及建国55周年成果展。

修订印发《东城区老干部党支部工作细则》。建立老干部党支部工作联席会议制度。组织老干部艺术团到北新桥、和平里街道老干部党支部和行动不便老党员家中慰问演出。奥士凯集团公司离休干部党支部被中组部评为全国先进老干部党支部。

老干部艺术团赴大兴慰问部队新兵、老干部和社区居民，3000多人次参加市区重大演出活动。书法绘画委员会举办书法、绘画、摄影讲座120班次，2800多人次参加；编辑出版《北京市东城区老干部书画集》，155幅书画、摄影作品参加了市区老干部庆祝建国55周年书画作品展。区委、区政府拨专款，对老干部活动中心进行修缮，更新设备。

关工委贯彻《关于进一步加强和改进未成年人思想道德建设的若干意见》，与北新桥、安定门街道联合举办家长教育示范课，2000名中小学家长受到启迪；与北官厅、十四条、北锣鼓巷小学、北京一中联合，组织学生参观二七纪念馆和纪念“一二·九”运动系列活动；举办“庆丰收老少同堂联谊会”，采取多种形式对青少年进行爱国主义、革命传统和思想道德教育；老干部文明监督队参与“争创全国文明城区”活动，发放调查问卷1500份，对50个窗口行业进行了计分考核。老同志为灾区和贫困地区人民捐款10多万元，捐赠衣物近万件，医务战线的老同志，为京郊父老看病会诊。参与区党史、当代东城史、编辑工作。涌现出北新桥老干部党支部书记马占岭、和平里医院离休干部彭俊周、彭士杰等一批先进典型。中央广播电台、北京电视台、中国老年报、北京日报、北京晚报等24次刊登、播发。

区财政拨专款5万元，为一老户老干部安装了999医疗健康自动呼叫器，解除紧急危险时的后顾之忧。完善《离休干部离休费、医药费保障机制和财政支持机制》，印发《关于进一步解决老干部医疗问题的意见》。区财政拨款36万元,解决33名困难企业离休干部医疗统筹问题。投入3691.66万元,为全区821名住房未达标离休干部落实了住房补贴。请专家作健康保健知识讲座,印发保健宣传资料千余份,为1454名老干部进行了年度体检。上年,区财政投入10.28万元,为“四就近”工作提供经费支持。全区127个有老干部居住的社区,老干部生活上得到照顾。区委老干部局被评为首都精神文明单位。

单位名称:中共东城区委老干部局

单位地址:东四十一条83号

联系电话:64001810　邮政编码:100007　(刘建国)

【慰问老干部】 1月7日,区财政拨款9万多元,重点安排走访二次参加革命、80岁以上、住院、行动不便和有特殊困难的离休干部156名。区各单位共投入161.38万元,511人次处级以上干部按照联系制度,到老干部家中、医院看望老干部2617人次,看望老红军、老领导和有特殊困难的老干部182名,看望老干部遗属59名,为老干部解决实际困难152件。(刘建国)

【新春团拜会】 1月18日,在青蓝大厦召开新老四套班子新春团拜会,冯熙主持。新一届区委、人大、政府、政协领导到会。卢彦致辞,通报区第九次党代会情况。向离退休老领导拜年,区四套班子老领导、优秀知识分子等200人参加。1月19日,在区图书馆剧场召开全区老干部春节团拜会。区领导冯熙、梁军、岳鹏、王建军、罗嘉陵向全区老干部拜年。(刘建国)

【革命传统教育】 2月7日,区关心下一代工作委员会组织北官厅、十四条、北锣鼓巷小学60多名少先队员和青年教师赴长辛店参观二七纪念馆。举行“‘二七’精神永放光芒”主题大队会,师生们向“二七”烈士墓献花圈,听取“二七”工人大罢工革命史实介绍,受到了一次生动的爱国主义教育。(刘建国)

【工作人员培训班】 3月3~5日,在昌平石油疗养院举办全区老干部工作人员培训班。传达全国老干部局长会议精神,部署本年老干部工作。96人参加。梁军作《求真务实树形象,提高素质强队伍》讲话。(刘建国)

【未成年人思想道德教育】 5月27日,区关心下一代工作委员会落实中央关于加强和改进未成年人思想道德教育的意见,开展“社区、学校、家庭”三结合的形式,深入32个社区举办《家长如何与孩子沟通》《让孩子健康成长》等讲座,330名未成年学生家长参加。(刘建国)

【系列辅导讲座】 中央党校韩宝江、李鹏、李绪章教授分别就《完善市场经济、统筹经济发展》《深化国企改革、完善国企体制》《深化金融改革、完善财经制度》等举办系列辅导讲座。老同志加深了对“五个统筹、五个坚持”的认识和理解。(刘建国)

【急救及自救知识讲座】 5月28日,举办“老年常见急救及自救知识”讲座,150余名老干部和工作人员参加。市急救中心韩树堂教授就老年人常见的心脑血管病发生、发展到急救处理等讲解简单易行的应急措施,并用教具进行现场急救演示。向每位老同志发放《社区健康》杂志。(刘建国)

【老干部文艺汇演】 5月25日,区第十八届文化艺术节暨老干部艺术团成立十周年专场文艺汇演在区文化馆举行。区教委、区卫生局、街道等16个单位的200名老同志和老干部艺术团300名演员演出精心创作的26个节目。(刘建国)

【老干部党校开班】 6月17~25日,全区老干部党支部书记、支部委员、理论骨干等190多名老干部分三期参加学习培训。集中收听收看《坚持科学的发展观,全面建设小康社会》《完善市场经济,统筹经济发展》的录像辅导报告和反映我区改革开放成果的《魅力东城》《王府井》等光盘,通报廉政建设与反腐败情况,组织参观中国航空百年回顾及中国航空发展历程展览。(刘建国)

【党风廉政建设报告会】 7月6日,区委副书记、纪委书记曾刚健在东城区图书馆剧场为全区400余名离退休干部做党风廉政建设形势报告。就当前反腐败斗争形势、区党风廉政建设工作取得的主要成效以及今后党风廉政建设工作的重点等向老同志做了深入细致的讲解。介绍了民安三区在危改拆迁中的违法违纪问题和住宅开发公司集体私分国有资产案的查处情况。(刘建国)

【离休干部住房补贴】 8月31日,在区委党校召开企业离休干部住房补贴政策培训会,全区40个企业单位主管领导、工作人员80人参加。区住房补贴领导小组刘刚生介绍区前期住房补贴工作情况,区房改办就相关政策进行辅导,区财政局、人事局等业务部门领导对培训人员提出的疑难问题进行专题解答。6月初启动离休干部住房补贴工作后,经过培训、申请、审核、公示等程序，确认符合无房和住房未达标的离休干部共821人，其中无房户33人，住房未达标的有788人。经区住房补贴工作领导小组检查、确定后，12月29日开始将3691.66万元住房补贴款陆续发放到老干部手中。其中，区财政拨出专款2764.66万元，基层单位自筹资金1147万元。（刘建国）

【老干部座谈会】 9月24日，在北方佳苑召开"欢聚中秋，共渡国庆"老干部座谈会。区领导与老干部欢聚一堂，共庆建国55周年。老干部60余人参加。（刘建国）

【形势报告会】 10月21日，北京中国传媒大学当代国际问题研究中心主任、博士生导师刘洪潮教授就中美关系现状走势、中国对美国的方针和策略及海峡两岸形势等内容，为全区离退休干部及工作人员400余人作形势报告。（刘建国）

【老少同堂联谊会】 10月23日，离退休干部和北官厅小学师生60多人，在老干部活动中心举行"九九"重阳老少同堂庆丰收联谊会。共同表演相声、舞蹈、大合唱等十四个节目。区领导冯熙参加。（刘建国）

【学习十六届四中全会精神】 10月26日，老干部学习《中共中央关于加强党的执政能力建设的决定》，并组织讨论。老干部局发出《关于组织老干部学习十六届四中全会决定的通知》，对老干部学习四中全会精神提出明确要求。（刘建国）

【交流会】 11月26日，召开56名老干部党支部书记工作经验交流会。传达学习全国老干部"双先"表彰会精神。奥士凯集团公司离休干部党支部、区委党校、区园林局、建国门街道老干部党支部书记介绍经验，交流体会。（刘建国）

【老干部工作领导小组会】 12月21日，冯熙主持召开区老干部工作领导小组会议。梁军、王红兵等21名领导参加。传达学习胡锦涛同志在全国老干部"双先"表彰会上的重要批示和曾庆红同志的重要讲话精神及北京市第十八次老干部座谈会精神；听取并审议一年来的老干部工作；研究召开区第十八次老干部座谈会议程；听取与会老同志意见建议。（刘建国）

保密工作

【概况】 本年，区委保密办（区国家保密局）在区委保密委员会的领导和上级保密部门的指导下，开展保密宣传教育，举办"五月宣传月"等多种形式的宣传教育活动和保密业务培训；以《行政许可法》的颁布实施为契机，清理行政许可事项，规范行政审批工作流程，制定实施保密局全程代理工作制，推进政务公开工作的进程；抓好计算机网络的安全保密管理，开展"网络安全保密技术防范措施及制度管理情况调查"，规划部署区电子政务网络安全保密技术与管理平台，研究解决城市管理新模式网络系统的安全保密管理问题。强化日常保密管理的监督检查工作，修订"东城区涉密文件管理办法"，推行涉密文件登记制度。

本年，深入15个基层单位调研、指导、检查工作，安排基层授课5次300人参加。组织定密专项培训58个单位100人次。购买、发放保密法制宣传挂图、宣传资料等265份。向区级领导发放《领导干部保密须知》、《法制宣传教育材料》等共114本。为80个单位订阅《保密工作》杂志，全年发放1.59万本。19个单位借阅保密教育光盘38盘次。制发文件18篇，近3.5万字。编发《保密资料选编》4期、《保密工作动态》6期。上报市、区信息26条，市保密局采用17条，发专刊1期。撰写调研报告2篇，1.5万字。召开基层单位保密网络组会议3次。对定点印刷复制国家秘密企业、废旧物品回收企业、各类国家统一考试试卷存放点进行保密检查15次，审批区属单位上网计算机20个，国际互联网建站30个，涉及栏目近1000个，网页近5000页。

单位名称：中共东城区委保密委员会办公室（保密局）
单位地址：钱粮胡同3号
联系电话：64031118转　邮政编码：100010（王平丽）

【区委保密委会议】 3月1日召开，杨艺文、岳鹏参加，边振英主持。传达中央保密委、市委保密委有关精神和本年工作要点，总结上年工作，部署本年工作。（王平丽）

【领导小组会议】 3月1日，召开区计算机网络与信息安全管理工作领导小组会议，杨艺文、岳鹏参加，边振英主持。就抓好信息化建设中的保密管理进行讨论。（王平丽）

【保密形势报告会】 5月20日，举办东城区保密工作形势报告会。市国家保密局副局长王拥就保密工作面临的形势、国家秘密的概念、保密工作的地位与作用、国家秘密事项的管理及泄密责任等内容作深入浅出的讲解。全区123个单位的主管领导、专兼职保密干部、重点涉密人员216人参加。（王平丽）

【保密教育】 8月25日,理论学习中心组参观“当你走出国门的时候”展览,观看资料片《筑牢保密防线》,传达中央、国家机关保密工作会议精神、《北京市保密工作会议精神传达提纲》及王刚、孙政才重要讲话。

(王平丽)

【干部培训】 3月23日和10月20日,在处级干部政治理论进修班和中青年干部培训班上讲授保密课。授课内容包括保密工作面临的形势,国家秘密的概念、相关法律、法规及有关规定,网络安全保密知识等方面内容,结合案例进行了计算机网络监控和网络窃密演示。

(王平丽)

【确定密级工作】 依据《国家秘密及其密级具体的规定》,对全区各单位产生的国家秘密事项进行核对,上年度全区产生国家秘密总数为206件,其中:绝密级20件,机密级46件,秘密级140件。解密44件,其中:绝密级1件,机密级5件,秘密级38件。现有国家秘密1179件,其中:绝密级342件,机密级281件,秘密级556件。

本年产生国家秘密总数为1134件,其中:绝密级59件,机密级240件,秘密级835件;解密181件秘密级文件。年末,总计国家秘密总数为2132件,其中:绝密级401件,机密级521件,秘密级1210件。

(王平丽)

【定密工作岗位责任制】 制定《东城区确定国家秘密事项工作岗位责任制暂行规定》。明确定密责任人、定密审核人、审定签发人、定密工作监督人四个层次相关人员的职责。对制发、转发、摘录、引用国家秘密内容等做出具体规定。10月,分别与区委组织部、区人事局、街道系统等54个单位的党政主要领导签订《确定国家秘密事项工作责任书》。各单位的主管领导与审核人、审核人与责任人也分别签订责任书。

本年,产生国家秘密事项的单位54个,确定定密工作岗位78个,定密责任人118人,涉及国家秘密事项131项。

(王平丽)

【行政执法检查】 3月17日,召开国家秘密载体定点复制单位年检工作会议5家定点单位的法人参加。传达市保密局《关于对全市国家秘密载体定点复制单位进行年检的通知》精神,通报本年度年检工作方案。4月1日起,对5家定点单位进行实地检查。

3月25日,对区再生纸回收公司存放废品库房进行执法检查。4月8日,市国家保密局检查处到北人羽新印刷有限责任公司(定点印刷复制单位)进行复查,对公司的保密管理与本局的指导、监管给予充分肯定。5月28~6月9日,分3次对本年高等教育考试的试卷管理进行保密执法检查。8月17日,市国家保密局检查处到北京和平印刷有限公司、祥云印刷厂进行执法检查。10月,对成人高等学校统一考试、高等教育自学考试、05年硕士研究生入学考试的考前准备、试卷运送和保管、保密室设备运行情况进行保密执法检查3次到考试中心了解情况,2次对试卷交接进行全程监督。

(王平丽)

【全程办事代理与政务公开】 4月26日,东城区推行全程办事代理制工作领导小组检查组来局检查。就本局贯彻落实《中共东城区委、东城区人民政府关于推行全程办事代理制的实施意见》情况进行汇报。重点检查全程办事代理制的工作流程和文书格式、相关制度建设情况。8月11日,区人大代表检查本局政务公开工作。给予充分肯定。

(王平丽)

【动态管理】 电子政务平台开通《东城区涉密人员统计系统》,实现对全区涉密人员的动态管理。该系统具有涉密人员信息收集、数据传输、分类统计和查询等功能。数据统计内容包括涉密人员基本情况、职级、职务、最高涉密等级、是否在职、受保密教育情况等19项。本年,全区涉及国家秘密部门、单位105个,涉密人员1526人。其中在职涉密人员1026人、离退休500人。涉及绝密级事项的49人,涉及机密级事项的993人,涉及秘密级事项的484人。党政机关占全区涉密单位总数的67%,涉密人员总数的82%。

(王平丽)

【确定保密要害部门、部位】 成立边振英为组长的确定保密要害部门、部位工作小组,制订《关于开展保密要害部门、部位确定工作的方案》和《关于对确定保密要害部门、部位的具体解释》。5月20日,召开全区确定工作部署会议,区属各单位主管保密工作的领导、办公室主任、保密专兼职干部157人参加。历时5个月,共确定保密要害部门4个,保密要害部位129个,涉及94个处级单位。

(王平丽)

【调研工作】 对现有涉密网、政务内网、外网计算机使用情况、安全设备部署情况及网上信息密级情况等进行调查统计。撰写《东城区信息安全保密技术与管理工作存在的主要问题及对策》调研报告,提出加强管理的建议。针对定密工作中存在问题,开展调查研究,制定《东城区确定国家秘密事项工作岗位责任制暂行规定(试行)》,撰写《清晰定密责任,强化岗位管理——做好密级工作的初步探索》调研报告。

(王平丽)

【表彰】 3月11日,市国家保密局局长于立民等到本区向获北京市2002~2003年度保密先进工作集体与先进个人颁奖。

与区人事局联合制定《东城区保密工作系统表彰奖励办法》,评选出2002~2003年度东城区先进保密工作集体15个,东城区保密工作先进个人35名。

(王平丽)

直属机关工委工作

【概况】 机关工委下设(所属)机关党委8个,直属党总支16个、党支部46个,党员5858名(其中流动党员2707名)。本年,坚持"围绕发展抓党建,抓好党建促发展",以加强思想政治建设为核心,以建设学习型机关为载体,以提高机关干部整体素质、改进作风和提高效率为目的,围绕中心,服务大局,提高区直机关思想、组织、作风建设的水平,发挥机关党组织的协助、监督职能,取得实际成效。

通过举办报告会、下发辅导光盘及学习资料、召开座谈研讨会等形式,加强区直机关思想理论建设。在区直机关广泛开展了学习型机关的创建工作,通过座谈会、外出考察、组织机关干部参加专题培训、召开现场会等形式,不断推进学习型机关建设的深入开展。先后4次召开机关干部思想状况座谈会,及时了解、分析机关干部在国际、国内发生重大事件以及党和国家重大政策出台前后的思想状况,并形成报告,为领导决策提供参考。举办机关党务干部培训班、入党积极分子培训班,分别对90多名机关党务干部和130多名入党积极分子参加培训。

举办区直机关"颂歌献给党"歌咏比赛,获区精神文明建设最佳活动奖。组织机关党员干部参加"东城区首届'地坛体育馆杯'全区职工保龄球"比赛、景山街道第十一届体育运动会,举办了首届区委区政府机关台球赛和"迎新春"乒乓球比赛,组织机关干部篮球队与市委市政府篮球队进行友谊比赛。新成立团支部4个,评选出区直机关五四红旗团支部2个、优秀团干部3名、优秀共青团员5名、青年岗位能手5名,召开了区直机关争创"青年文明号"工作现场会。完成国庆55周年中山公园游园活动、王府井"中法文化年音乐会"标兵、游园群众、固定观众的组织工作。

单位名称:中共东城区委区直属机关工作委员会
单位地址:钱粮胡同3号　邮政编码:100010
联系电话:64031118~2604

(宛晓东)

【思想理论建设】 1月15日,制定《关于迅速兴起学习贯彻区第九次党代会精神的热潮的通知》,在机关工委主办的《机关党建》杂志上,刊登区第九次党代会的精神要点。2月18日,与区委宣传部联合举办"东城区直属机关学习贯彻区第九次党代会精神报告会",区直机关350多人参加。3月12日,岳鹏为区直机关各级党组织书记和党务工作者做区情报告。10月11日,制定并下发《关于认真学习贯彻落实十六届四中全会精神的通知》,为机关党员购买《中共中央关于加强党的执政能力建设的决定》单行本,将专家辅导报告制作成光盘发给各基层党组织。11月2日,召开"加强党的执政能力与机关党的建设"座谈研讨会,区直机关各级党组织书记和党员干部30人参加。

(宛晓东)

【组织建设】 本年,按照"坚持标准、保证质量、改善结构、慎重发展"的原则,发展预备党员36名,批准27名预备党员按期转正。2月20日,制定并下发了《关于转发〈中共东城区委组织部关于转发市委组织部转发中央组织部关于在防治禽流感工作中充分发挥基层党组织战斗堡垒作用和共产党员发挥模范作用的通知〉的通知》。2月24日,制定并下发《中共东城区委区直属机关工作委员会关于基层党组织做好换届选举工作的通知》,全年指导52个基层党组织完成了换届选举工作。为直属总支部和党支部党员购买下发了《中国共产党党员权利保障条例》2300本。4月19~23日,在区劳动和社会保障局举办区直机关第四期入党积极分子培训班,共有29个单位130名入党积极分子参加。5月27日,在区委党校举办东城区直属机关党务干部培训班,请区委组织部讲授机关党组织的地位、作用、职责、工作原则和方法,党员的教育和管理,支部的换届改选以及发展党员的程序等,区直机关系统90多名党务干部参加6月2日~7月20日,开展了流动党员摸底调查工作,共查出流动党员2415名。7月8日、8月19日、8月24日,组织区直机关1200多名党员干部参观《延安精神永放光芒》、《世纪伟人邓小平——纪念邓小平同志诞辰100周年展览》等大型展览,观看《小平您好》、《邓小平在1928》等影片。10月8日,转发了区委组织部《关于转发〈中共北京市委组织部关于规范公务员收入后党费收缴工作中有关问题的通知〉的通知》。解决基层党组织活动经费的问题,向基层党组织返还党费10.90万元,对保障基层党组织活动的正常开展起到了积极作用。11月18~19日,召开区直机关"基层党组织工作"座谈会。本年,共评审5名助理政工师,推荐3名政工师;建立了历年通过的政工职称评审人员数据库。

请微软公司设计了管理程序,包括党员发展、换届改选、党统管理、工作问答等,12月30日投入试运行,

为基层提供快捷的党务工作指导和服务。　（宛晓东）

【精神文明 思想政治工作】　2月18日，区直机关工委书记边振英主持召开区委各部门思想政治建设汇报会，各部门党支部书记汇报思想政治建设情况。4月13～15日，第一季度思想状况调查座谈会，分别请副处以上领导干部、35岁以上干部和35岁以下干部三个层次机关干部进行座谈，形成《机关干部当前思想状况调查》。5月14日，在区图书馆剧场举办机关公务文明礼仪专题报告会，邀请中国社会科学院研究员、国际旅行社总社培训部主任王连义教授，讲授机关公务文明礼仪知识，区直机关600多名干部参加。5月26日，根据《东城区文明礼仪教育五年规划》部署，结合区直机关特点，制定《2004年区直机关文明礼仪教育与实践活动方案》。5月31日~6月1日，召开第二季度机关干部思想状况调查座谈会，形成《第二季度机关干部思想状况调查汇总材料》。6月15日，在区图书馆剧场举办主题为“颂歌献给党”歌咏比赛，区直机关系统42家单位的1100多人，组成了24支合唱队参加比赛。陈平等区级领导班子成员参加并观看演出。6月24～25日，召开所属党组织17个单位的有关人员座谈会，就清理整顿规范国家公务员收入，各单位党员干部的思想状况进行座谈，形成《关于区直机关干部对清理整顿机关津贴补贴奖金规范国家公务员收入的思想动态》。7月22～26日，组织区直机关党员干部参加“文明北京走进奥运”知识竞赛活动，上交知识竞赛答题卷1000份。9月10日，组织开展《创建全国文明城区相关知识》答题活动。9月23～24日，召开第三季度机关干部思想状况调查座谈会，形成《第三季度机关干部思想状况调查》。10月8日，为区直机关系统的党员干部购买了《中共中央关于加强党的执政能力建设的决定》通用读本。10月29日，组织机关系统各单位1000人参加市文明办举办的文明礼仪读书知识竞赛活动，并为基层购买《文明礼仪普及读本》600册。组织1350名党员观看电影《张思德》、参观西柏坡和延安精神等展览。与隆福寺社区联合开展“党员活动日”活动，每月最后一个星期五组织党员参加社区活动。元旦、春节期间慰问机关困难职工，发放慰问金、慰问品近6000元。为4名出伤险的干部进行了保险理赔。干部本人生病住院或家里有亲人去世的及时去看望。组织近400名机关干部到东方文化培训中心疗养。　（宛晓东）

【党风廉政建设】　6月，组织区直机关系统2000多人参观区反腐倡廉警示教育展览。10月26～27日，组织召开区直机关贯彻中共十六届四中全会精神纪检干部培训班，区直机关系统各党组织的纪检委员、纪检干部60余人参加。11月30日，组织区直机关15名党员干部，到人民大会堂聆听牛玉儒同志先进事迹报告会。协助区纪委查办科级以下党员干部违纪违法案件。　（宛晓东）

【群团工作】　3月8日，机关工会与机关事务管理服务中心联合举办“庆三八·送健康”活动，组织机关大院220余名女干部进行体检。3月6～14日，机关团工委组织区直机关100名青年志愿者，参加北京市开展的“共建文明安全北京城”青年志愿者行动，志愿者在区六条主要街巷进行治安巡逻。4月16日，机关团工委评选出2003年度区直机关五四红旗团支部2个、优秀团干部3名、优秀共青团员5名、青年岗位能手5名。4月21日，组织机关大院党员干部参加景山街道第十一届体育运动会，获得优秀组织奖和广播操比赛二等奖。6月4日，机关团工委在区民政局召开了区直机关争创“青年文明号”工作现场会。7月15日，机关工会组织工会会员参加由区总工会和区体育局联合举办的“东城区首届‘地坛体育馆杯’全区职工保龄球”比赛。7月28日，机关团工委组织团员参加景山街道“迎奥运纪念申奥成功三周年乒乓球比赛”。11月25日～12月26日，机关工会举办了首届台球比赛，共有区委区政府12个部门32人报名参加。11月29日，组织机关干部篮球队与市委市政府篮球队在东单体育馆进行友谊比赛，吉林副市长带队并参加比赛。12月9日，机关工会发放本年度职工互助保险金，退保续保共计人民币56.66万元，108人次。12月16日，机关团工委与景山街道团工委联合组织邀请北京大学10名研究生，到景山街道就和谐社区建设情况，进行相关理论问题的探讨和交流。12月29日，机关工会“迎新春”乒乓球比赛开赛，区级领导及机关干部共50余人报名参加比赛。

本年，新成立发展计划委员会、档案局、药监局和机关事务管理服务中心4个团支部。　（宛晓东）

【学习型机关建设】　2月19日，召开创建学习型机关座谈会，区直机关13个单位的主管领导参加。3月6日，在深入调查研究的基础上，制定了《东城区直属机关创建“学习型机关”的意见》和《东城区直属机关创建“学习型机关”三年规划》，并经区委常委会研究批准下发。成立以冯熙为组长的创建学习型机关领导小组。6月7～11日，组织区直机关6个单位的干部，先后到苏州、常州和南京等地考察学习型机关建设情况。8月4～6日，组织区直机关20名干部参加市思想政治研究会主办的“创建学习型组织培训班”。9月15

日，在区劳动和社会保障局召开区直机关创建学习型机关现场会，市直属机关工委副书记周凤霞，区领导冯熙、梁军、王红兵参加。区劳动和社会保障局、检察院、地税局分别介绍了创建学习型机关的经验。11月22日，召开"贯彻四中全会精神，建立学习型组织，创建全国文明城区"座谈会，邀请国内学习型组织方面的专家傅宗科与部分区直机关系统的党组织负责人一同座谈。在《机关党建》刊物、"机关党建"网站上登载介绍建设学习型组织的理论文章和经验，引导学习型组织建设的开展。 （宛晓东）

【"党心连民心，亲情进万家"】 9月6日，下发了《关于认真落实区委开展"党心连民心，亲情进万家"活动的通知》。将19位区级领导所在支部安排到其人大代表各当选街道，参加"党心连民心，真情进万家"活动。协调区委、区政府机关14个部门与所在街道4个特困家庭签定了"一带一"帮扶协议书，基层各单位设立了救助资金，制订了长期帮扶制度。9月22日，组织区委办公室、区委组织部、机关事务服务管理中心、区市政管委等部门和单位的党组织与景山街道帮扶对象签订扶贫助困协议书。10月9～10日，机关工委领导陪同区领导冯熙、梁军到区劳动和保障局、工商局、质监局和规划局，调研"党心连民心，亲情进万家"活动的开展情况。12月26日，与区委办公室一起，看望景山街道钱粮胡同北巷2号的困难户王萍，送去了米、面、油、奶等生活用品。各基层党组织开展"一对一"帮扶活动34次、为社区办实事63件，机关系统党员干部为困难家庭办实事49件，救助老、困、残、孤89人，为残疾人发放轮椅55把，资助困难家庭学生38.33万元，为外地务工人员捐赠衣物1449件。 （宛晓东）

【调查研究工作】 7月12～23日，机关工委对所属68个党组织进行半年工作情况调研，听取上半年工作汇报。7月14日，到涉及机构改革的单位调研，了解干部职工对机构改革的思想认识，形成《关于涉及机构改革单位干部职工思想动态的调查》材料。完成《关于创建学习型机关的调查报告》。 （宛晓东）

【捐助工作】 3月17日，响应首都见义勇为基金会"首都人民献爱心"社会募捐活动的号召，组织机关大院各部、委、办向首都见义勇为人士捐款，共捐款人民币1.42万元。8月10～24日，组织区委、区政府各部门机关党支部，向延庆贫困山区中小学生捐献杂志、图书1929本。10月18日，参加"捐赠月"活动，工委机关为贫困地区捐赠"一日工资"780元，募捐衣物32件，并下发通知号召区委区政府各部委办积极参与。12月31日，响应区委号召，工委机关向印尼海啸受灾地区捐款人民币640元。 （宛晓东）

【配合"中心"工作】 10月1～7日，在区直机关系统抽调国庆55周年中山公园游园活动标兵1200人次、固定观众500人次、游园群众8500余人，分发游园活动票证6200余张。10月10日，组织区直机关10个单位200名固定观众，在王府井百货大楼前，观看中法文化年音乐会的直播录像。 （宛晓东）

党校工作

【概况】 东城区委党校创建于1958年6月，培训党政领导干部。"文革"中停办，1977年3月恢复。1994年3月兼办东城区行政学院。1997年10月以后，陆续兼办区干部法律培训中心和区社会主义学院，实行四块牌子、一套机构。实行校务委员会集体领导下的校长负责制，校长由区委副书记兼任，日常工作由常务副校长主持。设两个教研室，五个教学辅助科室，两个综合科室，现有教职工60人，其中具有专业技术职务任职资格的41人，内有高级职称10人，中级职称22人，初级职称9人。坚持以教学工作为中心、科研工作为基础、党建和精神文明建设工作为保证、行政和后勤工作为保障的工作方针，本年，各项工作逐步规范化，成为区党、政、企等各类干部的培训基地。

单位名称：中共北京市东城区委党校

单位地址：东单北大街干面胡同10号

联系电话：65248452　邮政编码：100010 （丛日明）

【干部培训】 本年，共举办主体班13期，培训学员1506人。其中，配合组织部举办"一把手"素质工程班1期，学员177人。处级干部进修班2期，学员61人。中青年班2期，学员53人。公务员科级干部任职培训班2期，学员86人。举办社区专职干部岗位培训班4期，学员856人。举办社区专职工作者提高性培训班2期，学员273人。

为区房地经营管理中心举办科级干部法律培训班3期，学员94人。为企业工委举办入党积极分子培训班1期，学员56人。为其他职能局和街道以及市政协等单位举办电子政务培训班共11期，学员388人。承担区审计局和财政局等单位组织科级干部竞争上岗出题、考试、阅卷等项工作。承办中央党校函授学院学历教育，设有经济管理、法律专业的大专班和本科班。承办市委党校成人教育学历班，设有行政管理、计算机与现代管理、工商管理、物业管理等四个专业的大专和本科班，本年，学历班招生425人，在校生1300人。党校

函授教育连续 8 年被中央党校函授学院北京市委机关分院评为一类考区。（丛日明）

【“‘一把手’素质培训工程”】 4 月 19 日,东城区“一把手”素质培训工程主题研修班第四单元课在党校举行,梁军主持,冯熙讲话。此班共有八课,陈平讲《大力弘扬求真务实精神,大兴求真务实之风》第一课。区局级干部 28 人,处级干部 129 人,基层党组书记 20 人,共计 177 名学员参加。（丛日明）

【教学改革】 贯彻全国党校校长会议和市党校校长会议精神,提高教学质量,适应新形势对干部教育的要求。本年调整主体班课程设置,主体班专题课重新调整,其中处级班和中青班的新课更新率分别达到 30% 和 25%。处级班“课题制”教学在课题选择、过程控制和成果开发三个环节上进行探索和改进。处级干部进修班进行“双讲互动式”教学研究课的尝试。中青班教学改革,主要围绕着“中青年干部综合能力培养和全过程素质考核”这条主线进行。对学员在培训期间全过程进行动态考察。公务员科长任职班,在教学方式上坚持讲授、研讨、参观、演示教学形式,还尝试“模拟法庭”演示课。

12 月 21 ~ 22 日,市党校系统举行第四次教学改革经验交流会。傅跃华作《以提高干部素质为目标,整体推进党校教学改革》的主题发言。本校六篇教学改革材料被收入市委党校编辑的《北京市党校系统第四次教学改革经验交流会议材料汇编》一书中。

（丛日明）

【课题成果答辩会】 10 月 29 日,第二期处级干部进修班举行“课题成果交流答辩会”33 名学员,分成 5 个课题组和 8 个个性化课题,13 人进行交流答辩。既有理论上的探讨又有实践方面的交流。完成《如何强化社区自治功能》等调研报告 24 篇。（丛日明）

【科研课题】 本年,完成《领导干部提高执政能力之路》(第五部分)和《成功领导者素质模型》(区 100 个重点课题之一)科研课题。党校教师有 10 人在各类报刊、出版社公开发表科研文章、著作,共计 15 篇(部)约 12.5 万字。其中冯纯、赵秀娟参与撰写的《“三个代表”与执政党建设——新世纪保持党的先进性问题概述》一书,获市第八届哲学社会科学优秀成果二等奖。报送各类信息 200 篇,有 75 篇被市、区有关刊物采用。编发《党校工作通讯》11 期,刊登稿件 123 条。学术周活动中,共收到各类文章 16 篇,10 篇分获一、二、三等奖。（丛日明）

【领导考察】 12 月 13 日,市委组织部干部培训考察组,到校考察干部培训工作。冯熙等校领导参加。冯熙介绍东城区干部培训工作总体情况,赵贵平汇报党校主体班培训情况。考察组对东城区干部培训工作给予充分肯定。（丛日明）

【社区专职工作者培训】 11 月 1 日,“社区专职工作者提高性培训班”开班。市民政局基层政权建设处、区行政学院、区民政局领导参加开班仪式。11 月 20 日,章冬梅等听取关于培训的情况汇报,本期培训讲授《社区工作概论》等 3 门课程。目前已培训社区专职工作者 1129 人。（丛日明）

【人事制度改革】 2 月 27 日,本校召开人事制度改革签约总结会。对历时一年的人事制度改革工作进行总结。改革工作经历“制定实施方案”“划分岗位等级”“实施竞聘上岗”“聘用签约”四个阶段。解决了职责不清的问题,突破传统用人观念“低职高聘”和“高职低聘”,建立了新的用人机制。克服了平均主义,建立了较为合理的校内分配制度。与教师、科级干部、一般干部、工勤人员签订《聘用合同书》和《岗位协议书》。

（丛日明）

【党的建设】 制定党建工作要点和组织活动计划。各党支部与机关党委签定《岗位责任书》。上半年组织党员学习陈平在区第九次党代会上的讲话和《党章》。制定《关于开展党风廉政建设宣传月活动和在党员干部中开展警示教育工作方案》,观看《中国共产党党内监督条例》录像辅导和《李真贪污受贿案剖析》录像片、参观东城区原住开公司案件的展览。开展“求真务实,勤政为民”征文活动,向区纪委推荐优秀文章四篇,组织党纪条规知识答题活动。7 月 1 日,与干面胡同社区、中国红十字会联合举办“庆祝建党 83 周年暨党员先进性教育”主题报告会。10 月,组织党员学习十六届四中全会。11 月 22 日,机关党委组织召开贯彻十六届四中全会《决定》学习交流大会。评选优秀党员 6 名。（丛日明）

【精神文明建设】 9 月 6 日,本校召开“东城区创建全国文明城区”大会。宣读本校《关于创建全国文明城区工作的实施方案》〔东党校字(2004)19 号〕,赵贵平作《抓住东城区创建全国文明城区契机,全面提升党校的精神文明建设水平》的讲话。（丛日明）

【送温暖活动】 春节前,校领导、机关党委、工会分别对 9 户困难职工和离退休老同志走访慰问,送去慰问品。2月5日,校领导到扶贫对象、华北电力大学学生韩娟同学家中慰问。送去本年度学费1500元、一台电脑。7月1日前为因病住院,生活困难的党员补助500元。教师节前夕,慰问党员教师。“春风行动”社会宣传日活动,为特困生捐款1000元。9月17日,第二期处级干部进修班33名学员,举行“为贫困家庭献爱心”活动,捐款1650元,将款和粮油分送到建国门社区4户贫困家庭手中。 (丛日明)

【成立青年政治理论学习小组】 为加强对党外青年积极分子的教育和培养,经校委会研究决定,成立青年政治理论学习小组。有8名成员。11月1日,召开全体会议。推选程艳为组长、张凌为副组长。制定学习活动计划。12月10日,参观中国科学技术馆。 (丛日明)

【工作会议】 11月25日,在区房地产经营管理中心,召开基层党校工作会议。24个基层单位的39人参加。传达市委副书记龙新民在市委党校座谈会上的讲话精神,总结一年来区基层党校办学情况。区房地中心、朝阳门街道、法院、环卫中心四个基层党校代表典型发言,介绍本单位干部培训经验。冯熙参加并讲话。

本区已有16个单位建立基层党校,22个单位开展干部培训工作。共举办各类干部培训475班次,培训干部近6万人次。 (丛日明)

【党校校长工作研讨】 9月23日,北京市十城区党校校长工作研讨会在区委党校召开。市委党校副校长王群等,区领导冯熙、梁军等,以及东城、西城、崇文、宣武、朝阳、海淀、丰台、石景山、门头沟、房山十城区党校的校长参加会议。

赵贵平致欢迎辞并做《与时俱进,开拓创新,积极探索新时期党校改革与发展之路》的主题发言。各党校的校长交流发言。王群、冯熙分别讲话。(丛日明)

【电子政务培训】 为推进党校教育现代化进程,积极筹措资金建设校园网。实现教学的现代化、学员管理的信息化、办公自动化。为此,在全校进行《信息技术与电子政务》的全员培训。3月22日,信息技术与电子政务培训班开班。参加培训38人,参加考试35人,通过33人。 (丛日明)

【职工电子政务大赛】 2004年9月24日,与区总工会联合举办东城区“浪潮杯”职工电子政务大赛决赛。市总工会、区工会、区党校、区人事局、区精神文明办、浪潮集团有限公司北京区总经理、北京东方赛得科技有限公司总经理等领导出席。初赛20个队(66人),决赛6个队(18人)。区财政局代表队获冠军,奥士凯公司代表队和区委办代表队获二等奖,审计局、朝阳门街道和劳动局代表队分获三等奖。劳动局代表队获最佳演示文稿制作奖,财政局的胡异峰获理论知识答题奖。 (丛日明)

党史资料征集工作

【概况】 本年,党史资料征集、编研工作按计划完成。出版《东城史志》季刊4期,约25万字,征集编入魏巍等著名人士稿件。完成市委党史研究室交办的《北京党史》、《见证北京》、《红色寻踪——北京革命纪念地指南》等书刊部分撰稿、宣传和发行工作。参与组织纪念建国55周年和邓小平诞辰100周年征文活动。走访陶鲁笳、魏巍、武光、胡富友等老同志。撰写《一场关于农业生产合作社党内争论的启示》一文在《北京党史》发表。

单位名称:东城区委党史资料征集办公室
单位地址:东四十一条83号
联系电话:64009361　邮政编码:100007 (张继宗)

【社会主义建设史】 4月,《中国共产党东城区社会主义建设简史》全面启动,撰写人员就位。5月,集中半个月时间,深入研讨和修改《编写提纲》,使其体例、结构、设置进一步合理、完善。5月下旬进入撰写阶段,至年末,初稿完成三分之二,约40万字。 (张继宗)

【业务培训】 3月和10月,两次派员参加市委党史研究室举办的“区县社会主义建设史”编写业务培训班。4月,邀请市委党史研究室领导和专家培训编写人员。年内,与城区党史部门两次进行业务学习交流。6人参加电子政务培训,考试合格。 (张继宗)

【征文活动】 年内,与区委宣传部、区档案局、区当代北京史研究会共同组织纪念建国55周年和邓小平诞辰100周年征文活动。征集纪念文章20余篇,评出一等奖3篇、二等奖5篇。《我曾在天安门上空接受检阅》等优秀文章在《东城史志》刊载。 (张继宗)

纪检·监察

【概况】 本年,贯彻市纪委和区委部署,组织党员干部学习江泽民反腐倡廉重要思想和宪法法律,学习《中国共产党党内监督条例(试行)》、《中国共产党纪律处分条例》和《中国共产党党员权利保障条例》。

制定贯彻实施党内监督条例的六项配套制度和《关于加强对领导班子主要负责人监督的若干意见》。编印《领导干部廉洁自律文件汇编》,集中进行以“求真务实、勤政为民”为主题的党风廉政宣传教育月活动。以查处原住开公司私分国有资产案件为典型案例,在全区600多名处以上领导干部中开展为期两个月的警示教育。落实领导干部任职谈话、廉政谈话、诫勉谈话和述职述廉的“三谈二述”制度,区纪委和各单位纪检部门领导与科以上干部谈话420人次,其中区级9人次,处级141人次;任前廉政谈话428人次,其中区级领导15人次,处级194人次;诫勉谈话54人次,其中处级18人次。领导干部述职述廉1998人次,其中区级7人次,处级559人次。共有148人次报告个人重大事项,其中区级2人次,处级94人次。33人申报配偶子女从业情况,其中处级14人。3人上缴礼金2.15万元,其中处级1人。召开专题民主生活会,各级领导班子对照“四大纪律、八项要求”和不求真务实的十个问题查找差距,进行整改。对党政机关领导干部从政行为中存在的突出问题进行专项清理,6名处级干部在企业兼职问题得以纠正。

收费问题的信访举报同比下降63%,建立廉洁行医档案,签订“拒绝红包、回扣”责任书,清理偿付农民工工资178.29万元。市委市政府在全市推广东城区规范拆迁行为的“八公开、八不能”经验。实施《行政许可法》,推出《实行行政许可情况备案制度》,确定28个行政许可实施主体和81个审批项目。严格“收支两条线”制度,扩大国库集中支付和部门预算范围。政府采购达到2.17亿元,同比增长21.3%,节约资金393万元。

制定《东城区公务员违法行政行为投诉办法(试行)》,受理行政投诉18件。政府系统51个单位和部门政务公开,内容669项。107项行政许可事项和144项为民服务事项纳入代办工作范围,对标准租私房腾退、住房补贴、规范公务员收入等工作监督检查。进行政风评议,对公安、工商、地税等8个政府部门重点评议。在基本建设领域实施“阳光工程”,对基本建设工程招投标、政府重大投资项目和解决四片危改小区后续问题实行全程监督,追究2名领导干部的失职渎职行为。

本年,市纪委、市监察局决定,对纪委监察局本年全区岗位目标责任制考核被评为特等;王树栋等10人被评为东城区单项工作的先进个人。

单位名称:中共东城区纪律检查委员会
单位地址:钱粮胡同0号
联系电话:64013321　邮政编码:100010　(李利平　宋瑞英)

【纪委全会】 1月8日,纪律检查委员会召开第一次全体会议。25名委员出席。曾刚健主持。选举产生常务委员会委员9人,书记1人,副书记3人。8月8日,召开第二次全体(扩大)会议。19名纪委委员出席。各单位专职纪(工)委书记、纪检组长,区纪委各室主任,监察局副局长列席。审议通过曾刚健代表常委会作《振奋精神,扎实工作,把纪检监察工作提高到新水平》工作报告。12月31日,召开第三次全体(扩大)会议。24名纪委委员出席。各专职纪(工)委书记、纪检组长,区纪委各室主任,监察局副局长列席。总结本年党风廉政建设和反腐败工作,研究2005年工作思路。审议通过曾刚健代表常委会作的《围绕中心,服务大局,求真务实,与时俱进,为党的执政能力建设提供坚强的纪律保证》工作报告。

(李利平　宋瑞英)

【党风廉政建设工作会】 2月25日召开。卢彦主持,曾刚健作报告,陈平讲话。总结上年工作,部署本年党风廉政建设工作。表彰民政局等19个上年度党风廉政建设先进单位,对连续3年获得党风廉政建设先进单位称号的公安分局、民政局、地方税务局、文化委员会4个单位各给予1万元奖励。市纪委王海平出席并讲话。(赵凡　赵廷军)

【监察　监督工作】 2月,区委、区政府聘请第五届特邀监察员和党风廉政监督员40人,由人大代表、政协委员和民主党派、无党派人士组成。3月29日,新聘“两员”业务培训。(赵凡　王志平)

【阳安江调研】 3月3日市委副书记、市纪委书记阳安江来区调研党风廉政建设工作。陈平、卢彦、冯熙、边振英参加。曾刚健汇报区贯彻中央纪委三次全会和市纪委五次全会暨市党风廉政建设工作会精神以及民安、住开两个案件的查处情况。阳安江肯定区党风廉政建设很有特色,卓有成效。希望东城区发扬成绩,抓住机遇,把党风廉政建设提高到新水平。

(李利平)

【贯彻“两个条例”】 3月,下发学习贯彻《中国共产党党内监督条例(试行)》、《中国共产党纪律处分条例》通知。开展学习“两个条例”知识竞赛,137个单位的548个支部1.36万人参加。22个单位党(工)委的105人参加“两个条例”闭卷测试,选出5人代表东城区赴市参赛。制定印发《实施<中国共产党党内监督条例(试行)>监督制度的若干规定(试行)》,《加强对领导班子主要负责人监督的若干意见》。

（赵凡 王志平 刘菊华）

【政风测评】 3月，制定《东城区国家公务员公共服务行为规范暂行规定》，委托零点市场调查与分析公司对52个政府职能部门进行政风测评。监察局将测评结果如实反馈给相关单位，要求限期整改。8月，印发《2004年东城区民主评议政风活动方案》，组织人大代表、政协委员、“两员”对规划分局、建委、公安分局、市政管委、国土资源和房屋管理局、劳动和社会保障局、工商分局、地税局进行评议。（海朝明）

【党风廉政建设责任制】 4月2日，制定《2004年东城区党风廉政建设和反腐败工作主要任务的分工意见》，明确区委、区政府领导和22个牵头单位党风廉政建设责任，对32项党风廉政建设和反腐败工作主要任务进行分工。11月23日，陈平听取财政局、建委、国资委等单位党风廉政建设汇报，要求全区各单位提高对党风廉政建设责任制的认识，做到“五个到位”。曾刚健就加强党风廉政建设提出具体要求。本年，4人因违反党风廉政建设责任制被追究责任。

（赵凡 赵廷军）

【行政投诉中心挂牌】 4月5日，东城区行政投诉中心挂牌，卢彦、曾刚健出席挂牌仪式。行政投诉中心依据《东城区国家公务员公共服务行为规范暂行规定》和《东城区公务员违法行政行为投诉办法（试行）》，受理行政投诉。（王树栋）

【监察信息新闻工作】 4月8日，区纪委、监察局召开信息新闻工作培训暨表彰会。公安分局、检察院、北新桥街道、卫生局等16个单位被评为信息（新闻）工作先进单位，王申三、王景茹等21人被评为优秀信息（新闻）工作者。北新桥街道纪工委、卫生局纪委分别介绍做好信息、新闻工作的经验。本年，区纪委监察局共编发《纪检监察情况》33期，在《中国纪检监察报》、《中国监察》、《是与非》等报刊发稿8篇。

（李利平 曹霞）

【市规范拆迁行为现场会】 4月15日在东城区召开。市领导阳安江出席，刘敬民主持。陈平、卢彦、曾刚健参加会议。市监察局、审计局、房屋和土地管理局、建委负责人及18个区（县）主管城建的副区（县）长及相关单位的负责人参加会议。卢彦作东城区严格规范拆迁工作，努力维护群众利益的经验介绍。杨新就加大责任追究力度，严肃查处民安三区拆迁中的违法违纪问题及加大源头治理力度，制发“八公开、八不能”的实施意见规范房屋拆迁行为作了发言。区审计局介绍了在拆迁中变事后审计为全程监督，发挥审计监督职能的做法和经验。阳安江讲话，肯定东城区的做法和经验。（海朝明）

【全程办事代理制】 4月15日印发《中共东城区委、东城区人民政府关于推行全程办事代理制的实施意见》（东发〔2004〕10号）。区国土房管局、统计局等21家单位为推行全程办事代理制的试点单位。要求试点单位于4月30日前做好实施全程办事代理制的准备工作。4月26日起，监察局、计委、法制办联合对试点单位落实情况进行为期三天的督查，5月8日再次督查，确保准备工作按时完成。5月27～28日对第二批推行全程办事代理制的21家单位进行督查。对未按时限要求完成全程办事代理制准备工作的国土房管局、统计局在全区通报批评，督促整改。8月10～11日，卢彦、曾刚健、张勤、罗嘉陵分别带队到建国门街道、地税局、民政局、文化委员会、国土资源局、人防办等单位，对政务公开组织建设、监督投诉等进行实地检查。卢彦强调，要以群众满意不满意作为检验政务公开和全程办事代理工作的标准。（海朝明）

【查处私分国有资产案】 5月，住开公司以多提工资总额、乱发奖金补贴、公款购买商业保险等手段，使国有资产流失达2000多万元。经区委区政府批准决定，该公司经理、党总支副书记龚伟明、总会计师夏建兰、财务审计部主任李美玲被开除党籍和公职；党总支书记张岱雨被开除党籍、行政留用察看一年；副经理吴志伟被留党察看一年和行政撤职；人事保卫部主任甄洪被撤销党内职务和行政职务。东城区人民法院以私分国有资产罪，判处龚伟明有期徒刑四年；张岱雨有期徒刑三年，缓刑四年；夏建兰有期徒刑三年零六个月；李美玲有期徒刑三年，缓刑三年。原公司副经理鲍嘉维因涉嫌受贿等另案处理。（顾广林 杨卫平）

【警示教育】 5月9日，全区召开警示教育动员大会，陈平、冯熙、曾刚健、杨艺文及600余名处级以上领导干部参加。陈大龙通报原住开公司私分国有资产案件，岳鹏通报该案件有关查处情况，曾刚健做动员报告，陈平讲话。5月17日，市财政局副局长徐承法作题为“学习财政法规，提高依法理财观念”的报告。5月19日，区检察院温长军作题为“标本兼治、反腐倡廉”主题报告。5月26日，高检预防厅副厅长郝银飞结合国际国内反腐败的形势和现状，提出遏制腐败、预防职务犯罪的建议措施。举办原住开公司违法违纪案件警示教育图片展览107个单位、1.22万人观看展览。编印《警示教育简报》18期。

（刘菊华　程相东）

【党风廉政建设宣传教育】　5～6月，陈平为党员领导干部讲“弘扬求真务实精神，争做求真务实表率”的党课，开展党纪条规知识测试和竞赛活动，收到征文234篇14篇汇编成册。《今日东城》报开辟“宣教月警示专栏”登载6期基层稿件。（钦成银　曹霞）

【中纪委调研】　6月2日，中纪委、市纪委一行七人到区调研。曾刚健参加。杨新介绍东城区维护群众利益、规范危改拆迁工作的做法。明玉清肯定东城区的危改拆迁工作，注重开发与保护的关系，维护拆迁居民的基本利益，保证国家建设资金使用的安全有效。

（李利平）

【纪检监察工作研究会】　7月13日，召开第11次年会暨理论研讨会。总结上年工作，部署本年任务。审议通过调整研究会会长、副会长、常务理事和个人会员建议名单，决定钦成银为会长。交流高松顶等三人的获奖论文。曾刚健出席并讲话。本年，共编发会刊《东城纪检监察研究》4期。（刘菊华）

【政务公开】　7月16日，区委办公室、区政府办公室印发《进一步深化政务公开的意见》。9月2日召开区推进政务公开工作经验交流会，岳鹏主持，卢彦讲话，强调要突出政务公开的基本原则、突出重点领域重点部门、突出行政管理方式的创新，核心是转变政府职能，把政务公开工作推向深入。9月14日，市政务公开暨全程办事代理制检查组来区检查工作，认为区政务公开和全程办事代理工作基础扎实，领导重视，措施有力。卢彦、曾刚健、章冬梅参加。（李利平　海潮明）

【干部培训】　8月24～26日，举办全区专职纪检监察干部学习《中国共产党党内监督条例（试行）》、《中国共产党纪律处分条例》和行政许可法培训班，90人参加。10月，贯彻中央纪委《关于进一步开展纪检监察干部在职业务自学活动的通知》精神，组织全区专职纪检监察干部进行纪检监察信访举报、案件检查、案件审理等6门课程的考试，106人参加。（宋启荣）

【专题调研】　按照市纪委部署，就关于“建立健全教育制度监督的惩防体系”进行专题调研，组织14个单位开展工作，形成《坚持关口前移，完善新形势下反腐倡廉教育机制》调研报告，得到市纪委的肯定。（曹霞）

【党政机关办企业整顿】　制定《区级党政机关与所办企业和管理的直属企业、盈利性事业单位脱钩的工作方案》，对106家企事业单位提出了处理意见，其中51家企事业单位予以脱钩；3家解除挂靠；20家移交给有关部门；52家企事业单位因特殊情况暂不脱钩，今后党政机关及所属单位一律不得经商办企业。（海朝明）

【案件查处】　本年，纪检监察系统核实违纪线索18件，立案15件，其中，纪委、监察局直查案件7件。给予党纪政纪处分16人，其中处级干部6人，科级干部3人，刑事处理6人，挽回经济损失2031万元。

（郭崇明）

【信访举报】　本年，接待信访举报1082件次，受理377件次，其中属检举控告类的297件次，申诉类2件次。经调查已澄清218件次，批评教育23件次，处分1件次。受理和查处信访案件，挽回经济损失373.6万元，收回电脑1台、桑塔纳轿车1部。（王树栋）

【案件审理】　本年，受理审结各类案件9件，13人受到党政纪处分。其中：开除党籍9人，开除公职3人，有7人受到党纪政纪双重处分。其中处级干部6人，科级干部4人。（顾广林　杨卫平）

中国共产党北京市东城区委员会

书记、副书记、常务委员

书　记　陈　平

副书记　卢　彦　刘朋庆　冯　熙　曾刚健(女)
杨艺文(女)

常务委员　陈　平　刘朋庆　卢　彦　冯　熙
曾刚健(女)　杨艺文(女)　刘瑞宾
马战校　边振英　梁　军(女)
郭瑞敏(女)　岳　鹏　王红兵(1月任)

工作机构负责人

办公室主任　边振英

组织部部长　梁　军(女)

老干部局局长 付一琳
宣传部部长 王红兵(1月任)
统战部部长 郭瑞敏(女)
政法委员会书记 杨艺文(女)
综合治理委员会办公室主任 刘惠迎
研究室主任 姚 维
直属机关工委书记 张元书
区委党校校长 冯 熙(兼)
社会主义学院院长 冯 熙(兼)

中国共产党北京市东城区纪律检查委员会

书 记 曾刚健(女)
副书记 陈大龙 李立军(女、3月免) 杨 新(3月任)
钦成银(1月任)

区政府行政局党委书记

文化委员会 王锦绵
教育工作委员会 金 旭(女)
卫生局 王浩波
园林局 董秀琴(女)
国土资源和房屋管理局 林希孟
环境卫生服务中心 冯继宽
体育局 关连宝

区直属事业单位负责人

党史资料征集办公室主任 王之鸿

民 主 党 派

民革东城区委

【概况】 中国国民党革命委员会(简称民革)是中国国民党民主派和其他爱国民主人士所创建。1990年10月,成立北京市东城区工作委员会(民革市委派出机构)。2003年7月成立民革北京市东城区委员会。主要任务是在中共东城区委和民革北京市委的领导下,组织本区民革党员学习实践邓小平理论和“三个代表”重要思想,履行政治协商、参政议政、民主监督的职能;提高党员政治素质,发挥自身优势,做好台胞海外亲友的团结工作;发挥党员特长,围绕经济建设,为社会服务。

区委现有党员415人,其中男性212人,女性203人,分为10个支部。党员中有台胞、港澳同胞和海外侨胞(简称三胞)关系的260人。在职人员185人,离退休人员230人,平均年龄59.3岁。党员中全国政协委员1人;第十二届市人大代表1人;第九届市政协委员3人;第十三届区人大代表1人;第十一届区政协委员10人,其中常委3人;民革北京市委委员4人,民革中央专项委员会委员3人;担任各级特约监察员、监督员7人。

本年,发展新党员11人,转出2人,病逝3人,临时关系4人。新党员分别来自医疗卫生、文化、民营企业、教育、科技等单位,具有中高级专业职称。

单位名称:中国国民党革命委员会北京市东城区委员会
单位地址:东四十一条83号
联系电话:64015225 邮政编码:100007 (董鸷)

【区委扩大会议】 3月26～27日,民革东城区委在“东方文化培训中心”召开区委扩大会议。学习《中共中央关于坚持和完善中国共产党领导的多党合作和政治协商制度的意见》(简称14号文件)、布置本年度工作。区委委员,各支部主委、副主委、委员及特邀同志70余人参加。

民革北京市委秘书长吕植中、区委统战部长郭瑞敏到会并讲话。郭瑞敏做“关于《中共中央关于坚持和完善中国共产党领导的多党合作和政治协商制度的意见》”的辅导报告。

传达全国、市、区统战会议精神;研究讨论区委、各专项委员会和各支部本年度工作计划。李霭君主委做总结。 (董鸷)

【纪念邓小平诞辰100周年活动】 民革区委8月18～19日在平谷华山镇挂甲峪村召开“纪念邓小平诞辰100周年暨支部工作座谈会”。区委主任李霭君、副主任董鸷、区委委员、各支部主委以及特邀人员参加。邀请农民致富带头人、挂甲峪村党支部书记张朝起介绍情况。

李霭君做了“邓小平一国两制构想是实现祖国统一的强大思想武器”的发言，她指出民革作为参政党要认真学习一国两制的构想，为早日促成祖国统一大业贡献自己的力量。

区委委员、各支部主委围绕着学习邓小平理论，就改革开放、一国两制、科学技术是第一生产力等方面发言。《民革东城通讯》编委会开展纪念邓小平诞辰100周年征文活动，出版专刊。（董骛）

【参政议政】 1月，在区政协十一届会议期间，民革东城区委向大会提交《关于对东城区四合院和胡同保护性利用的几点建议》和《关于建立东城区儿童医疗保健中心的建议》两篇提案，并与台盟东城区工委、致公党东城区工委联合提交《关于成立东城区台湾问题研究会的建议》的提案。委员提交《关于成立出租汽车运输行业协会》、《关于制定政协提案电子版文件统一标准格式的建议》、《个人出资、政府政策支持可以成为四合院保护的一种方式》、《建议把平安大街建设成为奥运特色一条街》、《关于建立中医社区服务网络的建议》、《加强饮食大排档的治理》、《建议在东直门交通枢纽设立城管站点》等12篇提案。

3月16日，召开本年参政议政工作会议，讨论研究今年调研课题。李霭君主委、刘江南副主委和张秀智等15名委员参加会议。确定在“东城区历史风貌保护问题及修缮改建模式研究”和“东城区教育改革发展思路”两个重点问题调研。（董骛）

【民主监督】 3月，董骛、张秀智、汪其格等被区纪委和区监察局聘为东城区第五届特邀监察员、党风廉政监督员。（董骛）

【促进祖国统一】 3月5日，与致公区工委和台盟区工委等涉台民主党派联合召开“最新台情研讨会”。对本年台湾大选可能出现的结果进行讨论，台盟的同志作关于台湾“大选”的台情报告。5月11日，召开《发挥民革优势，做好祖统宣传工作》座谈会。5月28日，召开“学习两办声明，维护祖国统一”座谈会。李霭君、董骛、刘江南和区委委员及部分支部主委、特邀老同志出席。与会者认真学习两办声明，批判陈水扁“就职演说”。（董骛）

【学习培训】 4月17日，2003～2004年入党的新党员，参加在北京社会主义学院举办的“北京市民主党派新成员培训班”。6月19日，举办中青年党员理论培训班。中青年党员骨干60人参加。民革北京市委叶捷、王玉环、龚秀生、区委统战部派人出席。

叶捷做动员报告，强调学习理论的重要性，希望学员充分利用培训班的宝贵时间，认真学习中国共产党领导的多党合作的历史和理论，不断提高接受中国共产党领导的自觉性。

邀请中央社会主义学院教授李金河做“中国共产党和各民主党派合作史及中共中央14号文件”的辅导报告。学员们分组讨论。

张万芝对学员们建议：加强学习，提高自身素质，认清新时期民主党派成员所肩负的历史职责；多参加活动，在做好本职工作的条件下，克服困难，参加党派和社会活动，才能提高自己的水平；发挥作用，要牢固树立参政党的责任感，切实发挥民主党派在我国政治生活中的作用。李霭君总结。刘江南、董骛主持。（董骛）

【组织建设】 8月，召开2004年上半年加入民革的新党员座谈会。李主任介绍民革东城区委的情况。希望：加强学习，大家要在作好自己本职工作的前提下，不断学习政治思想理论，才能更好的参加到民革的工作中来；多参加活动，多实践，提高思想认识，通过活动让党员之间相互了解，更好的为民革服务。

董骛介绍东城区的区情。以及民主党派如何通过政协来履行参政议政、民主监督的职责。刘江南介绍他作为民革党员参加人大的情况，以及人大与政协的不同之处，并且提供几个今年人大议案、建议供大家参考。本年，建立“区委主委会工作制度”、“全委会工作制度”等，健全和完善民革区级组织的管理制度和运行机制，为履行好参政党的各项职能提供制度上的保证。（董骛）

【老龄委活动】 10月14日，组织中老年朋友到北海公园游园。李霭君向各位老同志表达重阳节的慰问。王志诚向每一位老同志赠送一枚邓小平同志诞辰100周年的纪念币。（董骛）

【社会服务】 7月28日，北京市中医医院向民革基层组织社会服务活动捐赠医疗物资仪式。民革中央、民革市委、东城区委、民革东城区委领导、北京市中医医院党委书记周裕斌及民革东城区委第五支部党员代表参加。

李霭君代表民革东城区委感谢医院领导的大力捐赠，并介绍了民革基层组织赴平谷定点义诊扶贫的活动概况。周裕斌、张万芝、何丕洁分别讲话。

[illegible]月13～14日，由民革东城区委主办，民革北京市委和东城区政协协办的医疗义诊活动在河北省石家

庄赵县举办。北京市望京医院急诊、大内科主任、博士生导师罗侃教授、国家计生委研究员沈和教授、北京市朝阳医院的孙维娜、郑毅主任医师、北京市鼓楼中医院副院长陈力夯主任医师、北京中医医院副主任医师姚卫海、北京市和平里医院主任医师吴达珏等20名专家名医为赵县百姓提供医疗服务。有600多名赵县群众接受义诊。民革东城区委第五支部开展"以医扶贫"工作9月11日、11月28日到平谷刘店乡开展义诊及医疗讲座。（董鸶）

【信息工作】 围绕东城区改革开放和经济发展的重点、热点和难点问题反映社情民意。本年报送的信息，多条被全国政协、民革中央及市、区采用。被评为东城区统战系统信息工作优秀单位。董鸶被区统战系统、区政协和中共东城区委宣传部评为2003年度东城区宣传信息工作优秀特约信息员。（董鸶）

民盟东城区委

【概况】 中国民主同盟主要由从事教育以及科学技术工作的高、中级知识分子组成，具有政治联盟特点，致力于建设中国特色社会主义事业的参政党。区域内1951年始有民盟支部。1986年11月，成立第一届工作委员会（属民盟市委派出机构）。1998年11月，成立民盟东城区委员会。2003年7月，召开民盟东城区第二次代表大会，产生新一届领导班子。现有民盟基层委员会2个，总支1个，基层支部44个（区属单位支部12个，市属单位支部2个，中央单位支部30个），盟员813名。3人为全国政协委员；1人为全国人大代表；3人为市政协委员；1人为区人大副主任；13人为区政协委员，其中3人任常委；任区委、区政府特约监察员4人；任市教育督导员1人。

单位名称：中国民主同盟北京市东城区委员会

单位地址：东四十一条83号　邮政编码：100007

联系电话：64023777　（史继先 丁迪红）

【参政议政】 在区政协十一届一次会议上，提交《关于加强东城区中学、职业教育、成人教育、校外教育"中青年骨干教师"队伍建设的几点建议》、《关于开发培育南池子地区旅游新热点的建议》、《关于促进完善"妇女权益保障法"的几点意见》3份提案，担任区政协委员的盟员在全会上提交提案13份。

本年，计划调研课题：《关于整治北京市中轴线北端的建议》、《关于东城区社区卫生工作的调研及建议》和《关于东城区税收工作情况的思考与建议》等。（史继先 丁迪红）

【专委会工作研讨会】 4月2日在和敬府宾馆召开。各专委会主任、支部负责人50人参加。

肖幼谊就专委会开展学习调研等活动进行动员。要求：建设好一个专门机构；每年制定一份工作计划；年度开展一次有影响的活动；每年确定一个调研课题，完成一份有质量的提案。

各专委会就年度工作进行研讨，围绕区政府本年重点研究的12个问题确定调研课题。对撰写党派提案及参与党派提案的盟员进行表彰。（史继先 丁迪红）

【学习研讨】 8月31日，组织盟员参观纪念邓小平同志诞辰100周年展览。五十余名盟员参加。9月10～11日，在昌平太申祥和山庄举办有区委委员、支部主委和部分骨干盟员参加的"学习邓小平理论，加强自身建设"研讨会。民盟市委朱尔澄、王纪选、严为和民盟区委肖幼谊及区委统战部等领导参加。

学习中共1989年14号文件和邓小平统战理论，就加强自身建设、开展支部活动、提高参政议政能力和做好调研提案工作等进行讨论。与会领导参加分组讨论。11月19日，与九三学社区工委举办《"文化强区"研讨会》，肖幼谊和何厚夫主持。区领导郭瑞敏、王红兵、毛桂芬出席研讨会并讲话。区委研究室、发改委、区文委、区建委、区旅游局及区房地中心的负责同志参加。两党派成员围绕区历史文化保护与开发等问题各抒己见。民盟盟员易溥筠谈"开发四合院，发展旅游商业，弘扬传统文化"问题。民盟盟员提出复建地安门、恢复玉河北端及建设鼓楼公园和建立现代文化新闻出版广播影视街区的建议。（史继先 丁迪红）

【慰问困难家庭】 12月13日，组织协和医院、北京医院的盟员，由副主委史继先带队，赴史家胡同社区慰问四户生活困难的群众，给他们测量血压，望诊切问，用药指导。给每户赠送100元慰问金。民盟东城区委已和史家胡同社区建立对口联系的关系。（史继先 丁迪红）

【信息工作】 本年，民盟区委建立信息员队伍，报送信息180余条，丁迪红撰写的《北京建设多少滑雪场应进行充分论证》和《市民对自来水调价的反映》及刘艳骄与杨文增合作撰写的《香港刊号内地印刷的期刊变相内地发行现象令人忧虑》3条信息得到市领导批示。（史继先 丁迪红）

【教育支边】 4月9日，由东城区教育界盟员组成的讲师团，赴广东湛江吴川市讲学。讲师团的教师们，为湛江市的教师作演讲、教育教学交流。讲师团在吴川市吴川公学与该校师生进行交流,湛江市教育局的领导称民盟北京讲师团给当地带去了先进的教育理念,对整个地区的中学教育起到推动作用。民盟东城中学支部陈雪鸣老师负责联系并参加讲学,民盟教育学院东城分院支部俞悠仲老师参加讲学活动。

(史继先 丁迪红)

【支部建设】 本年,民盟东城区委以学习"三个代表"重要思想,学习中共十六届四中全会精神,提高参政议政能力为目的,重点抓支部建设。

民盟中国医学科学院总支委员会成立大会,于2月28日在北京协和医院多功能厅召开。民盟市委常务副主委唐克美,中国医学科学院党委副书记徐德成,北京协和医院副院长赵玉沛,区统战部部长郭瑞敏,中国医学科学院基础研究所党委书记王恒,区人大副主任、民盟东城区委主委肖幼谊等领导,盟员50多人出席。民盟区委副主委季元主持,章静波教授作工作报告。民盟中国医学科学院总支委员会设两个支部:民盟中国医学科学院综合支部、民盟北京协和医院支部。

3月11日,民盟中央工艺美术学院附中支部成立;3月16日,民盟国家话剧院支部成立(由原民盟中国青年艺术剧院支部和中央实验话剧院支部合并而成);5月21日,民盟东城经济支部成立;6月16日,民盟景山学校支部成立。4月12日,民盟北京教育学院东城分院支部(原民盟东城大专支部)大会召开。

东城医务支部、外经贸支部、东城工业支部、煤炭部支部、冶金基层委员会进行换届。(史继先 丁迪红)

民建东城区委

【概况】 本年,民建区委团结和带领全体会员按照区委年初制定的全年工作要点,求真务实,与时俱进,拼搏进取,自身建设不断得到加强,履行参政党职能的水平不断得到提高。区委有支部22个,会员522人。

单位名称:中国民主建国会北京市东城区委员会

单位地址:东四十一条83号 邮政编码:100007

联系电话:64023933 64052073 (王建川)

【参政议政】 年初提交党派提案3个。其中《关于进一步强化东城区管理部门服务职能的十条建议》经区领导签署意见,由区政府办牵头,区计委等5部门联合办理,被区政协评为年度优秀党派提案。另有两件委员提案被评为优秀个人提案。

年内,组成七个课题组,经调研完成《开放文化市场,发展文化产业》等7篇调研报告。从中向区政协十一届二次会议提交三个提案:《整合东城文化遗产,探索文化强区之路》、《创新之中求发展,全面提升"老字号"》、《建立"创意产业试验区",打造东城经济新亮点》。社科院支部被民建市委评为全市唯一的参政议政先进支部。 (王建川)

【社会服务】 8名会员加入和平里街道社区矫正智囊团。多名律师会员做法律讲座,听众800多人次,为和谐社区建设做出了贡献。

9月,捐助北京市太阳村特殊儿童救助研究中心特殊青少年群体共计捐助善款7000余元,衣物、文具、图书等实物19箱。北京电视台、《京华时报》、《娱乐信报》等媒体进行了采访、报道。民建中央网站、《民讯》以及《东城政协报》也对本次活动进行报道,并配发了照片。受助单位向区委赠送了"救助儿童功在千秋"的锦旗。组织50余名会员到怀柔怀北镇龙泉渔村开展植树活动。 (王建川)

【自身建设】 本年,先后组织邓小平同志诞辰百年纪念展览、四中全会学习座谈会以及参观故宫博物院郑振铎捐献陶俑展览等活动。支部纪念十四号文件颁布15周年学习座谈会上,区委领导作了发言。

6月,召开中央14号文件发表十五周年纪念会暨东城区委2004年组织建设研讨会,8位同志发言,介绍搞好支部工作的经验和个人对支部建设发展的探讨。民建中央组织部、民建市委以及区委统战部有关领导应邀到会并讲话。《民建东城简讯》发了专刊。

年内,成立组织建设委员会,建立民建故宫支部;对建国门、安定门支部进行调整,选举了新的支部领导班子。全年发展新会员14人,平均年龄37岁。其中大学以上学历13人,占93%;中级以上技术职称7人,占50%。对新会员及时进行传统教育。

在民建市委01~03年先进集体、优秀会员表彰活动中,区委4个支部、11名会员被评为先进支部和优秀会员。 (王建川)

【宣传信息】 《民建东城简讯》全年出刊12期,报道区两会、基层组织建设研讨会、纪念十四号文件发表15周年以及捐助阳光学校公益活动专项工作的特刊4期。宣传工作获民建市委二等奖。

年内举办宣传信息工作培训班,请民建市委、民进区委信息工作负责人介绍做好信息工作的体会。信息报送数量、质量均有提高,被统战部评为先进信息单位并在区信息工作经验交流会议上发言。 (王建川)

【对外交往联络】 年内,区委领导赴重庆出席民建京津沪渝四城区工作交流会,代表区委做大会交流发言。牵头促成民建中央副主席陈明德等领导及部分民建企业家与美国独立银行家协会高管人员的座谈会,探讨中国创办社区银行的可行性。接待顺访的民建上海市委、上海市社科院有关领导,部分会员与之座谈。

(王建川)

【会员活动】 年内,举办迎新春电影招待会、春季桥牌邀请赛、参观门头沟川底下村、重阳节联谊会、女会员参观游览故宫以及组织部分会员参加电视台节目录制等活动。看望老会员50余人。 (王建川)

民进东城区委

【概况】 中国民主促进会是以教育文化出版工作的高、中级知识分子为主的,具有政治联盟性质、致力于建设有中国特色社会主义事业的政党。民进东城区委成立于1994年6月5日,现为第三届。共有8个专委会,36个基层支部,会员807人,中高级职称707人,占87.61%,特级教师7名。会员中全国人大代表1人,市人大代表2人(其中常委1人),市政协常委1人,副区长1人,区人大代表3人(其中常委1人),区政协委员15人(其中常委4人)。市、区政府各部门监督员14人。

本年,组织会员学习全国、市、区"两会"精神。学习民进市委组织建设年的精神。组织"迎新春"主题联谊会。举办区委委员、支部主任、骨干会员暑期培训班。老会员、中国社会科学院人口学研究员杨子慧主讲《中国人口数量与素质现状》的国情讲座。开展与残疾儿童共渡"六一"节活动。与老教师、老会员共同庆祝第20个教师节。完成基层支部组织建设工作的调研。召开"老主任、老会员"茶话会。以走访慰问、邮寄信件、贺卡等形式开展送温暖、慰问会员活动。

单位名称:中国民主促进会北京市东城区委员会

单位地址:东四十一条83号

联系电话:84008408 邮政编码:100007 (张亚强)

【参政议政】 在政协十一届一次会议上,民进区委提交"关于进一步做好东城区低保工作的几点建议"、"抓住CEPA带来的机遇,发展东城现代服务业"、"进一步完善和加强对中小学生的爱国主义教育"、"关于民主党派成员参加特约工作的几点建议"4件提案,委员提案15件。

3月~12月,区委和议政调研委员会就开展"创建全国文明城区"活动组织座谈会3次,发放问卷1200份,走访区10个街道的68条胡同,完成7000多字的调研报告,为东城区争创全国文明城区提出意见和建议。10月~12月,对新《婚姻登记条例》实施一年走访区民政局、市东四妇产医院,了解取消婚检后带来的具体问题,提出建议和意见。

年内,征集提案43件,信息195条。其中李青萍、杨子慧、计静晨、杜建平、李美联、陈占仙、周容7位会员的提案被民进市委推荐到市人大、政协会上,受到市委表彰和奖励。程华等26位会员被评为民进市委参政议政先进个人。民进东城区委被区委统战部评为优秀信息单位,叶禾被评为优秀信息员。 (张亚强)

【组织建设】 根据民进中央、民进市委关于"组织建设年"的精神,4月份民进市委对本区基层支部进行组织工作调研16个支部参与。

年内,发展新会员30名,平均年龄38.73岁,全部具有大专以上学历,中级以上职称(其中硕士研究生2人)。1人曾获全国"三八"红旗手,18人曾获全国、市、区级以上表彰和奖励。 (张亚强)

【支教扶贫】 6月29~30日,到河北省崇礼县青虎沟小学扶贫助学。为6名适龄儿童捐助2400元,为他们准备新书包及全套学习用品,保证他们完成小学六年的学业。为全校学生和乡中心校的学生带去图书资料、文具用品、课外读物、体育器材、糖果等物品。

(张亚强)

【培训班】 8月18~19日,在西柏坡举办基层支部暑期培训班,区委委员、专委会主任,支部主任等七十余名会员参加。

培训班上程华主任讲话。大家表示:一定要坚持中国共产党领导下的多党合作制度,一定要坚持"十六字方针",牢记两个"务必",为伟大祖国的美好明天贡献力量。 (张亚强)

【参政议政座谈会】 3月17日,召开信息员会议。区人大代表叶禾结合自己多年做信息工作的感受与体会,从信息的重要性,信息的作用,信息的分类以及如何搜集、采写信息等方面作重点发言。7月18日,召开信息工作会议,制定信息工作制度。布置下半年的信息工作,要求信息员每月报一条信息。12月29日,召开会员中的人大代表、政协委员座谈会。要求他们到社区、群众中了解情况,征求意见建议,撰写提案、议案,在明年的两会上认真履行职责,发挥参政党职能。全国人大代表、东城区副区长毛桂芬,民进市委副主委、市政协常委罗强参加座谈会,并祝愿人大代表、政协委员为民进组织增添力量与荣誉。 (张亚强)

【社会服务工作】 4月15日,与学校联系将其闲置的课桌椅共计200余件,送往河北省崇礼县贫困山区各中小学。6月1日,民进东城区委妇女儿童工作委员会的7位老师,参加区首届残疾儿童艺术节,与特殊教育学校的师生共度儿童节,送去节日礼物和对残疾儿童的无限关爱。民进妇委会的老师们是第三次慰问东城区特殊教育学校的儿童,她们给孩子们送去了本、笔、铅笔盒等物品。 (张亚强)

农工党东城区工委

【概况】 农工东城区工委成立于1983年7月。本届工委于2003年3月换届。现有基层支部9个,党员346名。本年发展新党员7名,死亡2名。

成员中有市人大代表2人,市政协委员2人。区人大代表2人;区政协副主席1人,常委1人,委员8人。担任农工党中央妇女工作委员会委员1人。农工党北京市委员会委员4人。农工党北京市各专业工作委员会委员14人。北京市教育督导员1人。东城区党风廉政监督员2人,区行政执法监督员2人,区伊斯兰协会委员、监事会监事1人,区妇代会代表1人,区法院人民陪审员1人,区卫生局党风廉政监督员2人,东直门街道党风廉政监督员1人,和平里街道党风廉政监督员1人,各医院党风廉政监督员5人。

单位名称:中国农工民主党北京市委员会东城区工作委员会
单位地址:东四十一条83号
联系电话:64023993 邮政编码:100007 (张丹敏)

【政治思想建设】 2月5日,工委委员参加了"东城卫生系统统战干部培训班"。卫生局王浩波、王玉伦以《加强党的领导,做好统战工作》、《了解局情,抓住重点,为东城卫生系统的改革贡献力量》进行演讲。2月10日,工委副主任参加区委统战部党派工作例会。传达本年全国统战部长会议精神,提出区委统战部今年工作思路,号召各党派认真学习全国统战部长会议精神,完成本年工作任务。2月26日,工委委员及部分党员参加2004年东城区卫生局卫生工作会议,听取并审议王炜作的《弘扬抗击"非典"的战斗精神,再续卫生工作新篇章》卫生工作报告和王浩波作的《解放思想,求真务实,全力开创2004年卫生工作党的建设新局面》党委工作报告。4月7日,部分党员参加"东城区贯彻执行行政许可法暨推行全程办事代理制工作"会,农工党员张丹敏、孙安静被聘为东城区行政执法特邀监督员。5月10日,农工党北京市委员会召开表彰大会,表彰在2003年春季的"非典型性肺炎(SARS)"期间,涌现出先进人物事迹。农工党东城工委获多项先进集体和个人称号。5月21日,举办农工东城工委2004年邓小平理论学习班,请北京市社会主义学院赵龙飞以《多党合作制度与新时期民主党派工作(录像)》、东城卫生局王浩波以《东城卫生系统改革思路和现状》为题进行的演讲。11月5日,举办农工党东城区工委学习中共十六届四中全会理论培训班。危天倪作《努力提高参政议政能力,全面推进自身建设》报告,号召与会党员认真学习中共十六届四中全会精神,与中共密切合作,努力提高参政党的参政能力,广泛调动成员的积极性,共同致力于建设有中国特色的社会主义事业。 (张丹敏)

【组织建设】 本年,危天倪继任工委主任,姜宏志、张丹敏、陶洪继任工委副主任,王锦辉、李建茹、赵瑞丽继任工委委员。危天倪、余晓辉继任人大北京市第十二届代表;孙铁英、刘磊继任政协北京市第十届委员。张丹敏、李彬当选为人大东城区第十三届代表;危天倪、姜宏志、陶洪、王锦辉、李建茹、赵瑞丽、孙安静、郑志新被选为政协东城区第十一届委员。危天倪当选为政协东城区第十一届副主席。 (张丹敏)

【参政议政】 全年提交提案、议案、建议案23件。在政协东城区第十一届一次会议上,提交党派提案2件:《关于强化重点公共场所治理的建议》、《长安医院并入后,建国门医院经济困难亟待解决》。提交个人提案7件:《关于解决和平里002号垃圾楼扰民、影响环境卫生问题》、《关于提高医院代管公费医疗标准的建议》、《关于垃圾转运后垃圾车停靠地及时消毒的建议》、《关于整治后沟胡同基督教堂周边环境的建议》、《集体所有制医院职工医疗费亟待解决的建议》、《对东四二到八条冬季采暖煤改电的一点看法》、《关于居民小区新建项目规划的配套环卫设施应当由当地环卫系统提出评价意见或予以审查的建议》。在人大东城区第十三届一次会议上,提交议案、建议按14件:《加强对国子监街道及周边地区的改造,以适应传统文化旅游区功能的需要》、《保护古都文物,修建明、清两代顺天府大院》、《加快启动安定门地区危改》、《加强对安定门街道办事处的投入,彻底改变机关办公条件》、《请区财政局、区人事局协调解决东城卫生系统集体所有制职工医疗费问题》、《建议解决社区干部工资待遇过低问题》、《建议加强火化管理》、《区财政应调整公费医疗拨款额度或降低医院分担比例》、《区财政是否应将低保人员的冬季煤火费纳入考虑范畴》、《要求对鼓楼中医院旧楼(门诊楼)拆迁进行土地置换》、《希望区政府、区卫生局协调解决鼓楼中医院在拆迁重建中的周转用房问题》、《建议区人事局、区卫生局给予鼓楼中医院相关政策调整，分流富余人员，缓解医院在拆迁改造过程中的经济压力》、《提升城市管理水平，加快北京站东街周边的环境治理》、《建议在北京站西街船板胡同口设立红绿灯》。党派提交的提案《关于强化重点公共场所治理的建议》被区政协评为本年度优秀提案。

本年，向农工市委、区委统战部、区政协、区人大、区卫生局报送信息80余条。（张丹敏）

【联谊与慰问】 1月9日，举办新春联谊会。参会党员交流思想，畅叙友情。农工党员百余人参加。农工市委赵荣国、梁金銮、区卫生局领导参加。5月15～16日，中国初级卫生保健基金会、农工党市委、农工党区委、东直门街道办事处在东直门街道举办"关爱口腔健康捐赠暨义诊"活动。农工党市委梁金銮、区残联、区委统战部、东直门街道、农工党区工委危天倪、姜宏志、张丹敏、陶洪及部分党员出席捐赠活动，将美国爱心基金会提供的600只电动牙刷赠送给东直门街道12个社区的残疾人。为130名群众义诊咨询。10月22日，组织老党员参观宋庆龄故居和恭亲王府。区卫生局与农工区工委是对口联谊单位，卫生局领导在财力、物力、档案管理等方面都给予大力支持。多次就医疗卫生改革、人事制度改革、党风廉政、提案等方面的问题进行协商、座谈，工委领导也经常向局领导汇报工作、交流信息。11月13日，在东直门街道清水苑社区开展以"科学、文化、卫生、进步"为主题的"国际科学与和平周"专家义诊及科普咨询活动。为300余名群众进行义诊咨询，制作展板十余块，宣传"水是生命之源"和"节约用水"的重要性。（张丹敏）

致公党东城区工委

【概况】 致公党东城区工委是中国致公党北京市委的派出机构，1995年10月成立，现有4个基层支部，党员185人，本年新发展党员7人，转入4人，调出1人，去世1人。党员平均年龄52岁，其中具有高、中级职称的党员占96%。工委下设办公室及参政议政、宣传信息、组织联络、乐龄组4个专委会。《东城致公》是工委主办的宣传刊物。

党员中，有全国政协委员1人，市政协委员2人，区人大代表2人（其中常委1人），区政协委员10人（其中常委2人），顺义区政协委员3人。市委、区委、区政府各部门聘请的特邀监察员、监督员共8人。致公党市委秘书长1人，致公党市委常委2人，委员2人，致公党市委各专委会主任1人、副主任5人。

单位名称：中国致公党北京市委员会东城区工作委员会

单位地址：东四十一条83号

联系电话：64023939　邮政编码：100007（弭国治 陆希慧）

【参政议政】 在区政协十一届二次会议上，提交"遵守交通规则应从娃娃抓起"和"关于社区卫生医疗问题的建议"的党派提案和12件委员个人提案。年初，确定"关于在东城区建立文化中心区（CCD）的思考"、"保护古都风貌和危旧房拆迁"、"关于建立健全社会诚信体系"和"关于促进中医中药的发展"等四个课题进行调研，为下年区政协会党派提案做准备。

（弭国治 陆希慧）

【干部工作会议】 2月6～7日在顺义召开。工委成员、各支部主委和支委、各专委会主任和副主任、办公室专职干部以及东城区党员中的各级人大代表和政协委员共40余人参加。区委统战部、致公党市委有关领导参加。

弭国治主持并作动员，要求大家努力学习，振奋精神、团结一心、认真贯彻致公市委"内增活力，外增贡献"的八字方针，将本部门工作的目标、计划、措施制定好，并在实际工作认真落实。

张万芝向与会成员介绍中共东城区第九次党代会会议精神，介绍东城区今后五年工作的指导思想、发展战略（2363工程）、奋斗目标。并对会议提出了希望和要求。林义副主委要求大家认真学习、贯彻、执行中国共产党领导的多党合作制，认真履行参政党的职能，参政议政，民主监督，不断加强党的自身建设。沈小红秘书长、杨尊伟主委总结发言。（弭国治 陆希慧）

九三学社东城区工委

【概况】 九三学社东城区工委是九三学社北京市委员会的派出机构，其成员以科学技术界中、高级知识分子为主。工委所属支社（小组）13个，社员440人，其中，区人大代表3人，区政协委员11人；市政协委员5人；全国政协委员3人。具有高级职称的社员占76%。区工委主任何厚夫，副主任杨文玉、杨玲、于经瀛。设组织部、参政议政工作委员会、宣传和信息工作委员会、社会工作委员会、办公室。

单位名称：九三学社北京市委员会东城区工作委员会

单位地址：东四十一条83号

联系电话：64023773　邮政编码：100007（李培海）

【组织建设】 本年，发展新社员15名。区工委积极协助社市委做好社员入社前后的教育工作，组织申请入社的同志参加入社前学习班及新社员学习班，完成中医研究院支社换届工作，对综合支社、东直门医院支社支委班子进行调整；增选一名区工委委员。组织成员参加中共东城区委统战部举办的2004年各民主党派负责人学习班。 （李培海）

【参政议政】 参加各类会议200多人次。政协委员提出提案13件，提交党派提案1件。围绕“文化强区”问题开展调研，制定调研计划，举办研讨会。参加区政协组织的关于王府井升级战略课题的调研，调研报告由区工委副主任杨文玉执笔。向社市委报送社员建议30余件。特约工作人员参与行风评议、党风廉政建设考核、行业规范化服务达标考核及文明行业考评等工作计100多人次。

报送信息80多条。区工委委员德永华提出的“建议将王府井中央商业街转变为王府井商业娱乐区”的信息受到东城区领导的重视；“关于北京电视台增加食品质量安全每日播报节目的建议”得到市领导批示，在北京电视台《生活面对面》栏目中得到落实。

（李培海）

【思想建设】 结合14号文件颁布15周年、建国55周年、邓小平同志诞辰100周年、十六届四中全会召开等重大事件在广大社员中开展系列宣传教育活动，参加东城区委组织的系列纪念及学习活动。在12月召开的社市委宣传工作会议上，区工委的宣传思想建设工作受到社市委领导的好评，获优秀集体奖等表彰。投稿50多篇。 （李培海）

【社会服务】 8月29日，中医研究院支社的中医各科专家前往昌平区长陵镇医院进行义诊，为200余名当地患者进行诊治。9月25日，组织20余名医疗专家，到东直门街道胡家园小区，为小区内及附近居民300余人进行医疗咨询及义诊。9月26日，到平谷看望贫困学生并送去慰问品。11月23日，在建国门街道举办为社区服务送健康活动，捐赠医疗科普书刊300多册。组织社内医疗专家为社区居民做心脑血管疾病知识及其预防讲座。 （李培海）

台盟东城区工委

【概况】 台盟东城区工委是台盟北京市委员会的派出机构。负责东城区和海淀丰台区台盟盟员的组织、联络、宣传、参政议政和涉台工作。现有盟员72名，设盟中央、盟中央以外的在职人员和离退休人员支部。主任肖燚，副主任潘新洋、蔡晓美，委员黄启明、陈于云、袁征、康东星。盟员中有全国人大常委1人，全国政协委员4人，其中3人为常委；市人大代表2人，市政协委员5人，市青联委员2人；区人大代表2人，区政协委员6人，区青联委员2人。

单位名称：台湾民主自治同盟北京市委员会东城区工作委员会
单位地址：东四十一条83号 邮政编码：100007
联系电话：64023833 电子信箱：tmdcgw@263.net （肖燚）

【参政议政】 本年，重视发挥提案在政治协商、民主监督和参政议政中的作用，提出“贯彻三个代表重要思想，全面推进东城区社区建设”的党派提案，为东城区社区建设提出了一系列建议，被区政协评选为优秀提案。

上年，隶属北京市广电集团的歌华有线电视网络股份有限公司将有线电视维护收视费标准提高，在群众中引起较大反响，工委在议政会的基础上写出提案——“关于加强对北京物价管理部门监督的建议”提交市政协十届二次全会，对歌华涨价未举行听证、缺乏法律依据，有关主管部门对群众意见重视程度不够，歌华公司服务质量差等问题提出批评，引起市委、市政府重视，市主要领导责成有关部门认真办理。市委书记刘淇、副书记龙新民听取有关歌华提案办理的情况汇报，市纪委（监察局）、发改委、广电局、广电集团参与提案的办理工作，并采取相应的整改措施。对此，《北京日报》作题为《虚心接受批评，认真落实整改措施》的专门报道。黄以云副主席指出，相关提案不仅促进了整改措施的落实，更重要的是起到警示作用，推动政府部门建立长效机制，意义深远。该提案被市政协评为优秀提案。工委参加东城区组织的民主协商会、人事协商会、区情通报会及区政协、人大筹备会等。

（肖燚）

【纪念邓小平诞辰100周年】 在纪念邓小平诞辰100周年的活动中，盟员代表工委作题为《缅怀伟人功绩、促进祖国统一》发言，评价邓小平创造性地提出“一国两制、和平统一”构想的历史作用，阐释反对台独和进一步做好台湾人民工作的重大意义。 （肖燚）

【信息工作】 加强信息工作，制定信息工作制度，使盟员反映社情民意的渠道畅通、规范、力度加大。截止10月末，共报送信息70条。“关于北京市交通一卡通使用问题的建议”，“建议有关部门对执行法定假日三倍工资情况进行大检查”及涉台等信息都得到市、区领导重视，并做批示。 （肖燚）

【台情研讨】 本年，区工委突出涉台特色，编发《台情动态》月刊及台情研讨，宣传党的对台政策，介绍台海形势。安排四名青年盟员参与刊物的编辑工作。六月,东城政协报为台盟东城区工委推出专版,对本年台湾“总统大选”对两岸关系的影响做出了较为详细、深入的分析和探讨。 (肖燚)

东城区民主党派主要负责人

中国国民党革命委员会北京市东城区工作委员会主任委员	李霭君(女)
中国民主同盟北京市东城区委员会主任委员	肖幼谊
中国民主建国会北京市委员会东城区委员会主任委员	赵亚洲
中国民主促进会北京市东城区委员会主任委员	程　华(女)
中国农工民主党北京市委员会东城区工作委员会主任委员	危天倪(女)
中国致公党北京市委员会东城区工作委员会主任委员	杨尊伟
九三学社北京市委员会东城区工作委员会主任委员	何厚夫
台湾民主自治同盟北京市委员会东城区工作委员会主任委员	肖　燚

人 民 团 体

东城区工会

【概况】 本年,全区职工8.42万人,工会会员8.06万人,基层工会2775个,工会专职干部201人。落实党的十六届四中全会精神,在构建和谐社会中努力发挥工会组织的作用,驻地社区送来锦旗以示感谢。贯彻实施《工会法》和《北京市实施〈工会法〉办法》,围绕全区工作大局,发挥各级工会组织的作用,加强工会自身建设,创造并推出一批全国、市级先进经验。

单位名称:东城区工会
单位地址:藏经馆胡同11号(西门)
联系电话:84039353　邮政编码:100007 (寿华军)

【十五届委员(扩大)会议】 4月6日,召开十五届七次全委(扩大)会。选出区工会出席市第十一次代表大会代表共18名,他们是:冯熙、金潮河、张永江、朱敬、王清、郑建华、郭栓林、张兰芳、石春玲、薄建华、李淑英、赵家慈、蒋桂云、乔庆丰、杜平、李建伟、王秀英、陈瑞萍。6月21日,召开第八次全委(扩大)会。郑建华传达市总工会第十一次代表大会精神,区工会委员会委员、经费审查委员会委员、基层工会主席共96人参加。7月29日,召开第九次全委(扩大)会。补选贾炯协为区工会第十五届委员会委员、常委、主席。通过郑建华不再担任区工会委员、常委、主席的决定。 (师爱萍)

【劳模管理工作】 1月17日,召开劳模先进人物迎新春团拜会,全区各级劳动模范和党、政、工领导157人参加,区领导冯熙、王建军、李力、胡晓松、罗嘉陵参加团拜会。4月27日,召开劳动模范、先进工作者庆“五一”大会,市总工会副主席时纯利、区领导冯熙、边振英、梁军、王红兵、王建军、胡晓松、章冬梅、罗嘉陵出席庆祝大会。作出向区劳动模范、先进工作者学习的决定。获全国“五一”劳动奖状的区卫生局工会向全区工会组织发出倡仪书,首都劳动奖章获得者张岩代表全区劳模宣读给全区职工的倡议书。5月末至6月中旬,组织46名劳模和先进人物到井冈山、庐山参观学习。 (樊卫东 李文学)

【政府与工会联席会议】 3月3日,区政府与区工会召开第三次联席会议,冯熙、岳鹏、胡晓松、区工会领导出席。会议议题:关于实施职工素质工程的建议。关于进一步加强劳模管理的建议。3月23日,市领导张庆、李树发、潘友生检查本区建立政府与工会联席会议制度情况并听取汇报。区领导卢彦、冯熙、胡晓松、区工会郑建华参加汇报。市领导对区政府与工会联席会议制度的形式和效果给予充分肯定。12月22日,召开第四次联席会议,冯熙、胡晓松、工会领导参加。会议议题:建立企事业职工职业技能竞赛与职业技术技能等级评定晋级衔接制度。从2005年起,全区行政事业单位工会经费由区财政局统一划拨到区工会。 (李文学)

【劳动关系三方协商】 4月、7月召开两次全区劳动关系三方协商会议,主要议题是:①贯彻《北京市工资支付规定》、《工伤保险条例》和《集体合同规定》。②贯彻新颁布的《集体合同规定》。③落实市三方会议《关于进一步加强和规范北京市劳动关系三方协商机制的意见》。④研究确定召开东城区非公企业民主管理经验交流会事宜。⑤纪念《劳动法》颁布10周年。⑥区劳保局、区工会通报落实解决拖欠农民工工资工作开展情况。⑦区工会通报评选“最佳集体合同”活动进展情况和下一步安排。⑧研究确定协商代表变动事宜。（祝宁）

【平等协商集体合同】 本年，组织法规培训四次，600人参加。编辑《新颁布的〈集体合同规定〉相关内容学习参考资料》。就集体合同和工资集体协商进行调研，并举办评选“最佳集体合同”活动。23个基层单位上交申报材料，13个单位参加最后公开评选；10个单位获“最佳集体合同”奖，3个单位获争先奖，3个单位获优秀组织单位奖，20名平等协商双方首席代表获优秀个人奖。（祝宁）

【非公企业民主管理】 6月9日，举办东城区非公企业民主管理工作经验交流会，田永林代表区劳动关系三方宣读《东城区非公企业民主管理工作意见》。市总工会民主管理部王志强部长，区领导胡晓松等出席会议并讲话。年末，区已建工会组织的2260家非公企业中，建立职代会(包括社区职代会)的企业240家；建立平等协商机制并独立签订集体合同的企业87家；建立厂务公开制度的企业471家；采取职工信箱等其他形式实行民主管理的企业有242家，以不同形式实行民主管理的非公企业占总数的40%。（李健秀）

【民主评议活动】 第一季度，全区企事业单位中开展职代会民主评议活动144家，被评议的领导人员706人。测评结果：优秀率在50%以上的466人，占总数的66%，称职率在70%以上的693人，占总数的98.2%；不称职率在30%以上的8人，占总数的1.1%(另有5人的称职率在51%~67%)。（李健秀）

【厂务公开工作】 区厂务公开协调小组下发《2004年东城区厂务公开工作意见》，转发市总工会《关于国有中小企业改制过程中职代会工作需要明确的几个问题的通知》，重点抓履行职代会对改制方案的审议建议权和职工分流方案的审议通过权。协调小组办公室(区总工会)积极配合区体改委做好东方燕都经贸有限公司所属的天坛地毯公司破产工作。

区厂务公开协调小组9月10日召开由各企事业单位党政纪工领导近百人参加的“东城区厂务公开、民主管理工作经验交流会”，表彰上年开展职代会制度评估工作的优秀单位，东方文化经济发展集团有限公司等四个单位介绍经验。

10月，举办70名职工董事、监事和21名未担任职工董事、监事的企业工会主席参加的培训，请中国劳动关系学院教授授课。（李健秀）

【法律工作】 本年对全区工会干部和劳动争议调解员举办女职工劳动权益保护和《工伤保险条例》、《北京市工资支付规定》、《集体合同规定》培训，参加培训650人。组织所属国有、集体及其控股企业、工业企业和街道等单位的劳动争议调解员参加仲裁听审活动12次，200人参加。

工会系统有26人通过区劳动和社会保障局举办的劳动仲裁员考试，正式成为兼职劳动仲裁员。24人次直接参加24个仲裁案件审理工作。本年共接待来访64次，涉及职工40人，接听咨询电话93次，涉及职工72人。（宋广谊）

【信息工作】 本年，加强对信息工作的领导。在区委刊登信息43篇，区政府刊登信息35篇，被区委、区政府评为优秀信息8篇，被市政府评为优秀信息2篇，其中《当前职工思想问题及做好职工队伍稳定工作的对策》被评为市级优秀信息。（李文学）

【职工文体活动】 5月，组织全区3万名工会干部、职工参加由全总宣教部、国资委和工人日报联合举办的“创争”知识竞赛活动。被评为市“创争”知识竞赛活动优秀组织奖。5月~9月，组织职工参加市第六届职工艺术节暨第21届“五月的鲜花”群众歌咏活动。在市职工摄影比赛和展览中，两件作品获优秀奖。7月15日，与区体育局联合举办第一届地坛体育馆杯职工保龄球赛，全区38个单位的228名职工参赛。9月11日，市总工会在劳动人民文化宫举办的“光影色彩颂中华——庆祝建国五十五周年，北京市职工摄影作品展览”中，27件作品参展。9月24日，在市第六届职工艺术节闭幕式上，区工会报送的文学、文艺作品获一等奖1个、二等奖2个，优秀奖3个，被评为“北京市第六届职工艺术节优秀组织单位”。10月，与区司法局联合开展《工会法》宣传月，印发普法宣传册和《〈工会法〉基本知识问答》。（李燕）

【送温暖活动】 本年，共筹措送温暖基金623万元。其中：工会筹措101万元，行政筹措461万元，政府拨款[illegible]1万元，其它37万元。694名党政领导和859名工会干部走访慰问职工群众1.05万户。12月25日开展

"爱心互助日",参加活动的贴心人服务队359个,贴心人服务队员3258人,参加活动的帮困小组327个,被服务的孤寡病残职工1432人,做好事2341件。(樊卫东)

【建会工作】 与建委联合下发《关于加强在施工程项目部建立工会组织的决定》,加大建会力度。全区95个工程项目部建立工会,吸纳会员3.5万人。有2000名本单位编外人员吸收到工会组织。(樊卫东)

【职业技能比赛】 配合区劳动和社会保障局开展东城区新世纪北京首届职业技能大赛。设52个分赛区,4693人参加初赛。举办了中式烹调师、中式面点师、美发师等35个工种,268场次的理论、实操比赛,经过4个多月紧张激烈的初赛6个工种进入复赛。选拔出23名成绩优异者,代表东城参加全市的决赛,2人获得第一名。与区委党校举办东城区'浪潮杯'职工电子政务大赛。19个单位的57名选手参加初赛;6个代表队的18名选手参加决赛。(樊卫东)

【职工互助保险】 本年,全区参加职工安康互助保险、女职工安康互助保险、在职职工住院医疗互助保险、团体人身意外伤害保险、职工补充养老保险的单位共170个,发展会员4.89万人,保费8936.93万元。区工会代办处慰问出险职工393人,慰问金额3.38万元。市总工会北京办事处按照赔付标准给予赔付377例,赔付款77.69元。其中,对23名患癌症的女职工赔付37万元,对88名安康意外伤害职工赔付9.8万元,对266名住院医疗职工赔付30.89万元。(钱凝)

共青团东城区委员会

【概况】 区属系统有14岁~28岁青年5.64万人,其中团员3.14万人,占青年总数的55.6%。女团员1.88万人,少数民族团员2517人。年内,发展新团员4016人,其中女团员2310人。加入党组织187人,超龄离团334人,年度团籍注册2.42万人。同比适龄青年减少900人,团员减少1400人。基层团委105个、团工委12个、团总支60个、团支部1294个,其中团区委直属团委23个、团工委12个、团总支12个、团支部26个。同比增加基层团委50个、团总支36个、团支部130个,团工委数持平。专职团干部64人,其中党员52人,具有大学(含大专)以上学历的60人。兼职团委书记(含副书记)103人,其中党员38人,大学(含大专)以上学历的53人。同比专职团干部中,人员增加16.3%,党员增加15.5%,大学(含大专)以上学历的增加1.9%。兼职团委书记(含副书记)中,人员增加51.4%,党员减少19.1%,大学(含大专)以上学历减少15.8%。

本年,共青团工作以创新、发展为主线,突出服务、育人职能。结合建国55周年、邓小平同志诞辰100周年,结合区五年来的成就和面临的新起点,开展"青春中国·希望永行"、"我身边的变化"等教育活动。举办"青春·王府井"青年艺术节、"青年东城财智论坛暨驻区国家部委、大型企业团委书记沙龙"等活动。开展"东城—高校人才直通车"活动,实现"输送优秀人才、建立实践基地、服务东城发展"的目标。加强社区团建力度,深化非公团建工程,启动"非公青年素质培训计划"。

单位名称:共青团北京市东城区委员会
单位地址:藏经馆胡同11号(西门)
单位电话:84039238 邮政编码:100007 (张海燕)

【七届九次全体(扩大)会议】 2月19~20日,召开共青团东城区委七届九次全体(扩大)会议。传达区第九次党代会和团市委十一届六次全会精神,总结上年工作,部署本年任务。区领导冯熙、王红兵、胡晓松、团市委刘震出席会议并讲话。(杨洋)

【青少年思想政治工作】 3月~12月,开展"青春中国·希望永行"主题教育活动90余家团组织的6万名团员青年参加,并开展思想教育活动评比90个活动参评,评选出优秀团支部思想教育活动金奖10个、银奖15个。3月23日,与区教育团工委联合举办"弘扬民族精神 传承历史文脉"—东城区中小学"走进文天祥祠"主题团队日活动。组织和引导全区12家爱国主义教育基地周边学校学生分期分批到基地开展主题团队日活动。4月~12月,与区委宣传部、区教委联合举行"掀开历史画卷 激荡爱国情怀"爱国主义教育基地参观寻访实践活动,2万余人次团员青年参加活动。7月~12月,在青联委员、团干部和团员青年中启动实施"读书·实践·成才"计划。7月16日召开"创建学习型组织、打造服务型团队"主题座谈。(向旭东)

【征文演讲活动】 4月~8月,开展"我身边的变化"寻访实践与征文演讲活动,组织团员青年开展对区爱国主义教育基地、城市建设发展成果、身边人文、历史文化古(遗)迹参观寻访,用真实的感受表达对生活、工作、学习在东城的自豪感和荣誉感。共收到征文547篇,在此基础上,与区委宣传部联合开展"我身边的变化"—纪念邓小平同志诞辰100周年主题演讲比赛,各系统11名团员青年脱颖而出,四川石油宾馆选手吴碧获一等奖。(向旭东)

【文明礼仪宣讲队】 5月~12月，与区教育团工委联合成立首批10所代表校的20支中学生奥林匹克文明礼仪宣讲队，并进行培训。首都精神文明办及区委领导出席启动仪式。宣讲队围绕文明礼仪进校园、进社会、进家庭三个层面开展主题班队日、“小小导游宣传队”、“我和爸爸妈妈共牵手，同创文明新东城”等宣讲活动。（向旭东）

【建国55周年知识竞赛】 8月~9月，开展“青春中国·希望永行”纪念建国55周年国史国情知识竞赛。竞赛试题内容涵盖党史、团务、区情、时事、奥运、天文、地理、历史、科技、文化、文明礼仪和争创全国文明城区相关知识共12大部分。共收到答题卡1822份。区各系统二十支代表队参加预赛，6支队伍进入决赛，劳动和社会保障局团委获第一名。（向旭东）

【学习贯彻十六届四中全会精神】 10月~12月，根据区委区政府部署，制发《关于认真学习宣传贯彻党的十六届四中全会精神的安排》，集中开展学习周活动，组织引导团员青年通过自学、参观、座谈、研讨等形式开展学习，在全区各级团组织中掀起学习高潮。在财贸系统开展各类主题实践活动，强化职业道德，提高岗位技能；在管理系统开展“加强党的执政能力与机关团组织建设”主题活动，树立青年公务员良好形象；在街道系统举办“学习四中全会精神　全面加强团的建设”研讨会。（向旭东）

【和谐社区建设研讨会】 12月14日，召开“共青团系统落实和谐社区建设研讨会”。街道、教育、卫生、政法、财贸等系统的团干部结合各自行业、区域特点和工作实际，就共青团组织在构建和谐社区建设中如何发挥作用、吸纳资源、形成网络，增强社区工作的辐射力，如何健全志愿服务的考评、保障、激励机制，激励更多青年参与志愿服务活动等问题进行深入研讨。（向旭东）

【青年志愿者】 3月，与公安分局团委联合组织机关、卫生、教工、商贸等各行业的800名优秀青年志愿者，成立东城区青年志愿者社会治安服务队，在3月3~14日“两会”期间和9月22~30日国庆期间组成治安巡逻队，协助公安部门做好首都的安全巡视工作。3月开展以“心灵相约雷锋志愿服务东城”为主题的系列活动。开展卫生青年志愿者义诊、亲情陪伴、募捐等活动及城市青年公益行动等学雷锋专题活动。7月10日，与区教育工委共同举办纪念申奥成功三周年活动。8月，举办第二届奥运宣传日活动，开展数字志愿服务促百万家庭上网工程，为社区提供义务电脑知识讲授。组建绿色狂飙文明球迷啦啦队，成立球迷快乐联盟，组织近千人次参加亚洲杯、中超联赛的文明观赛。（国岩）

【青年文明号工作】 团区委以“青年文明号”创建十周年纪念活动为主线广泛开展了“创青春业绩　促岗位成才”系列活动，召开“回首十年争创路，展望未来新成果”座谈会、举办“医药综合技能知识竞赛”，提高青年职工的职业道德和技术水平。抓好机关系统“青年文明号”试点工作，召开工作推进会。规范、完善青年文明号评比考核程序，调整监察委员会成员，分别在机关、政法、卫生等系统开展监察活动，对不符合条件的17个班组予以摘牌。全区已涌现全国级“青年文明号”班组6个、市级87个、区级244个。（国岩）

【功能区团建】 7月~10月，举办第三届“青春·王府井”青年艺术节。囊括“时尚·王府井”、“怀旧·王府井”和“健康·王府井”三个板块，包括“阅读改变人身、科技创新生活”系列科普知识、“志愿东城、牵手金街”大学生双语志愿活动、“魅力金街”青年摄影比赛、“乡土中国童玩”工艺品展览、“我身边的变化”征文演讲比赛、“传承茶道文化、弘扬国粹精华”少儿阳光课堂巡讲、“我看新故乡、我做小主人”进京创业青年子女东城游、CS电子竞技网络精英赛，保龄球挑战赛以及足球、三对三男子篮球、羽毛球、乒乓球比赛等文化、体育、科普9方面20余项活动。10月，举办金街夏日文化广场，团市委刘剑、区领导冯熙、马战校、王建军、罗嘉陵出席，并为获王府井“青年文明号”称号的10家单位、获“王府井之星”的10名同志颁奖。40余家单位2000余人次参与。6月16日，信息产业部、国家发改委、交通部、商务部、外交部、文化部、国务院机关事务管理局、国家林业局等8部委以及工商银行北京市分行、天鸿集团公司、北京纺织控股有限责任公司、同仁堂集团有限公司等8家大型企业的团委书记参加区团委举办的“青年东城财论坛暨驻区部委、大型企业团委书记沙龙”活动。团市委、区委领导出席。区发改委、东直门街道工委就东城区的产业发展战略和东直门地区建设及发展规划向与会人员进行讲解，就东城区的建设与发展进行研讨座谈。（国岩）

【社区团委直选】 9月21日，建国门街道北极阁社区团委召开直选大会，经过直接差额选举，居住在北极阁社区的郭静当选为社区团委书记。11月10日，和平里街道地坛社区团委召开述职评议大会，就社区青年领头人工作进行述职评议。地坛社区团委书记以幻灯片的形式展示工作情况和社区团员风采，8名委员就

自身工作进行汇报。66名团员代表以投票的方式对社区团委工作进行评价。（杨洋）

【团干部调训班】 9月8～10日，与区委组织部联合举办区第四期团干部调训班暨“青春·王府井”论坛。刘剑、冯熙及特邀专家从共青团工作的发展趋势及工作方法、新时期新形势下的青年成长成才、邓小平理论与青年工作、台湾问题的由来和现状、科学的发展观等方面作了报告。聘请中国青少年研究会副会长、中国青年政治学院副院长陆士桢教授担任东城区青年工作顾问。（张海燕）

【“人才直通车”】 12月21日，举行“东城－高校人才直通车”协议签订仪式。北京大学、清华大学、中国人民大学等14所首都高校，信息产业部、商务部、外交部、北京移动等26家部委、大型企业的团委书记等近百位青年工作者参加活动。中央国家机关团工委副书记刘涛、团市委副书记方力、区领导冯熙、梁军、胡晓松等出席活动。团区委书记依次与各高校团委负责人签定合作意向书，就“互通供求信息，建立人才通道”等8个合作领域达成协议。（张海燕）

【非公团建】 12月2日，在簋街举办区首届十佳进京创业青年表彰会暨非公青年技能展示活动。金鼎轩酒楼有限责任公司总经理韩春生、万龙洲饮食有限公司行政主管李有余、东华门美食城夜市李克民、四季香食品有限公司董事长张宝明、东城保安分公司经理彭兰海、王府井地区环境卫生管理所业务副经理翟传进、王府井全聚德烤鸭店服务员杨凤莲、区绿化队工人刘同顺、宝岛眼镜东四店店长曾艺贤、大碗居餐厅一分店总经理徐献忠获东城区首届“十佳进京创业青年”称号。（张海燕）

【“青年·东城”网站】 加大对“青年·东城”网站的更新和完善力度，设置基层风采展示窗口，对区卫生局团委、区教育局团委、和平里街道团工委工作予以展示。网站在团市委基层网站评比中获“2004年北京市基层共青团组织优秀网站二等奖”。（杨洋）

东城区未成年人保护委员会

【概况】 根据《北京市未成年人保护条例》规定，1989年经区政府批准成立东城区未成年人保护委员会（以下简称未委会），区未委会办公室设在团区委权益部。区未委主任委员会由区政府主管文教工作的副区长担任，区人大常委会主管青少年工作的副主任担任顾问。10个街道办事处还成立了街级未委会。本年，区未成年人保护工作抓住机遇，迎接挑战并取得喜人成绩。坚持以宣传、教育、保护、服务为手段，以新《条例》的颁布实施为契机，加强和改进未成年人思想道德建设，促进未成年人健康成长，发挥各委员单位的职能作用，努力实现对未成年人的全方位多层次保护，推动全区未保工作逐步向制度化、社会化、项目化、信息化方向发展。（李霞）

【未委会工作会】 4月9日，区未委会召开本年工作会议，传达市未委会工作会精神，总结上年工作，部署本年工作。全区34家委员单位的委员、联络员近70人参加会议。区未委会主任委员、副区长毛桂芬出席会议并讲话。（李霞）

【法制校长工作】 举办法制校长培训班、制作“模拟法庭”法制教育光盘、设立法制校长“阳光信箱”、开展“全区优秀法制校长评比”、召开全区青少年法制教育研讨会。结合新《北京市未成年人保护条例》的实行，开展“新《条例》学习宣传主题月”活动，组织近万人参与《条例》竞赛答题活动。开展“拒绝诱惑，预防犯罪—普法校园行”巡回展，通过警示篇、心理篇对未成年人合法权益进行详细阐述。举办第三届“画说未成年人保护法大赛”，收到作品600余幅。制定下发《关于实施“青少年违法犯罪社区预防计划”的意见》。（李霞）

【青少年自护教育】 组织社区青少年参加“星光青春夏令营”，邀请专家讲座等，提高青少年自护知识与技能；通过电话、来访接待等形式，为家长和青少年提供法律咨询和援助。11月6日，在市青少年防火Flash大赛表彰大会上，500余幅作品参赛，区参赛选手获一等奖1人，二等奖1人。中央工艺美院附中学生马秀文获一等奖，奖金3000元，景山学校学生王曦获二等奖，奖金1000元，六十五中学学生赵皓舒和中央工艺美院附中学生梅娜获优秀奖，各得奖金100元。马秀文还获得全国二等奖，梅娜获全国优胜奖，中央工艺美院附中的应虹和赵娜老师分别获优秀指导教师奖。景山街道未委会以“什么是法律”为主题，开展星光自护法制教育讲座。（李霞）

【社区青少年活动】 “六一”儿童节，区未委会以“欢乐度夏·健康成长”为主题开展“享受健康暑期”活动、“传承健康文化”系列活动、社区创建健康文明网站和“学子阳光”、“希望之星（1+1）”等庆祝活动。东四街道未委会开展预防艾滋病知识讲座，区未委会组织40余名少年儿童到中国美术馆参加“我在中国美术馆画画”活动，安定门街道未委会向社区内6~7岁儿童免费开办暑期少儿英语培训班，交道口街道未委会开展社区青少年漫画创作学习班，建国门街道未委会为社区青少年开展科普知识竞赛。（李霞）

【青少年网络文明行动】 和平里街道未委会在“青少年网络文明行动日”，组织青年志愿者在和平里北街千米健身街上，向过往的青少年发放《全国青少年网络文明公约》等宣传材料，以此拉开了我区积极响应团中央、团市委号召，开展“青少年网络文明”行动的序幕；创建内容向上、特色鲜明的网站，与区文委联合创建“红领巾网络天地”，启动“数字德育网”，将网络优势转化为教育优势。成立由区文化、公安、工商、教委、法制办等部门组成的网吧专项整治工作领导小组，开展网吧专项检查，共出动执法人员238人次，检查网吧262家次，1家因超时经营被停业整改。（李霞）

【青少年维权岗】 本年，在工商、法院、检察院、司法局和东城公安分局开展创建优秀“青少年维权岗”活动。并首次与区民政局共同开展了民政系统创建优秀“青少年维权岗”活动。4月3日，举行“社区携手成长行动”启动仪式，成立未成年人社区成长环境监督队。知心姐姐卢勤、社区青年文化大使关凌、市青少年心理与法律咨询服务中心主任宗春山、区法院少年庭法官岳慧青、区司法局法宣科李军莉等5位心理咨询、星光自护、法制宣传、法律援助、就业培训等方面的专家和社会工作者，被聘为区首批社区未成年人成长环境监督员。（李霞）

东城区青年联合会

【概况】 本年，共有区各族各界、驻区中央、市属单位委员191人。区青联以“三个代表”重要思想为指导，以“建设、服务、创新、发展”为工作主线，围绕东城区的三个文明建设，围绕青少年的全面发展，坚定不移地为党政中心工作服务、为青少年成长成才服务、为青联委员事业发展服务、为团的中心工作服务，推进学习型、亲和型和服务型组织的创建，力求在工作思路、工作方式、自身建设上创新，完成区青联三届四次全会的工作任务。

单位名称：东城区青年联合会
单位地址：藏经馆胡同11号(西门)
联系电话：84039237 邮政编码：100007 （李霞）

【青联建设】 3月1日，召开区青联常委 [illegible] 次届别组长会，常务副主席吴志辉总结上年工作，就委员增补工作进行了部署；介绍第二届十佳委员、优秀委员、热心委员的评选标准和本年“阳光成长”行动内容，对信息上报工作进行安排。4月1日，召开青联三届五次主席会，讨论委员增补、第二届十佳委员评比名单；王红兵主席由于工作调动，提出辞去青联主席职务，建议由团区委书记袁海鹏接任。4月26日，召开青联三届七次常委会，讨论通过由团区委书记袁海鹏接任区青联主席；增补耿朝俊、丁力川、梁超、韩春生、杨德斌、史继军、杨淑雅、纪晔、周扬、曹宏斌、陈本宇、郑毅为委员。（李霞）

【青联三届四次全会】 4月27日召开，市青联主席汪明浩、副区长胡晓松出席，听取《做贡献促发展树形象——开创东城青联工作新局面》工作报告，宣读《关于变更东城区青年联合会第三届委员会主席的通报》和《关于表彰东城青联第二届最佳界别组长、十佳委员等荣誉的决定》，通报新增补委员情况，社科院台研所主任修春萍作关于台湾形势分析报告。（李霞）

【“阳光·成长”行动】 本年，东城“阳光·成长”基金已募集并发放助学金32.56万元，资助中小学生328人，同比增长7.12万元。5月29日，举办“东城‘阳光·成长’基金发放暨欢庆六一活动”。降巩民、刘小琴、邢秀增、王红兵、胡晓松等领导参加。全区各学校的147名贫困青少年得到“阳光·成长”基金的帮助。观看文艺节目表演，参加少儿茶艺阳光课堂、捏泥人、手工剪纸、青少年法律与心理咨询等游园活动。成立东城少儿茶艺阳光课堂。通过在各个社区巡回展的形式，让青少年们体验中国古老文化的魅力。11月6日，组织贫困家庭青少年到中国美术馆参观“法国印象派绘画珍品展”，为贫困家庭、热爱艺术的孩子提供与艺术接触的机会。（李霞）

【主题活动】 3月5日，举办“与健康牵手·与美丽相约”女性健康讲座，讲座由科教界别组委员、市妇产医院妇幼保健室主任阮祥燕委员从女性的生理发育、健康饮食、运动保健等方面进行讲解。

9月24日，在台湾饭店举办“东城青联浪漫金秋”团拜会。公务员、科教、卫生、港澳台侨、民族宗教、文体、政法等十个界别组约80名委员参加了活动，团市委、区青联领导出席。关凌主持。（李霞）

【委员风采】 4月7日，和平里一小副校长滕亚杰委员，由区政府选派到日本福井县担任为期一年语言指导助手工作。滕亚杰是本年我国外交部向日本地方自治体选派的61名国际交流员之一，北京共有3名。

10月16日，东城青联"阳光成长使者"，关凌、冯远征委员为"党心连民心，共建文明新东城，扶贫济困，奉献爱心"扶贫济困送温暖宣传高潮日活动，主持节目；本年区青联积极推荐委员参加"北京市第六届十大杰出青年"、"北京五四奖章"等评选活动，文体界别组委员孟艳获第六届"北京十大杰出青年"提名奖，政法界别组委员杨淑雅、文体界别组委员孟艳获"北京五四奖章"。科教界别组委员李奕和阮祥燕、文体界别组委员孟艳获得北京优秀青年人才培养专项经费资助。

（李霞）

东城区妇女联合会

【概况】 区妇联设办公室、组宣部、权益部、儿童部。街道妇联10个，社区妇联137个，机关妇委会44个。本年，以纪念"三八"国际劳动妇女节为契机，为妇女群众办实事。开展关爱空巢老人，关心贫困母亲，关注失业姐妹，关怀儿童成长系列活动。在全区妇女中和"自尊、自信、自立、自强"的四自教育。评选出区级"三八"红旗手22名，"三八"红旗集体11个"五号文明家庭"100户。举办"儿童·成长·环境"论坛会。全年共接待妇女群众来信来访来电244件，其中来访107件，来电171件，结案率98%。举办"母亲维权·少年儿童教育咨询宣传日"活动，发放宣传材料8000份。3月30日、4月23日，举办"岗位送真情"失业妇女专场求职招聘会，600余名妇女参加，提供岗位270个，205人达成就业意向，47人被录用。两节走访慰问女性单亲、特困家庭39户，为5户特困家庭子女争取助学金3800元。举办"携手关爱，共育美德"为主题家庭教育与孩子成长座谈会。召开首届东城区优秀妇女组织和先进妇女工作者表彰大会，表彰优秀妇女组织24个和先进妇女工作者36名。全年，各报刊登载相关报道374篇，其中市级以上报刊登载280篇。表彰区妇联系统信息工作先进单位10个，优秀信息员40名。下发23个调研参考课题。上报2002～2003年度调研工作优秀集体、个人和优秀调研成果，2篇调研报告被市妇联评为三等奖。对"1999～2003年"五年基层妇女组织建设规划落实情况进行了自查，完成自查报告及统计报表。

单位名称：东城区妇女联合会
单位地址：藏经馆胡同11号（西门）
联系电话：84039243　邮政编码：100007　（张明旭）

【执委会】 8月20日，召开区妇联第九届九次执委会会议。执委30人参加。区委组织部提出严岩任东城区妇女联合会副主席人选；免去郭培华妇女联合会主席。增补严岩为区妇联执委、常委、副主席。做上半年工作总结和下半年工作思路报告。10月28日，召开第九届十次执委会会议。执委30人参加。严岩汇报区第十次妇女代表大会筹备情况及《以"三个代表"重要思想为指导在我区率先基本实现现代化进程中走在前列的目标中推进妇女事业的创新发展》工作报告讨论稿。通过代表资格审查委员会名单。　（张明旭）

【第十次妇女代表大会】 11月10日，区第十次妇女代表大会在总参一所召开。市妇联领导，区委、区人大、区政府、区政协领导出席。

严岩做题为《在东城区率先基本实现现代化的进程走在前列的目标中全面推进妇女事业的创新发展》的工作报告。大会规划了今后五年妇女工作的指导思想、奋斗目标和主要任务，提出实现"四创"（创造建功业绩，创设和睦家庭、创建维权屏障、创新服务机制）和构建"五个平台"（构建建功立业平台，积极投入经济建设，为东城区率先基本实现现代化进程中走在前列的目标贡献力量，全面提升妇女的经济地位；构建学习教育平台，增强妇女的自主意识，提升参与精神文明建设的能力；构建依法维权平台，维护和实现妇女的根本利益、政治地位，努力建设和谐社会；构建社会化服务平台，坚持以人为本，增强为妇女群众服务的能力；构建组织建设平台，提高妇女组织的社会影响力，促进妇女事业的发展）。选举产生东城区第十届执行委员会委员39名；选举产生区妇联新一届领导班子。

（张明旭）

【纪念"三八"大会】 3月4日，在青蓝大厦召开"纪念庆'三八'国际劳动妇女节94周年大会"。全国妇联组织部副部长李晓云，市妇联副主席李彦梅，市婚姻家教中心主任吴秀萍，区领导陈平、卢彦、吴弘勇、冯熙、曾刚健、梁军、王建军、张勤、李力、胡晓松出席。全区各族各界、各行各业的妇女代表、妇女工作者200多人参加。

郭培华向大会致辞。代表区妇联向全区广大妇女姐妹致以节日的祝贺，向全区各级妇女组织和妇女群众提出了希望：努力学习，不断提高综合素质；抓住机遇，不断增强竞争实力；求真务实、不断提升为妇女儿童服务的水平；与时俱进，努力开创东城区妇女工作的新局面。她号召全区各级妇女组织广泛开展"发扬传统，奉献爱心，立足东城，岗位建功"活动；真心实意为妇女群众办实事；带头关爱空巢老人，带头关心贫困母亲，带头关注失业姐妹，带头关怀儿童成长。

全国妇联、市妇联领导向东城区各条战线的妇女姐妹祝贺节日，希望各级党政领导和妇女组织要认真贯彻落实男女平等基本国策，按照胡锦涛总书记提出的要求，发扬自强不息、艰苦奋斗、开拓创新的精神，创出东城区妇女工作的特色。

区长卢彦代表区委、区政府、区人大、区政协向全区妇女和妇女工作者表示亲切的节日问候。他强调：区委、区政府一定高度重视妇女工作，在落实男女平等基本国策的指引下，在东城区“二三六三”发展战略的照耀下，使东城区妇女工作更放异彩。

北方佳苑饭店有限责任公司董事长兼总经理张玉玲向全区妇女姐妹发出了带头树立学习理念，全面提高整体素质；带头弘扬传统美德，促进社会文明发展；带头发扬“四自”精神，立足岗位奉献东城；带头开展争先创优，诚挚服务回报社会的倡议。　（张明旭）

【妇女儿童工作委员会】　9月17日，区妇儿工委、区妇联举办以“儿童·成长·环境”为主题的论坛会。关注儿童教育的热心人士以及本区部分家长近100余人参加。10月13日，区妇儿工委、区妇联召开区妇女维权工作经验交流会，对在维护妇女合法权益工作上做出贡献的10个妇女维权示范岗和10名先进个人进行表彰，区检察院监所处、区法院民一庭等单位和个人发言。示范岗、先进个人、街道妇联主席30余人参加会议。　（张明旭）

【领导考察　调研】　2月，冯熙到区妇联调研，就如何结合全区工作实际贯彻落实区第九次党代会精神和“三八”期间的主要活动安排听取汇报。6月23日上午，市妇联主席荣华到东城区检查指导妇女工作。考察东四街道举办的奥林匹克社区奥运火炬传递活动、和平里街道六区和妇女再就业咨询服务中心。听取和平里街道工委副书记高琦的妇女工作汇报；荣华对东城区工作给予肯定。7月9日，市妇联副主席王慧敏，对实施东城区“百万家庭上网工程”情况进行调研。听取区妇联领导关于开展“百万家庭上网工程”情况的汇报，与区、街妇联干部座谈。　（张明旭）

【美国　香港妇女代表团来访】　5月24日，美国圣地亚哥州立大学女性学科学者和师生组成的妇女代表团一行15人到本区访问。听取区“妇女就业和再就业”工作汇报。7月16日香港工联会妇委会代表团一行20人访问，参观区职业介绍服务中心，就妇女就业和再就业的问题进行交流。　（张明旭）

东城区工商业联合会

【概况】　区工商业联合会，1951年10月成立，简称区工商联，以统战性为主兼有经济性、民间性的人民团体和民间商会，是党和政府联系非公有制经济人士的桥梁和纽带，是政府管理非公有制经济的助手。主要任务是团结、帮助、引导、教育会员，为会员服务，培养一支坚决拥护党的领导、走中国特色社会主义道路的积极分子队伍，促进非公经济健康发展。

本年，举办非公经济代表人士、企业管理人员培训班，组织会员学习邓小平理论和党的十六大、十六届三中、四中全会精神及有关法律法规和企业管理知识。进行调查研究，评选精神文明单位、优秀中国特色社会主义事业建设者，开展文艺汇演、资助贫困学生、非公企业下岗女工专场招聘会，参与精神文明、社会公益活动和光彩事业。本年，撤销和增补副会长各一名，增补执委4名，发展会员23户，其中包括注册资金1000万元以上的企业3家、区属改制企业2家。

单位名称：北京市东城区工商业联合会

单位地址：内务部街27号　邮政编码：100010

联系电话：65238872、65255187　（赵文荣）

【参政议政】　本年，在区政协十一届一次会上。提交团体提案3份、个人提案17份。其中，《加强和完善促进中小企业发展机制》团体提案，受到区委、区政府重视，被区政协评为本年度优秀提案。3月23日，成立东城区工商联参政议政委员会。5月26日召开第一次会议，通过了参政议政委员会议事规则、重点调研课题，通报对工商联团体提案答复情况。11月17日召开第二次会议，就提交区政协十一届二次会议的团体提案初稿进行讨论。　（赵文荣）

【非公企业人员培训】　3月25日，区劳动社会保障局监察科为非公企业就“非公企业劳动管理与用工行为规范”问题专题培训，大新纺织品公司、白领服饰有限公司等二十多家企业参加。4月8~9日，与区委统战部联合举办东城区第八期非公经济代表人士培训班。区领导冯熙、郭瑞敏、岳鹏出席并讲话。140位非公经济企业人士参加。工商联党组书记进行动员，全国工商联副主席王以铭做新《宪法》辅导报告，光华管理研修中心教授黄建东讲授《企业家与创新型企业》的课程，岳鹏介绍区情，区环保局、劳动保障局及城管大队的领导讲解和介绍与非公企业发展紧密相关的环保法、城市管理条例、工伤保险条例和市政府关于工资最低标准的实施方案，区工商分局领导介绍参加“守信企业”评选的基本条件和申报程序。冯熙讲话，充分肯定工商联工作和非公经济企业对东城区发展做出贡献，对非公经济代表人士和本会工作提出要求。6月9日，与区劳动局、区工会共同组织“非公经济企业民主管理”经验交流会。20多位非公企业经理参加。胡晓松和市总工会权益部部长到会讲话。3家会员企业发言,介绍企业发挥工会作用,实行民主管理的经验。10月14日,请市广住律师事务所合伙人、信用管理部主任郑继军律师为会员就“企业信用管理与市场风险防范”问题做讲解。20多家会员企业的管理人员参加。12月2日,与区委组织部、区科委共同举办东城区非公企业高管人员培训班。非公企业的100多位管理人员参加。梁军进行动员;中科院研究生院副院长、组织行为专家、博士生导师卢存岳做了《企业的组织发展和管理》的演讲,北京民营科技实业家协会副会长、教育培训专业委员会主任、天祥教育咨询机构总裁、北京大学客坐教授郭天祥做《企业文化及领导艺术和管理》演讲。 (赵文荣)

【社会公益事业】 本年,本会会员向扶危济困促进会捐款26.1万元。1月14日,在政协十一届一次会上捐款14万元。4月23日,与区妇联联合举办妇女就业专场招聘会7家非公有制企业招聘,提供就业岗位142个,67人与企业签署就业意向书。8月24日,工商联非公经济企业助学捐赠仪式在东城区社区服务中心举行。区领导郭瑞敏、区民政局、区工商联的领导和非公经济企业家,代表东城区扶危济困促进会,向14位即将跨进大学校门、家庭贫困的学生捐赠2000元助学金。赠予这14名学生的助学金是每年2000元,直至大学或大专毕业。 (赵文荣)

【光彩事业】 10月26~28日,4家非公企业随北京市工商联参加在山东临沂举办的“京、津、沪、鲁非公企业‘光彩事业沂蒙行’”活动。签定两项合作意向书,投资总额为3000万人民币。 (赵文荣)

【荣誉工程创建活动】 本年,有18家非公经济企业被评为市工商联系统精神文明单位,其中北京长安俱乐部、金鼎轩餐饮公司2家企业被评为文明标兵单位,15人评为“东城文明人”,4家非公企业获北京市“守信企业”称号。经市委批准,由市委统战部、市人事局、市工商联共授予50位非公经济人士为北京市优秀中国特色社会主义事业建设者,本会田永林、叶露、齐清、周志武四人获此称号。王玉清、刘彬、孙秀珍、姚莉、贾国安、谢大伟等六人受到大会表扬。 (赵文荣)

【商务活动】 本年,本会30多家会员企业参加由青海省、四川省招商局、吉林省白山市、河北省北戴河区和2004年日本国际贸易促进协会访华代表团分别在北京国际饭店、亚洲大酒店、北京广州大厦和钓鱼台国宾馆召开的商贸洽谈会、北京演讲会等活动。4月28日,与区技术监督局、区房协在银达物业公司召开“东城区服务标准化”现场会,银达物业公司介绍开展服务标准化的经验。北京三木科技发展有限公司、北京大新纺织品有限公司、长安俱乐部等12家会员企业经理参加。 (赵文荣)

【中小企业论坛】 4月8日,本会请光华管理研修中心教授黄建东给企业经理讲授《企业家与创新型企业》课程;6月9日,就“非公中小企业行业变动和发展现状”问题进行研讨,尹铁铮做主题发言。 (赵文荣)

【文艺汇演】 6月18日,区工商联“祖国在我心中”非公经济文艺汇演在区文化馆举行。非公经济会员企业和街道分会的100多名员工、演职人员和300多名观众聚济一堂。演出主题鲜明,形式多样,内容丰富,尽情抒发会员企业对党和祖国的深情厚意,展示非公经济蓬勃向上的精神风采。北京京展佳会投资顾问有限公司员工陈斌的男生独唱和紫禁城商贸有限公司、景山汽车出租公司员工的男生小合唱被评为优秀节目,参加区文艺汇演。 (赵文荣)

【联谊会】 9月24日,在金鼎轩酒楼举办《东城区工商联“中秋、国庆”联谊会》。市联秘书长卢晓华,区领导冯熙、梁军、郭瑞敏、岳鹏,市联各处室、区各职能局、各街道领导和会员150多人参加。冯熙、田永林向出席会议的工商联老会员骨干和非公经济会员代表致以节日祝福。郝国信主持会议。 (赵文荣)

【区领导调研】 11月4日,区领导吴弘勇、冯熙、生敏对非公会员企业牛牛基因科技有限公司、万龙洲餐饮有限公司、布逸昊服装服饰有限公司、京展佳会投资顾问有限公司等四家企业进行调研。了解企业的经营状况,征求对区政府的意见、建议,对企业反映的问题,表示将督促尽快给予解决和答复。 (赵文荣)

【会长、常委、执委会议】 3月23日,召开会长会议,郭瑞敏和会长、副会长等16人参加。田永林主持会议。会议议定建立东城区工商联参政议政委员会的主任人选、组成人员及工作规则;通过举办第八期非公代表人士培训班的具体安排和增补吴宝春等四名企业家为工商联执委的建议。通报建立经济服务委员会和教育文化委员会的初步设想,工商联机关开展进一步增强学习意识、服务意识、形象意识活动的情况和区办理工商联团体提案的情况。4月9日,召开七届五次执委会。通过增补谢大伟、耿晓东、韩春生、吴宝春四位会员为区工商联七届执委的决定，通报表扬本年为扶危济困基金会捐款的会员并颁发捐款证书，通报表彰获北京“守信企业”称号的会员企业。田永林主持会议并讲话。7月29日，召开七届六次执委会。市工商联会员部、区委组织部、区委统战部有关领导和40余名执委出席。田永林总结上半年工作，部署下半年工作。通过撤销孙仲齐工商联副会长的决定，选举郝国信为工商联副会长。8月16日，工商联非公经济扶危济困促进会召开理事会议。田永林汇报工商联扶危济困促进会基金使用情况，区民政局局长介绍区贫苦户现状和区开展扶贫济困的情况。研究决定为区内东四、东直门、交道口、建国门、北新桥、景山、东华门等7个街道本年考上高校的14名贫困学生每人每年赞助2000元直至大学毕业。12月7日，召开常委会，对工商联在区政协十一届二中全会的团体提案，工商联七届六次执委会的报告、会议内容、召开时间和增补会长、执常委等事宜进行研究。冯熙、岳鹏出席会议。冯熙讲话指出：随着改革的深入，非公中小企业在我区经济发展中的作用越来越明显；区委、区政府将会为促进我区非公经济的发展创造更加宽松的环境。希望非公经济人士充满信心，做好企业，为东城经济发展作出更大贡献。 （赵文荣）

【工作研讨会】 12月28~29日召开，学习贯彻区委九届五次全会精神。董立元、田永林、郝国信和全体机关工作人员参加。区委统战部有关领导参加。董立元、田永林传达区委九届五次全会精神和市工商联工作研讨会精神。科室和个人对本年工作进行总结交流，研讨工商联2005年工作计划。讨论区工商联机关规章制度修改草案。 （赵文荣）

【为老会员服务】 本年，组织老会员座谈会、聊天会、采摘等活动共8次；春节、国庆节前夕，通过开座谈会、走访等形式对老会员及遗孀进行慰问，为44人次发慰问金1.53万元；为70余位老会员及遗孀发放困难补助11.76万元；为原工商业者、“三小”51人和遗孀75人办理了身份认定手续。截至年末，已为272名原工商业者、“三小”和230名遗孀办理了相关手续。10月21日，与区政协、区委统战部一起为原区政协副主席、区工商联主任、民建区工委主任施复湘老人庆贺百岁华诞。吴弘勇、冯熙、郭瑞敏、罗嘉陵参加，为老人送了花篮、国画、寿桃等，共祝施老健康长寿、合家幸福。 （赵文荣）

【分会工作】 2月3日，召开分会工作座谈会。董立元、田永林和各街道分管领导及分会秘书长共20人参加。交流分会工作经验，明确本年工作重点和要求。景山分会组织非公经济人士参加植树活动，观看《西柏坡精神巡回展》。东华门分会成立分会法律咨询委员会，为会员提供法律咨询的同时督促其合法纳税、诚信经营，组织召开餐饮业自律行会座谈会，就餐饮业如何诚心守法进行研讨。和平里分会组织会员赴河北省围场县进行商务考察。交道口分会组织会员赴河北省遵化、天津蓟县学习考察。东四街道分会组织会员参加奥林匹克社区火炬传递活动，请林业大学教授郭盛芳为部分会员单位的经理讲解营销知识。 （赵文荣）

东城区归国华侨联合会

【概况】 本年，区侨联学习贯彻党的十六届四中全会和东城区第九次党代会的精神；传达学习胡锦涛同志考察北京时的重要讲话；举办代表性人士学习班，传达贯彻中国侨联七代会精神撰写纪念邓小平诞辰100周年学习邓小平理论论文4篇。接待市侨联副主席林少迈来本区调研。组织街道工委负责侨联工作的干部赴昆明学习落实《侨法》的先进经验。配合市侨务部门开展《侨法》宣传月的活动，为特困归侨解决实际困难。区侨联秘书长赴加拿大，与多伦多华人咨询社区服务社签订建立友好联系意向书。接待法国里昂戴拉德国际时装学院院长、南非华人企业家代表团、香港南亚路德会幼稚园教育考察团。完成建国55周年游园活动组织50名观众的任务。

区侨联被评为中国侨联工作先进集体，首都侨界先进集体。侨联主席陈海忠被中国侨联、人事部评为中国侨联系统先进工作者，侨眷王蕾、赵勇获全国归侨侨眷先进个人。陈海忠、岳钦礼、谭菲、赵静、王蕾、赵勇等被评为首都侨界先进个人。

单位名称：东城区归国华侨联合会
单位地址：东四十一条83号
联系电话：64023999 邮政编码：100007 （谭菲）

【归侨 侨眷活动】 4月12日，与东四街道侨联组织部分归侨、侨眷参观汇源食品总厂、北京现代汽车厂和顺利三高农业示范园。4月16日，与景山街道侨联组织归侨、侨眷开展“还首都一片蓝天，建一个绿色家园”为主题的植树、登山活动。每人栽下了一棵爱心树。4月21日，与交道口街道侨联组织地区的归侨、侨眷参观昌平新型农业开发区——郑各庄。4月29日，组织40位老归侨和各街道的50位街道侨联委员和侨眷参观游览百望山森林公园和中国药用植物园。5月13日，与朝阳门街道侨联带领部分归侨、侨眷参观游览丰台区南宫新村的高效农业园、世界地热博览园、特种水产养殖中心、温泉垂钓中心、地热科普展览中心等。8月17日，和平里街道工委书记苑成悦到地区印尼归侨卡丽娜住所，为老人庆祝了99岁生日。（谭菲）

【表彰】 2月4日，召开基层侨联工作总结交流会。区十个街道工委办负责侨联工作的干部和十个街道侨联主席参加。

向东华门街道、和平里街道、东直门街道、朝阳门街道颁发基层侨联工作先进单位奖，向北新桥街道、交道口街道、东四街道、景山街道、安定门街道、建国门街道颁发基层侨联工作优秀单位奖。（谭菲）

【侨法宣传活动】 7月8日，在东华门地区世都百货门前进行《侨法》〈实施办法〉的宣传，设立法律咨询台，区十个街道制作展板16块，介绍侨务政策、《侨法》知识及区侨联和街道侨联依法维护归侨、侨眷开展工作情况。市、区领导参加宣传活动。

提供《中华人民共和国归侨侨眷权益保护法》〈实施办法〉单行本400册，宣传提纲200份，张贴《侨法》宣传材料70张。7月，各街道侨联主要负责人及部分侨联委员，写出《东城区开展维权工作的报告》上报市侨联。9月7日，在华文学院召开的市侨联贯彻落实《中华人民共和国归侨侨眷权益保护法》工作经验交流大会上，区侨联作了题为"认真贯彻《侨法》，努力为归侨、侨眷服务"维权工作经验介绍。（谭菲）

【代表性人士学习班】 8月2日、3日，举办学习班传达全国第七次侨代会精神。十个街道工委负责侨联工作的干部，街道侨联主席、区侨联委员共50人。区委统战部的领导参加。（谭菲）

【慰问归侨活动】 本年，东四二条归侨尤志成患精神分裂症，无业，因病一直住在北郊精神病医院。他的哥哥尤志超患残疾，现享受低保。与东四街道、区民政局为他们送慰问金11000元。春节前，慰问特困归侨6人，送去慰问金3000元和慰问品。年末慰问教育、卫生、财贸、街道系统老归侨80位，为他们每人赠送一桶油。（谭菲）

【侨政工作推进会】 12月9日，与区政府侨办举办东城区侨政工作推进会。11位侨法监督员参加。听取侨办《东城区开展侨政工作情况汇报》；听取东直门、东华门、和平里三个街道，区卫生局党委、区教育工委和东直门中学介绍的开展落实侨务政策、依法护侨和开展华文教育的情况通报。参观和平里街道兴化社区、北京第五十五中学、东华门街道南池子社区。（谭菲）

【调研】 11月17日，市侨联林少迈一行3人到区调研基层侨联工作。听取区侨联和东华门街道开展基层侨联工作汇报。林少迈听取汇报后讲话：开展侨联工作离不开基层，东城区的侨联工作在市里走在了前面，在开展基层侨联工作中有许多的创新，希望把形成的经验总结出来。（谭菲）

【海外华人企业家考察】 4月23日，接待海外华人企业家考察团一行14人来区参观考察。这些企业家主要从事的是房地产经营、建设环保设计施工、纺织品制造经营、广告、服装等行业领域，其中多数是台湾人。胡小松、生敏等参加。华人企业家对本区教育、房地产业管理方面进行深入的了解和探讨。向区政府赠送纪念品。会谈之后，代表团到雍和宫参观。（谭菲）

【外事接待】 3月15日，区侨联接待法国里昂黛拉德国际时尚学院院长戴拉德夫人一行，郭瑞敏参加并介绍东城区的基本情况，欢迎他们随时到东城区参观、游览，更欢迎黛拉德夫人带领她的学生在东城区王府井地区搞时尚展示。陪同有法国欧中企业促进协会副主席、法中信息公司董事长孟昭华。孟昭华与东城区外经贸委就有关东城区招商引资的相关政策进行了探讨。会后，参观雍和宫。（谭菲）

东城区团体负责人

东城区工会主席	郑建华（女，7月免）
	贾炯协（女，10月任）
共青团东城区区委书记	王红兵（1月免）
	袁海鹏（3月任）
东城区青年联合会主席	袁海鹏（兼）
东城区妇女联合会主席	郭培华（女，7月免）
	严　岩（女，11月任）
东城区科学技术协会主席	胡晓松（兼）
东城区工商业联合会会长	董立元
东城区华侨联合会主席	陈海忠
东城区老龄协会会长	（空缺）
东城区残疾人联合会理事长	司　平（女）

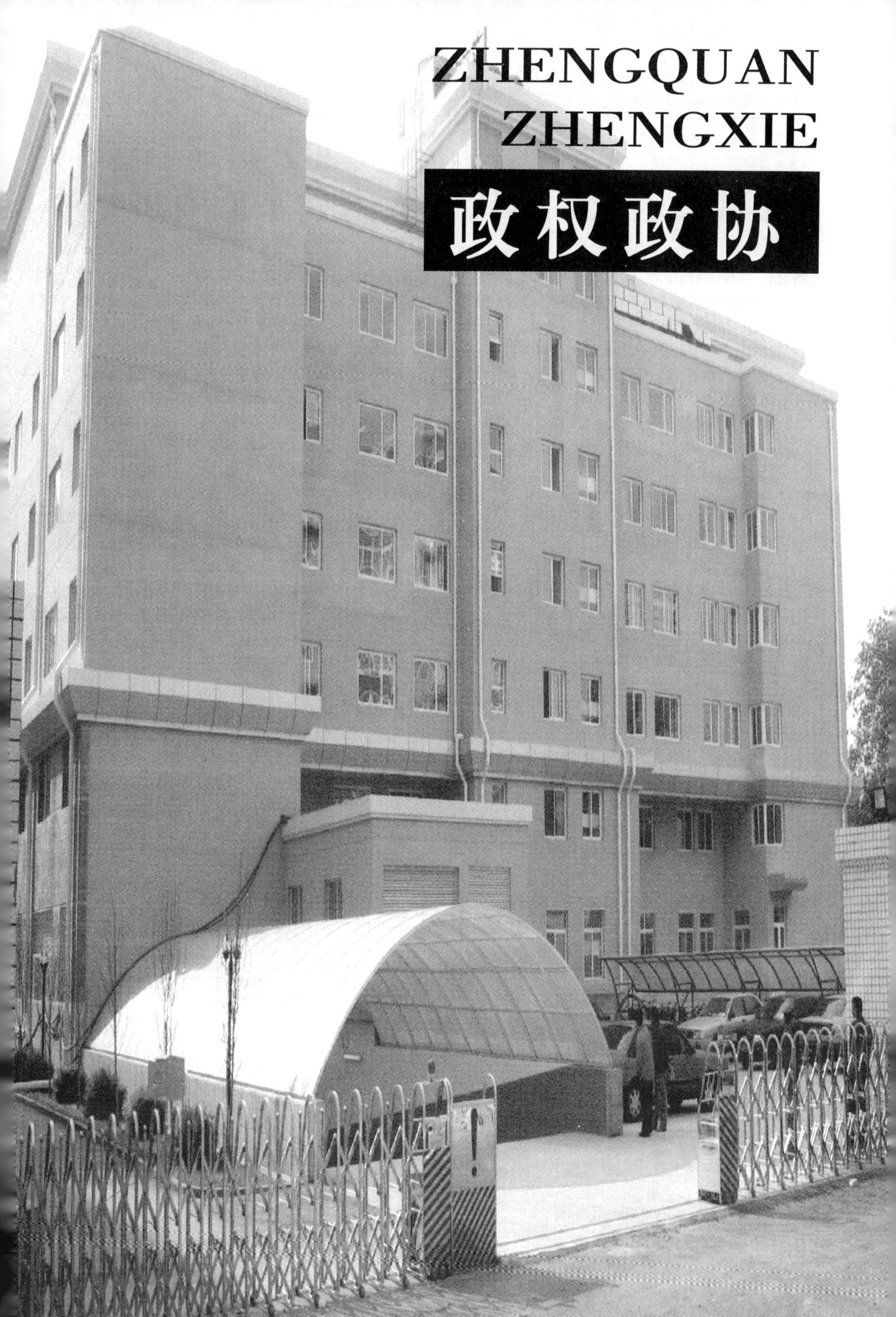

ZHENGQUAN ZHENGXIE

政权政协

北京市东城区人民代表大会常务委员会

【概况】 本年，围绕中心，服务大局，深化学习，强化监督，坚持科学的发展观、正确的政绩观和群众观，积极探索，团结协作，勤奋工作，为促进区物质文明、政治文明和精神文明建设的协调发展做出应有的贡献。召开常委会会议 7 次、主任会议 19 次，听取、审议 92 项“一府两院”及常委会有关部门工作报告和汇报。组织代表评议区民政局、审计局的工作，检查、视察 11 项法律法规的贯彻实施情况，其中重点执法检查 2 项和重点视察 2 项。

单位名称：东城区人民代表大会常务委员会

单位地址：育群胡同 1 号　邮政编码：100010

联系电话：64064815　64002596　　　　（苑玉军）

【十三届人民代表大会第一次会议】 1 月 11 日在京东宾馆开幕，245 名新当选的人大代表出席，1 月 15 日在区少年宫闭幕。市领导刘淇、孙政才、赵久合、安家盛，北京奥组委副主席王伟等出席。

会议主要任务：总结东城区五年来的各项工作，讨论决定今后五年和 2004 年全区各方面的工作任务，依法选举东城区新一届国家机关领导人员。听取并审议区政府工作报告、国民经济和社会发展计划报告、财政预算报告、区人大常委会工作报告、区法院工作报告、区检察院工作报告。审议批准东城区 2004 年国民经济、社会发展计划和东城区 2004 年财政预算。审议通过关于上述工作报告的 6 项决议。依法选出新一届东城区国家机关领导人员，选举刘朋庆为东城区第十三届人民代表大会常务委员会主任，王建军、张勤、李力、费文勇、肖幼谊为副主任，丁国洋等 17 人为常委会委员；选举卢彦为东城区人民政府区长，岳鹏、胡晓松、毛桂芬、张家明、李荣庆、章冬梅为副区长；选举王飞为东城区人民法院院长、王立为东城区人民检察院检察长。会议期间，收到代表 10 人以上联名议案 57 件，收到代表的建议、批评和意见 150 件。通过议案审查委员会对议案的认真审查，对建议、批评和意见整理，决定分别交区人大常委会、区政府及有关单位研究办理，将部分议案分别提交区人大常委会审议、向区人大常委会报告，或向区人大常委会主任会议汇报。审议《北京市东城区人民代表大会议事规则（修正草案）》。

闭幕式上，刘淇会见区新一届四套领导班子成员，要求：面对新形势、新任务，进一步加强领导班子建设。树立科学的发展观和正确的政绩观，大力弘扬求真务实的精神。希望东城区充分发挥自身优势，在北京市率先基本实现现代化进程中起带头作用。东城区要在提高市民素质、城市管理、精神文明、公共卫生、文化事业等软环境建设方面继续走在前列，多给全市创造经验。对于历史文化风貌保护与改善居民群众生活条件等难点问题，希望领导班子以开拓创新、与时俱进的态度，坚持以人为本，积极研究各种措施妥善解决，为北京实现“举办最出色的一届奥运会”的目标做出贡献。陈平要求：新一届区人大常委会、区政府和区法院、区检察院要切实增强责任意识，认真落实区第九次党代会关于未来五年工作的指导思想、发展思路和奋斗目标；切实增强机遇意识，紧紧抓住并充分利用好北京举办 2008 年奥运会这一特殊机遇，进一步凝聚人心，激发斗志，努力开创东城工作的新局面；切实增强忧患意识，始终保持清醒头脑，以求真务实的科学态度和奋发有为的精神风貌，不断解放思想，创新发展思路，夺取东城区改革开放和现代化建设的新胜利。　（苑玉军）

【第一次常委会会议】 3 月 11～12 日举行，10 位人大代表列席。费文勇传达市第十二届二次人代会精神及东城团在会议期间的活动情况。审议通过《东城区人大常委会 2004 年工作要点》、《东城区人民代表大会常务委员会议事规则》、《东城区人大常委会组成人员守则》、《关于公民旁听东城区人民代表大会常务委员会会议的暂行规定（试行）》、东城区第十三届人民代表大会代表资格审查委员会名单；东城区第十三届人大常委会财经工作委员会、城建环保工作委员会、内务司法工作委员会、教科文卫工作委员会，各街道工作委员会组成人员名单、东城区人民法院人民陪审员候选人名单。任命区政府组成人员。卢彦、刘朋庆、冯熙分别在会上讲话。法制讲座，学习《中华人民共和国地方各级人民代表大会和地方各级人民政府组织法》。

（苑玉军）

【第二次常委会会议】 4 月 29 日举行，7 位人大代表列席。听取并审议区人大常委会内务司法工作委员会关于重点视察区监所管理情况报告，通过视察意见。审议通过区人民法院关于代市第二中级人民法院提请任命的人民法院人民陪审员名单。审议决定人事任命事项。法制讲座，观看关于学习宪法的录像报告。

（苑玉军）

【第三次常委会会议】 6月28日举行,12位人大代表列席。听取区政府2003年财政预算执行情况和其他财政收支的审计工作报告。审查批准区政府2003年财政决算及决算报告。听取并审议区人大常委会城建工作委员会关于重点检查区贯彻实施《建筑工程安全生产管理条例》情况报告,通过检查意见;听取区政府办理第3、7、9、13、18、43、45、54、56号议案关于创造条件,启动危改工程情况汇报;听取区政府贯彻实施《中华人民共和国行政许可法》准备工作汇报。听取并审议评议区民政局工作情况报告,并通过评议意见;听取区政府关于"深化教育改革,加快教育发展"改革思路报告。关于同意市公安局东城分局协助新疆乌鲁木齐市公安局对区第十三届人大代表彭勇刑事拘留报告。审议通过《北京市东城区人大常委会人大代表述职办法》、《北京市东城区人大常委会任免国家机关工作人员办法》、《北京市东城区人民法院审判人员和人民检察院检察人员任前公示办法》。法制讲座,讲解《中华人民共和国行政许可法》。 (苑玉军)

【第四次常委会会议】 8月26日举行,12位人大代表列席。听取区政府2004年上半年财政预算执行情况报告、国有企业改革工作情况汇报。听取并审议区政府办理第37号议案关于加快推进东二环交通商务区建设情况报告。评议区审计局工作情况报告并通过评议意见。听取区政府关于加强城市管理工作情况汇报;听取区人大常委会代表联络室组织代表听取"一府两院"半年工作通报情况汇报。听取区政府办理第8号议案关于加大公共卫生投入,全面提升公共卫生保障能力情况的工作报告。审议通过区人大常委会五年工作思路。述职评议。审议决定人事任免事项。(苑玉军)

【第五次常委会会议】 10月28日举行,8位人大代表列席,20位市民首次旁听会议。听取区政府推进传统文化旅游区建设情况汇报、关于2004年重点工程完成情况汇报。听取区人大常委会城建环保工作委员会关于重点视察北京站地区整治改造情况汇报。听取并审议区政府办理区十三届一次人民代表大会代表议案、建议办理工作情况报告。听取并审议区人大常委会办理议案情况和督办、检查代表议案、建议办理工作情况报告,通过审议意见。听取区政府关于"四五"普法工作情况汇报。审议通过《东城区人大常委会同人民代表大会代表加强联系的办法》。法制讲座,讲解《中华人民共和国文物保护法》。听取并审议区人大常委会教科文卫工作委员会关于重点检查《中华人民共和国文物保护法》在区贯彻实施情况报告,通过检查意见。述职评议。 (苑玉军)

【第六次常委会会议】 12月6日举行,12位人大代表列席,20位市民旁听会议。听取区政府关于实施王府井升级战略,加快经营结构调整情况汇报。听取并审议区政府关于制定"突出文化特色,促进全面发展"规划情况报告;讨论通过《东城区人大常委会2004年工作报告(草案)》。述职评议。听取区政府关于2005年财政预算(草案)安排情况报告。审议通过召开区十三届二次人代会的决定,讨论大会议程(草案)。审议批准代表资格审查委员会关于代表资格审查报告。讨论区十三届二次人代会主席团、秘书长,国民经济,社会发展计划及财政预算审查委员会,议案委员会,各代表团召集人等名单(草案)。决定区十三届二次人代会列席人员名单。审议决定人事任命事项。法制讲座,观看《立法质量和我们的修养》录像。 (苑玉军)

【第七次常委会会议】 12月29日举行,审议通过关于补选市第十二届人民代表大会代表有关事项。审议决定人事任免事项。审议通过东城区第十三届二次人代会有关事项。审议批准代表资格审查委员会关于代表资格审查报告。 (苑玉军)

【培训新当选人大代表】 3月2~3日,组织新当选的160位区第十三届人大代表进行培训。岳鹏介绍区情及"二三六三"发展战略。原区人大常委会副主任王文义从如何履行好人大代表职责、行使好审议权、提好议案和建议、联系选民、处理好公示后的有关问题等方面进行专题培训。连任代表叶晓溪、闫桂英介绍自己在当区第十二届人大代表期间的经验、做法、体会。王建军对代表提出要求:以高度的责任感和使命感做履行代表职务的模范;更加密切联系人民群众,充分发挥人民代表大会制度的优越性;认真履行代表职责,树立全局意识、人民意识,做学以致用、用有所成的模范;围绕中心、服务大局,认真调研,献计献策,抓大事、议大事、决策大事。 (苑玉军)

【培训街工委组成人员】 3月30日,对新一届人大街工委组成人员进行培训,70名人大街工委组成人员参加。王文义就区人大街工委产生的背景、区人大街工委的性质、地位和职责以及如何做好人大街工委工作进行专题培训。人大安定门、建国门街工委主任结合上届人大街工委工作开展情况介绍经验。王建军做培训小结,对人大街工委工作提出希望。 (苑玉军)

【索连生到区调研】 4月8日,市人大常委会副主任索连生,法制办公室主任、研究室副主任等一行6人到区人大进行工作调研。陈平,卢彦、、边振英到会。王建军，李力、费文勇及区人大常委会有关委室主任参加。王建军向市领导介绍区人大常委会主任、副主任分工情况和区人大常委会工作思路和开展工作情况。索连生认为东城区人大常委会工作指导思想明确、思路清晰，围绕中心、突出重点、抓住关键、讲求实效，工作有特色。 （苑玉军）

【教科文卫工作联席会】 4月9日，市区（县）人大教科文卫工作联席会在东城区召开。市人大常委会副主任田麦久，市人大教科文卫体委员会主任委员史炳忠、副主任委员梁平，18个区县人大常委会教科文卫工作主管主任、委（室）主任及市人大常委会有关部门负责人参加。梁平主持。卫生部应急办公室主任陈贤义介绍建立健全突发公共卫生事件应急机制工作情况；史炳忠通报市人大教科文卫体委员会2003年工作总结及2004年工作要点。田麦久总结讲话，希望各区县人大常委会要继续加强联系、交流和沟通，市人大常委会要进一步做好服务工作。会后，参观东城区人大常委会机关办公楼和菖蒲河公园。 （苑玉军）

【顾秀莲调研】 5月24日，全国人大常委会副委员长顾秀莲到朝阳门街道内务社区开展关于修改《中华人民共和国居民委员会组织法》的调研。听取朝阳门街道办事处主任、内务社区党总支书记、北新桥街道九道湾社区居委会主任、东四街道六条社区居委会主任有关情况汇报后，顾秀莲说：社区干部精神面貌很好、干劲十足，在工作实践中积累了经验，为修改《中华人民共和国居民委员会组织法》打下基础。 （苑玉军）

【走访选民周活动】 6月1～7日，组织开展区人大代表集中走访选民周活动。229名代表参加。走访选民4521人次，召开座谈会225次、4669人次参加，电话联系选民323次、1078人，采用网络、信函等其他方式联系选民197人次。共联系选民10858人次，听取意见1411条，整理代表建议110件。 （苑玉军）

【代表建议交办会】 7月8日，区人大、区政府联合召开闭会期间人大代表建议交办会。120件建议，主要是区人大代表在6月开展走访选民周活动期间提出来的，20个承办单位的承办干部参加会议。区人大代表联络室通报区人大代表走访选民周情况；区政府办公室通报交办建议的主要内容和区政府领导批办情况，对办理工作提出要求。 （苑玉军）

【代表联络工作座谈会】 7月9日，承办代表联络工作座谈会，东城区、朝阳区、通州区、顺义区、怀柔区、平谷区、密云县主管代表联络工作的人大常委会副主任和代表联络室主任参加。座谈交流代表联络工作。市人大常委会代表联络室主任魏永德参加会议。 （苑玉军）

【人大主任工作研讨会】 9月7日，召开城八区人大主任工作研讨会，市索连生，区领导卢彦、刘朋庆等及城八区人大常委会主任、副主任共20人参加。探讨今后五年人大工作思路及遇到的新情况、新问题。 （苑玉军）

【人大成立50周年座谈会】 9月9日，区人大常委会召开纪念人民代表大会成立50周年座谈会，市人大常委会代表联络室主任魏永德、研究室副主任齐良如，区领导陈平、卢彦、刘朋庆、王建军、张勤、费文勇、肖幼谊，各人大街工委负责人参加。刘朋庆主持。就深刻认识人民代表大会制度的意义、深化人大街工委工作、发挥代表主体作用等进行交流。魏永德、陈平讲话。 （苑玉军）

【人大街工委工作研讨会】 11月5日，组织召开2004年人大街工委工作研讨会，刘朋庆、王建军、张勤、李力、费文勇、肖幼谊，各人大街工委主任及有关人员参加。研讨如何深化人大街工委工作，通报区人大常委会代表联络室组织各人大街工委办公室主任学习考察“闭会期间代表约见政府负责人制度”情况。东直门、北新桥、东四、朝阳门、交道口、景山等人大街工委交流如何深化人大街工委工作经验，研讨当前机制体制、人员配备、人大街工委办公室人员培训、人大街工委今后的发展等。刘朋庆对人大街工委工作提出希望。 （苑玉军）

【友好交流】 11月10日，区人大常委会代表联络室主任应市人大常委会代表联络室之邀，向来北京学习交流工作经验的重庆市沙坪坝区人大常委会人事代表工委主任何渝芳等介绍区人大街工委工作。沙坪坝区人大常委会领导对区街工委工作给予高度评价。 （苑玉军）

【范远谋到景山学校调研】 11月24日，市人大常委会副主任范远谋到景山学校调研。听取有关工作情况汇报，充分肯定景山学校的教育教学工作：景山学校高举邓小平“三个面向”的旗帜，以科研为先导，以教材改革为突破口，全面推进素质教育，工作扎实、成绩显著，创造了不少成功的可以推广的经验。范远谋还参观了学校的硬件设施。 （苑玉军）

【市、区人大代表联系会】 12月21日，召开市、区人大代表联系会议。区人大常委会主任刘朋庆、市人大常委会财经工作委员会副主任委员赵巨鹏，费文勇、毛桂芬、李荣庆等30位市人大代表和33位区人大代表参加，人大街工委办公室主任列席。介绍49名市人大代表东城团成员以各人大街工委为单位，分别同246名区人大代表结成联系对子的情况，宣读《东城区市、区人大代表联合活动办法（讨论稿）》和《东城区人大常委会党组关于充分发挥代表作用，积极参与和谐社区建设意见（征求意见稿）》，传达刘淇视察时的讲话精神。刘朋庆对做好市、区人大代表联系活动工作提出意见。 （范玉军）

【促进公正司法】 常委会听取区法院关于主审法官和区检察院主诉检察官责任制改革工作情况汇报。4次组织200名人大代表旁听区法院公开审理案件，填写100多个意见表。对区法院执行难的案件、民事裁判文书进行监督，促进“两院”改进工作作风，提高司法水平。组织部分人大代表重点视察区看守所、治安拘留所监管工作情况，提出改善监所医疗条件等6个方面的意见和建议。 （范玉军）

【依法行使任免权】 常委会坚持和完善任前公示、谈话、考试、供职发言等制度。全年共任免国家机关工作人员203人次。其中任命人大常委会工作机构组成人员157人；任命区政府组成部门负责人32人、免职2人，任命区法院工作人员3人、免职2人，任命区检察院工作人员6人、免职1人。补选市第十二届人大代表1人，选任市二中院人民陪审员30人，区法院人民陪审员53人。培训被任命人员。 （范玉军）

【人事任免与监督】 常委会将人事任免与人事监督相结合，加强对被任命人员的任后监督，深化述职评议工作。采取书面述职和会议述职相结合的方法，对5名被任命人员述职评议。常委会抓好述职评议前的调研工作，较全面地了解拟述职人员的有关情况，为评议提供依据。述职评议后跟踪监督，要求述职人员根据评议意见制定整改措施，半年后向主任会议汇报整改情况。 （范玉军）

【代表履职工作】 常委会开展“代表集中走访选民周”活动。继续推行代表公示制，制作代表公示牌139块，新安装选民信箱36个，发放代表联系卡10700张。坚持“代表接待选民日”制度，全年共有149人次代表接待选民960人次，听取选民意见944条，解决577个问题。有85位代表分别列席常委会和主任会议。按照《聘请区人大代表担任监督员办法》，为区纪委、法制办等10个单位，聘请82名代表为监督员。 （范玉军）

【督办代表议案建议】 与区政府联合召开办理工作会议，培训承办干部，提出工作要求。审议代表议案、建议办理、督办情况报告。代表共提出议案57件、建议162件，会后提出建议194件，全部办理、督办完毕。组织部分人大代表评议区政府有关部门办理代表议案、建议工作。 （范玉军）

【人大街工委工作】 召开街工委工作研讨会和工作会议。坚持街工委办公室主任例会制度，采取“以会代训”的形式，推进和指导街工委工作。全年，共召开街工委会议32次、组织联组活动36次、开展小组活动36次。 （范玉军）

【制度建设】 常委会全年共修订完善和制定《东城区人大常委会议事规则》、《东城区人大常委会任免国家机关工作人员办法》、《东城区人大常委会同人民代表大会代表加强联系的办法》等8项制度。 （范玉军）

【信息工作】 调整、充实新一届信息员队伍，召开宣传信息工作会议，对进一步做好工作提出明确要求。编发《东城人大信息》、《代表通讯》、《情况反映》共57期，近800条，为代表知情知政提供平台。 （范玉军）

北京市东城区第十三届人民代表大会常务委员会

主任、副主任、常务委员

主　任　刘朋庆

副主任　王建军　张　勤（女）　李　力（女）　费文勇　肖幼谊

常务委员　丁国洋　王英民　叶　露（女）　孙　旺　李　桦　李　臻　杨尊伟　何厚夫　张增耀　岳钦礼　周焕奇　郑建华（女）　姜在昉　原东群（女）　高平生　董立元　程　华（女）

工作机构负责人

办公室主任	王英民
代表联络室主任	原东群(女)
财政经济工作室主任	姜在昉
城建环保工作室主任	李　臻
内务司法工作室主任	张增耀
教科文卫工作室主任	周焕奇
代表资格审查委员会主任委员	费文勇

东城区人民政府

单位名称:东城区人民政府

单位地址:钱粮胡同3号

联系电话:64031118~3222　邮政编码:100010

主要工作和重大活动

【区长办公会　政府常务会】　本年共召开52次,议题240个,专题学习7次,内容包括:区政府重要工作和重大活动,与人民群众生活密切相关的热点难点问题,涉及全区经济、政治、社会生活等方面改革和发展的深层次问题,分析经济形势,研究制度创新,通报上级精神,学习法律法规,通过人事任免等。　(刘锰)

【文秘工作】　本年共制发区政府文件13件、区政府办公室文件21件;以区政府名义向市政府报送请示17件、报告16件,向市级相关单位发送函件65件,向基层单位制发批复10件。办理基层单位请示610件,市级相关单位函件90件。收发中央、市属单位文件7500件,区级文件12万件。收集整理各类档案201卷。　(牛秀琴)

【值班及便民电话】　政府值班室全年共接转电话2.1万次,收发各种会议通知、请柬1600次,办理各种会议220次,公务接待3000次,收转信件700件。接听群众电话10355件,市便民电话中心交办286件,全部办理完毕。获市便民电话目标考核优秀单位。　(武术青)

【信息工作】　全年处理各类信息3万条,编辑信息5187条,编辑《昨日区情》普刊252期、专刊173期、业务交流刊46期、《信息通报》24期;评选优秀信息120条。编辑《市情专报》249期,市政府采用信息196篇、调研信息11篇,被评为市级优秀信息10篇,市领导在区上报信息刊物上批示31件。办理市、区领导批示件136件、178次,培训信息员320人次。被市政府办公厅评为信息工作“四优”单位。　(王爱菊)

【督查工作】　编发《督查与反馈》400期。完成督查调研报告2篇。办理市区专项督查件81件。完成区政府折子工程132项、为民办实事20件的督查任务。完成领导交办的各项现场督查任务300人次。　(贾增合)

【办理议案　提案】　本年共办理全国、市、区级人大代表议案、建议及政协委员提案、建议案628件,办复率100%。其中全国代表建议、委员提案5件,市代表建议、委员提案35件,区代表议案、建议、委员提案588件。区政府注意把握好任务交办、明确责任、督查督办、队伍建设、复查补办五个关键环节,解决一批与群众生活密切相关的热点、难点问题。　(郭德富)

【领导慰问】　1月20日,国家质检总局局长李长江、副市长陆昊等慰问区质监局全体干部职工。

1月21日,刘淇、王岐山、强卫、吉林到东城交通支队帅府园队、故宫神武门慰问坚守一线的干部职工。

9月10日,胡锦涛到宏志中学看望师生。刘淇、王刚、陈至立、周济、王岐山等陪同。参观校史展,听取办学情况介绍,并到高一班、生物实验室、计算机教室,看望正在学习的宏志生,观摩教学。胡锦涛指出:宏志中学开办几年来,在北京市、东城区的关怀和支持下,经过全校师生的共同努力,取得很大成绩。一批困难家庭的孩子在这里受到了良好教育,在德、智、体、美等方面得到全面发展。宏志中学的创办,是一个很有意义的创举。各级党委和政府一定要把帮助困难家庭孩子上学作为关心群众切身利益的一项重要工作来抓,努力使困难家庭孩子都能有学上、有书读,让他们感受到党和政府的关怀,感受到社会主义大家庭的温暖。随后,胡锦涛到和平里第四小学美术教师胡明亮家中

慰问。（刘锰）

【领导视察 检查】 2月7日，刘淇、孙政才、刘敬民到亿洋星城住宅楼工地、海运仓液化气供应站、东直门地铁站检查安全工作。刘淇强调：要坚定不移地把人民群众的身体健康和生命安全放在第一位，进一步提高对安全工作极端重要性的认识，确保各项安全措施有效落实。

2月7日，于均波，张茅到雍和宫检查安全工作，并提出要求。

6月4日，王岐山视察全国统一高考考场六十五中考点工作准备情况。强调要进一步规范考场工作程序，加强社会监督，确保考试公开、公正、透明地进行。

8月10日，王岐山、张茅等到安定门街道国子监、孔庙考察。

8月30日，全国政协副主席徐匡迪率全国政协"历史文化名城"考察团视察普度寺文物修缮、南池子历史文化保护区修缮改建工程和菖蒲河公园建设情况，听取南池子修缮改建试点工程多媒体演示汇报，对南池子修缮改建工程给予肯定。

9月15日，王岐山到中山公园检查游园活动准备工作，听取市、区有关部门汇报，对国庆游园活动提出要求。

9月27日，刘淇、王刚检查中山公园国庆游园筹备工作。查看游园路线、园容布置和安全保卫等工作。

12月23日，吉林视察区禁放工作。岳鹏汇报区禁放工作。吉林对东城禁放工作提出要求。（刘锰）

【领导调研】 3月25日，龙新民到区调研教育改革工作。听取区办学体制改革、教育优质均衡发展战略、中小学人事制度改革、教育管理体制改革及教育科研改革等五个方案的改革构想。而后，龙新民等到一七一中学现场调研。

4月15日，卫生部常务副部长高强到隆福医院调研卫生系统行业作风建设，希望北京能够在纠正卫生系统行业不正之风上有所突破，在全国起表率作用。牛有成表示北京市将认真抓好行业作风建设工作，积极探索标本兼治的办法，率先解决红包、回扣等问题，力争取得阶段性成果，提高卫生工作水平。

5月9日，范远谋到区调研人大工作。

5月9日，朱善璐调研区落实全市教育大会精神情况。

5月11日，杜德印、范伯元到区听取城市管理新模式课题成果汇报。认为此模式在管理方式、体制、文化、理念等方面都有很大的创新和突破，将会在提高管理效率和水平、降低城市管理成本、节省城市资源、创造更好的发展环境、提高人民生活质量等方面产生很好的预期效果。范伯元认为课题的设计和思想很好，整个系统有很强的拓展余地。赞成在东城区进行试点，并要求市科委和市信息办给予大力支持。

5月16日，吉林、隋振江听取城市管理新模式课题汇报。

5月25日，范远谋听取城市管理新模式课题汇报。

6月15日，强卫到君泽君、东主恒信律师事务所调研。听取杨艺文关于东城区为律师事务所搭建服务平台、为区经济建设服务的汇报。

6月25日，刘淇到区调研城市管理模式创新。听取东城区"依托数字城市技术创建城市管理新模式"课题汇报，观看城市管理新模式原型系统演示。

7月3日，龙新民到区民政局下属事业单位——北京社会生活心理卫生咨询服务中心调研。

11月19日，王岐山、吉林到当代万国城调研，听取该项目建筑节能情况的汇报。

11月26日，中央编办主任李铁林等检查区城市管理新模式运行情况。领导们一致认为，东城区城市管理新模式对推动电子政务发展、提高社会管理和公共服务水平、提高政府执政能力、密切党群关系、促进政府职能转变和体制改革等都具有十分积极的作用。

11月29日，黄承祥视察区监督中心。

12月1日，国家测绘局副局长王春峰到区调研城市管理新模式运行情况。测绘局专家张燕平、李莉参加。王春峰表示，国家测绘局将从技术方面尽力帮助，将东城区城市管理新模式作为测绘领域应用示范成果向有关方面介绍、宣传。

12月9日，刘淇、王岐山到区调研解危试点工作和四合院微循环改造情况。王岐山一行察看东四南大街28号院、五四大街28号楼等解危试点院落改造情况及微循环改造后的秦老胡同25号院、未改造的秦老胡同17号院的居民生活情况。听取张家明关于东城区解危试点工作和四合院微循环改造情况的汇报和陈平关于东城区2004年经济社会发展情况的汇报。

12月29日，国家信息办、市信息办领导到区听取城市管理新模式课题成果汇报并座谈。（刘锰）

【出访法意奥】 1月23日～2月5日，以卢彦为团长的东城区政府代表团出访法国、意大利、奥地利三国。与法国巴黎、意大利米兰、奥地利维也纳等城市的政府官员、工商界人士、中国驻当地使领馆官员、当地侨商等广泛接触，宣传东城区改革开放和经济发展的成就，介绍东城区优越的资源和环境优势，并就经贸、文化、旅游、商业街区建设等方面的交流与合作交换意见。
(刘锰)

【区安全工作大会】 2月19日召开,卢彦、杨艺文、刘瑞宾、岳鹏及区政府各委、办、局、街道办事处行政一把手,娱乐场所、文化体育场馆、建筑工地、文保单位、重点学校、重点医院、宗教场所、宾馆、园林、交通运输、加油站、物业公司、区属建筑开发企业、部分驻区中央和市属单位600人参加。杨艺文主持。刘瑞宾传达市政府消防工作会精神,并提出要求。岳鹏通报全区安全生产工作情况。杨艺文传达陈平对安全生产工作要求。卢彦作《按照"四不放过"原则全力做好东城安全生产工作》的讲话,要求:进一步增强守土有责意识,按照市委、市政府开展"安全月"的要求,在全区开展拉网式大检查;进一步细化工作,安全检查要全方位、多环节去考虑,按照培训教育必须到位,责任必须落实到位,创造必要的物防、技防条件,进一步规范全区大型活动、树立大局意识和全区一盘棋思想等五个方面的要求做好各项工作。 (刘锰)

【区政府第一次全体(扩大)会议】 2月13日召开。陈平、卢彦、刘朋庆、吴弘勇等区级领导班子成员,区政府全体组成人员出席。各区属单位、各街道办事处有关人员,部分企业、学校、医院、驻区金融单位、税源大户负责人列席。邀请区委、区人大、区政协有关部门负责人,街道工委及直属工委书记,各民主党派、工、青、妇、武装部负责人,部分人大代表、政协委员,法院、检察院有关负责人600多人参加。岳鹏主持,卢彦作《按照为民、务实、清廉的要求,努力建设法治型服务型政府》的报告。陈平讲话。 (刘锰)

【防控禽流感紧急会议】 2月4日,区委、区政府召开紧急会议,部署禽流感防控工作。区领导陈平、边振英、岳鹏、章冬梅及区防控禽流感指挥部成员单位负责人参加。传达全国防治禽流感会议和市禽流感防控电视电话会议精神,介绍区禽流感防控工作情况。
(刘锰)

【区政府行政投诉分中心成立】 4月5日,区领导卢彦、曾刚健参加挂牌仪式并为分中心揭牌。卢彦强调:《东城区国家公务员公共服务行为规范暂行规定》于4月1日开始施行。成立行政投诉分中心对保证行政机关及其工作人员及时、公正、高效的实施行政管理起到积极作用;为企业、群众和纳税人提供专门的投诉渠道;促进政府各部门贯彻执行"暂行规定",使权力真正为经济建设发展服务。 (刘锰)

【驻区金融企业座谈会】 4月14日,区举办驻区金融企业座谈会暨2004年第一次企业家日活动。区领导卢彦、冯熙、曾刚健、王建军、罗嘉陵,15家驻区金融企业代表及区有关部门负责人参加。金融企业代表肯定区在优化发展环境方面做出的努力,并提出建议。卢彦表示政府部门会继续搭建银企互动平台,为企业发展服务;希望企业通过金融互保、再融资、再担保等政策措施进行创新,解决长期困扰中小企业的贷款问题;向核心顾客群宣传东城区的优惠政策,吸引更多企业落户东城。 (刘锰)

【区安全生产专题会议】 4月14日召开,卢彦主持,区领导岳鹏、胡晓松、毛桂芬、张家明、李荣庆、章冬梅,区政府各委办局及区属公司的主要负责人参加。传达中央、市安全工作会议精神,听取经委关于区一季度安全生产工作情况汇报。李荣庆分析火灾安全隐患。岳鹏指出,要以密云"2·5"特大伤亡事故为戒,克服麻痹思想,将整改和安全责任落实到人,及时消除隐患,互相借力,人盯人防,确保安全。卢彦传达王岐山关于安全问题要求。 (刘锰)

【市规范拆迁行为现场会】 4月15日,市维护群众利益规范拆迁行为现场会在区召开。阳安江、刘敬民,区领导陈平、卢彦,市监察局、市审计局、市国土房管局、市建委及18个区(县)负责人参加。卢彦介绍区在危改中采取措施充分维护群众利益的做法和取得的主要成效。阳安江充分肯定东城区在维护群众利益,规范拆迁行为方面取得的成绩,并提出要求。 (刘锰)

【防控SARS紧急会议】 4月25日召开,部署SARS防控工作。区领导卢彦、杨艺文、章冬梅及街道、公安、卫生等部门负责人参加。传达国务院及市SARS防控工作会议精神。卢彦强调:公安分局和街道办事处要查找到病理实验室人员居住地;卫生局落实问诊制度;迅速成立保障指挥部,加强24小时值班,确保信息畅通;禁止各街道和主要部门领导在"五一"期间外出,保证联系渠道随时畅通。 (刘锰)

【中国·北京王府井中学生国际音乐节】 8月5日,举行开幕仪式,团中央书记处第一书记周强、中国文联主席周巍峙,外交部党组书记、副部长戴秉国,中宣部副部长、中央文明办主任胡振民,中国人民对外友好协会会长陈昊苏,教育部副部长陈小娅,文化部副部长孟晓驷,北京市领导,区领导等,来自澳大利亚、奥地利、加拿大、德国、日本、韩国、墨西哥、瑞典、英国、美国等10个国家的17支团队、706名师生,以及东城区的9

支团队、516名师生参加。卢彦致开幕词,德国柏林女子合唱团团长献词。 (刘锰)

【主题游园会】 9月18日举行“我们共同成长”未成年人素质教育主题游园会,设立德育硕果、名人面对面、青春自护、科技博览、英语广角等11个活动区域。团中央书记处书记杨岳、中央文明办未成年人思想道德建设工作组副组长张英伟、全国少工委副主任刘进喜、市委宣传部部长蔡赴朝、市人大副主任赵凤山、市委宣传部副部长宋贵伦、首都精神文明办主任张慧光、团市委书记关成华,区领导陈平、刘朋庆,中央、市、区有关单位负责人及3万名中小学师生及家长参加。 (刘锰)

【居民用水一户一表试点工程】 10月10日开工,11月底结束,历时四十余天,完成主干线改造1909米,9条胡同的支线改造533个院,院内工程278个院2738户。完成平房院用水一户一表试点工作,得到广大居民的支持和好评。 (刘锰)

【四合院微循环改造】 以群众强烈要求改造的破旧院落为切入点,街道办事处组织,全体居民申请,制定安置个案,居民集体联签、安置。基本原则:居民自愿、政府协调、街道组织、社会参与。12月5日,区领导陈平、卢彦、边振英、张家明检查危楼解危工程和平房四合院微循环改造情况,检查东四南大街28号、五四大街28号、寿比胡同5号危楼和交道口部分利用微循环模式改造的院落。微循环单体院落改造已成为区平房院落改造的一种模式。 (刘锰)

政府法制工作

【概况】 区政府法制办公室是区政府综合管理法制工作的职能部门,主要职责:负责组织《国务院全面推进依法行政实施纲要》在东城区的贯彻落实;制定东城区推进依法行政实施方案,并指导各街道办事处、区政府各工作部门推进依法行政工作;督促、检查、考核各部门对依法行政实施方案任务分解书的落实情况。负责为区政府重要决策提供法律、政策依据和意见。负责审核区政府工作部门报区政府审议的规范性文件;办理街道办事处和区政府工作部门规范性文件的备案审查工作;承办法律、法规、和规章草案征求意见工作。负责审查、确认行政执法主体资格;组织指导本区行政执法队伍的法制建设,负责执法人员资格认证管理工作,重点推行行政许可人员资格管理制度。负责管理和指导行政执法监督队的工作,监督行政执法情况;组织推进行政执法监督责任制和评议考核制,开展行政执法监督巡查,重新确认行政处罚主体,评查行政处罚案卷和行政许可案卷。承办区政府行政复议、行政赔偿案件;组织承办区政府行政诉讼的应诉代理工作;负责指导全区行政复议和行政诉讼应诉工作,培训复议应诉人员;负责本区行政处罚、行政复议、行政赔偿、行政诉讼统计工作。协调重大违法案件的处理和执法中的矛盾和问题,组织或参与重大疑难行政案件的研究和处理。负责有关法制方面的议案、建议和提案的办理。开展政府法制理论、政府法制工作研究和交流。本年,贯彻实施行政许可法取得突破,包括组织行政许可法宣传学习培训,全面清理行政许可、加强行政许可配套制度建设,推行全程办事代理制,建立行政许可备案和监督制度等。推进依法行政工作取得进展,以领导干部学法为重点抓法制宣传培训,以深化行政执法责任制为龙头抓依法行政监督,以规范程序为重点抓制度建设,以“创建”活动为纽带抓队伍素质的提高。处理涉法事务,参与区机构改革、解危工程和标准租私房腾退等工作,协调重大、疑难执法案件10余起,为全区各部门提供法律与政策咨询。下发全区统一的行政执法检查告知通知书。实施《东城区行政执法人员资格管理办法》,建立东城区行政执法人员数据库,对全区3838名执法人员实行动态管理。在全区十个街道办事处设立市政府规章文本和区政府行政措施公民自由索取点,发放各种法律文件4万份。

单位名称:东城区人民政府法制办公室
单位地址:钱粮胡同3号
联系电话:64031118~2501 邮政编码:100010

(刘耕福 周环)

【法制工作会议】 1月22日,召开区政府第一次全体(扩大)会议,总结上年工作,部署本年全区的法制建设。先后召开三次法制工作例会,内容:表彰2003年度推进依法行政工作的先进单位和个人、布置全区行政许可法的宣传,向全区487名直接从事行政许可人员发放资格证件。 (刘耕福 周环)

【贯彻实施行政许可法】 3月,制定《东城区人民政府贯彻实施行政许可法工作实施方案》。4月,召开贯彻实施行政许可法暨推行全程办事代理制工作会议。制定《中共东城区委、东城区人民政府关于推行全程办事代理制的实施意见》等文件,部署全区贯彻实施行政许可法的工作,明确各部门在贯彻实施行政许可法工作中的任务、标准以及具体的措施。经过审查,全区22个单位被确认为行政许可实施主体(不包括街道办事处、市垂直管理单位)。清理全区报送的184项行政

许可事项,确定应取消23项,排除60项,增加9项,现保留110项。 (刘耕福 周环)

【学习培训】 2~5月,各基层单位分别组织《行政许可法》培训20次,4000名党员干部参加5月11~13日全区49个单位的2353名公务员参加《行政许可法》知识考试,全部通过。5月22日,497名直接办理行政许可人员闭卷考试,487名获得行政许可资格证书,副市长吉林在区考点视察并对考场组织工作予以肯定。 (刘耕福 周环)

【行政许可法宣传】 6月30日,10个街道办事处在各自辖区内组织大型的行政许可法宣传活动,发放宣传材料5000份,展示各式各类展板、挂图、黑板报180块,接待咨询群众400人次,部分宣传点组织秧歌队、健身操队、合唱队等表演。 (刘耕福 周环)

【配套制度建设】 制定五项行政许可配套制度,下发全区所有行政许可实施单位:行政许可公示制度、实施行政许可的具体工作程序和有关制度、办理行政许可时限制度、办理行政许可的收费管理制度和行政许可的监督检查和责任追究制度。 (刘耕福 周环)

【政府常务会学法】 起草下发全年区政府常务会会前学法计划,组织学法6次,内容:《行政许可法》、《政府组织法》、《企业国有资产管理暂行条例》、《政府采购法》等。 (刘耕福 周环)。

【聘请区政府法律顾问】 10月20日,卢彦、岳鹏向新一届区政府法律顾问小组颁发聘请证书。该小组由中国政法大学法学院院长、博士生导师马怀德教授,北京大学锡锌副教授、宋德社博士、丁建生律师以及资深法律工作者陈培英等五人组成。主要任务是为区政府依法行政工作提供咨询,对区政府重要决策进行法律分析论证。年内举行2次法律论证会,研究区在危改拆迁中存在的问题。 (刘耕福 周环)

【文审工作】 按时办理地方性法规和政府规章的立法征求意见,全年共办理立法征求意见21起。对区属各单位制订的规范性文件审核把关和备案,全年备案文件12份,涉及6个部门。 (张萝 周环)

【法律事务处理】 全年共协调重大、疑难执法案件10起。接受全区各种法律事务咨询60人次,为各部门签定的各种行政、民事合同审核把关,共审核经济、建设开发、劳动等各类合同13件。 (刘耕福 周环)

【执法监督检查】 4月,区法制办、财政局全面调查全区行政许可收费、非税收入情况,为制定部门预算、健全财政经费保障机制提供数据和情况。6月,区法制办、发改委、监察局联合监督检查全区贯彻全程办事代理制情况,对一些普遍性问题提出整改意见。 (刘耕福 周环)

【复议应诉】 规范行政复议工作,依法受理和审理行政复议案件,每次接待复议申请时要求2名专门工作人员到场。全年接待复议咨询200人次,立案13起,维持10起,申请人撤回申请行政复议终止3起。代理区政府应诉2起,判决驳回起诉1起,原告撤诉1起。 (李静 周环)

【审理复议案件】 7月16日,在区政府东五楼贵宾室公开审理"周文胜不服东城区劳动局非工伤认定结论书提起的行政复议申请",这是区第一例公开审理的行政复议案件。申请人和被申请人的代理人分别陈述,现场质证。申请人原单位代表、部分人大代表和政协委员现场旁听。 (李静 周环)

人事管理

【概况】 本年,深入贯彻全国人事人才工作会议精神,按照区领导对人事人才工作总体要求,大力实施人才强区战略。以改革为动力,以用好现有人才和引进紧缺人才为重点,以公务员和专业技术人员继续教育为主线,以建设一支高素质人才队伍为目标,加强事业单位人事制度改革和人才队伍建设,推动人事人才工作创新发展

全面完成区政府机构改革任务,建立与市政府组织框架大体协调的行政组织体系。完成东城区机构编制委员会组成人员的调整。根据职能的转变,调整完善区有关部门的"三定"规定。深化城市管理体制改革。加强事业单位机构管理,稳步推进事业单位机构分类改革和分类管理的体制改革。完成区中小学教职工编制的初步核定。加强对事业单位的监督检查,完善事业单位登记管理。强化机构编制和领导职数管理。按照"三不突破"原则,严格控制机构编制增长。完成事业单位改革调研工作,形成《事业单位工资收入现状与管理的几点思考》调研报告。加强国家公务员录用、调任和聘用制干部的管理。制定《东城区事业单位公开招聘工作人员暂行办法》。加强国家公务员能力建设,举办《行政许可法》专讲等培训班。进一步规范公务员公共服务行为,制定《东城区国家公务员公共服务行为规范暂行规定》。完成清理整顿、

规范公务员收入工作。完成人事争议仲裁工作。严格科技干部考试管理,加强专业技术人员队伍建设。拓宽人才服务领域,为非公企业引进优秀人才,大力发展网上人才市场。建立"机关政务大厅",有7个对外业务部门,34项职能纳入全程办事代理服务工作范围。贯彻《军队转业干部安置暂行办法》,分配到本区的军转干部全部落实工作单位。本年公务员奖励622人,其中二等功17人,三等功65人,嘉奖540人。

单位名称:东城区人事局

单位地址:什锦花园胡同26号

联系电话:64058751 邮政编码:100007 (张浩平)

【党政机关机构编制管理】 本年,调整4个部门的内设机构及相应职能。完成区委政法委政治部领导职数的配备和区工会更名报批工作。为有关部门核定工勤编制2名;为加强党对宗教、监察的领导,为相关部门核增行政编制9名;为机构改革新组建部门调济行政编制11名。调整区红十字会机关管理体制,将其列为区政府直接联系的独立设置的群众团体,正处级单位。(张浩平)

【事业单位机构编制管理】 本年,调整3个处级事业单位的内设机构。批准成立全额拨款事业单位5个,其中城市建设服务类1个,经济服务类2个,文教卫体类1个,其他1个。增加全额拨款事业编制73名。撤销事业单位2个,其中全额拨款1个,自收自支1个。减少事业编制64名,其中全额拨款3名,差额拨款36名,自收自支25名。批准事业单位更名5个。(张浩平)

【事业单位法人登记及年检】 本年,办理事业单位法人登记年检366家,缓检1家,实际参检365家,参检率99.7%。年检合格单位365家,合格率100%。办理设立登记12家,变更登记59家。接待法人登记查询并出具相关证明31人次。(张浩平)

【政府机构改革】 本年,完成东城区政府机构改革调研、制定方案、组织实施等各阶段工作。组建国有资产监督管理委员会、发展和改革委员会、商务局、安全生产监督管理局、食品安全协调领导小组。原与商业委员会合署办公的旅游局单独设置。撤销区委企业工作委员会、国有资产管理办公室、经济委员会、经济体制改革办公室、物价局、商业委员会、对外经济贸易委员会。计划生育委员会更名为人口和计划生育委员会。原由区卫生局承担的保健品、化妆品监督执法职责交由市药品监督管理局东城分局承担。经调整,区政府工作部门27个,直属特设机构1个,议事协调机构的常设办事机构1个。根据政府机构的调整,完成撤并、调整机构所属8个事业单位的隶属关系划转和相关调整工作。(张浩平)

【组建城市管理新模式机构】 本年,完成新的城市管理机构职能、机构、编制调整、组建工作。区市政管理委员会更名为区城市综合管理委员会,调整主要职责、内设机构和人员编制"三定"规定。组建区政府正处级行政机构区城市管理监督中心,负责城市管理监督与评价工作,制定主要职责、内设机构和人员编制"三定"规定。(张浩平)

【完善安全监管责任制】 本年,梳理和规范区政府43个工作部门(含6个垂直部门和部分事业单位)在安全监管(管理)方面应承担的职责,制定《东城区政府工作部门和部分事业单位安全监管(管理)职责》,以区政府名义印发全区各单位执行。(张浩平)

【人事争议仲裁及聘用合同鉴证】 本年,共接待人事争议政策咨询来访238人次,网上解答人事争议政策29件,有6起人事争议案件正式向人事争议仲裁委员会提出仲裁申请,全部结案。办理15家区属事业单位与332名干部、职工的聘用合同鉴证工作。(张浩平)

【人才市场管理】 本年,人才市场管理办公室检查辖区内人才中介机构8家。审批申请在东诚区开办人才中介机构4家,审批中介机构变更事项1家。完成怀柔区组织部、人事局联合在东城区举办人才交流洽谈会的行政审批。对辖区内举办的34场人才招聘洽谈会进行监管和执法检查。(张浩平)

【工资及职务补贴审批】 本年,根据市委、市政府办公厅《关于清理整顿本市机关津贴补贴奖金规范国家公务员收入的通知》精神,纳入规范公务员收入单位54个,9487人。其中:在职人员5964人,人均月增712.7元;离休干部1018人,人均月增1392.6元;退休人员2505人,人均月增816.9元。审批调入机关事业单位人员工资229人,职务变动人员工资525人。审核因病退休等备案87人,审核曾在西藏工作十年提高退休费标准5%的人员3人。(张浩平)

【国家公务员管理】 本年,继续贯彻《北京市国家公务员录用实施办法》,共办理国家公务员录用116人,其中:应届高校毕业生52人,军队转业干部45人,法院、检察院补充干部2人,面向社会公开招考公务员

11 人,其他 6 人。在录用人员中:博士 2 人,占总数 2%;硕士 17 人,占总数 15%;双学士 2 人,占总数 2%;本科学历 71 人,占总数 60%;大专学历 23 人,占总数 20%;中专及以下学历 1 人(转业干部),占总数 1%。按照《北京市国家公务员调任试行办法》和《北京市国家公务员转任试行办法》规定,共办理公务员调任 10 人。其中,处级 3 人,科级 7 人。办理公务员转任 10 人。（张浩平）

【聘用制干部管理】 按照市人事局有关规定,聘干工作于 4 月 1 日停止办理,停办前共办理聘用制干部初聘审批与备案 37 人,办理续聘审批与备案 1026 人。（张浩平）

【公务员队伍文化素质】 本年,全区实有公务员和参照公务员共 2718 人。研究生学历 132 人,其中博士 8 人,占总人数的 0.29%;硕士 82 人,占 3.02%;本科 1420 人,占 52.24%;大专学历 892 人,占 32.82%。（张浩平）

【企事业单位人才与培训】 本年,全区实有管理人员和专业技术人员 16930 人。其中研究生 288 人,占总人数的 1.7%;本科生 6681 人,占 39.5%;大专学历 5303 人,占 31.3%。举办《首都发展与人才能力建设》讲座 40 班次,培训 1400 人次。全区专业技术人员参学率 96.9%,累计 72 学时,比率达 85.8%。为区教育、卫生系统,高新技术企业、民营科技企业及创税大户引进优秀高级人才,办理外省干部调京 49 人,其中,高级人才 39 人,知青返京 1 人。（张浩平）

【国家公务员培训】 举办国家公务员初任培训 1 期,区属机关 65 名公务员参加。科级任职培训 2 期,区属机关科级公务员 88 人参加,经考试考核全部结业。公务员信息技术及电子政务知识培训班 7 期 767 人参加。英语 100 句培训班 58 人、英语 300 句培训班 75 人、英语强化培训班 34 人参加。组织区属机关公务员英语考试,分别有 95 人通过英语 100 句考试,61 人通过英语 300 句考试。公务员英语培训班 6 期 281 人参加,BFT 英语培训班 1 期 35 人参加。组织区属机关优秀科级公务员赴香港进行“公共管理与实践”培训,35 人参加,获香港理工大学颁发的结业证书。首次组织 1 名公务员赴韩国汉城市钟路区研修半年。根据市人事局统一安排,更换区属机关公务员培训证书,共发放公务员培训证书 2631 本。（张浩平）

【办理工作居住证】 按照市人事局《关于实施北京市工作居住证制度的若干意见》规定,通过人事系统政务专网应用平台,为区内注册的有法人资格的企事业单位、民办非企业单位、社会团体,外国(地区)、外埠在京设立的非法人分支机构等聘用的人员办理《北京市工作居住证》即“北京绿卡”。共办理单位注册 183 家,个人资料提交 463 份(不含二次提交及个人资料注销的),初审通过 531 人,共发放绿卡 518 张,办理居住证续签 12 人。（张浩平）

【人事考试工作】 承担各类人事考试 35574 人次。其中,全国职称外语等级考试 6090 人次;全国会计专业技术资格(中级)考试 9984 人次;全国出版专业职业资格考试 5800 人次;中央、国家机关录用国家公务员考试 12800 人次;北京市大中专应届毕业生国家公务员录用资格考试 9900 人次。（张浩平）

【人才交流服务】 人事代理单位净增 152 家,立户单位总量 1573 家;人事档案净增 2768 份,库存总量 18854 份。社会保险代办单位净增 25 家,总量 211 家,代办单位保险总人数 1851 人。存档个人参加社会保险新增 1129 人,在册 3871 人,同比增加 2%。住房公积金代办单位总量 51 家,同比增长 16%。组建党支部 11 个,支部总量 22 个;接收流动党员 238 名,转出流动党员 121 名,完成预备党员转正 9 人,流动党员总量 1118 人。（张浩平）

【人才交流会】 区人才市场共举办周二、五定期人才交流洽谈会 64 场,专场交流会 23 场,参会用人单位 1844 家(次),其中区属单位 152 家,驻区单位 320 家;提供空缺工作职位 10346 个;吸引求职人员参会 35457 人次。443 家单位登记通过北京市人才职业介绍网招聘人才,1127 名求职人员在北京市人才网登记,1246 名求职人员登记入区人才网。发展个人委托推荐和单位代理招聘业务,完成单位代理招聘工作 88 项,素质测评 421 人。HR 会员单位新增 1 家,累计 2 家。（张浩平）

【接收大中专毕业生】 北京东城区毕业生就业服务中心 3 月正式挂牌,同时加入北京毕业生就业工作协会,参与协会的课题研究举办 2004 年、2005 年应届毕业生服务月活动两次,共有 171 家单位,4475 余名应届毕业生参加。本年接收应届毕业生 834 人。其中:北京生源 687 人,外地生源 147 人;博士生 5 名、硕士 71 名、本科 298 人、专科 272 人、中专 188 人,分配机关 47 人、事业单位 96 人、企业单位 18 人、人事代理单位 622 人、待分配 51 人。（张浩平）

【职称评定】 年末，区属机关、企事业单位在岗专业技术人员15792人，其中，高级1903人，中级5688人，初级7067人，未评聘1134人。本年，全区机关、事业单位共有1303人经国家统一考试或专业技术职务评审委员会评审获相应职称，其中正高级12人，占总数1%，副高级180人，占总数13%；中级465人，占36%；初级646人，占50%。区企事业单位共有高级职称专业技术人员1911人。教育系统1453人，卫生系统338人，工程技术系统72人，财经系统30人。（张浩平）

【军转干部安置】 本年，全区共接收安置转业干部136人，是上年安置人数的3倍。成立区军转安置工作领导小组，制定下发东城区委、区政府关于《2004年东城区军队转业干部安置工作实施意见》。召开区军转干部动员会、军转工作布置会、军转安置双选见面会和军转安置指令性分配会，安置率100%。区属党政群机关94人，占安置总人数的69%，事业单位42人，占31%。自主择业军队转业干部96人。（张浩平）

社会主义精神文明创建活动

【概况】 本年，以"建首善，创一流"、争创"全国文明城区"为目标，围绕"新北京，新奥运"和"文化强区"战略构想，大力弘扬和培育民族精神，广泛开展群众性精神文明创建活动，突出未成年人思想道德建设和文明礼仪教育实践，全面推进精神文明建设各项任务，进一步提高市民文明素质和城市文明程度。评选出东城区精神文明建设最佳活动18项、精神文明建设最佳活动提名19项，推荐首都文明单位标兵13个、首都文明单位55个、首都文明街道5个、首都文明示范街2条、首都文明旅游景区7个、首都精神文明建设最佳活动1项、首都精神文明建设最佳活动提名1项。

单位名称：东城区精神文明建设委员会办公室
单位地址：东四十一条83号
联系电话：64079648　邮政编码：100007　（张月眉）

【精神文明建设大会】 3月26日在东图影剧院召开。首都文明办主任张慧光、市委办公厅副主任李长江、天安门地区管理委员会主任王玉荣、劳动和社会保障部机关服务局党委副书记冷礼萍、人事部机关服务局局长霍燕飞、国家林业局机关服务局局长焦德发、《北京日报》机关党委常务副书记侯世琴、总参二部政委李学文少将，民政部、文化部、武警北京总队、武警六支队、武警十四支队等单位领导及区领导陈平、卢彦、吴弘勇、冯熙、杨艺文等出席，驻区中央、市属单位和部队600多人参加。卢彦主持。杨艺文做《求真务实，开拓创新，为加快东城区现代化建设提供强大的精神动力》工作报告。章冬梅宣读表彰决定，与会领导为受表彰单位和个人颁奖，少先队员向6名首都精神文明建设奖章获得者献花、献辞。陈平、张慧光讲话。（张月眉）

【文明东城宣传】 3月5日开展"雷锋精神与文明东城同行"宣传高潮日活动，全区文明乘车监督员、青年志愿者、武警战士、医务工作者、法律工作者、社区居民3000人参加。8月6日，举办"外来人员与文明东城同行"演讲会，10名来自建筑、餐饮等不同行业的外来务工经商人员演讲。组织10名"外来人员文明百颗星"母亲逛京城，推荐6名来京务工人员参加第二届首都"外来人员文明百颗星"评选。10月25日，首都文明办检查区精神文明建设社区宣传栏设置工作，年末，建成精神文明建设社区示范栏20组、优秀宣传栏24组。继续开展文明市民学校"达标、创优"活动，12月8日，验收文明市民学校，达到优秀校标准8所，达标校24所。推荐首都文明市民学校优秀校3所、首都市民教育先进工作者8名。（张月眉）

【文明礼仪教育实践活动】 4月30日，"东城区十万学生讲礼仪"主题活动在灯市口小学启动。首都文明办副主任滕毅、区领导王红兵及全区90多所学校主管德育工作的校长、灯市口小学1300多学生和教职员工参加。滕毅讲话。5月13日，举行成立"东城区中学生奥林匹克文明礼仪宣讲队"启动仪式，首都文明办主任张慧光，奥组委专家、总体策划部部长徐达，区领导王红兵等出席，与会领导为首批10所代表校的20支宣讲队授旗。张慧光讲话。11月4日，在区文化馆举办"礼仪传盛世，文明映东城"——东城区市民文明礼仪展示活动，区领导刘朋庆、杨艺文、王红兵、罗嘉陵及200多名群众参加。（张月眉）

【未成年人思想道德建设】 5月31日，召开"加强未成年人思想道德建设，优化未成年人成长环境"研讨会，区领导杨艺文、王红兵、毛桂芬参加。区教委、文委、公安分局、检察院、法院、司法局、综治办、团区委、妇联9个单位从不同侧面探讨未成年人思想道德建设。杨艺文、王红兵、毛桂芬分别提出要求。6月4日，在东四五条幼儿园举办"从小学做人——培养幼儿良好行为习惯现场观摩研讨会"。滕毅，王红兵、章冬梅及全区幼儿园园长、小学德育主任参加。滕毅对东四五条幼儿园在探索和实践对幼儿的教育中取得的成绩和经验给予充分肯定。6月16日，区政协委员视察社区公民道德建设和未成年人思想道德建设工作，区领导章冬梅、生敏及40名政协委员参加,委员们视察东四五条幼儿园、灯市口小学和第六十五中学的未成年人思想道德建设情况,听取东城区公民道德建设情况通报。9月18日,首都文明办、东城区委、区政府在地坛公园联合主办“我们共同成长”——未成年人思想道德建设主题游园会,3万多中小学生参加,共青团中央领导杨岳、刘进喜、王路,中央文明办领导张英伟,市领导蔡赴朝、赵凤山、宋贵伦、张慧光、关成华、王旭东、马胜杰,北京出版社总编钟制宪、副总编李清霞,区领导陈平、刘朋庆及区四套班子领导参加。　(张月眉)

【创建文明社区】　9月7日,调研文明社区创建工作。11月25日,区委组织部、街道办、民政局、文明办等23个部门检查验收14个文明社区,章冬梅参加。参照首都文明办将文明居民区转换为文明社区工作意见,对43个文明居民区中符合区级文明社区标准的35个转换为文明社区。推荐首都文明社区6个、首都绿色社区30个。至年末,市、区级文明社区达79.56%。推进科教、文体、法律、卫生四进社区活动,在全国第三届“四进社区”文艺展演中,北京二中编演的舞蹈《童谣伴我快乐成长》获金奖。　(张月眉)

【创建文明行业】　6月17日,组织有关单位复查8个区级文明行业,王红兵参加。12月3日,区文明行业创建工作领导小组对本年申报文明行业的区卫生系统,申报规范化服务达标的城管系统、司法系统3个单位进行考核验收,章冬梅参加经区精神文明建设委员会讨论通过,命名表彰区卫生局为文明行业(包括门诊服务、病房诊疗服务、社区卫生站服务管理,涉及28个卫生站和14个区属医疗单位),区司法局(包括法律咨询、人民调解,涉及12个司法所和隶属单位)、区城市管理监察大队(包括综合行政执法,涉及13个直属分队)为达标行业。　(张月眉)

【军(警)民共建】　6月10日,首都军(警)民共建指导小组常务副组长许长福,副组长解家宝、曹卫平对区推荐的3对首都军(警)民共建标兵单位进行检查和指导,区领导杨艺文、马战校、王红兵、章冬梅陪同。7月29日“东城区双拥共建工作总结表彰大会”在东城区图书馆召开。总参二部政治部主任尹心愿少将、总参军训和兵种部副部长于清吉少将、空军后勤部副政委李金榜少将、北京卫戍区政治部副主任卞家贵大校、北京空军后勤部副部长安学礼大校、总后军需装备研究所政委高志勇大校、总政保障管理局副局长单义田大校、总参军训和兵种部政治部副主任张志辉大校、武警黄金指挥部政治部副主任范虔大校及区领导陈平、卢彦、刘朋庆、吴弘勇等参加。章冬梅总结部署双拥共建工作,表彰27对东城区军(警)民共建标兵单位、72对东城区军(警)民共建先进单位、66名东城区军(警)民共建先进个人。10月,人民大学教授李敬德带领少年军校建设课题组一行4人到景山学校、二十五中学和东直门中学调研东城区加强和改进少年军校建设情况。　(张月眉)

【文明乘车】　1月18日,杨艺文、章冬梅代表区委、区政府慰问全区文明乘车监督员。1月30日,举办培训班,培训10个街道2个地区的12名文明乘车监督员。2月16日,召开区文明乘车工作座谈会暨共建文明乘车秩序领导小组扩大会,市领导滕毅、高爽、区领导王红兵及区共建文明乘车秩序领导小组成员和各街道、地区乘车办主任参加,章冬梅主持。总结上年工作,部署本年工作。调整共建文明乘车秩序领导小组。表彰在2003年“文明乘车从我做起”活动中做出突出成绩的先进集体和个人。景山和建国门街道分别介绍突出重点抓特色的经验。滕毅、王红兵讲话。2月27、28日,全区文明乘车监督员参加全市“新北京、新奥运、创建文明城市”环境卫生清洁日活动354人次、清理站台224个、清除小广告3402块、清洁公共设施1035个、擦拭护栏9454延米,发放宣传材料2000张、发动志愿者近6000人。6月3日,召开争创“最佳文明站台”动员大会,全区63个文明站台参加争创全市“最佳文明站台”工作。7月6日,与市公交总公司联合召开“共建优良乘车秩序、共创最佳文明站台”工作会,高爽、王红兵参加。7月9日,与朝阳区联合组织文明乘车知识竞赛,两区文明监督员参加,东华门街道代表队获得二等奖。7月13日,全区63个公交站台开展“迎奥运志愿者服务”活动,文明乘车监督员、志愿者服务队、武警战士、社区群众近6000人参加。8月3日,王红兵代表区委、区政府慰问文明乘车监督员。9月2日,组织各街道、地区考核员和站台组长40人参加市乘办“最佳站台工作法”培训班学习。9月28日,开展“创双优、迎国庆”宣传高潮日活动,文明乘车监督员、社区志愿者服务队、武警战士近2000人参加。11月3日,召开共建文明乘车秩序经验交流会,首都文明办、市乘办领导参加。11月11～16日,组织文明乘车监督员到石景山区观摩学习“文明乘车、排队候车”工作经验。　(张月眉)

【创建全国文明城区】　7月[illegible]日,区精神文明建设委员会全会在东方国际文化交流中心召开,通报讨论创建全国文明城区工作。驻区中央、市属单位、驻区部队的领导和区领导卢彦、杨艺文、王红兵、章冬梅、王建军、罗嘉陵及区精神文明建设委员会全体委员参加,杨艺文主持。章冬梅通报《东城区关于进一步深化全国文明城区创建工作的实施意见(征求意见稿)》,王红兵通报《东城区精神文明建设委员会及成员单位工作职责(征求意见稿)》,卢彦讲话。7月23日,东城区创建全国文明城区动员大会在东图剧院召开,驻区中央、市属单位、驻区部队的领导和陈平、卢彦、刘朋庆、吴弘勇、杨艺文、章冬梅等出席,驻区单位和部队近600多人参加,卢彦主持。章冬梅宣读《东城区进一步深化全国文明城区创建工作意见》,杨艺文部署创建全国文明城区工作,区市政管委、东华门街道代表全区基层单位发言,陈平动员讲话。7月29日,召开创建全国文明城区领导小组第一次全体会,王红兵参加,杨艺文提出要求。8月16日,召开第二次全体会,杨艺文、王红兵参加并分别提出要求。全国文明城区创建工作领导小组办公室下设6个工作组:材料编写组、协调联络组、宣传策划组、工作指导组、社会督察组和专家顾问组,8月31日从全区抽调的18名工作人员全部到位。8月10~13日培训创建全国文明城区测评体系折子工程的责任单位。8月31日召开东城区创建全国文明城区工作领导小组办公室第一次会议,王红兵、章冬梅参加。9月9日召开第一次调度会,章冬梅参加,11个单位主管创建文明城区工作的领导汇报前一阶段创建工作。拟定下发9~11月创建全国文明城区宣传口号。9月10、13、14、15日,10月10日召开第2~6次调度会。9月13日,召开设置社区宣传栏工作会议。9月16日召开专题研究会。9月24日,举办“迎中秋国庆、建文明东城”活动,中央国家机关、劳动和社会保障部、北京卫戍区政治部等26个驻区中央国家机关、驻区部队负责精神文明建设工作的领导参观菖蒲河、皇城艺术馆、普度寺、那王府和柏林寺等景点,并召开座谈会,区领导卢彦、杨艺文、王红兵、章冬梅陪同。9月27~28日,全区第一次实地检查。9月29日成立创建办临时党支部。10月6日召开宣传策划工作会议,王红兵参加。10月22~29日,全区第二次综合检查,王红兵、章冬梅参加,实地考察全区25条主要大街、40条胡同、40个社区、54个单位、11个工地的15大项71小项指标。10月25日召开材料审核初审反馈意见工作会,区委组织部、宣传部,区人事局、法院等42个单位具体负责搜集整理创建材料工作人员参加,章冬梅对创建全国文明城区材料准备工作提出要求。10月30日,杨艺文听取创建工作汇报,王红兵、章冬梅参加。11月9日在皇城艺术馆召开市属有关单位创建全国文明城区座谈会。11月11~12日,创建全国文明城区工作研讨会在昌平东方文化培训中心召开,围绕“对创建工作的感受、创建工作中存在的问题和对今后工作的建议”进行研讨,区领导杨艺文、王红兵、章冬梅参加。11月17日,创建全国文明城区工作推进会在区人大召开,区领导卢彦、王红兵、王建军、章冬梅、罗嘉陵等出席,全区85个单位的正职领导参加。12月10日,召开创建全国文明城区阶段性工作总结会,总结近一个月的工作。12月27~29日,上海华夏社会发展研究院院长鲍宗豪教授一行六人应邀到东城区参观考察,就东城区创建全国文明城区阶段性工作进行指导,区领导卢彦、杨艺文、王红兵、章冬梅与专家们就创建全国文明城区工作、城市发展与管理、市民素质评价体系等问题进行研讨。 (张月眉)

对外事务

【概况】 东城区人民政府外事办公室是区政府主管外事工作的职能部门。主要职责:研究制定全区外事工作制度、工作规划和年度计划;协调、处理全区重大外事工作和涉外活动事务;负责为全区因公出国(境)人员办理护照、签证事宜;负责以区政府名义举办大型国际多边活动的对外联络、协调工作;组织接待来区访问的党和国家重要外宾;负责全区与外国友好城区(市)以及其他结好单位的有关工作;指导全区民间对外交往工作;负责受理来区采访的外国记者和外国驻京新闻机构的申请;协调处理涉及外国人管理工作的重要事项,受理外国人来信、来访;负责全区对外开放单位的审批、设立、调整和建设;开展对外宣传工作,组织制作对外宣传品;负责对全区外事干部和涉外人员进行对外政策、外事纪律和业务培训;承办区政府交办的其他事项。

单位名称:东城区人民政府外事办公室

单位地址:钱粮胡同3号

联系电话:64045154 邮政编码:100010 (宋羽琴)

【区政府代表团出访】 1月,以区长卢彦为团长的东城区政府代表团,参加在法国巴黎举办的“中法文化年北京文化周”之盛装游行和北京经贸洽谈活动,出访意大利、奥地利。代表团与意大利米兰市政府文化局长、商务局长、意大利时装协会主席等会谈,就东城区与米兰的文化商业等领域的交流合作达成共识。卢彦代表东城区与奥地利维也纳第九区区长签订两区友好合作意向书。 (宋羽琴)

【友好区(街)交往】 1月,接待德国柏林夏洛特堡区区长代表团来访;胡晓松访问东京都新宿区及韩国汉城钟路区政府。

4月,首次选派一名干部赴钟路区进行为期6个月的公务员交流活动。为钟路区大学路文化区雕塑园提供一组永久雕塑。

5月,卢彦访问日本东京都新宿区政府。

6月,韩国汉城市钟路区区长金忠勇为团长的代表团来访,两区签署《东城区与钟路区互派公务员交流协议书》。

7月,以奥地利国民议会第二议长芭芭拉·普拉玛为团长的代表团来访,卢彦与维也纳第九区区长签署《中华人民共和国北京市东城区与奥地利维也纳市第九区友好交流合作备忘录》。维也那瓦萨中学校长与六十五中学就开展友好交流事宜达成共识。为拓宽对外经济合作渠道牵线搭桥,外事办制定接待方案,举办意大利时装协会主席 Vittorio(基里尼)先生考察澳光商厦、隆福大厦以及三眼井胡同等活动。

8月,接待日本东京都新宿区区长中山弘子女士自当选后的首次来访。

8月,胡晓松会见法国巴黎香榭丽舍大街委员会委员本纳先生,就2004~2005法中文化年香榭丽舍大街在王府井大街举办有关展示活动的意向进行会谈。

9月,完成接待东京都新宿区市民代表团一行15人对东城区的友好交流访问任务。 (宋羽琴)

【中学生国际音乐节】 参与中国·北京王府井中学生国际音乐节组织工作。为参加活动的10个国家17支外国代表团共700人办理来华邀请,翻译有关音乐节的文字材料,邀请有关国家驻华使节47人出席音乐节开幕式,为音乐节开幕式、闭幕式等七场活动提供翻译、主持人英语辅导等服务。音乐节期间,促进区的六所学校与外国学校缔结友好关系。 (宋羽琴)

【外交外事服务】 3月,接待苏里南共和国总统费内希恩参观六十五中学,社会党国际主席(副总理级)古特雷斯参观文天祥祠、府学小学。接待工作受到外宾和外交部领导的赞赏。接待来自多个国家和地区的交流团、考察团或旅游团等80批,1500人次。协助组织"2004年中法友谊丝绸之路长跑——北京王府井段"活动,180名法国客人和250名北京少林武术学校学生在王府井大街进行象征性长跑活动。及时给区内各对外参观单位提出指导意见,并组织翻译力量,为10家单位的宣传折页、标识牌和录像资料等中英文材料把关。本年为149个团组342人次办理因公出入境审批及护照签证手续。为10个出国团组进行行前安全教育工作。组织编辑《2004年东城区因公出访考察报告汇编》。 (宋羽琴)

【市民讲外语活动】 制定本年市民讲外语活动详细计划和2004~2008年东城区市民讲外语活动规划。召开东城区公务员英语培训启动大会。全区各街道、委办局等单位利用板报等形式开展"每日一句英语"的学习。制定东城区国家公务员英语培训工作细则,组织两场大型英语讲座,与区人事局合作,挑选具有英语大学四级水平的公务员,进行集中培训。与区文委、体育局、园林局、东方文化集团等单位联合召开协调会,动员部署全区重点文化场馆、体育场馆、园林公园标识、说明、指示牌等中英文双语规范达标工作。继续在东四奥林匹克社区开展市民英语学习活动。以王府井商业区为重点在全区开展中英文标识规范达标活动,将王府井商业区的中英文标识规范工作从店外引入店内,王府井160户商家中除26家停业装修,其余134家全部完成店内英文标识的填加和规范工作。"十一"期间圆满完成北京劳动人民文化宫外语游园会的组织工作。组队参加北京市"市民讲英语电视大赛",获第二名。 (宋羽琴)

【培训工作】 3月,召开全区外事干部培训工作会,传达2004年市委市政府外事暨港澳工作会议精神,培训因公出访、外事礼仪等方面的知识。下发《东城区外事工作手册》和《东城区外事工作文件汇编》。与区委组织部、区人事局合作,组织35名公务员赴香港培训。联系派遣一名干部3月赴日本进行为期一年的交流研修活动。 (宋羽琴)

【境外记者采访】 本年,接待外国记者采访48批90人次,内容涉及地坛春节文化庙会、钟鼓楼文化活动,幼儿教育、胡同四合院、小学体育教育、王府井大街以及传统文化等。禽流感期间,了解区使馆内养殖禽类情况,报市有关部门。 (宋羽琴)

【智力引进】 会同教育、公安等部门共同做好区外国文教专家聘请资格审批工作,为二中和二十一中办理<聘请外国文教专家单位资格认可证书>相关手续。做好为区文委、商务局、旅游局聘请外籍顾问工作。 (宋羽琴)

国 资 委

【概况】 北京市东城区人民政府国有资产监督管理委员会(下称国资委)是区政府正处级特设机构,主要职责是根据区政府授权,依法监督管理区属企业和经营性事业单位的国有资产,履行出资人职责,指导推进国有企业改革和重组,推动国有经济结构和布局的战略性调整。国资委是区委区政府落实中央关于深化国有资产管理体制改革的要求，经市政府批准，于7月14日挂牌成立。认真落实区委区政府要求，制定相应措施，以投资主体多元化为方向，以转换企业经营管理体制为内容，以激活企业活力促进企业发展为目标，积极推进企业改制。7月，代表区政府向区人大常委会汇报东城区国有企业改革工作情况。11月，向区委常委会汇报东城区国有资产管理体制的改革情况。制定下发《学习贯彻党的十六届四中全会精神的意见》。积极建章立制，规范管理。

单位名称：东城区人民政府国有资产监督管理委员会
单位地址：和平里中街18号
联系电话：64216784　邮政编码：100013（高晓澄 黄红莉）

【调研企业状况】 8月，毛炯带领班子成员和办公室主任走访新北方旅游产业发展有限责任公司、东方置地投资发展有限公司、东方文化经济发展集团公司、奥士凯集团公司、天元发展集团公司、永安复星医药股份公司、华兴房地产开发建设经营公司、兴华美食有限责任公司、东方信达房产分公司等企业，与企业领导人座谈，了解企业现状、发展设想、存在问题及改革愿望等。编写9个较大企业经济运行分析报告。（高晓澄）

【推进企业改革】 8月31日，召开企业改制工作会议，布置企业改制工作，下发《关于企业改制工作有关安排的通知》，组建企业改制领导小组和相应的企业改制工作组，启动奥士凯改制和华兴合力重组。冯熙、岳鹏到会讲话。年内完成华兴合力重组，组建东方合力置业有限责任公司。原奥士凯集团公司所属吴裕泰茶业公司引入社会法人，区委区政府批准组建吴裕泰茶业股份有限公司的改制方案，新公司组建正在按计划实施。启动东方文化经济发展集团从东方信达公司分离组建公司工作。（黄红莉）

【资产处置和产权管理工作】 批复对校办公司下属三个企业改制资产处置备案的申请。完成改革改制企业产权转让的确认及对华仁旅行社等资产的处置。

完成《企业改制预留费用工作流程及文件汇编》和《企业资产评估管理方式工作流程》。批复区房地经营中心的公房产权代理人的申请。完成合力公司所属兴业物业公司的产权登记、备案工作。完成本年国有资产评估备案的统计上报。（张浩军）

【区领导调研】 10月，冯熙、岳鹏到国资委调研，听取国资委组建以来的工作情况和区属企业改制工作进展情况的汇报，对企业改制和近期重点工作提出要求。（高晓澄）

【国有资产管理】 11月，按照管资产和管人、管事相结合，权力、义务和责任相统一的原则，制定《东城区国有资产管理体制框架意见》，明确国资委和被授权企业各自的职责与职权，理顺东城区国有资产管理体制。组织起草《外派监事管理办法》、《外派财务总监管理办法》《投资管理办法》等管理制度，征求企业及相关单位意见，建立和完善国有资产监督管理体系。（黄红莉）

【出资企业工作会议】 11月23日，召开第一次出资企业工作会议。国资系统企业和经营性事业单位主要负责人、国资委机关干部参加。冯熙、岳鹏出席讲话。岳鹏要求进一步理顺国有资产管理体制，保证出资人职责到位；稳步推进企业改革，确保实现党代会确定的5年内完成企业改革目标；认真落实国有资产保值增值任务；加强企业党风廉政建设冯熙要求进一步加强企业党建工作。毛炯作《深化国有资产管理体制改革，提高国有资产管理水平》工作报告，介绍国资委组建情况、职责定位、近期工作以及2005年工作思路。（高晓澄）

【组织关系划转】 11月，根据区委《关于调整东方信达资产经营总公司党委等党组织隶属关系的通知》精神，完成与区企业工委、东方信达资产经营总公司的党组织关系接转工作。目前由国资委党委管理的党委8个，总支1个，党支部4个。全系统共有基层党支部107个，党员2316人。（高晓澄）

【培训】 12月29日，进行国资系统企业财务决算、国有资产统计报表培训，15家企业27名财会人员参加。要求各单位严格审查各项收支，认真清理往来款项，严把数据质量关，保证数据资料的完整。（易月明）

【企业工效挂钩工作】 开展企业2004年工资总额同效益挂钩工作，审核国资系统实行工效挂钩企业2003年工效挂钩清算结果，核定下达企业2004年工效挂钩有关基数。（温凯）

信访工作

【概况】 东城区委、区政府信访办公室是区委、区政府受理人民群众来信来访的职能部门。本年，信访工作以控制化解集体访为重点，完善人民内部矛盾排查调处机制，探索有效化解矛盾的新机制、新方法、新途径，实现信访工作的“四个转变”，即：校准排查调处“晴雨表”，实现信访问题从事后处理向事先化解转变;推进信访工作法制化,实现信访问题处理从行政协调向依法信访转变;构建“大信访”格局,实现信访问题的处理由信访部门向责任单位转变;提升服务满意度,实现信访干部从业务单一型向提高综合素质转变。全年受理群众来信来访5699件,同比下降11.9%,其中来信2415件,同比下降16%;来访3284批,同比下降8.6%。发生区级集体访158批3224人,同比上升85.9%和178.2%。受理联名信110件8092人,同比上升13.4%和139.5%。发生市级集体访14批,同比持平。信访件按期结办率为99.1%。

区属各单位受理群众来信来访来电31915件,按期结办率98.4%。通过信访渠道为群众办实事4523件,收到群众表扬信、访、电715个。开展全区性矛盾纠纷大排查工作4次,重点时期排查2次。共排查出重点矛盾纠纷1431件,列入区级重点110个。

向市信访办、区委、区政府报送信息257条,采用120条。“北京站铁道沿线居民联名写信要求解决火车扰民问题”、“芍药居太北村居民因征地问题到区政府集体上访”等信息引起了市、区领导的关注,均做出批示。在全国“两会”期间和“五一”、“六四”、“十一”期间,坚持每天收集信访动态,重点情况及时报区主管领导,突发问题随时报告,为领导及时掌握情况提供服务。

被市信访办和区委、区政府评为信息工作优秀单位,在市信访办2003年目标管理考核中被评为优秀单位,在区2003和2004年度岗位目标责任制考核中被评为特等。

单位名称:东城区信访办公室

单位地址:钱粮胡同3号

联系电话:64031118~6204　邮政编码:100010　(邵爱秀)

【重要时期信访工作】　全国两会期间区委区政府提出东城“无市级个访,区级无集体访”的工作目标。采取措施做好工作:成立“两会”保稳定领导小组,杨艺文担任组长,刘瑞宾、岳鹏、李荣庆任副组长,成员单位由区委办、政府办、信访办、政法委、公安分局等组成。岳鹏、李荣庆召开两次信访排查工作会议,要求各单位采取一切措施将问题控制化解在基层。建立“两会”信访专报制度,各单位要日排日报,实行零报告制度。对排查出的问题加大追踪、督办力度,督促责任单位及时化解。“两会”期间,区没有发生重大信访问题。为了维护“六四”期间的社会稳定,区信访办下发通知,做好信访排查调处工作:加强预测排查,对排查出的矛盾纠纷制定工作预案,重点问题及时向区有关部门汇报。突出重点,加大对群体性问题的调处力度,注重做好群众的思想稳定和安抚工作,防止矛盾激化。强化信息工作,确保信息渠道畅通,及时报告发现的信访情况和矛盾隐患。重大群体性动态,要在知情后2小时内上报。明确工作责任,确保重大信访问题得到及时处理。“十一”期间区信访办采取下列措施做好信访工作:逐级开展排查,做好矛盾纠纷隐患的预测、预防、预案工作,重点矛盾实施挂帐督办。细致梳理突出信访问题及重点信访人,逐一研究解决措施,明确责任单位。加强协调督办,清查已受理的信访问题,能解决的尽快解决答复,超期未结的催办通报,限期办结。加强信息沟通反馈,保证信息渠道畅通。严格值班制度和纪律,责任落实到人。　(邵爱秀)

【信访排查调处工作会】　4月9日,区召开信访排查调处工作会,杨艺文、刘瑞宾、边振英、岳鹏、市信访办副主任李小玲和全区130个单位的主管领导和信访干部参加。岳鹏主持。传达2004年市信访排查调处工作会议精神,总结上年信访工作,通报信访工作考核情况,部署本年工作任务,表彰信访工作先进单位及个人。李小玲赞扬东城区连续五年被评为市信访工作先进单位,认为东城区在信访和排查调处工作中领导重视,求真务实;机制创新,工作扎实;狠抓基层,基础夯实;队伍过硬,工作落实。杨艺文强调:认真落实胡锦涛等中央及市领导关于处理好新形势下人民内部矛盾的指示精神,提高信访工作水平。信访排查工作必须抓好预防、预测、预案三个环节。要关心信访干部的成长,切实加强信访干部队伍建设。9月2日,召开全区第二次信访、排查调处工作会,卢彦、边振英、岳鹏、李荣庆及全区120个单位的有关领导参加。杨艺文主持。传达中央、市集中处理信访突出性问题和群体性事件电视电话会议精神;总结上半年的信访工作,分析预测当前信访形势,部署下一阶段信访工作。要求:开展预测排查工作,掌握动态信息,加强信息沟通和反馈,确保重大问题不错报、不迟报和不漏报。做到实现对排查出的重点矛盾纠纷挂帐督办,确保重点矛盾化解率不低于90%;实现对群众到市、区集体访及有闹事苗头的重点联名信的挂帐督办;实现对到市集体访的有力控制,全年到市集体访数量不超过去年,重访率不超过50%。实现对重复上访重点人的控制和化解,化解率不低于50%。抓好落实,抓住全国“集中劝返,集中解决”的有利时机,认清自身任务,严格履行职责,集中全力解决一批重点人和重点事。　(邵爱秀)

【危改区后续工作】　海运仓、交东、民安和东四危改回迁小区居民频繁到市、区政府上访,区领导高度重视。为切实维护广大回迁居民的利益,进一步做好四片危改区的后续工作,制定《关于做好东城区四片危改小区后续工作方案》,成立危改小区后续工作领导小组，卢彦任组长，杨艺文、刘瑞宾、岳鹏、李荣庆、章冬梅任副组长，下设民安、海运仓，交东，东四危改小区三个工作小组。要求各责任单位：高度重视，充分认识做好危改小区群众工作的重要性，维护好群众利益；严格落实责任，对突发的群体性问题，责任部门要在第一时间上报情况，并赶赴现场做工作。强化信息的预测排查，确保信息沟通灵敏畅通。落实责任，防止出现推诿扯皮、失职、渎职等问题。各工作小组积极履行职责，认真处理小区居民反映的问题。（邵爱秀）

【领导调研慰问】 6月25日，市信访办李小玲一行三人到区调研群众来信及联名信的处理情况，听取区信访办领导情况汇报，认为东城区的办信工作在全市处于领先地位，化解了一大批信访矛盾。工作思路创新，社会效果明显。

9月30日，市信访办主任吴世民到区慰问，岳鹏介绍区信访工作情况。吴世民提出希望：加强自身建设，提高自身素质。加强与各部门的沟通与协调。

12月1日，市委副秘书长刘伟、市维稳办副主任肖有茂、市信访办副主任刘志洪到区调研贯彻落实中央、市预防和处理群体性问题会议精神和开展排查调处工作情况，听取区人民内部矛盾纠纷排查调处工作情况汇报。（邵爱秀）

【信访干部培训班】 7月22日举办信访业务基础知识培训，内容有：办信接访、排查调处、信访信息和信访调研等。全区各单位专兼职信访干部80人参加。（邵爱秀）

【联席会议制度】 按照市工作要求，区建立处理信访突出问题及群体性事件联席会议制度，由杨艺文牵头，5名区级领导和有关单位组成，联席会议办公室主任李荣庆，下设四个专项小组：危改拆迁问题工作小组、涉法上访问题工作小组、集中劝返专项工作小组、督查督办工作小组。区委制定《东城区处理突出信访问题及群体性事件联席会议制度工作方案》，明确联席会议主要职责和工作原则。区信访办制定提前控制方案、接人劝返预案和处理化解预案。11月25日，岳鹏主持召开东城区预防和处理群体性信访问题联席扩大会议，杨艺文、刘瑞宾、边振英和全区有关单位主要领导参加。刘瑞宾、边振英传达罗干和周永康在全国集中处理群体性事件电视电话会议上的讲话；吕瑞丽做阶段性总结；杨艺文提出要求：严格按照中央要求，认真抓好预防和处理群体性问题的工作；牢固树立首善意识、忧患意识、责任意识，进一步转变工作观念和工作作风，把积极预防和妥善处置群体性事件作为当前重要工作抓紧抓好；狠抓工作落实，认真做到环境、发展、部门、处置、信息五个统筹；作好抓排查、源头、责任、作风、教育五个狠抓，集全区之智、举全区之力创建统筹兼顾、标本兼治的大信访格局。（邵爱秀）

【群众联名信的处理】 为防止因联名信处理不当而演变成集体访，采取措施加大对联名信的处理力度。凡是5人以上的联名信都摘报给区相关领导，按领导的指示及时转办、督办；加强沟通，收到市里立案的和带有苗头性、倾向性并涉及范围较广的联名信，立即与责任单位领导沟通，将信件电传责任单位及时处理；上报信息，对联名信中反映的问题一时难以解决的，及时编写信息上报区委、区政府；现场调研，对涉及多个部门的问题主动到现场了解情况，做好群众的思想安抚工作，督促责任单位尽快处理。（邵爱秀）

【区领导接待日】 本年，领导接待日对群众的“单约”改为对上访群众和主管区领导的“双约”，满足上访人要求见具体分管领导的愿望，提高区领导接待的针对性，便于领导直接了解处理分管工作中的难点问题。将领导接待日“约访”进一步延伸为领导“下访”，使问题解决在初发阶段。全年区领导接待群众来访57件，按期结办率100%。开展律师在区领导信访接待日参与信访接待工作，对疑难涉法信访问题，邀请律师参加研究制定解决方案；对涉法信访个案，约请律师提供法律咨询。有5名律师参与接待涉法问题8批22人次。50%以上的老户走上法律诉讼渠道。（邵爱秀）

【重点问题协调会】 为确保区“两会”的稳定，12月23日，边振英主持召开重点信访问题交办会。杨艺文、李荣庆和全区有关单位主管领导出席。传达12月22日市信访工作会议精神，通报近期排查出的重点问题和重点人。李荣庆对重点矛盾纠纷逐一明确责任，现场交办，要求各责任单位按照分工切实负责，分析问题的深层次矛盾，推动问题的解决。杨艺文要求各单位要树立大局意识，处理好当前的重点矛盾和隐患。抓好落实，克服厌烦情绪。加强信息沟通与反馈，形成整体作战的态势。超前研究明年重点防范的问题，积极探索建立多元化的矛盾纠纷协调机制。（邵爱秀）

【完善工作制度】 本年，建立集体访、重点信访情况周报制度，信访件超期未结、突发重大信访问题通报制度等。修订完善《“东城区党政机关领导干部和直属企业党政正职岗位目标责任制考核办法”中信访工作‘一票否决’实施细则（试行）》和《东城区信访（排查调处）工作目标管理考核暂行办法》，加大对各单位、

领导信访责任的追究和考核力度。至年末,没出现因信访工作不到位而被"一票否决"的单位。 (邵爱秀)

档案工作

【概况】 年内宣传和贯彻《档案法》和《北京市实施 <中华人民共和国档案法> 办法》,开展全区执法检查,检查44个单位,对1个单位当场提出限期整改要求。继续推行档案工作目标管理,提高管理水平,对47个单位进行三年复查。完善档案检索手续,提高查档效率。年末馆藏各类档案118090卷,1014件,其中文书档案66577卷,专门档案49076卷,科技档案830卷;特殊载体档案1607件(盒)(纸制数码照片9855张),资料12585册。编研材料56种,256万字。区档案馆开放档案8587卷,全年利用档案3124卷册。全区各档案室接待查档14783人次,利用档案35935卷次,2644件次,利用资料1897册次。出《东城档案工作情况》信息专刊12期,各单位报送信息238篇,采用156篇。在市级以上新闻媒体刊登业务文章10篇、信息稿件50篇,在区级刊物上发表文章6篇、信息24篇。

7个单位达标晋级:和平里街道、东四街道晋升为市机关一级,东城房地经营管理中心晋升为市机关二级,4家单位晋升为合格级。

档案馆爱国主义教育基地获"北京市档案系统优秀爱国主义教育基地"称号。

单位名称:东城区档案局
单位地址:东单外交部街甲28号
联系电话:65240964 邮政编码:100005 (朱凤荣)

【档案工作会议】 3月3日召开,传达全国和市档案工作会议精神,总结上年工作、部署本年任务,表彰先进集体25个、先进个人32人和重视档案工作的领导13位。市档案局副局长姜之茂、区领导肖幼谊、毛桂芬等出席,区属各单位主管档案工作领导和档案干部150人参加。毛桂芬讲话,对档案工作提出要求。 (朱凤荣)

【岗位培训】 4月,举办第十三期档案工作人员岗位资格培训班,其中包括档案法制专题培训,区属各单位80名学员参加,全部通过考试,取得市档案局颁发的《档案工作人员岗位资格证书》。9月23~24日,举办全区档案干部专项业务培训班,近百名档案干部参加。 (朱凤荣)

【法制宣传】 4月、7月,在外交部街社区和地坛公园举办两次大规模的《档案法》社会宣传活动,设立宣传咨询站,发放宣传材料。10月15日,举办由各街道档案干部、社区干部60人参加的"档案法知识"讲座10月16日,全市《档案法》宣传日,向全区10个街道126个社区居委会发放《认真学习 <档案法> 依法管理档案事业》的宣传挂图、"档案法小常识"等宣传材料8种5000份,接待咨询3000人。 (朱凤荣)

【全程办事代理制】 4月,制定《东城区档案局关于推行全程办事代理制的实施方案》,实行"一口一网一集中"的办事模式和要求。5月28日全程办事代理制工作通过区全程办事代理工作小组的检查验收,6月1日正式启动。已受理4个改制企业要求"变更档案移交期限"的行政许可事项。 (朱凤荣)

【执法检查】 6月、9月,在全区各立档单位普遍自查的基础上,重点执法检查47个单位,检查情况书面反馈到各单位,11月25日,检查结果通报全区。对存在问题较多的1个单位当场提出限期整改要求,将3个单位列为档案行政执法检查重点监控对象。 (朱凤荣)

【爱国主义教育】 年初,东城档案馆制作《档案就在您身边》展览,利用新春佳节,在地坛庙会展出。8月,与建国门街道联合举办《外交部街胡同今昔图片展》。9月,与市档案馆共同举办"档案与北京胡同历史文化"座谈会,邀请文史与档案界同仁参加。全年爱国主义教育基地共接待参观群众15万人次。(朱凤荣)

【档案电子目录整合】 馆内全部电子目录导入档案管理系统,共计目录条目102.49万条,其中案卷级目录10.9万条、文件级目录35.38万条、专题目录55.32万条。完善、补充馆藏照片档案数据库,更新目录数据4708条,补充照片4828张。拍摄崇内大街、前后永康胡同、黄图岗胡同、北京站东街等地区危改前的原貌,照片150多张,实现全部馆藏照片档案的计算机检索。 (朱凤荣)

【信息化建设】 起草《东城区归档电子公文整理细则》,整理归档电子文件184件,补充开放档案数据库1039条目录数据。编制两个档案目录输入系统,开展东城区档案目录中心的信息采集工作。更新"数字东城"档案局分站点网站的网上办公、空中展室、留言板等栏目,新增"现行文件查询中心"栏目。建立局、馆内部邮件收发系统。制作数码照片档案的编目程序。接收数码照片144张、电子文件130件。 (朱凤荣)

【接收国庆游园活动档案】 活动筹备之初,与国庆55

周年中山公园游园分指挥部研究并下发《关于做好国庆55周年中山公园游园活动文件材料归档工作的通知》9月初档案局派员进驻指挥部，参与文件材料整理，对游园工作文件材料进行细致、周密的调研，针对文件材料形成情况，档案材料来源、载体的多样性和实际工作，建立东城区国庆档案数据库。10月22日，区档案馆接收国庆55周年中山公园游园分指挥部档案。（朱凤荣）

【拆迁档案座谈会】 10月22日，区房地局、东方康泰、东方置地等7家单位参加在区档案局举办的东城区拆迁档案工作座谈会。各单位介绍拆迁档案的管理现状及存在的问题，讨论《东城区房屋拆迁档案整理规范》。档案局对拆迁档案的规范化管理提出要求。（朱凤荣）

【编研工作】 本年完成编研材料2种：《东城的变迁》、《东城区档案利用成果集锦》，共计17.6万字。4月《四合院保护与改造中的档案管理研究》确定为市档案系统科研技术项目。（朱凤荣）

【档案接收】 本年，共接收档案1662卷、96件，资料116册，照片352张、实物3件。其中接收：改制单位金盟公司655卷；撤消单位物价局420卷；合并单位中兴公司343卷；区委组织部210卷；国庆办活动档案34卷(件)，包括文书档案28卷、实体照片2册(106张)、数码照片光盘1张(198张)、实物3件、资料15件；王府井国际音乐节活动档案96件，包括文书档案46件、光盘2张、数码照片48张。（朱凤荣）

【档案管理】 整理资料116本，光盘3张。修补破损档案1060页。消毒、清理档案178卷。对馆藏1974年44个全宗729卷文书进行开放档案鉴定，向社会开放档案275卷。对馆藏1954年9个全宗351卷5168件保存满50年的长期档案进行保管期限再鉴定。（朱凤荣）

地方志工作

【概况】 本年，编修区志和编辑年鉴两项工作按计划完成：《东城区志》通过终审，交付出版；《北京东城年鉴·2004卷》按时出版发行。中国版协年鉴研究会授予《北京东城年鉴》“中国年鉴资源全文数据库核心年鉴”称号。完成《北京年鉴》区县情栏目、《北京王府井图志》、《北京胡同志》(东城区部分)等文字及照片稿件任务。编写《奥林匹克社区专题片》脚本，参与《外交部街胡同展》前期策划并提供资料服务。

单位名称：东城区地方志办公室
单位地址：东四十一条83号
联系电话：64009361 邮政编码：100007 （张继宗）

【区志通过终审】 4月28日、5月10日，市地方志办公室主持召开《北京市东城区志》(终审稿)评审会，市地方志办公室主任王铁朋到会指导，市地方志常务副主编赵庚奇、特约编审刘景华、叶祖兴、李保田等有关专家参加，经审议认可《北京市东城区志》(终审稿)。6月14日，《北京志》主编段柄仁主持终审会审查通过该稿。（张继宗）

【年鉴出版发行】 10月，《北京东城年鉴·2004卷》出版发行。全书设17个栏目，1919个条目，约82万字，专文数量减少，文献改为节选，彩页56面，照片243幅，全面反映上年域内各单位重要情况信息。向域内单位及区人大代表、区政协委员发放年鉴1700册。与30个省、市、区、县交换年鉴。首都图书馆将《北京东城年鉴》1996～2004卷收为馆藏书刊。（张继宗）

【《东城区地情丛书》启动】 年初，经过协商与区当代北京史研究会、区政协文史委员会联合启动《东城区地情丛书》。3月31日，区政协主席吴弘勇主持召开此项工作务虚会。5月28日，召开第二次会议，确定于大力为主编，区政协、区文委、区档案局、区委党史办(区地方志办)为负责单位。6月，本单位起草《编写方案》，交付讨论。（张继宗）

机关事务管理

【概况】 本年，围绕全年总体工作思路和主要工作，在改革、调整、理顺中基本实现全年工作目标，确保机关工作正常开展。全年获市级以上先进个人4名、区级先进个人1名：市安全保卫先进个人1名、消防先进个人1名、交通安全先进个人2名，区爱国卫生运动先进个人1名。中心评选出优秀个人10名，嘉奖9名，三等功1名，优秀党员2名，优秀党务工作者1名。中心被评为区级财务管理、交通安全、安全保卫先进单位。引进大学生3名，调入专业技术人员5名，调整管理岗位4名。借用建筑专业人员1名，派出所警员3名，安全保卫管理人员1名。调出人员2名。《今日东城》刊稿4篇，《东城信息》刊稿13篇，《昨日区情》刊稿20篇，《机关党建》刊稿3篇，上报研究课题1篇，共计41余篇。与北京大学政府管理学院共同完成《机关事务管理服务中心岗位评价分析课题》研究。

单位名称:东城区机关事务管理服务中心
单位地址:钱粮胡同3号
联系电话:64031118~5411　邮政编码:100010（韩小亦）

【制度建设】 加强管理制度建设,规范工作程序。完善《机关事务管理服务中心工作规则》《岗位责任制考核实施办法》《内部资金管理办法》《内部财务审计规定》《机关办公区管理办法》等24项规章管理制度。修订科室职责,按照领导的分工,主任与副主任,副主任与分管科室签订岗位目标责任书、安全工作及消防责任书和廉政建设责任书,明确各科室岗位职责和权限,建立逐级管理、逐级负责的领导责任制。制定并落实折子工程,加大监督检查及考核力度,保证组织人员落实、制度措施落实、投入保障落实、检查考核落实。（韩小亦）

【财务资产管理】 针对区审计局意见,分析研究机关经费使用和中心各种收支情况,查找存在的问题,规范财务工作程序,制定经费和公费医疗管理办法,加大内部审计力度,撤销物业公司、停车场帐户,调整服务中心和商贸公司的帐户。全年共报销70万元。加强经费管理,提高财务经费使用效益和物资使用价值。加大资产管理力度,固定资产8600万元,按照资产类别设立三级帐,严格标准,加强帐务管理,使国有资产在建帐、整理、清查,投资预算、采购、管理、报废等环节得到控制,基本保证资产使用的节约、合理和有效。车辆管理,实行单车核算制,从故障鉴定、定点维修、定点加油、定时保养,确保安全等方面加强管理,降低能耗。食堂管理,推行成本核算,调剂花样品种,正规渠道采购,确保食品卫生,做好饮食服务保障。（韩小亦）

【房产基建管理】 3月,本着"统筹规划、规范管理、整齐划一、合理利用、改善条件、降低支出"的原则,调整机关大院有关委办办公用房,改善办公条件。4月,装修改造区人事局办公楼、区城管大队办公楼、十一条机关大院办公用房和食堂。十一条机关大院实行自助餐,整改院落,调整用房,降低预算支出。改造区委、区政府机关大院消防系统,消除隐患,粉刷修缮办公楼。5月,改造区委、区政府机关电视电话会议室、区政府交换站和大院食堂,增加会议场所,改善小型会议条件。9~10月,完成城市管委、监督中心办公楼改造,机关大院食堂煤气管线改造工程。全年,整理产权证、土地证、竣工验收备案、立项规划、资料档案等文件220份,工程档案13册,职工房改录入信息750人,共10册。完成承办的人大政协办公楼、400号棚扩建工程收尾及竣工验收工作,做好区法院审判楼工程的控规调整选址和基建工作。（韩小亦）

【政府采购】 完善机关政府采购办法,规范采购程序,调整机关事务管理领导小组政府采购小组。4月对区委、区政府领导办公设备进行询标采购和机关大院消防设施、人事局、城管大队办公用房改造等工程的政府采购。共编写人事局,机关大院、城管大队等办公楼招标文件3份,招标应对附表50份,报出文件资料500份。（韩小亦）

【安全工作】 根据机关办公区的环境特点,以防为主,防治结合,有针对性抓好薄弱环节和突出问题的治理。制定保安人员培训计划,每天利用1小时,每周两个半天学习"内保规程"等业务知识和训练执勤技能,组织以消防知识和防火为重点的安全知识培训和演习,定期检查整顿门卫传达室及大院办公秩序。增加消防基础设施和监控设备的投入,检测和维护机关大院400多个消防灭火器,彻底更换不合格或超过使用年限的消防器材。彻底改造消防管道,增加9个探头,消除监控盲点。抓车辆使用管理,保证行车安全。5月,对司机进行以"文明行车,安全礼让"为主要内容的思想教育,宣传《道路交通法》,找问题、查隐患,有步骤、有针对性地抓好各个环节安全防范,杜绝事故苗头。6月,开展"以防事故、保安全"为主题的车辆安全月活动。全年,车辆交通无重大责任事故。（韩小亦）

【服务工作】 改进服务作风,并作为考核职工工作的重要依据。加强素质培养和专业培训。3月,中心组织专业技能及更新知识培训62人次,组织专业技能竞赛54人次。全年就餐人数25万人次,会议服务2300场、5万人次,转接电话45万次,处理电话故障600次,报装电话140部,门诊2000人次,理发服务1100人次。免费发放洗衣票,自行车义务修理保持经常,扩大节日福利发放范围。组织机关女职工体检300人,处级以上干部体检54人,临时工体检85人次,与中国医疗促进会联系为干部职工义务诊疗136人次,区离退休老干部健康保健120人,完成献血8人。捐赠衣物204件,向灾区捐款4000元,向贫困地区捐款2240元,捐赠中学生书籍218本。为机关干部职工办理手机话费优惠。完成区第九次党代会、区人代会后勤保障工作,王府井中学生国际音乐节后勤保障工作,区领导慰问交警、城管和环卫工人保障工作,国庆55周年中山公园游园后勤保障工作。（韩小亦）

【增收节支】 挖掘潜能省费用。十一条机关大院电线和电信线路改造，工程询价23万元，中心利用自己技术力量动手改造，节省费用约20万元。多措并举压支出。推行定额核算、单项考核的经费管理机制，建立“单车定额考核办法”，办公费、电话费等试行定额包干管理，机关保洁工作以招投标方式，引进专业的保洁公司，平均每月节省经费1200元。杜绝浪费堵漏洞。要求职工做到多转、多看、多动和腿勤、眼勤、手勤，严堵水电等跑冒滴漏。进行技术投入，采取安装节水感应器、自动控制阀等技术革新措施，推进节水、节电管理工作。全年，机关用水同比减少3.8万吨，节省水费4.9万元。电费略有正常增长。（韩小亦）

【思想教育】 围绕区委“创建学习型机关”活动，中心重点开展思想政治教育、市场观念教育和党员先进性教育。制定廉政建设责任制度，建立分工明确、一级抓一级，层层负责的廉政管理体系，增强领导干部的责任意识、表率意识和廉洁自律意识。

（韩小亦）

北京市东城区人民政府

区长、副区长

区　长　卢　彦

副区长　岳　鹏　胡晓松　毛桂芬（女）　张家明　李荣庆（1月任）　章冬梅（女，1月任）

工作机构负责人

办公室主任	王佩立
发展计划委员会主任	刘　力（女，3月免）
	赵北亭（3月任）
科学技术委员会主任	彭　湘
商务局局长	王　健（3月任）
安全生产管理监督局局长	卢　仪（7月任）
信访办公室主任	吕瑞丽（女）
法制办公室主任	杨　新（3月免）
	陈本宇（3月任）
外事办公室主任	曲　力（女）
人口和计划生育委员会主任	张淑静（女，7月任）
民族宗教侨务办公室主任	闫　燕（女，回族）
台湾事务办公室主任	武志良
国家保密局局长	（空缺）
旅游局局长	郭培华（女，7月任）
人事局局长	王志亮
监察局局长	李立军（女，3月免）
	杨　新（3月任）
民政局局长	于秀清（女）
文化委员会主任	王锦绵
教育委员会主任	蔡福全
卫生局局长	王　炜
财政局局长	陈　虹（女）
劳动和社会保障局局长	高士令（3月免）
	许　汇（3月任）
国税局局长	尹永茂
地方税务局局长	刘宝忠
技术监督局局长	李庆源
审计局局长	陈　红（女）
统计局局长	杜美云（女）
市工商行政管理局东城分局局长	胡德安
园林局局长	王中华
国土资源和房屋管理局局长	林希孟（3月免）
	刘刚生（3月任）
环境保护局局长	李炳火
市规划委员会东城分局局长	孙　岱（女）
体育局局长	王　红（女）
人民防空办公室主任	程宝善
街道办公室主任	王佩立
爱国卫生运动委员会办公室主任	李占民
精神文明建设委员会办公室主任	杨书章（8月免）
	空缺
国有资产管理委员会主任	毛　炯（7月任）
建设委员会主任	乔世怀
城市管理委员会主任	田建军（12月任）
市药品监督管理局东城分局局长	王继珍（女）
行政学院院长	卢　彦（兼）
财贸干校校长	田茂坦
督导室主任	王汉民
城市管理监察大队队长	李　钧

区属事业单位负责人

档案局局长	张家宪（女）
环境卫生服务中心主任	赵福利
机关事务管理服务中心主任	毛　炯（7月免）
	王静荣（女，7月任）
城市管理监督中心主任	高　琦（12月任）
东四环建管办主任	李　强

中国人民政治协商会议北京市东城区委员会

【概况】 本年,围绕全区的中心工作和"十五"计划确定的奋斗目标,认真履行政治协商、民主监督、参政议政职能,求真务实,开拓进取,为东城区的改革开放、经济发展和社会稳定作出新贡献。全年,召开主席会议9次,常委会议5次,完成调研3项,形成建议案2件,提出提案293件。编写简报56期,报送社情民意信息287篇,出版《东城政协报》11期,更新网站内容编发68条简讯。邀请区委、区政府领导和有关部门负责人通报情况34次。主席接待委员日10次。

单位名称:中国人民政治协商会议北京市东城区委员会
单位地址:育群胡同1号　邮政编码:100010
联系电话:64064834　64018304　　(刘晓宪 葛乃宣)

【十一届一次会议】 1月10～14日召开。罗嘉陵主持开幕式。市政协副主席叶文虎、区委书记陈平等出席。会议审议并通过王汉民代表十届区政协常委会向大会作的工作报告,戚安国作的提案工作报告。列席区十三届人代会第一次会议开幕式,听取并讨论卢彦作的《东城区人民政府工作报告》,讨论《东城区2003年国民经济和社会发展计划执行情况及2004年国民经济和社会发展计划(草案)的报告》、《东城区2003年财政预算执行情况和2004年财政预算(草案)的报告》、《东城区人民法院工作报告》和《东城区人民检察院工作报告》。选举吴弘勇为第十一届委员会主席,罗嘉陵、生敏、戚安国、王汉民、赵亚洲、危天倪为副主席,关绍武为秘书长,王炜等50人为常委。区委、区政府领导与委员分别以经济科技、民主法制与精神文明、城建城管等三个专题进行座谈,区委、区政府各职能部门主要负责人到会听取意见建议。会议通过《政协东城区委员会提案审查委员会关于十一届一次会议期间提案审查情况的报告》和《政协东城区第十一届委员会第一次会议决议》。陈平讲话,吴弘勇致闭幕词。

(刘晓宪 葛乃宣)

【主席会议】 全年召开主席会议9次。听取区有关方面工作情况通报。主要内容有:防治禽流感工作、财政工作、社区矫正、危旧房改造与古都风貌保护、区机构改革、区司法改革、区安全生产、东二环交通商务区建设、区经济分析、区信访工作等情况。听取各专门委员会工作计划汇报、关于评选优秀提案方案、提案办理工作情况及组织全体委员视察和专题对口座谈筹备等情况汇报。审议通过关于组建政协之友的有关事项,区政协主席、副主席分工,主席会议议事规则,主席会议、常委会议及重要活动安排,常务委员会各季度工作要点,信息工作管理办法(修订稿),政协之友联谊会会长名单(草案),扶贫捐款落实小组成员名单,关于聘请区政协委员担任监督员的管理办法,关于聘任专门委员会特邀委员名单,各类监督员名单,主席督办的重点提案,关于评选表彰优秀提案的办法,常委学习考察方案,区政协秘书长会议工作规则(草案),区政协优秀提案名单,区政协十一届二次会议有关文件等。审议需要常委会议通过的调研报告及建议案。

(刘晓宪 葛乃宣)

【常务委员会会议】 第1次会议　3月5～6日召开,罗嘉陵主持。审议通过区政协常委会工作规则,副秘书长名单,专门委员会设置,专门委员会主任、副主任名单,专门委员会通则,本年工作要点。通报主席、副主席分工和第一次主席会议有关事项。关绍武通报本年主席会议、常委会议及重要活动安排。

第2次会议　4月28日召开,罗嘉陵主持。听取区纪委关于党风廉政建设情况通报,协商讨论东城区依法治区五年规划(草案),听取区卫生局关于东城区防控非典工作汇报,听取区政协各专门委员会本年工作计划的报告。吴弘勇讲话。

第3次会议　7月23日召开,罗嘉陵主持。听取区创建文明城区工作情况和区爱国卫生工作开展情况的通报,审议通过《关于加强和改进东城区未成年人思想道德建设的建议案》,《政协北京市东城区委员会秘书长会议工作规则》,《关于撤消孙仲齐政协委员资格的决定》。毛桂芬讲话。

第4次会议　9月27日召开,罗嘉陵主持。审议通过《关于促进王府井现代化商业中心区进一步繁荣发展的建议案》和《政协东城区委员会关于创建学习型政协组织的意见》。听取东城工商分局关于市场主体准入制度改革情况通报和区环保局关于环保工作情况的通报。吴弘勇讲话。

第5次会议　12月16～17日召开,罗嘉陵主持。听取区委、区政府办公室落实政协建议案和提案办理情况的通报,听取区政协各专门委员会本年工作总结,审议通过区政协十一届二次会议有关文件。

(刘晓宪 葛乃宣)

【专门委员会工作】 提案委员会 年内提出提案293件。立案287件,其中党派、团体提案23件,委员提案264件;由区委、区政府办理的259件,区人大办理2件,本会办理3件,转市有关部门及外区研究参考23件。与区委办公室、区政府办公室联合召开本年提案办理工作会议,部署提案办理工作,表彰提案办理先进单位和先进个人,对承办干部进行业务培训。组织委员培训1次。推进重点提案督办工作,开展通报、座谈、追踪、视察等活动。在园林局召开提案办理协商座谈会;听取区委研究室、交通支队、区发改委、东方信达资产经营管理公司等单位提案办理落实情况的通报;与区委办公室督察室对区卫生局、区教委落实党派提案进行督办;在二十五中召开重点提案督办会议;与区政府办公室联合召开党派提案办理协商座谈会。召开提案委扩大会议评选本年度优秀提案。听取区委办公室通报党派、团体提案办理工作。

经济科技委员会 组织专委会委员培训会。邀请全国人大代表、中央民族大学及兰州大学名誉教授、香港太平绅士王敏刚作关于发展文化与商业经济的报告。多次召开有政府职能部门和王府井商家参加的关于王府井升级战略专题调研座谈会,开展向专家顾问咨询的有关活动,形成了关于促进王府井地区进一步繁荣发展的建议,提交常委会审议。

城市建设和管理委员会 与经济科技委员会联合组织委员培训会。召开"古都风貌保护和文保区危旧房改造"调研课题会,视察钟鼓楼、交道口秦老胡同20号挂牌保护四合院、1号大杂院等地,调研座谈改善居民住房条件和古都风貌保护问题。举办"历史文化保护区内保护、改造、发展"研讨会。

文教卫体委员会 组织专委会委员培训会。组织委员协商区政府《关于深化教育改革,加快东城教育发展的意见》。举办庆祝护士节座谈会、高招咨询会、"教书、育人、敬业、奉献"专题座谈会。

学习和文史委员会 召开专委会委员培训会。举办学习贯彻全国"两会"精神报告会。考察区未成年人思想道德建设工作,视察东四五条幼儿园、灯市口小学和第六十五中学。召开社区公民道德建设与进一步加强和改进未成年人思想道德建设工作座谈会,形成《进一步加强和改进未成年人思想道德建设的建议案》,提交常委会审议。组织委员参观纪念邓小平诞辰100周年图片展览。

社会法制委员会 组织专委会委员培训。举办庆"三八"茶话会。听取依法治区五年规划的情况介绍。视察建国门街道办事处丰收社区和东城区工商分局建国门工商所。了解依法行政工作。视察区检察院和公安分局看守所,了解区司法体制改革情况。组织委员到区法院参加庭审旁听。组织部分特邀监督员和部分委员了解区实施《行政许可法》前的准备情况及全程办事代理制工作开展情况,听取区法制办和发改委关于实施《行政许可法》准备情况和全程办事代理制工作开展情况的通报,视察区工商分局、区政府服务经济大厅、景山街道办事处和区国税分局等单位。与其他专委会组织部分政协新老委员听取区政府职能部门有关食品安全情况介绍,察看区食品安全状况。看望慰问交通干警和公安干警。组织监督员培训,召开监督员工作总结联谊会。

民族宗教委员会 组织专委会委员培训。与区委统战部联合举办东城区第八期民族宗教代表人士学习班,邀请市宗教局局长张恕贤作如何加强宗教团体自身建设的报告,中央党校教授、民族宗教研究室主任龚学增作宗教形势问题的报告,区委研究室主任作东城区未来五年工作展望的报告。组织部分委员到怀柔区喇叭沟门满族乡参观学习。在宗教节日慰问东外清真寺、安外清真寺和南豆芽清真寺、基督教崇文门堂、天主教东交民巷堂和王府井堂等。视察少数民族定点企业北京金漆镶嵌厂。

港澳台侨委员会 组织专委会委员培训。组织委员参加台湾形势报告会。与区台办联合举办学习两办《声明》,维护祖国统一台湾形势座谈会。组织部分委员视察东城区台资企业。召开纪念邓小平诞辰一百周年座谈会。举行中秋茶话会。参观侨资企业中国紫檀博物馆,视察北京金漆镶嵌厂。组织香港委员参观市规划展和北京金漆镶嵌厂。 (刘晓宪 葛乃宣)

【主席与委员座谈】 3月26日、5月21日、11月12日、11月19日,吴弘勇分别以如何当好新一届政协委员、如何履行好民主监督职能、政协专委会对本年工作的意见和建议等为题,和部分委员交流与沟通。

(刘晓宪 葛乃宣)

【政协之友联谊会成立】 4月1日举行政协之友联谊会成立大会,罗嘉陵任会长,于大利任名誉会长。成立后组织部分会员参加东城区首届退休干部趣味健身运动会和参观活动。 (刘晓宪 葛乃宣)

【教育改革与发展研讨会】 4月21~22日,在东方文化培训中心召开专题研讨会,座谈东城区教育改革与发展问题,卢彦、毛桂芬,王建军、肖幼谊及区政协领导出席。政协委员及特邀的部分中小学校长80多人参加。王汉民主持。蔡福全通报区教育改革实验区方案。市人大副主任陶西平、北京师范大学副校长董奇、北京教育科学院可持续发展教育研究中心主任史根东

作专题发言。毛桂芬讲话。　(刘晓宪　葛乃宣)

【王长连来区调研】　5月18日,市政协副主席王长连带领市政协委员到区调研古都风貌保护和危旧房改造情况,参加第4次主席会议的人员陪同。

(刘晓宪　葛乃宣)

【信息工作】　5月25～26日,召开区政协信息工作及东城政协报编委会成立会议,市政协研究室信息处处长宗朋作题为如何做好政协反映社情民意的信息工作的报告。本年共报送各类信息287篇,编发《社情民意》234期。得到市、区领导的批示93篇,被中办和全国政协采用3篇,市级信息刊物采用65篇,区委、区政府采用147篇。有14篇分别被市政府、市政协、区委、区政府评为优秀信息。召开信息工作漫谈会3次。通报2003年区政协被市、区评为信息先进单位和"三优"单位情况。　(刘晓宪　葛乃宣)

【常委赴西柏坡学习考察】　6月9～12日,组织常委和部分委员赴西柏坡等地学习考察,瞻仰中共中央旧址、七届二中全会旧址,学习毛泽东在七届二中全会上的报告、胡锦涛视察西柏坡时的讲话和新修订的政协章程。与河北省政协进行工作交流,常委们交流学习考察体会。　(刘晓宪　葛乃宣)

【委员活动日】　7月2日,在区政协机关大楼举办十一届区政协首次委员活动日,通过开展报刊图书阅览、医疗咨询、书画联谊、摄影讲座、观看录像片、电脑咨询等活动,加强委员的联系与沟通。　(刘晓宪　葛乃宣)

【听取区政府工作通报】　7月21日,区政协委员听取区政府半年工作及区法院和检察院半年工作通报,座谈政府工作。　(刘晓宪　葛乃宣)

【监督员培训班】　7月28～29日,举办担任党风廉政监督员的委员培训班,邀请区委、区政府有关部门领导专题授课,与监督员进行互动式座谈和交流。曾刚健到会讲话。　(刘晓宪　葛乃宣)

【捐资助学】　委员在十一届一次会议期间为区中小学贫困学生助学捐资21万元。成立扶贫助学捐款落实小组,制定扶贫助学资金管理办法。8月19日举行扶贫助学捐助仪式,首批捐助贫困学生30位。

(刘晓宪　葛乃宣)

【考核创建文明行业】　10月12日,召开委员参与区创建文明行业现场考核工作动员会。10月中下旬,30多位委员检查考核区创建文明行业情况。12月10日,召开总结会,区文明办和被考核单位对委员现场考核工作给予高度评价。　(刘晓宪　葛乃宣)

【视察重点工程】　10月26日,组织全体委员视察一七一中学新建教学楼、东二环商务区、东四街道奥林匹克公园和北京站东街改造等重点工程。岳鹏、胡晓松、张家明、李荣庆等向委员们详细介绍各项工程的投资建设情况。　(刘晓宪　葛乃宣)

【政协理论与实践研讨会】　11月4日,举办区政协民主监督问题专题研讨。部分政协常委、民主党派、区委区政府各部门聘请的各类监督员等50多人出席。陈平、吴弘勇等领导出席并讲话。

(刘晓宪　葛乃宣)

中国人民政治协商会议北京市东城区第十一届委员会

主席、副主席、秘书长、常务委员

主　　席　吴弘勇

副 主 席　罗嘉陵　生　敏(女)　戚安国　王汉民　赵亚洲　危天倪(女)

秘 书 长　关绍武(满族)

常务委员　(以姓氏笔划为序)

王　炜　王建川　仇强胜(女)
尹铁铮　田永林　史继生
齐白宏　牛[illegible]　刘昆玉(女)
刘美丽(女)　刘景旭　杨　壮
杨　玲(女)　杨文玉　杨金生
杨春林(女)　杨智敏(回族)　李　宪(女)
李礼强　李立民　李庭寿
李霭君(女)　肖　燚　张万芝(女)
张为红(女)　阿里木江·沙比提(维吾尔族)
陈万远　陈子云(女)　陈海忠
武志良　季　元(女)　金恒绩(满族)
郎理英(女)　孟和乌力吉(蒙古族)
赵　勇(满族)　赵北亨　胡书宁
夏从心　袁海鹏　徐鹏程
高宗耀　陶　洪(女)　韩仲元
韩春旭(女)　董　骜　谢国立

蔡福全　　熊江平　　滕亚杰(女)
潘新洋

工作机构负责人

提案委员会　戚安国(兼)
经济科技委员会　赵亚洲(兼)
城市建设和管理委员会　朱宪一
文教卫体委员会　王汉民(兼)
学习和文史委员会　李霭君(女)
社会法制委员会　危天倪(女、兼)
民族宗教委员会　金恒绩(满族)
港澳台侨委员会　陈海忠
办公室主任　张平生
研究室主任
联络一处主任　刘国一
联络二处主任　张国忠
联络三处主任　郇烈中

北京站地区管理处

【概况】 北京站地区管理处是北京市人民政府派出机构,由东城区代管。承担地区治安、交通、工商、城管、环保、市容环境、清洁卫生、精神文明建设等项工作。内设两室三科,下属单位有:东城区城市管理监察大队北京站分队、北京站地区环卫所、隆达物业管理有限责任公司。本年工作思路:"内强素质、外树形象、以人为本、团结进取、努力打造现代化大都市窗口地区新形象"。围绕市政府为群众办的实事(北京站地区环境和社会秩序整治、北京站东街环境改造)为工作重点,站区的社会秩序、城市面貌、环境卫生等方面得到全面提高。站区连续五年被首都精神文明委员会评为"首都文明单位标兵",北京市春运工作协调小组授予管理处"2004 年春运工作先进集体"。实现安全、顺畅、干净、漂亮的工作目标。

单位名称:北京市人民政府北京站地区管理处
单位地址:北京站东街 8 号信通大厦 4 层
联系电话:85267207　邮政编码:100005　(郑一萍)

【卢彦部署环境整治工作】 1 月 2 日,卢彦、张家明到站区管理处传达市政府会议精神,北京站地区的环境整治列入市政府 2004 年为老百姓办的 56 件实事之一,并提出五点要求:加大北京站及周边环境整治力度,确保春运及"两会"期间的秩序稳定;建立配合、协调和联动机制,制定配套的联合整治方案;按照管辖区域明确职责,落实责任制;针对出现的问题,采取有效措施;深入动员宣传教育,使大家确定首都窗口意识,树立责任感和光荣感。(郑一萍)

【春运暑运】 春运 1 月 7 日~2 月 15 日,历时 40 天。共安全运送旅客 647 万人,同比增加 28 万人,增长 4%;其中上车 292 万人,增长 6%,下车 355 万人,增长 2%。北京站实现优质服务、安全生产。

暑运 7 月 1 日~8 月 31 日,历时 62 天。运送旅客 986.83 万人,其中上车 491.97 万人,下车 494.86 万人。

全国铁路第五次提速,春、暑运期间客流量增加。综办牵头,城管配合,及时组织交通部门采取未堵先疏,未乱先整的措施,早班提前至 4 时,晚班推迟至 21 时,加强警力疏导,缓解交通压力。大力整顿交通秩序,处理违规运营出租车 1369 起,三轮车和摩的 1340 起,规范出租车运营秩序 6210 起。查处治安案件 487 起,北京站公安段铲除一黑旅店,抓获嫌疑人 8 人。

(郑一萍)

【慰问部队】 1 月 30 日,站区领导到武警六支队二中队驻地看望全体官兵,送去 2000 元春节慰问品,并将 2500 元救济金送到五名特困战士手中。(郑一萍)

【严防禽流感】 2 月 10 日,站区管理处召开北京站和北京站工商检查站有关领导紧急会议,传达京防指字[2004]43 号文件精神,部署进一步加强严防禽流感工作。采取三项措施:严把进口关,严格检查托运;在出站口通道悬挂"禁止携带禽类产品进京"等标语,加强宣传力度;在出站口通道设立回收箱,回收旅客携带的禽类产品。(郑一萍)

【服务"两会"】 3 月 1~16 日,在全国"两会"安全保卫工作中,站区各职能部门做到八到位:精心组织到位、领导责任到位、接待服务到位、上访人员处置及时到位、治安防范到位、交通秩序规范到位、市场经营管理到位、市容环境整治到位。共接送代表乘坐列车 81

趟,确保1336名“两会”代表安全抵离京。(郑一萍)

【站东街环境整治工程】 5月9日启动,12月中旬结束。拆迁居民、商户和单位150户,腾退占地1.8公顷。道路长894米,路面由27米拓宽成60米,分为机动车、非机动车、行人三隔离的板路。新增绿地千余平方米,栽植银杏54株,各种草本植物3万株(2米绿化带和三个绿化景池)。架空电线入地,新建电力井25座,安装电力设备26台,铺设电缆3100米。安装路灯井54套,铺设管线1930米,铺设路灯电缆2150米、地线网2060米,新建电信电缆3200米。(郑一萍)

【抓获罪犯】 3月27日,北京站公安段7个小时抓获公安部A级特大杀人通缉犯黄俊亮。北京站派出所连续抓获4名网上在逃犯。本年在站区落网的通缉犯共30多人。北京站刑警队侦破以拉黑车进行长途运营的黑霸,抓获携带2支手枪的刘庄富(黑龙江伊春市人)。(郑一萍)

【安全工作】 本年与辖区单位签订防火安全责任书45份、安全承诺书16份。召开动员会、培训会19次,发宣传材料2200份,宣传画200张。组织百家百人防火演习培训和公安、保安义务消防员等专业队伍的现场灭火演练。防火检查300多次,整改隐患180起。派专人监督管理站内施工工地,现场纠正违规操作112次,填写限期整改记录单47份,采取临时补救防范措施477处。全年没有出现火灾隐患。提高对各类突发事件的处置能力,经常检查小件寄存等部门,对站区11家小件寄存单位开展6次模拟防爆演习。2月28日,组织铁路公安段在站内第三候车室举行防爆演习。(郑一萍)

【新老兵转运】 新老兵转运工作11月25日~12月30日,历时40天。站区管理处严密组织,专人负责,协调交通队、卫戍区纠察二连和武警十三中队,划出军车停放区域。第一天,三百多台运兵车辆停靠有序,5000多名复员战士顺利离京。各部门密切配合,圆满完成新老兵转运工作。(郑一萍)

【领导视察 慰问】 1月9日,国务委员、国务院秘书长华建敏由铁道部部长刘志军陪同,检查北京站的春运工作。察看体温检测站、售票室、候车室和站台旅客上下车情况,听取站长王丽娟汇报。

1月9日,王岐山、刘志华由市政府秘书长刘晓晨陪同检查北京站地区春运环境和社会秩序保障工作。

1月27日,副市长牛有成到北京站检查非典防控工作。

5月1日,陈平、卢彦等区领导到北京站地区慰问节日期间战斗在工作岗位的环卫工人和城管队员。

12月31日,区领导陈平、卢彦、刘鹏庆、曾刚健、杨艺文、刘瑞宾到站区检查工作,看望北京站派出所的干警们,送去慰问金一万元。(郑一萍)

【打击票贩子】 北京站公安段从承德、张家口等地调集警力200人,专门打击票贩子。开展“京城会战”,设置三道防线(广场、进站口、站台)把住五个口子(东、西广场出入口,东、西地铁口,过街桥),并向站区周边延伸,全方位打击全时段监控。在春运、暑运、“五一”、“十一”黄金周期间,共抓获票贩子176人,收缴火车票418张,价值7.85万元。

严厉打击倒卖假发票人员,站区公安部门发现一个,治理一个,处理贩卖假发票102人,收缴假发票1.89万张。(郑一萍)

【查处“黑车”】 3月1日起实施《国务院关于进一步推行相对集中行政处罚工作的决定》,北京站城管分队加大对非法从事出租汽车、小公共汽车、人力三轮车和导游活动等违法行为的打击力度。至12月末,北京站地区共查处黑出租车111辆,省际长途非法运营车16辆,黑三轮135辆,黑摩的81辆。(郑一萍)

【火车站地区综合管理经验交流会】 9月5~12日,全国第十五届大中城市火车站地区综合管理经验交流会在湖南长沙举行。25个大中城市站区管理单位的代表,4名特邀代表出席。邵军作《建设发展中的北京站地区》的发言。会议主要议题是“如何运用科学发展观,统筹火车站地区的综合管理”,提高快速处理突发事件的能力,达到有效控制。

(郑一萍)

北京站地区管理处主任 卢彦(兼)

ZHENGFA JUNSHI

政法军事

政 法

【概况】 本年，区政法维稳工作围绕区工作大局，圆满完成全国“两会”、十六届四中全会、建国55周年庆祝活动等重大安保政治任务。坚持严打方针不动摇，依法严惩一批严重刑事犯罪、经济犯罪分子。落实社会治安综合治理的各项措施，专群结合，群防群控。围绕“落实政策、深化斗争、拓展职能、夯实基础”四项重点工作，取得同法轮功等邪教组织斗争的新胜利。开展依法治区，社区矫正工作。落实司法改革的各项措施，为东城区经济发展和社会全面进步提供有力的司法保障。开展争先创优活动，涌现出一批全国和北京市的先进集体和个人。

单位名称：中共东城区委政法委员会

单位地址：钱粮胡同3号

联系电话：64032067 邮政编码：100010 (臧汝奇)

【“两会”安全保卫工作】 区委政法委坚持“打防结合、预防为主、专群结合、群防群控”方针，全面动员部署全国“两会”安保工作，组织召开现场会，分析研判重点问题，排查督办重点隐患。成立“两会”安保工作督察组，不间断地检查全区安全工作，对安全隐患现场协调、现场解决，坚决限期整改。加强信息研判，畅通信息渠道，及时汇总情况，坚持日报，以《情况通报》形式连夜将市区有关指示精神传达到区属各单位，及时做到上情下达。东城公安分局、交通支队等政法各部门和各街道、地区做到领导、责任、组织、措施、人员到位，圆满完成安保工作任务。确保东城区社会治安防范、安全生产、防火等不出现重大事件。不发生法轮功聚集和插播事件，不发生影响首都稳定的重大群体访事件，确保全国人大代表、政协委员进出东城区开会、参观、游览、购物时人身和通行安全万无一失。3月22日，市委政法委员会转发《关于全国“两会”期间首都维护稳定工作情况的通报》，肯定本区“两会”安保工作。市委政法委员会和市维护稳定领导小组办公室专门发出电函表彰本区在全国“两会”安全保卫和维护稳定中的出色工作。4月1日，在地坛公园方泽轩召开东城区全国“两会”安保工作总结茶话会。陈平、卢彦等区领导及区属各街道、地区工委书记，办事处主任以及主管政法、综治的副书记、副主任出席，杨艺文主持。 (臧汝奇)

【十六届四中全会及国庆安保工作】 区委政法委先后制定下发《关于切实做好当前维护社会稳定工作的意见》、《东城区关于确保党的十六届四中全会和国庆活动期间社会安全稳定的工作方案》，对区属31个部门、单位的有关职责具体分工，明确责任人，务求做到防止爆炸、防止火灾、防止交通事故、防止拥挤死伤事故、防止群体性事件、防止“法轮功”滋事。确保出席国庆活动的党和国家领导人的安全，确保各项庆祝活动的顺利进行，确保不发生重大安全事故。组织召开东城区建国55周年庆祝活动动员部署大会。公检法机关对可能影响四中全会、国庆安全和群众安全感的重点案件保持“严打”高压态势，严厉打击各类违法犯罪活动。各街道、地区加强治安重点地区整治工作，加大清理整治工作力度。组织召开打击“交通违法危害公共安全”公开宣判大会；开展外地进京上访人员集中劝返和生活无着人员救助统一行动。对全区社区服刑人员进行法制教育。做好中山公园和劳动人民文化宫等重点地区和游园场所、国庆升旗仪式的安保工作。确保四中全会和国庆期间安全稳定。 (臧汝奇)

【英模代表新春茶话会】 1月19日，召开政法系统英模代表新春茶话会。市人民满意的政法干警(单位)、二等功以上获得者及荣获全国、市荣誉称号的30余名英模代表出席。 (陈智军)

【政法 维稳工作会议】 2月11日，召开政法、维稳工作会议。杨艺文、刘瑞宾、岳鹏，王建军、罗嘉陵等领导及全区政法、综治、610系统及维稳成员单位600名干部出席。表彰上年度政法系统人民满意的政法干警标兵4名、先进个人100名及人民满意的政法单位20个；处理和防范法轮功邪教组织工作先进个人160名，先进单位50个；社会治安综合治理先进个人142名，先进单位75个。向政法系统35篇学术论文的获奖代表颁发证书。传达中央、市委关于本年政法、综治、处理和防范法轮功邪教问题工作精神。杨艺文回顾上年工作，部署本年工作。 (陈智军)

【集中处理涉法上访工作】 根据中央和市委政法委对集中处理涉法上访问题的部署和要求，多次召开会议部署集中处理涉法上访问题。成立区集中处理涉法上访问题领导小组，在政法委设立办公室专人负责。

印发市委政法委《涉法上访案件结案标准》，对涉法上访个案认真分析，提出解决方案。起草下发《关于妥善处理群体性事件和维护群众上访现场秩序的实施办法》、《关于建立长效工作机制，妥善处理涉法上访问题实施方案》。全区排查出的涉法上访问题40件，已基本化解、平息或撤销。（陈智军）

【刘伟检查安保工作】 2月25日，市委办公厅副秘书长、610办主任刘伟等到区检查全国“两会”安全保卫工作情况。检查组在“东方新天地”门前参加东城区全国“两会”安全保卫工作启动仪式；在东华门办事处听取“两会”安保工作情况汇报。区委政法委、综治办、610办、信访办、公安分局、东华门街道汇报部署落实“两会”安全保卫工作情况。刘伟指出：要加强领导，精心组织，措施到位，克服困难，确保万无一失。转变观念，针对新情况、新形势，积极探索做好维稳工作和各项安全保卫工作的长效机制。狠抓工作落实，把各种隐患消灭在萌芽，解决在基层。会后，检查北京饭店、贵宾楼两处代表、委员驻地。（陈智军）

【“保钓”维稳工作】 3月25日，在东城文化交流中心，杨艺文主持召开区维稳领导小组全体会议，传达市委政法委会议精神，就日本方面扣留我民间“保钓”人士事件部署维稳工作。①高度重视，各负其责，密切关注事态发展，要责任到人，做好疏导和有关防控工作。②加强领导，讲究策略，积极引导，宣传和教育群众相信政府可以妥善解决此事，防止矛盾转化，防止引发其他矛盾。③妥善保护区日本驻华企业、机构、办事处和日籍人员的人身和财产安全。④加强信息报送和值班工作，掌握在校学生的思想动态和社会反映，防止爆发大规模的反日活动。岳鹏强调：各单位各负其责，注意发现、搜集信息，及时上报，防止有人借机闹事。会后，区委政法委（维稳办）下发《关于做好近期值班和信息报送工作的紧急通知》。（陈智军）

【政治工作会议】 4月5日，在地坛公园召开本年政法系统政治工作会议，研讨、部署本年队伍建设工作，政法各单位政治处负责人出席。传达吉林在全市政法工作研讨会上的中心发言，学习市委政法委副书记段桂青在全市政法队伍建设工作会议上的报告，讨论区委政法委本年政治工作要点，讨论建设学习型领导集体及组织工作，初评上年提交的调研文章，部署政法队伍领导班子、人员现状、干警培训需求、奖惩情况调查。（陈智军）

【党风廉政专题报告会】 4月8日，在区委党校报告厅举办政法系统党风廉政专题报告会红旗出版社副总编黄苇町结合《中国共产党党内监督条例（试行）》、《中国共产党纪律处分条例》，为180名干警作专题报告。政法委给参会人员发放《厚望——学习党内监督条例》一书。（陈智军）

【维稳信息工作会议】 4月15日召开。政法各单位、十个街道及两个地区信息工作负责人、信息员参加。总结上年信息工作，部署本年信息工作，表彰信息工作优秀单位21个、先进个人45名。（陈智军）

【处理拒执问题协调会】 4月16日，召开处理拒执问题‘三长’协调会。学习吉林在市公检法机关贯彻执行《刑法》313条立法解释“大三长会”上的讲话，传达市高级人民法院、人民检察院、公安局关于贯彻全国人民代表大会常务委员会《关于＜中华人民共和国刑法＞第三百一十三条的解释》的会议记要和北京市高级人民法院、人民检察院、公安局《关于依法打击拒不执行判决、裁定犯罪行为的通知》精神，研究和部署区公检法机关贯彻落实工作。会议决定成立处理拒执问题协调小组及办公室。（陈智军）

【办理涉烟犯罪案件协调会】 4月21日，在区烟草专卖局召开东城区“依法办理涉烟犯罪案件‘三长’协调会”，部署贯彻落实全国和市专项工作会议精神。

东城烟草专卖局负责通报烟草专卖工作和全国制假、贩假、走私烟草制品有关情况，传达最高人民法院、人民检察院，公安部，国家烟草专卖局《关于办理假冒伪劣烟草制品等刑事案件适用法律的座谈会纪要》和北京市高级人民法院、人民检察院、公安局、烟草专卖局《关于依法办理涉烟犯罪案件工作研讨会会议纪要》、《关于依法办理涉烟犯罪案件有关问题通知》。讨论贯彻落实全国和北京市专项工作会议精神。

会议决定：成立由区委政法委、烟草专卖局、公安分局、检察院、法院的主管领导和相关工作人员组成的“依法办理涉烟犯罪案件工作协调小组”；公、检、法机关各司其职，加强协调配合，依法严格查处涉烟犯罪案件；加强王府井、北京站等重点地区涉烟管理和检查力度，震慑罪犯，进一步规范烟草市场经营秩序；确定专项工作程序；加大对烟草专卖局工作人员法律、法规知识的培训；发挥属地管理职能，加强与街道的协调配合；加强对假、冒、伪、劣烟草制品鉴别、查处和涉烟犯罪案件审理的宣传。（陈智军）

【维稳工作领导小组会议】 4月21日，在区政府召开维稳工作领导小组全体会议，区维稳工作领导小组成员单位主要负责人及区属十个街道、两个地区的主管书记、主任出席。岳鹏主持。传达《北京市维稳工作领导小组关于切实做好当前维护首都社会政治稳定工作意见》，通报社会治安情况，传达4.21市维稳工作会议精神，部署东城区4.25～6.4期间维稳工作。6月4日，区维护稳定工作领导小组办公室主任臧汝奇主持召开专题会议，具体部署妥善处置群体性事件、维护群众上访现场秩序工作。（陈智军）

【接待外省市考察】 5月11日，内蒙古自治区通辽市政法考察团一行24人，到区考察政法维稳工作。慕平、杨艺文、市政法管理学院副院长杜石平等陪同。在和平里街道办事处会议室举行座谈会，介绍东城区政法、综治、610工作及和平里地区维稳综治工作基本情况。双方就政法维稳工作的队伍建设、干部管理、工作机制等问题交流讨论。实地考察和平里街道工委办事处政务大厅、司法调解庭等。9月6日，浙江省金华市政法考察团一行12人，到区考察科技创安工作。介绍区政法、综治工作情况，科技创安工作情况；和平里街道办事处介绍街道科技创安工作情况。双方就政法及科技创安等问题进行交流。12月7日，内蒙古兴安盟科右前旗政法考察团一行5人，到区考察社区矫正工作。区司法局介绍区有效开展社区矫正工作的总体情况。双方就矫正工作交流座谈。（陈智军）

【东北三场集体访工作】 6月15日，刘伟调研“东北三场”（黑龙江兴凯湖农场、吉林洮河农场、黑龙江音河农场）回京人员集体访问题，听取东城区“东北三场”回京人员摸排工作的整体情况和北新桥、和平里、安定门、东华门街道关于开展摸排具体工作的汇报及处置工作意见与建议。刘伟肯定东城区摸排工作细致、扎实、底数清楚，要求做好有关工作，掌握维稳工作的主动权。

7月9日，在区委召开部署做好“东北三场”回京人员集体访问题及东城区重复上访问题等工作。传达市委政法委、市维稳办有关会议精神，介绍“东北三场集体访问题”的基本情况。部署做好该项工作：进一步做好摸排工作，逐人制定解决方案；加强培训工作人员，部署做好东城区六名重复上访重点人工作。按照市维稳办的统一部署，7月28日全市统一开展“东北三场”等缠访聚集人员集中整治行动。地坛体育馆为统一行动的登记、训诫场所，当天共接收在市委、市政府门前上访人员75人。完成市委交给的任务。（陈智军）

【专题安保协调会】 市禁毒办、团市委、北京青少年服务中心等于6月2～14日共同在地坛公园举办“北京市禁毒志愿者在行动主题游园会”，同时举办“北京夏季书市”。区委政法委于5月18日、28日在地坛公园召开专题安保工作协调会，协调部署游园会组委会、东城区公安分局、区园林局、和平里街道、东城交通支队、工商分局、地坛公园管理处等单位的工作职责和任务分工。针对地坛西门过街桥、防火、防汛、防盗、处置突发事件重点问题，严密预案，强化防范措施，举行防火防爆安全演习。共接待游人35万人次，举办大型演出7场，没有发生任何安全事故。（陈智军）

【“亚洲杯”赛安保工作】 7月16日，根据市委政法委、市维稳办关于加强“亚洲杯”赛事期间安全稳定工作的通知精神，区委政法委、区维稳办制定《关于加强“亚洲杯”赛事期间安全稳定工作的通知》，发至全区政法各单位、各街道及有关部门。要求：加强情报信息工作；加强和完善突发事件的处置方案；专群结合，加强社会面的控制工作；完善群体性事件的处置方案；规范和加强涉外治安事件的处理。（陈智军）

【杨艺文慰问保安员】 8月6日，杨艺文代表区委、区政府到和平里医院看望慰问勇斗歹徒身负重伤的保安员贾建利。8月1日下午4时，20岁的保安员贾建利与其他5名保安员及安外派出所民警在和平里美廉美超市附近围堵8名抢劫犯罪嫌疑人时，被一名嫌疑人用弹簧刀刺中右胸部，身受重伤，仍奋力追上将歹徒死死抓住，其他保安员及时赶到将其抓获。杨艺文代表区委、区政府向贾建利表示慰问，赠送花篮和慰问金。赞扬贾建利用鲜血护卫了一方平安，是人民的好保安，是首都的好卫士。（陈智军）

【中学生音乐节安保工作】 5月14日，在区教委召开组委会安保组全体会议，对《北京王府井中学生国际音乐节安全保卫工作方案》、安保工作组织机构及工作职责、重点演出场地分设安保指挥部组成人员、警力及标兵部署及任务分工、安保具体工作措施等做周密部署。音乐节期间，政法委协调公安分局、交通支队、保安公司以及检察院、法院、各街道组织安保力量上千人次，确保安全保卫工作万无一失。

普度寺音乐专场和闭幕式从区检察院、法院以及东华门、建国门、朝阳门、景山、和平里、交道口等街道抽调干部540人次组成标兵队伍维护现场秩序。音乐节于8月9日顺利落下帷幕。（陈智军）

【慕平检查指导工作】 9月1日，市委政法委常务副书记慕平一行5人，到区检查政法系统深化“执法为民、服务发展”主题及涉法上访等工作。区委政法委等有关单位主要领导汇报全区政法系统和本单位自上年4月开展“执法为民、服务发展”学习教育活动，深化“执法为民、服务发展”主题工作。慕平对下一步深化主题工作作指示。 （陈智军）

【强卫检查国庆安保工作】 9月20日，强卫、刘伟、慕平等市委领导到区检查国庆安保工作。陈平、刘瑞宾陪同。强卫等到交道口街道圆恩寺社区、北京市百货大楼、王府井派出所、劳动人民文化宫和中山公园，听取东城区关于确保国庆期间社会安全稳定和游园安保工作总体方案、关于加强社区治安防范工作、百货大楼全面做好安全保卫工作的情况汇报。视察圆恩寺社区居民院、百货大楼中控室、王府井大街派出所监控平台、劳动人民文化宫大殿和中山公园园容布置工作现场。对圆恩寺社区充分组织发动群众做好社区治安防范工作经验、百货大楼强化安保工作的具体措施、王府井大街派出所利用监控平台对辖区实施24小时无盲区监控的做法、两个公园游园安保工作均给予肯定。对下一步工作提出要求：东城区在国庆活动期间承担着两大公园的游园活动及天安门广场升旗、王府井黄金周、第六届北京图书节等安全保卫工作，任务重、责任大。务必高度重视，加强领导，关键是精心准备、精心组织，严格责任制，加强各方力量整体协调。 （陈智军）

【宋鱼水先进事迹报告会】 9月22日，政法委、东城法院在东城区图书馆召开宋鱼水同志先进事迹报告会。政法各单位领导班子成员及干警600人出席。报告团成员海淀区人民法院副院长陈琦、中关村科技园区管委会干部杨东起、海淀法院民五庭法官马秀荣、海淀法院知识产权庭庭长宋鱼水分别做了《努力追求“胜败皆服”的好法官》、《他们为科技园区发展护航》、《我所熟悉的宋鱼水》和《始终铭记法官的职责》的报告。 （陈智军）

【慰问一线干警】 9月28日，臧汝奇带队赴区法院民一庭、检察院反贪局、司法局法援中心、民政局救助站、公安分局王府井大街派出所、治安支队处置队、东交民巷派出所、温家宝总理警卫组和东城交通支队帅府园队，慰问一线政法干警，赠送慰问品。 （陈智军）

【北京图书节安保工作】 10月1～10日，第六届北京图书节在地坛公园举办。为做好图书节活动的服务保障和安全保卫工作。7月20日、9月17日两次召开由北京市新闻出版局、东城公安分局治安处、消防处、工商分局、城管大队、园林局、交通支队、和平里街道办事处、地坛管理处等单位负责人参加的工作协调会。制定《第六届北京图书节安保督查协调工作方案》。成立安保督查协调指挥部，在地坛管理处设立指挥部办公室，明确分工、落实责任。召开图书节安保协调督查指挥部办公室会议。安排9月30日～10月10日图书节期间安保协调督查指挥部的值班工作，举行消防安全演习，加强地坛西门过街天桥人员疏散、商家灭火器配置、地坛公园周边非法出版物、盗版光盘等清理整治，加强检查参展商家资质、快餐卫生，确保联络畅通。区委政法委、公安、消防、工商、城管、交通、地坛公园管理处等单位联合加强安全检查，每天进行安全巡视。

（陈智军）

【法制工作研讨会】 11月17日，召开政法机关法制工作研讨会。传达国务院处置突发事件会议及强卫讲话精神，强调：坚持党内联合办公制度，加强政法机关协调配合。会议研讨内容：深入学习贯彻四中全会精神，全面履行政法机关三大职能，加强法制工作建设，强化司法、执法工作职能；当前法制工作建设需着力解决的突出问题；进一步坚持和完善党内联合办公制度，在维护社会安全稳定工作中，既严格法制又强化协调，既维护司法公正又注重社会效果。会议决定，将政法机关党内联合办公制度形成规范，使之制度化。

（陈智军）

【向蒋庆学习活动】 蒋庆是贵州省贵阳市白云区人民法院女法官。2004年5月12日，因公正司法被刑满释放人员报复杀害，年仅38岁。蒋庆热爱人民司法事业，忠于法律，恪尽职守，清正廉洁，秉公执法，先后审理各类案件2000余件，无一错案。在平凡的岗位上做出了不平凡的业绩，受到当地人民群众的敬重和爱戴。杨艺文要求全区政法系统要迅速贯彻中央政法委、市委政法委通知精神，认真开展向蒋庆学习活动。

11月19日，召开区政法系统政治处主任会，部署开展向蒋庆学习活动。下发区委政法委《关于迅速落实中央政法委和市委政法委通知精神，认真组织开展好向蒋庆学习活动》通知。要求区政法各单位科、所、队、庭、处、室等基层，发挥党总支、党支部的核心作用，认真组织开展好向蒋庆学习活动。 （陈智军）

【《东城政法文库》出版】 12月，区委政法委编辑出版首部《东城政法文库》。汇编2003年12月东城区政法系统“首届政法学术研讨会”和2004年5月东城区政法系统“首届政法调研成果发布会”上获奖的优秀学术论文和调研报告共73篇。作者均为东城区政法系统各级领导干部或一线干警。杨艺文为本书作序。

（陈智军）

社会治安综合治理

【概况】 本年，贯彻区第九次党代会精神，按照综治工作要抓长效机制、抓工作重点、抓队伍建设、抓综合协调、抓宣传教育、抓调查研究的总体要求，坚持抓安全防范与抓基层基础工作相结合，坚持抓综治工作落实与努力实现社会治安工作重点向加强防范的转移相结合，坚持开展“严打”经常化机制与开展专项整治行动相结合，通过开展“平安社区”、“科技创安”、“迎国庆创首善”等创建活动，有效整合社会各种防范力量，初步建立起适应新情况的社会治安防控体系和工作机制。全年137个社区发案同比下降5.5%，市统计局组织开展的四次群众安全感调查中，区均名列八城区第一，实现了社会治安状况持续平稳，刑事发案稳中有降，群众安全感明显增强的目标。

单位名称：东城区社会治安综合治理委员会办公室

单位地址：钱粮胡同3号

联系电话：64032067　邮政编码：100010　　（朱建林）

【安保工作专题会议】 1月2日，为做好区第九次党代会、区人大、区政协等三个会议的安全保卫工作，杨艺文主持召开专题会议。岳鹏参加。听取与会单位前期安全保卫工作开展情况汇报，岳鹏提出工作意见，部署尽快解决好区现有工地拖欠民工工资问题，做好会议期间食品卫生以及全力抓好区安全生产等工作。区委、区政府两办、区人大、区政协、区信访、公安分局、东城交通支队、区商委、区服务中心、东方文化、区住宅中心、奥士凯等部门及北新桥、交道口街道负责人参加。（李俊杰）

【区第九次党代会安保工作】 1月4～8日，在区图书馆和北京东方国际文化交流中心召开区第九次党代会。各部门共出动安全保卫力量580人次，区综治办为服务中心配置10件防寒服，为大会提供8部对讲机。各部门密切配合，圆满完成安全保卫工作。（李俊杰）

【创建租赁房屋服务社】 北新桥街道加强流动人口服务管理工作，本着“以人为本，便民利民，服务为主，管在其中”的方针，以流动人口的落脚点——出租房屋为切入点，调[illegible]组织，稳妥运作，探索出一条加强租赁房屋和流动人员管理的新途径。按照“政府扶持引导，市场运作，群众参与”的原则，在全市建立首家资质齐全、经营规范、植根社区、服务百姓的“北京北新百姓房地产经济服务中心”。全市外管工作会议推广了该街道的做法。通过近三个月运营，接受房屋租赁委托148户，达成租赁18处，接受托管房82户，代缴税费602户7万元，收取管理服务费5万余元，接受群众咨询千余次，发现违法犯罪可疑线索1件，为社区居民做好事17件。（李俊杰）

【“五位一体”道路停车管理】 东华门街道针对地处繁华地区，人流、物流、车流多的特点，按照“政府引导、市场运作、行政监管、群众受益”的工作思路，通过整合专群力量，形成以派出所、交通民警为骨干，交通协管员、停车管理员和社区治保积极分子为基础的“五位一体”机动车管理新机制。确保“停车入位，停放有序”，使交通秩序得到治理，涉车违法犯罪大幅度下降，辖区内涉车案件为零，解决近百名下岗职工再就业，企业经济效益明显增加。（李俊杰）

【春节期间实现“六无”】 春节期间，按照区委、区政府关于认真做好春节安保工作要求，全区10个街道2个地区及驻区各系统、各单位的领导高度重视，周密部署。各职能部门整合力量，齐抓共管，做到领导、人员、责任、措施、检查、管理等六到位，全区节日期间实现大型活动无事故、防范缜密无发案、消除隐患无火灾、控制得力无滋事、重点部位无纰漏、安全稳定无意外。（李俊杰）

【对农民工服务疏导】 春节后，有些返城农民工在崇文门三角地聚集。为给他们寻求职业提供方便，维护好秩序，区综治办、公安分局、建国门办事处组织有关职能部门开展服务和疏导工作，制作宣传指导牌，发放劳动维权卡、安全教育材料等，为他们主动服务积极疏导，使聚集减少，三角地秩序井然。（李俊杰）

【检查地下空间安全】 2月14日，杨艺文，与区委政法委、区综治办、公安分局、工商分局、人防办、房地局、卫生局等单位负责人，对建国门街道的丽源物业，东华门街道的天民旅馆、机械局宿舍楼，朝阳门街道的社科院宿舍楼，东四街道的军训部文君物业，景山街道的隆福寺广场等6处反映问题突出的地下空间进行检查。对存在消防、治安、防疫等方面的问题，下达关停整改通知书。杨艺文提出工作要求。（李俊杰）

【综治委全体（扩大）会】 3月25日召开第一次会议。杨艺文、岳鹏及区综治委委员出席，10个街道、2个地区主管主任和综治办主任列席。传达首都综治委全会精神，表彰上年区社会治安综合治理创新先进单位，向13个综治委成员单位及街道、地区下发本年综合治理《责任书》。杨艺文总结并提要求。8月16日，召开第二次综治委全体（扩大）会议。传达全国和首都社会治安综合治理会议精神，总结区上半年开展综治工作情况，对区《争创全国社会治安综合治理先进集体的工作意见》作说明，通报上半年区社会治安形势，报告上半年区群众安全感调查统计情况。杨艺文就下半年综治工作提出要求。（李俊杰）

【集中整治王府井地区】 4月15日、16日晚上19时至22时，区综治办牵头，组织王府井建管办、公安分局、城管监察大队、区民政局、王府井大街派出所、王府井地区城管分队等对王府井地区东安门夜市和王府井教堂门前广场等处的无照游商、散发小广告、吡活拉客、流浪乞讨、黑三轮拉客、轮滑和滑板人员扰序问题进行集中整治。两天共出动各种执法力量64人，救助流浪乞讨人员2人，查处教育无照三轮车拉客人员15人次，清理散发小广告人员2人，处罚无照游商3人，劝阻轮滑、滑板和骑车杂耍人员36人次，劝阻拾荒和告知流浪乞讨人员21人次。（李俊杰）

【劝返和救助活动】 4月27～28日，区综治办牵头，组织公安分局、区民政局、城管监察大队、卫生局、交通支队、北京站地区管理处、东华门街道综治办、王府井地区综治办等单位对东交民巷（高检信访处门前、高法门前）、民政部门前、中纪委接待处门前的上访人员，以及东长安街（含建内大街）两侧便道和地下通道、安外大街、台基厂大街、正义路、北京站地区、故宫北门外、王府井地区、雍和宫周边等地的流浪乞讨人员开展集中劝返和救助活动。出动各种执法力量200人次，劝返长期滞留在京的无理缠访人员7人，救助流浪乞讨人员52人。通过集中劝返和救助，区内无理缠访和流浪乞讨人员较为集中的地区得到清理，为维护区“五一”黄金周期间的社会治安秩序，确保首都社会稳定创造良好环境。（李俊杰）

【首都平安示范社区】 4月30日，市人大常委、首都综治工作指导组组长张家旺带队，对区上报参评“首都平安示范社区”的东华门街道韶九、和平里街道东河沿、交道口街道圆恩寺三个社区，按照“首都平安示范社区”六项标准，逐项验收考核，杨艺文等区领导陪同。5月14日召开平安社区创建工作会议。杨艺文、刘瑞宾出席。传达首都综治委关于开展“平安社区”争创活动的会议精神，分析本区社区当前治安形势，部署开展“平安社区”创建工作。公安分局、和平里街道等单位代表发言。区领导向东华门街道韶九、和平里街道东河沿、交道口街道圆恩寺等三个社区颁发“首都平安示范社区”奖牌。杨艺文提要求。东河沿社区是由多家产权单位和物业公司组成的小区，面积2.2平方公里。辖区有14栋楼房，一个平房居民院，居民1709户5091人，流动人口25户132人；有单位119个，居住着交通部、外经贸部、国家安全生产监督管理局、中国文联、中国作协、北京市民委等单位的职工。东河沿社区以社区党支部为龙头，社区民警为骨干，积极整合社区资源，大规模整治和改造外部环境及内部安全设施，充分发动居民群众，广泛开展群防群治，大力加强治安防范工作，将东河沿社区建设成为群众满意、安全、祥和的文明小区，被首都综治委评为“首都平安示范社区”。韶九社区，位于繁华的王府井地区，面积0.15平方公里，辖区有大街胡同各4条，居民楼19栋，平房院17个，常住人口1359户3551人，流动人口407人；有中央、市级、区级单位45家。贯彻“预防为主”方针，有效整合社区防范人力资源，组建6支社区巡逻队，6支物业保安队，1支社区保安队，使社区各类防范力量达到362人，连续三年无发案，群众满意率96%以上，连续五年被评为北京市先进治保会，被首都综治委评为“首都平安示范社区”。主要做法：加强“平安社区”创建的基础工作；加强对两劳释放人员的帮教工作；加强出租（借）房屋管理，加大安全检查力度。圆恩寺社区是平房四合院保护区，面积0.167平方公里，辖区有平房院142个，居民楼3栋，居民1502户3967人，流动人口197人，内部单位22个。认真贯彻社会治安综合治理工作方针，开展群防群治，发动社会力量，整合社区资源，构筑以社区党组织为龙头，以社区民警为骨干，以社区治保积极分子为基础，以社区各种协警力量为补充的社区治安防范体系，创建专群结合的五支巡逻队：60人的警卫战士巡逻队；30人的党员义务巡逻队；80人的社区单位巡逻队；25人的低保人员巡逻队；60人的积极分子巡逻队。连续三年发案率控制在社区总人口的0.3‰以下。被首都综治委评为“首都平安示范社区”。（李俊杰）

【宣传用语获奖】 5月，首都综治办在全市开展“首都社会治安综合治理宣传用语”征集活动,区累计征集宣传用语578条,经街道、单位筛选,报区综治办234条,向首都综治办推荐28条。全市评选出50条获奖用语,区综治办撰写的“党心民心万众一心群防群治众志成城”;和平里街道撰写的“我为人人勤防范人人为我保平安”;交道口、和平里街道撰写的“社会治安齐抓共管警民携力长治久安”三条获一等奖。

(李俊杰)

【社会治安综合治理宣传日】 5月15日,根据首都综治办统一部署,区在王府井商业街开展社会治安综合治理宣传日活动。王府井设中心宣传点,10个街道和北京站重点繁华地区设宣传分点,137个社区设宣传站。中央政法委副秘书长、中央综治办主任陈冀平,市领导强卫、马振川、吉林及市委政法委、综治办、公、检、法、司等职能部门领导,陈平、卢彦、杨艺文、刘瑞宾、岳鹏、边振英等区领导参加活动。区委、区政府、区委政法委,区综治办、610办及政法各单位领导参加中心会场的宣传和咨询。市委政法委、北京电视台主办的《法治进行时》栏目人员参加活动。全区共出动宣传人数2600人,设置咨询台235个、展版860块、黑板2137块,张贴标语1.25万条,悬挂横幅1978面,发放材料21.9万张,受教育群众近40万人。 (李俊杰)

【整治北京站地区秩序】 整治好北京站地区的秩序,是市政府向首都市民承诺要办好全年56件实事之一。区综治办于5月20日,协调公安分局治安支队、北京站派出所、区民政局、建国门综治办、建国门城管分队等单位30人,对站区集中整治。拆除私搭乱建窝棚5处,面积100平方米;清运各类杂物10车次、10余吨;送救助站2人;告知和教育流浪、闲散无业人员7人。

(李俊杰)

【综治书法绘画摄影展】 5月21日,首都综治办在世纪坛举办“携手共建平安北京——首都综治书法绘画摄影展暨首都综治网开通”仪式。强卫剪彩,首都综治办主任刘大为主持。展品400件,其中有本区选送作品28件。本区共征集作品241件,其中,书法92件,绘画64幅,摄影78幅,篆刻7枚(幅)。区政法各单位、有关部门、10个街道2个地区前往参观人数达到1200人。6月8日,在和平里街道办事处礼堂举办“携手共建平安东城——东城区综治书法绘画摄影展暨东城综治书法绘画笔会”。杨艺文及区委组织部、区纪委、人事局、监察局等单位和政法各部门领导参加。宣读东城区参加首都综治办书法绘画摄影展入选、参展名单(33名),东城区综治书法绘画摄影展获奖名单(42名),为获奖者颁发证书。区综治办邀请和平里街道工委副书记高齐、全国优秀人民警察、东四派出所民警龚海英,全国少年法庭先进集体代表、东城人民法院未成年人案件审判庭审判员岳惠青,全国十佳公诉人、东城人民检察院公诉一处处长邹开红,“首都平安示范社区”、东河沿社区治保主任郭志忠为活动剪彩。奇绝书画家、世界吉尼斯书画六项记录保持者孟书清现场用双手书写“平安东城”。参加活动的书法家、画家现场挥毫写字作画。本次展出的100幅作品,是从各街道和区综治成员单位以及社会征集的258幅作品中精选出来的。全区10个街道综治干部、治保主任、积极分子代表,团区委、区环卫局等部门获奖者代表200人参加。 (李俊杰)

【整治重点地区工作】 5月23日,区召开加强城市管理,整治重点地区工作会议,杨艺文、岳鹏参加。播放市城市管理综合行政执法局拍摄的东直门外大街和东长安街地下通道存在秩序问题的录像片。听取城管监察大队、公安分局、交通支队、民宗侨办、工商分局、东直门街道、东华门街道等整治意见后进行部署,杨艺文提出整治工作要求。5月27日,公安分局、交通支队、工商分局、区民宗侨办、城管大队、东直门街道等单位联合行动,对该地区进行百日整治。首日,出动各种执法力量62人次,查处非法刻章办证1起,无照摊商2起,整治市容环境30起;经审理,依法罚款200元,教育“黑车”司机10人。6月1日凌晨,北京站地区组织公安、城管、交通等单位对北京站地区及周边,开展以打击“黑车”为重点的突击行动。出动各种执法力量32人,执法车6台,查扣“黑车”2辆,暂扣机动车驾驶证4个。教育纠正违规车50余辆,当场拖走违章停车3辆。

(李俊杰)

【专项治理会议】 6月10日,为贯彻市安全生产宣传月活动,和平里街道在金太阳大酒店召开公共聚集场所专项治理大会。酒店员工进行消防演习,模拟火灾报警、火灾扑救、人员疏散等火灾应急处理程序。会议宣读市政府致全市单位法定代表人的公开信,要求各单位认真贯彻市143号令文件精神,做好消防基础工作。和平里辖区的酒店、商厦等公共聚集场所的81家单位的主要负责人参加会议。 (李俊杰)

【安全防范宣传】 6月3日,东直门街道举行安全防范宣传启动仪式,派出所、综治办搜集许多人们经常遇到的一些违法犯罪手段及防范措施加工整理,编辑印制《居民安全手册》;根据不同季节易发案件的特点,制作《安全防范提示卡》(简称四季防范卡);《安全防范小常识》采用易拉宝的形式，对消防、交通、煤气中毒、治安事故、安全生产等进行讲解说明。6月4日，景山街道钟鼓社区开展“创建平安社区志愿服务启动仪式”，向社区居民发出倡议：“社区平安人人有责，志愿服务有我一个”。参加会议的100名志愿者，有老人、少年儿童。街道对社区组建的8支志愿者服务队授旗。领导与居民群众一起在大横幅上签名。东四派出所外来人口管理站制作“为民互动卡”，一式三联：分为出租房主联、承租人联、社区联。每联后面有派出所的职责承诺，有为民排忧解难忠告，中英文对照。全国优秀人民警察、内勤民警龚海英，针对北京市流动人口逐年上升、对政府规定不熟悉等新问题，搜集整理相关法律规定，如暂住证、就业证、出租房屋等与人们衣、食、住、行密切相关的内容，汇编印制《海英为您服务系列丛书——流动人口篇》，包括法规篇、道德篇和服务篇。在全国互联网上开通“海英流动人口之家”网站，为居民和流动人口服务。（李俊杰）

【城市公共安全教育报告会】 6月16日召开，区领导曾刚健等及全区各部门党政领导300人参加，杨艺文主持。市科学技术研究院副院长丁辉作《东城区公共安全研究》主题报告，从我国城市公共安全的严峻形势、城市公共安全的新理念、城市公共安全的新技术、2008北京奥运会安全等四个方面，就当前大家非常关注的城市公共安全问题，做演讲。（李俊杰）

【城市公共安全研讨会】 6月23日召开，杨艺文主持。北京市科技院公共安全课题组组长姜传胜博士等结合近期到区调研公共安全，对《东城区城市公共安全研究报告》修改部分内容做说明，其它参加起草报告的专家也发表意见。杨艺文对下一阶段深化公共安全研究，增强针对性和可操作性方面发表意见。

（李俊杰）

【群众安全感】 6月，区统计局对10个街道和北京站、王府井地区开展群众安全感调查。群众安全感满意度为91.1%。北京站和王府井地区群众安全感显著提高。被调查者基本概况：被调查者240人。年龄：18～45岁128人，占被调查总人数的53.3%；46～60岁87人，占36.3%；60岁以上22人，占9.2%；18岁以下3人，占1.2%。文化程度：高中或中专86人，占被调查总人数35.8%；大专68人，占28.3%；初中53人，占22.1%；大学33人，占13.8%。安全感的基本感受和评价，对“您对当前社会治安状况的评价是什么？”选择“好”的47人，占被调查者的19.58%；“较好”116人，占48.33%。二者合计占67.91%。群众对社会治安状况满意度91.1%。全国发生的煤矿爆炸、火灾、交通事故等较多，对群众的安全感产生消极影响。地区群众安全感，调查仍采用累计得分办法，“好”十分；“较好”八分；“一般”六分；“较差”四分；“差”二分。建国门街道172分，安全感满意度排列第一，东华门街道166分，第二，朝阳门街道和交道口街道162分，并列第三。2004年上半年群众安全感满意度提高最快的是北京站地区和王府井地区，同比提高22.2和18.2个百分点。有59.9%的被调查者对社会治安状况表示关注，居首位。58.7%对腐败问题关注，居第二位，同比下降10.5百分点，位置也下降了一位。其他关注的热点依次是，教育问题55.8%，下岗问题51.2%，物价问题50.4%。市统计局调查本年第三季度全市群众安全感，东城区在城八区位居第一。全市样本7000户，其中城区居民3029户，占42%，全部采取电话调查。（李俊杰）

【城市秩序整治领导小组会】 7月8日召开。传达市政府7月7日城市秩序综合整治工作汇报会精神，小结区城市秩序综合整治工作情况和存在问题，部署下一步工作。李荣庆提出要求。研究确定7月十项重点工作。①北京站地区周边延伸集中整治行动。②保暑运、迎国庆集中整治北京站地区，东外长途汽车站周边秩序。③参加市整治故宫北门外的行动。④打击同仁、协和医院号贩子专项行动。⑤王府井地区周边延伸整治行动。⑥整治散发、张贴、涂写小广告专项行动。⑦打击北京站地区倒卖假发票、火车票专项行动。⑧整治地下空间，开展安全大检查。⑨取缔无照经营专项行动。⑩打击制贩三假专项行动。（李俊杰）

【科技创安研讨会】 7月21日，区召开“东城区科技创安研讨会”，市委政法委秘书长、首都综治办副主任李万钧，区领导杨艺文、刘瑞宾、岳鹏参加。九个安防公司经理依据区确定的10个重点科技创安课题，从技术和理论层面进行发言。铁道部科学研究院研究员曲长政、北京人民警察学院科技管理处处长瞿树文、北京科学技术研究院副研究员杨铸等组成专家组，评议发言。李万钧对东城区在全市首家召开有关科技创安研讨会给予肯定，认为会议研讨内容，代表了首都科技创安的发展方向。构建“数字东城”、“平安东城”，必将为今后社会稳定发挥重要作用。杨艺文对未来几年区的科技创安工作提出总体要求，概括为整合、规范、发展。区政法委、综治办领导及区科技创安领导小组成员，各街道（地区）、安防企业、辖区内在建和拟建安防项目的主要负责人等60余人参加。《长安杂志》、《北京日报》、《法制日报》、《北京晚报》、《北京电视台》等

12家新闻媒体记者到现场采访。（李俊杰）

【接待考察】 7月28日,山东省政协社法委学习考察组一行12人,在省政协副主席王宗廉带领下,到区考察“平安创建”工作。市政协社法委、首都综治办等领导陪同。区领导杨艺文介绍开展“平安创建”的思路、做法和成效。区综治办汇报“平安创建”工作基本情况。和平里街道汇报开展平安创建工作中整合辖区内防范资源,加强基层治安防范的做法。考察组参观和平里街道六区社区创建工作。9月10日,拉萨市委政法委副书记毛胜利、林生等7人在首都综治办指导处领导陪同下到东城区考察。杨艺文介绍政法、综治工作情况。客人们参观了韶九社区。（李俊杰）

【筹建社区治安巡逻志愿者队伍】 为做好党的十六届四中全会和国庆安全保卫工作,组建“社区治安巡逻志愿者”队伍。成立东城区社区治安巡逻志愿者协会筹建工作领导小组,负责总体组织工作,杨艺文任组长,刘瑞宾、岳鹏任副组长,区委组织部、区委宣传部、区机关工委、区委政法委、区综治办、公安分局、区武装部、区民政局、各街道(地区)等单位负责人为领导小组成员。领导小组办公室设在公安分局人口管理处,负责具体实施工作。各街道(地区)建立相关组织。区制定《东城区建立社区治安巡逻志愿者协会的工作方案》、《东城区社区治安志愿者协会章程》。9月25日,召开区社区治安巡逻志愿者启动仪式大会,刘瑞宾、李荣庆参加。区委政法委、区610办、区综治办、公安分局、区民政局有关领导及各街道、派出所等600人参加。社区民警、社区主任、低保巡逻队和内部单位治安巡逻志愿者等代表发言。刘瑞宾、李荣庆分别向10个街道、2个地区和团区委授予治安巡逻志愿者会旗。传达市委领导在全市社区治安巡逻志愿者队伍组建暨誓师大会的讲话精神。（李俊杰）

【中山公园国庆安保协调会】 9月25日,区召开中山公园国庆55周年游园活动安全保卫工作协调会,刘瑞宾主持。公安分局副局长谢世龙汇报游园安保工作情况,区直机关工委常务副书记汇报标兵和固定观众的组织情况,天安门公安分局、国家发改委、西藏自治区、市局警卫局等有关部门发言。杨艺文就下一步工作谈意见。（李俊杰）

【国庆安全保卫】 10月1~7日,全区共出动安全保卫力量8万余人次,其中,警力1万人次,社区治安巡逻志愿者和治保积极分子6万人次,其他力量5千人次,查扣各类非法运营车辆166辆,没收小广告180万张,救助64人、告知流浪乞讨人员76人。节日期间,做到无突出刑事案件、无国庆安保突出情况、无突出重点人滋事情况、无内部单位突出情况、无警卫工作突出情况、无突出消防情况;实现防止爆炸、防止火灾、防止交通事故、防止拥挤死伤、防止群体性事件、防止“法轮功”滋事和确保出席国庆活动的党和国家领导人安全,确保各项庆祝活动的安全顺利进行,确保不发生爆炸、火灾等事故的工作目标。（李俊杰）

【杨艺文调研】 11月11日,杨艺文到交道口细管社区调研,听取社区民警胡竹[illegible]在社区开展科技创安,建设安全门院的汇报。胡竹筠坚持为民服务,创建平安社区,从百姓关心的地方入手,走遍辖区所有的楼门院、单位和出租房,广泛征求居民的意见和建议。已在社区居民家中安装门磁525个,门宇对讲、防盗门25个院,近期又有10个院在建。杨艺文对胡竹筠的做法给予肯定,细管社区的平安创建活动值得推广。在6个居民院,观看门宇对讲、防盗门、门磁和加板锁,并走访居民。（李俊杰）

【推广社区安全楼门院】 11月13日,在交道口细管社区举行开展安全防范宣传活动暨推广社区安全楼门院启动仪式,市委常委、公安局局长马振川等参加。刘瑞宾、岳鹏对全区推广安全(楼门)院工作做动员部署,提出具体推广要求。马振川肯定东城公安分局的做法,要求社区民警立足社区,服务社区,成为社区防控网络建设的主力军;向社区居民发放《居民安全手册》和门磁报警器。全区共有民警220名,街道综治干部、治保积极分子、保安员等1600人参加宣传活动,设立宣传站点138个,发放宣传材料2万份,解答群众咨询问题及受教育群众2万人。（李俊杰）

【禁毒工作会议】 11月26日召开。杨艺文,刘瑞宾等参加。与会同志参观禁毒展和毒品实物,传达市禁毒工作会议精神,通报《东城区禁毒委员会关于贯彻北京市禁毒委‘2004年~2008年禁毒工作规划’的实施意见》。杨艺文对区禁毒工作提出要求:进一步提高认识。专群结合,综合治理,编制一张防控网,深入开展创建“无毒社区”。突出重点,落实责任,打防并举,标本兼治,遏制毒品来源。（李俊杰）

公　　安

【概况】 本年,东城公安分局围绕“六个坚持、六个突破”的工作思路,严厉打击各类违法犯罪,深化“四张网”建设,为东城区的社会政治稳定和经济发展创造良好环境。全年投入警力5.89万人次,完成各类警卫勤务1561次,圆满完成“两节”、“两会”、“五一”、国庆55周年、“雅典2004奥运火炬传递”等重大活动保卫任务,确保党和国家领导人,重要外宾在东城活动的绝对安全。查破“法轮功”案件16起,抓获“法轮功”人员26名,继续确保全区“法轮功”人员控制的双“零指标”。破获各类刑事案件1948起,抓获作拘留以上处理人员5743人,打击处理各类违法犯罪分子1403人,打掉犯罪团伙38个,抓获涉案成员127人,网上追逃人员165人。破获经济案件323起,为企事业单位和个人挽回经济损失473万元。接待境外人员23.2万人次,处理涉外案(事)件786起,破获涉外刑事案件47起、涉外治安案件33起。在市统计局开展的四次群众安全感调查中,始终位于城八区之首。分局自行研发设计主要业务工作监控分析系统软件。建立重点地区110刑事类警情监测分析工作机制,依托“社会面动态巡控网络管理应用系统”、电子巡更、GPS卫星定位等技术设施,监督检查巡逻人员车辆执勤处警情况,巡逻必到点增设到147处。社区民警通过基础工作提供破案线索594件,破获刑事案件609起,抓获刑事拘留人员767名。制作行业场所电子地图,行业场所内部情况信息调阅及时准确,查处治安案件5.19万件,处罚各类违反治安管理人员4.09万人。完成分局直管297个经保、金融单位基础信息的录入工作。开展垃圾电子邮件专项治理和网吧专项清理整治工作,报送互联网监控信息3600条。视频联网覆盖全区36条主要大街;全区10个派出所、197路图像上传至分局及区政府信息中心,并配备1212部800兆数字集群电台。建立“联检联考”制度,以执法质量考评为重点,规范办案活动,审查办理复议案件43起,办理诉讼案件24起。监所内未发生在押人员互殴致死、暴狱、案犯脱逃、集体脱逃等重大责任事故。全区审批各类群众活动37项,市局交办活动41项,制定大型活动方案、预案237个,未发生任何责任事故和治安事故。继续贯彻理论学习制度和领导干部政绩考核机制,实行考核末位谈话和廉政谈话制度,制定“党风廉政建设和反腐败工作主要任务”、“贯彻落实党风廉政建设责任制工作措施”和“内部监督规定(暂行)”、“党员警示通知单”等办法。组织多层次培训,实行民警“三年轮训一遍”的一级培训体系和战训合一训练模式,等级练兵制度,下沉机关警力78人。分局两次被区委、区政府评为督察奖A特级单位,装财处被评为全国公安装备财务系统先进集体,交道口派出所被评为市局“十佳”派出所窗口单位;分局3个单位立集体二等功,10个单位立集体三等功,个人二等功4人,三等功48人,个人嘉奖396人。

单位名称:北京市公安局东城分局
单位地址:大兴胡同45号
联系电话:84081021　邮政编码:100007　(赵梦)

【处置群体访】 发挥专职群体访处置队作用,妥善处置各类群体访4628批11.12万人次,同比上升82.3%和62.5%,其中到市委、市政府上访679批2.76万人次,同比上升37.5%和下降8.12%。组织开展3次集中劝返上访人员行动,共劝返344人。重大政治活动、重大节日未发生大规模上访聚集事件。　(赵梦)

【打击刑事犯罪】 认真分析发案规律特点,抓住影响大、群众反映强烈的大要案,组织开展侦破命案,打击街头“两抢”、盗窃机动车、入室盗窃等专项战役。共破获各类侵财案件1007起,破获贾某某、王某某系列抢劫强奸案、扬言港澳中心爆炸案、“5·03”家庭纠纷杀人案、亚洲大酒店文物盗窃案等一批影响较大的刑事案件。在市局领导下,44小时抓获“10·21”强奸抢劫杀人嫌疑人付贺功,从中破案28起。　(赵梦)

【民警问题投诉减少】 针对民警被投诉问题,专门召开被投诉单位的政工领导和当事民警座谈会,进行思想交流。全年分局纪委督察等信访部门受理群众反映民警各类问题的投诉类信访、“110”电话投诉145件,同比下降27%。接到群众表扬信、锦旗750件。

(苏庆国)

【防火工作】 以保稳定、保重大活动、重大节日消防安全为重点,进行多种形式的消防安全宣传,深入开展防火安全大检查、火灾隐患大排查、大整改、保安全专项治理。年内全区发生火灾125起,直接经济损失6.66万元,火灾事故和经济损失同比下降27.3%和

81.9%,未发生重特大火灾事故。 (赵梦)

【法制调研工作】 分局法制处在调研工作中提出勤调研、勤总结、勤思考、勤动笔的口号,深入一线开展调研,将法制调研工作与目标管理挂钩。年内,共出刊《法制工作情况》30期,《执法考评信息》10期,完成执法专题调研论文、报告6篇,文秘材料20余篇。 (高驰)

【分级巡逻】 分局分级实施警力上街巡逻,制定专门工作方案,实时监测全区110警情,分析治安动态和发案走势,适时启动一、二、三级巡逻控制方案,根据实际情况投入警力,做到既最大限度警力上街,又减少无效劳动。全年通过巡逻查获违法犯罪嫌疑人4395人。 (赵梦)

【内保系统执法工作】 分局内保处贯彻落实"预防为主、单位负责、突出重点、保障安全"的工作方针,维护内部单位稳定.全年区内部单位共立刑事案件179起,破获各类刑事案件91起,同比上升5.8%,抓获违法犯罪嫌疑人105人,挽回经济损失30.37万元,内部单位创安率98%。在市局内保系统执法质量考评中,连续3年获第一名。 (杨素萍)

【压发案保安全竞赛】 为遏制社区刑事发案,分局在全区13个户籍派出所和137个社区开展"压发案保安全竞赛活动"。对市局确定的1个高发案派出所、3个高发案社区,分局确定的3个高发案派出所、10个重点社区,重点指导,挂牌督战,实行"红、黄、橙"警示制度,采取局领导和人口处包所、户籍派出所领导包社区制,以小区域发案下降带动全区发案下降。年内全区有58个社区未发生刑事案件。 (赵梦)

【治安清理整治】 分局开展治安清理整治工作,全年查处治安案件5.19万件,处罚各类违反治安管理人员4.09万人,抓获嫖卖人员430人,赌博601人,收缴盗版、淫秽光盘19.81万张。会同区城管、工商集中整治无照经营、黑车拉客28次,查处无照摊贩1860人次、散发张贴非法小广告5197人次。配合区民政部门开展集中救助57次,告知救助1703人次。 (赵梦)

【道路停车泊位】 分局在全区全面推广道路停车泊位施划工作,广泛宣传发动、加强与区公安交通等部门的配合,全年施划机动车停车泊位3.7万个,配备交通管理员、协管员1311名,47个物业管理小区实施停车管理措施,施划的停车泊位未发生[illegible]起涉车案件。 (赵为民)

【执法教育培训】 聘请资深法律学者、区检察院、区法院有关人员,举办派出所案件审查小组培训、行政许可法培训和行政执法办案培训,通过网络完成实施《公安机关办理行政案件程序规定》、《公安机关继续盘问规定》的各项培训任务。 (高驰)

【严打"第二战场"】 发挥预审、看守打击犯罪"第二战场"的职能作用,在确保监所安全的前提下,通过广播、电视、召开"坦白检举、政策兑现大会"等,对在押人员进行宣传教育。全年预审、看守部门深挖各类违法犯罪线索1076件,破案1203起。 (赵梦)

【整顿非法出入境中介】 年内,在清理整顿非法出入境中介活动的"春雷"专项行动中,集中清理整顿东方广场、东环广场、光华长安等写字楼内的出入境中介公司,检查32家,查出问题7家。 (周德祥)

【宣传日活动】 1月10日,举办"立警为公、执法为民"主题宣传日活动,全区共设13个宣传点。社会知名人士、东城区街工委领导、社区群众2000人,与民警在现场发放宣传材料10万份,接受咨询500人次,为群众办实事200余件。 (赵梦)

【启用治安拘留所】 1月30日,投资600万元、历时半年建成的东城公安分局治安拘留所正式启用。该所占地面积1445平方米,设计关押总量200人,拘室面积864平方米,人均使用面积4.12平方米。所内设有收押室、医务室、图书室、室外活动场所、中央空调,采用地下取暖和防爆玻璃。 (赵梦)

【便衣侦查队】 2月,分局从各单位抽调精干警力45人,在全市率先组建便衣侦查队,以街头案件为突破口,严厉打击现行违法犯罪活动。便衣侦查队共破获刑事案件160起,其中重大刑事案件55起。抓获各类违法犯罪嫌疑人374人,打掉犯罪团伙50个,抓获涉案人员211人。 (赵梦)

【专项整治工作】 2月3~23日,开展为期20天的"正月行动"专项打击整治行动。破获各类刑事案件78起,其中重特大案件15起。抓获各类违法犯罪嫌疑人236人,负案在逃人员16人,打掉团伙4个。 (赵梦)

【公共安全知识竞赛】 3月2日,和平里派出所与和平里六区居委会联合举办以法律法规、安全生产管理条例为主要内容的社会公共安全知识竞赛,来自社会

各岗位的16个代表队参加，并进行急救措施演习。（赵梦）

【“两会”安保工作】 3月3～14日，全国人大二次会议和全国政协十届二次会议在京召开。2月25日，在王府井大街东方广场前举行“红袖标齐动员，为两会保安全”活动启动仪式，市委，区委、区政府和全区10个街道副主任、12个派出所所长出席，派出所、治保积极分子、社区保安员、低保人员、交通管理员共计400人参加。分局成立7个指挥部，制定10个保卫方案，投入现场保卫力量636人，实施勤务169次，及时妥善处置4起涉及代表、委员事件，圆满完成2处代表住地、2条行车路线等安全保卫任务。（赵梦）

【青年志愿者行动】 3月3日，与区团委在王府井大街东方广场举行“共建文明安全北京城”青年志愿者行动启动仪式，市公安局和区有关领导及200名青年志愿者参加，1000名青年志愿者上街参与社会治安维护工作。（赵梦）

【流动人口之家网站】 3月30日，由全国优秀人民警察、东四派出所内勤民警龚海英创意，分局组织建立的“流动人口之家”网站在互联网开通。是首都第一家由公安机关主办、服务于流动人口的公益性政府网站，设有海英信箱、热点新闻、便民指南、求房信息、普法课堂等十个板块。年内，网站点击率达4.6万次，为群众解决问题2024件，收到感谢信439封，起到了“宣传政策法规，服务流动人口，确保首都稳定”的作用，实现流动人口管理工作由管理型向服务型的跨越。

（赵为民）

【举办哑语讲座】 为服务聋哑人，控制聋哑人犯罪行为，4月，分局举办哑语讲座，向基层民警普及哑语知识，分局刑侦支队、治安支队、派出所等执法单位的127名领导和业务骨干参加培训。（赵梦）

【街头例检制度】 4月28日，分局正式推行巡逻工作街头例检制度，以二级巡控网5个巡逻警区为责任单位，每天分两个时段，由巡警支队各警区主责副支队长带领机关干部深入一线，对巡逻车和各派出所巡逻队当日上勤情况进行例检，同时对前1天所属辖区的110刑事类警情进行分析通报，现场指导一线实战单位开展打防工作。（赵梦）

【东城公安工作会议】 5月21日召开。马振川、陈平等及分局党委成员出席，区有关委、办、局，政法系统和各街道、工委办事处领导，部分民警600人参加。贯彻落实《中共中央关于进一步加强和改进公安工作的决定》以及市公安工作会议精神，制发《中共东城区委关于进一步加强和改进公安工作的意见》。（赵梦）

【安外大街派出所】 2000年，经市机构编制委员会批准，安外大街派出所被定为正科级户籍派出所，但由于条件所限，该所一直作为治安派出所行使职能。本年6月1日，经市局批复同意，安外大街派出所由治安派出所正式改为户籍派出所，并将和平里派出所部分区域划归其管辖。（赵梦）

【完成各项保卫任务】 6月6日、7日，全国普通高等学校统一考试在东城区设考点12个。分局成立高考保卫工作领导小组，投入警力109人，确保考生安全和高考顺利进行。6月2～14日，由市团委、市禁毒办、市青少年服务中心共同主办，北京世纪先锋展览展示中心承办的“北京禁毒志愿者在行动主题游园会暨北京夏季书市”活动在地坛公园举行。分局出动警力728人次，会同区园林局、地坛公园管理处、主办单位等，圆满完成书市活动安全保卫工作。7月2～11日，第五届王府井国际啤酒广场活动在王府井步行街举行，客流总量达35万人次，外宾3000人次。分局制定警务方案和处置突发事件预案，抽调民警200人，保安1000人，确保啤酒节的安全。8月4～8日，中国·北京王府井中学生国际音乐节在京举行，10个国家、地区近800名中学生在普渡寺、金帆音乐厅、菖蒲河东苑戏楼、东城区少年宫、中山公园音乐堂等地演出。分局抽调警力437人，完成开幕式、闭幕式等各项保卫任务。10月1日，由市新闻出版局主办的“第六届北京图书节”在地坛公园内揭幕，历时10天，600家国有书店、民营书店、出版社、互联网出版单位和200多家报刊发行单位参展，客流量共计80万人次。分局共出动警力860人次，处理各种纠纷20余起，审查26人，拘留4人，完成图书节保卫工作。（赵梦）

【领导慰问民警】 1月21日，中共中央政治局委员、书记处书记、国务委员、公安部部长周永康，在公安部、北京市委、市公安局和区委领导的陪同下，到交道口派出所慰问坚守岗位的一线民警和治保积极分子，听取陈平和刘瑞宾工作汇报，在新年钟声敲响时与民警围坐一堂共度除夕夜。

6月30日，强卫在马振川、段桂青的陪同下，到分局交道口派出所慰问基层党支部和派出所民警，视察派出所第二代居民身份证办证大厅和户籍办公室，对派出所工作给予充分肯定，并送去慰问金。（赵梦）

【全程办事代理制】　全面推行全程办事代理制，规范行政行为，简化办事程序。自6月运行以来，共受理群众申办事项4600件，接受群众咨询5500人次，无超时限和群众投诉问题，结办率和群众满意率均达到100%。　(赵梦)

【保安成立民兵团】　7月，东城保安公司成立民兵团，下辖4个民兵营、9个民兵连和若干民兵排，在北京民兵史上属首次，主要担负平暴治乱、抢险救灾、应对突发事件等任务。东城保安公司组成200人的北京保安专业勤务队，负责协助分局处置突发事件及大型活动的勤务任务。全年协助公安机关抓获各类违法犯罪嫌疑人1743名，破获各类刑事、治安案件873件，为维护东城区社会治安秩序做出贡献。　(赵梦)

【国庆安保工作】　9月9日，分局在中国社会科学院礼堂召开国庆55周年安全保卫工作誓师大会。市公安局党委副书记、副局长阮增义、东城分局党委成员出席，民警、保安员和治保积极分子代表共800人参加。9月25日，东城区举行社区治安巡逻志愿者“迎国庆保安全”启动仪式，刘瑞宾、区委、区政府有关领导，以及10个街道办事处、综治办主任，各户籍派出所所长和社区治安巡逻志愿者代表共600人参加。国庆期间，分局承担中山公园和劳动人民文化宫游园活动的安保任务，成立两个游园活动安保指挥部，制定方案48个，进行4次游园活动安保演练和5次处突演练。10月1日，部署2135人，其中民警465人，确保参加游园活动的中央领导和3万名群众的安全。　(赵梦)

【女社区民警队】　挖掘内部潜力，组建女社区民警队。从10个户籍派出所选调12名政治素质高、热爱社区工作、业务能力强的女民警进行上岗培训，担任社区民警，推动社区警务建设。交道口派出所社区女民警胡竹筠将其管辖的细管社区217个居民院分为平安院、漏洞院、重点院，本着“巩固平安院，解决漏洞院，狠抓重点院”的原则，加大防范力度。以“五条标准”创建“平安院”，建立适合本地区的工作模式，得到辖区居民的认可。年内，胡竹筠管辖的社区未发生一起刑事案件。　(赵为民　赵梦)

【分类指导】　采取局领导包所制和派出所领导包社区制，对高发案派出所实行“红、黄、橙”警示制度。将137个社区划分为全封闭、混合型和开放型三类，确定出指导型社区、组织型防范社区和联动型社区，对每日发生入室[illegible]、[illegible]机动车、[illegible]机动车内[illegible]一类案件的派出所和社区防范工作落实情况进行全面检查，预防和控制社区可防性案件。　(赵梦)

【二代身份证换发试点】　按照公安部总体部署，北京为全国第二批换发二代证试点城市，4月在东城区受理换发二代证工作。分局共采集人像34万，发放“二代证”30万张。　(赵梦)

【大练兵培训】　在全国开展的大练兵活动中，公安分局党委成员率先接受系列培训，每周抽半天时间作为“党委练兵日”，学习政治理论、训练警容警姿、手枪射击和计算机操作等。为防止走过场，分局大练兵活动领导小组办公室为所有分局领导建立专门训练日志和训练档案，提出“严肃作风、严守纪律、严格训练、严格考核”的要求，确保练兵实效。　(赵梦)

【社区服刑人员法制教育会】　9月，与区司法局、检察院联合召开东城区社区服刑人员法制教育会。要求社区服刑人员加强法律、法规学习，积极参加社区矫正，争做社会守法公民，115名社区服刑人员参加。　(赵梦)

【基层办案辅助系统】　分局王府井大街派出所与电脑软件公司合作，开发研制公安机关基层单位办案计算机辅助软件系统，严格按照法律规定和执法办案程序设计，可自动生成文书文号和预制表格重复项目，预设讯问、询问笔录必问内容，并可随时升级；能针对案件性质，提示民警应使用的法律条文，通过局域网可满足多名民警同时办公，极大提高工作效率。王府井派出所获市局科技应用先进单位。　(赵梦)

【两个违规专项治理】　9～11月，纪委、督察、审计等部门听取汇报、抽查行政处罚案件和治安、刑事案件材料，对行政处罚和刑事办案单位进行“两个违规”专项检查。共排查各类案件2.63万件，其中涉及扣押款物案件1074件，未发现违反“两个违规”问题。　(苏庆国)

【中小学 幼儿园安防网】　全区30所中小学、幼儿园与分局110指挥中心自动报警联网，一旦遇险，只要按动紧急按钮，指挥中心就能在接到信息后第一时间布控警力，在校园内建起全方位防范网络。　(赵梦)

【安全防范宣传日】　11月13日，分局举行“执法为民、服务社区、为居民送平安”安全防范宣传日，暨推广社区安全楼门院活动，[illegible]细管社区参加主会场活动，向居民发放《居民安全手册》和门磁报警器。当日,分局出动警力220名,辅警1579人,设立宣传站138个,横幅532条、展板450块,发放各种宣传材料2万余份,解答群众咨询问题300余件,受教育群众1.8万人。（赵为民）

【捐赠安全防范器材】 12月3日,在钟鼓楼文化广场举行"党心连民心、亲情进万家——向社区群众捐赠安全防范器材"仪式,分局党员和民警自发捐款8万元,向7千余户贫困居民捐赠门磁报警器、防盗锁8500个(件)。区委政法委、区综治办、公安分局、安定门街道办事处领导和民警、群众代表共200人参加捐赠仪式。（赵梦）

【爆炸敲诈案】 1月3日,东城区港澳中心瑞士酒店接到一男子恐吓电话称在酒店安装了两枚炸弹,若不往其户头内存入30万元现金,将于当日18时和18时25分分别引爆。接报后,分局高度重视,与市局有关单位组成专案组赶赴现场,仔细检查未发现爆炸装置。当日15时,犯罪嫌疑人又拨打9次恐吓电话,索要钱财。专案组巧妙周旋,于次日中午12时,在江苏省苏州市中国银行内将犯罪嫌疑人严某某(男,26岁,江苏省湖泽县人)抓获。经讯问,严某某对犯罪事实供认不讳,并交代以同样手段恐吓敲诈杭州新梅华大酒店的犯罪事实。（赵梦）

【绑架案】 1月31日凌晨,东直门某俱乐部副总经理叶某某(男,24岁,江西人)被绑架,犯罪嫌疑人通过电话向俱乐部索要人民币30万元。接报案后,分局刑侦支队立即工作,在房山分局的配合下,于当日18时将曹某某(男,20岁,北京人)、宋某某(男,33岁,山东人)、陈某(男,29岁,北京人)3名犯罪嫌疑人抓获,成功解救被绑架人质。经讯问,3人对绑架叶某某的犯罪事实供认不讳。（赵梦）

【系列抢劫强奸案】 2003年8~11月,东城区先后发生5起驾驶机动车抢劫年轻妇女案件,其中3名事主被轮奸。分局组成专案组开展工作,在北京电视台"法治进行时"栏目征集线索。本年2月6日,根据群众提供的线索,分别在石景山区和通州区将犯罪嫌疑人王某某(男,23岁,北京人)、贾某某(男,20岁,北京人)抓获,从中破获北京区县抢劫案件8起。（赵梦）

【合同诈骗案】 2003年10月16日,分局接到辽宁省经济研究中心报案:北京某市场经济研究所法人边某某(男,39岁,北京人)于2002年10月至2003年2月,以可办理到美国的劳务输出为名,诈骗150余人236万元人民币后不知去向。分局将此案列为重点案件,经过近半年的工作,于本年3月12日,在湖北省武汉警方协助下,将边某某抓获归案。经审查,边对2003年诈骗辽宁省亚太交流中心230余万元预付款后逃跑的犯罪事实供认不讳。（赵梦）

【非法持有毒品案】 3月17日、18日,分局根据线索,分别在朝阳区十八里店周庄某宾馆、朝阳区龙爪树南双旗杆村,抓获两名非法持有毒品的维吾尔族犯罪嫌疑人,起获毒品海洛因2100克。经讯问,二人对非法持有毒品海洛因的犯罪事实供认不讳。（赵梦）

【网上传播淫秽物品案】 3月20日,群众举报有人在互联网上传播淫秽图文,以汇款方式出售用于在线观看儿童色情内容的密码及淫秽光盘。分局会同市局网监处成立专案组。3月29日,在朝阳区白家庄将崔某某(男,26岁,朝鲜族,北京人,某研究所硕士研究生)抓获。经审查,崔对为谋取暴利,开设黄色网站,复制、贩卖、传播儿童淫秽物品的犯罪行为供认不讳。（赵梦）

【"4·07"杀人案】 4月7日,东城区时代假日酒店客房内发生一起杀人案,被害人张某(男,32岁,陕西人)。接报后,分局立即开展侦破工作,于当日22时10分,将犯罪嫌疑人梁某某(女,31岁,吉林人)抓获。经审查交待,其和死者在网络结识并相恋,因感情问题发生矛盾,4月7日,梁将张某麻醉后杀死。（赵梦）

【"4·29"杀人案】 4月29日8时,发现贾某某(女,36岁,北京人)被人杀死在和平里二区30号楼内。分局于5月3日12时,在东方广场将犯罪嫌疑人杨某某(男,25岁,北京人,被害人的弟弟)抓获。经讯问供认,与贾某某有矛盾,发生口角,4月29日7时,在和平里二区30号楼内遇到贾某某时起了杀人念头,用菜刀将贾砍死。（赵梦）

【虚假广告诈骗犯罪】 2003年末至2004年初,东城区连续发生多起利用小广告招工进行诈骗的犯罪活动。犯罪嫌疑人在《京华时报》、《中国青年报》等报刊上刊登高薪招聘男、女公关的虚假广告,事主向银行账号汇去数百至数千元押金后,招聘者便不再与事主联系。分局在湖南长沙警方配合下,于5月19日,在长沙市将犯罪嫌疑人陈某(男,35岁,湖南人)抓获,破案8起。经讯问,陈某对2003年4月以来以刊登虚假招聘广告诈骗近10万元的犯罪事实供认不讳。（赵梦）

【"10·21"强奸抢劫杀人案】 10月21日,东城区北新幼儿园发生一起强奸、抢劫、杀人案，事主贺某某被人强奸并杀死，6岁儿童李某被人杀死在洗衣机内，手段极为恶劣，引起社会广泛关注。分局与市局刑侦总队联合组成专案组，44小时将犯罪嫌疑人付某某(男，32岁，北京密云县人)缉拿归案，并从中破获了“8·25”入室抢劫杀人、“6·12”强奸案、“10·18”入室抢劫强奸案等28起案件。　(赵梦)

【打掉卖淫嫖娼窝点】　11月9日，分局根据群众举报线索，在东城区青年湖北里和东直门内民安三区，打掉两个以家政服务做掩护的卖淫嫖娼活动窝点，抓获王某某等8名卖淫嫖娼人员，迟某某等3名涉嫌组织介绍容留卖淫嫌疑人。　(赵梦)

【“12·09”文物盗窃案】　12月9日18时，亚洲大酒店内发生文物盗窃案，中贸圣佳国际拍卖有限公司在该酒店预展拟拍卖的南宋朱熹书法被盗，竞拍底价为300万元人民币。分局与市局刑侦总队联合组成专案组，经过14天工作，于12月22日，在海淀区将涉案嫌疑人刁某某(男，49岁，北京人)、刘某某(女，28岁，重庆人)、万某某(男，47岁，北京人)抓获，字画被完好无损地追回。　(赵梦)

天安门地区公安分局

【概况】　本年，以确保天安门地区的安全稳定为根本出发点，积极适应法制环境的变化，健全工作机制，改革防控模式，开展专项斗争，确保建国五十五周年国庆天安门广场系列庆祝活动、党的十六届四中全会、全国“两会”等重大政治活动的绝对安全，出色完成元旦、春节、五一和十一旅游黄金周等重大节日的安全保卫任务妥善处置431名辽宁省铁岭惠源集团有限公司职工到公安部北门前聚集上访等多起突出治安问题，取得同法轮功邪教组织斗争的胜利，有力维护天安门地区政治稳定和社会治安秩序，受到罗干、刘淇、周永康、王岐山等领导的高度肯定。全年出动警力3.51万人次，完成警卫勤务1855起，查处各类上访人员9497人，处置各类突出治安问题340起4034人，查处各类有碍社会治安人员1.1万人。

年内，分局撤并机构5个，机关警力下沉53.4%。确定8名正科级建制单位正职、4名副处级建制单位正职以及5名局领导班子副职的后备干部人员名单，建立分局二级后备干部人才管理库。出台《局属各单位制订国庆期间落实思想政治工作实现精确指导具体措施规定》。完善民警休假制度，工会共发放困难补助1000元，慰问民警补助支出1.5万元。成立伙委会，定期为民警发放水果、牛奶等；夏季，每天为外勤民警准备冷饮。

单位名称：北京市公安局天安门分局

单位地址：东交民巷37号

联系电话：85222689　邮政编码：100006　(于江蛟)

【机构撤并警力下沉】　年内，分局2次实施精简机构和警力下沉工作，17个科级以上建制单位调整为12个。撤销政治处、装备财务科、科技信息通信科，将其职能并入办公室。撤销出入境管理科、刑事侦查队、巡警五队，组建机动大队。治安大队由业务指导职能部门转变为一线实体战斗单位。机关由73人缩编至34人，机关警力占全局警力的比例由22.1%降至10.3%，一线单位警力由77.9%提高至89.7%。　(董岩)

【改革勤务控制模式】　年内，2次调整勤务模式。将广场地区由4支巡警队划定辖区分区控制，改为取消辖区划分，每支巡警队作为1个班次，编制、任务和岗位民警责任以及现职干部职数配备、职责任务和权限相同，日常按照4班2运转方式运行，对整个天安门广场地区实施统一的治安管理控制；调整分局领导分工，每支巡警队由1名分局领导分管，对该警队主班当日广场地区的安全稳定工作负全责。将18个警务责任区细化为23个警务责任区，根据不同时期治安状况、人员流量和工作重点不同，梯次投入警力，实施分区分时段。部署专门警力，自早升旗前广场开放至夜间清场前，卡口控制进入广场地区的9个出入口。以新的绩效考核为保障，职责权限统一。　(刘培)

【清理整顿】　从4月开始，分局从治安实际状况出发，针对天安门广场地区长期以来存在的无照经营、乱发小广告、照黑相等扰乱秩序的行为，抓住市政府出台《天安门地区管理规定》的契机，开展持续深入的清理整顿工作。先后打掉2个流氓恶势力团伙，抓获涉案人员7名，刑事拘留8人；查处10个非法经营团伙，清理了大量扰秩人员，治安拘留812人，当场处罚1万多人，罚款10.89万元，治安警告337人。　(于江蛟)

【周永康视察】　1月1日，周永康在田期玉、白景富、强卫、吉林、马振川等陪同下，到分局视察工作，慰问分局民警。5月1日，周永康到天安门广场检查警力部署和保卫工作措施落实情况。到分局巡警二队的巡逻车上同值勤民警谈话，并表示亲切慰问。　(刘培)

【罗干慰问民警和武警官兵】　1月13日，罗干、刘淇、周永康在王胜俊、张福森、田期玉、吴双战、刘京、强卫、马振川等陪同下，到武警十四支队驻地看望、慰问分局民警代表和武警十四支队官兵代表。（于江蛟）

【市领导视察】 1月13日，王岐山、刘志华、刘晓晨等到天安门广场和分局指挥中心慰问坚守岗位的民警，检查指导分局工作。马振川、王蕴荣、王聚成分别做汇报。王岐山做指示。（董岩）

【闪淳昌调研】 2月4日，国务院办公厅应急预案工作小组组长闪淳昌等在市政府有关领导陪同下，调研分局紧急出警和处置严重暴力犯罪案件工作机制。王蕴荣、贾英庭和王聚成等参加汇报。（刘培）

【重要会议保卫任务】 3月3～14日，全国人大十届二次会议和十届政协二次会议在人民大会堂举行。分局共完成各种警卫勤务119起，部署警力4241人次，重点加强防暴安检和天安门广场地区治安控制，确保“两会”主会场和外围安全。期间，共审查处理各类人员1734人，预防和妥善处置各类突出治安问题32起150人，完成安全保卫任务。十六届四中全会9月16～19日召开，市局开通天安门指挥部，局属18家单位参加安全保卫工作。期间，分局共处理各类违法人员536人，预防和妥善处置各类治安突出问题6起134人，完成安全保卫任务。（董岩）

【预防大规模聚集事件】 8月15日，431名辽宁省铁岭惠源集团有限公司职工到公安部北门前聚集上访。分局启动紧急出警工作预案，领导带队出动，组织民警150人5分钟到达现场处置。经工作，上访人员服从分局要求，离开公安部北门口，陆续到达劳动人民文化宫。经进一步工作，上访人员派代表到公安部信访办反映问题，其余人自行解散离京。（刘培）

【办理劳动复议案件】 8月6日，陕西黄陵县崔某某在故宫博物院内中和殿处盗窃事主张某某手表1块，被民警当场抓获。崔曾于2001年11月因扒窃被劳动教养1年6个月，不思悔改，继续作案，北京市人民政府劳动教养委员会于8月20日决定对其实施劳动教养1年。（于江蛟）

【节日升旗保卫工作】 1月1日7时36分，新年升旗仪式在天安门广场举行，各界群众约1万人现场观看升旗，分局部署警力150人。公安部副部长刘京、中央610办公室副主任王晓翔等到现场指挥安全保卫工作。10月1日6时10分，升旗仪式在天安门广场举行，2万名有组织群众观看升旗仪式。仪式结束后，党和国家领导人及1.5万名群众参加青少年联欢活动。安保工作从9月30日22时30分开始，分局部署警力110人。公安部常务副部长田期玉、刘京，武警总部司令员吴双战、副司令员朱曙光，王晓翔，强卫、马振川等领导到现场检查并指挥。（刘培 董岩）

【警民联谊会】 11月2日，分局召开金秋警民联谊会，邀请民革市委委员座谈，征求意见。中国中医研究院望京医院大内科主任、博士生导师罗侃，燕山石化总院内科主任郑静茹，中国书协、中国美协、北京中山书画社会员杨永德，中国书画艺术委员会委员傅启，北京书协、北京中山书画社会员李荣玉等16名民革市委委员，在民革市委常桂云的带领下应邀参加，部分民革委员以书画、义诊等形式表达警民情。（于江蛟）

【破获毒品案】 2月14日13时，犯罪嫌疑人蒋某某（男，29岁，贵州省盘县人）携带130.8克海洛因欲登天安门城楼时被分局民警查获。蒋某某交待2月10日伙同刘某某（男，23岁，贵州省盘县人，在逃）与刘某某（男，42岁，河北省唐山市人）在唐山市进行毒品交易（海洛因125余克），获取毒资4.2万元人民币。此案移交唐山市公安局丰润分局处理。（董岩）

【打掉流氓恶势力团伙】 5月，分局经过半年的缜密侦查，分别将“大军、二军”为首的流氓恶势力团伙中6名主要犯罪嫌疑人抓获归案。该团伙曾于2003年11月18日下午，在故宫午门外使用凶器无故殴打致伤事主李某某、李某某、袁某。（董岩）

【破获外国人犯罪案件】 8月7日中午，犯罪嫌疑人阿润某某（女，37岁，蒙古国人，个体户）伙同另一犯罪嫌疑人图某（女，29岁，蒙古国人，个体户）在故宫太和殿正门台阶上，扒窃事主王某某（男，35岁，江苏省盐都县人）的手机时，被分局民警当场抓获。这是建局以来破获的第一起外国人犯罪件。（董岩）

【破获故宫倒卖票证案】 10月21日上午，分局接报案称故宫午门售票处有人倒卖故宫假门票。故宫派出所迅速出警，在午门检票口处先后查获11名导游带旅游团进入故宫使用假门票226张，涉案金额1.35万元人民币。分局刑侦部门专案组将制贩假门票的张某某（男，20岁，河南人）、王某某（男，32岁，河北人）、齐某某（男，25岁，北京人）、高某某（女，22岁，黑龙江人）、刘某某（女，21岁，黑龙江鸡西人）抓获归案。

（董岩）

北京市公安局天安门地区分局负责人

分局长:王聚成
政　委:陈　友

东城交通支队

【概况】　本年,以实施《道路交通安全法》为契机,以治乱疏堵压减重大交通事故,创造良好交通环境为目标,以推进队伍正规化建设,提高队伍整体素质和干警执法水平为重点,强化目标管理和警区绩效考核。坚持严格执法,开展交通秩序整顿,宣传“五进”,与其他执法部门配合联合执法和综合整治辖区内交通违法行为,保证全年道路交通管理力度不减,标准不降。坚持从严治长、从严治警,严格落实一岗两责。用制度和标准规范管理队伍,调整民警队伍的精神状态。通过大练兵活动,帅府园队争创全国一流,以点带面,推进抓典型、树标兵活动。全年共纠正各种交通违章罚款4470.57万元,同比上升292%,刷卡40.56万起,刷卡45.63万元,同比下降11.1%和上升349%;吊扣证照7810个,暂扣各种车辆1032辆;销毁违法三轮车、摩的480余辆。行政复议率0.2/万,事故责任重新认定率0.3‰,行政诉讼率0.05/万,行政复议案件撤消变更率0,行政败诉率0,执法错误率0,同比下降80%。各项指标均低于局法制工作指标。全年辖区共发生交通事故1.4万起,伤1633人,亡23人;共追查交通事故43起,处罚4起,罚款6200元。宣传事故9起,亡8.5人,比控制指标减少13.5人;交通肇事逃逸事故9起,破获9起,破案率100%。追查交通违法超标单位485个,处罚286个。办理驾驶证换证3.02万个,审验手续11.67万件。

单位名称:北京市公安局公安交通管理局东城交通支队
单位地址:北京市东城区东四四条33号
联系电话:64012450　邮政编码:100010　　(刘众)

【打造畅通工程】　年内,围绕管界内在局挂帐的秩序乱点和交通堵点,持续开展交通综合整治,使9处秩序乱点,全部通过局考核验收,7处交通堵点中有6处治理完毕,交通秩序明显好转。创建长安街、平安大街、中轴路、北京站前街4条精品示范街,其它59条大街、23个路口达标率超过95%,达到公安部畅通工程考核验收标准。　(刘众)

【科技手段执法】　利用科技手段和设备,加大机动车违法停车、走禁行、走公交车道、超速行驶等突出违法行为的监管和追查力度,提高交通执法工作效率和准确性。全年非现场执法21.84万起,占处罚违法行为总数的41.17%。其中,自动监测仪摄取4.15万起,占非现场执法总数的30.6%;数码相机和数码摄像机拍摄9.71万起,占48.5%。　(刘众)

【专项整顿】　针对管界非机动车、人力三轮车、摩的载客及酒后驾车、非司机驾车、超速、闯红灯等违法行为,联合公安分局派出所、巡查支队、城管大队、交通局执法队等定期开展专项整顿,成立专项整顿小组开展不定期突击整顿,按照局、支队、值勤队三级部署要求持续开展夜查整顿。全年共组织联合执法128次,纠正非机动车、行人违法行为8.5万起,处罚4.8万起,暂扣非机动车1385辆,处罚酒后驾车等违法行为15.6万起,拘留136人,其中,醉酒27人、挪用牌照4人、重大事故9人、交通违章1人、妨碍公务5人、逃逸8人、酒后事故48人、非司机34人。　(刘众)

【占路施工审批和管理】　对报批的道路施工项目做好前期现场勘察和交通组织方案论证,督促、协助施工部门建立交通维护队伍,确保工地周边交通秩序和作业场地整洁、交通标志设施完好,查处违反规定的占路施工行为。全年共审批占路施工67项,查处违规占路施工3起。　(刘众)

【指挥调度系统】　强化支队和值勤队指挥调度系统的作用,规范管理模式和工作流程,完善领导干部上路指挥、路况信息报告、122快速接处警和路面检查考核等7项制度。全年,支队各级领导上路指挥1.04万人次,发布指挥调度指令3.81万条,上报路况信息1.41万条。指挥中心共接122报警4.12万起,报警回访1.73万次,群众满意率96.6%;利用电视监控系统直接发现问题1730起。其中,车辆故障610起,事故1120起,处置突发、偶发事件2019起。　(刘众)

【路口 路段优化渠化】　优化渠化管界内23个规范化路口、65条规范化大街及新增道路,配合有关部门完成长安街、平安大街、东北二环路沿线路口信号灯配时调整、安内大街公交车站迁移,东土城路黄网禁停区和人行横道施划工作。全年更换、增设交通标志1876个,施划交通标线2.7万米,开辟停车规范区7处。　(刘众)

【执法质量监督考评】　建立全员执法档案,全面掌握科队、民警执法质量。工作中以案卷评查、文书检查、信访督察、路面抽查等形式,定期分析档案记录,对反映出的问题,及时制定措施,指导干警改进执法工作。

全年共检查执法文书2400份，核查信访案件600件，路面抽查50次1500人次，组织执法接待检查25次，拖移机动车专项检查30次。审批案卷250卷，未出现问题，为办案工作提供建议30条。办理人大、政协提案78件。依法办理妨碍民警执行公务、民警被打被撞案件18起。 （刘众）

【交通安全宣传】 宣传贯彻《道路交通安全法》。全年共召开各类交通安全会议3174场次，组织大型宣传高潮日活动18次，发动群众上街维护交通秩序2.1万人次，发售《北京市〈道路交通安全法〉实施办法》读本2650册，光盘2000张，宣传画9000张，交通事故图片180套（3600张），交通安全周刊2000份，交通安全宣传扑克牌1200副，向驻区部队官兵、特殊群体（聋哑人、宗教界人士等）、群众发放《致市民一封信》等宣传材料4万份；组织交通事故展览1850场次，播放《关爱生命，安全出行》交通事故案例光盘1150场次，受教育人数20万人次，发放各种宣传材料35万份。向新闻媒体投稿1859件，被刊发442件。 （刘众）

【岗位练兵】 本着"干什么、练什么，缺什么、补什么"的原则，坚持从实战需要出发、从岗位需要出发，组织民警开展政治、业务、体能"三大素质"练兵，开展法制、事故、特勤、优化、写作等培训。全年共举办大练兵培训272次，参训民警3200人次；请教授、专家授课12次，参训干警700人次；电子政务培训班20次、英语培训班5次。全队45岁以下230名民警通过电子政务考试，占总人数53%，40岁以下248人考取英语口语等级证书，占76%。419人取得大专以上学历，占86.4%。 （刘众）

【优化医院学校周边道路】 对协和医院和市中医院、一六六中学、什锦花园小学、美术馆后街小学周边道路进行调研，优化道路。增设中心隔离护栏198扇、相关交通标志17面、人行横道桩3处、调整1条单行线，违章同比下降80%，通行能力提高25%，"122"报警次数下降31%，交通事故下降37%。 （刘众）

【领导慰问支队干警】 1月13日，王岐山在市公安局局长马振川、公安交通管理局局长李建华、政委毕庶琪等陪同下，到天安门广场西侧路岗慰问支队干警，支队长刘恕、帅府园队队长刘文武及帅府园队民警代表20余人参加慰问。

1月21日，刘淇、王岐山、强卫、吉林、刘晓晨，在马振川、陈平、卢彦陪同下，到帅府园队慰问节日期间坚守工作岗位的交通民警。李建华、韩福恒、刘恕、昝永强参加。

7月29日，公安部副部长白景富等到南池子岗和帅府园队驻地慰问在酷暑中值勤的交通民警。刘恕、昝永强及帅府园队队长、指导员参加慰问。 （刘众）

【中学生交通安全教育】 2月26日，与二十二中学联合在交道口路口举行东城区中学生"零距离接触交通秩序管理活动"启动仪式。通过中学生与交警共站一班岗疏导交通秩序、学生为过往行人讲解自制交通漫画及发放《致行人一封信》等，直接参与交通秩序疏导活动，把学生交通安全宣传教育从静态说教转为实际体验。区安办、区教委、东城交通支队领导、民警及二十二中学的部分师生参加。 （刘众）

【党委扩大会议】 3月29日在培新宾馆召开，市交管局副局长于春全出席会议并讲话。支队党委成员及各科、队现职领导干部、基层骨干及民警代表共116人参加。支队党委副书记做第十二届全国人大、政协二次会议交通保卫工作总结讲话，党委书记做《以十二公会议精神为指针，把握机遇，乘势而上，加快树立"三个形象"，不断开创东城交通管理工作的新局面》的工作报告。于春全要求参加会议的干部民警要围绕8个论题进行研讨。 （刘众）

【压减交通事故】 4～7月，支队针对管界内交通事故上升的势头，在长安街、平安大街、东北二环、朝阜路、美术馆后街、北京站东街、东内大街、东外十字坡等重点大街、秩序乱点，集中开展"压减交通事故百日攻坚"专项整顿。结合《道路交通安全法》宣传，对驻区各单位、部门普遍进行安全行车教育，有效遏制事故的上升。5～7月，管界内发生交通事故3339起、伤379起，死亡事故2起，亡3人。 （刘众）

【交通安全法测试】 4月13日，为检验学习《交通安全法》效果，随机抽取100名干部和民警分两批测试交通法知识。其中，现职领导干部12名、科室民警10名、值勤队民警78名，参考人员占支队民警总数的21%。测试平均分：支队96.13分，东单队97.4分，帅府园队97.1分，东四队96.2分，和平里队93.8分，法制员97.3分，副警长平均分96.8分。 （刘众）

【解救落水精神病人】 5月22日10时45分，帅府园队民警孙继良巡逻至故宫东门外筒子河时，接到群众报警：一名男子跳入筒子河。孙继良立即赶到事发现场，跳入近5米深的河水，将该男子（谭××，甘肃省宁县人，患有精神病，因行为不能自控落入水中）救起。

在救人过程中,孙继良右手被铁链上的铁钩钩住,造成穿透性损伤。 (刘众)

【万人评交警】 6月,在驻区148家单位组织问卷调查、群众评议交警活动。共发放问卷1万份,回收9850份。结果群众对支队交通管理工作满意率68.8%,较好满意率24.8%,不满意率6.4%;对于警队伍建设工作满意率74.8%,较好满意率21.3%,不满意率3.9%。 (刘众)

【火炬传递交通保卫任务】 6月9日上午9时开始在北京市内举行雅典奥运火炬传递活动。途径本队的路线有广场西侧路、天安门、东长安街、王府井南口、台基厂大街、东便门桥、东二环路、建国门桥、东四西大街、五四大街、景山前街、地安门外大街、鼓楼路口、鼓楼西大街、旧鼓楼大街、安定门西大街(北二环)、钟楼北桥、鼓楼外大街。东城交通支队历时7个小时,完成雅典奥运火炬北京传递交通保卫任务。刘恕、昝永强、丁力川于6月1日、2日、6日,三次对火炬传递行经辖区内的路线进行实地勘查。保卫工作共出动警力210人,警车460辆次。 (刘众)

【迎奥运秩序整顿】 7月8日,支队在公安部门前举行"迎奥运创首善秩序整顿"启动仪式。仪式后,各队以警区为单位赶赴长安街、平安大街、东北二环、广场及市委市政府周边、故宫午门、东西筒子河、景山、北京站、东外、雍和宫等重点地区开展整顿行动。近20天时间,共纠正各种交通违法行为1.86万起,罚款250万元,其中纠正人力三轮车、摩的80起,酒后驾车交通违法行为8起,夜间闯红灯19起。 (刘众)

【交通肇事逃逸案】 7月10日22时,司机张自杰(男,34岁,平谷县平谷镇人)驾驶一辆松花江小客车由西向东行至北二环路小街桥上时(车内乘有李小梅、黄远江),因后轮胎损坏,张自杰将车停在道路右侧修车,乘车人李小梅下车帮忙。此时一辆小客车由西向东同方向驶来,将张自杰、李小梅(女,24岁)二人撞伤,后因伤势过重,抢救无效死亡。小客车逃逸。接报案后,事故科值班民警立即赶往现场。支队长、主管副支队长、事故科科长也赶到现场,组织办案民警详细勘察事故现场。11日,在事故处的指导下,确定五项工作任务。肇事嫌疑人于浩于7月12日上午9时40分到东城支队投案自首。一天零12个小时50分钟,案件告破。 (刘众)

【销毁违法非机动车】 9月16日,支队在史家胡同一工地内召开现场会,公开集中销毁因无牌无证、非法揽客、无合法手续等被暂扣的100辆人力三轮车、摩的、残疾人专用车和自行车。区政法委、区综治办,区城管大队、东城巡察支队,东城交通支队,各执勤队领导及40名民警、交通协管员参加集中销毁行动。 (刘众)

【特勤保卫】 10月14日22点40分,支队接通知:在京访问的俄罗斯总统普京一行将改变原行驶路线,22点50分从人民大会堂东门出发,前往俄罗斯驻华使馆。昝永强立即指示指挥调度室调集各执勤队及机关所有备勤警力赶赴指定岗位,迅速调整已部署的执勤岗位和警力,将警力从13人增到93人,在10分钟内部署完毕。同时,指挥调度室、交通科及执勤队等领导分别赶到警卫路线重要路口、路段现场指挥,确保普京车队安全通过。 (刘众)

【处置火灾事故】 11月18日晚19时,东二环路十条桥北西侧北京移动通信综合楼工地失火,正在附近值勤的和平里队民警在第一时间向支队指挥调度室、支队领导及区政府、东城公安分局指挥中心、119火警报告了火情。公安交通管理局副局长于春全、纪委书记梅冬友,支队长刘恕、副支队长丁力川相继赶到现场指挥,各岗位民警对现场周边交通管控疏导。19时50分,大火被扑灭,周边恢复交通,未发生人员伤亡。支队共出动民警52人,警车29辆,有效维护火场周边交通秩序。 (刘众)

检　　察

【概况】 本年,突出"强化法律监督,维护公平正义"和"执法为民,服务发展"的主题,全面推进各项检察工作。强化刑事检察职能,继续保持对各类严重刑事犯罪的高压打击态势。受理公安机关及本院自侦部门提请逮捕的涉嫌犯罪案件666件911人,经审查批准逮捕520件677人;受理移送审查起诉的各类刑事案件853件1170人,经审查代表国家提起公诉601件795人。反贪、渎职侵权检察部门立案侦查涉嫌贪污贿赂、挪用公款、私分国有资产等职务犯罪25案25人,涉嫌渎职犯罪3案3人;查处局级干部3人,处级干部4人,司法人员3人。连同上年积存的案件,侦查终结31件32人,本年立案案件结案率80%,通过办案为国家挽回直接经济损失1448.77万元。结合查办案件,与区纪委共同开展对全区领导干部的警示教育活动,举办以“检企携手,反腐倡廉”为主题的“举报宣传周”系列活动。诉讼监督,对公安机关提请逮捕的67名犯罪嫌疑人依法作出不批准逮捕决定,对7名在案嫌疑人作出不起诉决定,对30余件案件改变原侦查定性,对4案4名犯罪嫌疑人增定新罪名,对5案5名犯罪嫌疑人增减了犯罪事实,依法追捕追诉2名犯罪嫌疑人。监所检察部门会同监管机关就法律手续、羁押期限、执法监管、生活待遇、卫生防疫、戒具使用、安全防范、交付执行、收押释放等问题专项检察678次。正确处理群众诉求,维护社会稳定和谐。完善人民内部矛盾调处及案外咨询与救济机制,妥善处理告急访、集体访和上访老户反映的问题,化解社会矛盾,消除不稳定因素。受理或接待处理群众信访366件464人次。办结4件刑事申诉案并妥善答复申诉人。受理40件民事行政申诉案,正式立案审查35件,就1件民事申诉案件向法院提出再审建议。

从班子自身建设入手,推进检察队伍建设。开展教育培训、法学研究及考察交流,深化干部人事制度改革,优化队伍结构。深化特约监督员和人民监督员试点工作,主动接受监督,提高整体素质。获市人民满意的政法单位、全国清理超期羁押先进集体、首都文明单位标兵、市检察系统2003年度交通安全先进单位、区保密工作先进集体等称号。

单位名称:东城区人民检察院　单位地址:东四十二条48号
联系电话:64017886(日)64058437(夜)
举报电话:84042000　邮政编码:100007　　(刘新岩)

【案件审查终结报告模板】 民事行政检察部门修改和完善案件审查终结报告模板:要求案件承办人在详细阅读分析申诉人陈述的案情与法院诉讼案卷的基础上,按照实地调查情况,实事求是地书写申诉案件的事实部分,坚决摒弃摘抄法院判决的作法;要求承办人详细罗列认定案件程序和实体问题所适用的法律法规,既便于核实是否应适用该法规,又最大限度地防止出现违法办案等情况,也为办理同类案件提供了法规库方面的积累;增添“分歧意见”栏,要求承办人叙明本案在办案组、处内讨论时曾经出现的分歧意见,增强处长、主管检察长审批案件过程中的客观公正性。本年未发生案件申诉人缠诉、重复上访等情况。

(刘新岩)

【处理涉法上访】 根据中央政法委、高检院、市检院和区政法委关于集中处理涉法上访问题会议精神,年初成立“处理涉法上访案件领导小组”,开展人民内部矛盾和纠纷的排查调处,完善案外咨询与救济机制,探索处理涉法上访事件的长效机制。对可能出现的涉法上访案件逐件排查、有效控制和解决。“两会”期间,控告申诉、民事行政检察等部门与高检院、市检察院相继联合成立办理涉法上访案件的专案组,加强向上级机关的请示汇报,应对来访举报中可能出现的缠诉、上访问题;落实“首办责任制”,确保矛盾解决在首次办理环节。对首次受理的案件,实行全程跟踪。对群众投诉和署名举报的案件做到件件答复结果;加大对不服法院正确裁判的申诉案件的息诉工作力度,把息诉罢访作为结案的标准。　　(刘新岩)

【办结刑事申诉案件】 3月,全国人大代表会议期间,广西壮族自治区代表团的代表收到一封署名为孔继鼎的申诉信。反映,1976、1977年北京市东城区人民法院和北京市中级人民法院在未查清事实,没有证据的情况下,以奸污少女罪判处孔继鼎有期徒刑6年,对法院的判决不服,多年来不断申诉,至今得不到解决,故请求人大代表予以帮助。3月15日,市检察院将这封申诉信及所反映的情况交东城检察院办理。区检察院迅速作出立案复查决定。承办人员针对申诉人孔继鼎提出的申诉理由及依据,认真负责、实事求是地审查该案的法律手续、证人证言、被害人陈述、被告人供述以及司法机关认定的事实证据和法院的判决内容,向上级汇报。区检察院认为申诉人孔继鼎猥亵、奸污少女的犯罪行为事实清楚,证据确实、充分,足以认定,做出维持法院判决,驳回申诉人请求的决定。申诉人孔继鼎对决定表示基本接受。　　(刘新岩)

【设立代表 委员联络室】 3月,区检察院党组研究决定,在院内设人大代表、政协委员联络室,根据《关于办理特约监督员意见建议工作规则》,选配了政治水平高、检察业务精、协调能力强的工作人员。经东城区人大常委会人大代表联络室和首都各高等院校推荐,选聘19名市、区人大代表担任特约监督员,10名人大代表、法学专家担任人民监督员。联络室主要负责与特约监督员和人民监督员的日常联络,督办人大代表转交的建议、批评、意见及政协委员的提案等。为区人大代表及政协委员订阅《检察日报》,负责通报检察工作有关信息。　　(刘新岩)

【主侦检察官】 3月,依据本院《实施主侦检察官暂行办法》和《竞争方案》,结合反贪侦查部门岗位设置要求,经过参选演讲、民主测评、全面考察、公示等程序,从在市院统一组织的考试中过关、有资格担任主侦检察官的干警中选出6名,由院党组任命为主侦检察官,颁发任命书。 (刘新岩)

【监所监督工作】 3月,与区看守所共同开展加强监管执法、加强法律监督、保障刑事诉讼顺利进行、保障在押人员合法权益(简称双加强双保障)示范单位创建活动。区检察院监所部门以保障监区安全、维护在押人员合法权益为重点,完善对看守所内各项监管工作的监督检察,发挥看守所与驻所检察室信息联网的优势,提高以分监控为基础、以总监控为重点、以中心监控为指导的三级监控能力,会同看守所组织警示教育展览、哑语(业务类)培训、亲情会见等活动,使监所监督工作水平得到提升。 (刘新岩)

【特约监督员制度】 4月14日,举行特约监督员制度启动仪式,19名市、区人大代表受聘成为东城检察院的特约监督员,颁发聘书和工作证。年内,2次邀请特约监督员观摩主诉检察官出庭支持公诉的庭审,4、6、7、11、12月举行座谈会、安排视察、通报检察情况等10次,答复咨询、反馈结果,征求对检察工作的意见建议,从制度和程序上保障特约监督员依法履行职责。9月29日,召开人民监督员选任大会,向10名监督员颁发选任证书和工作证,市检察院副检察长雍战胜提出要求,东城检察院人民监督员制度正式启动。引入外部监督机制,凡涉及犯罪嫌疑人不服逮捕决定的、侦查部门撤销案件的、公诉部门对案件作不起诉处理的,都必须经过人民监督员的监督,明确监督的实质性内容和具体程序。 (刘新岩)

【审查起诉艾滋病毒携带者】 5月,完成对一名具有强烈暴力攻击倾向的艾滋病患者的审查、提讯、出庭支持公诉工作。被告人司马义·瓦力沙洪是一名确诊的爱滋病患者,因抢劫被抓获时在现场咬伤公安干警。区检察院公诉和法警部门制定周密的安全保障工作预案,为参加提讯的公诉部门干警及法警准备防咬的橡胶手套和口罩等防护用品及完备的警械具。提讯时按照预先制定的提纲展开讯问,稳定提讯对象的情绪,有效抑制了其攻击倾向。5月13日,区法院在区看守所法医室设立临时法庭审理此案。公诉部门提前认真检查临时法庭的设置情况、安全防范措施等,处领导带队参加庭审,履行公诉职责,进行法律监督。法院当庭做出判决,认可检察机关指控的事实及罪名。 (刘新岩)

【清理超期羁押】 针对检察监督难、具体纠正难、建立预防追究制度难、创造规范的执法环境难等影响正常行使监所检察职权的"四难"问题,成立清理超期羁押工作领导小组,强化驻所检察工作,调整工作方法,履行法律时限监督职责,将与公安机关、法院在工作中"监督,配合,再监督"的监督模式,调整为"配合,监督,再配合,更高层次的监督"模式。连续十年在侦查、批捕、起诉、审判、交付执行等刑事诉讼各个环节实现无超期羁押。本年,最高人民检察院授予东城检察院监所检察处"清理超期羁押先进集体"称号,立集体二等功。 (刘新岩)

【查办职务犯罪】 年内,本院反贪、渎检部门把查办党政领导干部、司法干部、本辖区干部涉嫌职务犯罪案件作为重点,查办中纪委、高检院、市检察院交办的黑龙江省绥化市原市委书记马德、市长王慎义利用职务之便收受巨额贿赂案,最高法院主审法官涉嫌巨额受贿案,怀柔区法院原执行庭庭长、执行员涉嫌索贿受贿案,区建委建筑行业管理处干部涉嫌贪污巨额公款案,东四工人文化宫3名工作人员利用"小金库"贪污巨额公款案,中国红十字基金会相关人员玩忽职守造成财政部拨款人民币5000万元重大损失案等大要案。9月15日,市检察院召开全市检察机关部门"三优"表彰大会,东城检察院反贪局、渎职侵权检察处获市检察机关优秀反贪局、渎检处称号,3人分别被评为优秀渎检处长及优秀侦查员。 (刘新岩)

【未成年人保护】 年内,以法制校长工作为突破口,发挥优秀青少年维权岗优势,加强与在校中小学生的沟通联系,帮助未成年人提高预防犯罪和自我保护的能力。在辖区内12所学校设立并启用"阳光信箱"。担任法制校长的干警及时了解同学们的心理需求和实时感受,倾听他们的心声,解答他们的困惑,排解他们的烦恼。举办法制班会、访谈节目等,从未成年人"身边的法律"谈起,探讨同学们感兴趣的法律问题,使学生参与其中,成为法制宣传的主角,成为开拓未成年人法制教育新途径。制作完成"保护自己,预防犯罪——为了明天的太阳"的预防未成年人犯罪宣传展板,图文并茂,对青少年进行法制教育和犯罪警醒,在各中小学校巡展。 (刘新岩)

【廉政信用评价机制】 在试行干警廉政信用档案基础上推出廉政信用评价制度:依据干警的廉政信用档案和日常表现,评价干警廉洁从检状况,结果与干警任职、晋升职级和检察业务职称评定、评先、立功受奖及公务员考核挂钩,作为安排、调整干警工作部门和岗位的资格条件。实行领导与群众相结合、评价与使用相结合、平时检查与定期考核相结合。推行《工作作风监督卡》及其配套的考核制度，请来访群众和诉讼参与人评价公诉、控告申诉检察、民事行政检察等部门工作人员的工作态度、水平、能力等。 （刘新岩）

【内部廉政监督】 完善机关内部廉政工作机制：首次在党组成员中设立专职纪检组长，使领导班子内部监督和现场监督便利、有效；制定《党组内部监督暂行办法》，使领导班子内部同级监督和对一把手的监督更加规范、务实，出台《纪检监察工作实施办法》、《党组内部执法活动监督实施细则》、《组织人事工作监督细则》和《行装工作监督细则》等制度，明确执法监督的地位、职责和作用，规范对人、财、物和执法活动的监督工作程序；落实院、处领导干部"一岗双责"制度，两级负责人对内部执法监督工作负总责，干警发生违法违纪问题，除追究本人责任外，还要追究部门负责人的领导责任，负责人对违法违纪问题不报告者，一经发现，先离职再处理。本年，区检察院被评为东城区党风廉政建设先进单位。 （刘新岩）

【企业信用信息系统】 区检察院与区属28家单位共同构建东城区企业信用信息系统平台。控告申诉部门配备专人承担平台信息的收集、审核、录入和管理工作。平台承载区内工商企业的身份、提示、警示、良好等四类信息，可直接自主查询区内各企业资信状况，提高办案效率。 （刘新岩）

【社区服刑人员法制教育】 9月9日，与区司法局、公安分局等共同组织召开东城区社区服刑人员法制教育大会，全区103名社区服刑人员接受教育。检察机关领导重申关于社区服刑人员的具体管理规定，要求社区服刑人员严格遵守法律法规，认真接受监管机关的监督与管理。表扬模范遵守法律、法规，争当志愿者、争做好事，认真接受社区矫正组织监督管理的服刑人员。正在接受社区矫正、表现较好的两名服刑人员向大会汇报接受矫正的体会和收获。 （刘新岩）

【未成年人案件研讨会】 10月8日，本院女检察官应邀参加最高检公诉厅组织的"未成年人犯罪案件公诉改革经验交流会暨轻罪案件轻缓化处理研讨会"，提交论文《论轻伤害案件调解制度的规范化》。有关领导和专家对东城检察院轻伤害案件调解制度规范化改革工作给予肯定，邀请西北政法学院教授现场论证。会后，区检察院把规范化方面的工作经验向高检院公诉厅提交详尽报告。 （刘新岩）

【信息化教育培训】 以机关内部局域网为载体创新培训媒介，开辟"东检论坛"网页，相继开设中层、主诉、主侦、主管、内勤、青年和信息法宜调研七个论坛。每个论坛确定负责人策划组织，发挥干警自身的能动性。论坛活动形式包括网上交流和网下面对面研讨两种。每天网上点击率最多达200次，成为创建学习型组织的重要培训形式。 （刘新岩）

【专项清理检察】 根据上级部署开展"减刑、假释、保外就医"专项清理检察，当年批准执行的4名减刑、保外就医罪犯均符合条件，无一例违法办理。事前监督：监所检察部门驻所检察室干警列席看守所的相关工作会议，与看守所共同商讨某罪犯是否符合减刑、假释、保外就医等有关条件，对不符合条件的提出纠正意见，预防违规操作现象发生。事中监督：对符合假释、保外就医条件的罪犯，监所检察部门要认真审核由看守所提供的书面意见及指定医院出具的病残鉴定等相关材料，通过该罪犯亲友及同监室在押人员等多种渠道调查了解，掌握该罪犯的既往病史、目前病情状况和服刑期间的表现，同时利用检察网站公布拟对该罪犯执行假释、保外就医，受理公民举报。事后监督：呈报法院，接到批准监外执行的裁定书后，监所检察部门对相关材料备案审查同意，看守所方可办理罪犯出所手续，有效预防和杜绝违法现象，解决交付执行难问题。 （刘新岩）

【贴心法律服务】 本院担任社区法律顾问的干警10次深入朝阳门、北新桥街道开展义务法律咨询活动，改变传统的普法形式，采用"提问——解答——辨析"的现场互动方式，就居民群众个人或家庭成员遇到的涉及劳动合同、离婚后子女赡养、邻里纠纷、债权债务、公证等实体及程序方面的诸多法律难题，进行细致、专业的解答，达到"送法进社区"的效果。检察干警还向社区居民公布检察机关的办公电话，表达随时面对居民提供法律咨询、法律帮助的诚意。 （刘新岩）

审　判

【概况】 本年，围绕营造稳定和谐的社会环境开展审判工作，围绕“公正、效率”深化各项改革，围绕政治思想、人才资源和党风廉政建设加强队伍建设，围绕确保司法公正的根本目标强化内外监督，努力发挥审判维护社会安定、平复社会矛盾、促进经济发展和法制社会建设的职能作用，为首都和东城区社会经济健康发展提供司法保障。全年受理各类案件1.16万件，同比增长4.3%；结案1.13万件，同比增长5.8%。

单位名称:东城区人民法院

单位地址:府学胡同37号

联系电话:84023159　邮政编码:100007　　（曹英）

【依法打击犯罪】 刑事审判工作坚持贯彻严打方针，依法打击各类犯罪活动，严惩危害公共安全犯罪和严重暴力犯罪。审结相关案件201件，35人犯有放火、抢劫、故意伤害等罪行，被判处5年以上有期徒刑。审结合同诈骗等经济犯罪案件33件，贪污、贿赂等职务犯罪案件11件，20名国家工作人员被判处5年以上有期徒刑。坚持同“法轮功”邪教犯罪的斗争，审结相关案件2件3人。审结引起党中央关注的叶国柱等以上访为名寻衅滋事案4件。继续实行审判工作“繁简分流”，提高审判效率，全年适用简易程序审理案件237件，同比上升65.7%，适用普通程序审理被告人认罪案件20件，同比上升47.5%。参与社会治安综合治理，将43名户籍和居住地都在本区的罪犯交付相关部门进行社区矫正。为符合法律规定的被告人指定辩护律师近百人次，依法保障无罪的人不受法律追究，5人因证据不足被宣告无罪。全年受理刑事案件603件，同比上升23.7%；审结599件，同比上升23.3%；判处案犯791人。　　（曹英）

【未成年人刑事审判】 贯彻“惩教结合，教育为主”的方针，在法定范围内对未成年被告人从轻处罚，为其创造改过自新的机会。全年判处的未成年被告人中宣告缓刑、判处非监禁刑或免予刑事处罚的占46%，缓刑的未成年被告人无一人重新犯罪。完善庭审前做成长情况调查，庭审中与家长、学校联合教育和庭审后回访相结合的工作模式，做到法律处理与帮教工作协调统一。落实党中央关于加强青少年思想道德教育的要求，参与建立首家“东城区法制教育示范校”，编辑、制作《未成年人法制教育》光盘，开展“互动式法律咨询”等活动，加强对青少年犯罪问题的研究，形成《互联网对未成年人犯罪的影响及预防》等调研成果。（曹英）

【处理民事纠纷】 全年受理民事案件5786件，同比上升1.2%；审结5646件，同比上升3.9%。强化民事审判平复社会矛盾的职能，重视对房屋、危改等热点案件的审理，妥善处理交道口东大街、海运仓、民安小区和安定门等地区的131件危房改造案件。贯彻宪法“保障私有财产合法权益”的精神，注重保护弱势群体的合法权益，依法处理标准租私房纠纷、劳动争议、医疗合同、商品房预售、物业管理等案件1854件，通过法律手段保障产权人、承租人、劳动者和消费者等各方的合法权益。认真贯彻民事调解工作规定，调解结案和经过调解撤诉的案件达到结案总数的57%。（曹英）

【民商事案件】 依法审结买卖、保险、证券、担保、广告、借款、邮政等经济合同案件1456件。落实司法为民要求，对与群众生活息息相关的案件快审快结，在供暖季来临之前快速审结34起供暖合同纠纷。开通“企业法律服务网咨询热线”，专门为败诉企业讲解案例，举办专题讲座。全年受理民商事案件1638件，同比上升23.1%；审结1576件，同比上升20.7%。　（曹英）

【行政审判】 全年受理行政案件174件，同比增长27%，连同旧存审结175件，同比增长34.6%。审判中坚持既保护相对人合法权益，又支持依法行政的方针，公正处理行政纠纷。在审结的案件中，判决维持行政行为或判决驳回原告诉讼请求的占27%；判决部分、全部撤销或者重新作出具体行政行为、要求行政机关履行法定职责、确认具体行政行为违法或无效的占16%；经工作原告主动撤诉或因被告改变具体行政行为原告撤诉的占26%；裁定驳回原告起诉及其它方式结案的占31%。结合审判实践及时发送司法建议，市公安局为此组织专题讨论，制定下发相关文件。

（曹英）

【规范执行制度】 探索“繁简分流”措施，集中优势力量解决重大、疑难案件。规范执行“裁判权、执行权”分离模式和执行听证适用范围，探索和完善执行和解的条件与程序，严格财产保全和证据保全措施。完善执行监督机制，健全查封、冻结、扣押等各项制度，增强透明度。加大执行力度，开展执行案卷、执行款物和未结执行案件“三清理”工作，年内案卷、款物清理基本完成，清理中止案件总计约4000件，恢复执行执结标的额近千万元；成立区打击拒不执行法院生效判决裁定犯罪领导小组和办事机构，依法制裁暴力抗拒执行等违法行为，妥善执结市检察院办公楼建设工程拆迁案、龙云湖拆迁纠纷案和李志强腾房案等案件。全年受理执行案件3276件，同比上升4.7%；执结3211件，同比上升7.7%；执结标的额3亿元6月4日，区法院首次通过摇号方式公开选定拍卖机构，促进执行公开，10家拍卖机构的代表和当事人参加。（曹英）

【完善证据制度体系】 加强对审判人员证据规则和证据观念的教育。采取发放诉讼风险提示书、举证须知等加强对当事人的证据指导，引导当事人理智诉讼、依法举证，依靠证据维护自身合法权益。不断完善庭审证据环节及举证内容、方式和期限等方面的措施，使庭审程序进一步围绕证据展开。（曹英）

【审判公开】 年内，以内抓质量、外促公开为重点，促进审判公开。对内制定“文字零差错”目标，出台《杜绝文书文字差错的规定》，开展查评、讲评和培训等活动，努力使裁判文书成为全面展示诉讼过程和裁判依据的有效载体。对外推行当事人查阅本案裁判文书制度，近700人次查阅各种裁判文书850余份。坚持编发年度《裁判文书选编》，推出民事案件裁判文书定向公开制度，定期向区人大常委会报送典型案件和重大案件文书，自觉接受人大监督；定期与区劳动保障、司法行政部门交流劳动争议和调解案件文书。（曹英）

【审判管理】 加强审判管理科学化建设，通过自动化管理系统强化审限跟踪、警示和通报制度，杜绝无故超审限案件。加强审判管理规范化建设，将上诉案件移送工作纳入流程管理，严格案卷交接、移转程序和时限要求。加强信息录入管理，杜绝因移转交接时间过长增加当事人的诉讼负担。促进院、庭长由行政管理为主向以审判管理为主的转变，全年院、庭长办理各种疑难、复杂和典型案件678件。强化院、庭长的案件查评职责，规范案件研究制度。（曹英）

【内部监督】 定期评查已结案件，全年抽查各类案件971件。全面核查上诉案件，重点审查二审改判和发回重审的案件，严格依照“差错案件责任追究制度”处罚相关人员。全年接待申诉来访359人次，来信25件次，审查各类案件80件。有错必纠，对原审出现错误，符合法律规定的及时通过再审修正，申诉审查后决定再审的20件，结案18件，其中改判9件，调解结案2件。（曹英）

【陪审员工作】 年内，依法完成新一届人民陪审员选任和教育培训工作，根据全国人大常委会《关于完善人民陪审员制度的决定》调整完善相关工作机制。全年陪审员结案443件，出庭履行职务576人次。（曹英）

【信访工作】 4月，开展集中处理涉诉信访工作。加强组织领导，成立办事机构，完善排查调处机制，及时发现、研究和解决相关问题。年内，区法院涉诉信访领导小组集体研究案件三十余次，承办人员走访公安、工商、税务、房管、劳动保障和其它企、事业单位数十个，与信访人谈话百余次，撰写各种方案、函件、文件和报告等四十篇十多万字，在加班谈话、报送材料、讨论案情、接送越级信访人等方面做了大量工作。至年末，35件挂帐案件结案34件。全年接待各类信访、咨询520余件次，接待来访1600人次。（曹英）

【综治宣传日】 5月15日，区法院参加“携手共建平安北京”首都社会治安活动，院长带领干警在王府井中心会场进行法律咨询，设立宣传展板，发送宣传材料，介绍法院开展社会治安综合治理的工作情况，解答群众提出的有关问题。强卫、市高院院长秦正安，市检察院检察长许海峰等到现场视察活动情况。（曹英）

【法律服务热线】 6月11日，区法院邀请区属主要金融、商业、企业单位召开座谈会，就民商事审判工作征询意见和建议。以法律服务网为基础，开通法律服务热线，贯彻“执法为民、公正审判、服务发展”要求，拓展审判工作渠道，优化市场经济的法制环境，规范企业经营行为，提供法律服务和交流平台。（曹英）

【公积金贷款纠纷案】 2月，一单位假借他人名义贷取公积金后无力还贷与放贷银行发生纠纷，导致105件公积金借贷案件。该案系新类型案件，案情较为复杂且定性困难，涉及案外人员较多。区法院指派审判人员组成合议庭，制定工作方案，严格审查证据，明辨法律关系，依法支持原告的诉讼请求，保护众多公积金所有人的合法权益，为国有银行挽回上千万元的经济损失。（曹英）

【人造美女案】 5月，天九伟业公司等单位共同举办“第33届环球洲际小姐北京大赛”，报名参赛条件中未限制经过整形的选手参赛。曾做过面部整形手术的杨媛报名参赛后，与组委会签定了《参赛选手公约》，并进入决赛。决赛前，天九伟业公司书面通知杨媛，“鉴于有关证据表明，您是人造美女，故组委会决定取消您参加总决赛的资格”。新闻媒体作了报道。随后，天九伟业公司再次书面通知杨媛，恢复其参赛资格。杨媛拒绝继续参赛，以人格权受到侵害为由向法院提起诉讼，要求赔付精神损害赔偿金。法院审理后认为，被告公布的参赛条件中未对选手可否整形提出明确要求，是产生纠纷的主要原因，但被告的行为不具有侵犯原告人格权的主观故意，且被告通知书中使用“人造美女”一词，是对经过整形后女性形象的特定称谓，该称谓已为社会普遍接受，并在各类媒体上广泛使用，不足以认定其中带有歧视、侮辱的内容，或是对原告个人价值做出贬低评价。原告曾为整形医院做广告宣传，对公众并不隐讳其做过整形手术的事实。故被告的行为不会导致公众对原告个人价值客观评价的降低，因此判决驳回原告的诉讼请求。宣判后，原、被告双方均未上诉。（曹英）

【私分国有资产案】 2000年7月~2002年9月，原北京市东城区住宅建设开发公司经领导班子多次开会讨论，先后决定为职工购买康宁终身保险、国寿福瑞两全保险、国寿鸿泰两全保险等商业保险，并将支付的商业保险费及相关个人所得税款中的人民币780余万元列入管理费中，造成企业成本增大，利润减少，致使国有资产被私分。法院认为，该公司作为全民所有制企业，其行为已构成私分国有资产罪。被告人龚伟明（经理）、夏建兰（总会计师）、张岱雨（党总支书记兼副经理）属于直接负责的主管人员，被告人李美玲（财务审计部主任）属于其他直接责任人员，依法应予刑罚处罚。鉴于被私分的国有资产已被追回，且张岱雨系自首，依法从轻判处四被告人四至三年有期徒刑及相应的罚金刑，宣告李美玲、张岱雨缓刑。宣判后，被告人不服提起上诉，二审法院依法维持原判。（曹英）

【东城行政许可第一案】 2002年5月22日，经区工商局批准，山东农民王建民等二人在东城区校尉胡同5号注册登记北京沅川招待所，法定代表人王建民。2003年此房被拆迁后，沅川招待所决定将企业住所迁至东城区外交部街甲46号，与出租方签订房屋租赁合同，取得新住所房屋的建筑安全鉴定报告及相关许可，按有关要求向区工商局提出办理住所变更申请。与该招待所相邻的西总布胡同50余名居民联名向该局投诉，以招待所防火、通风、排水等系统对居民日常生活和环境卫生有严重影响为由反对在此开办沅川招待所。为此，区工商局以沅川招待所住所变更的行政许可申请与该处居民有重大利益关系，属于《行政许可法》规定的听证事项为由，组织由当事人双方和行政机关许可审查人参加的听证会，后作出不予行政许可决定。沅川招待所不服提起诉讼。法院认为，被告仅依据相邻居民一方的意见，即以原告之申请影响相邻权人利益为由，作出不予许可的行政决定，事实依据不足。且被告责令原告改变消防通道方向、不应设在居民院内的限制条件，已超越其职权范围，判决撤销被告所作的不予行政许可决定，责令被告重新作出具体行政行为。（曹英）

【驾车危害公共安全案】 本市无业人员王云于2003年9月1日14时，酒后驾车，在东四六条由东向西逆向行驶时，汽车左后视镜将与其相向正常骑车行进的被害人俞文刮倒。王云未停车，继续驾车向西行驶至东四六条西口附近，将同向行走的被害人陈雅京撞起后摔倒在地，将被害人常美俊挤撞在停放路边的桑塔纳车右前门处，2人当场昏迷，桑塔纳小客车右前门损坏。王云继续驾车高速驶出东四六条西口，撞到自南向北正常行驶的夏利出租车右侧，致乘坐该车的被害人李莉受伤，出租车被撞后车尾部又与被害人闫长久驾驶的帕萨特车相撞。王云随后倒车并向左转弯，驾车沿东四北大街继续向南行驶，在东四二条西口附近又撞到被害人李如钢驾驶的奥拓车尾部。王云继续驾车向左转弯驶入东四二条内，撞到民宅墙后被迫停车，被接报案赶至现场的民警抓获。经法医鉴定，被害人俞文等四人分别构成轻伤或重伤，被撞的4辆小客车不同程度受损，经济损失共计人民币40521.65元。法院依法对王云以危险方法危害公共安全罪判处有期徒刑11年，剥夺政治权利2年。（曹英）

【余秋雨名誉权案】 2000年第2期《书屋》杂志刊登北京文学编辑部编辑肖夏林所撰写的针对余秋雨的文化批评《文化中的文化》一文。文中载有“他（指余秋雨）作深圳文化顾问，为深圳扬名，深圳奉送他一套豪华别墅。文化在这里已是具体的名利”的文字。同年8月，湖南人民出版社出版发行了由愚士选编的《余秋雨现象再批判》一书，书中收入了上文。余秋雨以肖夏林的文章捏造事实侵犯其名誉权为由向法院起诉。法院认为，被告撰写的《文化中的文化》一文中所涉“深圳送别墅”内容是未经核实即采用的传言，对此被告并不否认，但因有证据证明“深圳送别墅”是当时文化界所传之信息，因此不能认定该内容系被告凭空捏造，也不能认定被告的行为具有贬低、损害原告名誉的性质，但应对其轻信传言并付诸文字的做法提出批评，同时判决驳回原告的诉讼请求。余秋雨不服，提起上诉。二审法院认为，社会公众对余秋雨"作深圳文化顾问，为深圳扬名"与"深圳奉送他一套豪华别墅"的看法和评价，会出现褒贬两种结果，即"这是文化商品化的正常表现"和"文化行为实际是为牟取经济利益"。因此，肖夏林撰写的文章虽有不妥，但不必然导致余秋雨社会评价的降低，不构成对余秋雨名誉权的侵害，因而判决驳回上诉，维持原判。 （曹英）

司法行政

【概况】 东城司法局下设办公室、政工科、法宣科、基层科、法制科、公律科、法律援助办公室（与"148"专线办公室合署办公）7个科室。局机关公务员31人、工人3人，法律援助办公室职员2人，直属事业单位公证处15人，其中工人2人。

单位名称：东城区司法局
单位地址：和平里6区16号
联系电话：84228050　邮政编码：100013 （戴虹）

【社区矫正】 分层次、分步骤的推进心理矫正，不断提高教育矫正质量。网上公开招募社会志愿者4次，录用104名。已签约在册48名，组建心理矫正志愿者队伍。专业培训志愿者7次。通过心理咨询与疏导进行筛查，确定实施心理矫正人员。对一般心理矫正人员，采取2名志愿者与1名服刑人员挂钩，建立长期固定联系，开展心理访谈。制定心理矫正方案，将其反馈司法所，使心理矫正与行为矫正有机结合。对心理问题较严重的服刑人员，由心理咨询师直接负责，强化心理危机的干预，防止重新犯罪。提高教育矫正质量，制止恶性事件的发生，并总结出社区服刑人员的9种心理特征。5月10日，在东华门街道建立心理矫正工作实验基地，建成拥有电子信息系统及设施完备的社区矫正督导室。制定《心理矫正工作管理制度》、《访谈门诊制度》。6月，研究开发心理测量量表，为实施分类管理、分阶段教育提供可靠的依据，心理矫正工作从人工访谈、语言疏导转为理性、客观、科学的量表测查。全区共有社区服刑人员103人，其中剥权56人，缓刑35人，假释7人，暂予监外执行5人。 （戴虹）

【人民调解】 本年，调委会调解纠纷3680件，同比增加18.5%，调解成功3511件，成功率95.4%。司法助理员调解419件，同比增加1倍；防止矛盾激化43件808人次。邀请区法院法官为调解员讲课，组织参加庭审活动，深入基层指导调解工作，提高调解工作质量；将区调解的典型案例编成案例集，作为学习培训教材，发放到各调委会。成立"小小鸟人材民调解委员会"，解决外来务工人员因劳动合同、工资拖欠等引发的矛盾纠纷，维护他们合法权益。3个多月协调解决流动人员和企业、雇主与其它经济组织间的矛盾纠纷13件，涉及人员242人，为外来务工人员讨还工资、劳动报酬21.57万元，解答法律咨询72人次。 （戴虹）

【安置帮教】 区共接收刑满释放人员789人，期满解教人员298人，总计1087人。为20名释解人员办理低保，为3名释解人员办理廉租房，安置81人就业。做好"两个帮教"：大墙内帮教，邀请国旗班战士到大墙内举办"庆国庆、升国旗"爱国主义教育活动，举办"调整心态、面对社会生活"教育讲座，开展"大墙内外共矫正，警民联手塑新人"知识竞赛；全年到北监、清园、柳林、茶西、良乡等监狱7次慰问干警和对服刑人员进行帮教。大墙外帮教，协调解决释解人员在住房、户口、就业、培训等方面实际问题。做好两个调查：摸底调查全区释解人员人户分离情况，人户分离470人，采取到派出所查档、与居民调查、向亲属了解情况和与居委会、派出所联系等方法加强监控；全面摸底调查在押东城籍人员，全区在押人员785名，其中172人属于空挂和房屋拆迁，69人属于查无此人，为做好安置帮教和社区矫正的衔接打下基础。 （戴虹）

【法律援助】 本年"148"法律服务专线和法律援助中心咨询接待1376人次，其中接听电话574件次、接待来访802人次。提供法律援助143件，其中办理民事案件62件，刑事案件81件。整合法律服务资源，引导律师、公证员定期开展社区法律服务，以签约形式长期坚持。律师、公证员在社区举办法制讲座55场、法律咨询55次，有1.06万人参加。 （戴虹）

【法制宣传】 召开区依法治区工作大会，部署任务。培训全区依法治理专职干部。落实部门责任，制定实施方案。开展"三法"宣传：通过报告会、知识竞赛和集中宣传活动开展对《宪法》、《行政许可法》、《道路交通安全法》的宣传；邀请全国人大专家为全区处级以上领导干部和有关人员讲授《宪法》；组织以《行政许可法》为内容的东城区第二届“依法行政杯”法律知识竞赛；在地坛西门开展《道路交通安全法》、《行政许可法》宣传活动。局组织召开青少年法制教育研讨会。通过“一本大纲、一所学校、一部片子”，丰富青少年法制宣传教育内容。将法制教育纳入全区未成年人思想道德建设总体规划，制定区中小学校法制教育大纲，发挥法制宣传示范校的作用，开展课堂法制教育。由学生自编、自导、自演一部法制教育短片，组织专业人员拍摄制成光盘，发放给全区80所中小学进行播放。9月18日，在地坛公园举办东城区未成年人法制教育示范校揭牌暨模拟法庭光盘赠送仪式，陈平、杨艺文出席。通过“一个公告、一条热线、一本册子”，创新法制宣传教育形式。在全区136个社区建立社区法制公告栏，定期发布居民密切关注的有关法律法规，开展社区普法教育活动。全年编发5期。每个公告都加上相关执行部门电话，通过热线接听并解答群众咨询。结合群众关注的热点问题及新颁法律法规，编制法制宣传册，发至全区有关单位和社区居民手中。海运仓危改小区部分居民对有关拆迁政策不理解、利用互联网组织居民集体上访，局每天登录海运仓小区业主网站，宣传有关政策法规，帮助居民正确理解法律规定，几个月里，群众网上点击该宣传内容均排前三名。（戴虹）

【公证律师管理】 做好对法律服务机构的监督管理，监督办证质量，全年共抽查公证卷宗446卷658件，表扬办证质量好的公证员，处罚办证质量有问题的公证员；组织公证员进行以司法部颁布的《开奖公证细则》(试行)为主要内容的业务培训和考试。完善规章制度，整理修改公证处12项规章。全年办理申诉案10件，其中办结9件，正在办理1件。每季度检查全区法律服务市场及8家基层法律服务所执业行为。（戴虹）

【队伍建设】 坚持执政为民，局领导全年下基层不少于20天。批阅督办人民代表和政协委员议案、提案和信访5件。8月，开通两部老年人维权专线，解答老年人咨询120人次。开展“求真务实谏言献策”大讨论，制定整改措施。坚持学习培训，全年组织法制讲座8次，参加庭审2次，针对行政诉讼案件召开业务研讨会4次，年末对学习内容进行全员闭卷考试，公务员全部通过电子政务考试。（戴虹）

【社区矫正工作交流】 2月20日，天津市大港区司法局来局观摩交流社区矫正工作，局长介绍有关情况。

2月23日，海淀区司法局组织司法所长一行30多人，来局交流社区矫正工作，参观景山街道，局长介绍区社区矫正情况。（戴虹）

【调解纠纷】 2月26日，安德里社区调委会接待安德里社区居民赵某投诉同门居民孙某家的水管老化，渗水到赵家房屋内造成损害，要求经济赔偿。调委会了解核实，孙某因家中厨房水管老化漏渗透到赵某家中，从厨房到客厅的木制家具被泡，造成损失。孙家提出赔偿1000元，而赵家只同意500元，未达成协议。通过调解，当事人达成协议，一次性赔款700元，并书面道歉。（戴虹）

【解决建楼纠纷】 4月13日，灯市口西街34号、38号居民楼，紧靠民革中央将要改建的办公楼北侧，该办公楼超高遮阳、施工现场超近扰民，影响居民正常生活。200户居民联名写信致何鲁丽主席，要求解决超高遮阳和施工扰民问题。社区调解委员会与民革领导沟通，共同在民革会议室召开居民代表大会。经多次协商，民革领导转达何主席改动施工方案的批示，将原办公楼建筑方案降低两层，将施工图纸、效果图、阳光测试、扰民费等问题向居民代表一一讲明，取得居民谅解，达成共识，办公楼如期建成。（戴虹）

【宠物咬宠物主人要赔偿】 7月3日傍晚，东交民巷31号院的徐某家的狗咬伤32号院王某的小狗。王某带小狗去宠物医院，前后共花去医药费2400多元。王某要求徐某赔偿，徐某只答应赔偿一部分，王某不同意，找到社区要求调解。社区调委会根据《北京市养犬管理规定》第42条，依据《北京市养犬管理规定》第十条，指出徐家的狗超出限养高度，属于大型犬，出来遛狗没按规定带嘴套、束狗链，没有尽到监护义务，造成王家小狗受伤应负赔偿责任。徐某赔偿王某2400元医药费。（戴虹）

军 事

人民武装部

【概况】 东城区人民武装部受中国人民解放军北京卫戍区和中共东城区委、区政府双重领导，是中共东城区委的军事部和区政府的兵役机关。管辖10个街道武装部和9个市属公司武装部，在企事业单位建立基层人民武装部129个，配备专(兼)职武装干部249人。投资3000万元建办公区，竣工投入使用。圆满完成办公地点搬迁、民兵组织整顿、军事训练、兵役登记、征兵工作、双拥共建、全民国防教育等各项工作。

单位名称：东城区人民武装部
单位地址：东四五条170号
联系电话：64030768　邮政编码：100010　（曹剑）

【民兵整组】 改革传统的编组模式，做到向社区、科研单位、战斗力强的单位、民营企业拓展。按北京市和卫戍区要求，整顿民兵组织104个，编配基干民兵6000人。3月，组织基层武装部长、干事进行民兵整组工作集训，规范和统一民兵整组的工作标准。7月，在东城保安分公司成立5000人的民兵团。（曹剑）

【民兵军事训练】 加大民兵训练力度，对专武干部和民兵干部进行军事集训，600名民兵分两批训练，增强专武干部和民兵干部的组织指挥能力，提高民兵队伍素质和专业能力。“两会”期间，东华门、东直门、和平里街道等组织民兵值勤、备勤。6月，东华门、东直门、北新桥、和平里街道组织200人参加卫戍区整组点验。12月，区政法委、区武装部、王府井建管办联合在王府井地区进行反恐防化应急训练和演练。（曹剑）

【民兵通讯报道】 4月，举办武装工作通讯报道员培训班，邀请《解放军报》、《中国国防报》、《国防》杂志的编辑记者讲课。全年共刊播稿件72篇，其中中央电视台1条、北京电视台3条、《解放军报》4篇、《中国国防报》2篇。东城区被评为卫戍区新闻报道先进单位。区领导过“军事日”活动照片，分别在《中国国防报》、《中国民兵》、《华北民兵》、《国防》杂志刊登。（曹剑）

【军事日活动】 4月，在卫戍区预备役高炮师进行为期两天的区级四套班子和街道工委书记军事集训活动。采取邀请专家讲课、军事训练、参观军营、实弹射击等方法，增强区领导干部国防观念，集训活动受到卫戍区领导的高度评价。北京电视台、《中国国防报》、《中国民兵》、《国防》杂志报道集训情况。（曹剑）

【兵役登记】 8～9月，在10个街道，9个市属公司设立兵役登记站，在基层单位及部分居(家)委会设立263个分站，登记适龄青年9856人。依法确定应服兵役8743人，免服兵役38人，不得服兵役11人；确定预征对象587人，缓征及其他8117人。按时完成兵役登记核对工作。（曹剑）

【征兵工作】 10～12月，区政府征兵办公室成立宣传、政审、体检、征集、监察、保障6个组，制定《征兵评分细则》和《征兵廉洁自律规定》，设置举报箱和举报电话，编发征兵宣传提纲、致适龄青年一封信，举办征兵工作宣传周和高潮日活动。召开宣传动员会，任务部署会，接兵定兵会。严把体检、政审、定兵关口，圆满完成征兵任务。（曹剑）

【队伍建设】 按照卫戍区民兵军事、政治工作要求，制定下发东城区军事、政治工作要点，采取加强教育、述职考核，制订规定、考勤记分等措施，加强专武干部队伍建设。每季度进行一次专题学习，提高一线专武干部整体素质。4月，区武装部与区委组织部联合对街道工委书记进行党管武装述职。（曹剑）

【全民国防教育】 全区举办国防教育报告会48场(次)，“军营一日”活动81场(次)，国防知识竞赛、演讲36场(次)。义务宣传员入户进行国防宣传教育1200多户，举办国防义务讲座500多场次，受教育人员10万人次。在全国“爱中国、奔小康、强国防”国防教育系列活动中，被评为先进单位。（曹剑）

【双拥共建】 深入驻区部队、基层和优抚对象家中走访慰问，送慰问金和慰问品400多万元，为部队干部排忧解难，解决部队子女入学、入托等问题。驻区部队共出动8万多个劳动日，为首都和东城区绿化美化做出积极贡献。（曹剑）

人民防空

【概况】 东城区人民防空办公室2004年1月加挂北京市东城区防震减灾办公室、北京市东城区交通战备办公室的牌子。是区政府主管人防、防震减灾、交通战备工作的职能部门，肩负战时防空、平时抢险救灾双重职责。本年以确立一个中心思想、强化二项基本建设、抓住三项重点工程、推进“四风”转变为总体思路，求真务实抓好各项工作。1月从十一条迁回新建办公地点，办公环境和办公设施明显改善。开展创建学习型机关活动，提高全体干部、职工的综合素质、管理能力、业务能力，内强素质，外树形象。推进机关“准军事化”建设，制定实施细则。以科学的发展观指导人防建设，正确处理好城市建设与人防建设的关系，参与协调区危改建设，完成“十五”期间人防结建工程建设规划指标，本年共建31处7.62万平方米人防战备结建工程。利用东方广场地下人防工程开办商业写字楼及大型地下车库，缓解区黄金地段、王府井大街地上面积的紧张，拓展人防工程的服务功能和战备功能，开辟东城区新的经济增长点。

本年在全市人防工作考核评比中被评为全面达标单位。被北京市地震局、北京市国防动员委员会评为防震减灾先进单位和交通战备工作先进单位。

单位名称：东城区人民防空办公室

单位地址：东四五条172号

联系电话：64035154　邮政编码：100010　　(赵文敏)

【人防工程治理】 年内，完成加固早期人防工程8491平方米，回填早期短、窄、小人防工事1.66万平方米。施工中落实三项保障措施，确保工程质量合格。①聘请工程监理人员，从质量、数量和资金上建立全程监理制度，②在资金使用上实行“三级汇审联签”制度，即由施工监理、人防地空科认可、人防办领导审定把关。③全程审计工程治理的使用经费。　　(赵文敏)

【人防结建工程】 本年，在民安、南馆、交东、东四、建内、朝内6个危改小区及人大办公楼、金地花园、万园城高档住宅楼、魏家综合楼、杰宝购物中心、宁夏政府驻京办事处综合楼等9处建设中，新建31处7.62万平方米人防工程，其中28处为结建工程，3处为小区单建地下车库。验收工程合格率100%。呈报市人防办质监处审定。　　(赵文敏)

【防汛工作】 本年，雨水大，汛情严重，人防办在汛前严密布置，充分准备，购买各种抢险物资和机械，制订防汛抢险预案，组建133人的两级防汛抢险专业队，建立逐级负责、责任到人的防汛责任制，普查人防工事53万平方米，重点普查登记16万平方米早期人防工事及有人居住的99处人防地下室，出动650人次，查出险情隐患29处，将隐患消除在汛前，确保汛期少塌洞，不伤人，安全渡汛7月10日，暴雨造成腊库胡同53号居民院内人防工程险情，卢彦、岳鹏、李荣庆亲临现场，人防办主任、副主任现场办公，制订紧急抢险方案，组织人员及时排除险情。连续18年安全渡汛，获市、区防汛先进单位。　　(赵文敏)

【领导视察】 4月10日，市长王岐山视察东方广场结建工程。重点视察东方广场西配楼地下四层的风机房、通道、写字楼等，询问有关人防工程内的反恐、防火、通风、消防及抢险队员的救护培训等问题。现场询问有关客户的反映，要求重视反恐和安全，加大人员培训力度，搞好平时的消防、反恐演习，为首都的稳定创造安全的地下空间。　　(赵文敏)

【综合整治】 组织全体职工及街道人防干部学习《北京市人防工程平时使用暂行标准》，开展全区人防工程安全使用整治，分成6个小组，出动750人次对人防工程，尤其是99处住人的人防工程进行安全使用标准检查。对不符合使用标准的租赁者宣传教育，发放《北京市人防工程平时使用标准》，要求按规定标准限期整改，责令停业整改4处，关闭问题较多的人防工程4处。　　(赵文敏)

【法制建设】 本办是具有行政审批职能的政府管理部门，法律授权行政审批职能4项，即人防工程使用、拆除、改造及防空警报器的拆除。为贯彻落实《行政许可法》转变观念，增强服务观念，强化责任意识。4月，成立全程办事代理制领导小组，下设办公室，确定综合科为代理制落实的督办科室，由地下空间开发管理科设立受理窗口，全程代理4项行政审批事项，制定代理制流程图，受理程序、受理人员岗位职责、行为规范，将行政审批项目、程序、申报材料、告知书、投诉电话等公示，接受社会监督。6月正式实施行政审批全程办事代理制。　　(赵文敏)

【送温暖活动】 党组组织开展党心连民心，亲情进万家活动。每逢重大节日都为扶贫对象张崇如家送去米、面、油及现金。10月出资3000元，为在人防施工的外地民工90余人购买毛巾、肥皂、牙膏等生活日用品。全体干部、职工每人捐献“一日工资”和棉衣棉被，共捐资3260元，棉衣棉被100件。

12月26日,印度洋海啸造成重大灾难,全体职工捐款2000余元。（赵文敏）

【参观调研结建工程】 7月23日,在国防大学参加国家重点城市人防建设工作研讨班的24个省市的副市长40余人参观调研东方广场人防结建工程。总参作战部副部长、国家人防办副主任白建军、李杨、国防大学副教育长崔长奇少将、市人防办副主任王德润陪同参观调研,本办主任介绍情况。（赵文敏）

【专业队培训】 10月27～28日,在怀柔举办全区人防专业队培训班,全区有18个单位60余人参加,重点学习空军作战理论,作战特点,我军空军战略战术。（赵文敏）

【办公自动化】 本年投入16.11万元配置设施,建立信息化建设平台,推进办公自动化建设。购买笔记本电脑3台,台式电脑7台,激光打印机4台,IBM服务器1台、交换机1台、数码相机1台、数码摄像机1台。安装市人防网,从网上数字东城办公系统接收区委、区政府文件。10月进入市人防办公网络化管理,从市人防网络接收各类文件。为信息化管理培训工作人员2名。（赵文敏）

【警报器建设】 防空警报器的安装是本年通信警报建设的重点任务。全年新安装4台,全区已安装防空警报器11台,音响覆盖面基本达到100%。

7月,将1964年安装在民航大楼楼顶,1961年制造、通高1.9米,BQ电动大型警报器无偿捐赠首都博物馆永久珍藏。（赵文敏）

【防震减灾】 建设城区地震应急避难场所,是市政府列入本年关系群众生活拟办的实事。经人防办对全区地理情况的调查和选点,根据区环境整治规划和空旷绿化地带情况,与区市政管委、园林局协商,确定在东黄城根遗址公园和地坛公园园外园建设地震应急避难场所,得到区政府批准。制订规划建设方案,经区长办公会、区委书记办公会审议通过。制作74块指示牌、13块标志牌。为了不破坏景观,方案规定,公园内的74块指示牌不安装,做成可移动牌子,平时存放在库房,应急时临时摆放;13块标志牌安装在东黄城根遗址公园7块,地坛公园园外园6块。两处避难场所储备5台小型发电机保证应急供电。（赵文敏）

【国防宣传教育】 由新华社和军事博物馆联合组织的多媒体国防系列教育光盘中的《中国人民防空》,人防办孟庆义负责主讲,录制完成。由新华社发行,作为全国国防教育教材。（赵文敏）

【地震救援志愿者】 第26次区长办公会议,审议通过本办关于开展社区地震应急救援志愿者队伍建设试点工作方案。韶九社区为试点单位,现已组建50人的社区地震应急救援志愿者队伍,投资3万元购买器材及服装。（赵文敏）

【交通战备】 撰写"东城区概况",核实地图的准确位置。人防办到区交通支队、规划局、统计局、地志办等20多家单位调查核实数据、地形、地物、地理及单位名称等,并实地勘察,为再版《北京市国防交通图集》提供详细、准确的资料。（赵文敏）

预备役防化团三营

【概况】 预备役防化团三营,直属团党委和东城区党委领导。预编在东城区八个街道四个市属企业内,干部战士202人,其中现役干部4人。本年,在各级党委和组织的领导支持下,圆满完成各项工作。

11月11日,建团二十周年,东城历任预任领导和三营部分人员参加团庆活动。深入学习三个代表重要思想和党的各项方针政策。组织预任官兵外出参观。组织现役和预任官兵进行强化法纪观念做遵守纪律的模范,艰苦朴素勤俭节约,从严治军,投身新军事变革等教育。（杨书章）

【编制调整】 3月,对所属预编单位进行较大的调整编组。4月29日在营部进行集合点验。（杨书章）

【训练】 5月28日～6月15日,在团训练基地进行建制连训练,55人参加,检验快速动员能力,提高战斗技能。11月7～9日,组织预任军官参加在基地的训练,提高组织指挥、管理水平和军事素质。（杨书章）

武警六支队

【概况】 中国人民武装警察部队北京市总队第一师第六支队,驻守在以东城为主的北京市4个城区(东城、西城、朝阳、海淀),担负辖区内重要目标的警卫、守卫、看守、巡逻四大类勤务。支队官兵着眼革命化、现代化、正规化建设,圆满完成以执勤和处置突发事件为中心的各项任务。连续12年被武警总部评为"三无"单位,连续6次被北京市评为精神文明建设单位标兵。二大队八中队连续三年被评为基层建设标兵中

队,立集体二等功。（姜彬）

【思想政治工作】　坚持把“三个代表”重要思想作为部队政治建设的首要任务,抓好十六届四中全会和军委扩大会议精神的学习,开展适应中国特色军事变革、做忠诚卫士教育和“三互”、“知兵爱兵”、“解难暖心”等活动,密切内部关系,确保内部安全稳定。本年,对外新闻宣传稿件112条,其中文字60条,图片52条。（姜彬）

【完成中心任务】　开展警卫勤务专项治理及其成果拓展活动,贯彻武警总部执勤工作网上集训精神,制定《执勤检查实施办法》、《作战勤务值班员落实“四全”细则》等规定。完成三级网宽带化改造。完成“两节两会”、亚洲杯足球赛、国庆五十五周年等安全保卫任务。完成临时勤务548场次。“两会”安全保卫实现“三个满意、三个确保”总体目标,3人立三等功,10人获支队嘉奖。成功处置情况70起,临时勤务28场。第十三届亚洲杯足球赛,北京是主赛区。支队完成开、闭幕式时主席台贵宾区、首长和外宾停车场,看台与场地的隔离区警戒等八项安全保卫任务。（姜彬）

【部队训练管理】　坚持“四个贴近”,开展“五小”练兵。抓教头、抓示范,把干部训练作为重点。集中培训148名进驻首长住地的新兵,勤训轮换600名干部骨干。围绕“四新一掌握”的目标,完成军事高技术知识相关内容学习,参谋“六会”新技能普及率100%。坚持抓安全工作,深化“五个重点问题”教育活动。开展法纪、密切内部关系、安全常识等教育。进行车辆运行秩序专项治理。清理超编人员15名。（姜彬）

【双拥共建】　本年组织官兵83次、300余人次走上街头开展便民服务。出兵1120人次植树1.7万株,种植草坪8000平方米。为少年军校国防军训25次。为共建单位出车45台。为13名家属随军,6名孩子入学入托,2名家属安置工作办理相关手续。（姜彬）

【后勤保障】　全年培训、复训司机90人,卫生员15人,厨师40人。下部队巡诊63次,对680名新兵进行心理健康普查和疫苗接种,为276名干部、86名炊管人员体检。投资20万元对地安门和船板家属院、生产基地进行电改造。投资28万元筹建网络训练室。（姜彬）

【领导慰问】　1月2日,公安部政治部主任孙明山、部长助理刘德到10中队慰问官兵。

1月19日,中央政治局常委、政法委书记罗干看望担负警卫任务的十二中队官兵。

1月20日,民革中央主席何鲁丽慰问十六中队官兵。

1月22日,市政法委书记吉林慰问十六中队官兵。

1月28日,武警总部司令员吴双战、政委隋明太到警卫队七号住地看望官兵并送来一台电脑。

2月5日,求是杂志社社长吴恒权、总编李保善到九中队慰问官兵。

2月8日,文化部部长孙家正慰问十一中队官兵,勉励官兵再立新功。

2月12日,中央政治局委员、全国人大副委员长王兆国及其夫人,慰问警卫官兵,并送去水果等。

7月31日,公安部机关纪检书记祝春林到十中队慰问官兵。

10月1日,国家文物局局长单霁祥到十一中队慰问官兵勉励全体干战爱岗敬业,再接再厉,为国家和首都的社会稳定做出更大的贡献。

11月23日,民政部部长李学举,到十二中队,为即将返乡老战士送行,与他们合影留念

11月24日,最高人民检察院检察长贾春旺、副检察长胡克慧到十二中队看望即将退伍老兵,勉励他们积极投入到地方的各项经济建设中去,为国家建设和地方繁荣昌盛贡献力量,做社会有用的人才。

11月24日,文化部副部长赵维绥到十一中队慰问即将复退老战士。（姜彬）

武警六支队主要负责人

支 队 长　倪卫东
政治委员　耿大建

东城区政法军事负责人

东城区人民法院院长 王　飞(12免)
秦炳瑞(12月任)

东城区人民检察院
检察长 王　立

市公安局东城分局
局　长 刘瑞宾
政　委 董宪章

市公安交通管理局东城交通支队
队　长 刘　恕
政　委 昝永强

东城区司法局
局　长 杜　娟(女,3月任)

市国家安全局东城分局
局　长 白梦兰(女)

中国人民解放军北京市东城区
人民武装部党委第一书记 陈　平
部长 左海星
政委 马战校

防化团三营营长 张　旺
教导员 杨书章

MINZHENG
SHEHUIBAOZHANG

民政　社会保障

民 政 工 作

【概况】　4月,本局迁至东四十三条53号(区社区服务中心西楼)。一楼设置全程办事代理服务大厅,直接服务基层和群众的低保、医疗救助、见义勇为权益保护、民间组织管理、优抚安置、养老服务机构、福利企业、殡葬管理8项业务,在大厅设对外接待窗口。

本年再次被评为全国民政工作先进区。获全国民政信访工作先进集体、全国民政信息工作先进单位,实现全国双拥模范城四连冠目标。在市民政系统争先创优单项评比中,社区建设、优抚工作、见义勇为权益保护、区划管理、城市社会救济、复退军人接收安置、地退人员服务管理、接收捐赠、社会福利彩票发行、民政法制、民政理论研究、民政宣传、民政信息、民政信访等27项工作评为先进。

城市居民最低生活保障工作在政策落实、保障有力基础上,初步实现理顺"入口",畅通"出口",低保户数出现负增长。

社区建设按照"创新体制,健全制度,打牢基础,形成特色"的工作思路,初步实现从政府主导向社区主导转变,从社区硬件建设主导向社区软件建设主导转变,从社区管理主导向社区服务转变。12月,区委、区政府下发《关于加强新时期和谐社区建设的意见》(东发[2004]26号),推进社区建设。

年内完成《东城区行政区划调整规划工作方案》起草工作,上报市民政局。

单位名称:东城区民政局
单位地址:东四十三条53号
联系电话:64021626　邮政编码:100007　　(赵遐平)

【双拥优抚】　1月,在全国双拥工作会上,本区被命名为"全国双拥模范城"。

春节和八一期间,区四套领导班子和各街道主要领导分别带领慰问团(组),深入驻区10个部队和30多个基层连队走访慰问,赠送300多万元慰问金和慰问品。走访慰问优抚对象1116户,赠送40多万元慰问金和价值10多万元的慰问品。八一前夕,区委、区政府召开双拥工作总结表彰大会,命名表彰了197个双拥和165个军(警)民共建先进单位和个人。为驻区部队万名战士发放有双拥图标、展示军民共建文明区的文化衫。组织驻区部队官兵,开展以"看东城小巷风采,共建全城文明区"为主题的参观活动。

开展文化、科技、智力、法律等拥军活动。100多名战士获得中级厨师等级证书,200多名官兵学会了微机操作,300多名官兵学会了奥运常用英语对话,400多名战士达到高中文化水平。

贯彻落实新颁布的《军人抚恤优待条例》,为53人办理一次性抚恤金,为1名残疾警察办理评残手续,为9名残疾军人办理换证、补证手续,为20名残疾军人配置伤残用具,为32名残疾军人办理迁入迁出手续,为341名义务兵办理了优待金审核。　(赵遐平)

【社区建设与社区服务】　年初,区领导陈平等深入街道、社区调研50余次,召开座谈会20次,研究社区建设工作,确立工作重心全面下移,以"减负"为切入点,创新社区体制机制工作思路。

对社区居委会职责重新界定,明确25项社区居委会自身工作和18项协助政府工作。建立并完善社区协管、工作准入和居民参与机制。在北新桥街道进行"三权"下放试点,明确社区居委会对社区协管人员聘用和管理、资金使用、服务工作决策权。在和平里街道组建社区公共服务社试点,和平里兴化社区成立社区公共服务社。4月,进行社区居委会一把手专题培训。6月,对全区社区专职工作者中860名非持证人员进行岗位培训,11月,组织社区专职工作者中280名持证人员进行提高性岗位培训。

拓展服务项目,完善社区公共服务信息网络平台。全年共完成服务2.99万件次,其中有偿服务1.38万件次,无偿服务1.61万件次。为137个社区配备电脑、打印机等办公设备,为126个社区安装ADSL,实现联网。120个社区实现了社区管理信息系统与北京市社区公共服务平台数据同步功能。交东、胡家园、内务社区在全市首批被授予"数字家园"称号。　(赵遐平)

【见义勇为权益保护】　两节期间,走访慰问76名见义勇为人员,每人发放慰问金300元。2月10日,依法确认杨占喜为见义勇为人员,为其颁发《北京市见义勇为人员证书》和奖金1000元。3月,在全市开展的"首都人民献爱心——见义勇为人员困难救助专项基金社会募捐活动"中,全区107个单位和居民、学生共捐款84.17万元,被市民政局评为组织一等奖。8月26日,召开见义勇为权益保护工作座谈会,区见义勇为权益保护工作领导小组成员单位主管领导、各街

道办事处主管科长、支持见义勇为权益保护工作(募捐)先进单位代表和先进个人、见义勇为人员代表等40多人参加。 (赵遐平)

【殡葬服务管理】 规范殡葬行风,发挥社会监督作用,聘请40名社区殡葬管理监督员,对辖区内18个殡葬网点和11个医院太平间进行监督。3月24日,请市殡仪服务中心书记王蕴彬为全区137个社区专职工作者进行殡葬业务知识培训。为各殡葬网点统一制作《东城区殡葬服务指南》展板。“殡葬改革宣传周”期间,各街道宣传《北京市殡葬管理条例》、科学文明的殡葬知识和文明祭礼形式。全区共出黑板报376块、设立宣传栏168个、贴标语280条,发放殡葬服务指南等宣传品1000余份,播放光盘100余次。 (赵遐平)

【民政法制】 按照《行政许可法》要求,制定并实施行政许可告知、公示、责任追究等7项制度。清理行政许可事项,简化审批程序,对保留的4项行政许可和6项审核、核准事项压缩办理时限,其中有3项即时办理、7项在5个工作日内完成、3项在10个工作日内完成。3月,筹建区民政局全程办事代理服务大厅,全年接待来访群众896人次,受理行政许可事项163件。集中对执法人员培训两次,5月27日,邀请区法制办为本局干部进行《行政许可法》培训。 (赵遐平)

【爱心捐助家园】 4月22日,东城区爱心捐助家园在安定门五道营举行揭牌仪式,成为市首家区级爱心捐助家园。捐助家园由区民政局接收捐赠工作站负责管理,将接收的社会、单位和个人捐赠款物,发放给最需要的困难群众。凡是符合条件的特困家庭,凭爱心卡可从爱心家园免费领到各种生活必需品,每人年最高消费额500元。5月,迁址到东四十三条32号。本年共发放爱心卡216户。 (赵遐平)

【顾秀莲调研社区建设】 5月,全国人大副委员长顾秀莲到本区调研社区建设,对社区建设工作思路给予肯定。 (赵遐平)

【社区公共服务社】 6月6日,和平里兴化社区举行“社区公共服务社”揭牌仪式。民政部、市民政局领导参加。社区公共服务社是在社区居委会领导下,街道社区服务管理中心指导下的非政府、非盈利,面向社区居民需求,自我服务、自我管理、自我发展的社区组织,承接和组织实施公共服务、福利服务、便民利民服务项目。社区公共服务社的建立,实现了“社区党支部领导、社区居委会依法自治、社区中介组织承接服务”的社区管理体制创新。 (赵遐平)

【民政信访】 年内办理来信、来访、来电571件,其中市、区两级信访部门及领导批示转办信件41件,自发来信9件。接待来访311人次,来电210个。复信回访率100%,来信结办率100%。办理区人大代表议案、建议,政协委员提案33件。6月,被民政部评为全国民政系统信访工作先进单位。 (赵遐平)

【婚姻登记管理】 本年,依法办理结婚登记7602对,离婚1574对,收养登记7件,执法合格率100%。婚姻登记实行柜员制办公模式,完成与市局婚姻登记联网工作。9月,被评为市民政系统行风建设先进基层窗口单位。 (赵遐平)

【扶贫济困送温暖捐赠月】 10月16日,全市扶贫济困送温暖捐赠月宣传高潮日活动中,在东方广场搭建演出舞台和宣传背景板,区文委组织一台以“党心连民心,创建文明新东城—扶贫济困,奉献爱心”为主题的宣传节目。区青联委员关凌、冯远征为节目主持人。区教委组织30名学生现场进行书法绘画、手工艺品等义卖。区卫生局、劳动和社会保障局、司法局等单位开展咨询、义诊等活动。本局制作宣传捐赠法规及扶贫济困宣传展板20块,制发印有区接收捐赠工作站简介的购物袋3000个,印有区爱心家园简介的日历卡5000张,发放市捐赠中心印制的捐赠指南及“96156”捐赠服务热线电话宣传材料6000张。区老年公寓8旬高龄的孟荣春老人、北京家乐福商贸有限公司总经理白尔曼、京城活雷锋孙茂芳、指路大王谢亮、来京务工人员胡化林上台捐款。民政部副部长杨衍银、救灾救济司司长王振耀、副司长庞陈敏及副市长吉林、市民政局局长赵义、副局长吴文彦、区领导卢彦、章冬梅等参加活动。捐赠月中,共接收捐款220万元,募集衣被17万件,其中6.53万件衣被发往江西弋阳市,11.24万件衣被发往江西赣州市。 (赵遐平)

【民间组织管理】 全年登记社会团体4家,民办非企业单位17家。依法加强对120家社会团体和187家民办非企业单位的管理。按照《行政许可法》要求,规范工作程序,缩短审批期限,更新区民间组织管理信息网,添加“网上办公”和“公告公示”两项内容。完善服务,与教委实行联合年检。加强与业务主管部门沟通和配合,制定《东城区民间组织管理工作联席会议制度》。11月,召开社会团体经验交流会,邀请30家优秀社会团体进行交流。开展社会团体先进集体和个人评选活动,12月,表彰了6家先进集体和7个先进

个人。 （赵遐平）

【和谐社区建设】 围绕建设和谐社区问题，陈平主持调研，发现社会成员利益多元化等一系列亟待解决的问题。12月7日，召开“东城区加强新时期和谐社区建设动员大会”，区委、区政府下发《关于加强新时期和谐社区建设的意见》(东发[2004]26号)。《意见》提出把加强新时期和谐社区建设，作为在城市中构建和谐社会的切入点。以服务群众为重点，以文化建设为抓手，以推进民主自治为基础，以社区党建为核心，推进和谐社区建设。加强对新时期和谐社区建设的领导，成立以区委书记、区长为主任，驻区单位及区属各单位、各部门领导为成员的和谐社区建设指导委员会，办公室设在民政局。 （赵遐平）

【流浪乞讨人员救助】 至12月20日，接待求助人员1709人，救助1681人(占全市20%)。根据求助人员困难情况和需求，送朝阳区救助站461人、指定医院8人、未成年人救助保护站15人、打长途电话联系亲属寄钱或接走1000人、给换票凭证68人、给短途路费87人、解决衣食1285人，满足了求助人的基本生活需要。与公安、城管、卫生、工商等部门配合，开展集中救助，保障城市生活无着的流浪乞讨人员合法权益，维护重点繁华地区的治安秩序。被市民政局评为北京市民政系统行风建设先进基层窗口单位。 （赵遐平）

【民政宣传与调研】 至12月20日，各新闻单位刊播民政新闻稿件924篇。被市民政局、区委、区政府采用信息163条，获“全国民政政务信息工作先进单位”称号。完成民政理论调研文章26篇。《东城区完善低保制度，促进低保人员劳动就业课题研究的报告》等2篇文章被市民政局评为优秀调研成果奖，《浅析城市低保信访问题》等7篇文章分获区政法系统优秀调研成果一、二、三等奖。编印《东城区双拥优秀理论征文集》、《东城区民政局2004年争先创优工作完成情况汇编》。 （赵遐平）

【最低生活保障与救济捐赠】 全年新审批享受低保、生活补助待遇家庭1176户2297人，停发低保、生活补助待遇家庭1107户2359人。12月末，全区享受低保、生活补助待遇家庭7748户1.66万人，累计发放保障金4376万元。同比新增幅度下降41.3%，停发户数增加161.1%，低保动态管理取得成效。

完善各项扶贫济困帮扶措施，全区困难群众保障水平明显提高。3月份区政府出台《东城区临时救助实施办法》，至12月，共为90户91人发放临时救助金29.2万元。为121人次办理医疗救助，报销医疗救助金55万元。7月份开始实施“分类救助”政策，共为4462户5289名低保特殊群体提高了10%低保待遇，对约7000名家中现有相对固定工作岗位和享受就业奖励金低保对象，取消本人粮油帮困补贴金待遇，在法定劳动年龄段内有劳动能力未就业低保对象，取消本人粮油帮困和专项救助待遇。在全区开展的“党心连民心，亲情进万家”活动中，创新扶贫济困方式，开展生活上扶贫，身体上扶康，精神上扶志，智力上扶学，就业上扶技的救助帮扶活动，开通“扶康”绿色通道。永安堂医药连锁有限责任公司以成本价为近2万名困难群众提供药品。两节期间，开展走访慰问送温暖活动。全区走访民政对象1.8万人，发放慰问金370.82万元。接收捐赠站全年接收捐款40.21万元，衣物3.23万件。 （赵遐平）

【复退军人安置】 创新安置形式，拓宽自谋职业渠道，用“五心”(热心宣传、精心指导、耐心协调、爱心奉献、潜心调研)搭建退役士兵教育培训安置工作新平台。建立150万元退役士兵安置工作专项经费。210名退役士兵全部得到安置。 （赵遐平）

【军队离退休干部服务管理】 为军休干部营造良好的休养环境，投资65万元对军休一所3栋平顶楼房进行“平改坡”。投资16万元对军休二所环境进行改造和美化。投资60多万元对第二、三、四所电梯的门厅、桥门和门锁进行更新，消除了安全隐患。走访慰问军休干部，发慰问金12万元。丰富军休干部文体生活，组织门球、合唱、舞蹈、沙壶球等11个队，开展门球、健身操、象棋等比赛7次，举办纪念毛主席诞辰110周年展览、七一书画展、迎国庆·金婚庆典等活动。编辑出版《历史的瞬间》一书。 （赵遐平）

【养老服务机构】 全区养老服务机构9家，共有床位317张，入住268人，入住率85%。为养老机构统一制作《养老服务机构安全检查记录本》，与养老机构签订《安全管理工作责任书》。将养老服务机构审批列入全程办理工作事项，规范、公开审批程序。开展各种形式的文娱活动，和平里街道敬老院开展了评选文明老人活动，安定门街道敬老院邀请文艺团体为老人演出，东直门街道敬老院每周二组织老人学习政治、时事。 （赵遐平）

【福利生产】 年末，全区福利企业17家，职工总数392人，其中残疾职工209人。全年销售及营业收入完成4279万元，完成利税182.7万元，分别比上年增

长 65.9% 和 56.7%，完成市局下达目标的 164.6% 和 152.3%。（赵遐平）

【福利彩票】 年内全区销售福利彩票 1.01 亿元，成为全市第五个销售突破亿元的区县。其中电脑福利彩票销售 9139.92 万元，即开型福利彩票销售 1000 万元，全年筹集社会福利资金 3548.97 万元。（赵遐平）

【地方退休人员管理】 本年，全区民政管理地退人员 1692 人。根据有关文件精神，两次为地退人员调资，增加退休费和机制补贴。组织地退人员开展文体活动，投入 50 万元进行走访慰问。为全区地退老人体检，组织 220 余名地退人员分 5 批赴承德休养。（赵遐平）

【财务审计】 随着民政工作内涵和外延不断扩大，最低生活保障、双拥、安置、社区建设等项工作的经费需求不断增长，为此积极筹措资金，确保流浪乞讨救助管理、最低生活保障、婚姻登记等网络建设、建立东城爱心家园等新增经费的落实。本年，民政事业费支出 4848.5 万元，与上年同期相比增长 30.4%。规范财务制度，制定《大额资金管理暂行办法》，修订固定资产管理、会计稽核、票据管理、统计制度等。加强对各街道统计人员的管理，制定《民政财务报表及统计工作考核评比标准》。（赵遐平）

社会保障工作

【概况】 本年，劳动保障工作多策并举，大力促进再就业，城镇登计失业率下降，失业人员再就业率提高，职业技能培训与就业相结合，提高培训质量。加强劳动力市场建设，实施网络改造，开发全区联网的职业介绍系统软件，公益性就业服务功能得到提升，完成各项就业指标。整体联动，扩大社会保险覆盖面，“两个确保”（确保离退休人员养老金按时足额发放，确保失业人员的失业保险待遇按时足额发放）得到落实，职工基本生活得到保障。基本医疗保险和公费医疗管理更加规范，农民工基本医疗、工伤保险工作年内启动，社会保险“三险合一”工作全面实施。发挥调整劳动关系协调机制作用，化解矛盾纠纷；加强对企业劳动合同管理及改革、改制工作的监控指导，依法规范，保持劳动关系和谐稳定。学习贯彻《行政许可法》，规范行政行为，行政诉讼（复议）案件整体质量提高。创新工作思路，探索便民服务新模式，成立“接访中心”和“全程代理”办事窗口，实现信访、劳动监察、劳动仲裁、社会保险稽核等对外事项集中办理。方便群众，提高工作效率，优化办公秩序和环境，区目标责任制考核连续三年被评为优秀单位。

单位名称：东城区劳动和社会保障局

单位地址：交道口南大街 27 号

联系电话：64077128　邮政编码：100009　（何瑞利）

【送温暖活动】 元旦、春节期间，开展送温暖及慰问活动，区、市两级政府筹措资金 432.96 万元。区领导带队走访失业、低保、残疾困难户，慰问劳动模范和做出突出贡献人员。结合各自特点，全区送温暖及慰问活动在基层深入开展。（何瑞利）

【行风政风建设】 纪检监察部门举办党纪条例知识竞赛，召开预防职务犯罪报告会。从建制入手制定《东城区劳动和社会保障局局内党风廉政监督员联络工作暂行办法》和《东城区劳动和社会保障局特邀监察员，党风廉政监督员联络工作暂行办法》，开展日常行风巡查，促进窗口部门作风转变，年内评为区纪检监察工作先进单位。（何瑞利）

【全程代理服务】 以学习贯彻《行政许可法》为中心，落实行政执法责任制，在“依法行政教育年”活动中，规范行政行为，确保行政行为合法有效。推行一站受理、全程办理的“全程办事代理制”。5 月始，把 23 项涉及群众切身利益的行政审批（行政事务）确定为代理项目，理顺程序，公开透明，内部流转，方便群众。12 月末，共受理 5754 件，办结 5449 件。（何瑞利）

【工会工作】 组织建立局内首届工会，丰富职工生活，开展各种文体活动，配合党办开展的“七一颂歌献给党”活动中，参赛项获一等奖。（何瑞利）

【信访排查化解矛盾】 全年召开劳动信访突出问题排查会五次，针对问题分析原因并提出解决方案。年内，针对劳动信访、监察、仲裁等群众信访、举报事项，

整合成一个窗口,成立接访中心集中办公。方便群众,提高效率,减少中间环节。（何瑞利）

【职工技能大赛】 举办初、复赛,涉及35个工种,共4693人,其中奥士凯集团公司、北新桥街道两家美发厅、永安医药有限公司、东方文化酒店等单位积极组织,进入决赛选手共22名,参加了6个工种的决赛项目,四人获奖,区职业介绍中心谢明获职业指导员第一名,奥士凯集团公司刘培华获营业员比赛第一名,四联美容美发有限公司取得第七、九名的成绩。（何瑞利）

【劳动关系三方协商会】 为提高工会与企业协商签订集体合同的质量,促进劳动关系和谐、稳定、健康发展,会议商定在全区各类企业间开展“最佳集体合同”评选活动。市三方协商会议代表作为特邀代表出席会议,市劳动保障局副局长郭克利肯定了区、街两级劳动关系三方协商会议制度在维护全区和谐、健康、稳定的劳动关系方面发挥的积极作用。冯熙出席会议。三方会议学习了近期出台的《工伤保险条例》、《工资支付规定》、《关于进一步加强规范北京市劳动关系三方协商会议机制的意见》。（何瑞利）

【劳动保障协管员】 为在全区失业人员中公开招聘的145名劳动保障协管员颁发胸牌和证书。经过系统的劳动保障政策培训,劳动保障协管员考试合格后持证上岗,在全区137个社区为失业人员提供再就业服务。（何瑞利）

【《劳动保障监察条例》】 12月1日实施,这是《劳动法》实施十年以来,专门用于劳动监察的法规。为做好贯彻工作,12月10日举办街道劳动保障监察员培训班,全区10个街道劳动保障监察分队32名监察员参加培训。（何瑞利）

【定点医疗机构联审】 联审检查工作依据《北京市基本医疗保险定点医疗机构服务协议书》要求,重点对医疗保险管理、医疗保险费用控制及医疗保险信息系统维护和操作情况进行检查。辖区内二级以上17家医院接受检查。（何瑞利）

【职业培训与鉴定】 年内培训失业人员1.2万人次,其中职业指导6008人次,职业技能培训5945人次,培训合格率98%,定岗培训率52%,技能培训合格后再就业率67%。对30个工种进行职业技能鉴定,实操鉴定130余场,鉴定总人数7153人,同比增长11.75%。参加鉴定等级结构为:初级2685人,比上年增长11.98%。中级4194人,比上年增长13.32%。高级274人,比上年增长59.57%。鉴定合格获得职业资格证书人数6673人,比上年增长11.76%,鉴定合格率93.29%。（何瑞利）

【劳动争议处理】 全年受理劳动争议案件672件,同比增加18.73%,涉及职工672人。其中:集体案件24起,同比增长4.35%。受理案件中工资、保险福利案件428件占63.6%,同比增长32.1%。经济补偿、赔偿案件174件占25.9%,同比减少4.4%。履行劳动合同案件21件占3.2%,同比明显增长。开除、辞退案件3件占0.45%,同比减少76.92%。辞职、离职案件1件占0.15%,同比减少80%。其它案件45件占6.7%,同比增加36.36%。受理案件中工资争议案件428件,占受理案件总数的63.6%,农民工集体维权案件呈上升趋势,共涉及134人,拖欠工资36.79万元。为提高办案效率,规范仲裁案卷和文书的制作水平,对开庭庭审笔录试行计算机化。（何瑞利）

【集体访案件】 12月13日,接到北京金禾玖如餐饮服务有限公司60多名员工集体举报,反映公司欠发员工18万元工资及职工食宿无着落问题。12月16日,突然发生该公司40多名员工集体到崇文门大街阻碍交通事件,11月17日被区法院查封的该公司法定代表人黄宁去向不明,致使劳动监察执法无法正常进行。为避免事态扩大,本局执法人员分别与同仁医院和该公司业务负责人取得联系,区领导召开现场协调会,决定由该公司向同仁医院借款18万元,用于发放拖欠职工工资。至17日,在区劳动争议仲裁和监察执法人员监督下,除公司3名副总经理、1名出纳及5名被拘留职工外,其余53名职工全部领到工资款,总计13.53万元,此起因拖欠工资引发的非正常集体访事件基本平息。（何瑞利）

【社会保险】 年内,32.33万人参加养老保险统筹(含领取基本养老金的离退休人员),同比增长7%。参加失业保险33.33万人,同比增长0.3%。参加工伤保险28.03万人,同比增长6%。参加医疗保险46.17万人,同比增长11%,企业参加补充医疗保险覆盖人员96%以上。累计收缴养老、失业、工伤、医疗4项社会保险基金21.9亿元(含医疗保险个人账户),同比增幅20%,基金收缴率平均为99%。累计支付4项社会保险基金18.01亿元,同比增幅29%。

实施《北京市外地农民工参加工伤保险暂行办法》和《北京市外地农民工参加基本医疗保险暂行办法》,本局深入基层,为参保单位服务,解释政策,采集信息。在社保中心大厅设立“办理外埠农民工工伤、医疗保险专柜”，设专人、专岗为参保单位提供“一条龙”服务。为参保单位和职工开辟参保“绿色通道”，促进了扩面征缴工作。全区外地农民工参加医疗保险享受新政策共198户企业，1829人。（何瑞利）

【职业介绍】 加强区、街劳动力市场网络建设，将岗位、培训、职业鉴定需求信息等利用网络延伸到街道、社区。使失业人员从档案转入街道开始享受一站式服务。创建“通才网”，进行远程职业介绍服务。开发存档业务软件，实现存档人员IC卡智能管理。开展“一对一”职业指导，提高失业人员就业成功率。区街两级职业介绍机构共接待求职人员15.09万人（次），同比增长74.31%，介绍成功4.8万人次，同比增长45.97%。其中，推荐本区登记失业人员就业1.13万人（次），超额完成年度指标9500人（次）的19%。（何瑞利）

JINGJI XINGZHENG GUANLI

经济行政管理

计 划

【概况】 本年,东城区发展和改革委员会以统筹发展,提高发展质量为重点;以夯实基础,创新工作机制为动力;以优化发展环境,打造服务型政府为保障,进一步完善宏观调控体系,优化经济结构,创新投融资机制,做好“十一五”规划启动工作,推进信息化建设和干部队伍建设,完成机构改革工作,促进区经济社会持续稳定协调发展。全区国内生产总值完成363.7亿元,同比增长10.4%;社会消费品零售额实现183.9亿元,同比增长10.8%;财政收入完成34.5亿元,增长10%;实际利用外资1.69亿美元,超额完成计划任务。落实国家宏观调控政策和北京市历史文化保护政策,调整建设项目,全社会固定资产投资完成123.8亿元,同比下降27.3%。

年内,获北京市2002~2003年度保密工作先进集体。获区委宣传部“邓小平理论与东城发展”征文活动优秀组织奖。获区委统战部、区民宗侨办“走进民族大家庭”民族知识竞赛组织工作三等奖。区信息中心获市级“青年文明号”称号。

单位名称:东城区发展和改革委员会　东城区信息化工作办公室
单位地址:钱粮胡同3　邮政编码:100010
联系电话:64079927号　　　　（蒋保平 张榜水）

【机构改革】 7月,根据《北京市东城区人民政府机构改革方案》和《东城区机构改革领导小组关于<东城区政府机构改革方案>的实施意见》,原东城区发展计划委员会改组为东城区发展和改革委员会(简称区发展改革委)。7月14日,完成区发改委组建工作,正式对外挂牌办公,人员由原计委全部、体改委和物价局部分人员组成。原经济体制改革办公室承担的主管本区经济体制改革的职责,原经济委员会承担的工业经济及电力行政管理、促进中小企业发展、指导资源节约与综合利用、组织减轻企业负担等职责,原对外经济贸易委员会承担的本区同外省、市、地区、县经济技术、物资交流与经济合作及对口帮扶和对口支援等职责和原区物价局承担的全部职责划入发改委。原区物价检查所整建制划归区发展和改革委员会,为本委所属全额拨款事业单位。

区发改委内设办公室、发展规划科、国民经济综合科(国民经济动员办公室、电力管理办公室)、固定资产投资科、企业发展科(节约能源办公室、减轻企业负担办公室)、价格管理科、信息化管理科7个职能科室;下辖物价检查所、服务经济中心、信息中心、价格认证中心4个事业单位。区信息化工作办公室(简称区信息办)是负责信息化管理的区政府工作部门,设在区发展改革委。

发改委职责:①研究提出本区国民经济和社会发展战略、中长期规划和年度发展计划并组织实施。提出总量平衡、发展速度和结构调整的调控目标及政策、措施,衔接、平衡各主要行业的发展规划。受区政府委托向区人民代表大会作本区国民经济和社会发展计划的报告。②做好本区社会总需求和总供给等重要经济总量平衡和重大比例关系协调。搞好资源开发、生产力布局和生态环境建设规划,促进本区经济协调、健康发展。③起草本区国民经济和社会发展及经济体制改革等方面的规章文件。④汇总和分析本区财政、税收、金融、价格及其他国民经济和社会发展情况,对本区国民经济运行进行预测、监测、分析和对策研究,提出应急预案。参与研究本区财政政策,指导税源建设。负责协调驻区金融机构和各综合经济部门的工作。⑤提出本区全社会固定资产投资总规模、投资结构、资金来源和资金平衡方案,规划重大项目的布局。安排政府财政性建设资金、政策性贷款的使用,引导民间资金用于固定资产投资的方向。组织编制土地供应计划。按权限审批和上报政府投资建设项目和其他固定资产投资项目。做好重大建设项目稽察工作。指导和协调招标投标工作。⑥参与研究提出本区利用外资的发展战略、目标和政策。按权限审批和上报利用外资、境外投资项目。⑦负责本区科学技术、教育、文化、卫生等社会事业与整个国民经济和社会发展的衔接平衡。推进科技成果产业化。研究提出经济与社会协调发展、相互促进的政策。协调各项社会事业发展中的重大问题。⑧推进本区经济结构战略性调整,研究提出产业结构升级和空间布局优化目标及政策建议,提出国民经济重要产业的发展战略和规划。制定和实施全区工业发展规划、布局调整及结构调整方案,指导工业发展,推进工业化和信息化。组织和协调区域经济发展和合作,研究提出区域经济发展建议和措施。⑨指导非国有经济和中小企业发展,减轻企业负担,完善服务体系。⑩研究制定本区综合性经济体制改革的中长期规划、年度计划和专项经济体制改革方案,并指导实施。组织对本区综合性和专项经济体制改革方案的论证，为区政府决策提供建议和咨询。围绕经济体制改革的重大问题，开展调查研究，指导协调本区体改工作及与之相配套的改革工作。⑪组织实施国家及市有关工业经济方面的法律、法规。监测、分析和调控本区工业经济运行，解决处理工业经济运行中的重大问题。针对工业改革与发展中的重大问题开展调查研究，提出政策建议，指导区属非国有工业企业的改革。指导工业企业投资方向，组织实施重大工业项目。⑫指导本区工业企业技术创新及技术进步工作。指导本区资源节约和综合利用工作。协调工业环境保护，促进环保产业发展。⑬负责本区电力行政管理工作，贯彻执行上级的各项方针政策。依法监督供用电双方行为。协调处理企业间利益关系。⑭宣传贯彻执行国家价格方针政策和法律法规。监督指导有关部门执行国家价格政策和法律法规。组织实施上级部门下达的价格定价、调价方案。组织召开价格听证会。⑮负责辖区内部分经营性服务收费标准的调整和部分行业收费项目的备案。对辖区内行政事业性收费标准进行管理、审核和监督。⑯负责本区价格监测和综合分析。对主要农副产品、日用工业品、重要生产资料价格和经营性服务收费项目进行市场调查，掌握本区价格水平及价格动态。⑰负责辖区内政府定价、政府指导价商品和服务价格及价格行为的监督检查工作。对企业自制商品标价签、价目表进行核准监制。对价格违法行为实施行政处罚。受理有关价格方面的举报。协调处理价格纠纷。指导群众物价监督组织开展工作。⑱会同区质量技术监督局开展“物价、计量信得过”和执行物价计量政策、法规最佳单位活动。组织本区物价管理人员的培训。⑲编制国民经济动员工作中长期规划和年度计划，并组织实施。⑳承办区政府交办的其他事项。

（蒋保平）

【物价检查所】 7月13日，区物价局撤消，原区物价检查所整建制划归区发展和改革委员会，为本委所属全额拨款事业单位。内设办公室、综合科、商品价格检查科、收费检查科、房地产价格检查科5个职能科室。编制66名。所长王连民，副所长景兵、赵瑾瑶。

主要职责：负责辖区内政府定价、政府指导价商品和服务价格及价格行为的监督检查工作。有关价格和收费方面的日常检查和定期检查工作，开展专项价格整治，规范市场价格秩序和行政事业单位收费行为。对单位自制价签、价目表标准进行监制。组织价格听证。会同有关部门开展“价格、计量信得过”活动。对价格违法行为实施行政处罚。受理有关价格方面的举报、投诉等。

（高敏）

【价格认证中心】 区价格认证中心隶属于区发展与改革委员会。前身是区价格事务所，1996年经区编委批准成立，自收自支事业单位，编制7人。2001年按照国家统一要求，更名为东城区价格认证中心。法定代表人：彭银龙。

主要职能：按照国家计委、最高人民法院、最高人民检察院、公安部（计办[1997]808号）文件和北京市人民政府令第46号文件规定，受区法院、检察院、公安局指定，负责全区各类涉案财产的价格鉴定工作。

主要职责：接受司法及行政执法机关、纪检监察部门和仲裁机构委托，对刑事、民事、行政、经济等案件中涉及的各类标的进行价格鉴定。接受当事人委托，对诉讼案件中涉及的各类标的进行价格认证，调解价格纠纷。接受市场主体提出的各类有形无形资产、各种商品和服务价格认证。包括依法对国有资产、房产、地产价格的认证，对各类生产资料和生活资料价格的认证，对抵押物、拍卖物、过期无主物、留置物及保险理赔索赔等物品价格的认证，对需要认证的服务项目价格进行认证等。接受单位或当事人委托，对各类中介价格评估机构的结论进行认证。面向社会为生产经营者等各类组织和公民提供关于价格政策法规、市场行情、价格预测等咨询。接受委托，为部门、行业或企业的调定价工作提供前期调研和可行性研究咨询。为政府价格管理和经济决策提供服务。接受政府价格主管部门的委托，做好有关价格管理方面的事务性工作。组织、协调、指导区内价格认证中心的业务工作。办理其它涉及价格的事务性工作。 （王丽）

【综合经济工作会】 2月，按照区政府部署，主持召开计委、经委、外经委、体改委、综合经济局等115家单位125人参加的综合经济工作会，就本年主要工作任务、责任、措施、要求做出安排，为完成政府工作报告中提出的综合经济工作任务打下基础。 （蒋保平）

【统计报表报送制度】 及时掌握全区经济运行动态，搞好经济监测分析和调控，年初，就本年统计报表报送内容及报送时间等问题，与统计局进行研究协商，使统计报表制度化和规范化。 （张榜水）

【全程办事代理制】 4月7日，区政府召开贯彻实施行政许可法暨推行全程办事代理制工作会议，区领导卢彦、曾刚健、岳鹏、王建军、胡晓松、毛桂芬、张家明、李荣庆出席，各街道办事处、区政府各委办局领导到会。岳鹏部署贯彻实施行政许可法和推行全程办事代理制的工作安排，卢彦讲话。4月15日，区委、区政府下发《中共东城区委、东城区人民政府关于推行全程办事代理制的实施意见》(东发〔2004〕10 号),提出建立“一口一网一集中”新型办事模式,成立区长任组长,常务副区长任副组长,有关单位为成员的全程办事代理制工作领导小组,领导小组办公室设在区发改委,负责全程办事代理制统筹协调组织推进工作。目前,全区推行全程办事代理制单位41 家,纳入全程办事代理制的行政许可事项107 项(区属职能部门71 项;市垂直部门36 项),其他服务事项144 项。

5 月,区发改委在固定资产投资项目申报和审批中实行全程办事代理制,全年受理全程办事代理项目75 项。

区政府服务经济大厅于5 月8 日全面启动跨部门全程代理制代办服务工作。为企业全程代理2229 户。

(刘国栋 尉燕清 张小璐)

【“十五”计划中期评估】 5 月,根据市发展和改革委员会《关于开展北京市“十五”计划中期评估工作的通知》要求,从《东城区“十五”计划发展纲要》主要目标完成情况、提出政策和措施实施情况、存在问题及政策建议等方面进行分析总结,完成《关于东城区“十五”计划实施情况的中期评估报告》。评估结果显示,经济发展主要预期目标提前两年实现,社会事业全面发展,人民生活水平大幅提高。 (张榜水)

【电力管理】 7 月,电力管理办公室由原经委转到发改委,完成工作交接,针对本年电力供应紧张情况,按照市电力管理办公室要求,重新调整区电力设施保护领导小组成员。协调解决对安全供电构成极大隐患的问题,确保用电安全。 (张榜水)

【“十五”计划年度执行情况自查】 10 月,组织区“十五”计划分年度执行情况自查,对“十五”计划涉及全区37 个部门和单位的工作进展情况进行检查。结果表明,执行情况良好,主要经济指标和部分社会事业指标提前完成“十五”计划目标。 (张榜水)

【“十一五”规划编制】 根据国家和市发改委部署,完成区“十一五”规划编制工作方案,对规划编制的指导思想、编制原则、主要任务、进度安排和组织领导做了具体规定和说明,经区委、区政府通过下发。成立由书记、区长为组长,副书记、副区长为副组长,有关单位负责人为成员的领导小组,全面负责“十一五”规划编制的组织领导工作,统筹协调全区“十一五”规划编制工作。领导小组办公室设在区发改委,主要职责是组织规划课题研究,提出规划基本思路;起草规划纲要文本;组织编制专项规划;负责专家咨询委员会委员的聘请和联络工作;负责规划成果编辑出版工作。 (刘国栋)

【调研报告】 与科委一起完成《东城区发展创意产业的对策研究》,介绍国内外创意产业发展情况,分析本区创意产业发展现状及优劣势,借鉴发达国家和地区在支持创意产业发展过程中采取的主要措施,提出加强政府的规划和引导、建立创意产业基地、引进风险投资公司、搭建创意产业发展平台及建立产业结构调整基金等相关政策建议。 (刘国栋)

【宣传工作】 宣传本区经济社会及优化发展环境进展情况,《东城经济发展情况介绍》、《东城企业发展情况介绍》、《东城区投资环境介绍》、《全程办事代理制的宣传材料》等被期刊、报纸、网站等刊载,增进外界对东城区的了解,扩大东城的影响力。编制《综合经济研究与动态》35 期,刊登综合经济部门工作动态、国家和市相关政策及各省市的先进经验。 (刘国栋)

【组织专家座谈】 邀请国家信息中心经济预测部主任范剑平教授、北京市 WTO 事务中心邓洪波教授,就本年上半年宏观经济运行情况和“十一五”规划等进行座谈。 (刘国栋)

【固定资产投资】 贯彻国家和北京市宏观调控政策,推进“二三六三”发展战略,实施古都风貌保护,有序推进重点建设项目,全年完成固定资产投资额123.8 亿元,同比下降27.3%。其中,完成基本建设投资19.77 亿元,下降48.7%。完成更新改造投资7553 万元,下降60.9%。完成房地产开发投资103.22 亿元,下降18.7%。“三区”建设稳步推进,全年完成投资35.60 亿元,占全区固定资产投资额的28.8%。其中,东二环交通商务区投资20.70 亿元,王府井商业区投资12.57 亿元,雍和宫、国子监、地坛传统文化旅游区投资2.33 亿元。全年投资2.3 亿元,完成海关东侧路、东二环西辅路等市政道路工程,先后竣工通车。完成北京站东街环境整治。 (尉燕清)

【固定资产投资管理】 统筹安排区财筹补助资金,提出《2004 年东城区基建财筹补助安排意见》。加强投资计划工作,编制完成《2004 年东城区固定资产投资计划》、《2004 年东城区商品房建设计划》。加强项目管理,建立项目登记制、项目[illegible]网络备案制、项目分[illegible]台账制。加强对重点建设项目的监测,每月召开一次重点建设项目调度会,编制《东城区2004 年重点建设工程项目表》,建立项目储备库。

加大对危旧房改造、市政交通基础设施项目的投资管理力度，掌握项目进展情况，监测项目指标完成情况，由单纯对项目审批逐步向固定资产投资的分析转变，按季度分析固定资产投资情况，全年上报和审批各类建设项目128个，其中重点项目37个。

贯彻国务院关于深化投资体制改革的决定，重点抓好城市危房改造，调整区域布局。制定政府投资工作重点：投向于公益性和公共基础设施、公共安全设施，保护和改善生态环境等项目建设。编制2005年政府投资项目41个。

及时、准确反映固定资产投资运行状况，加强经济预警预测工作，预测半年和全年固定资产投资额完成情况，把握全区固定资产投资趋势，组织各建设单位对2005年续建项目和新建项目进行预测，编制2005年商品房建设项目计划。（尉燕清）

【资金管理】 积极争取资金，保证重点建设项目实施。拟定本年区危改项目市政配套投资补助资金计划、区路网加密市政道路工程建设资金计划。全年争取市发改委路网加密、危改小区、市政道路资金及公益性项目补助资金1.58亿元，涉及学校、北京站东街、海关东侧路、和平里西街市政项目及危改小区市政道路配套资金。办理并下达各类资金项目28项。（尉燕清）

【建设项目协调与服务】 加大对建设项目的统筹规划和服务力度：调研东二环公建项目情况，协调东二环公建项目全面开工。对中石油大厦、国华大厦、王府井业务用房等区重点建设项目主动服务，确保重点项目顺利实施。（尉燕清）

【固定资产投资项目清理】 按照国家和市有关要求，全面展开区固定资产投资项目清理，第一次清理工作从5月9日～5月18日，清理项目127个，其中，本年以前开工的在建项目51个，本年新开工的在建项目8个，拟建项目68个，全部符合清理标准。第二次清理工作从5月26日～6月1日，此次清理按照项目属地原则进行，由市发改委反馈给本区的287个项目构成，进一步完善项目的前期手续，全部按标准清理。

（尉燕清）

【投资项目稽查】 按照市发改委《关于全面总结1998年以来国债项目建设工作的通知》（京发改〔2004〕1793号）的工作部署，对1998年以来使用国债资金的4个项目进行稽查，通过稽查，对本区重点项目逐步从事前审批向事后监管转变。（尉燕清）

【市场价格监测系统】 加强市场价格监测和分析，7月份重新确定15个市场价格监测网点，对与人民生活密切相关的粮、油、肉、蛋、菜、副食品、民用煤及特色农产品、日用消费品、工业生产资料等18类商品211个品种开展监测，以周报、旬报、半月报、月报形式采集汇总上报市发改委监测中心，并撰写市场价格信息，为领导决策提供参考。（张春英）

【水价调整市场监测】 8月1日，全市对工业用水、生活用水和环境用水价格进行调整。综合水价由每立方米4.01元调整为5.04元。根据市里要求对30种重点商品及洗车、洗浴等服务收费价格开展每日监测，同时了解市民对调整水价的反映。全区商品价格总体稳定，无异常情况。（张春英）

【教育收费公示审核】 9月，按照《教育收费公示制度》要求，与教委、财政局等单位开展联合办公，对全区教育收费“一费制”公示审核，审核内容包括义务教育阶段的杂费、课本费、作业本费。此次公示审核涉及全区中小学和社会力量办学及大专类学院，增强学校收费透明度。（张春英）

【园林景点门票价格调查】 9月，配合市发改委《关于开展游览参观点价格等情况调查工作的通知》精神，对地坛、青年湖、柳荫湖、南馆公园门票收费情况进行调查，并就本区公园门票收费情况向市发改委提出建议和意见，认为现阶段政府还不能全部承担公园建设、管理的前提下，如果取消门票收费，不利于公园的可持续发展。（张春英）

【节日期间市场监测】 9月22日～10月11日，加强对粮、油、肉、蛋、菜的市场价格监测工作，将3个集贸市场和3个超市共计37个品种的监测情况每日上报市发改委，“两节”期间全区市场价格平稳。（张春英）

【编制教育收费目录】 依据国家和市有关文件，对规定性收费和代收代支性收费分类进行整理，明确收费项目、标准、范围和依据，征求市发改委和区教委意见，编制完成《东城区高中、初中、小学教育收费目录》。

（张春英）

【电价调整市场监测】 11月10日，全市调整居民生活用电，每度由0.44元上调到0.48元。为配合市发改委做好本次电价调整工作，加强市场监测，深入居民家中了解情况。8日电价调整消息见报后，买电群众增加，银行延长关门时间，满足群众购电需求。本次电价调整后，群众普遍表示理解。（张春英）

【年审和换发《收费许可证》】 12月,开展行政事业性收费年审和换发《收费许可证》工作。年审和换证的主要内容:收费单位是否按照规定收费项目、标准、范围、执收单位实施收费;国家明令取消的收费项目、降低的收费标准是否落实;2002~2003年行政事业性收费项目的收入、支出情况。以此为契机,做好科室的档案基础管理工作,按照系统编排年审日期,对每个单位的档案重新登记整理,为规范科室工作打下基础。

(张春英)

【支持表彰重点企业】 7月,配合区委区政府组织召开全区重点企业表彰会。奖励重点企业274户,奖励金额2339.45万元。 (张小璐)

【为重点企业服务】 加强与企业联系,服务经济中心重点企业联络员深入重点企业了解信息,解决困难,把营造环境的意识落实到具体服务之中。年内,为肯德鸡有限公司、中国保险北京分公司营业部、北京戴德梁行物业管理有限公司等重点企业解决车证、户外广告、租用办公楼、工商年检等问题。为11户重点企业解决子女入学13名。 (张小璐)

【吸引税源】 本年引入当代鸿运房地产经营开发有限公司、北京凯恒房地产有限责任公司等大型企业。为中国建筑总公司北京东四第一项目部、中建一局建设发展公司北京东城项目部、北京市泰安房地产开发有限公司等15户重点项目施工企业提供全程服务。东二环交通商务区包括中国海洋天燃气有限公司等11个开发项目,在服务经济中心协调服务下,办理工商、税务登记,至年末已形成328万元税收。 (张小璐)

【价格监督检查】 贯彻落实原国家计委《关于商品和服务实行明码标价的规定》、《禁止价格欺诈行为的规定》,开展日常市场价格监督检查。完成"两节"、"两会"、禽流感防治期间、五一、十一旅游黄金周期间和元旦节前市场价格监督检查及北京站地区市场价格整治任务。重点对辖区内主要商业街区及客流量较大的景区景点、停车场、公用电话、超市、商场的收费及明码标价情况进行检查。加强对餐饮、住宿及物业服务收费明码标价管理工作。组织开展成品油价格、汽修汽配、医疗服务和药品价格的专项检查。全年检查企事业单位、商品经营者3308户,立案139户,经济制裁总金额395万元,退还消费者19万元。 (高敏)

【停车场收费专项检查】 根据市物价检查所安排,对辖区内52个机动车停车场收费情况进行检查,责令存在问题单位将多收费退还消费者,罚款1200元。

(高敏)

【电力价格和收费专项检查】 根据国家发改委、市物价检查所部署,对辖区内供电企业价格执行情况进行检查,同时将消费者反映强烈的物业公司列入检查重点。共检查供电企业1户、物业公司20户。 (高敏)

【教育系统收费专项检查】 根据市发改委《关于转发国家发展和改革委员会等部门开展全国治理乱收费专项检查文件的通知》要求,对辖区内12所中小学及中央戏剧学院进行检查。立案3户,正在核查之中。

(高敏)

【物业服务收费调查与检查】 根据市发改委《关于开展全市居住小区物业服务调查和检查的通知》要求,与区居住小区管理办公室联合召开规范物业服务收费明码标价工作会;对辖区内从事经济适用住房小区和普通居住小区管理服务活动的物业管理企业2003年以来服务收费执行情况进行调查和检查。检查相关企业11户,涉案5户,其中3户进入结案阶段,2户正在核查之中。 (高敏)

【受理投诉维护权益】 本年,物价检查所共接到群众价格投诉及咨询510件,其中:价格投诉204件、咨询306件。经调查核实立案65件,经济制裁总金额14.97万元,其中:退还消费者6.27万元。 (高敏)

【价格鉴定工作】 配合公安部门,打击犯罪和维护社会治安,及时提供合理、权威性的价格依据。至12月末,共进行各类涉案财产价格鉴定1412件,比上年增加47.9%,鉴定总额608.8万元。价格鉴定合格率100%。规范价格鉴定操作程序,组织全员参加市价格鉴定业务培训,核发国家发改委统一印制的《涉案财物价格鉴证员岗位证书》。建立涉案评估物品分类数据库,提高工作效率和质量。 (王丽)

【网格化城市管理信息平台】 网格化城市管理信息平台是《依托数字技术创建城市管理新模式》课题研究的具体实现,该平台在区电子政务平台和区政务地理信息系统基础上,综合利用网络技术、数据存储与备份技术、网格地图技术、地理编码技术、信息安全等多种数字城市技术搭建的实现全区城市管理专业部门统一行动、协同工作的软硬件信息平台,被列为市科技计划项目和市信息化重大工程项目。该项目6月22日正式启动,先后完成城市部件普查、监督和指挥大厅、呼叫中心、地理编码系统、协同工作系统、大屏幕系统、安全平台等项目的建设工作和“城管通”的研发，10月22日投入试运行。（刘佳）

【网上办公分系统】 推进各单位电子政务的应用，实现全区办公系统互联互通，在全区办公系统基础上，开发网上办公分系统。完成向区委区政府17家机关单位进行的推广工作；完成各单位应用培训与系统基础数据录入；112个信息点接入，增加系统用户218家。（刘佳）

【局域网建设】 朝阳门街道、环卫局等单位新建成局域网，区委组织部完成干部信息管理系统及网络建设。年内全区59家单位建成局域网。（刘佳）

【电子政务应用】 完成网络视频会议的改造与建设，建成覆盖全区党政机关的视频会议系统，新增视频会议主会场，实现与市视频会议系统的对接，并完成视频会议系统培训与验收工作。建设区重点地区视频安全监控系统，将系统接入城市管理监督中心大厅，并对系统进行试运行和测试工作。（刘佳）

【“数字东城”网站】 依照《北京市人民政府关于加快政务信息化建设的意见》，“数字东城”网站于本年4月启动全面改版工作，7月正式对外发布。新版网站在保留原有精华的同时，推出“数字地图”等全新服务栏目和内容，完成全区涉及政务公开部门的分站点建设，进一步规范网上政务公开工作，在2003～2004年度市国家机关网站检查评议中，“数字东城”网站再次获优。（刘佳）

【分站点扩大建设范围】 推动网上政务公开和网上办公，与区监察局联合印发《“数字东城”网站分站点建设意见》的通知，召开2次网站政务公开动员会，为25个单位新建分站点并进行培训，使全区58个政务公开单位建立了分站点。（刘佳）

【电子政务信息安全工程】 本年电子政务信息安全工程建设被国信办列为全国两个试点工程之一。上年末至本年末，国信办领导三次到本区调研安全平台和信息化建设情况，肯定东城区信息化工作及信息安全平台建设的思路和做法，符合《国家信息化领导小组关于加强信息安全保障工作的意见》（中办发〔2003〕27号文件）中的精神。（刘佳）

【电子商务建设】 社区服务信息网络基本建成，每个社区都能登录市民政服务网；区劳动局配合“金保工程”完成“统一收缴，一单托收”的数据整合工作；区卫生局启动公共卫生信息平台建设；区教育局远程教育平台完成高三和初三14个科目的同步课程，得到市教委肯定。配合市信息办，区信息办完成全区20台信息亭的安放工作。建设电子商务平台，启动刷卡无障碍工程。年内“数字王府井”公司配合北京市进行王府井商业中心区和东城区刷卡无障碍试点工作，刷卡交易得到1500多家商户的支持，完成1000台POS机的布放及运行。内务、交东、胡家园三个社区被列为挂牌“数字家园”社区。（刘佳）

【领导调研】 2月4日，国信办与市信息办领导到本区进行电子政务及社区信息化建设情况调研。12月29日，国信办常务副主任曲维枝等，市信息办朱炎、白新等听取汇报，副市长范伯元参加座谈。国信办领导认为尝试城市管理模式是一种体制和机制的革命。表示可以帮助东城进行总结、提炼，纳入国家级试点。市信息办领导表示支持新模式的运行，希望东城区扎扎实实进行试点，务求成功。范伯元指出东城区的做法与首都中心城区的要求是完全一致的。（刘佳）

【办理提案议案】 本年，办理人大代表议案、建议和民主党派、政协委员提案31件。办结率100%，满意率100%。在发改委主办的25件中，非常满意17件，占主办件数的68%。获2003年度办理人大代表建议、政协委员提案工作先进集体。（王军）

【支部建设】 8月，区发改委党支部改选成立党总支，下设三个支部。年内，贯彻执行《中国共产党党和国家机关基层组织工作条例》，坚持“三会一课”制度，安排好日常组织生活。组织党员学习《中国共产党纪律处分条例》和《中国共产党党内监督条例》，开展两个《条例》知识测评活动。重点抓好党员发展和积极分子培养工作。发展4名预备党员，建立积极分子档案和谈话制度，选送2名积极分子参加机关工委举办的入党积极分子培训班。（蒋保平）

【制度建设】 结合机构改革后职能、信访增加等情况，制定和修改制度25项，形成制度43个，促进工作规范，职责明确，责任落实。加强基础工作，建立业务工作数据台账，完成资料整理归档工作。（蒋保平）

统 计

【概况】 确保统计数据质量,搞好统计服务,争一流,创佳绩,本年区统计局被国家人事部、国家统计局授予“全国统计系统先进集体”称号。年内开展第一次全国经济普查工作,由一千多名普查员和普查指导员组成调查队伍,登记普查单位1.78万个。增设《单位设施情况调查表》,借助经济普查摸清全区资源状况。全面提升统计服务水平,经济预警预测系统研究课题通过专家鉴定。运用预警预测模型绘制经济运行曲线图并对宏观经济运行走势进行预测,定期发布王府井·北京商情指数,围绕产业结构调整和文化产业发展撰写调研报告,开展重点税源单位跟踪监测与分析。统计信息化建设取得新进展,全行业实施在线填报,实施网上统计信息在线处理、查询和分析,在线分析系统在区县一级统计部门得到实际应用;可持续发展数据仓库和挖掘系统建设工作全面展开。推进依法行政、深化政务公开,清理各部门统计报表633种,其中274种未经审批备案报表被取消或要求办理审批手续。加强干部队伍建设,开展岗位分析,实行科学管理。全年发布统计资料69期,统计信息83期,统计动态69期,经普简报197期。为区领导和社会各界提供统计信息60次,共8.6万条。

单位名称:东城区统计局　单位地址:后永康胡同17号
联系电话:64031179　邮政编码:100007
网址:Dctjj.bjstats.gov.cn
电子邮箱:dongchengy@bjstats.gov.cn

(刘乃刚)

【第一次全国经济普查】 是国家改革普查制度,合并普查项目后进行的一次国情国力调查,是列入区政府折子工程的一项全区重点工作,在区委、区政府和市普查办领导下,举全局之力组织实施,做好普查前期各项准备工作。区政府成立以岳鹏为组长的区第一次全国经济普查领导小组,由37个单位组成。研究制定《东城区第一次全国经济普查办法》等规范文件,抽调1000余名普查人员,给予充足的普查经费。

按照市经济普查领导小组部署,年内完成普查试点、清查登记、基本单位名录登记等多项工作。5月8日~6月13日,确定建国门街道为市级试点单位,其余街道各选择一个社区为区级试点单位。试点期间全区清查各类单位2471户,举办培训48场,培训调查单位1000多个,约3500人次。达到了“完善方案、探求方法、发现问题、总结经验”的目的,为全区正式普查积累了经验。8月1日~9月中旬,清查登记阶段。其间,区普查办增加布置了《单位设施情况调查表》,延伸经济普查成果,为区委、区政府提供更加充实的普查资料。全区共清查各类单位1.78万户,清查个体经营户5681户。市第一次全国经济普查领导小组8月10日在本区召开全国经济普查现场会,推广本区经验。单位基本情况调查是普查工作的重要环节,9月下旬至10月,全区按法人经营地原则,登记单位1.78万个,并完成产业单位设施调查工作,全区单位基本情况调查参训率90%以上,报表填报率100%。年末,各级普查机构完成对普查对象的培训和基础资料准备等工作,普查报表登记填报已全面展开。 (孙鑫)

【禽流感监测】 2月,针对国内外部分地区出现高致病性禽流感疫情,本局对重点企业受禽流感疫情影响程度进行跟踪调查,并建立周报制度。结合“禽流感”阶段经济形势变化,开展居民面对禽流感疫情电话快速调查,商品市场情况、消费品供求情况调查,并对“禽流感”对全区经济发展影响展开专题分析。2月初至4月末,每周对11家重点批发零售贸易和餐饮业单位进行经营监测,共上报监测报告12篇。 (孙鑫)

【社会粮食供需平衡调查】 2月,为适应粮食流通体制市场化改革新形势,了解掌握社会粮食供需情况及其发展趋势,按照市统计局要求,开展社会粮食供需平衡调查。通过对全区3家食品制造企业开展调查,为粮食安全决策提供了数据。 (孙鑫)

【执法研讨会】 3月17日,召开东城区统计全员执法研讨会。国家统计局政策法规司司长刘恒及市统计局和区司法局领导参加并讲话。辖区内中央、市属、区属企业及部分街道和综合部门统计负责人参加研讨会。围绕开展全员执法如何与优化发展环境有机结合、严肃执法如何与统计部门优质服务有机结合、全员执法如何与第一次经济普查有机结、全员执法如何与时俱进、拓宽全员执法的方式方法等问题展开研究、探讨和交流。 (刘乃刚)

【王府井·北京商情指数】 4月15日,和市统计局共同编制的“王府井·北京商情指数”正式对外发布。

该指数是国内第一个以商业街区冠名的行业景气指数,反映北京商业运行态势及企业家和消费者对当前经济形势的评价和预期。引起《北京晨报》、《北京日报》、《新京报》等众多媒体关注。自首次发布以来,每月通过公众媒体发布一次,现已成为政府和商业企业关注的焦点之一。 (李岚)

【非公企业调查】 按照市局要求,6月对全区非公有制企业进行抽样调查。涉及工业、建筑业、服务业等9个行业49家非公有制企业。调查内容包括企业基本情况和经营情况、对投资发展环境的总体评价及对政府部门改善企业投资发展环境的建议与要求。通过调查,了解非公有制经济发展情况和企业对投资环境的总体评价,为市政府研究制定促进非公经济发展政策提供依据。 (孙鑫)

【市统计局巡查】 7月27~29日,市统计局巡查组对本区统计工作进行巡查。巡查内容:干部队伍建设,党风、行风建设情况;执行统计制度、数据质量情况;贯彻行政执法责任制,规范执法程序、文书情况;第一次全国经济普查情况等。局长向巡查组作工作汇报。各科室向各巡查小组分别汇报工作。巡查组实地检查4个街道统计科、19个基层单位、6个居民调查户共9个专业的统计管理水平和数据质量,搜集基层单位对市、区两级统计部门的意见和建议。 (刘乃刚)

【信息化调查】 7月,北京市在全市范围内开展信息化调查。根据市统计局制定的《2004年区县信息化统计制度》要求,组织局内各专业和教委、信息办等相关部门开展信息化调查工作。通过调查,掌握了居民的信息化水平、政府信息化建设及信息产业发展状况等信息,反映了区域信息化发展水平。 (李岚)

【体育场地普查】 7~8月,按照市体育局、市统计局等7家单位联合下发的《关于开展第五次北京市体育场地普查工作的通知》要求,与相关部门配合,对区属单位进行宣传、布置和培训,对52家单位进行普查登记。 (李岚)

【经济普查现场会】 8月10日,北京市第一次全国经济普查领导小组在东城区召开现场会,副市长张茅、市普查办领导小组成员和18个区县领导参加会议,视察了普查一线工作进展情况。岳鹏介绍区经济普查的做法和经验,东华门街道作经济普查工作汇报。张茅讲话,市普查办对本区的普查工作给予肯定。

(孙伟)

【统计研讨会】 9月17~19日,第三届全国副省级以上城市中心城区统计研讨会在四川成都市青羊区举行。北京、天津、深圳、重庆、成都等24个中心城区的代表参加会议。本局应邀参加,并提交题为《抓机遇、找难点、求突破,举全区之力做好东城区第一次全国经济普查》的研讨材料。会议就第一次全国经济普查的重点和难点、强化统计服务职能、加快统计信息化建设、加强统计法制建设等问题交流和研讨。 (李岚)

【张为民调研】 11月4日,国家统计局副局长张为民在市统计局领导陪同下,到本区调研人口抽样调查工作。听取杜美云关于人口抽样调查的汇报,深入街道社区与普查人员进行交流与探讨。张为民等领导对本区统计工作给予肯定,希望东城区多出经验,为全国人口抽样调查工作做出贡献。 (孙鑫)

【人口变动情况抽样调查】 市统计局本年11月1~7日进行人口变动情况抽样调查。本区5个街道的5个居委会作为调查小区被抽中,被调查人员共2500人。调查采用按常住人口登记的原则,以户为单位填报。按人填报项目:姓名、性别等23个项目;按户填报项目:户别、本户本年11月1日总人口等8个项目。

(刘乃刚)

【综合社会调查】 探索以家庭为视角开展社会发展和进步调查的有效途径和经验,国家统计局11月在全国开展综合社会调查。此次调查与人口变动抽样调查同时进行,在人口调查抽样框中每5户抽取1户为调查对象,全区共500人。采用问卷式,分为受访者个人情况、家庭情况、价值观念与社会认同情况、老龄化与健康问题、流动与迁移等5方面。 (刘乃刚)

【饮食消费结构调查】 11月,对域内10个餐馆进行居民在外就餐消费结构调查。共调查顾客消费单100张,就餐人数239人,消费金额3.63万元。结果显示:在外就餐人均消费152元,其中人均肉类消费40.6元,占比重26.7%;人均水产类消费25.1元,占比重16.5%;人均鱼类消费21.1元,占比重13.9%;其次是人均消费青菜比重10.2%,禽类比重9.2%,主食比重8.6%,酒水比重14.8%。 (孙伟)

【岗位分析工作】 本年在局内开展岗位分析工作。对每个岗位工作职责、责任权限、工作关系、工作流程、劳动强度和任职资格进行量化分析,制定工作说明书,并与区、局折子工程及局内各项规章制度统筹考虑,提出量化考核指标,进行岗位绩效考核和评价,全面反映

每个岗位主要职责落实情况。国家人事部中国人事科学院专家对此项工作给予肯定。（李岚）

【预警预测系统】 在2000年开发完成的区宏观经济景气监测系统基础上，进一步完善区域经济景气监测系统的预测功能，对该系统进行二次开发，开展“区域经济预警预测系统”课题研究。该课题运用数理统计、计量经济学、统计软件、区域经济等多学科知识，通过建立监测指标预测模型，提前反映全区经济发展方向和变动幅度，把握区域经济发展趋势，在经济运行速度过快或面临衰退时预先发出预警信号，为有关部门进行宏观调控提供决策依据。该课题于年内通过专家论证，投入实际应用。（孙鑫）

【全程代理制】 优化发展环境，营造良好的区域经济氛围，研究制定全程代理制度实施方案。成立领导小组，建立“一口一网一集中”全程代理制。集中办理部门设在法制科，除统计登记纳入政府服务经济大厅全程办事代理服务外，其余审批项目由法制科统一承办。开通统计调查表审批和统计调查表备案网上申报系统。实现为法人、其他组织和个人提供便捷、高效、优质的全程办事代理服务。（李岚）

【行政许可公示栏】 贯彻落实《行政许可法》，对现有统计审批项目进行清理检查，对与《行政许可法》指导思想不相适应、与法律法规规章违背的统计审批项目进行撤销、修改和完善。对正在实行的行政许可事项、依据、条件、数量、程度、期限、收费监督举报电话等内容进行公示，以便企业监督检查。（李岚）

【东城区经济发展月报】 年初编辑、发行《东城区经济发展月报》手册。反映月度全区经济运行情况和八城区主要经济指标数据，为各级领导宏观调控管理和科学决策提供统计信息。手册发放范围扩展到二级综合单位、区属各公司和部分统计学会会员单位，为社会各界提供咨询服务。（孙伟）

【全行业网上填报】 在上年部分企业（限额以上批发零售贸易、餐饮、工业、金融企业）试行网上填报基础上，年内改进系统功能和加大推广力度，6月份实现全行业在线填报。组织6场培训会，培训1300多人，克服技术难题，编辑网上填报手册，对软硬件设备反复进行调试，形成统计报表设计、收集、处理以及加载到数据仓库的网络化工作流程，统计信息采集初步实现网络化，数据质量进一步提高。

（孙鑫）

【清理统计报表】 区纠风办与本局联合对全区党政机关、行政管理部门布置的各类统计报表进行集中清理，对各单位制发的各种报表进行自查自纠。全年共清理上报633种报表，经审核未按规定进行审批、备案的报表有274种，均属非法报表。通过清理，强化各部门依法制发统计报表和接受社会监督的意识，为本区整合、规范各类报表，纳入制度化、规范化提供科学依据。（孙伟）

【科级干部竞争上岗】 深化干部人事制度改革，拓宽选人用人渠道，对部分科级职务和非领导职务实行公开竞争上岗。通过公开职位、自愿报名、干部推荐、资格审查，竞争实职采用测评中介机构进行笔试和面试方式进行选拔，竞争非领导职务采取向全局干部述职方式进行选拔。经全局干部评议，局党组根据测评和评议结果审定，任命3人担任副科级职务，任命4人担任副主任科员职务。（刘乃刚）

【城市低保家庭生活状况调查】 按照市统计局、市民政局工作部署，进行城市最低保障家庭生活状况调查。调查显示：在60户低保家庭中，18户有残疾人，占被调查总户数的30%；居住平房户的占85%；月人均可支配收入400.89元，其中63%来自社会救济；人均消费支出388.19元，其中食品支出191.17元，恩格尔系数为49.2%，比常规调查户高17.5个百分点。低保户家用电脑每百户拥有量为28.3台，常规调查户为78.8台，低保户空调器每百户拥有量为26.7台，常规调查户为129.4台。（孙伟）

【城镇居民旅游调查】 按照市局部署，对本区居民旅游情况开展多项抽样调查。一是居民平日休闲旅游调查，二是节日黄金周居民旅游调查。结果显示：居民平日休闲旅游成为时尚。居民旅游呈现“三多”现象。即：旅游选择周边地区多，以非团体旅游人数多，在外过夜的多。十一黄金周居民外出旅游家庭超过五成，占被调查户数的51.7%，比上年增长26.7个百分点。出游家庭中本市游占77.4%，跨省游占22.6%，人均旅游消费411.4元，同比增长19.95%，其中本市游人均消费201.5元，同比增长41.6%，跨省游人均消费994.4元，增长21.5%。（孙伟）

【妇女发展计划监测统计】 监测指标涵盖妇女与人口、妇女与经济、妇女参与决策和管理、妇女与教育、妇女与健康、妇女与法律、妇女与社会环境7方面内容，142个统计指标。通过撰写调研报告，对全区《妇女规划》各项指标落实和发展情况进行分析，针对发展中

存在问题提出建议。 （李岚）

【儿童发展计划监测统计】 监测指标包括儿童与健康、儿童与教育、儿童与法律、儿童与环境4部分内容的124个指标，对18个成员单位进行监测，撰写调研报告，为全面、准确地反映“十五”期间本区《儿童规划》各项指标落实情况提供信息资料。 （李岚）

【群众安全感调查】 按照区综治委要求，年内继续开展群众安全感调查工作。调查采取随机抽样方法，在10个街道和王府井、北京站地区各抽取20户样本，全区共抽取240户样本。调查内容涉及治安状况评价、影响安全因素、群众关心热点问题等。调查结果表明，群众对安全状况比较满意，认为全区社会治安状况良好，综合治理成效显著。 （孙鑫）

工商行政管理

【概况】 年内，东城工商分局把握提高干部队伍整体素质和监管工作改革主脉络，发挥“甘当主力，甘当苦力”的精神，推进基础性工作建设步伐，提升为地方经济发展服务水平，增强服务意识，整体工作水平不断提高。

单位名称：东城工商分局

单位地址：后永康胡同17号

联系电话：64033742 邮政编码：100007 （杨悦）

【食品安全管理】 开展食品安全工作，协助区食品办拟订11项制度，形成一套规范有序的食品安全运行机制，进一步加大食品安全检查力度。①持续开展对餐饮业整顿。增加餐饮企业与废弃油回收企业的联系范围，拓宽回收行业，针对超市、主食厨房炸货油检测不合格及废弃油回收混乱问题，指导超市与专业回收公司签定协议，避免炸货油重复使用。②开展商场、超市改换食品标签、豆制品经营及建筑工地食堂等食品安全专项检查，对熟食柜台改换标签、销售过期食品等违法行为进行重点查处。全年办结食品违法案件41件，罚没款逾10万元。③发挥检测车职能，确保百姓吃得放心。全年出动食品检测车100次，检查市场、超市等食品经营单位356户，检测食品样品1900份，完成食品备案3745条，建立索证索票台账3584个，落实食品下架通知51次，下架食品607种。 （杨悦）

【登记注册】 本年，落实北京市市场主体准入制度改革措施，确保区市场主体准入工作的连续性，改善市场准入环境。出台名称预先登记即时核准等新规定，推行个体工商户注册登记下放属地工商所等措施，方便群众，提高工作质量和效率，规范登记行为，缓解了登记大厅压力，

分局把“优化区域经济环境、提升登记注册服务质量和服务档次”作为工作目标，提出登记注册大厅“无障碍通行”的理念。在落实岗位责任制和“首问负责制”基础上，细化工作职责，实行接待咨询服务“零投诉”和一审一核“零差错”制度，在接待岗位落实“A、B”制管理，确保登记窗口不出现空台、空位等服务盲点。

至12月25日，东城区企业共1.88万户。全年新发展企业（含外区迁入）4292户，同比增长23%。个体工商户1.68万户，全年新办理个体工商户5002户，同比增长15%。

根据国家工商局《港澳居民在内地申办个体工商户登记管理工作的若干意见》的精神，自1月1日起，香港、澳门永久性居民中的中国公民无需经外资主管部门审批可在北京设立个体工商户。1月4日香港永久性居民胡澄清到本局申办“北京京港千鹤便利店”个体工商户登记，登记部门为其开辟“绿色通道”，提供申请、受理、审批一站式服务，向其详细讲解国家政策法规并协助其准备申请材料，1月11日，胡先生递交《个体工商户（港澳居民）设立登记申请书》，1月13日，胡先生领到了在东城前永康胡同经营百货、针织品、五金交电和工艺美术品的个体营业执照，经营香港日用商品，成为首家在京香港个体工商户。 （杨悦）

【监管方式改革】 围绕“分类分级”和“网格化”管理，细化对不同市场主体的巡查频率和工作模式，推进监管工作向高效能、低成本方向发展，为企业创造宽松的发展环境，完善服务职能与加强市场监管相统一，巩固重点企业联系走访、违法警告教育等工作制度，通过服务与沟通，发挥市场监控中预警和引导功效，体现教育引导与处罚相结合的综合性管理方向。

在企业信用监管方面，建立健全守信企业激励、警示企业预警、失信企业惩戒机制等相关制度，以日常工作中产生的各类管理信息为依托，加强对企业登记数据库、“经济户口”数据库、案件数据库等基础信息资源录入和配套建设。9月末，在区政府协调和有关部门支持下，企业信用信息系统东城区平台搭建完成，各项工作流程和制度全部确定并衔接到位，对区属相关部门进行培训，企业信用信息归集、共享、查询系统正式投入使用。 （杨悦）

【经济秩序监控】 落实案审会、行政处罚公开和案件回访制度，完善案件立、销、结等法制工作规范，增强行政执法的公开、公正、透明和统一。在开展行政许可行为和案卷评查基础上，对2003年以来办结的4475件案件进行清理检查，推动法制工作规范化。

将监管工作侧重点定位于对重点行业和特殊经营群体的专项整治，开展建材市场、奥林匹克标志、医疗药品广告、进口品牌家具、地下空间、成品油市场及境外卫星电视接收设备等专项整治，全年办结行政处罚案件700件，罚没款831万元。不断完善多向信息网络，扩大案件信息来源，强化打假、打私和反不正当竞争职能。发挥反传销联盟的作用，针对传销和变相传销违法活动新特点、新动向，及时向成员单位通报情况，实现事前预防、事中监督和事后规范的立体监控模式，维护社会稳定。

按照“成熟一个、建立一个”的原则，在49个社区建立工商工作站，落实各项工作。社区工作站都已建立投诉和举报登记本，统一公示标识、统一承诺和统一工作职责，工商所社区联络员每月走访一次，记录、了解新情况和社区需求，征求意见，通过落实《社区综合巡查制度》、《社区工作效能评议、考核及反馈制度》等规范要求，将工商行政管理工作向群众中延伸。

上年度年检和验照工作，实检企业1.62万户，年检率85.7%，同比增长4.4%。其中，以网络形式参检企业1.35万户，网检率83%，同比增长58%。个体工商户实际验照8882户，验照率68.7%。吊销内资企业1638户，外资企业110户，吊销、注销个体工商户1806户。 （杨悦）

【广告管理】 审批广告经营单位广告经营许可证14家，临时性广告登记48份，印刷品广告登记195份，户外广告登记1213块。开展户外广告专项检查，检查经营性户外广告462块，立案调查8起。检查企业自设户外广告1325块，立案调查12起。路头广告监管“进社区”、“进医院”工作，清除管理死角。纠正、查处违法散发小广告行为230余起，监测媒介广告42万条，处理涉嫌违法广告737条，发布广告监测警示17期。在加大惩戒力度基础上，通过定期向媒介通报广告违法情况及实施“行政告诫”等手段，突出预警职能，体现事前介入、全程监控的管理理念，使本区重点媒介发布违法广告率呈现整体下降趋势。 （杨悦）

【商标监管】 年内对东安市场、百货大楼、稻香村等7家北京市无假冒商标示范商场进行检查指导，对企业领导和员工进行商标法律法规培训。就奥林匹克知识产权保护问题专门走访第29届奥组委，就加强对奥林匹克有关商标、特殊标志保护问题进行座谈。经奥组委法律部举报，先后查处某房地产广告中使用奥运五环图案标志案、格威特体育用品有限公司生产销售的侵犯奥林匹克标志专有权商品案、东方银座超市未经授权开展“赠奥运刮刮卡得金牌大奖”活动案等一批侵犯奥运商标、标志专用权案件。以打击制假售假、保护知识产权为中心开展执法检查，全年办理商标违法案件立案68件，查扣违法物品1.08万件。 （杨悦）

【合同监管】 启动“守信企业”宣传、公示工作，完成109户守信企业审查上报。推行合同示范文本的使用，对上年推行的“北京市豆制品入市场厂挂钩合同”、“北京市食品（成品）买卖合同”、“北京市食品（成品）代销合同”应用落实情况走访检查，召开部分旅行社和消费者参加的座谈会，就推行“北京市出境旅游合同”使用情况进行回访。针对合同案件定性难、取证难、执行难等问题，引导基层工商所从解决合同纠纷、受理315投诉入手，完成合同纠纷调解115件，解决合同争议金额20.86万元。全年查办经纪人案件6起，合同违法案件3起，拍卖违法案件1起。现场监督拍卖32次，检查委托拍卖合同8400余份，涉及拍卖标的价值8.93亿元。办理动产抵押登记3起，主债权950万元，抵押物价值2230万元。 （杨悦）

【有形市场管理】 重新审核辖区农副产品市场“场厂挂钩”协议，落实牛羊肉、禽类、水产品等14种商品索证索票管理，在有形市场中开展豆制品、熟肉制品冷藏销售、水发产品甲醛含量、食用油、酱油、夏季饮料等食品安全检查。在“禽流感”防控工作中，对8个市场中11户分割鸡经营摊位、13个市场中27户鸡蛋经营摊位进行摸底排查，结合本区特点，制定《东城区加强禽类交易管理实施办法》，完善有形市场食品管理制度。针对存在问题11月初组织召开专题会议，向各市场主办单位和负责人通报情况，指出改进方向。 （杨悦）

【快速反应机制】 本年，加强和完善执法队、消保科

"12315"、工商所之间的衔接机制,通过三方联动,实现快速检测、数据共享,做到"12315"调度指挥、执法队与工商所快速反应,全年接报"12315"投诉举报619件,办结606件,其中立案28件,罚没款21万元。

按照《应对突发事件工作预案》,以执法队为核心,以各工商所执法力量为辐射,关键时刻迅速集中力量,对辖区重大、突发事件进行快速反应和控制。在"两会"、"两节"综合整治工作中,各所、站、队每天保证有50%以上的干部对重点地区、大街、行业进行巡回检查,打掉一批违法经营点,解决消费者投诉120起,确保辖区市场秩序稳定。 (杨悦)

【队伍建设】 举办纪念图片展,组织专题党课,倡导工商文化建设,树正气,树新风。开展"党心连民心,亲情进万家"活动,为贫困学生捐款,为外来务工人员捐赠棉衣被。业务建设方面,以"岗位大练兵、专业大比武"为重心,大比武工作与提高执法水平、打造专业化干部队伍相结合,自行组建题库,反复模拟演练。有针对性地辅以案例分析、模拟办案训练和网上培训,与兄弟分局进行友谊赛,增强了学习实效性。通过对8个专业知识的学习和梳理,强化干部队伍的理论素质,提高工作水平和综合执法能力。 (杨悦)

【协会、学会工作】 区消费者协会围绕"诚信、维权"主题,以食品、药品、商品房、旅游4个行业为重点,开展社会调查和宣传活动,全年受理消费者投诉1038件,完结率99.4%,为消费者挽回经济损失72万元。

区私营个体经济协会开展"守信企业"争创工作,围绕职业道德、食品安全、防火安全和从业技能等开展教育活动。推荐担保贷款23户,担保金额1800万元,发挥政府的桥梁助手作用。

区工商行政管理学会组织"网格化监管"研讨会,对居民社区便民经营网点的发展情况进行专题调研,为领导决策提供依据。 (杨悦)

质量技术监督

【概况】 本年落实上级工作部署,履行质量技术监督职能,不断提高工作质量和依法行政水平。全年共执法3207起,查处案件422件,罚没金额97.08万元。

单位名称:东城区质量技术监督局

单位地址:和平里五区甲12号楼

联系电话:84220417 邮政编码:100013 (肖江红)

【控制大气污染工作】 根据市局通知要求,确定监管工作内容:①建立使用燃煤锅炉单位档案,把好煤炭进货质量关。②要求每个蜂窝煤销售企业制作"消费者须知"公示牌,明示蜂窝煤质量标准、投诉电话等。③加大监督检查频次,每月对蜂窝煤生产、加工和销售点进行一次抽样检验,在供暖期对使用燃煤锅炉单位进行不少于两次抽样检验。 (肖江红)

【奶粉专项检查】 安徽阜阳劣质奶粉事件发生后,按照市局部署,召开局长办公会,研究制定《关于开展奶粉专项执法打假工作的安排》,对生产和经销奶粉的企业开展专项检查。检查内容:①是否经销45家劣质婴幼儿奶粉生产企业的奶粉。②是否经销市级专项抽查中不合格产品。③是否对经销企业销售的奶粉进行全面登记,包括经销企业名称、产品名称、商标、是否有生产许可证、标准等。④是否经销市局专项监督抽查中不合格产品,检查的重点范围是销售食品的商场、超市、集贸市场。共检查商场、超市88家,集贸市场26家,医院7家,出动执法人员421人次,检查了36个厂家生产的282种婴幼儿奶粉。 (肖江红)

【产品标准清理工作】 阜阳奶粉事件发生后,市质量技术监督局召开紧急会议,要求清理2001年以来备案的企业标准。本局首先确定清理范围,制定工作计划,购买一批涉及食品、建材等强制性国家标准,便于对备案的企业标准进行审查。根据资料对326家备案企业进行清理,整理出备案企业285家,共备案企业标准522份。到区工商局核实企业情况,注销企业5家,吊销营业执照29家,外迁22家,尚在本区经营的企业229家,其中地址、名称变更的90家,备案企业标准424个。 (肖江红)

【创名优产品】 经市质量技术监督局等有关政府部门评审,本区吴裕泰茶叶公司生产的吴裕泰牌茶叶被评为北京市名牌产品。 (肖江红)

【计量专项整治】 全年对集贸市场进行62次检查,

共检查计量器具2816(台)件。集贸市场计量器具受检率90%;公平秤设置和受检率均100%。（肖江红）

【特种设备安全监察】 以查安全意识、查责任落实、查隐患整改、查应急预案、查处置突发事件的措施为重点,开展全区特种设备安全监察。出动执法和检测人员398人次,对重点地区和重点部位153家单位的1003台设备进行检查,下发《安全监察意见通知书》33份。（肖江红）

【电梯专项普查】 按照市局技监特设发[2004]102号《关于电梯专项普查工作的通知》要求,对全区近两年新安装电梯设备和老旧电梯改造情况进行普查摸底。全区共有电梯2775部,老旧电梯167部(停用30部),其中:15～18年的老旧电梯82部,已改造45部,未改造37部(停用17部)。18年以上的老旧电梯85部,已改造52部、未改造33部(停用13部)。老旧电梯普查情况已填写《北京市老旧电梯情况上报表》,上报市局备案。（肖江红）

【换发锅炉、压力容器登记证】 完成全区807台锅炉、1386台压力容器换证工作。共换发《特种设备使用登记证》4386份,其中,换发《北京市锅炉登记卡》和《北京市锅炉注册登记表》1614份。换发《北京市压力容器登记卡》和《北京市压力容器登记表》2772份。（肖江红）

【常压锅炉安全检查】 在全区范围开展对洗浴业和熨烫业使用的小型和常压锅炉的安全状况进行排查。发现问题跟踪检查,消除了安全隐患。（肖江红）

【全程办事代理制】 为使行政许可事项顺畅、有序开展,制定与全程办事代理相配套的规章制度,明确规定受理程序和受理部门、受理人的职责。根据《行政许可法》公示生效的原则,对确定的行政许可事项、程序、办理时限等内容在受理科室进行公示。（肖江红）

【办理组织机构代码证书】 依据《北京市组织机构代码管理办法》,对全区企业、事业、机关、团体各类组织机构进行组织机构代码登记、管理。全年办理代码证书6624份。（肖江红）

【干部队伍建设】 年内,局领导班子进行调整。局党组要求班子成员加强政治理论和业务学习,研究法律法规和业务知识,提高政治和业务素质;各司其职、各尽其责,敢于和善于管理;依法行政和廉洁从政,提高依法行政水平和履职能力。调整中层干部,起用青年干部及新录用的大学生,使本局中层干部队伍在年龄和专业结构方面更加趋于合理。（肖江红）

【党风廉政和精神文明建设】 年初,召开党风廉政建设工作会,部署工作并逐级签订《党风廉政建设、行风建设》责任书,坚持月考核制度。组织党员、中层以上干部、入党积极分子学习《中国共产党党内监督条例》、《中国共产党纪律处分条例》和《中国共产党十六届四中全会决定》。组织全体党员、科级以上干部收看监察部屈万祥主讲的《中国共产党党内监督条例》和《中国共产党纪律处分条例》的录像报告。参加市局和区委组织的学习"两个条例"知识测验及市局组织的学习《行政许可法》考试。50余人参加市质量技术监督局组织的公务员、执法人员业务培训。

查找本部门在行政执法中的不作为和乱作为现象及问题,查找在履行监管职责中的失职失察问题,查找党风廉政建设和行风建设的苗头性问题。针对差距和问题,制定措施,进行整改。（肖江红）

【宣传报道】 年内共上报各类信息294篇次,采用170篇次。具体采用情况:市局信息45篇次,区级信息98篇次,区级报刊13篇次,市级报刊2篇次,中央级报刊12篇次。（肖江红）

审　计

【概况】 本年,共完成审计项目71项,其中领导干部任期经济责任审计10项。对76个单位进行审计,延伸审计单位191个,审计项目涉及资金156.04亿元。查出管理不规范资金7.19亿元,其中指明应纠正金额5.00亿元,核减工程结算1.59亿元。违纪金额679.08万元,应上缴财政113.13万元,应归还原渠道373.63万元,已全部上缴归还。完成区委区政府和市审计局交办的各项审计任务。向区委、区政府报送审计报告、

专报、信息等258篇次，其中上报审计专报26篇次，区领导批示29篇次。

单位名称：东城区审计局
单位地址：东四十一条83号
联系电话：84027214　邮政编码：100007　　（吕学英）

【财政预算执行情况审计】　按照党的十六届三中全会提出的“完善预算编制、执行的制衡机制，加强审计监督”的要求，深化预算执行审计，以预算执行审计为核心，专项资金调查审计、一级预算部门审计、组织预算执行部门审计三者并重的形式，深化包括社会保障、基本建设、各类专项资金在内的全部财政性资金审计。预算执行审计结果得到区人大、区政府肯定。审计报告提出的审计评价、问题和建议，为区人大审查和批准区2003年财政决算提供了可靠依据。　（吕学英）

【重点工程资金审计】　探索重点工程审计方法，完善全过程跟踪审计方式，通过事前规范控制环节及程序、事中及时发现并纠正问题，促进重点工程规范运作。全年完成基建资金审计20项，审计项目涉及资金29.26亿元，核减工程结算资金1.59亿元，为国家节约大量财政资金，审计结果已经作为财政部门拨款的依据。对审计中发现的出具假证明、假房本等各种弄虚作假行为，除责令其纠正外，还在区领导支持下，责成有关单位对责任人员进行严肃查处。　（吕学英）

【国有企业审计】　年内开展北京市证章厂、华兴房地产开发公司等4项企业审计，审计资金1.18亿元。在企业重组、撤并过程中，通过审计，保证国有资产不受侵害，维护职工切身利益。针对审计中发现的个别国有企业权益交由本企业职工全员持股的其他经济实体受益的严重违规问题，在区委、区政府支持下进行了严肃处理。　（吕学英）

【领导干部经济责任审计】　年内完成12名领导干部经济责任审计，同时完成所涉及单位的财务收支审计。发现和处理一些单位存在的财务、资产、投资管理和会计核算、资金运用及遵守财经纪律等方面的问题，触动了被审计领导干部。从审计结果看，本区绝大部分领导干部能够认真履行职责，经济责任意识强，重大经济事项坚持集体决策，内部控制不断完善，资金使用规范，强化了单位财务管理。但是，一些单位仍存在财务核算与管理不规范，资产管理不到位，财务信息不真实等问题，需要进一步规范。　（吕学英）

【财务及管理状况审计调查】　本年，在加强审计监督基础上，多层面、多角度分析全区经济运行状况，研究经济运行中存在的普遍性、规律性问题，提出建议，为领导决策提供服务。①通过对全区各行业财务状况的分析，从宏观角度客观反映经济运行状况，促进全区各单位改进财务管理。②加强对重点领域调查研究，从政策角度提出解决问题的可行性方案。开展再就业资金到位及相关政策落实情况审计调查，调研成果引起区领导关注，为本区完善再就业工作起到促进作用。③开展内控制度专题研究，从内部控制与管理角度促进全区财务管理规范化。这一成果已运用到实际审计项目中，推动了街道系统内部控制建设。　（吕学英）

【内部审计指导】　年内举办部门内部领导干部经济责任审计培训班，全区56个部门的单位领导、企业董事长、经理、医院院长、书记等118人参加培训。开展CIA考试报名工作，为298人办理了报名手续，占全市报名总数的20%。为本区480人办理了内部岗位资格审查和发放岗位资格证书。　（吕学英）

【信息化建设】　通过调查问卷的形式，对全区范围审计对象会计电算化程度及软件使用情况进行调查，共发调查问卷70封，回收56封，初步掌握审计对象会计电算化情况。结合审计环境探索本局计算机辅助审计工作模式，开发拆迁审计辅助软件。根据以往积累的拆迁审计经验和模式，结合审计工作特点，模仿现场审计人员工作方式，通过计算机实现现场拆迁审计系统化、规范化、效率化。　（吕学英）

【干部队伍建设】　①加强干部职工的政治理论学习，进行理想信念、求真务实、讲究文明礼仪、树审计人员良好形象等教育，增强执政意识和大局观念。②推行竞争上岗，加强干部交流。为提高科级干部的综合管理能力，组织11名科长进行轮岗。通过公开报名、资格审查、笔试、演讲答辩、组织考察等方式，就5名科长、3名副科长职位组织竞争上岗活动，为优秀人才创造良好的环境和条件。③加大专业培训力度，提高审计人员的综合素质。　（吕学英）

【廉政建设】　年内，完善各种工作制度，以党政正职为重点，推进责任主体工作到位。①坚持领导负责制。执行“一把手负总责、班子其他成员负直接领导责任”的具体责任分工，层层签订党风廉政建设责任书，达到“上级做给下级看、一级带着一级干”的责任目标，实现党风廉政建设与业务工作同研究、同部署、同检查、同考核的要求。②建章立制，强化监督。规范审计人员工作纪律，重新修订廉政勤政工作制度，出台“副科级以上领导干部个人重大事项报告”制度，重申审计人员廉政纪律规定，从制度上规范干部的廉洁自律意识，从行动上制约干部的廉洁从政行为。③组织力量对干部的廉洁自律情况进行两次清查和登记，上报区纪委。经查，领导干部无一人在廉政方面有违规违纪现象发生。④围绕廉政建设，组织专题研讨。市审计局监察处在本局召开审计系统贯彻落实“八不准”研讨会，对新形势下实行“八不准”提出新思想、新观点、新举措。⑤廉洁自律，警钟长鸣。坚持进驻被审单位廉政反馈制度，杜绝不廉洁行为发生。　（吕学英）

烟　草　专　卖

【概况】　东城区烟草专卖局(公司)成立于1998年3月，设办公室(法制科)、政工保卫科、专卖监督管理科、访销信息科、财务统计科。为烟草专卖行政主管机关，依法负责行政辖区烟草专卖管理工作，在行政辖区内对烟草制品实行专卖专营。党组织关系隶属于中共东城区委机关工委。

年内本局被评为区2003年度落实行政执法责任制优秀单位，杨治钢被评为区十佳文明执法标兵，顾韬被评为区优秀法制干部。

单位名称：东城区烟草专卖局(公司)

单位地址：和平里兴化路9号。

联系电话：84272065　邮政编码：100013　（顾韬）

【联合执法】　1月10日，联合区城管大队对东直门外长期摆放“回收香烟”标识屡教不改的闫满春食品店、君香馨食品店进行集中检查。出动执法人员18人次，执法车辆4车次，对君香馨食品店的3件卷烟进行登记保存，收缴“回收香烟”标识2块；城管队员对君香馨食品店违章搭建物品、摆放在路面的冰柜进行登记保存。在执法过程中，面对君香馨食品店经营者对执法检查的阻挠和干预，本局和城管执法人员协同警察完成了检查工作，并对食品店这一暴力抗法事件予以全程记录。　（顾韬）

【“两会”期间市场监管】　保证“两会”顺利召开，营造良好市场环境，对辖区内繁华商业街及卷烟经营户相对集中的王府井、朝阳门南北小街、东直门等地区进行突击检查，针对一些不法零售户与执法人员“打游击”、打时间差的心理，采取不同时段突击检查方式进行市场监管，3月2~5日，共出动执法检查108人次，出动检查车辆30车次，检查卷烟零售户245户，查获违法卷烟8万支，案值0万余元，立案3起。针对查出的问题，继续加强重点地区监管力度，切实保证“两会”期间辖区卷烟市场稳定，为消费者创造放心、良好的市场环境。　（顾韬）

【查处假冒卷烟案】　3月23日，执法人员根据举报在东单三条33号面点煌餐饮公司王府井店检查，随后检查人员在新开胡同86号库房当场查获熊猫、芙蓉王、白铂金红塔山、红国宾、盖中华、软中华等43种600条假冒商标卷烟，标值17万元。3月24日将本案移交东城公安分局，10月26日，区法院对当事人童军瑞以非法经营罪判处有期徒刑一年，处罚金一万元。

此案后，本局认真分析市场中存在的问题，加大对假冒卷烟的查处力度。3月26日，执法人员在王府井大街8号华服官房食品店查获硬中华、软中华、玉溪、精品小熊猫等假冒卷烟170条，案值5万余元。此案正在进一步调查之中。针对检查中出现的问题，继续加强重点地区监管力度，加强与相关部门的配合，达到“追刑”条件的一定追究当事人的刑事责任，切实保证辖区卷烟市场稳定。

10月27日，根据群众举报，执法人员在王府井大街88号查获北京信江利德商贸有限公司王府井分公司销售非法生产的“硬国际三五”2条。经查，该公司因销售非法生产烟草专卖品曾被本局处罚两次，罚款2000元，其行为严重违反《烟草专卖法》及《实施条例》规定，损害消费者权益，严重扰乱卷烟市场经济秩序，依照《实施条例》有关规定，对该公司作出取消其从事烟草专卖资格的行政处罚。　（顾韬）

【依法办理涉烟犯罪案件研讨会】　4月21日，区政法委牵头组织，区法院、检察院、公安、烟草四部门召开联席会议，就区内办理涉烟犯罪案件进行研究和协调，下发会议纪要。①成立区依法办理涉烟犯罪案件工作领导小组。领导小组下设协调组，协调办理涉烟犯罪案件过程中的相关事宜。②明确案件移送程序和管辖等问题，在办理涉烟犯罪案件过程中，公安司法机关、烟草专卖行政主管部门密切合作，依法准确，及时惩处涉烟犯罪活动。对于涉案数额巨大、社会影响较大的案件,烟草专卖行政主管部门在查处过程中可申请公安机关提前介入,协助研究案情,指导取证工作。③明确工作重点。抓好王府井商业区、北京站等重点地区卷烟销售管理,控制卷烟经营不规范零售户利用五一黄金周和外地人员流动性大的重点地区销售假冒卷烟,牟取暴利,侵犯消费者合法权益的违法行为。(顾韬)

【《行政许可法》培训宣传】 5月27~29日,东城、西城、崇文三局在廊坊市联合举办培训。市局、西城区法制办、东城烟草等单位就《行政许可法》的内容、立法背景、宗旨、意义及《行政许可法》颁布后给烟草专卖执法造成的影响和贯彻《行政许可法》等问题,结合实际进行讲解,组织全体参训学员进行统一考试。

6月30日,与区法制办、和平里街道办事处、区司法局、区体育局等单位在地坛西门联合组织宣传《行政许可法》。通过横幅、宣传材料、展板等形式对《行政许可法》的宗旨、企业和个体工商户取得烟草专卖零售许可证应具备的条件、办证程序及年检、补领、变更、注销等进行宣传。(顾韬)

【净化市场环境】 6月5日,与和平里派出所、和平里城管分队、和平里工商所对一七一中学附近及与朝阳区结合部进行突击检查,检查卷烟经营户10户。通过联合检查,四部门商定,今后将不定期开展联合执法检查,净化市场环境。为整顿市场经营秩序,针对个别卷烟零售户与执法人员打"时间差"销售假冒卷烟等违法经营活动,及时调整检查时间和路段,6月7日晚,查扣假冒伪劣卷烟200余条,打击了个别卷烟经营户的违法行为。(顾韬)

【查获调包卷烟案】 8月8日,配合东华门派出所对一调包卷烟团伙进行抓捕,犯罪嫌疑人被东城警方刑事拘留。这是一个有组织的犯罪团伙,先后在城区数10家烟店"以假换真"调包,公安部门跟踪三天后抓获该团伙。经市烟草质量监督检测站检测,调包的玉溪烟全部为假冒伪劣卷烟。(顾韬)

【全程办事代理】 8月12日,区监察局、发改委等相关人员对本局全程办事代理制和政务公开工作进行检查。本局副局长从制度建设、推行政务公开形式、许可证办理程序等全程办事代理制和政务公开相关事项进行介绍。检查人员查看了各项制度,对本局工作表示满意,希望东城烟草专卖局按照《行政许可法》规定,采取便民措施,保证"零距离、零成本",送证到户,宣传法律法规,使卷烟零售户守法经营。(顾韬)

【卷烟零售户合理布局座谈会】 8月12日召开。区政府法制办、商务局、工商局、北京站地区管理委员会、王府井地区商业管理委员会等单位负责人到会并讲话,对北京市卷烟零售点合理布局标准表示支持和肯定。(顾韬)

【市场调研】 9月1日,局长(经理)带领相关人员对辖区市场进行调研,对卷烟零售户进货、销量、需求货源的品种结构及数量进行了询问。针对个别卷烟销售大户未能满足货源的异议,按照相关规定进行了说明,希望卷烟零售户给予理解,表示在法律、法规允许的条件下,尽可能满足零售户的需求。(顾韬)

【专卖执法社会监督员】 11月24日,召开专卖执法社会监督员第一次会议。六名社会监督员由卷烟经营户组成,任期一年。区法制办主任等到会并讲话,对聘任专卖执法社会监督员制度给予肯定。希望社会监督员发挥监督职能,监督专卖执法,监督市场,及时向专卖管理部门反馈相关信息,保证国家和卷烟经营户利益免受侵害。卷烟经营户代表反映,东城的烟草专卖执法人员在办案当中能够依法行政、依法办案、文明执法,表示在今后积极配合做好工作。(顾韬)

【夜查打假】 年末,一些不法烟贩为牟取暴利,通过各种渠道购进假烟囤积贩卖,特别是繁华地段、客流密集地区贩假猖獗。局领导确立夜查制度,要求专卖人员锁定重点区域,确定重点户,严厉打击贩假活动。11月25日晚,执法人员在王府井西辅路7号昱志豪食品店北侧一出租房内查获大熊猫、中华等中高档假冒商标卷烟31个品种193.2条,标值3万余元。(顾韬)

【委托在线代扣卷烟结算货款】 推进卷烟销售电子结算的发展,加快卷烟销售网络建设,年内选定千余家卷烟零售商与本局(公司)及建设银行东四支行签订《委托在线代扣卷烟结算货款三方协议书》,采用电话订货、银行后台划款结算方式。(顾韬)

【预算管理工作】 12月23日,召开预算管理工作会议。局长(经理)传达国家局、市局(公司)关于推行全面预算管理工作的文件精神,动员全体员工主动参与预算管理工作,认识开展全面预算管理工作对于加强企业经营管理和财务管理的重要作用。就本年全面预算管理工作进行总结,对今后预算管理工作提出要求。软件公司就预算管理软件的特点、程序设计、应用、现场操作等进行培训。

(顾韬)

【卷烟零售户联谊会】 12月27日,召开东城区部分卷烟经营户联谊座谈会。百货大楼、新东安商场、王府井食品店及部分个体卷烟零售户等30户代表参加,百货大楼、新东安商场、丽日之彩、盛世金叶等卷烟经营户代表发言,对本局(公司)工作给予肯定,希望东城烟草在货源结构等方面给予支持。联谊会增进了卷烟经营户之间及与东城烟草专卖局之间的沟通与了解。(顾韬)

集体经济管理

【概况】 本年,东集兴业公司在整体改制基础上,进一步调整产权结构,实现资产和人员最优组合,六个主业突出的股份制公司初具规模。全年取得各项收入2724万元,比上年增长13%;实现净利润703万元,是上年的1.53倍;成本费用税金支出1244万元,比年计划节省83万元;上缴各种税金700余万元。

单位名称:东集兴业经贸有限责任公司

单位地址:和平里兴化西里甲5号

联系电话:64274716 邮政编码:100013 (陈桂兰)

【董事会工作】 年内,董事会共召开五次会议,即:一届十次至十四次会议。董事会依照公司章程和议事规则,审议批准公司重要方案,研究制定管理制度,对公司的重大问题做出符合实际的决策。审议通过各项决议和制度,强化了公司与控股公司的资产纽带关系,规范了企业经营管理,推动激励机制、制约机制逐步建立,对公司财务收支预决算严格把关。(赵家慈)

【企业制度建设】 本年完善控股公司董事会、股东会决议备案制度,实施《关于安全生产(经营)确保企业稳定的奖惩制度》、《关于企业人员退休、内退、企业挂职、解除劳动合同等分流的暂行办法》,与东集兴业资产管理协会共同制定了《关于投资项目和资产处置实行责任追究的奖惩规定》。

各控股公司相继制定管理措施和办法,振新商贸公司制定并实施《房屋资产管理办法》,世纪新安公司实施《分流工作实施细则》和《补充规定》及为竞聘上岗制定的《竞聘条件》等。(陈桂兰)

【出租汽车公司】 景山与新中出租汽车公司狠抓管理,实行目标责任制,重大事项均经过董事会审议,避免决策的盲目性和随意性,企业经营步入良性循环。景山出租公司年收入1499万元,利润587万元;新中出租公司年收入147[illegible]万元,利润101万元。(赵家慈)

【稻香村通州店】 本年,稻香村通州店试行进销程序规范运行机制。该管理机制细化各岗位职责,可操作性强,将员工利益与企业效益有机结合,充分调动员工积极性和主动性,促进企业经济效益增长。全年实现销售收入743万元。(赵家慈)

【东华门美食坊夜市】 本年,东华门美食坊夜市加强管理和建设,投入16万元资金,增加基础设施和1800平方米保洁范围,改观周边环境;投入4万元,改造市场内电器线路,既美观又安全。主办单位东华新业公司加大对市场和经营者的管理力度,细化管理项目,加强对市场内食品、环境、操作人员个人卫生和设施安全、经营秩序、整体形象以及从业人员行为规范的检查力度,提高了夜市的经营管理和建设水平。(隆彬)

【广联物业公司】 年内对广联物业公司调整,确保实现全年各项经济指标,该公司为承租单位提供物业服务,全年收入840万元,利润635万元。(陈桂兰)

【拆迁工作】 建国兴业和东华新业两公司位于崇内大街和北京站东街的5处房产分别于年内被拆,此次拆迁面积大、补偿少、商户要价高、腾房量大、完成时限短。为使拆迁工作顺利进行,成立领导小组,组织领导拆迁工作,公司领导多次到现场,协调解决各种问题,拆迁中未发生不稳定情况和安全问题。(陈桂兰)

【公司内部结构调整】 建国兴业和世纪新安公司完成资产重组和人员整合,实现了财务账目统一、人员合署办公、定岗定责,建国兴业公司完成清产核资、股权调整及工商注册登记工作。世纪新安公司针对三个公司合并后企业部门重叠、管理人员富余的问题,确保"平稳过渡、平稳分流",探索企业内部改革方案:根据公司的发展,进行定岗定编,员工实行竞聘上岗;制定优惠政策,实行人员分流。在公开、公正、公平和以人为本原则下,4人受聘部门领导岗位,其余人员经过双向选择已全部上岗。

(赵家慈)

【安全生产 维护稳定】 年内,把安全工作列入重要议事日程,公司主要领导为总责任人,各控股公司领导为本公司第一责任人,分别承担重点企业、重点部位的安全责任。为使安全工作落到实处,公司建立完善安全生产档案、安全工作台账和突发事件应急处理预案,与所有商户签订《安全防范责任书》,形成完整的安全管理网络体系。按照责任范围,把安全工作日常化、制度化,日常定期检查与节假日突击检查相结合,有完整的检查记录、存在隐患反馈记录和解决问题复查记录。 (陈桂兰)

【信访排查工作】 年内坚持信访接待日、领导包案制度,把矛盾消化在基层。全年受理信访21件,全部结办。开展矛盾纠纷预测排查7次。领导班子召开专题信访会6次,协调处理重点问题3件。 (隆彬)

【私房腾退】 年内公司落实市、区有关解决标准租私房腾退问题的要求,筹资300万元,为全系统98名职工解决租住私房腾退问题。 (赵家慈)

【职工技能大赛】 5月,公司工会牵头,组织开展职工技能大赛。召开专门会议,制定竞赛方案,设立评委会和仲裁小组,举办营业员、驾驶员、烹调师、计算机操作、计算机录入等5个工种的技能竞赛,121名职工参加本系统初赛,10名职工参加东城区复赛。 (隆彬)

【送温暖活动】 公司工会健全弱势职工群体帮扶救助制度,开展送温暖活动。春节、五一、十一前夕,各级领导干部分别对困难党员、困难职工、残疾职工和退休退养职工走访慰问。全年走访慰问职工230户,发放慰问金20余万元,从送慰问品、慰问金发展为送政策,送服务,从根本上解决职工实际困难。10月,公司在全系统组织开展扶贫济困送温暖活动,13个企业219名职工捐出一日工资,捐款总额1.23万元,对灾区和贫困地区人民献出一片爱心。 (隆彬)

【民主评议工作】 被评议领导就本年学习和工作情况进行认真客观的总结,查找自身不足,写出述职报告。公司采取座谈、量表测评等形式,按照德、能、勤、绩4方面,由职工对被评议人全年工作给予实事求是的评价,公司14名领导干部参加评议,优秀率100%的领导有11名。 (陈桂兰)

药品监督管理

【概况】 本年,药监分局贯彻国家食品药品监督管理局“以监督为中心,监、帮、促相结合”的方针,促进用药安全有效和药械质量可控,坚持抓整顿、抓规范,强化基础建设,建成立体式、全方位监督管理网络,形成科学化、规范化依法行政体系,启动“药学服务年”活动,监管基础日趋稳固,监管能力不断提升,得到行政相对人认可。零点公司对区政府职能部门调查排名,药监分局名列第三,在执法类部门中排名第一,获市药品监督管理系统先进集体,分局党组书记、局长王继珍被评为市药品监督管理系统先进工作者。

单位名称:药品监督管理局东城分局 邮政编码:100007
单位地址:东四北大街什锦花园胡同7号
联系电话:84021730、64029590 (杨生玉)

【药学服务年活动】 2月24日,药监分局举行以创优质服务、促诚信建设为主题的“药学服务年”启动仪式,将药学服务理念引入经营领域和医疗机构,推向百姓生活。

活动贯穿全年,分4步进行。①宣传发动。以各药品经营企业为窗口,以社区为载体,进行药学服务宣传。②规范标准。制定《优质示范药店建设标准》、《优良药房建设标准》和《优秀药师评选办法》,把药学服务理念引入药事管理中,对医疗机构药房建设提出规范标准。③监督检查。抽调各医疗机构和药品经营企业质量负责人员,组成检查小组,对活动情况进行互动式检查,改变单向监管格局,由被动接受监督转变为主动提升服务。④总结评选。组织有关专家和药监、卫生两局领导,对上报“三优”单位和个人进行评审,评选出优良药房10家、优质示范药店10家和优秀药师35名。 (杨生玉)

【销毁过期药品】 规范药品市场秩序,净化药品市场环境,保证人民用药安全有效。3月10日,药监分局在北京红树林环保技术工程责任公司(北京水泥厂)集中销毁过期药品和案件查处的假、劣药品,辖区7个医药单位共538箱、约7.44吨、标值300多万元的药

品被焚烧处理。 (杨生玉)

【药品放心工程】 按照市局部署,采取有效措施,促进医药事业健康发展,保障人民用药安全。①加快推进GSP(药品经营质量管理规范)、GMP(药品生产质量管理规范)两个认证。召开认证工作动员会,提高医药单位对两个认证工作的认识。组织2次现场观摩,31家未经认证的药品经营企业到已认证企业学习交流经验。举办3场认证检查模拟演示,增强感性认识,调动申报认证的积极性。②开展一级以下医疗机构专项检查。划分4个组,按基本情况、人员资质、药品管理制度措施、医疗器械管理4类55项内容,对区内339家一级以下医疗机构进行专项检查,全面掌握情况,为加强监督和规范管理提供依据。③强化中药饮片生产、经营、使用单位监督管理。在企业自查基础上,对药品生产企业原材料购入、生产加工炮制过程、质量控制、质量检验,药品经营企业购货、贮存、销售,药品使用单位购货渠道、仓储、调剂使用等各个环节,进行全程检查和药品抽验。检查中未发现问题。

(杨生玉)

【党风廉政建设】 ①学习资料配发到人。每人购配"两个条例"单行本,定期组织学习讨论。②分解任务落实到人。将分局全年廉政建设和反腐败工作分解细化为16大项、54小项,分设标准、要求、完成时限和责任人。③工作督查跟踪到人。每周一次协调会,每月一次局务会,听取各科工作汇报,研究部署下步工作。④开展以查思想、查工作、查作风、查纪律、查服务为内容的"五查"活动,每人写出自查材料在分局交流。⑤过失责任追究到人。建立每季度党风廉政建设情况督查讲评制度,对延误工作、带来影响、造成损失的人和事,坚决追究当事人和主管领导责任。 (杨生玉)

【药学服务调研】 5月9日,局长带机关人员,深入到东四街道铁营社区,座谈了解社区百姓的药学服务需求和安全合理用药情况,并就在社区60岁以上人群中建立个人药历、建立家庭药箱试点等工作,与社区领导及工作人员交换意见,为药学服务年活动进街道、入社区探索经验。

据社区人员反映,一些外地药厂销售人员经常到社区搞营销宣传,居民无所适从。药监部门前来调研,老百姓需要这方面的指导和服务。社区人员介绍了社区基本情况,反映百姓的用药需求,对建立个人药历、家庭药箱试点和推进药学服务年活动提出意见、建议。

分局以致社区居民一封信的形式,广泛宣传药监部门职能,调查药学服务需求,在铁营社区推开建立个人药历、家庭药箱试点。 (杨生玉)

【监督反馈制度】 依据《中华人民共和国药品管理法》、《中华人民共和国行政许可法》等法律法规和市局有关规定,下发《关于对行政执法和行政许可实行反馈制度的通知》,把实施行政执法、行政许可的监督反馈制度化、具体化,树立药监队伍良好形象。

通知规定,从6月1日起,对本局监督反馈必须做到:①明确监督反馈主旨。充分认识建立并实行监督反馈制度,是坚持执政为民的具体体现,是规范执法行为、提升行政水平的客观需要,是加强廉政建设、树立良好形象的必然要求,增强贯彻执行的自觉性。②严格监督反馈制度。各次案件查处,都要向行政相对人发放《行政执法行风督查反馈单》,由行政相对人对分局执法提出评议意见;各项行政许可,都要向申请人发放《行政许可行风督查反馈单》,由申请人对分局提出评议意见;分局内部设置法制岗,公开投诉、监督电话,接受公众日常监督。③落实监督反馈措施。在案件查处并向行政相对人下达《行政处罚决定书》、对申请人行政许可申请作出准予或不予行政许可决定后5日内,由办公室给行政相对人寄送《行政执法行风督查反馈单》、《行政许可行风督查反馈单》,主动接受行政相对人的评议和监督;办公室每季度对反馈情况汇总,向分局党组专题汇报。 (杨生玉)

【行政处罚程序】 贯彻国家《行政处罚法》和国家局《药品监督行政处罚程序》,规范行政执法行为,增强行政处罚的准确性、及时性和有效性。

2月1日,通过《东城药监分局行政处罚程序实施细则》(试行),3月1日起实施。该细则发挥了3个方面作用:①规范了办案程序。细则从案件受理、立案、调查取证、处罚到执行、回查,明确规定各科室职责、权限、工作方式、方法、完成时限等,是对《药品监督行政处罚程序》的具体化。②强化了执法监督。办公室负责案件的受理、备案,稽查科负责调查、处罚、执行,做到受理、立案、审核、处罚相分离;法制部门负责复核和督察,建立督察、对举报人回复、处罚执行后回查制度,确保行政处罚正确实施。③有利于发现药品监督管理过程中的规律性、倾向性问题。举报统一受理,交办、移送案件统一备案,使办公室能够及时对多发案件、案件多发单位进行综合分析,探索规律,发现问题,为领导科学决策行政执法提供依据。 (杨生玉)

【医疗器械不良事件监测试点】 按照市局部署,试点工作从上年2月开始,重点监测心血管内支架、心脏瓣膜和骨科植入物等3个产品,涉及协和医院、同仁医院等7家三级医院和第六医院等3家二级医院。通过动员、宣传和调研,医疗机构提高了对医疗器械不良事件监测工作的认识。为10家医疗机构培训监测人员40多人次,形成一支懂法律、精专业、尽职责的监测队伍。初步建立医疗机构医疗器械不良事件监测网。10家医疗机构均设监测人员,明确工作职责,健全监测制度,保证上报信息及时畅通,为提高治疗安全性和有效性提供科学依据。 (杨生玉)

【抗菌药物凭处方销售】 7月1日起,全国零售药店抗菌药物必须凭执业医师处方销售。

为确保国家政策贯彻实施,药监分局年初制定工作方案,采取调研、培训、制定考核标准、培训考核人员、现场考核、总结整改、巩固成果7个步骤,通过调查摸底、组织实施、全面规范、巩固提高、深化推进5个实施阶段,指导企业改进开架销售管理,建成单轨制、双轨制、OTC分类管理模式,推进药品分类管理工作,各零售药店基本达到"五统一"(统一处方药与非处方药划分标准、统一使用法定非处方药品指示标识、统一悬挂药师注册证、统一佩带胸卡、统一警示用语),"一提高"(药师职业技能明显提高)。6月下旬,分局召开区内100家药品经营企业负责人会议,重申国家药品分类管理政策,对抗菌药物凭处方销售作出具体安排。特邀专家讲座药品分类管理法规。深入企业、街道宣传国家药品分类管理政策,局领导带队,组成三个检查指导小组,对区内药品经营企业进行巡查督导,检查药品分类管理制度建设、药师在岗、药品分类标识和摆放、处方审查、处方调剂、抗菌药凭处方销售、处方保存等情况,发现不足当场指导纠正。

7月1日,市局冯国安局长、胡晓松副区长等,到王府井医保全新大药房、王府井永安医药商店检查药品分类管理工作,对药品分类管理情况和抗菌药物凭处方销售工作给予肯定。 (杨生玉)

【医疗器械产品质量】 根据市局《关于发布〈北京市医疗器械生产企业日常监督工作方案〉的通知》精神,结合本区实际情况,制订《东城区医疗器械生产企业日常监督检查工作计划》。对辖区医疗器械III类重点监控生产企业,每季度自查及现场检查一次。III类非重点监控生产企业,每季度企业自查一次,每半年现场至少检查一次。II类生产企业每半年自查一次,每一年现场检查至少一次。分局对辖区15家生产企业进行日常监督,合格率100%,现场检查3家,一次性审查通过率66.7%,提出整改意见1家,整改后合格1家,不合格企业0。

(杨生玉)

【特殊药品管理】 为保证麻醉药、精神药、医疗用毒性药、放射性药等特殊药品在医疗、教学、科研中安全使用,防止流弊社会,与区内80多家特殊药品经营、使用单位签订《规范特殊药品管理使用告知书》,明确特殊药品采购、进货、验收、入库、保管、出库、销售、调剂、使用、回收、损耗、销毁等环节的责任,健全专人负责、专账登记、专库储存、账物相符等制度。 (杨生玉)

【GSP认证】 GSP(《药品经营质量管理规范》)认证是国家对药品经营质量管理的强制性规范。分局按照"时限不延期、政策不走样、标准不降低"的要求,指导企业实施GSP认证,通过动员、组织观摩、模拟认证现场等方式,调动企业积极性。辖区94家药品经营企业,6月末完成GSP现场认证。之后,跟踪检查区内94家认证企业执行《药品经营质量管理规范》的情况,帮助企业巩固和扩大认证工作成果。

制定《GSP认证后跟踪检查制度》,拟定工作方案,每次检查必须有2名以上人员参加,严格遵守《药品认证检查工作纪律》,现场完成《GSP认证后跟踪检查记录》,并由受检单位填写意见和领导签字。不符合GSP要求的,责令限期整改。情节严重或屡纠不改的,依法进行处理,直至申请撤销其《药品经营质量管理规范认证证书》。 (杨生玉)

【销毁麻醉药品】 《北京市申办癌症患者麻醉药品专用卡实施细则》明确规定:在患者不再使用麻醉药品时,应立即停止取药并将剩余药品、空安瓿、用过的贴剂和专用卡无偿退回发卡单位。药监分局按照《实施细则》,严格审批办理专用卡,向患者家属交代清楚停药后和更换药品时要退回药品,建立退回药品登记制度,有效保护群众利益,减少纠纷发生。

经市局安全监管处授权,8月10日,药监分局按照国家有关规定,对群众退回的8个品种、487个片剂、256支注射剂、21个贴片,标值5500元的麻醉药品集中销毁处理,防止了麻醉药品流弊社会,消除特药监管的安全隐患。 (杨生玉)

【医疗机构药事管理】 推出"优良药房建设标准"后,全区各医疗机构加强药学部门管理职能,突出动态药学服务,从药事体制、管理机制上为药品实用质量和群众用药安全提供保证。

北京医院将原药剂科升格为药学部,整合成立调剂室、供应室、临床药理室、制剂药检室,修订药事管理配套制度,完善药品使用管理记录形式,独立承担药事管理职能。公安医院成立由主管院长牵头的药事管理领导小组,全面负责药品使用质量管理,形成责权清晰的质量安全管理体系。东直门医院对照“优良药房建设标准”,修订各项工作制度,确定各岗位管理职责。

开展药学服务年活动后,全区药事管理呈现新局面。①创新了理念。将药学服务引入药事管理,由单纯管药转向提供安全、合理、经济用药指导,解决了药房服务群众的问题。②提升了职能。将药剂科从医政部门剥离,增设独立的、与医政部门平级的药事管理部门,强化对药品进货、存储、使用等全程管理。③优化了流程。修订工作制度,编写工作流程,规范各岗位职责,启用工作记录,做到药品质量管理全程可溯、责任可追,增强管理效能。④整合了资源。成立由主管院长牵头的药事管理领导小组,协调医院各涉药部门力量,形成对药品质量管理的合力。 (杨生玉)

【药品药械企业诚信档案】 根据《东城区药品药械企业分类诚信等级监管办法》,为辖区98家药品经营企业、160家医疗机构、20家医疗器械生产企业、500家医疗器械经营企业建成分类诚信分级管理档案。

依据药品药械企业生产规模、经营范围进行风险程度分类,分为A、B、C三类;建立企业行为积分卡,根据行为积分卡定期作出信用评价,划分绿标、黄标、红标三级。形成风险分类、信用分级管理模式,为科学评价企业行为提供依据。 (杨生玉)

【药学服务进社区】 11月9日,分局与辖区永安堂连锁药店员工到东四街道魏家社区,宣传药品管理法律法规,了解居民用药情况,探讨药品经营企业为社区居民建立个人药历事宜,药店与居民诚信互动,推进药学服务深入开展。印发宣传单500多份,开展量血压、测血糖、测骨密度和血液粘稠度等义诊和咨询服务300多人次,建立个人药历60多份。 (杨生玉)

【全程办事代理】 全年受理新开药品经营企业20家,变更30家。新开医疗器械生产、经营企业71家,变更72家。核发、换发及注销麻卡375张。制剂委托加工109个品种,调拨73个品种,变更241个品种。变更、换发医疗机构《医疗机构麻醉药品购用印鉴卡》46家。建立、修订制剂品种数据库1492个。

(杨生玉)

【突出重点强化监督】 针对一些民办医疗机构药品进货渠道不规范,存在虚假医药广告、贵重中药材研粉掺假等问题,把监督管理重心向民办医疗机构转移,加强药品抽检、群众举报查证和执法监督力度。药品抽检涉及民办医疗机构47家,抽检覆盖率98%。对2家问题突出的民办医疗机构立案调查。对群众举报查准、查细、查实,为患者用药安全提供保障。 (杨生玉)

【行政执法责任制】 坚持依法行政,强化执法责任。5次深入社区组织法律宣传活动,发放法律单行本5000多册;举办法律培训班8期,培训900多人次。建立8类67项制度,覆盖分局各类行政行为,各项工作纳入制度化管理。制订年度任务分工表、药品质量保障工程任务分解表、廉政建设责任表,签订工作、安全、廉政责任书,实行月工作督查制,确保分工明确、责任可追。建立法制岗,公开举报、投诉电话,落实行政许可和行政执法反馈制度、社会三级网络监督制度,做到自身监督和外部监督相结合。 (杨生玉)

【涉药案件监管】 年内,东城区涉药案件出现新特点:个别医疗机构药房将贵重中草药材研成粉末销售,比以往内置铁丝、铅丝等案件更具隐蔽性,给鉴别、检验工作增强了难度。以假乱真,以次充好,谋取高额不法利益。涉案假药货值金额大。查处案件2个,没收违法冬虫夏草、西红花等贵重药材粉末900.5克,货值金额1.95万元。

针对新特点、新情况,分局主动出击,靠前监管。①扩大抽检范围,增强针对性。将抽验重点转向投诉多和质量问题较大品种及企业。共抽检药品和器械902件,涉及医药单位160多家、12个药品剂型、360多个品种,提高抽检覆盖率,增强对重点企业、重点品种监督的针对性。②强化日常监督,增强敏锐性。出动1600多人次,开展一级以下医疗机构、中药饮片、过期药品、药健字药品、假冒藏药、无证医疗器械、英国尤尼帕斯公司进口药品、假药贺普丁、终止妊娠药品、疫苗等专项检查,从蛛丝马迹中发现问题,立案查处。共受理群众举报、投诉110件,立案18起,结案13起,没收非法药品、医疗器械货值金额4.26万元,没收非法所得4016元,罚款8.45万元。③五局联动执法,增强实效性。与区工商分局、卫生局、质量技术监督局、公安分局共同建立协作联合执法会议、信息通报、应急处理、案件协查制度,做到信息互通、工作联动,提高信息捕获能力和快速反应能力,加大对涉药案件查处力度。

(杨生玉)

【领导视察】 10月9日,国家局副局长惠鲁生在市局领导陪同下,听取分局工作报告并视察药监工作流程,出席分局新办公楼启用仪式。区领导陈平、卢彦、岳鹏、章冬梅等参加。惠鲁生讲话,要求药监分局围绕发展这个中心实施监管,不断提升药品监督管理水平,促进区域经济发展。卢彦讲话,肯定药监分局的成绩,要求学习贯彻国家局领导指示,把各项工作做好。

12月17日，国家局张敬礼副局长在市局局长陪同下到本局视察，听取办事大厅、各业务科室汇报。要求分局与辖区党委、政府进一步密切关系，争取工作支持，在履行药品监督职能、促进区域经济发展方面多做贡献，树立好形象。 （杨生玉）

【普及药学知识】 12月，完成对辖区43家药品零售企业的药学服务统计，各企业共向顾客编发药学科普知识1480条，制作安全用药知识展板125块，开展社区便民服务30次，提供咨询指导15.96万次，审查（保存）处方4.74万张，建立个人药历4552份，提供可查阅专业书籍1149册，发放宣传材料13.43万份。企业组织业务培训5549人次，200多人参加北京市首届职业技能大赛，药师人数比上年增加20%。 （杨生玉）

国有资产管理

【概况】 东方信达资产经营总公司于2002年7月18日成立，经区国有资产管理决策会议批准，行使区政府授权的出资人代表职能。作为区国有资产监督管理委员会授权的资产营运机构，以持股方式从事资产经营和资本运作。

遵循权利、义务和责任相统一，管人、管事和管资产相结合的原则。主要职能：对区国资委授权范围内全资、控股、参股企业中的国有资产依法进行经营、管理和监督，并对上述国有资产承担保值增值责任。同时，对区国资委授权范围内企业高管人员进行考核、监督和管理。注册资本金为人民币10亿元，何大伟为公司法人代表。

9月22日，总公司由东直门外新中街2号迁入和平里中街18号。

单位名称：东方信达资产经营总公司

单位地址：和平里中街18号

联系电话：64224012 邮政编码：100013 （张翊）

【总公司董事会】 2月24日，召开总公司首届第九次董事会，讨论通过《北京东方信达资产经营总公司2004年工作报告》和《北京东方信达资产经营总公司系统2004年度全面预算报告》等4项议题。

12月29日，召开总公司首届第十次董事会，讨论通过总公司董事长人选变更的决议，贾炯协不再担任董事长、董事职务；何大伟任董事长。 （张翊）

【总公司系统工作会】 3月7～8日召开，陈平、冯熙、岳鹏等区领导到会并讲话。权属企业副职以上高层管理人员及总公司员工130余人参加会议。

结合《东城区国有资产管理体制改革工作框架意见》安排，举行本年度工作研讨，围绕总公司职能定位、资产运营、企业文化建设等内容展开讨论，员工们结合总公司工作实际，进行回顾与总结，对今后工作进行研讨和展望，对总公司新的职能和使命进行了诠释和思考，为下年工作奠定理论和思想基础。 （张翊）

【人事任免】 12月21日，冯熙、梁军等到总公司宣布任免通知，何大伟任东方信达资产经营总公司党委书记、董事长兼总经理。 （张翊）

【企业发展战略】 总公司及各企业重视发展战略的研究和制定，结合企业实际展开调研，全面掌握企业现状和发展定位，结合本区未来发展需要及“十一五”规划编制，组织企业战略专题报告会，编发《信达经济内参》20期，完成7家企业调研汇总报告，对企业近、中期发展起到引导和推进作用。 （张翊）

【资产管理工作】 年内完成各企业2003年度经济效益审计，确定企业效绩考核和薪酬标准，颁布《北京东方信达资产经营总公司房产管理分公司经营管理暂行办法（试行）》，规范对未进入改制企业房屋建筑物及其设备、设施和土地使用权等资产的管理。

建立资产台账，结合企业资产评估报告，摸清不良资产情况，相关企业积极解决遗留问题，区分风险大小及收回的难易程度，分类研究，提出方案，适时进行合理处置。在分析研究基础上，总公司对颁发试行的12项规章制度进行修订、调整和完善。 （张翊）

【全面预算管理工作】 加强对投资企业的监督管理，年内总公司在9家权属企业中实施全面预算管理，经董事会研究，批准东方文化等8家企业全面预算及对天元发展集团实行以减亏为考核内容的预算管理目标，落实各企业经济责任，引导各企业注重市场导向，改变经营理念，向市场要效益，以管理促发展。

为保证全面预算顺利实施,定期进行经济形势分析,召开企业财务总监座谈会,总结经验,查找问题,研究制定改进办法和措施。本年各企业经济形势及各项指标均好于往年。（张翊）

【机构改革工作】 学习《企业国有资产监督管理暂行条例》,贯彻区委、区政府关于国有资产管理体制改革的部署,协助做好区国有资产监督管理机构的筹备组建工作。通过参加市、区国资体制改革座谈会,了解上级最新精神,听取专家意见、建议,结合本区实际,提出组建区国资委,理顺国有资产管理体制的改革方案,并给予配合和支持,初步确立与国资委的工作关系,推进各项工作开展。按照区统一布署,完成区商业职工住宅建设服务管理处的接收管理。（张翊）

【企业制度评价工作】 贯彻区委、区政府关于继续推进国有资产管理体制改革和国有企业改革的精神,根据北京市颁布的《关于本市国有大中型企业初步建立现代企业制度评价标准》,总公司成立评价小组,制订《已改制企业初步建立现代企业制度评价工作方案》,通过调查问卷、实地调研等方式对永安复星、东方文化、东方置地及宏远监理4家企业进行现代企业制度评价,完成单项评价报告和总结共5份。（张翊）

【国有企业改革】 总公司参与了奥士凯集团公司改制方案调整、资产与人员初步统计及改制方案组织实施工作,区华兴房地产开发建设经营公司与合力物业发展中心重组改制方案讨论,宏达信资产经营公司和区校办总公司重组改制方案的讨论修改,计算机二厂改制设想的讨论等工作。（张翊）

【招商引资】 通过与各类投资者接触和分析比较,基本明确协和商厦项目招商思路和条件。年内和西单明珠商场进行数次沟通谈判,双方在合作条件等问题上逐渐趋向一致。

总公司完成地铁五号线商业临建项目场地边界勘察、征询规划部门意见、初步方案设计等工作。至年末,共有十几家意向投资者通过各种方式与公司接洽,希望能与公司合作共同开发该项目。其中,北京兆盈房地产开发公司、北京华星巨擘达投资有限公司等企业与公司就合作一事进行了沟通。（张翊）

【无职务党员设岗定责试点】 根据区委要求,结合基层党组织和党员队伍建设的实际,总公司党委在奥士凯集团所属吴裕泰茶叶公司党支部、东方文化集团公司所属昌蒲河文化投资有限公司党支部开展无职务党员设岗定责试点工作。成立试点工作领导小组,制定下发《北京东方信达资产经营总公司关于开展无职务党员设岗定责试点工作的意见》。（张翊）

【党风廉政建设】 2月11日发出通知,要求在全系统党组织中开展警示教育。五月份按照区委、区纪委部署,组织各企业参观警示教育展览,对全系统警示教育做出安排,运用反面教材,给各企业党员干部敲响反腐倡廉的警钟。同时,总公司纪委采取听取专题汇报、出版《警示教育信息通报》、《大监督》等措施,不断深化警示教育活动。7月开始,起草《关于对权属企业高级管理人员任期经济责任审计的工作方案》,制定审计工作流程,委托4家会计师事务所对权属企业11名高管人员进行任期经济责任审计。（张翊）

【队伍建设】 年内完成总公司系统高管人员后备人才调整充实工作,从推荐上报的48名后备人选中确定34名后备人才。实施"人才强区"战略,制定《2004年~2008年企业高层管理人才建设规划》。7月9日~8月3日,开展以人力资源管理、组织结构创新、企业战略、财务报表阅读与分析、法人治理结构、企业文化建设6个专题为内容的高层管理人员培训,570余人参加。结合区情和总公司实际,开展思想教育,增强员工的大局意识、奉献意识,使员工个人发展服从服务于企业发展及区体制改革大局。采取送出去或请进来的方式,通过参加培训和讲座,提高员工和中层管理人员专业素质和政策理论水平。注重开展业余生活与企业文化建设的结合,在丰富员工文化生活的同时,营造拴心留人的人文环境。（张翊）

【企业文化建设】 下发《关于加强企业文化建设工作的意见》,对整个系统企业文化建设提出指导性意见,对全年工作做出部署。各企业落实《意见》总体要求,有针对性地制定企业文化建设目标和方案。在推进各企业自身建设的同时,利用《文化视窗》这一载体,介绍各企业进展情况,宣传典型经验,实现企业间互相交流、借鉴。开展市、区组织的文明单位和个人创建评比活动,10家企业获首都级文明单位(标兵),27家企业获区级文明单位,73人获文明东城人等荣誉。（张翊）

【维护安定稳定工作】 处理好企业改革、发展及稳定三者关系。妥善解决各类人民内部矛盾和涉及群众利益的问题,办理来信来访、人大建议、政协委员提案、解决历史遗留问题、稳定职工队伍,共办理提案、建议24件,信访19件,接待来访近百人次。

（张翊）

【总公司内部管理】 明晰部室职责,提出各部室岗位方案。本年共调出员工5人,调入3人(2名硕士研究生、1名注册会计师)。对颁发实行的22项内部管理办法进行修订和完善,新颁布实施3项管理办法。(张翊)

东方文化经济发展集团有限公司

【概况】 本年,东方文化集团公司坚持以发展为主题,以管理为基础,不断深化改革,采取有效措施,落实年初制定的工作目标,使集团经营初具规模。年末,公司资产总额17.61亿元,年度营业收入2.02亿元,国有资产保值增值率为112%,净资产总额4.58亿元,比上年增长19.8%。

7月9日,东直门机场快速轨道股份有限公司发起筹备会召开,与会6家发起单位共同签署《北京东直门机场快速轨道股份有限公司发起意向书》。8月13日,经中国房协批准同意,康泰公司成为中国房地产业协会单位成员。9月11日,大华环球世纪城影院试营业。

年内,由东方康泰公司开发、东方建工公司施工的王府井停车楼和菖蒲河公园工程(皇城食府、天趣园、咖啡厅、东苑戏楼)获市建筑工程(竣工)质量“长城杯”银奖。集团公司孟岳松、东方康泰公司秦建伟获市经济技术创新标兵。大华电影院在影片《哈利波特3》宣传中获全市宣传评比一等奖。东方成业物业公司东方文化大厦项目部通过北京市评优检查团评审,获市优称号。在市旅游局、公安局举行的“星级饭店百日安全竞赛”活动中,东方文化酒店获先进集体称号。

单位名称:北京东方文化经济发展集团有限公司
单位地址:西总布胡同27号 邮政编码:100005
联系电话:65222233 65253331 (刘杰)

【人事任命】 2月16日,经东方信达总公司党委研究决定,任命贺征为集团公司党委委员、副书记;王海凤为集团公司党委委员、副书记。 (刘杰)

【东方恒亿房地产经纪有限公司】 5月13日,东方康泰房地产开发经营有限责任公司、东方康泰拆迁有限公司、中诚亿房地产评估有限责任公司共同出资的北京东方恒亿房地产经纪有限公司正式注册成立。 (刘杰)

【刘淇会见诺基亚公司董事长】 8月30日,市委书记刘淇在菖蒲河公园会见诺基亚公司董事长兼首席执行官约玛·奥利拉一行。 (刘杰)

【集团隶属关系变更】 11月8日,东城区委下发通知(东文〔2004〕29号),东方文化经济发展集团有限公司隶属关系由中共北京东方信达资产经营总公司委员会调整为中共北京市东城区国有资产监督管理委员会。 (刘杰)

【皇城艺术馆被授予教育基地称号】 12月3日,皇城艺术馆被区委、区政府授予“东城区爱国主义教育基地”称号并颁发牌匾。 (刘杰)

【接待德国总理施罗德】 12月6日,菖蒲河东苑戏楼接待德国总理施罗德,完成外事接待任务。 (刘杰)

【领导视察】 8月30日,全国政协副主席徐匡迪及40位全国政协委员视察皇城艺术馆、东苑戏楼。10月26、27日,区全体政协委员和人大代表视察区重点工程,东方文化酒店负责接待工作。11月12日,区长卢彦视察安华里供热站。 (刘杰)

宏达信资产经营公司

【概况】 2000年12月,原区国有资产经营公司按照《东城区国有资产管理体制改革方案》的精神,改建为北京宏达信资产经营公司,注册资本金1亿元,蒋政军为法人代表。

本公司是国有资产营运机构,对教育、文化、卫生、体育、科技等系统及党政机关和其他事业单位利用国有资产开办的企业行使国有资产出资人权利。

根据《东城区国有资产管理体制改革方案》,本公司是受区政府委托并接受区政府监督、专门从事资本运作的法人实体,对区政府授权范围内国有资产负有保值增值的责任,并对参股、控股企业国有资产行使出资者权利,以出资额为限承担有限责任。

年内公司夯实基础,加强内部自身建设,进行公司重组。公司共有员工20人,设产权部、市场部、财务审计部和办公室。

单位名称:宏达信资产经营公司
单位地址:朝内大街199号华富商贸大楼301室
联系电话:64079670 邮政编码:100010
网址:www.hdxa.com.cn (马潞璐)

【人事变更】 2月,经东方信达资产经营总公司董事会研究决定:贺征不再担任公司董事及总经理职务;金

立垚不再担任公司财务总监职务。（马潞璐）

【公司改组工作】 2月,根据区委、区政府及东方信达资产经营总公司关于国有企业改制和资源重组的总体构想,上报本公司调整重组方案的请示。3月,东方信达资产经营总公司根据区政府第6次区长办公会及中共东城区委第5次书记办公会会议精神,同意宏达信公司上报调整方案,并予以批复。（马潞璐）

公司机构负责人

东集兴业经贸有限责任公司

董事长兼党委书记 李 增

总经理 黄满泉

东方文化经济发展集团

董事长兼党委书记 李 桦(回族)

总经理 贺 征

东方信达资产经营总公司

董事长兼党委书记 何大伟(12月任)

总经理 何大伟(12月任)

宏达信资产经营公司

董事长兼党组书记 蒋政军

GONGSHANG MAOYI
工商贸易

工　业

【概况】　上半年,东城区经委承担本区工业宏观经济运行、企业技术改造、资源节约及综合利用等宏观管理职能。8月,根据市委、市政府批准的《东城区人民政府机构改革方案》,撤消区经委,组建北京市东城区安全生产监督管理局,负责区安全生产综合监督管理工作。内设办公室、监督检查科、综合管理科。

年内,坚持以"三个代表"重要思想为指导,以《安全生产法》和《北京市安全生产条例》为依据,加大专项整治工作力度,调动区安全生产委员会各成员单位的主动性和积极性,勤政廉政,扎实工作,开拓创新,力求实效,完成各项工作任务。

单位名称:东城区安全生产监督管理局
单位地址:雍和宫大街藏经馆胡同11号
联系电话:84047301　邮政编码:100007　(李辉)

【工业经济运行】　对全区工业经济运行进行监测分析,并对排名前5位的工业企业进行重点监测。监测面占全区工业经济总量80%以上,准确地反映全区工业经济运行情况。在突发禽流感期间,加强对有关行业的专项监控,为调控市区综合经济运行提供及时、可靠信息。　(罗静)

【企业技术改造】　鼓励企业发展国家重点产业、产品和技术,为企业提供服务,使企业在进行改造的同时,享受国家优惠政策。上半年共审批技改项目2项,总投资额1260万元。　(罗静)

【安全生产监督与监察】　制定《东城区重特大生产安全事故应急救援预案》、《突发公共卫生事件应急处理实施方案》,保证监管工作规范化、法治化。通过宣传咨询、消防演练、重点检查等形式,加强对王府井、北京站等地区的专项整治。参加市安监局组织的培训,提高自身业务素质。组织专业检查组,节日期间对建筑工地、地坛庙会、两会期间代表驻地和施工工地进行安全大检查。区委、区政府主要领导带队对辖区大中型商场、游泳场所、各大公园及社区的安全管理状况进行检查,重点检查安全生产责任制落实情况,防止发生意外事故应急救援预案,各种设备、设施安全状况,生产人员安全教育等,消除了一批事故隐患,使安全管理工作做到"关口前移,预防为主"。全年共检查单位85个,查出各种问题和事故隐患215处,对存在严重事故隐患单位下达整改指令书23份,强制措施决定书7份,对有违法行为的单位和个人处罚10.7万元,责令其立即整改,达到规范和标准。　(刘怀智)

【安全监管责任网络】　按照权责一致的原则,调整和充实42家安委会成员单位,其中6家主责单位形成核心组,构建起安全监管责任网络。加强安全生产法律法规的宣传、教育和培训力度,把安全生产工作纳入法制轨道,推进依法行政。定期召开安全协调会,通报安全信息,针对存在问题,制定整改方案。　(罗静)

【安全生产宣传】　安全生产月期间,召开动员大会,明确"以人为本,安全第一"的主题,开展全区安全生产宣传咨询日活动,设立13个宣传咨询站,悬挂横幅200条,标志旗1500面,宣传张贴画6000张,宣传展板150块,发放宣传材料2000份,近两万人参加活动。

协同区园林局,开展《北京市安全生产条例》宣传贯彻咨询日活动,设置条例宣传展板和安全生产知识挂图,向过往行人发放宣传手册和《北京市安全生产条例》,解答市民关心的问题,共发放资料2000余份,活动涉及政府部门44个,企事业单位1576家,参加人数3.6万人,投入资金200万元。　(罗静)

【危险化学品管理】　制定《东城区危险化学品事故应急救援管理办法》,组织40期危险化学品从业人员和特种作业操作人员安全培训班,2100余人参加。对辖区危险化学品从业单位进行摸底调查,对8家重大危险源单位、12家液化气换气站和1家石油商店登记建册,为41家危险化学品经营单位办理经营许可证,协助他们健全安全生产责任制和安全管理制度,其中38家取得危险化学品经营许可证。　(刘怀智)

【重大火灾隐患治理】　年内,协同区消防监督处、公安分局、街道办事处等部门,针对本区存在的22项事故隐患,进行任务分解,已解决16项隐患,其中14项填写了隐患整改验收情况备案表。正在整改的6项隐患中,属于市级挂账的重大隐患有张自忠路3号院和雷公府5号院的消防隐患问题,已采取清理堆放可燃物,配备消防器材,与产权单位签订责任书,24小时重点监控的安全措施。　(罗静)

【电力管理】 根据市发改委和北京电力公司提供的需求管理方案(东城分册),区电力办组织北京胶印厂等16家企业参与高温休假和轮流周休避峰,并与供电公司共同对企业休假情况进行抽查,督促企业按照北京市统一部署进行避峰休假,缓解用电供需矛盾。

(罗静)

金漆镶嵌厂

【概况】 北京金漆镶嵌厂是1956年建厂的国有企业,主要生产经营传统漆艺家具、明清式古典家具、室内装饰业和工艺品。

以弘扬民族文化为己任,在继承传统基础上,发展创新。坚持百花齐放,推陈出新的创作方针,促进企业发展。本年完成产品销售2073万元,同比增长28%。

年内,受国家劳动和社会保障部、中国轻工业联合会委托,完成《漆器工艺品制作国家职业标准(讨论稿)》起草工作。厂长、北京工艺美术大师柏德元,北京工艺美术大师秦崇礼,副总工艺师万紫,企管科长陈同友被聘任为国家职业技能鉴定高级考评员。

单位名称:北京金漆镶嵌厂

单位地址:朝阳区小红门乡红寺村40号

联系电话:67661921　邮政编码:100075　(陈同友)

【古典家具发展年活动】 本年开展“古典家具发展年”活动。宗旨:学习贯彻党的“十六大”和十六届三中全会精神,弘扬民族文化,培育民族精神。主题:古典家具,与时俱进。本厂和中国工艺美术协会、中国工艺美术学会、区委宣传部、区政府民族宗教侨务办公室、北京工艺美术行业协会、北京室内装饰协会、中佳国际拍卖有限公司、祥荣拍卖有限公司共同主办。各新闻媒体围绕“古典家具发展年”活动进行57次宣传报道。

(陈同友)

【古韵新风家具展】 4月8日拉开帷幕。本次大展共推出创新产品52套、318件,具有以下特点:①品种齐全。包括客厅、书房、卧室、餐厅等多种成套家具,各有独特风格。每一套家具的造型、线型、脚型、材质、颜色统一而自然和谐。材质以榆木、楸木等柴木类为主,价格便宜,面向大众,也有部分硬木类家具。风格以中国古典式家具为主,也有欧式家具。品类以实木擦漆类家具为主,也有漆艺类家具。除家具之外,还有与之配套的古式纱灯,挂屏、漆画等壁饰和装饰摆件。②注重人性化。物为人用,既要有品位,有个性,又要舒适实用,讲究内容与形式的统一。各式家具以仿明为主,点缀简洁的雕饰,使人们在紧张繁忙的工作之余,得到一种艺术享受。③推出适应信息时代的新产品,现代新潮造就新古典主义。推出各种款式、各种规格并具古典风格的电话桌、电视柜、电脑桌。④旧物出新意。将一些古旧之物移花接木,巧作演绎、诠释,使人似曾相识,而又耳目一新。例如,用老门扇制作的餐桌、沙发桌、酒柜,用古旧花板装饰的床榻。⑤真工实料,精益求精。把握继承与创新的尺度,使功能的实用性、造型的艺术性、结构的科学性达到高度统一。

新闻媒体发布消息后,参观者、购物者、订货者络绎不绝。其中,花板榻、电话桌、鸳鸯桌椅、书柜、衣架等产品订单不断。

(陈同友)

【民族家具文化展】 本厂是国家民族产品定点生产企业。十一黄金周期间推出“民族家具文化展”,开辟专门展厅,展示满族、藏族、蒙古族、朝鲜族和伊斯兰风格家具。各民族家具文化相互学习借鉴,各具独特风格。举办此类家具展,引起各界宾客、新闻媒体的兴趣和关注。

(陈同友)

【开发彩绘淡彩工艺】 中国传统漆艺具有七千年历史,彩绘是漆艺中出现最早和应用最广泛的技艺。传统的彩绘工艺,其艺术风格是工笔重彩、艳美华丽。年内本厂在继承传统基础上大胆探索淡彩技法。借鉴国画中的渲染、皴搜、点晕等技法,形成水墨丹青、淡雅飘香的新风格,既有工笔之风,又有写意之法。

地子有两种。一是漆地淡彩,改传统的黑或红、黄或蓝的清一色格调为深浅轻重的变化。二是金地淡彩,改局部贴金为全部贴金,且贴金必须平整、严实、光洁、鲜亮,无明显接口,需要更高的技艺。漆绘时要有深浅浓淡的变化,颜色过渡须自然和谐,突破传统的“描绘”方式,靠皴染出来。原来可一次完成的画面,现在需分层分步施工。

运用淡彩工艺制作的《虢国夫人游春图》、《群仙祝寿》、《韩熙载夜宴图》等屏风、壁饰全部售出,销量超过原重彩风格的作品。

(陈同友)

【开发金髹写意工艺】 传统的彩绘雕填工艺,一向为工笔风格。本厂新开发的金髹写意工艺,将漆艺、绘画、雕刻等多种艺术门类相互借鉴,融汇贯通。

“金髹”,是指以彩绘、雕填、平金工艺为基础,融入版画以点线面结合构图,以阴阳明暗相映相谐的技法,又借鉴国画中皴搜、点晕、渲染等技法,以及油画的笔触。“写意”,是指粗笔见长,略取细意,重在气韵传神,形成粗犷、浑厚、葱茏、大气的新风格。

以“金髹写意”工艺设计制作的插屏《踏歌图》,大型壁饰《重江叠障》、《万里江山图》等作品,苍劲古朴,

大气磅礴,置于厅堂,顿生光彩。　(陈同友)

【开发书法屏风】 中华屏风文化历史悠久,《物源》有"禹作屏"之说,屏风文化与中华漆文化有着密不可分的渊缘。屏风题材广泛,书法屏风便是其一。

新中国成立后,本厂屏风类产品及其他产品在题材上都是以山水、人物、花鸟为题材,或有些题字。"文化大革命"期间曾制作过毛主席手书诗词挂屏。以后,书法屏风再次断档。本年,企业决定开发书法屏风,探索市场。

在工艺上,采用传统刻漆工艺,融入"堆漆"工艺的风格。制作了《前出师表》、《兰亭序》、《千字文》和毛主席诗词《沁园春·雪》等书法屏风。

用中国传统工艺和传统屏风作为载体,表现毛主席诗词,珠联璧合,相映成辉。毛主席诗词《沁园春·雪》这件作品,7月份在中国首届现代工艺美术展北京地区选拔评比活动中被评为一等奖。　(陈同友)

【信息化工作】 继2003年基本实现计算机辅助设计和生产、销售、库存计算机管理后,本年建立产品资料、装饰资料和大师设计资料图库,提高了产品设计开发能力,赢得了商机。　(陈同友)

商业　服务业

【概况】 东城区商务局为区政府主管本区国内外贸易和对外经济合作的工作部门,设办公室、投资管理科、投资促进科、规划发展科和流通管理科,公务员编制20人。

本年,加强对重点企业主要经济指标的监控预测,研究繁荣商业措施,引导商联会、各行业协会和企业加大节日市场促销力度,拉动全区社会消费品零售额增长。年内完成社会消费品零售额183.89亿元,同比增长10.8%。

继续实行投资促进责任制,调动全区力量进行招商引资。借助中法文化年、京港洽谈会等活动,开展投资促进活动。吸引外资呈现结构优化、质量提高良好势头,全年实际利用外资1.68亿美元,完成区年度计划的105.3%。

年末,累计审批外商投资企业946家,协议投资总额47.84亿美元,外方直投19.87亿美元,实际利用外资25.06亿美元。

本年,获市外资统计工作先进单位。

单位名称:东城区商务局

单位地址:钱粮胡同22号

联系电话:64058827　邮政编码:100010　(李多多)

【应急能力体系建设】 制定《东城区市场供给应急预案》,对市场监测和预警、应急措施、预案的启动等进行明确规定。发展朝内菜市场、朝内南小街农贸市场代表区副食行业加入市消费品市场信息快速反应系统。

(李多多)

【防控禽流感】 制定《东城区商委防控禽流感工作方案》,检查走访副食店、超市、宾馆饭店、餐馆等企业共311户,重点调查经营项目,掌握经营活禽、现场宰杀活禽情况,对经营活禽企业进行日常监控,及时汇总上报区领导和区防控办,督促有关单位做好防控工作。

(李多多)

【商业发展规划】 完善《东城区社区商业发展规划》,结合实际提出本年社区商业服务业发展重点目标,重点发展社区菜市场、大众洗浴,推进便利店搭载服务功能的建设,规范早餐和再生资源回收市场,提升行业水平。　(李多多)

【特色商业街规划】 完成"银街"基础调查工作,提交《银街(东单——东四)商业基本情况调查》。与中国纺织工业协会和北京市商务局联系,提交"银街"规划工作进展情况汇报和工作方案。协助有关部门做好隆福寺特色街商业规划工作。　(李多多)

【引进现代服务业】 引进连锁、便利店等新兴业态和国际知名品牌落户东城。经努力,7~11便利店总部、迪亚天天连锁折扣店陆续在本区开业。　(李多多)

【改造传统企业】 支持传统企业特别是老字号改造提升。提出《关于促进东城区老字号企业改造提升的鼓励性政策建议》。支持吴裕泰、利生体育用品商厦作为科普示范店进社区开展商品科技普及宣传活动。

(李多多)

【流通现代化建设】 制定《东城区流通现代化实施方案》,提出推进区流通现代化总体目标、工作重点和措施。全年发展银行卡特约商户716家。数字王府井公司初步建成数据平台,拥有一整套服务于特约商户的金融服务系统。 (李多多)

【无障碍设施建设】 完成万米以上商场、购物中心,5000平方米以上超市、特级餐馆和3000平方米以上商场、购物中心无障碍设施建设情况统计和核查工作,全区3000平方米以上商场14家,无障碍设施完成78.6%。 (李多多)

【肉、菜、粮放心工程】 针对年内粮食市场出现的价格不稳定现象,加强对市场粮油价格的监控和调查,组织人员对奥士凯112家网点、15家集贸市场、10家大型超市每日肉、蛋、禽类、菜、粮销售情况进行摸底调查。完成区粮食经营企业基本情况调查和粮食节日供应情况调查及转化用粮企业基本情况调查。为切实防范"问题猪肉"混入市场,对全区菜市场、超市、集贸市场等经营猪肉柜台进行"场厂挂钩"再确认,切实把好源头关。向北京市推荐本区"守信企业"10家。

(李多多)

【菜市场体系建设】 实施社区菜市场"两建一改"项目,东四奥林匹克社区菜市场——顺天府超市投入运营。建国门危改小区引进迪亚天天连锁折扣店,已经开业。朝内南小街综合农贸市场升级改造建设规划和资金已经落实。为绿色蔬菜配送企业和社区菜店牵线搭桥,召开便民菜店项目对接会,带领拟建蔬菜网点实地考察配送基地。全年新增社区便民菜店(点)22家,实现统一配送8家。 (李多多)

【早餐工程】 实施早餐工程方案,规范早餐企业30家,评选早餐工程示范店10家。落实"北京市关于连锁社区便利店搭载早餐服务给予专项资金扶持"的政策,验收搭载早餐服务便利店13家。 (李多多)

【便民浴池网点布局】 探索解决平房区居民洗澡难的途径,形成《五个街道平房区居民洗浴基本情况调查》、《关于解决平房区居民洗澡难问题的调查报告》和《关于解决平房区居民洗澡难问题的意见》。精心设计本区便民浴池网点布局,申报7家浴池为政府扶持的大众便民浴池,初步缓解了平房区居民洗澡难问题。同时,制定了《东城区便民浴池监督管理办法》和《便民浴池经营承诺书》。

(李多多)

【再生资源及典当行业】 整顿再生资源站点,利用市再生资源回收专项资金,落实金盟公司2个试点工作,为规范全区再生资源市场打下基础。核发全区典当经营许可证3家。 (李多多)

【成品油经营资质年审】 严格执行《2004年度北京市成品油经营资质审核办法》,严把成品油经营资质审核关,做好成品油经营资质年审工作,共年审成品油经营资质9家。 (李多多)

【新批三资企业】 新批外商投资企业98家(合资企业20家,合作企业2家,外资企业76家),其中生产型企业20家,非生产型企业78家。新批三资企业中,协议投资总额2.2亿美元,加上增额为2.39亿美元,比上年同期增长7.5%。吸收合同外资总额1.9亿美元,加上增额为2亿美元,是上年同期的3.2倍。

共有23个国家和地区的客商来本区投资,投资额列前三位的国家和地区分别是英属维尔京群岛、中国香港和美国。 (李多多)

2004年来东城区投资的国家和地区一览表

国家和地区	新建三资企业数量(个)	总投资额(万美元)	注册资本(万美元)	外方直投(万美元)
维尔京群岛	11	9168.8	9137.8	9103.84
香港	34	7296.6	7060.4	6505.6
美国	13	3060.09	1346.42	1318.8
台湾	2	1020	1020	1020
毛里求斯	2	360	220	220
开曼群岛	3	161.7	146.24	146.24
日本	3	179.57	125.41	107.28
新加坡	3	179.57	125.41	107.28
德国	3	89.16	89.16	89.16
加拿大	4	43.29	43.29	43.29
萨摩亚	3	50	50	37.5
韩国	3	44	32	32
丹麦	1	53.16	37.97	30.38
英国	2	29	25	25
荷兰	2	34	24	24
马来西亚	2	26.08	22.08	22.08
南非	1	15	15	15
法国	1	15	15	15
伊朗	1	15	15	15
瑞士	1	10	10	10
澳大利亚	1	10	10	10
意大利	1	6.04	6.04	6.04

国家和地　区	新建三资企业数量(个)	总投资额(万美元)	注册资本(万美元)	外方直投(万美元)
投资性公司投资	1	300	300	300
累　计	98	21987.8	19826.1	19124

【联合年检】　按照市政府要求，从本年起对全市企业统一实行网上年检。企业和年检部门登陆北京市企业网上年检系统网站(www.baic.gov.cn)，按照网上要求开展年检工作。外商投资企业按照网上年检要求填报上传年检资料，网上初审通过后，商务部门视同企业参加联合年检，不再要求企业提交书面年检材料和加盖公章。年内年检外商投资企业486家。　(李多多)

【优化发展环境】　推行和完善全程办事代理制。实行项目咨询、服务、审批首问负责制，简化审批程序，提高审批效率，设立监督电话，在网上向社会公开审批程序等政务公开内容。编辑各类项目审批程序、合同章程及变更的范本，为外商投资提供方便的服务。加大对重点外资企业服务力度，为格兰德高、瑞海、瑞华、面包物语等外资企业提供个性化服务，做到急事急办、特事特办。利用京港洽谈会，为东方广场、富华集团组织专场新闻发布会，宣传企业形象。做好外商企业动态分析工作，配合区统计局，掌握外商实际入资情况，分析实际利用外资趋势。

在处理三资企业矛盾纠纷方面，本局坚持做到依法调解，公平协调，如依法调处北京莱软科技有限公司等外商企业矛盾纠纷等。

与欧美同学会、中国前外交官联谊会、香港贸发局、巴黎工商会等多家机构继续加强联系。(李多多)

【内资企业进出口权】　抓住内资企业进出口经营资格门槛降低的机遇，审核转报外贸流通经营资格企业51家，加速了本区进出口贸易增长。年末，区内140家国有、民营等各类企业获得进出口权。　(李多多)

【出国审批】　年内审批经贸因公出国(境)团组8批，16人次。办理外商来华邀请100件，149人次，涉及23个国家和地区。　(李多多)

【友好市区活动】　年内接待承德、张家口、辽阳等友好市区领导来访。5月，由区领导带队赴海南省海口市，与海口市签订友好市区协议。

春节前，给内蒙古清水河县和河北崇礼县送帮扶款物10万元。　(李多多)

天元发展集团公司

【概况】　年内，集团公司干部职工围绕企业改革改制、减亏增效两大任务，推进改革改制工作，实行全面预算管理，减亏增效取得显著成果，商品销售同比上升，在岗职工收入水平与企业效益同步增长，企业经济状况呈现好转发展势头。

单位名称：天元发展集团公司
单位地址：王府井韶九胡同19号　邮政编码：100006
联系电话：85115220　(乔涵青　高宇亭)

【改制工作】　集团公司把改革改制作为工作重点，落实区国资委关于组建资产经营公司并对所属企业进行单体改制的精神，在原发展战略和改制方案基础上，调整改革思路，完善资产结构调整方案，确定企业投资发展方向和资产总体布局。年末，基础条件较好的儿童商店启动改制工作，进行资产结构调整，利用多种渠道招商，与境内外多家企业进行谈判，改制工作稳步推进。　(李坤生　贾光耀)

【减亏增效工作】　把减亏增效作为全年工作重点，狠抓增收节支，开展特色促销活动，调整经营结构，提高企业效益。压缩业务往来、办公费用、车辆管理、水电通讯等费用开支，降低经营成本。规范对企业分流安置富余人员的管理，做好人员分流工作，收到节支增效的效果。本年实现减亏600万元。(乔涵青　高宇亭)

【预算管理】　本年，实施全面预算管理。结合企业实际和现状，提出扩大销售、降低费用、减少亏损的工作目标，抓基础，合理制定预算目标。抓过程，加强分析评价和监督检查。抓调整，保证预算指标的合理性。抓经验交流，推动预算管理工作。本年度全面预算管理各项经济指标超额完成。　(李坤生　刘建刚)

【全国商业明星】　9月，集团公司所属利生体育商厦董兴宪、李东良、石建华和同升和鞋店张庆军在全国商业联合会开展的评比活动中获“全国商业明星”称号。四明星爱岗敬业，热情服务，坚持诚信为本，研究顾客消费心理，不断拓展服务项目，经常参加社会公益活动，做好传帮带工作，为企业创造了良好的经济效益和社会效益。曾分别获市爱国立功标兵、市劳动模范、市经济技术创新标兵、区职工读书自学积极分子、王府井金街特色服务明星等称号。　(张培祥　刘永启)

【节日促销】　抓年节商机促销，根据不同节日和季节特点，突出民俗、旅游、健康等文化特色，在元旦、春节、五一、国庆分别开展不同主题促销活动。为提高促销活动效果，集团公司首次向经营企业注入资金，采取下达销售指标、组织竞赛活动等措施。各企业结合自身经营特点，开展新品推介、商品咨询展示、现场演示、体育歌舞服装表演等文化促销活动170余次。促销活动期间日销售比平时提高20%。全年重大节假日共销售7119万元，占全年总销售的37.62%。

（张培祥 刘永启）

【减员增效工作】 依据有关政策法规，制定《关于对企业富余人员实行内部待岗、内部离岗休养的意见》，规范企业对富余人员的管理。通过对企业经营管理者实行减员增效考核及规范劳动合同管理、清退非在册人员、办理待岗和离岗休养等措施，实行人员分流。在联合企业、和平大厦经营调整和精简机构工作中，采取人员置换的方式，拓宽解除劳动合同的渠道。至年末共解除、终止劳动合同76人，在岗转待岗60人，办理内部离岗休养64人，清退非在册人员30人。

（杨秀荣 宋海燕）

【专项奖励政策】 9～12月，集团公司设立减亏指标任务奖、减员增效任务奖、规范企业管理奖、单项经营活动成果奖，对企业经营管理者实行专项奖励，对超额完成预算减亏指标的企业，实行分档累进计提干部、职工奖金。专项奖励采取企业自评与集团公司职能部室考评相结合，经公司考核领导小组研究确定。

（杨秀荣 宋海燕）

【主题竞赛活动】 开展“岗位创新绩，首月开门红”、“抓商机，增效益，实现时间、任务双过半”、“奋力拼搏年终月，誓夺桂冠创新高”等竞赛活动。在班组进行销售、服务、管理创新挑战赛。在职工中进行“最佳卖手”、“服务高手”和“高产能手”夺魁赛。在管理人员中进行业务精、质量优、效率高工作创新赛。在后勤人员中进行检查维修设备，节约挖潜争先比拼赛，促进了企业效益提高。集团公司表彰了一批先进班组和职工。

（石春玲 王英红）

【处理库存商品】 为解决多年沉淀的库存商品占压资金并继续减值问题，集团公司召开专题会议，从工作时限、纪律到方法提出严格要求和具体措施。各企业采取多种形式组织销售或处理，设立专柜或开办特卖场，进入社区、工矿和外县外埠推销，有的企业把削减库存与促销活动相结合，最大限度减少损失。年末，已处理有问题库存商品1358万元，占库存总额的87.4%。收回资金207万元，占可收回资金的87.3%。

（张培祥 刘国立）

【利生服务品牌进社区】 5月16日，利生体育商厦六个服务品牌在党支部书记带领下，参加区科技周社区特色联动活动，把体育用品知识带进和平里街道安贞苑社区，现场教青少年穿网、羽拍弦和粘乒乓球拍，介绍轮滑运动鞋等方面科普知识，受到青少年和社区居民欢迎。

（乔涵青 高宇亭）

【思想政治工作】 年内，公司所属各企业把凝聚力量作为思想政治工作主旋律，围绕企业改革、减亏、调整实施7个项目工程，开展17个主题活动。发动员工开展预算达标竞赛，调整经营结构，创新服务方式，节支降耗，挖潜增收。针对企业改革调整中热点问题宣讲答疑，开展帮扶活动，创造和谐一致、促进发展的企业环境。

（石春玲 关玉琴）

【“党心连民心，亲情进万家”活动】 年内，集团公司党委开展“党心连民心，亲情进万家”活动，建立长效工作机制，制定下发《工作安排》，进行专题部署，把节假日走访慰问与日常帮扶结合起来，组织干部、党员深入职工当中，掌握困难职工情况，落实帮扶对象，及时解决职工困难，为职工做好事、办实事。年内走访慰问困难和生病住院职工家庭112户，补助特困和困难职工400人，补助金额7.45万元。同时参加社区开展的“真情一对一，百对结同心”帮扶助救和“党心连民心，为民工捐衣物”等活动。

（杨秀荣 冯箴）

【共创全国文明城区】 9月，集团公司开展“手连手，心连心，岗位做贡献，共创文明区”创建活动，组织“创建全国文明城区，从我做起”大讨论，举办“共创全国文明城区”知识竞赛，开展“文明誉东城，岗位实践我先行”创优实践。广大员工自觉提高行业自律水平和文明素质，努力塑造“购物在东城，诚信在身边”的商业形象。盛锡福帽业有限责任公司总结、弘扬老字号经营服务优势，从文明礼仪、服务程序、购物环境、产品加工、特色服务、消费者权益保障六方面，发动职工讨论制定“创建消费者放心购物之家”工作标准。通过学习培训、践行“标准”、强化检查、典型引路，狠抓培育养成，提高了企业和职工诚信经营服务水平。活动中，集团公司表彰了100名文明礼仪标兵和12个诚信经营服务班组。

（石春玲 关玉琴）

【经济普查工作】 全国第一次经济普查工作涉及公司所属全部法人单位、产业活动单位、各项经济指标、人员情况、资源能源耗用情况等。集团公司积极做好基础准备工作,成立普查领导小组和办公室,布置落实清查工作,参加并组织培训,对所属企业上报报表进行分类,逐项检查,确保数据真实准确,完成各项报表填报、审核、汇总等工作。 (李坤生 刘建刚)

【计算机知识培训】 为提高企业经营管理水平,组织企业领导班子成员进行计算机知识培训,学习Windows98操作基础、Word2000和Excel2000的应用及网络基础知识4个部分。34人全部通过考核,为开展网络办公奠定了基础。 (杨秀荣 冯箴)

【标准租私房腾退工作】 落实区政府关于年末完成标准租私房腾退工作的要求,集团公司成立领导小组,组织相关政策培训,逐户调查摸底、核实情况,制定承租人腾退安置方案。投入资金532万元,解决所属企业22户(不含历史文化保护区)承租标准租私房职工腾退安置问题。 (乔涵青 马长增)

【离休干部住房补贴工作】 制定《工作安排意见》,成立领导小组,组织相关政策宣传培训,经过本人申请、调查核实、计算、咨询、初审复审、个别问题处理、公示、上报、接受检查等环节,完成涉及46名离休干部,其中23人住房未达标的补贴工作。 (杨秀荣 冯箴)

【调整部室职能】 年内,集团公司对部分部室管理职能进行调整,将安全保卫、安全生产、交通安全等职能集中到保卫部,将房产和物业管理及相关职能合并到建设开发部,减少职能的交叉,提高工作效率。将审计工作从财务管理部划出,单独成立审计部,强化审计监督职能。 (乔涵青 高宇亭)

【安全管理】 制定《安全管理工作实施办法》,完善各项制度,对综合治理、治安保卫、安全生产及交通、经营、消防、财会安全等实行规范化、制度化管理。全年共投入56.23万元用于整改隐患和强化防范措施,避免了各类安全责任事故的发生。集团公司被评为本年区消防安全先进单位,安全保卫工作获市级集体嘉奖。 (赵玉贵 杨京署)

东华服装有限责任公司

【概况】 本年,公司全体员工立足于企业发展,坚持多种经营,加强管理,调整机构,节支降耗,发挥企业资源优势,取得较好业绩。在职职工2317人,营业收入7515万元,利润802万元,股权分红率16.7%。

单位名称:东华服装有限责任公司
单位地址:什锦花园胡同43号
联系电话:64041068 邮政编码:100007 (岑泰)

【网点拆迁安置】 年初,崇文门内地铁5号线施工,拆迁本公司经营网点4处(红叶时装店、东区邮局、金师傅馄饨店、红叶服装店),减少面积2147.86平方米(含临建247.92平方米)。同年12月,东华服装集体资产管理协会(以下简称"协会")所属兴华公司接收原协会所属美琪公司(2003年并入兴华公司)拆迁网点1处(朝内大街234号),建筑面积452.4平方米。回迁网点2处:朝内南小街20号楼首层19号,建筑面积118.82平方米;朝内南小街22号楼首层1号,建筑面积330.1平方米。 (岑泰)

【解决标准租私房户】 为落实市政府批转市国土房管局《关于解决本市按照标准租金出租私有房屋问题的若干意见》(京政发[2001]37号)及相关政策,本公司通过六量细致具体工作,完成解决标准租私房户工作。解决标准租私房户73户。其中:以拆迁、历史文化保护区、变更承租人等方式解决43户,企业解决30户。其中:企业出资414.35万元解决(集体户)14户,财政拨款418.47万元解决(原全民户)16户。(岑泰)

【组建新公司】 为开拓经营,寻找企业新的经济增长点,组建北京华原盛合物业管理有限公司景观设计分公司,3月在工商局注册登记。同年本公司与社会自然人共同出资200万元(股权比例为:本公司出资120万元,占总股本的60%;社会自然人出资80万元,占总股本的40%),组建北京东华盛合投资咨询有限公司,6月在工商局注册登记。 (岑泰)

【有效利用资源】 为扩展经营,贯彻企业"稳定收益水平"经营方针,新艺分公司在北京商业银行解除租用雍和宫大街185号房产后,进行市场分析,成立东华宝隆商城,开展小商品租赁经营,保证了企业收益。兴华公司东四北大街337号房产,在光大银行退出部分房产后,与北京当代女子医院签约,年收益110万元,避免了企业损失。 (岑泰)

【社保缴费】 为保持大局稳定,企业不仅立足于经济效益,还致力于员工利益保障,按照北京市有关规定,为企业员工足额缴纳各项社会统筹保险,加强对基层单位监管。系统内东华、建华、华天诚、中原和兴华等单位经市劳动和社会保障局抽查后,被评为"社保缴费诚信企业"。 (岑泰)

【结构调整】 为解决冗员问题，节约费用支出，本企业进行内部整合，完成新艺分公司与斯夫沃公司合并，机关经理办公室与企业管理部合署办公。 （岑泰）

【资源调整】 为减轻企业银行贷款压力，公司进行房产调整。出售东直门内大街119号房产，收回资金580万元。飞达厂甘雨楼置换后拆迁，收回资金3045万元，还清贷款，减少利息支出，消化了企业亏损。企业投资823万元购买天元公司"老家肉饼"房产920平方米，进行租赁经营，提高了企业资产效益。 （岑泰）

【华女公司股权转让】 东华服装集体资产管理协会一届二十五次会议决定：华女公司使用房产占用费由15万元调整为30万元。经华女公司二届四次股东会决议，由本公司收购华女公司自然人股权。转让后，该公司股权结构为：东华服装集体资产管理协会货币出资53.45万元，占总注册股本的73.67%；本公司货币出资17.88万元，占总注册股本的24.65%；一名自然人货币出资1.22万元，占总注册股本的1.68%。

（岑泰）

【为职工送温暖】 春节前，公司高层管理人员和基层单位党、政、工领导走访慰问困难员工、孤寡户、病号、离休和处级退休干部、劳模、统战对象和生活困难党员共283户，发放慰问品、慰问金共7.6万元。

（聂仲杰）

【党组织建设】 3月16日，召开全体党员大会，225名党员参加。党委书记和纪委书记分别作党委和纪委2003年工作总结和本年工作计划报告。4月，对所属12个基层支部进行换届改选，根据个别支部成员变化情况和党建需求，调整支部主要负责人，健全了基层党组织设置。

年内在党员中开展"体现先进性，岗位创一流"活动。①对党员进行宗旨教育、形势教育和业务知识培训。②开展"党心连民心，亲情进万家"活动，发动党员积极参与构建和谐社区，自觉投身社会公益事业。在"捐一日工资，献一片爱心"活动中，公司210名党员捐款2690元。③按照党支部建设考核标准，各支部逐项进行对照检查，通过自查、自测、自评，整改党支部建设的薄弱环节，提升了党建工作水平。④根据德才兼备的原则，进行党群组织领导后备人选提名摸底工作。 （聂仲杰）

【区领导调研】 3月23日，曾刚健到公司调研，就企业发展、稳定、吸纳和培养人才、班子民主集中制建设、党的建设及监督等与公司领导座谈，对党风廉政建设提出要求。 （聂仲杰）

【管理人员培训】 6月16～18日，举办中层以上管理人员和财务管理人员培训班。学习《中国共产党党内监督条例》（试行）和《中国共产党纪律处分条例》，收看国家监察部副部长屈万祥辅导报告。参观预防职务犯罪展览，结合"东开案例"进行警示教育。结合企业实际和经营考核指标，就《经营管理人员如何加强企业财务管理和财务监督》问题，邀请财贸管理干部学院税务财会系主任刘殿成老师授课。组织支部书记就加强和落实党风廉政制度建设、发挥支部书记在企业经济活动中的引导监督作用，进行专题研讨。

（聂仲杰）

【庆建党八十三周年】 6月25日，在区文化馆召开党员大会，党委书记赵连河以《求真务实是促进企业发展的灵魂》为题讲党课。组织两个《条例》知识竞赛。

（聂仲杰）

【调研成果交流研讨会】 11月15日召开。为搞好"调查研究年"活动，围绕如何在观念、发展思路、经营模式创新，提高企业管理水平和适应市场竞争能力等课题，进行研讨和交流。华女、建华和华天诚支部的三篇调研报告贴近企业发展实际，具有针对性和可操作性，获公司最佳调研奖。 （聂仲杰）

【党风廉政建设】 本年，公司党委重新与基层单位签订《党风廉政建设责任书》。对中层以上经营管理者进行党内两个《条例》培训考核。开展"求真务实、勤政为民"主题征文活动，收集征文29篇。召开专题民主生活会，对高中层管理人员进行民主评议，通过高中层管理人员述职、述廉、开展批评和自我批评等形式，提高了管理者自律意识。 （聂仲杰）

【离休老干部工作】 本年，继续把老干部工作列入党委议事日程。主要领导定期听取汇报，具体指导老干部工作。从政治上、生活上关心和照顾老干部，及时传达上级有关精神，为其订阅报纸、杂志。组织老干部春游、参观，走访慰问年老和患病人员。为住房不达标的离休干部发放住房补贴29.8万元。 （聂仲杰）

永安复星医药股份有限公司

【概况】 北京永安复星医药股份有限公司（简称股份公司），注册资金1.5亿元，在职职工722人，其中：具有各类专业技术职称349人，占员工总数的48%。

股份公司拥有北京永安堂医药连锁有限责任公司和北京王府井医药商店有限责任公司两家控股子公司，形成较完整批发体系并占据一定市场份额，上半年新建现代化快批模式大型药品物流中心——“金盏医药销售中心”。

本年，为全面实施五年发展战略，以创新求发展，以竞争求生存，实现连锁经营模式扩展和批发、零售经营模式创新，建立药品传统批发、总代总销和批发大卖场3种批发经营业态。推行财务全面预算管理和业务流程及药品质量管理工作，促进经营质量和服务质量的提高。公司实现销售收入4567.4亿元，实现净利润320万元。

单位名称：永安复星医药股份有限公司

单位地址：朝阳门内大街243号

联系电话：64034652　邮政编码：100010　（白春芳）

【“关注疼痛”活动】　6月19日，灯市口药店与诺华制药联合举办“关注疼痛”大型活动，邀请301医院骨科医学博士为顾客讲解“日常疼痛及骨关节炎治疗方法”。厂家免费为顾客提供骨密度、骨关节、血糖、血液粘稠度测量服务。药店推出特价展区，当日百余种药品特价优惠销售并举办抽奖。为办好此次活动，药店在举办前三天向周边社区投放一万份宣传材料，与厂家联合把店堂及会议室装饰一新，为顾客准备了矿泉水。　（白春芳）

【职业技能竞赛】　6月10日，“新世纪北京首届职业技能竞赛”永安复星赛区启动仪式开幕式在永安堂连锁朝内药店举行，大赛委员会主任、市药监局副局长方来英，区组委会常务副主任、劳动局局长许汇，北京医药技术人才咨询服务中心主任金荣芳，区药监局长王继珍等领导出席开幕式，新华社北京分社等16家新闻单位进行现场报道。

10月20日，技能大赛决赛结束，全市61名中药调剂员和60名医药商品购销员参加比赛。永安堂医药连锁有限责任公司选手王洋获医药商品购销员决赛第17名，和平里药店选手高颖受大赛特邀参加中药调剂工种示范表演。　（白春芳）

【落实轿车改革方案】　适应市场经济发展，推进企业内部车改步伐，本公司经过专题研讨，充分征求意见，推出《关于公务用车改革方案》、《车辆管理制度》等车改政策。明确规定公务用车、公车使用办法，对车辆日常管理、使用、维修及司机管理、违规处罚等作出具体规定，车改政策7月1日起执行。轿车改革方案实施后，每年节省费用83万元。　（白春芳）

【劳动合同续签】　6月30日，部分员工劳动合同期限届满。为规范手续，续签劳动合同时除公司各职能部门人员由公司董事长授权人赵岳嵩总经理签订外，其余各分公司、子公司劳动合同续签工作均由赵岳嵩对相应负责人进行委托授权，办理签约手续。（白春芳）

【区长调研】　6月29日，胡晓松及商委、东方信达资产经营总公司等领导到本公司调研，班子成员参加调研专题会。赵岳嵩介绍本公司改制两年后的情况及现行体制存在的问题。

胡区长指出：永安复星医药股份有限公司是东城区国有资产改制企业一个试点。改制后永安复星未能很好解决体制问题，这不是企业本身的问题，是国企改革的共性问题。虽然永安复星改制后法人治理结构逐步规范，但决策的灵活性有所下降。

胡区长要求：①将汇报的情况及改制经验进行总结。②对企业现有问题进行总结、探讨，争取在换届时改进、解决。③北京市中医药管理局及中国中医研究所计划在本区筹备建立一个集虚拟和实体并存的大型中药市场，建议给以关注。④企业发展要将安全、稳定放在第一位。　（白春芳）

【抗菌药物凭处方销售】　6月30日，召开经理办公扩大会，布置工作并提出要求：执行市药监局“关于加强零售药店抗菌药销售监管，促进合理用药的通知”精神，在日常销售中做好宣传工作。各零售门店要主动搜集顾客对政策的反映，及时上报反馈信息。

公司零售企业收抗菌药处方情况统计：永安堂医药连锁有限责任公司，原经营处方药187种，7月1～7日收到外来处方278张，中医坐堂医自开处方676张，共954张，销售2.68万元，比上年同期下降49.4%，比本年6月同期下降8.3%。王府井医药商店有限责任公司（王府井医药商店），原经营处方药118种，目前已减少60余种。7月1～7日收到外来处方6张，销售938元，比本年6月同期下降8.06万元。　（白春芳）

【股董听取工作汇报】　7月9日，公司董事长汪群斌、董事范邦翰（上海复星）听取上半年工作汇报，对快批经营方向及连锁扩张、平价药店表示认可。提出要加大人力资源工作力度，重视薪酬设制及绩效考核在企业发展中的作用，将教育培训作为重点工作来抓。汪群斌强调，要加强业务流程中风险控制，在市场不利情况下，保证资金安全。

（白春芳）

【**和平里特价药店**】 为顺应市场发展，永安堂连锁公司决定将直营零售和平里药店转型为特价药店。成立领导小组，负责专项具体工作。7月10日，和平里特价药店正式开业，当日永安堂连锁公司在门前组织通州秧歌表演，业务单位赠送花篮祝贺，同时开展促销活动，当日销售额近3万元。 （白春芳）

【**GSP跟踪检查**】 7月6日，区药监局市场科对批发总部进行GSP跟踪检查及二类精神药品检查，对GSP质量管理体系进行复检。药监局领导在肯定成绩基础上，对批发总部质量管理工作提出4点整改要求。针对药监部门的要求，批发总部召开质量领导小组会议，落实整改措施，明确完成时限及责任人。表示要以GSP跟踪检查为契机，巩固GSP工作成果。

7月13日，总经理赵岳嵩主持召开质量工作专题会。听取质量管理责任人白桦的工作汇报，并要求根据GSP规范流程进行质量管理工作。会议决定：①GSP认证跟踪检查整改报告由专人在规定时间内完成。②原百草药业分公司重新启动工作继续进行，争取早日完成。③公司内部各项管理移交质量管理部，充实人员，尽快落实。 （白春芳）

【**见习经理制**】 永安堂连锁公司制定《见习经理管理办法（试行）》（以下称《办法》），经过标准智商和能力人格测试及评委会面试，确定4名员工为第一期见习经理。7月7日，分别与永安堂连锁公司朝内、中轴路、北京站、雍和宫药店经理签订《师徒协议》，7月12日开始为期一个月的见习工作。永安堂连锁公司设置了如何根据地域特征拓展市场、现代物流理论在零售企业中的实践途径、如何巩固地域优势争夺市场等实习课题。见习经理每周回公司汇报交流，见习期满填写实习总结，由所在门店对其进行评价，最终由人力资源部考核见习结果。 （白春芳）

【**成立审计委员会**】 为加强公司系统内部管理和审计监督，促进廉政建设，保障企业经营活动健康发展，保证股东所有者权益，根据《中华人民共和国审计法》、《中华人民共和国审计法实施条例》、《审计署关于内部审计工作的规定》等法律、法规，年内公司成立审计委员会。 （白春芳）

【**实习生岗前培训**】 7月12日，连锁公司接收宣武第三职业学校及现代职业学校13名实习生。人力资源部对其进行《职业道德与服务规范》岗前培训，到中轴路、安外、北京站、百草、朝内及灯市口6家药店进行观摩。 （白春芳）

【**受理顾客投诉**】 连锁公司办公室负责受理顾客投诉意见，建立顾客投诉意见登记薄，详细记录顾客来电、来信、来访，相关事件责成有关门店或部门解决，并对顾客进行反馈。同时，办公室将每季度受理顾客投诉意见内容抄送人力资源部，作为门店及部门经理考核内容之一。 （白春芳）

【**管理人员培训**】 8月11日、18日，对公司中高层管理人员，各子公司、分公司部门经理以上人员进行培训。培训主题为《如何成为一名合格的经理人》，播放VCD进行教学，由哈佛大学企业管理博士后、牛津大学国际经理博士后、著名跨国公司职业经营人余世雄主讲。 （白春芳）

【**门店挂牌服务**】 公司20余家门店，响应区精神文明建设委员会倡议，在店堂悬挂“文明行业监督牌”，公开服务质量监督电话，接受社会各界监督。挂牌门店以群众满意为标准，提高服务水平，树立良好服务形象。 （白春芳）

【**销售旺季促销**】 每年9、10月是药品销售旺季，永安堂连锁公司宏仁堂药店抓住时机，采取措施，调整药品陈列，突出促销商品，丰富货源，同时开展考核、培训活动，提高员工业务水平和服务意识。在店堂内为顾客设立休息椅、饮水机和纸杯等，营造良好的购物环境。 （白春芳）

【**广纳人才**】 配合新开网点人员配置和连锁公司人才储备，人力资源部按择优录取、双向选择原则对外招聘工作人员，公司分别在51JOB网站和《北京晚报》人才周刊发布招聘启事，招聘门店经理10人、储备人才40人、技术人员及店员若干名，一周内收到应聘简历200余份，已安排面试筛选。 （白春芳）

【**参加高峰论坛**】 8月15～17日，连锁公司应邀参加东盛集团组织的《自营品牌在中国》高峰论坛会，会议介绍了全球全医药进化论“自营品牌”的现状与发展趋势，分析药店品牌、自营品牌、自营品牌与利润的关系，讲解自营品牌竞争的成本、差异优势和策略意义，就四季三黄软胶囊营销计划进行案例分析。会上业内人士提出的新型经营理念和方法值得学习借鉴。 （白春芳）

【**开展药学服务**】 开展“药学服务年”工作，中轴路药店组织员工学习文件，对照工作加以改进。以“顾客至上，信誉第一”为宗旨，使每一位顾客乘兴而来，满意而归。东方明珠娱乐公司在中轴路药店购买价值5000元商品,要求次日清晨全部送达该公司。该店员工分头组织货源,储运部单独备货,东四药店、宏仁堂药店积极支援药品,保证了按时送货。（白春芳）

【网点开发】 永安堂连锁公司加快网点建设,推出《开发新网点,增强加盟店工作计划及奖励办法》,鼓励员工协助提供网点及加盟店信息。目前有两家单体药店加盟,并获得每人1000元奖励。连锁事业部9月16日召开加盟推广会,邀请有加盟意向投资者共商合作事宜。9月末,新开直营及加盟店9家,其中直营店6家,加盟店3家。（白春芳）

奥士凯集团公司

【概况】 本年,奥士凯集团公司实施全面预算管理,努力提高企业经济效益和管理水平,实施放心食品工程,发展连锁,扩大销售,加强企业管理,确保企业安全稳定,加强党的建设,为企业改革发展提供保证,为职工办实事。完成销售收入4.33亿元,同比增加7149万元,增长19.78%,完成全年预算指标的100.72%。实现利润2109万元,同比增加1469万元,增长2.29倍,完成年度预算指标的114.37%。上缴税费2495万元,同比增加500万元,增长25.06%。全年费用率为24.03%,同比下降4.72个百分点,下降幅度为4.56%,低于全年费用预算指标301万元。公司资产负债率为66.19%,同比下降4.28个百分点,下降幅度为4.56%,全部净资产实现110.39%的保值增值目标。集团公司经营管理初步实现效益和质量同步提高。

年内,公司总经理高平生被市劳动和社会保障局评为市职业技能培训系统职工教育先进个人。公司离休干部党支部被中组部授予“先进离退休党支部”称号。

单位名称:奥士凯集团公司
单位地址:朝外大街吉祥里202号　邮政编码:100020
联系电话:65529101 65529102　（包连华 曹淑琴）

【送温暖活动】 两节期间,开展送温暖慰问活动。集团公司和基层各单位筹集资金95.6万元,走访职工家庭554户,322名职工领取了一次性补助。公司党政领导入户走访慰问14名特困职工,送去慰问金及慰问品,参加走访慰问的各级领导共90人,与277户困难职工结成帮扶对子。开展贴心人服务队爱心日活动,126名贴心人服务队员,为孤寡职工、病残职工打扫卫生、理发、修车等,受到职工称赞。集团党政工领导和组织部门对53名老干部走访慰问,工会为退休劳模送去慰问品。（曹淑琴）

【旅游饭店通过认证】 奥士凯云龙旅游饭店是拥有15家经济型宾馆、旅店的连锁企业,有481套客房,920张床位,年平均入住率90%以上,年内通过市技术监督局《服务标准体系》认证。（包连华）

【朝内菜市场帮困】 1月10日,朝内菜市场为周边社区150户优抚对象、帮困居民每户免费发放大米20斤,面粉10斤,受到群众好评。京城活雷锋、爱心大使孙茂芳和区民政局、居委会、奥士凯有关负责人参加活动。（曹淑琴）

【改革发展新思路】 1月15日,召开基层党政一把手、机关部室负责人、领导班子成员会议,传达贯彻区九次党代会和区十三届人代会精神,按全区工作部署,确定本年企业改革发展新思路。①确定企业改制方案,完成改制工作,实现奥士凯改革发展新目标。②全面实施预算管理,建立新的分配机制,降低费用水平。③本年企业销售、利润和上缴税费等经济指标要有较大提高,实现利润达到上年同期的3倍。④调动干部职工队伍积极性,提升企业管理队伍素质。（曹淑琴）

【春节期间市场销售】 集团公司春节前、后七天销售收入实现3430.16万元,增长14.73%。其中,吴裕泰茶叶公司增长27.95%,旅游服务公司增长37%,生产加工公司增长21.51%,王府井食品商场增长16.95%,连锁公司增长23.57%,同日升粮贸公司增长17%,朝内、新兴里菜市场与上年基本持平。节日前七天销售增长幅度高于后七天的销售。商品销售集中在礼品类、生鲜类、老字号商品和北京特产商品。团体购买力比上年增加,旅游业客房入住率同比增长10%,销售收入同比增长37%。地处郊区县的吴裕泰茶叶公司门店销售明显高于上年。（曹淑琴）

【严控禽流感】 ①所属各商场、超市、餐馆、出租联营网点(含出租柜台)暂停出售活鸡、活鸭等活禽。②严格禽类冻品、鲜品进货渠道,明确从正大大发、华都等主渠道进货,严禁从农贸市场等非主渠道进货。③严格索证制度,禽类制品进货票证齐全,票证不齐全者坚决撤架。对不符合要求的出租柜台立即撤摊。④严格监控生产加工企业,对生产加工原料进货渠道严格索证审查。⑤所属各自营、联营网点熟食柜组必须坚持一日一票制度。⑥对所属企业聘用外来务工人员,尤其是疫区进京人员实行体温监测制度。⑦严格落实责任制。公司成立禽流感防控工作小组,高平生任组长,詹健龄、雷宝光任副组长,业务部、文明办落实具体防控工作。基层党政一把手负全责,确保各项防控措施落实到位。⑧加强信息反馈。各单位及时、准确报送有关禽流感信息。（曹淑琴）

【抓商机销售】 朝内菜市场抓住农历立春、元宵节民俗,促进销售。立春销售34.7万元,同比上升7%。元宵节销售27万元,特设春饼、春卷及元宵专柜。当日春饼、春卷收入4.18万元,现场制作春饼300余公斤,销售豆芽菜近2000公斤,售出肘子肉1000余公斤,元宵专柜收入2.1万元,大肉收入1.1万元。（曹淑琴）

【五项措施保安全】 集团公司全体动员,树立安全第一意识,加大安全检查力度,消除安全隐患。①建立责任制,明确安全责任人,落实到每个门店、班组。②对所属商场、旅店、餐馆进行拉网式检查,不存隐患,不留死角,登记造册。公司所属联营网点指定5个职能部室协同检查,不漏一店。③每一项安全制度都落实到门店、细化到岗位,逐项落实。④各项整改措施到位,检查中发现的安全隐患,逐项限期整改,消除隐患,并在安全台账中备案。⑤坚持四项制度:建立安全员制度,各门店设立安全员,培训后持证上岗。坚持培训制度,对全体从业人员进行一次安全生产培训,增加员工安全意识和在危急时刻逃生、自救能力及应对突发事件的常识。实行用电联签制度,针对部分企业配电容量小,用电负荷大及线路老化的状况,各单位用电实行专业电工与行政经理联签制度,严禁乱拉电线、违规操作、超负荷用电。坚持动态考核制度,把安全工作纳入经营管理目标责任制进行动态考核,对安全隐患及安全事故下发过失通知单,根据责任大小一事一案,及时处罚。（曹淑琴）

【联合检查】 在各单位自查基础上,集团公司组织食品安全、卫生工作联合检查,对所属各商店进行复查,所查单位定型包装食品均未发现问题。生肉及制品、熟肉制品和豆制品均能使用冷藏冷冻、保鲜等设备、设施存放,展示商品、销售过程按要求操作,各商店认真执行食品安全和食品卫生法规及制度。对个别商场存在的熟肉制品销售不能严格"一日一票"和"一日一清"制度等问题,当即予以纠正。（曹淑琴）

【审计工作】 传达贯彻区审计会议精神,针对企业管理,尤其是财务管理工作,提出加强企业审计工作措施:①建立不定期抽查制度,重点对所属企业出租联营收入、各项费用支出等(在不打招呼的情况下)进行抽查,严防私设小金库,确保国有资产安全运行。②完善内审制度,调整充实内审人员,加强内审队伍建设,强化对企业财务工作合规检查和监督,使财务状况真实准确。③加强对租金收缴的管理,严格履行合同协议,保证出租联营收入足额收缴。④完善财务管理制度,制定并实行《大额费用支出报批制度》,加强对费用支出的管理。⑤制定并完善《"三重一大"制度实施办法》,3月末下发并实行。（曹淑琴）

【一季度开门红】 集团公司实现一季度开门红。完成销售1.12亿元,同比增长7.81%,实现利润920万元,同比增长94.62%,完成全年计划的50%,为年内实现国有资产保值增值106.34%的目标打下基础。（包连华）

【费用支出报批制度】 严格实行费用支出报批制度,凡需在经营费用和管理费用中列支的包装、修理、广告、会议、业务招待费等均要在拟定预算支出前实施报批制度。其中:①包装费用率要比2003年实际支出下降20%。②广告费、会议费、外出差旅费均要在预算前一事一报批。③职工奖励兑现按集团公司规定,履行报批手续。④修理费较2003年实际支出减少20个百分点,一次一项超过1万元必须报批。⑤业务招待费控制在不含税销售收入的1%范围内据实列支,超过者须实行报批。⑥严格控制党政一把手加班费支出,不经批准,党政一把手原则上不得领取加班费(法定节假日除外),其他人员加班一般按倒休处理。上述费用支出报告中需写清报批费用支出用途、收取费用单位、预期达到效果;费用支出的预算金额、资金来源;费用支出报告批准后,方可填报成本预报和执行结果月报。一季度集团公司费用率同比下降12.9%,费用水平同比降低2.19个百分点。（包连华）

【胡晓松检查朝内菜市场】 4月23日,胡晓松副区长带领商委、区工商局、公安分局消防处、卫生局食品卫生监督部门对奥士凯集团公司朝内菜市场的安全、消防、食品卫生、假日市场准备等工作进行检查。各部门对朝内菜市场各项工作比较满意。针对消防处提出的通道有堆放物问题,朝内菜市场立即进行整改。（包连华）

【五一黄金周销售】 集团公司所属16个商贸公司统计,五一期间10家商贸公司销售同比增长9.57%~82.81%,6家商贸公司销售同比下降,销售下降影响因素主要为拆迁和经营结构调整尚未到位等。（包连华）

【监督制约机制】 针对企业在执行“三重一大”制度(即重大决策、重要干部任免、重大建设项目安排和大额资金的使用必须通过集体讨论决策)过程中无章可循,很难落实到位的实际,公司对“三重一大”制度进行细化,分别从重大决策程序,重要管理人员任免程序、重大建设项目程序、大额资金使用与管理及制度实施途径、保障措施、违规责任追究等8个方面制定47款、177条实施细则,明确了凡属“三重一大”范围内事项,必须通过集体讨论决策,加强对企业中高层管理人员行使权力的监督制约,从制度上保证企业决策的民主性与科学性,促进企业经营与发展。“三重一大”制度实施办法已经职代会讨论通过并实施。　(曹淑琴)

【奥士凯云龙旅游饭店】 5月14日,区教委、集团公司举办“创建学习型企业,争创知识型职工”经验交流会,对先进集体和个人进行表彰。奥士凯云龙旅游饭店公司通过区教委、区督导室创建学习型企业验收。

(曹淑琴)

【胡晓松调研】 6月18日,胡晓松到集团公司调研,听取奥士凯企业改革发展情况汇报后提出要求:①加强安全生产工作,把安全责任制落实到基层,落实到班组。②奥士凯是窗口行业,要制定出文明行业标准,在全市文明城区评选中作贡献。③在现有旅游连锁基础上研究探讨奥士凯经济型旅店连锁发展思路,实施品牌战略。④在企业改革问题上要认真学习十六届三中全会决定和区党代会精神。便民利民不能丢,把握好方向,把十六届三中全会精神同企业实际结合起来。

(曹淑琴)

【警示教育】 开展警示教育,从“三抓一落实”入手,确保教育质量。“三抓一落实”:高度重视抓领导,提高认识抓教育,步步深入抓方法,落实教育成果。公司成立两级警示教育领导小组,召开党政联席会专门研究,作出具体安排,讲党课,听汇报,学习文件,观看教育录像片,要求党员领导干部在教育各个阶段起模范带头作用。　(曹淑琴)

【职工技能大赛】 集团公司参加“新世纪北京首届职工技能大赛”的选手,经过初赛、复赛、决赛,取得优异成绩。10月16日和20日,在房山职业技能培训学校,公司选手刘培华、李凤春、胡桂益参加北京市决赛,经过两轮比赛,刘培华以199.8(满分200分)的成绩夺得第一名,取得技师资格,同时获北京市劳动技术能手称号。

(曹淑琴)

【老字号浦五房】 公司所属肉食生产百年老字号浦五房,经市技监局现场检查和产品检查,顺利通过食品安全市场准入QS认证。　(曹淑琴)

【冬储大白菜购销】 11月15日,冬储大白菜购销工作圆满结束。共销售白菜113.4万斤,大葱23.9万斤。本年购销特点是质优价廉,群众满意。(曹淑琴)

东宏基煤炭经营中心

【概况】 东宏基煤炭经营中心前身为区煤炭公司,为适应市场变化和企业发展需要,2000年3月取得法人执照,现隶属于北京市金泰恒业有限责任公司(原北京市煤炭总公司)。

企业资产总额1.59亿元,其中流动资产6620万元,长期投资180万元,固定资产8977万元,无形及递延资产93万元;企业负债总额为8811万元,资产负债率为55.5%。年内,净资产收益率为0.3%,总资产回报率为0.7%,国有资产保值增值率为100.3%。

年末企业职工1115人,其中在册职工385人(在岗职工325人,内退职工60人),退休(职)职工721人,离休职工9人。在册职工中,女职工107人,男职工278人。工人297人,管理人员88人。

通过改制,以企业投资、职工参股形式相继组建汇利民商贸有限责任公司(主营民用煤供应)、汇万邻商贸有限责任公司(主营菜市场)、汇利达宾馆有限责任公司(主营宾馆)、汇丰恒基物业管理有限责任公司(主营写字楼物业管理)、惠家乐物业管理有限责任公司、汇福宏酒家有限责任公司、汇民出租汽车有限责任公司,形成多领域经营、多元化产业格局。

年内完成12户标准租私房腾退工作。

本年经营中心被评为金泰恒业公司文明先进单位,被评为集团级安全保卫先进集体和区无偿献血先进单位。

中心所属汇利民商贸有限公司被评为本年度金泰恒业公司文明标兵集体,汇丰恒基物业公司商之苑大厦获集团级先进集体,汇利民公司北剪子门市部被评为金泰恒业公司级先进集体,汇利民公司维修组被评为金泰恒业公司级经济技术创新优秀集体。

经营中心员工秦福庆、李俊华被评为集团级先进生产(工作)者;李成、陈耀宗、崔郁明被评为金泰恒业公司级先进生产(工作)者;梁广平被评为金泰恒业公司级经济技术创新最佳个人:汇利达宾馆经理王庆被评为金泰恒业公司级经济技术创新优秀个人。

单位名称:东宏基煤炭经营中心
单位地址:王家园胡同甲10号商之苑大厦408

联系电话:65516910 邮政编码:100027 （德松柏）

【经济指标】 本年东宏基煤炭经营中心实现利润100万元,完成金泰恒业公司下达的利润指标。上缴管理费按指标完成150万元。 （德松柏）

【民用煤供应】 年内经营中心所属演乐门市和鼓楼门市东部被拆迁,经营中心民用煤供应网点减少到10个,企业、民用煤供应局面严峻。全区用煤居民6万户,全年供煤量6万余吨,由于网点不断减少,经营中心最大库存只能达到3000余吨,供需矛盾十分突出。冬煤供应数量集中、人员紧张。为缓解送煤到户的压力,经营中心采取“分票送煤”的办法,保证11月3日前家家户户有煤烧,民用煤供应市场稳定。（德松柏）

【民用煤质量】 贯彻执行新的《煤炭质量标准》和《价格政策》,全年民用煤质量检查118台次,平均分数97.66,检查合格率100%,区技术监督局抽检71台次,抽查合格率100%。 （德松柏）

【液化气经营】 年内销售液化气31.09万瓶,比上年增加3.52万瓶,议价液化气销售5.23万瓶,比上年增加3172瓶。 （德松柏）

【清产核资工作】 成立清产核资领导小组,各单位进行全面清查。通过清产核资解决企业在经营和拆迁过程中的部分损失,经会计师事务所认定损失681万元。 （德松柏）

【职工体检】 组织全体职工体检,针对职工年龄偏大的特点,增加重点项目检查,对从事有害工种的职工进行专项体检,依据检查结果对个别职工进行岗位调整。 （德松柏）

【班子调整】 12月,根据总公司安排,经营中心领导班子调整,董旭光任经营中心党委书记、经理。6月,经营中心党委书记刘玉明退休。12月,经营中心原经理王福贵离岗休养。 （德松柏）

兴华美食有限责任公司

【概况】 本年,兴华美食公司由国有企业改制为国有控股企业,年内有职工583人,离退休人员660人,营业网点5个,出租网点26个。贯彻党的十六届三中、四中全会精神,围绕发展这一主题,落实“以经营求发展,以管理出效益,后劲靠人才”的举措。经过盘活资产,开拓经营,强化管理,制度创新等努力,在弥补上年亏损基础上,实现保值增值。全年实现营业收入1991万元,同比增加146万元,同比上升7.9%。实现利润254.9万元,同比增加884.6万元。成本费用总额为2590万元,同比降低374.7万元,降低12%。上缴各种税金109.9万元,同比增加43.9万元,增长66.5%。全部净资产保值增值2.64%。年人均劳效5.74万元,年人均创利0.54万元,上缴工伤、失业、养老保险金276.8万元。职工年均收入1.36万元。

单位名称:兴华美食有限责任公司
单位地址:地安门内帘子库胡同1号
联系电话:64021990 邮政编码:100009 （王莉莉）

【走访慰问】 春节前夕,公司领导筹措资金3.5万元,分组走访42名困难职工、2名劳动模范和22名离退休人员,为他们送去粮油等生活用品和慰问金。召开离退休人员迎春茶话会,共贺新春。 （王莉莉）

【职代会】 2月16~18日,召开公司第四届第16次职工代表大会,审议通过总经理韩文海所作的《行政工作报告》,审议通过“关于开展以锤炼品牌、振兴主业、再创高效益”为内容的劳动竞赛工作意见。听取公司2003年业务招待费使用情况报告,听取陈巨宝、韩文海的述职报告。会议要求以“十六大”精神为指导,继续深化改革,加速发展,抓住机遇,创造条件,以解放思想、开拓创新、求真务实的精神,开创公司各项工作新局面。 （王莉莉）

【党务工作会】 3月15日,公司党委召开党务工作会。布置本年党委工作,就党员学习教育工程、党员先锋模范工程、积极分子培养工程教育活动进行具体安排,传达上级主管部门关于加强企业文化工作的意见,布置纪委工作计划。党委书记就“党的工作如何促进企业经营和发展”作重点发言,强调要以扎实创新的精神,推动公司发展。 （王莉莉）

【财会人员培训】 5月19~21日,组织财务部全体人员及所属基层单位主管会计参加财会人员培训。以“强化财会人员的岗位意识、明确岗位责任、规范财务管理”为主题,学习《兴华美食有限责任公司财务管理规则及实施办法》、《主管会计委派制实施办法》和会计人员岗位职责及相关财会知识。公司董事长、总经理、财务总监到会并讲话。 （王莉莉）

【会计委派制】 6月,贯彻公司《财务管理规则及实施办法》和《主管会计委派制实施办法》文件精神。按照任职资格和条件,首次委派主管会计任志伟等6人,向他们颁发聘书,实行持证上岗。实行会计委派制,明确会计职责和管理权限,有利于强化财务工作的监督和管理。 (王莉莉)

【职工技能大赛】 6月,结合餐饮行业特点,组织职工参加北京市首届职工技能大赛。各店组织辅导讲座,实际操作演练,员工参与率100%。大赛分中式烹调、面点和餐厅服务3个系列,设理论答卷和实际操作两部分。经过层层选拔,11人进入复赛。复赛中取得3个工种三金两银一铜6块奖牌,7人获得参加北京市决赛资格。 (王莉莉)

【全体党员会】 6月24日召开新公司成立后第一次全体党员会,70人参加。采用投票选举方式,选举新一届党委员会和纪律检查委员会。陈巨宝当选为党委书记,韩文海、王田生当选为副书记,孙衡当选为纪律检查委员会书记。 (王莉莉)

【一届一次工会委员会】 7月22日召开公司工会第一次代表大会。选举产生由孙衡等7人组成的第一届工会委员会和由杨英等3人组成的第一届工会经费审查委员会。会议选举孙衡为公司工会主席、孙雪梅为工会副主席,选举杨英为经费审查委员会主任。 (王莉莉)

【聚仙楼饭庄迁址】 7月,在市场调研基础上,将聚仙楼饭庄从旧鼓楼大街黄寺迁至朝阳区石佛营东里106号。新店为二层楼,建筑面积1000平方米,可同时容纳300人用餐。根据当地消费需求,经营大众化菜肴,该店9月28日开业,在餐饮经营进社区、方便消费者方面,进行了有益尝试。 (王莉莉)

【假日促销活动】 国庆期间,开展"美馔留香聚金秋,优质服务迎国庆"为主题的假日促销活动。各店积极配合,组织货源,增添新菜,延长服务时间,售卖半成品,开展多种形式的展销、展卖活动,吸引、引导消费。9月30日~10月7日,实现营业收入67.9万元,比上年同期增加9.8万元,上升16.8%。接待人次增加1213人,同比上升13.4%。 (王莉莉)

【东兴楼餐饮管理服务有限公司】 10月,以东兴楼老字号作为投入,利用东直门内回迁网点与北京立兆投资有限公司合资,成立东兴楼餐饮管理服务有限公司。 (王莉莉)

【萃华楼分店】 8月,深挖企业内部潜力,以老字号为龙头开办萃华楼连锁店。公司机关压缩办公用房,腾出帘子库6号用于办公的四合院,进行传统建筑风格装修,开办萃华楼分店。该店12月19日开业。院落修葺一新,室内装饰古朴典雅,古色古香的餐桌,大红色台布,全套金色细瓷碟碗。精心配伍烹制的筵席,属传统与创新的山东风味,有油酥大虾、葱烧海参、烩乌鱼蛋汤、糟溜鱼片、芙蓉鸡片、清蒸鸭子、锅烧肘子等数十道名馔。 (王莉莉)

【盘活资产】 12月,通过多方协商,采用出租方式,盘活闲置和不适宜经营餐饮网点16处,建筑面积1.64万平方米,合同年租金1201万元,租金到位888.5万元。 (王莉莉)

新北方旅游产业发展有限责任公司

【概况】 新北方旅游产业发展有限责任公司下设子公司5个、分公司2个,在职员工1095人,离退休人员871人,经营网点41个。

本年,公司按照职代会确定的打造"一个品牌"(京新旅产业品牌),实现"两个转变"(经营管理机制的转变、向高新旅游产业的转变),做到"三个结合"(营销手段与创新营销相结合、调整经营结构与开拓经营相结合、打造旅游新品牌与文化建设相结合),初步建立法人治理结构,实行以全面预算管理和企业经营绩效考核办法为龙头的管理体系,制定整套管理规章制度,超额完成全年预算管理各项经济指标。

年内完成营业收入1.46亿元,比预算指标1.41亿元增长3.46%。费用6139.2万元,比预算指标6247.7万元降低1.74%。完成净利润450万元,比预算指标378.7万元增长18.8%。子公司全部实现营业收入和净利润双增长。公司员工年平均收入比上年增长7%。股东可取得分红。

单位名称:新北方旅游产业发展有限责任公司
单位地址:北总布胡同4号楼
联系电话:65131608　邮政编码:100005 (崔雅曼)

【股东会】 4月15日,公司召开股东会第二次会议,通过《股东会议事规则》、《2004年工作计划》、《2004年度财务预算》。

12月24日,召开股东会第三次会议,根据东方信达资产经营总公司董事会建议,就公司董事陈智辉违纪问题进行讨论,一致同意免去陈智辉新北方旅游产业发展有限责任公司董事职务。 (崔雅曼)

【董事会】 4月2日，公司召开第一届董事会第二次会议，审议通过关于松竹康乐城与国宗投资公司合作意向的决议。

4月7日，召开第三次会议，审议通过《股东会议事规则》、《董事会议事规则》、《2004年工作计划》、《2004年财务预算》、《公司2004年经营绩效目标考核责任暂行办法》、《财务管理暂行办法》、《出租联营等对外经济合作项目管理暂行办法》、《基建工程项目及设备审批管理暂行办法》、《各子、分公司高管人员重大事项请示、报告制度》，批准松竹康乐城浴池业停业方案。

4月12日，召开第四次会议，审议通过《公司本部管理人员薪金标准及发放办法》、《关于确定子（分）公司的副职、经理助理岗位效益收入的意见》。

5月18日，召开第五次会议，审议通过北方佳苑饭店与北京联大旅游学院国培中心合作组建酒店管理公司投资方案的决议。

12月24日，召开第六次会议，根据东方信达资产经营总公司董事会建议，针对陈智辉违纪问题，讨论通过免去其财务总监职务，并解聘其副总经理职务的决议。 （崔雅曼）

【监事会】 5月18日，召开第一届监事会第二次会议，通过《监事会议事规则》。

12月20日，召开第三次会议，通报公司董事、财务总监、副总经理陈智辉的违纪情况。研究监事会本年工作总结。 （崔雅曼）

【CIS企业文化体系】 年内，公司从发展战略出发，建立CIS体系，涵盖企业精神、经营理念、价值观念、行为规范等内容，突出“京新旅产业”品牌各项配套管理。同时对“京新旅产业”司徽进行工商注册。 （崔雅曼）

【送温暖工作】 元旦春节期间，深入开展送温暖活动。公司及子、分公司用于送温暖活动补助、慰问达21.15万元。领取一次性补助款的困难员工107人，其中，在职员工30人、离退休人员77人。入户走访慰问员工174户，其中，困难员工31户、下岗失业人员17户、离退休人员86户、劳动模范及先进生产者8户、伤病员工16户、其他16户。同时，开展迎新春联欢活动，召开各种座谈会、团拜会、茶话会4次，参加人数193人。组织各种文体娱乐活动8场，参加人数754人次。贴心人服务队开展便民服务13次，服务对象20人次，办好事实事74件。 （崔雅曼）

【工会工作会议】 2月18日，召开改制后第一次工会工作会议，各子、分公司部分工会委员和工会小组长参加。工会主席李霞主持。与会代表围绕公司改革和建设及完成公司年度目标，落实工会、职代会换届和工作机制完善，推进平等协商和集体合同制度，深化厂务公开，推动公司工会工作创新和发展。会议通过了2003年度工会财务工作报告、工会经费审计工作报告和本年工会工作目标考核办法。 （崔雅曼）

【第一次职工代表大会】 3月23日召开。应出席代表67名，实际出席63人，列席3人。区工会领导到会，李霞主持，总经理李宗范作《以体制创新为起点，努力开创公司经营发展新局面》工作报告，提出本年公司工作思路，即：以发展旅游产业，提高经济效益，为股东创造最大回报为目标，协调公司各方面积极性，围绕总体目标，解放思想，坚定信心，团结一致，全力以赴，开创各项工作新局面。审议通过《工作报告》和《2003年业务招待费使用情况》的报告。审议通过《大会主席团成员建议名单（草案）》、《职工代表资格审查报告（草案）》、《职代会各工作委员会成员建议名单（草案）》。公司董事长、党委书记孙荣臻作大会总结，提出要求。 （崔雅曼）

【促销活动】 公司进行整体策划，开展节日主题促销活动。在元旦、春节推出以“新的北方、新的形象”为主题的促销活动。五一期间结合长假消费需求组织“旅游度假找新旅、休闲购物到新旅”的主题促销活动。国庆、中秋期间开展“翘首奥运欢乐迎国庆、绿色消费快乐度中秋”主题促销活动。主题促销活动各具特色，宣传和展示了公司形象，促进经营效益提高。春节促销活动实现营业收入205万元，五一期间实现营业收入533.9万元，十一期间实现营业收入429.5万元，并实现企业经营服务“零投诉”目标。三大节日促销活动21天，实现营业收入1169万元，占公司全年营业收入的8%。 （崔雅曼）

【安全工作现场会】 2月24日，公司在王府女子百货商厦召开安全工作现场会。各子、分公司董事长、总经理、党支部书记、主管安全工作的领导和电工等50余人参加，刘同德主持。传达了区“2.19”安全会议精神和卢彦区长提出的要求，对公司安全工作进行部署。王府女子百货商厦有限责任公司董事长、总经理毕宏吉介绍企业近年来安全生产、消防工作的具体做法。孙荣臻、李宗范分别讲话，提出要求。 （崔雅曼）

【公益活动】 3月5日，王府女子百货商厦推出以“我替雷锋站天岗”为主题的公益性促销活动，店内摆放了雷锋纪念像,员工佩带雷锋纪念章,开展"学雷锋首饰义务清洗、服装商品义务咨询"等活动。《北京日报》3月6日在新闻头版作专题报道,《信报》、《现代商报》、《东城报》也作了宣传。 (崔雅曼)

【展美发美容风采】 3月28日～4月3日,中国国际时装周在北京饭店举行。期间,四联美发美容有限责任公司应组委会特邀,举办了时尚发型彩妆潮流趋势发布会。四联美发推出八款春、夏季新发型,其中六款为青年女士时尚发型,两款是中老年发型,体现了四联美发老字号过硬的技术,时尚、实用和前卫的特点。 (崔雅曼)

【第四届钻石节促销月】 4月,是王府女子百货商厦第四届钻石节促销月。商厦加强环境布置,突出"南非钻石"气氛,设计了南非特色宣传橱窗、彩色喷绘宣传画,邀请非洲乐手、鼓手在商厦营业现场表演南非热舞。古老的非洲音乐、激情的热舞表演吸引了消费者目光,拉开第四届钻石节的帷幕。活动期间,商厦精心策划系列促销活动,得到社会广泛关注,《北京晚报》、《北京青年报》、《京华时报》及区新闻中心等新闻媒体作了专题报道。 (崔雅曼)

【2004年工作会】 4月16日,公司在北方佳苑饭店召开2004年工作会,董事长、党委书记孙荣臻主持。党委副书记刘同德作《2003年党委工作总结及2004年党委工作意见》、《2004年纪委工作意见》的报告,并就《关于确定子、分公司副职等管理人员岗位效益收入的意见》作了说明;公司副总经理、财务总监陈智辉对《公司2004年经营绩效目标责任制考核暂行办法》、《财务管理暂行办法》、《出租联营等对外经济合作项目管理暂行办法》、《基建工程项目及设备审批管理暂行办法》、《各子、分公司高管人员重大事项请示、报告制度》等5个文件作了说明。孙荣臻、李宗范与各子、分公司董事长、总经理、党支部书记签订《2004年企业经营绩效目标责任书》、《2004年计划生育目标责任书》、《2004年安全生产目标责任书》、《2004年治安目标责任书》。 (崔雅曼)

【社会公益活动】 4月29日,四联美发开展"环卫职工为王府井美容,我们为环卫工人美容"活动,组织员工为王府井大街30多位环卫工人提供专场服务,吸引了新闻媒体关注,《北京青年报》30日刊登图片专题报导。 (崔雅曼)

【全国饭店业总经理联谊】 5月13～16日,由中国饭店协会主办的"全国饭店业总经理联谊大会"在北方佳苑饭店召开。北京翠宫饭店、北方温泉会议中心、深圳北方大酒店、广州华侨酒店等全国饭店业的女董事长、女经理130余人参加。北方佳苑饭店总经理张玉玲作为中国饭店协会理事,主持召开全国饭店业女经理经验交流会,并以《在平凡中超越平凡,在创新中全面发展》为题,介绍了北方佳苑饭店的管理经验。 (崔雅曼)

【管理人员培训班】 5月11～13日举办,两级管理人员共68人参加。围绕旅游专业知识,聘请旅游行业知名专家、教授授课,开设旅游学概论、人力资源开发与管理、旅游业发展趋势等课程。 (崔雅曼)

【第十八届美发化妆大赛】 5月23日,由市美发美容行业协会举办的"北京市第十八届发型、化妆大赛"在天桥举行,全市211名选手参加3大项的12个小项目比赛。经过角逐,四联美发选送的张佳获新娘妆金奖,石文获铜奖,4名选手获男子无缝式、女士长波浪造型、女时尚短发剪吹4个优秀奖。区服务行业协会获大赛最佳组织奖,四联美发获团体奖。 (崔雅曼)

【胡晓松调研】 6月29日,胡晓松带领区商委有关人员到公司调研。孙荣臻和李宗范汇报公司改制组建京新旅产业的情况、公司发展旅游版块的设想和目标。胡晓松高度评价公司改制前后的工作,提出要求:①把安全稳定工作放在第一位。②研究公司长远发展,制定长远发展规划。③研究市场,挖掘本区文化与历史资源,打出公司品牌。 (崔雅曼)

【经济工作研讨会】 7月15～16日,公司在南戴河培训中心召开经济工作分析研讨会。各子、分公司汇报上半年经营工作情况和下半年工作思路。刘同德总结公司上半年经营工作的特点,分析不足,对下半年工作提出意见。孙荣臻、李宗范分别讲话。 (崔雅曼)

【职业技能大赛】 7月20日,东城区举办新世纪北京首届职业技能大赛。公司300余名一线员工参加由本单位组织的技术练兵活动,通过选拔,153名选手参加公司赛区6个工种的初赛,29名选手被公司推荐参加区美发、客房服务和烹饪3项职业技能复赛。四联美发17名员工获美发复赛前7名。北方佳苑饭店4名选手获客房服务前10名。 (崔雅曼)

【中学生国际音乐节联欢】 8月4～10日,"中国·北京王府井中学生国际音乐节"在东城举行。北方佳苑饭店受区政府委托负责部分接待任务。为做好音乐节接待工作，饭店成立接待、客务、保卫、保障组，召开5次协调会，按照日程安排客房和用餐。提供客房104间，入住宾客182人，得到宾客与会务组好评。 （崔雅曼）

【无偿献血】 8月23日，公司组织无偿献血，70名员工踊跃报名，30名员工光荣献血，实现公司连续23年完成区献血办下达的献血任务。 （崔雅曼）

【首席员工制】 9月30日，王府女子百货在商厦门前举行先进员工授予奖牌表彰仪式，郭凤梅等6名员工获商厦首席员工称号。王府女子百货商厦通过开展比技能，评技术能手、革新能手；比服务，评优秀物业管理员、现场服务标兵；比合理化建议，评“金点子”建议；比经营管理，评现场管理先进、学习型管理先进“四比四评”活动推出首席员工制。旨在提高员工的地位、员工队伍素质和岗位技术水平，发挥员工最大潜力。《工人日报》等媒介进行了报导。 （崔雅曼）

【广播体操比赛】 加强企业文化建设，开展全民健身活动。11月17日，公司工会举办职工广播体操比赛。四联美发、王府女子百货、公司本部分获比赛前三名。 （崔雅曼）

【企校合作国际酒店管理公司】 11月13日，北方佳苑饭店与北京联大旅游学院共同出资创办的“新旅佳苑国际酒店管理有限责任公司”挂牌成立。市委副书记龙新民、国家旅游局办公室主任刘铁森，人教司、市旅游局饭店管理处、市教委领导及区领导胡晓松等参加仪式并发表贺词。北京日报、晚报、电视台、电台等新闻媒体到现场报导。该公司成立，是实现饭店集团化发展战略的第一步，是实施饭店“领先业态区域，集团规模发展，打造国内名牌”的发展目标，年末已将两家饭店纳入顾问型管理。 （崔雅曼）

【质量体系认证】 11月15日，北方佳苑饭店正式通过中国方圆标志认证委员会审核，获得ISO9001体系认证证书。 （崔雅曼）

【总结表彰大会】 12月29日，召开本年度经济技术创新工程竞赛总结表彰大会。区总工会主席贾炯协到会讲话，刘同德主持，工会主席李霞作《2004年度经济技术创新工程竞赛总结》。王府女子百货、圣东堂百货、四联美发获竞赛优秀组织单位，王府女子百货财务部、四联美发王府井总店女部获最佳竞赛班组，5人获创收状元，11人获合理化建议先进个人，25人获最佳技术能手。 （崔雅曼）

【合理化建议】 年内，公司工会组织提合理化建议活动，共提出合理化建议238条，其中采纳31条，实施19条，累计创造和节约资金40多万元。 （崔雅曼）

三辰商贸有限责任公司

【概况】 年末，公司在册职工201人，在岗职工89人，离退休405人。自然网点22个，独立核算单位8个。党组织隶属关系11月18日由区企业工委转入东四街道工委，同月公司工会隶属关系由区工会转入东四街道工会。

本年，公司围绕董事会提出的“以人为本，加强管理；抓住机遇，稳中求进；深化改革，转变机制；消灭亏损，提高效益”的工作思路，完成销售额684.9万元，实现利润99.72万元，上缴国家税费74.4万元，同口径比较比上年有所下降。

单位名称：三辰商贸有限责任公司
单位地址：朝内小街仓南胡同甲12号楼
联系电话：64040021　邮政编码：100010 （武爱平）

【股东会】 1月16日，召开第四次股东会。股东代表38人，实到31人。股东代表听取和讨论通过《2003年工作报告》、《监事会工作报告》及《2003年财务决算及分配方案》。

5月20日，召开第五次股东会。股东代表37人，实到股东37人。会议内容：①董事会决定对公司高层管理人员实行年度薪金办法。②董事会和监事会进行换届选举。③对公司章程部分条款进行修改。④制定股东代表参加股东会议的有关规定。与会股东一致通过《公司高层管理人员实行年度薪金试行办法》和《修改公司章程部分条款》的决议，选举金潮河、刘振东、夏宝杰、李丽蓉4人为三辰商贸有限责任公司董事。董事长金潮河，任期4年。选举王凤芝、赵志远为监事，任期3年。 （武爱平）

【职代会】 2月25日，召开第三次职工代表大会，代表20人，实到20人。职工代表一致通过董事长金潮河作的《2003年行政工作报告暨领导班子集体述职报告》和投保《在职职工住院医疗互助合作保险》的决定。

5月5日，召开第四次职工代表大会，代表20人，实到18人。职工代表一致通过《2004年住房公积金缴存比例的报告》的决议，通过选举蒋崇先为公司监事的决议。 （武爱平）

【为职工解困】　为缓解职工因病造成的经济困难,提高职工医疗保障水平,公司工会为全体在册员工办理市总工会推出的《在职职工住院医疗互助保险》。全年共有9名职工享受此险,赔付金额9730.60元。职工汪尧人为全市第一受益人,接受了北京电视台《特别关注》栏目和北京电台《新闻纵横》栏目的专访。

(武爱平)

【送温暖活动】　春节、十一期间,公司开展送温暖活动,慰问金额12.1万元。其中一次性补助困难职工12人,走访慰问职工12人,慰问离退休老干部23人,走访慰问一位久病的退休劳动模范,给予补助金1.3万元。(武爱平)

【提高职工工资】　年末,公司董事会决定调整在岗、内退和待岗人员生活标准,一线职工调增100元,内退人员调增8元,待岗人员调增120元。(武爱平)

【党总支部改选】　12月10日,公司召开党员大会,进行换届选举。应出席正式党员45人,出席44人。本届选举产生党总支委员5人,金潮河任党总支书记,刘振东任党总支副书记,王凤芝任组织委员,夏宝杰任宣传委员,李丽蓉任纪检委员。(武爱平)

金盟经贸有限公司

【概况】　金盟经贸有限公司,现有职工112人,退休职工430人,离休干部15人。

本年公司商品销售收入542.41万元,完成年计划108.48%。实现利润132.25万元,完成年计划100.18%。资产总额7820万元,股东分红回报率20%。

单位名称:金盟经贸有限公司
单位地址:朝内南小街芳嘉园2号
联系电话:65280058　邮政编码:100010　(邵佩华)

【公司文明礼仪规范】　树立公司良好形象,提高员工整体素质,落实“新北京、新奥运”的战略构想。年内公司制定《文明礼仪规范》,印制成册发给全体员工。

《文明礼仪规范》设置4项44条内容,作为员工从事公务活动须遵守的礼仪准则和行为规范。

(邵佩华)

【企业发展研讨】　为进一步确定公司发展方向,稳定股东和员工的思想,董事会召开企业发展座谈研讨会,分三批请股东代表就企业发展、章程完善及议事规则细化等进行座谈讨论,广泛征求意见建议,作出保稳定求发展的决定。按照资源结构决定经营领域的原则,以公司拥有的房产优势为自身主要经营领域,即:以自身物业经营为依托,尽快实现物业经营管理规范化,坚持现有其他商品经营,逐步清晰公司资产,建立健全责任制和制约激励机制,扬长避短,稳定健康发展,在经营中发现和创造成长空间,为公司发展扩大创造条件。

(邵佩华)

【制度建设】　根据新公司运行实践和企业发展形势的变化,成立专门工作小组,对所有规章制度进行清理、检查,提出修改和完善意见,年末清理完毕。

(邵佩华)

【金盟大厦自行经营】　金盟大厦在本年承租经营中,承租方万博物业公司无力履行原合同租金标准,提出减租。公司董事会与经理执行层多次研究,与万博公司进行接触与洽谈,召开公司临时股东会,将董事会提出的三种解决方案提交股东会讨论、表决,最终作出收回金盟大厦、公司自行经营的决定。6月末实现回归和接管。

公司派驻大厦领导与全体人员共同努力,经过试验性自行经营,超额完成公司下达180万元的经营计划,实际完成198万元,完成计划的110%。出租率达95%,比接管大厦时提高30%。金盟大厦全年累计创效420.5万元,保证了公司本年收入的完成和利润的实现。(邵佩华)

【一届三次职代会】　12月,根据《中国工会章程》规定,召开一届三次职工、会员代表大会,进行工会、经审委员会选举工作。工会、经费审查委员会委员候选人按照民主集中制原则产生,选举采取无计名投票方式,工会主席实行直选,经费审查委员会委员实行等额选举办法,产生新一届工会委员会和经审委员会。(邵佩华)

区 域 商 业

北京王府井百货(集团)股份有限公司百货大楼

【概况】 北京市百货大楼是新中国历史上第一座由国家投资兴建的大型百货零售店,1955 年 9 月开业,被誉为新中国第一店,是目前中国规模大、效益好、知名度高的商业企业之一。1989 年晋升为国家二级企业,1991 年组建北京市百货大楼集团,在北京市国民经济社会发展年度及中长期计划中实行计划单列,1993 年 4 月 28 日改组设立王府井百货集团股份有限公司,1994 年 5 月 6 日公司股票在上海证券交易所上市,1997 年 5 月加盟成为香港上市的北京控股有限公司子公司。1999 年,百货大楼按照现代百货发展趋势和经营理念,进行全面加固装修,营业面积达 1.8 万平方米,成为王府井步行街上既保留传统建筑风格又颇具现代商业特征的大型商场。是全国著名劳动模范张秉贵生活和工作过的地方,是“一团火”精神的发祥地。

本年,百货大楼积极实施调整,提升百货店形象,效益稳中有升。年内完成两个阶段的装修调整,改善购物环境,引进国际知名品牌,增强品牌竞争力和集合力,提升了现代百货店形象。狠抓服务理念教育和落实,实现硬件与软件同步提升。组织系列营销活动,在向消费者传递商店调整提升信息的同时,争取客流、稳定销售,保持应有市场份额,采取措施挖掘潜力,取得较好经济效益和社会效益。年内王府井百货被国家商务部正式确定为“国家重点扶植的全国 20 家大型流通企业”之一。

本年百货大楼获市工商局 2003 年度守信企业,获北京市 2003 年度首都精神文明单位标兵,获国家质量监督检验检疫总局颁发的“2004 年全国质量管理先进企业”称号。获市委“2004 年度北京市思想政治工作优秀单位”称号,百货大楼开展思想政治工作的经验和做法,被编入由市思想政治工作研究会编辑出版的《丹柯魂韵》一书。

百货大楼党委获国资委系统先进基层党组织。王府井百货集团和百货大楼分别被授予 2003 年度东城区重点企业。

在市国资委、千龙新闻网主办的“我所知道的北京国企”评选中,百货大楼入选“十大名店”,营业员卢秀岩获“十大明星”称号。

百货大楼总服务台获本年区青年文明号称号。王府井百货集团获本年度全国重点大型零售企业统计工作一等奖。

营业员王涛、王萍被全国总工会授予“全国五一劳动奖章”称号。吕东升获“北京市五四青年奖章”。第五卖场照相机柜组营业员王硕,被共青团市委、市国资委、市人事局、市劳动和社会保障局授予“2003 年度北京市青年岗位能手”称号。王涛、吕东升获“北京市劳动技术能手”称号。

单位名称:北京王府井百货(集团)股份有限公司百货大楼
单位地址:王府井大街 255 号
联系电话:65126677　邮政编码:100006　　　(刘月琪)

【王兆国慰问张秉贵家属】 1 月 13 日,中共中央政治局委员、全国人大常委会副委员长、中华全国总工会主席王兆国到已故全国劳动模范张秉贵家中慰问其亲属。王兆国详细询问了张秉贵老伴崔秀萍的近况,张秉贵之子——北京市劳动模范、百货大楼营业员张朝和向在座领导汇报工作。王兆国说,我们进行现代化建设、全面建设小康社会,既要向老劳模学习,又要向新劳模学习。陪同慰问的有全国总工会副主席、书记处第一书记张俊九,市委副书记、市总工会主席阳安江等。　　　(刘月琪)

【第三届茶叶节】 3 月 6 日,第三届茶叶节活动开始,主题是“品绿茶,饮健康”,针对不同茶叶保健作用不同,从茶叶的化学成分入手,科学说明饮茶与保健的联系,揭示茶叶有消炎解毒、减肥美容、防“三高”等功效。在茶叶柜台,百货大楼茶博士——全国劳动模范卢秀岩现场售货,为顾客解除选购和饮用茶叶的疑惑。设立一组“保健长寿树”,上面挂满茶叶保健和防病小常识,人称“茶字典”,可根据各自健康需求查出自己适合的绿茶和民间流传的治病偏方,让消费者明明白白饮绿茶。　　　(刘月琪)

【刘冰参加全国人大会议】 3 月 7 ~ 14 日,全国人大代表、百货大楼总经理刘冰出席第十届全国人民代表大会第二次会议并提出 5 个议案:关于扶植大型流通企业的发展问题;关于企业银行卡手续费问题;关于商业用电费用问题;关于个税起征点偏低问题;关于能否取消黄金特别消费税问题。12 月 16 日,在人大代表与北京市“一府两院”负责人座谈时,刘冰针对零售市场打折促销行为混乱无序现象,提出规范市场秩序,规避恶性竞争的整治建议,受到市政府领导重视。

(刘月琪)

【王府井洋华堂签约】 4 月 7 日,王府井百货集团与日本伊藤洋华堂及约克·红丸公司合资组建“北京王府井洋华堂有限公司”签字仪式在贵宾楼举行。双方商定:王府井洋华堂将依托伊藤洋华堂和约克·红丸超市管理的成功经验及王府井百货集团对国内市场的了解和信誉,以高品质服务和商品发展超市的高端市场。王府井百货与日方合作,致力于向百货业以外的第二业态发展进行探索。 (刘月琪)

【装修调整】 年内分两个阶段进行装修与调整,实现品牌提升与购物环境改变,明晰市场定位,突出现代百货强势品类,提升市场形象,为下一步调整奠定基础。此次装修调整是建店以来规模最大的不停业装修调整,白天营业,晚间施工,降低施工对经营的影响。通过组织系列营销热卖活动,降低装修调整造成的经济损失。化妆品类同时引进 8 个国际知名品牌,在同行业引起反响,提升了本店时尚度与品牌集合度。装修调整取得预期目标:硬件改造体现现代与传统的完美融合,购物环境焕然一新;精装修博采众长,突出品牌形象,体现时尚品味;商品结构调整突出现代百货强势品类,实现市场定位明晰、品牌提升与经营格局优化;不仅再次引起社会各界关注,而且超额完成全年利润指标。 (刘月琪)

【品牌开发与管理】 装修调整过程中,共删减品牌 188 个,新增品牌 76 个,其中化妆品新增国际知名品牌:Lancome、CD、倩碧、香奈儿、雅诗兰黛、娇兰、SKⅡ、资生堂;女装新增宝姿、安姬奥、Biba、珂罗蒂雅;男装新增观奇洋服、尼诺里拉、LEO、暇步士、DOCKERS 等;饰品新增施华洛世奇等,提升了本店时尚度与品牌集合度。 (刘月琪)

【系列营销活动】 年内,围绕装修调整各阶段目标制定营销策略,抓住“概念营销”,不断创造商机,在启动时间、时机把握、节奏控制、促销力度、媒体投放等方面精心策划、周密部署,取得较好经济和社会效益。①借本店改装“变脸”概念,分两个阶段推出改装热卖活动。众多知名品牌都以超低折扣参加,促销效果显著。同时向公众传达百货大楼提升和发展的信息,取得双重效益。改装亮相后,连续六个周末开展“首期亮相”营销活动,既传达了本店新形象及新入驻品牌信息,又起到吸引客流、促进销售的作用。②借国际化妆品入驻,开展“美肤时代季候风”系列营销,根据不同化妆品各自的色彩主调区分品牌特征和入驻品牌信息,营造类似化妆品节的气氛。③再打“店庆”概念营销牌,宣传本店的历史发展、本店与顾客之间的情感,力推调整后新形象,强化品牌概念,用诚信回报消费者,用时尚演绎崭新风貌,取得较好销售业绩和社会效益。④借“奥运”概念,促销奥运产品。创新营销手段,开展“购物赠礼、名品深度折扣”、“汽车拍卖”、“真人模特秀”及有奖问答。新闻宣传注重深度和广度,召开专题新闻发布会,使软新闻发布运作与促销活动紧密结合,宣传企业形象。 (刘月琪)

【服务理念与管理】 本年,用数月时间对员工进行“强化现代百货服务理念,提升全员服务质量”教育培训,树立全员“大服务”意识,把“一切从顾客出发,一切让顾客满意”的服务理念延伸到各岗位工作中。如为供应商提供一站式服务,建立对顾客首问负责制等。为提升员工服务素质,整合服务管理制度,修订并推出系列服务管理制度,对员工从销售技巧、顾客心理分析、服务用语及禁语等方面给予指导,引导营业员满足顾客更高的消费需求,让顾客享受购物乐趣。针对培训,进行考核,全店一线营业员、信息员、后勤、保卫、散仓保管员等 2400 余人参加统一考试,服务管理总体水平稳步提升。 (刘月琪)

【单笔销售最高纪录】 8 月 2 日,一对年轻夫妇在本店购买一款价值 54 万元的欧米茄 18K 红金中置舵飞轮腕表,该笔销售创下百货大楼开业 49 年来单笔销售额最高纪录。 (刘月琪)

【奥运纪念品专柜】 8 月 3 日,王府井百货获得奥运特许商品经营权,首批奥运特许商品在本店落户。借奥运主题开展“守望奥运,祝福中国”2004 年奥运竞猜活动,带动 2008 年奥运纪念品热销。 (刘月琪)

【劳模服务交流】 全国五一劳动奖章获得者、第四卖场家居组王涛,9 月份参加了中国百货协会及全国总工会组织的全国 10 名优秀营业员服务交流活动。王涛在大连商场,讲解陈列摆设并现场指导;在沈阳商业城,介绍“服务品牌如何做好服务”及“卖场如何营造一个优雅的购物环境”的经验。

(刘月琪)

【刘冰出席国际论坛演讲】 刘冰应日本时尚协会和日本服装产业协会邀请,10 月 31 日 ~11 月 4 日出席"东京国际时装周",在时装周论坛作《日本服装面向中国市场的机遇与挑战》的专题演讲。"东京国际时装周"在国际时装界享有盛誉,刘冰是首位中国大陆人士在此发表演讲。 (刘月琪)

【服务品牌复审验收】 年内,加强对服务品牌动态管理,对原有 17 名服务品牌按照复审验收程序进行个人申报、部门推荐、工作总结、民主评议、实地考评;对新申报 4 名员工进行现场答辩,经评审委员会综合审议后,向全体员工公示,最终批准命名 21 名员工为本年度服务品牌,将服务品牌从一线售货人员扩展到后勤保卫二线岗位。他们是:茶博士卢秀岩,小张秉贵张朝和,时尚化妆师王维彤,佳酿鉴赏师杨萍,珠宝鉴赏师葛凤兰,绅士服饰师石丽萍,皮衣通谢际敏,休闲服顾问王萍,皮鞋参谋楼晓燕,民族服饰顾问毛华伟,女服搭配师李淑换,陶瓷通王涛,家居小行家渠雅彬,相机通田玉梅,电脑先生李洪生,家电组合设计师吕东升,厨具小行家隗永红,视听小专家衣玉芳,数码小行家王硕,贴心卫士张德明,巧电工李玉良。

(刘月琪)

【领导视察调研】 1 月 21 日(农历大年三十),副市长陆昊、市商务局副局长李顺利等到本店,代表市委市政府及有关部门慰问坚守岗位的商业职工,向大家致以新春佳节问候。指出要保证春节市场安全、规范市场秩序、发挥国有大商场商业主渠道作用。6 月 2 日,市政协副主席满运来率政协委员视察团一行 30 人到本店检查工作。6 月 8 日,常务副市长翟鸿祥到王府井百货进行调研,对王府井发展百货连锁思路和外埠开店的经验给予肯定。市国资委主任熊大新、副主任龚莉陪同调研。9 月 14 日,市人大副主任林文漪率全国人大代表北京团 13 位女代表,到刚刚完成二期改造的百货大楼参观购物。代表们对良好的购物环境和热情周到的服务称赞不已。9 月 20 日,市委副书记强卫同市公安局有关部门负责人,到王府井地区进行安全检查。在百货大楼,强卫询问了自动监控系统运行情况,指出:要提高全员安全意识,按制度办事,把安全工作落到实处,防止恶性事件发生。12 月 14 日上午,市人大代表一行 40 余人由市人大副主任金生官带队,到本店检查工作,代表们先后到卖场和消防中控室,对经营商品及安全设施进行详细询问,并对突发情况处置进行了解,对检查情况表示满意。

(刘月琪)

北京王府井百货(集团)股份有限公司东安市场

【概况】 贯彻落实十六届三中全会精神,按照集团工作会部署,以"提高企业经济运行能力,追求最大化的经济效益"为中心,以"创新求提升,创新谋发展"为主线,完成各项工作任务。12 月 20 日,东安市场被北京王府井百货(集团)股份有限公司收购,成为王府井百货的子公司。在职职工 965 人。全年销售实现 4.62 亿元。

2 月,东安市场被评为 2003 年度区计划生育工作先进集体。5 月,东安市场职工合唱团参加东华门街道举办的"祖国在我心中"第一届合唱节获二等奖。11 月,在本年度"我知道的北京国企'名企、名店、名牌、名星'群众评选活动"中,东安市场获群众知名度最高的"北京十大名店"。

单位名称:北京王府井百货(集团)股份有限公司东安市场
单位地址:王府井大街 138 号　邮政编码:100006
联系电话:65282211　65281304 (肖萍)

【节日促销】 本年场庆、春节、五一、十一黄金周期间,共进行促销活动 41 天,累计实现销售 8678 万元,平均日销售 211 万元,占全年销售计划的 18.79%。全年组织重点节假日促销活动 26 次 97 天,累计实现销售 1.26 亿元,占全年销售计划的 27.37%。主要促销形式:①"满百送"活动。②超低折扣活动。③超值换购活动等。 (肖萍)

【特色促销】 利用地下一层中厅,举办特色促销活动。东安庙会,实现销售 35 万元。东安山货节、中秋月饼展卖,实现销售 76.7 万元。重庆食品周,实现销售 31 万元。欧迪芬内衣文化节,实现销售 67 万元。各类促销活动共 167 天,占全年总天数的 45.6%,实现销售 2.33 亿元。利用地下中厅进行促销,如宾度、华伦天奴、雅克特卖会,南极人平价风暴大型活动等,全年共计 47 次,实现销售 2000 余万元。 (肖萍)

【业务管理】 年内出台《指标监控管理办法》,从多方面监控,检查计划执行情况。对低于时间进度的采购部和采购组进行情况分析,对销售差距较大的采购部进行重点大类商品分析。按月、按重点时段制定销售目标和考核办法,公示销售进度监控表。每天在内部网中发布各采购部销售进度情况,6 月份由网上日销售监控改为以展板形式每周公布指标进度排行,达到鼓励先进、鞭策后进的目的。年内共清理低产供应商

135 个,新引进供应商 121 个。 (肖萍)

【真情卡】 本场原有东安真情卡 5.79 万张,本年增加真情卡 1.08 万张,销售金额为 3870 万元,占全场销售的 9.98%,同比增长 159%。4 月份开始启动东安会员积分卡,共售卡 2489 张,金额 225.11 万元。(肖萍)

【考核管理体系】 结合商场管理岗位实际情况,修订各岗位管理人员《考核细则》,制发《管理人员考核表》及《人力资源政策手册》。6 月,出台《东安市场星级营业员等级考核标准及办法》,激发员工售卖的主动性、创造性,改变了"以罚代管"的旧模式。 (肖萍)

【卖场管理】 年内商场构建"大卖场管理体系",根据公司连锁发展的需要,建立和形成一套科学合理的卖场管理机制,通过对人、财、物、客的整体管理实现效益最大化。实现以销售为中心,制造利润衡量标准的大卖场管理,设立《东安市场大卖场管理手册》。(肖萍)

【服务竞赛】 根据时期特点,组织以提高销售水平为主题的全场竞赛活动。元月开展"两节场庆创高产,勇夺元月开门红"服务竞赛活动,五一期间开展"激情五月,奋勇争先"劳动竞赛活动。9 月与十一期间推出"奋战黄金周,销售夺第一"竞赛活动。 (肖萍)

【人力资源改革和机构调整】 9 月,开展人事制度改革和机构调整工作。调整后竞聘产生 117 名管理人员(中层正职 18 人,副职 18 人,一般管理人员 81 人),共设 1~6 个卖场,4 个采购部,8 个部室。 (肖萍)

【企业宣传】 为加强企业宣传和企业文化建设,11 月出版了宣传通信专刊《关注东安》创刊号。 (肖萍)

【安全工作】 本年出台《关于规范商场联营经营供货商柜台维修工作的规定》、《废旧物品回收管理办法》、《加强商场报警设施管理的通知》、《关于开展防盗抢专项检查工作的方案》等规定。加大宣传工作和现场检查力度,全力为一线提供安全保障。利用知识答卷、广播、板报、讲课、集中培训等形式对全员进行安全教育和宣传,进行了五次消防实战演习。 (肖萍)

北京工美集团有限责任公司
王府井工美大厦

【概况】 北京工美集团有限责任公司王府井工美大厦(以下简称工美大厦)是以经营工艺美术品为主的综合性商厦。建筑面积 3.2 万平方米,商业面积 1.5 万平方米。经营百余大类、上万个花色品种。经营格局:一层黄金珠宝商场,二层工艺旅游商场,三层特艺礼品商场,四层玉石文化商场和工艺美术博物馆(以下简称博物馆),五层是上品折扣商场,六层为名品特卖商场,七至九层为高档写字间。B 层为王府井科技广场,B1 层丰衣足食美食广场,B2 层双层机械停车场。

本年是工美大厦建店 50 周年,为展示 50 年的成就,制作了《雕琢》企业画册和《璞玉浑金显真纯》宣传片。成功组织"工美大厦 50 周年庆祝典礼仪式暨 2004 年度'销售状元'、'双优营业员'表彰大会"、"建店 50 周年庆祝大会和工美大厦 50 周年联谊会"。

年内开展"金猴献瑞,群猴闹春"、"工美购物奖金佛抽金条真情回馈"、"王府井工美大厦 50 周年店庆优惠酬宾月"等 7 次大型促销活动,营造工美大厦整体商业氛围,经济效益大幅提升。

按照职工代表大会(以下简称职代会)的决议,实施品牌战略,获得"北京市纳税 A 级企业"、"中国商业名牌企业"、"中国商业服务名牌"、"中国商业信用企业"等 9 项荣誉称号。被北京市企业联合会授予"先进管理企业"称号。

单位名称:北京工美集团有限责任公司王府井工美大厦
单位地址:王府井大街 200 号 邮政编码:100005
联系电话:65288866~5611、5612 (张贵芬)

【夜明珠亮相工美大厦】 1 月 6 日~2 月 5 日,位于工美大厦四层的博物馆举办首届夜明珠珍品大展。此次在博物馆展出名为"月光神武"的夜明珠,直径为 730 毫米,重量为 635 千克,是世界上最大的夜明珠。为让观众能够直接感受夜明珠,博物馆专门设置夜明珠观摩室。 (张贵芬)

【新春团拜】 1 月 8 日,工美大厦在华风宾馆召开迎新春团拜会,市商业联合会(以下简称商联会)、区旅游局、王府井大街建设管理办公室(以下简称建管办)等领导、北京工美集团有限责任公司(以下简称集团公司)领导班子、工美大厦离退休干部、曾获北京市劳动模范称号的工人代表、商家代表、经营单位领导班子等 140 人参加。工会主席张晓莹主持,集团公司常务副总经理兼工美大厦总经理李节向来宾致以节日祝贺和慰问;集团公司董事长、党委书记郭泰来致辞,王府井大街建管办综合管理部部长陈大宇在讲话中对工美大厦工作给予表扬;工美大厦内经营单位领导纷纷登台拜年贺岁。集团公司营销策划部部长张红伟宣读表

彰2003年销售状元决定，领导为销售状元颁发锦旗。其间进行幸运大抽奖。（张贵芬）

【服务质量规范考核】 1月30～31日，工美大厦对营业员学习《服务质量规范》进行15场闭卷考试。考查应知应会等日常行为标准和相关法律法规知识。各经营单位对考试重视、配合，合格率99.98%，对未及格、未参加考试人员，组织补考。（张贵芬）

【实战演练安全疏散】 为检验人员安全疏散、扑灭初起火灾的反应能力，3月1日工美大厦进行实战操练。从六楼逐层往下仅用6分钟，将分布在各部位的630余人安全疏散到门前广场。为做好演练，安全领导小组制定详细的演练方案。区领导杨艺文等观看了演练全过程。区公安分局消防处对演练进行讲评，李节总结。区新闻中心、北京电视台、北京日报、北京广播电台等媒体对演练进行采访报道。（张贵芬）

【七届一次职代会】 3月23日，工美大厦职工代表和集团公司、部分商家代表及星光艺术团80余人，在洋子商务酒店召开《第七届一次职代会暨经济工作会》。党委书记常务副总经理丁新荣主持，张晓莹汇报上届主席团联席会情况，宣布、通过第七届一次职代会主席团候选人名单。李节作《把握机遇，协调发展，经营管理再创佳绩》的工作报告，副总会计师刘红作《2003年工美大厦业务招待费使用情况的报告》，张晓莹宣读《工美大厦关于建立集体协商制度职工代表产生情况的报告》和关于修改集体合同部分条款的报告，李节和张晓莹作为双方首席代表签订集体合同，集团公司总经理高颖维讲话。参会代表分组讨论并通过工作报告。李节总结，对代表提出的七个议案进行逐一落实。（张贵芬）

【誓师大会】 3月24日，召开《迎工美大厦五十华诞再创新高誓师大会》，工会向职工发出"以提高工美大厦经济效益为中心，开展全员销售竞赛，开展创建学习型组织，争做知识型职工"活动倡议。各经营单位表示要发挥职工的积极性和创造性，确保各项任务指标完成。汉艺煌工艺品公司代表各商家表示一定要与工美大厦同舟共济再造辉煌。（张贵芬）

【玉石文化宣传活动】 五一期间，玉石文化商场与东方晓鸣有限公司联合推出"玉美人"宣传活动。采取聘请书法家现场题字，专家免费鉴定珠宝，向来宾赠送小礼品等形式，购买玉石优惠促销，经济效益明显提升。集团公司高颖维、李节及党委副书记侯金成现场指导。（张贵芬）

【主题党日活动】 6月5日，组织全体党员和部分积极分子来到西柏坡，在七届二中全会会址前召开"继承革命传统，争做合格党员"主题大会，党委书记兼副总经理杜亚琴讲话并带领全体党员重温入党誓词。新老党员、积极分子代表分别发言，决心牢记"两个务必"，践行"三个代表"。（张贵芬）

【清产核资】 6月11日～7月15日，工美大厦从各部室抽调14人组成清仓小组，共盘点商品60余大类万余种商品，总价值972万元。对库存商品进行录入，核消损失，评估作价，清理历史遗留问题。（张贵芬）

【为体育健儿祝福】 6月28日，工美大厦作为第二届"北京2008"奥林匹克文化节分会场，组织"为中国体育健儿，为奥运冠军祝福"征集祝福语主题活动。集团公司侯金成主持，高颖维为文化节分会场宣传牌揭幕。奥组委领导及校尉社区居民约1200名群众参加。本活动共征集370条祝福语，其中95条是"祝奥运会圆满成功，一路平安"等内容，英文祝福语10条。在"我对奥运冠军的祝福"红绸布或红纸上挥毫泼墨，年龄最大的84岁，最小的仅3岁。这些祝福语将择优汇集成册，呈送北京奥组委，转交中国赴雅典体育代表团手中。（张贵芬）

【礼仪演讲】 7月12日，在新中国儿童用品商店六楼会议室召开"文明礼仪树形象，敬业奉献迎奥运"演讲会。区精神文明建设办公室、王府井地区精神文明建设办公室、集团公司等领导参加。杜亚琴主持，6名营业员和3名香港实习生演讲。工艺旅游商场马凯获一等奖，黄金珠宝商场张润蓓获二等奖，特艺礼品商场刘莹获三等奖。（张贵芬）

【奥运特许经营零售店】 8月5日，工美大厦奥运商品特许经营零售店开业。专营柜台设在一层黄金珠宝商场，经营奥运产品主要为纪念徽章、服装、文具、时尚背包和工艺品5个大类97款商品，价格从15元到298元不等。每件物品的奥运标识不但使商品充满纪念性，更具收藏性。（张贵芬）

【建店50周年】 10月18日，在民族文化宫剧院召开建店50周年庆祝大会。杜亚琴主持，李节讲话。工美大厦原工艺美术服务部第一任总经理苏立功及杭州都锦生实业有限公司董事长、党委书记、总经理王中华到会祝贺。高颖维和中国工艺美术协会副理事长张红对工美大厦职工作出的贡献给予高度评价。市国资委副主任龚莉、集团公司郭泰来、市商联张锡林、北京工艺美术行业协会会长李进华、王府井建管办王冬红及北京新东安有限公司中方总经理刘祥吉等领导到会。国家有关部委、集团公司各部室负责人、所属企业党政领导、工艺美术行业同仁、朋友和部分工艺美术大师、工美大厦各商家代表、联营单位代表及工美大厦历届老领导、劳动模范和职工代表应邀参加。会后,观看《璞玉浑金显真纯》企业宣传片和文艺演出。

（张贵芬）

旅 游 业

【概况】 根据区委、区政府批准的《北京市东城区机构改革方案》东文[2004]26号文件规定,本年7月,撤消原区商业委员会,与其合署办公的区旅游局单独设立。本局是区政府主管区旅游工作的正处级部门,行政编制8人,其中局长1人,副局长1人,科级职数3人。下设综合办公室和行业管理科。

年内,区旅游行政管理范围内共有旅游企业61家,其中旅游景区(点)19家,旅游饭店15家,其中包括二星级14家、一星级1家;旅游餐馆27家,其中包括三星级14家、二星级13家。

行政管理范围外,旅游企业123家。包括旅游饭店31家,其中五星级7家,四星级8家,三星级16家。旅游餐馆17家,其中五星级1家,四星级3家,三星级13家。旅行社75家。

区内有文物保护单位122处,其中:国家级文物保护单位19处,市级文物保护单位55处,区级文物保护单位48处。还有文化娱乐场所1600余家,可满足商务、观光旅游等游客不同需要。

单位名称:东城区旅游局

单位地址:东四十一条83号

联系电话:64027723　邮政编码:100007　　（陈健）

【街区规划建设】 落实区委、区政府“启动实施传统文化旅游区建设规划,规范旅游市场环境”的折子工程,结合《北京历史文化名城保护条例(草案)》要求,本局就调整街区规划领导小组、拓展规划思路、制定街区规划、加大旅游开发带动相关产业发展、力促街区规划建设纳入北京2008年人文奥运规划等方面提出实施意见。

8月和9月,两次邀请区人大代表考察区胡同游、民俗文化项目及旅游咨询站建设,为传统文化旅游区规划建设和旅游事业发展献计献策。　　（陈健）

【假日经济工作】 春节、五一、十一期间,区假日经济领导小组精心部署,加强对全区假日旅游环境的监管、协调与信息反馈,全区无旅游安全事故和旅游投诉,假日旅游市场井然有序,喜庆祥和。

十一黄金周是本局首次牵头负责全区假日经济工作,经全体干部辛勤努力及各部门紧密配合,营造节日期间优美环境和优良秩序,确保旅游消费者度过一个繁荣稳定、欢乐祥和的十一黄金周。　　（陈健）

【规范旅游市场】 ①根据区雍和宫旅游秩序综合整治调度会议精神,制定《关于雍和宫旅游秩序综合整治的方案》,区民宗侨办、商务局、旅游局、公安分局、技监分局、工商分局、交通支队、城管大队、雍和宫管理处等部门联合行动,加大对雍和宫周边秩序综合整治力度。

②坚持巡视制度,重点在旅游景点周边,了解掌握一手材料,发现问题及时治理,严厉打击扰乱旅游市场不法行为。全年出动旅游执法90余人次,对故宫、雍和宫、地坛、钟鼓楼、劳动人民文化宫、中山公园等主要景区点进行巡视检查,对故宫、雍和宫门前无照经营、尾随兜售等行为进行专项整治,确保区内景区点周边秩序良好。

③根据市治理整顿“一日游”工作部署,针对区内主要景区点周边和重点地区存在的问题,全面治理整顿“一日游”非法经营行为。制定《满意服务在东城治理整顿“一日游”工作方案》及《公园风景区周边环境整治方案》,召开治理整顿“一日游”工作会进行部署。将天安门地区、王府井商业街、故宫神武门、钟鼓楼、雍和宫、国子监、地坛等地区和景区点纳入重点整治范围。8月中旬至9月末,工商分局、城管大队、交通支队、环卫局、旅游局、文委、园林局、商务局、安定门街道、北新桥街道等相关部门出动860车次、6100人次,进行市场检查和综合整治。查处各类违法行为1033起,罚款3.19万元,没收非法小广告11.57万张,查处散发小广告261起,清除小广告2332处。查处黑车

378余起,销毁没收无牌无证、非法揽客人力三轮车、摩的、残疾人专用车和自行车100辆。查处无照经营353起,规范经营7户,没收劣质佛香300余封等。打击了扰乱旅游市场的"黑车"、"黑导"、非法"一日游"经营行为。（陈健）

【开发胡同旅游产品】 年内结合本区胡同特点、周边旅游环境状况及游客需求,引导企业整合资源,积极开发胡同旅游线路。上半年,三次邀请日本、韩国、美国、加拿大、瑞典等7个国家28家境外旅行社驻京机构和在全市旅行社销售额排名前80位的企业及多家新闻媒体,到本区考察旅游资源,推介新的旅游线路。（陈健）

【旅游节庆活动】 为丰富活跃全区假日旅游市场,各旅游企业开展丰富多彩的节庆活动。10月1~7日,中山公园、劳动人民文化宫分别举行庆祝中华人民共和国成立55周年游园活动。通过图片展、文化演出等形式,宣传建国55周年,特别是改革开放26年来社会主义现代化建设取得的巨大成就,展示全国人民满腔热情、团结奋进、开拓创新、昂扬向上的新风貌。地坛公园10月1~10日举办第六届北京图书节,以"传承文明、弘扬文化、繁荣出版、走向世界"为主题,举办图书、期刊、音像、电子出版物展示展销,新书首发式、作者签名售书及各种演出、主题日活动等。地坛书市平均日接待3万余人。（陈健）

【旅游资源信息库】 建立东城旅游资源信息库,系统采集全区旅游资源,为全区旅游规划、旅游产品开发、旅游促销宣传和旅游信息发布提供系统、全面的信息材料。年内基本摸清全区旅游资源底数,收录相应图文材料。（陈健）

【旅游宣传手册】 加强区旅游业的对外宣传促销,本局编写《东城漫游一册通》宣传手册,成为了解、宣传东城及传统文化旅游区的宣传品和便于游客到东城吃、住、行、游、购、娱的出行参考材料。配合全国文明创建办公室工作,提供本区旅游指南资料。（陈健）

【旅游信息报送】 三季度报送各类信息共24期。被采用27条,其中市旅游局信息采用2条、东城信息采用11条、昨日区情采用11条、创建文明城区工作简报采用1条、"党心连民心、亲情进万家活动简报"采用2条。被昨日市情评为优秀信息2条,被昨日区情评为优秀信息2条。（陈健）

【受理旅游者投诉】 年末共接待投诉12起,主要投诉景区点售票态度和商亭价格争议问题,所有投诉一周内处理完毕,满意率100%。（陈健）

【旅游行业协会】 发挥旅游行业协会作用,利用社团组织开展工作,促进东城旅游业发展。年内召开三次会长会,研究全年协会计划和各项工作。

做好《东城旅游信息》会刊编辑工作,全年编发《旅游动态》38期,成为联络会员、传递信息、政企沟通的载体。

十一前,通过旅游行业协会向全区旅游星级饭店、餐馆及旅游景区点发起"优质服务为游客、满意消费在东城"的倡议,确保接待服务创一流,游客投诉率明显下降,满意率上升。（陈健）

【咨询服务】 本年,落实旅游咨询服务站软件建设,完善服务功能,为游客提供旅游咨询服务、自助查询、宣传资料索取、业务代理和受理投诉。共接待游客咨询3249人次,包括:外宾2271人次,内宾978人次。外宾比例占咨询总人数的70%,是全市18个区县接待外国游客较多的站点之一。电话咨询76人次,7、8月旅游旺季月平均接待450人次。（陈健）

【东城旅游业效益情况表】

年份	接待人次（万人次）	同比（%）	营业收入（亿元）	同比（%）
2001	2121.43	+10.70	55.95	+2.98
2002	2182.09	+2.86	67.81	+21.20
2003	2367.92	+8.52	74.23	+9.47
2004	3210.02	+35.56	105.69	+42.38

东城区工商企业负责人

天元发展集团公司

董事长	杨静森
总经理	孙志家
党委书记	杨静森(兼)

东华服装有限责任公司

董事长	林建华
党委书记	赵连河

永安复星医药股份有限公司

总经理	赵岳嵩(满族)
党委书记	高秀云(女)

奥士凯集团公司

董事长	高平生
总经理	高平生
党委书记	高平生

东宏基煤炭经营中心

总经理	王福贵(12月离岗休养)董旭光(12月任)
党委书记	刘玉明(6月退休)董旭光(12月任)

兴华美食有限责任公司

总经理	韩文海(回族)
党委书记	陈巨宝

新北方旅游产业发展有限责任公司

董事长	孙荣臻(女)
总经理	李宗范
党委书记	孙荣臻(女,兼)

三辰商贸有限责任公司

总经理	金潮河(回族)
党委书记	金潮河(回族,兼)

金盟经贸有限公司

总经理	赵京玉
党总支书记	赵京玉(兼)

东城区区域商业负责人

北京王府井百货(集团)股份有限公司百货大楼

总经理	刘冰(女)
党委书记	刘冰(女)

北京王府井百货(集团)股份有限公司东安市场

总经理	孙文全
党委书记	王文杰

北京工美集团有限责任公司王府井工美大厦

董事长	郭泰来
总经理	李节

CAIZHENG JINRONG
财政金融

财　　政

【概况】 本年,深化公共财政改革,实现全区财政收支平衡,完成各项财政任务。全区财政收入完成34.52亿元,为区第十三届人民代表大会第一次会议批准年度预算的100%,同比增收3.14亿元,增长10%。其中,财政经常性收入比上年增长8%。全区财政支出完成29.81亿元,为年度预算的91.2%,比上年增加4.68亿元,增长18.6%。

单位名称:东城区财政局
单位地址:东直门外新中街2号
联系电话:4153614　邮政编码:100027　　（关加利）

【财政支出】 全年主要财政支出项目:①基本建设2.16亿元。②企业挖潜改造资金425万元。③文体广播事业费2737万元。其中,文化事业费1132万元,比上年增长4.9%。④教育4亿元,比上年增长8.3%。⑤科学2477万元,比上年增加2351万元。⑥医疗卫生2.49亿元。其中,卫生8939万元,比上年增长18.5%。⑦其他部门事业费9851万元。⑧抚恤和社会福利救济1.32亿元,比上年增长34.9%。⑨行政事业单位离退休支出4.16亿元。⑩社会保障补助3850万元。⑪行政管理费2.74亿元。⑫公检法司2.28亿元,比上年增长7%。⑬城市维护费2亿元,比上年增长7.5%。⑭政策性补贴1386万元。⑮专项8316万元。⑯其他支出5.4亿元。　　（关加利）

【预算支出主要投向】 按照科学发展观要求,以“统筹兼顾、有保有压”、“集中财力办大事,投入资金讲效益”为原则,优化支出结构,构建公共财政体系,强化预算管理和资金管理,严控一般性支出和预算追加,支持全区重点事业健康发展。

①保证基层政权稳定。通过重新核定基本支出定额、压缩项目预算、资金置换等方式,落实市委市政府规范公务员收入工作所需资金;全年政法投入2.28亿元,加强政法部门建设,实施“科技强警”。健全街道财政财力保障机制,保证街道政权正常运转和社区建设顺利实施,奥林匹克、南池子等一批精品社区相继建成并投入使用,改善了辖区环境,丰富了群众文体生活。

②维护社会安定团结。继续加大社会保障投入力[illegible]拨付资金5110万元,对20.1万人次发放最低生活保障和粮油帮困资金;拨付再就业资金1190万元,用于社区公益性就业组织安置大龄就业困难人员实现再就业;安排专款68万元,对172名特困人员实施临时救助和医疗救助;以批量个贷形式,为2474户标准租私房承租人贷款5.9亿元。

③坚持依法理财,确保法定支出增长。全年教育、科学、文化、卫生事业投入分别比上年增长19.1%、10.9%、10.4%、19.1%。继续增加教育事业经费,支持教育体制改革,安排专项资金支持现代化学校建设和危楼改造;继续增加科技投入,初步建成公共信息网络服务体系;安排专项资金用于开展创建全国文明城区工作;重点支持公共卫生体系建设,在防控“禽流感”和“非典”工作中发挥作用。

④提高城市管理水平。全年投入城市维护经费2亿元,支持公厕改造、绿地扩大、垃圾分类、公园湖水处理等工作,改善全区投资环境和人居环境;投入467万元,落实燃煤锅炉改造任务,建立远程工地可视监视系统,推进治理大气污染第十阶段工作;安排专项资金1000万元,加快网格化城市管理信息平台建设。

⑤严格控制压缩一般性支出。落实“两个务必”的要求,结合市委市政府规范公务员收入工作的开展,从严审核购买性和修缮性支出预算;落实《关于进一步严格会议管理提高文件实效的意见》,压缩会议费、表彰费等支出。全年共审减各类一般性支出1.13亿元。　　（关加利）

【筹措资金支持重点建设】 全年通过中央、市级专项资金和申报土地出让金返还,争取各类专款8.7亿元。安排配套专项资金321万元,兑现财税优惠政策561万元,支持高新技术产业发展;投入1.6亿元用于地铁五号线建设,安排1亿元支持北京站东街、海关东侧路等市政改造项目。　　（关加利）

【支持住房制度改革】 配合区有关部门启动本区机关事业单位住房补贴发放工作。制定《东城区行政事业单位职工住房补贴工作的实施意见》,拟定《行政事业单位职工住房补贴资金筹集、拨付和管理办法》、《东城区政府住房基金管理暂行办法》和《东城区标准[illegible]资金的管理。对全区215个二级预算单位上报的住房补贴支出预算进行审核，区属681名离休职工住房补贴全部发放到位。

与区相关部门配合，完成标准租私房腾退工作。拟定《东城区政府住房基金管理暂行办法》，加大工作力度，逐户逐笔审核，及时办理手续，做好标准租私房补贴资金审核工作，确保在规定时间内完成腾退任务。全年以批量个贷形式，为84批2366户标准租私房承租人办理手续，贷款资金5.65亿元。（关加利）

【预算编制改革】 按照“规范管理、科学分配、求真务实、积极稳妥”的指导思想，强化预算管理，加强资金管理，推行综合财政预算，制发《东城区区级基本支出预算管理试行办法》、《东城区区级项目支出预算管理试行办法》和《东城区预算外资金管理暂行办法》等制度，规范部门预算编制程序，组织146个一、二级预算单位编制2005年部门预算。全面清理人员支出，细化基本支出定员定额标准，建立单位自定开支项目上报审批制度。规范项目申报文本，完善3类9项事业发展项目库内容，区分轻重缓急，实行排序滚动管理。完善基础资料数据库，建立动态数据报送体系。

（关加利）

【财政国库管理制度改革】 落实市委市政府规范公务员收入工作，加快财政统一发放工资步伐，制定《东城区行政事业单位财政统一发放工资暂行办法》、《东城区财政统一发放工资资金拨付管理暂行办法》，对全区57个预算单位9300余人实行工资统发。扩展财政直接支付领域，以综合整治项目为切入点，开展基建资金财政直接支付试点工作。扩大按用款计划拨付预算资金的范围，拨付单位由上年51个增加到58个，金额由7.8亿元增加到12.7亿元，拨付资金占下达预算指标的100%，财政资金的安全性和有效性得到提高。

（关加利）

【政府采购】 完善政府采购管理和监督机制，出台《东城区政府集中采购项目跟踪反馈制度》。邀请人大代表、政协委员、社会监督员和新闻媒体到招标现场进行监督，增强政府采购的透明度。拓宽采购领域，介入城市管理和现代化学校建设。定点采购供应商扩大到38家，涉及货物、服务两大类8项。全年政府采购规模达2.17亿元，完成年度计划的105%。

（关加利）

【“金财工程”建设】 开通覆盖全区一级预算单位的横向拨号网络，为东城“金财工程”通讯网络平台建设奠定基础。研发应用邮件通讯管理系统，为单位之间网上办公和信息交换提供快捷方便的渠道。完善基础资料数据库和整合预算编审、预算执行、财政工资统发、财政专户收入管理系统，使财政业务应用系统进一步完善。

（关加利）

【街道财政管理】 规范街道预算管理和转移支付，完善街道财力保障机制，调动街道优化发展环境、协税护税和建设社区、管理社区的积极性。全年街道财政用于各项事业支出3.2亿元，其中：社区建设4380万元，城市管理2210万元，社会保障9854万元。（关加利）

【财政法制和监督】 根据《行政许可法》要求，按照全区统一部署，结合财政工作实际，清理和甄别涉及财政职能的行政许可事项。制发《行政许可监督检查制度》、《受理投诉举报查处制度》、《行政执法过错或错案责任追究制度》，规范财政部门行政行为。推行“全程办事代理制”，组建领导小组，制定工作方案，将财政票据购领证及票据存根销毁、代理记账机构资格审批工作纳入全程办事代理，建立投诉督查机制，通过区领导小组的检查、验收，全年办结全程代理事项33件。

按照市财政局部署和区纪委要求，开展公共财政改革、会计信息质量、党政机关大额资金管理制度执行情况等财政监督检查，对部分重点建设项目实施全程跟踪监督。审计部门对76个单位进行审计，全年审计监督资金156亿元，查补入库收入113万元。

（关加利）

国家税务

【概况】 区国税局隶属北京市国家税务局，共管辖各类纳税单位和个人1.82万户及25个集贸市场。年内本局结合区域经济特点，全年组织各项收入232.35亿元（含海关代征），比上年同期增收35.63亿元，增长

18.1%。组织税收收入64.99亿元,比上年同期增收3.43亿元,增长5.6%。组织区级财政收入7.51亿元。

单位名称:东城区国家税务局
单位地址:东四礼士胡同133号
联系电话:5133585　邮政编码:100010　(张琪)

【税收征管】　①做好纳税评估,构建征管保障体系。制定《纳税信用等级评定方案》,建立健全各项纳税评估制度,做好纳税评估基础工作,提高评估质量。规范工作流程,抓好纳税人自行申报工作,掌握各种涉税评估信息。了解纳税人纳税情况,做好纳税评估参数测算,增强管理的针对性。通过对企业的申报、税款、发票管理及税务稽查管理的评定,实现分类管理。对增值税一般纳税人和缴纳所得税大户等重点税源重新梳理,评出A级企业98户,B级企业2532户,C级企业109户,D级企业13户。②完善办税服务厅管理,改善纳税环境。修改申报工作流程,实行"全功能柜员制"、"查询后置"、"录入后置"、"前台引导制",为纳税人提供良好的纳税环境。③促进税收管理信息化应用,提高工作效率。编制出台《CTAIS查询机操作手册》,内容涵盖CTAIS各环节全部查询操作方法和步骤。　(张琪)

【流转税管理】　做好金税工程各项工作。①改变数据采集方式,每月上传存根联、抵扣联信息的方式由原四级传输(区县级——地市级——省级——总局)改为三级传输(地市级——省级——总局)。②实施增值税失控发票快速反应机制,在防伪税控系统网络版软件中增加认证发票双向比对、失控发票数据实时采集和自动更新功能,实现以日为单位在全国范围监控非正常企业和失控发票信息。③安装使用稽核结果导出工具,对总局下传的每月比对相符的抵扣联信息进行导出,变静态数据为动态数据,使辅导期一般纳税人能够及时抵扣进项税额。

加强对增值税一般纳税人《海关增值税专用缴款书》、《运输发票》、《废旧物资发票》、《税务机关为小规模纳税人代开增值税专用发票》四种抵扣凭证(以下简称"四小票")的管理,利用征期对"四小票"相关的抵扣税款申报规定、清单填写方法及抵扣的法律责任等进行宣传与辅导,对纳税人未按规定填制清单并上传清单电子采集数据,造成无比对信息或比对信息不符及违反相关税收抵扣规定的,依据有关法律法规对其进行调账、补缴税款、加收滞纳金或罚款处理。

开展增值税一般纳税人清理审查,依法认定,加强宣传、严格审核。清理市查临时一般纳税人716户,625户企业转为正式一般纳税人。

做好增值税辅导期一般纳税人"先比对,后扣税"管理。①审核纳税人申报数据,进行"一窗式"票表比对。实行税收管理员专管制度,监控纳税人增值税税收行为。②建立信息传输网络,制作"稽核比对结果通知书"及"明细清单",及时送达辅导期一般纳税人手中。③采取"税收管理员初审、申报受理员复审"两级审核管理方式,按月、按发票类别对辅导期一般纳税人稽核相符及协查结果中允许抵扣发票的份数、金额、税额等情况进行汇总。　(张琪)

【所得税管理】　在年度企业所得税汇算清缴工作中,加强对所得税管理部门培训指导和宣传,分析所得税税源管理和收入,落实企业所得税新政策,及时反馈新政策在具体执行中遇到的问题。2003年本局独立纳税的汇算清缴企业5325户,比上年3967户增加1358户,入库企业所得税28.2亿元。对房地产开发企业预售收入进行清理,筛选部分房地产企业交由稽查部门清理,对预售收入数额进行核实。由管理所对剩余房地产开发企业进行清理,核实预售收入金额,了解在执行政策中出现的问题。经清理,共有房地产开发企业27户,有预售收入的企业2户,预售收入4472万元,入库税款221万元。加强所得税亏损企业管理,将亏损数额大的企业转由稽查所确认亏损额,在亏损额较小的企业中挑选有代表性企业进行核亏,并对核亏情况进行审核,做好弥补亏损信息模板维护和税款入库工作。　(张琪)

【个体集贸税收】　加强个体税收银行网点申报宣传,扩大个体工商户银行网点扣税比例,提高银行网点扣税准确性。本年通过银行扣税的个体工商户1489户,占申报户的75.2%。健全完善个体户双定管理制度,严格按照管理办法进行定额核定、调整。全年共受理个体工商户核定征收695户,受理纳税人变更纳税定额申请129户,检查纳税人定额情况396户,补缴税款171万元。加大催报催缴力度,个体户申报率99.45%。强化集贸市场税收管理,年内与4个集贸市场签定委托代征协议,代征税款76.5万元。贯彻落实下岗失业人员从事个体经营活动税收优惠政策。全年受理各类减免税173户,减免税额17万元。组织个体税收收入1.9亿元。　(张琪)

【涉外税收】　在外商投资企业和外国企业所得税汇算清缴工作中,加强制度化、规范化建设,明确责任,层层落实,建立联合办公制度,集中审核,集中录机[illegible]科、所间定期汇总,及时掌握工作进展情况。建立申报资料当日移送制度,确保衔接程序畅通。391 户企业参加汇算清缴,申报、审核、合格、录机率均 100%;盈利企业 149 户,盈利面 38%;汇算净补所得税 3500 万元,应退所得税 4801 万元。加强重点税源管理,涉外科和管理所分别指定专人对企业管理和监控,对内加强协调沟通,对外及时掌握税收政策和产业政策对企业税收的影响。做好涉外企业售付汇管理,采取"一站式"服务方式受理纳税人申请,当日完成资料审核、临时纳税人登记、纳税判定及申报表审核等工作,确保纳税人申报一次成功。对 308 户企业开展审核评税,调增应纳税所得额 1450 万元,补缴所得税 43.8 万元,加收滞纳金 0.1 万元。全年组织涉外税收 79.59 亿元。

(张琪)

【出口退税】 按照国家税务总局和市国税局部署落实"新账不欠,老账要还"的办法,加快退税进度,办理出口退税 23.23 亿元,其中办理以前年度出口退税 15.69 亿元,办理本年度出口退税 7.48 亿元。加大出口退税宣传力度,通过税讯网、办税服务厅张贴公告、电话等将最新出口退税政策及时传达到企业,加快退税申报速度。做好退税内部数据分析,准确掌握应退税出口额。加强内部审核,做好后期核销单返回管理工作。

(张琪)

【发票管理】 发挥 CTAIS 在发票管理中的作用,建立纳税申报环节和发票发售环节的有效衔接。①严格对发票印制、发放、开具、取得、保管、缴销等环节的管理。强化发票"验旧购新",完善逐笔开具大额增值税专用发票的手续,规范新的发票管理制度。②开展普通发票内、外部管理检查。对外,向纳税人发放发票领、用、存情况表,对每一户发票核定数量与领购数量是否相符,使用、保存是否符合要求等进行检查。对内,从发票管理入手,对各项规定执行情况进行自查,根据发现的问题及时整改。③加强对商贸企业增值税发票的管理。严格控制对辅导期纳税人发票版额和数量的审批,加大发票验旧购新力度,对属于清理范围的临时一般纳税人使用的专用发票重新核定。

(张琪)

【税收法制建设】 贯彻《行政许可法》,组织税务人员学习培训,按便民、高效原则,加强行政许可配套制度的建设,规范行政行为。实行告知制,利用触摸屏及张贴宣传材料宣传《行政许可法》。建立一个窗口对外制,在办税场所设置税务行政许可事项受理窗口,负责受理税务行政许可申请、送达税务行政许可决定。制作准予行政许可决定公告栏,使行政行为公正透明。在互联网站《行政许可法》专区开辟"东城区国税局准予行政许可的决定",达到信息共享。强化后续管理制,确保被取消审批项目后续管理工作不受影响。

(张琪)

【税法宣传】 围绕"依法诚信纳税,共建小康社会"的主题,以展版、网络、户外广告、新闻媒体等形式开展税法宣传活动。在办税服务厅设立税收宣传服务台接受纳税人咨询、悬挂宣传横幅、利用电脑触摸屏、板报、展版等方式向纳税人宣传税收知识。开展《税收征管法》、《行政许可法》,加速信息化建设、推进征管改革,强化发票管理、打击倒卖假发票,整顿、规范税收秩序等宣传。宣传全程办事代理制,在东城政府网站公布举报电话和举报税收违法行为的奖励制度和办法,公示公开办税相关内容,发挥社会监督作用。开展《行政许可法》和税收新政策宣传,在办税服务厅、税务所发放落实下岗再就业税收政策宣传资料,宣传解释相关政策。

(张琪)

【税务稽查】 加强对重点行业、企业、地区的税收专项检查。剖析企业成本构成项目,查处人为调节收入和成本、虚列成本、扩大费用列支范围等违反税收政策和财务制度的行为,将所得税审核从对税前扣除项目审核拓展到对成本全面审核。规范各类协查工作,将重点放到对受托协查发票尤其是对失控票、作废票的协查上,打击骗取抵扣税款的违法犯罪活动。年内组织稽查收入 8800 万元,入库率 99.99%。汇算清缴退税核查少退税款 591 万元,调减亏损额 9.6 亿元。移送公安机关立案侦察案件 5 件,涉及偷税额 382 万元。

(张琪)

【优化纳税服务】 推进"一窗式"受理和"全程办事代理制",构建税收管理体系。将办税服务厅窗口调整为"咨询服务"、"专用发票"、"管理服务"三类。按照"一人一窗一机"模式,对管理服务职能窗口进行整合,实现"一窗多能"的转变。纳入税收"一窗式"管理涉税事项共 3 项,覆盖除稽查以外的所有税收征管业务。由 17 个窗口 17 名工作人员,减并为 8 个窗口 8 名工作人员,纳税申报时间由 7 分钟缩短到 2 分钟左右。设置 7 个全程办事代理制受理窗口,规范职责,明确受理许可(审核)项目、办理程序、承办时限、责任人和工作流程。全年共收回纳税人填写的《全程办事代理反馈书》3039 份,对受理人员服务满意的 2864 份,占 94.24%,基本满意的 175 份,占 5.76%,满意率 100%。

(张琪)

【干部队伍建设】 进行机构调整和人力资源合理配

置。按照规定和有关程序，选拔任用正科级干部3名，副科级1名；选拔任用正科级非领导职务公务员3名，副科级非领导职务公务员7名。加强岗位交流，年内调整正科级干部工作岗位4名，副科级1名，干部及工勤人员21名；转任正科级非领导职务公务员3名，转任副科级非领导职务公务员6名。开展副科级职务竞争上岗工作，全局符合条件的科级以下公务员近1/3报名参加竞聘。开展行为规范、《行政许可法》、CTAIS系统、申报征收和会计核算、所得税政策及亏损企业管理、增值税一般纳税人年审工作等培训。本年，组织参加业务培训56期次，参训人员2112人次。鼓励税务干部参加与税收工作相关的专业职称、执业资格培训与考试。制定《岗位责任制考核先进单位奖金发放办法》、《岗位责任制二级考核的几条原则》等，完善考核、奖励机制。

（张琪）

地 方 税 务

【概况】 区地税局设置14个科室、15个税务所，共管辖各类纳税单位2.48万户。全年组织各项收入81.15亿元，同比增收20.35亿元，增长33.47%；组织税收收入79.01亿元，同比增收20.62亿元，增长35.31%，完成市局下达年度计划指标62.5亿元的126.41%。完成区级税收23.71亿元，同比增收2.16亿元，增长10.05%，完成区政府折子工程下达年度税收计划23.7亿元的100%。地方税收连续10年增幅在15%以上，为区经济建设和政治稳定提供了财力保障。年内本局获首都精神文明建设委员会授予的“首都文明单位标兵”称号。

单位名称：东城区地方税务局

单位地址：和平里中街6区5号楼4号

联系电话：4223113　邮政编码：100013

（何健辉）

【纳税服务志愿者】 3月4日，创建“纳税服务志愿者”组织，首批招募100名纳税服务志愿者。“纳税服务志愿者”组织由热心公益事业，具有为纳税人提供涉税服务技能的税务师、会计师、律师等专业人员组成，以志愿服务为宗旨，为有特殊需求的纳税人，如老弱病残人员、下岗人员、复转军人或军烈属家庭等，提供公益性、个性化、专业化服务。在辖区内10个街道设立10个纳税服务公益活动站，在每个公益站设立一部志愿服务热线电话，配备一本《志愿服务工作记录》。召开志愿者、服务对象座谈会，组织志愿者与有特殊困难的服务对象见面、座谈、现场答疑、收集服务内容，互留地址电话，结成100多对“一对一”服务对子，为有特殊困难纳税人提供帮助。

（何健辉）

【全程办事代理制】 制定《全程办事代理制工作实施方案》和工作流程，确定税务登记、发票办理、纳税申报等5类14项为全程办事代理制项目。在全局10个办税服务厅设立“全程代理”受理窗口，设立“全程代理制”窗口提示牌、办税服务厅张贴宣传画、东城地税网页上公布等，对纳入“全程办事代理制”事项实行政务公开。全年办理开业登记4043户、变更税务登记2.21万户次、注销税务登记1262个，办理发票种类核定1275户、购领发票6200户、发票兑奖8.83万笔、兑付中奖金额169.43万元。

（何健辉）

【创建学习型组织】 把创建学习型组织作为一项重要工作来抓，为全体干部创建学习条件，营造学习氛围。开展向全局干部职工赠书和读书研讨、读书心得交流、读书征文等活动。邀请市管理科学院院长、北京创建学习型组织专家认证小组副组长马仲良教授就“如何创建学习型地税组织”进行讲座。提高干部队伍整体凝聚力、执行力、创新力和核心竞争力，为地税建设提供人才保证和智力支持。

（何健辉）

【税务行政许可】 对本局制定税收行政规范性文件的合法性、规范性进行审核。举办4期《行政许可法》培训，邀请中国人民大学法律系教授从行政许可法基本理论、行政许可设定、行政许可实施机关、法律责任等6个方面结合实际案例讲解《行政许可法》，组织全局干部参加《行政许可法》考试，及格率100%。全年办理税务行政许可836项。

（何健辉）

【重奖纳税大户】 7月22日，区政府根据《东城区关于进一步营造区域环境，促进经济发展的暂行办法》，对274户2003年纳税大户进行奖励，奖金总额2339万元。北电网络（中国）有限公司、北京移动通信有限责任公司、北京长安俱乐部有限公司、中国银行北京市

分行、北京饭店等对区经济发展作出突出贡献的企业得到重奖。（何健辉）

【营业税政策查询工具】 开发“营业税政策查询工具”软件，提高营业税税收政策查询速度及准确率。此工具可以快速、简便查询1994～2003年市地税局、市财政局发布的全部营业税相关政策文件，文件总数达400多个。使用者可以按照税种、税目、行业、年份、文号、减免税等多种索引方式对文件进行查询。（何健辉）

【检查信息通报制度】 建立国、地税检查信息通报制度，双方在检查中发现有对方管辖税种纳税问题，及时向对方通报。制订联合检查办法，对重点行业、重点税源户开展联合检查，加大检查力度的同时减少对企业检查次数。建立检查工作协商会议制度，每季度召开协商会，就检查工作情况沟通与交流。（何健辉）

【纳税服务热线远程座席】 9月13日，在全系统开通运行“12366”纳税服务热线远程座席，提高纳税咨询服务水平。在9个税源管理所、征收管理科和纳税服务所11个点分别设置专门咨询电话，受理解答纳税人咨询。该系统能直接接听纳税人电话咨询、受理和答复市局“12366”热线转入的咨询和纳税服务投诉，利用热线系统软件的群发短信、外拨电话等功能向辖区内纳税人发布通知、通告，提供迟报催缴等服务。年内共受理处理各类咨询办件2458件。（何健辉）

【阳光就业行动】 9月18日，与区劳动局、国税局、工商局等相关部门开展“劳动保障政策、法规宣传咨询日”活动。在活动现场为下岗职工进行再就业优惠政策宣传、咨询，发放再就业优惠政策材料及减免税申请表数百份。（何健辉）

【TAX861东城网页】 就某个行业或行为应纳什么税、如何纳税进行介绍。改版并更新现有网页模块，拓展网站的实用性，增加“发票兑奖查询”、“网上申报”、“志愿者动态信息”、“税务登记”等功能模块。在部分栏目试行“责任编辑”工作方式，对优秀栏目和责任编辑进行评比表彰，提高干部更新维护工作积极性。网站各模块信息更新量达1.36万条，网站访问量63万人次，日均访问量1490人次。（何健辉）

【网上有奖竞答】 12月4日，举办“法律在我心中”网上有奖竞答活动。围绕与纳税人生活密切相关的法律、法规、税法知识进行宣传，以《宪法》、《行政许可法》和《新征管法》为内容，设立30道选择题，全部答对有奖。来自15个省市的上千名纳税人参与，产生一等奖10名，二等奖20名，三等奖30名。通过贴近实际、贴近生活、贴近群众的方式，扩大法制教育覆盖面。（何健辉）

【税收宣传】 全年在报刊、杂志、电台、电视台刊播宣传稿件600余篇。通过电视台、电台、报刊等多种媒体宣传纳税服务志愿者活动情况，扩大纳税服务志愿者组织的影响力和知名度。配合市局开展全国税务歌曲征集评选活动，《国家靠的你我他》、《税务员你辛苦了》等10首歌曲获奖。利用公益广告牌，加大税收宣传力度。与北京经济台联合制作《有奖发票，利国利民》专题节目。（何健辉）

【党风廉政建设】 制定《2004年党风廉政建设工作计划》，将各项任务细化和分解，落实到责任部门和责任人，按月编制《重点工作时间进度安排表》，便于实际操作和监督检查。制定《行政监察工作计划》、《党风廉政宣传教育工作计划》、《行业作风建设工作计划》，把主要工作进一步细化。召开党风廉政建设工作会议，签订“党风廉政建设责任书”。责成党风廉政建设责任制督查小组，对各级领导干部履行责任制情况进行监督、检查和考核。（何健辉）

金融　保险业

中国工商银行北京市东城支行

【概况】 中国工商银行北京市东城支行历经2000年8月、2003年12月两次分设后(分出王府井、和平里两家支行),本年下辖3个网点支行、2个分理处、1个营业室、13个储蓄所,共19个网点,从业人员568人(含柜员制合同员工和代理用工)。办理工商信贷、结算、汇兑、储蓄、外汇业务及各项金融代理业务。本年在“从高一流”思想指导下,坚持“强化优势、挖掘潜力、脚踏实地、开拓进取”的工作方针,取得年度支行长绩效考核在北京分行排名第三的成绩,且绩效等级从B++上升两级至A-。本外币总资产比年初增长1.6%,各项存款比年初增长3.3%,各项贷款比年初增长1.3%,本外币利润比上年增长9.7%,人均利润比上年增长34.7%。

单位名称:中国工商银行北京市东城支行
单位地址:东四十条24号
联系电话:4020260　邮政编码:100007　(绳琦伟)

【存款业务】 本外币存款总额比年初增长3.3%。其中人民币企业存款总额比年初增长27%,人民币储蓄存款比年初增长7.7%。(绳琦伟)

【贷款业务】 开办信贷资产买断、美元流动资金循环贷款、外币保函等多种融资业务。采取综合、高层、整体、感情等组合营销方式,优质贷款数量有所增加。(绳琦伟)

【国际业务】 办理北京市第一笔自然人借用国际商业贷款结汇业务,开办北京分行首笔出口贴现业务。(绳琦伟)

【中间业务】 电子银行综合考核位居分行第三。办理北京分行首笔“银关通”业务、“网上信用证”业务、个人上网签协议的“批量扣个人”业务,在北京分行首家开办行内使用的“企业财务室业务”。(绳琦伟)

【贷款结构】 清收与退出并重,采取定期汇报、重点分析、逐户落实等方法,优化信贷资产质量。本年,亚健康贷款退出绝对额位居分行第一,退出率位居分行第四。(绳琦伟)

【扁平化管理】 以“人员整合、业务整合、网点整合”为主线,推动网点扁平化管理改革。4月1日,14家独立储蓄网点开始由个人金融业务部集中管理,初步实现个金网点扁平化管理,在管理、营销、物品配送等方面实现一条龙作业。(绳琦伟)

【储蓄所排队问题】 采取多种举措缓解储蓄所排队压力:增设业务窗口,由原来的92个增至101个。实行弹性工作时间,增设大堂经理,管理人员在业务高峰期到一线担任“一日大堂经理”,对客户进行分流。加强督导力度,职能部门在高峰日对网点排队情况采取措施进行检查、督导,并在本行通报。(绳琦伟)

【网点建设】 6月18日,新中街网点支行开业。12月末,存款余额比开业前增加2亿元。改善美术馆后街所、宽街所等小、旧网点办公环境。在东四网点支行进行两部一室改革,将高学历人才充实到网点支行综合管理部。彻底解决一线员工吃午饭难问题。(绳琦伟)

【集约化管理】 年内进行机构改革,将原14个部室缩减为12个,调整职能划分,将存贷业务集中在公司业务部,实行大客户集中、财务集中等集约化管理模式。(绳琦伟)

【内控监察】 8月份,将4名检查员集中到内控监察部管理,发挥检查员督导作用。制定《东城支行重点业务部室及基层网点负责人离岗(任)稽核工作实施细则》,完成对24名干部离任稽核工作。制定反洗钱内控制度。举办“遵纪守法、遵章守制法制教育专题讲座”。(绳琦伟)

【党风廉政建设】 制定《东城支行反腐败、抓源头工作实施细则》,围绕“权、钱、人”等重要管理环节,严格制度,细化责任。(绳琦伟)

【企业文化建设】 召开一线员工、大学生、骨干[illegible]座谈会,听取员工思想热点、工作建议和意见。开展

"两个条例"学习测试,加深全体党员的认识与理解。以"树组工干部形象"为主题开展党员先进性教育活动。成立为职工提供健康服务的"健康苑"。开展"用我的视角看工行发展摄影比赛"及"女职工巧手巧嘴促营销"等活动。以544分的成绩连续四年获北京分行网讯年度考评一等奖。 (绳琦伟)

中国工商银行北京市王府井支行

【概况】 中国工商银行北京市王府井支行,2000年8月1日成立。下设1个营业室、7个分理处(新东安、东单、灯市口、台基厂、东交民巷、禄米仓、华润大厦分理处)和10个储蓄所。王府井支行作为经营管理支行,由北京分行授权承担对辖区内3个二级支行(北京站、东长安街、东四南支行)的领导与管理责任。年末有正式职工520人。经营范围:办理本外币存款、贷款、结算、汇兑、外汇业务、个人金融业务、银行卡业务及各项金融代理业务。年末资产总额比上年增长4.93%,本外币存款总额比上年增长4.8%,利润总额比上年增长20%。

单位名称:工商银行北京市王府井支行

单位地址:灯市口大街50号新中原大厦

联系电话:5270666(总机)　邮政编码:100006 (于晓阳)

【业务经营】 本年支行加强经营管理,加大市场开拓力度,克服不利因素影响,开展业务营销工作,取得明显效果,超额完成上级下达的经营计划。①拓展机构业务。人民币对公存款日均额与上年同比增长10%,外币对公存款额同比增长89%。②发展信贷业务。全部贷款中低风险高效益优质贷款占比进一步提高,住房按揭贷款同比增长16%,票据融资业务同比增长127%。③根据王府井地区商业繁华、消费者云集的地域经济特点,发展个人金融业务,成立4家理财中心,为个人客户创造宽松的服务环境。人民币储蓄余额同比增长12%,个人外汇理财产品销售额在分行名列前茅。④开展各项中间代理业务。中间业务收入同比增长20%,代售开放式基金同比增长159%,信用卡特约商户内外卡交易额列北京分行首位。 (于晓阳)

【营业网点建设】 加快营业机构建设,合理网点布局,支行年内经中国银监会北京监管局批准,新建华润大厦分理处,7月23日正式对外营业,开办本外币各项金融业务。随着朝内南小街市政道路改建工程及配套房屋工程全面竣工,支行在原临时迁址的禄米仓储蓄所基础上,组建具有综合性业务功能的禄米仓分理处,12月27日在位于朝内南小街12号楼一层的网点回迁新址正式开业。两个新网点弥补了所在地段综合性金融网点的不足,为附近单位和居民提供便利。 (于晓阳)

【内设机构调整】 深化支行机构改革,合理设置内部机构,提高经营管理效能,根据分行有关精神,8月份对支行内设机构进行整合,取消原有17个科室,改设14个部室,分别为:综合管理部、人力资源部、保卫部、工会、内控监察部、资金财务部、结算管理部、个人金融业务部、国际业务部、信贷管理部、资产风险管理部、公司业务部、机构业务部、个人信贷业务部。以"双选竞岗"方式公开进行干部竞聘。 (于晓阳)

【电子银行业务】 适应形势发展需求,积极推广电子银行业务,与北京日报报业集团、协和医科大学等单位联合举办"初识'金融@家'把现代生活带回家"、"金融@家个人网上银行校园行"、"现代银行,现代青年、现代生活新体验"宣传推广活动,深入居民社区开展业务咨询,把电子银行理念带给群众,使电子银行产品得到越来越多单位及个人客户的认同和喜爱。年内,支行企业单位新开电话银行账户同比增长144%,企业网上银行新开户同比增长115%,个人电话银行新开户同比增长13%,个人网上银行新开户同比增长近40倍。电子银行交易额比上年增长53%。网上收费站、网银贵宾室、B2C特约商户、个人网上银行证书客户等电子银行业务新品种发展态势良好。电子银行业务的推广,使客户理财与消费更加方便,有利于减少银行网点排队现象,缩短客户等候时间。 (于晓阳)

【企业文化建设】 在上年全面启动企业文化建设取得初步成效基础上,继续加大力度,开展创建活动。①开展"精彩回放—2003"活动,回顾全行上年改革发展、经营管理情况,挖掘和提炼各项工作亮点,以"非典"时期坚持营销及上门收款、网点建设、"扫雷工程"、"150工程"、分行行长考察金街服务工作、企业文化建设、党团活动、职代会等为内容,制作广告宣传片,弘扬"从高一流"("从高"指各项业务经营和管理都要高标准、严要求;"一流"指经营效益、资产质量、金融创新、管理水平、队伍素质、社会形象等都要在同业和本系统保持领先地位。)的主旋律,激发干部员工加快实现改革发展规划目标的工作热情和积极性。②实施"青年发展工程",做好青年工作,提高员工综合素质。③采取多种形式开展主题宣传教育,以"十字"(严格、规范、谨慎、诚信、创新)行风、"五观"(发展观、效益观、质量观、管理观、创新观)经营理念为主要内容,使企业文化倡导的价值观和经营理念深入人心,并使员工理解认同,让文化变成行为。④开展多种文化活动,丰富企业文化内涵,打造学习型组织。⑤发挥典型示范作用,用身边事教育身边人,增强员工归属感和家园感。⑥加大宣传报道力度,利用支行信息网页、内部刊物等宣传平台,宣传支行各项经营改革,报道员工在工作、生活中的成长经历与人生感悟,全年编辑出版《金街银讯》4 期,营造浓厚的家园氛围。 (于晓阳)

【新东安分理处】 位于王府井大街中心地段的新东安分理处,是在原王府井储蓄所基础上发展起来的综合性金融业务网点。该网点以其业务种类齐全、营业时间最长、员工技术过硬、服务质量优异的特点享誉全国,曾获全国五一劳动奖章先进集体、国家级青年文明号、首都精神文明单位、全国模范职工小家、工总行优秀个人理财中心等 40 多项荣誉。本年以客户为中心,坚持从高一流、创新发展,调整业务结构、提升员工素质、创新服务手段、提高服务效率,在王府井金街开设首家外汇交易厅和自助银行,被分行授予"中国工商银行北京市分行百家名店三星级名店"称号。

(于晓阳)

【争先创优活动】 王府井支行党委、团委、工会在行内组织开展劳动竞赛活动、争创优秀共青团集体和个人、优秀职工小家、巾帼示范岗、巾帼岗位标兵等争先创优活动。支行被分行授予"先进职工之家"称号;支行团委被评为分行级"五四红旗团委";新东安分理处被授予全国金融系统"女职工双文明示范岗";支行营业室等一批基层单位被授予分行级年度劳动竞赛先进集体、"青年文明号"、"青年创新创效示范基地"、"优秀团支部"、"先进职工小家"等称号;部分职工被授予分行级劳动竞赛标兵、优秀团员、明星客户经理。

(于晓阳)

中国建设银行北京东四支行

【概况】 中国建设银行北京东四支行下设 8 个升格支行,1 个分理处,16 个储蓄所。办理信贷、结算、汇兑、储蓄、外汇及各项金融代理业务。本年,支行按照分行党委确保"一个中心,两个前提"的工作方针,坚持以股份制改造为中心,着力打造思想观念新、资产质量优、业务基础强、运行环境好、经营绩效佳的东四支行。

年末,本外币利润较上年增长 1.5 亿元,增幅 20%。其中中间业务收入较上年增长 1554.37 万元,增幅[illegible],完成全年计划的 105.52%。年末人民币主口径存款余额新增 118.37 亿元,完成全年指标的 120.11%。企业存款较上年新增 115.01 亿元,储蓄存款较上年新增 8.18 亿元。人民币各项贷款余额较上年新增 31.3 亿元,增幅为 33.69%。外汇贷款余额较上年新增 8052 万美元。公司类贷款增长额和增长率居分行前列。资产质量稳步提升,不良贷款率控制在核定指标范围内。

本年,支行获首都精神文明建设委员会授予的首都精神文明单位称号。

单位名称:中国建设银行股份有限公司北京东四支行
单位地址:美术馆后街 8 号
联系电话:4075043 邮政编码:100010 (宗江南 董娟)

【公司业务】 修订《客户营销与管理办法》、《客户管理考核办法》,建立重点目标客户跟踪汇报制度,确定主要营销行业,取得阶段性营销成果。运用贴现、承兑、委托贷款等多种信贷产品,改善信贷结构,增加信贷规模,加大优质信贷项目的营销储备,以培训、讲座等方式,加强营销队伍建设,提高业务水平。

(宗江南 董娟)

【个人业务】 调整和优化网点结构布局,发挥网点资源优势,拓宽营销渠道,将有特色的个人业务贯穿始终。以代发业务为突破,发挥公私联动优势,确定重点营销产品,开展社区营销活动。举办 VIP 客户联谊与讲座,发展和推广 VIP 客户,收到预期效果。

(宗江南 董娟)

【中间业务】 实施中间业务综合管理模式,将中间业务收入计划按产品归口管理,横向分解到部室,纵向下达各经营部门。注重中间业务与资产负债业务联动,利用银行电子化和网络化优势,提高集团客户的营销成功率,发展网上银行客户,交易指标完成全年计划的 142.22%。做好传统代理业务,推广中间业务品种,扩大市场份额。 (宗江南 董娟)

【个人住房贷款业务】 建立重点项目贷后回访和开发商跟踪管理制度,制定下发《个贷系统管理办法》,发展开发房地产项目资源储备,完成政策性个人住房贷款系统上线。 (宗江南 董娟)

【国际业务】 对年内确定的外汇发展重点客户,建立专户档案,逐一设计"主打产品"。制定外汇业务培训计划,协助分行举办产品推介会,重点推广贸易融资、长期项目融资产品。 (宗江南 董娟)

【信贷管理】 建立支行风险管理平台体系,强化信贷

检查体系作用，出台《2004年不良资产控制实施方案》，将资产保全关口前移。（宗江南 董娟）

【会计管理体系】 推行会计主管委派制，修订《会计检查体系考评办法》，将本外币、对公对私会计核算及政策性金融业务统一纳入会计管理，逐步建立"大会计"管理体系。（宗江南 董娟）

【人事改革】 严格遵循股份制改造改革程序和工作流程，完成后勤体制改革、专业技术岗位双向选择、择优聘任工作和经办岗位双向选择、竞争上岗工作，确保改革顺利进行和职工队伍稳定。（宗江南 董娟）

【党建工作】 以四级党员责任区为基础，开展"党员先进工程"，加强党风廉政建设。开展"五好班子"（好班子、好制度、好队伍、好文化、好效益）创建活动，落实"五必访"（职工患重病或因病住院必访、有特殊家庭困难的职工必访、女职工分娩必访、职工或直系亲属的丧事必访、职工因工伤在家休息必访）制度，实施"聚心工程"（指支行基层党组织在金融体制改革、建设银行股份制改造的新形势下，从关心员工入手，加强思想政治工作，推进基层党组织的其他工作，增强基层党组织的凝聚力、吸引力和战斗力而建立的工作机制）。要求全体党员做到"五个一流"（坚定信念，思想觉悟呈一流；勤奋学习，业务技能竞一流；开拓创新，工作绩效创一流；牢记宗旨，服务群众争一流；廉洁自律，遵章守纪显一流），在建行股份制改造形势下，永葆党员先进性，为党旗添光彩，确保建行改革时期稳健经营、防范风险、长足发展。（宗江南 董娟）

农业银行北京市东城区支行

【概况】 农业银行北京市东城区支行，下设11个部室、1个营业室、3个二级支行、5个分理处、4个储蓄所，员工241人。本年把"加快有效发展"作为业务经营指导思想，各项经营指标取得历史最好成绩。存款余额比上年增长33.02%，贷款余额比上年增长20.69%，中间业务收入比上年增长127.78%，实现利润9983万元，人均创利41.42万元，发展指标列农行北京分行系统第一名。

单位名称：农业银行北京市东城区支行

单位地址：东城区金宝街58号华丽大厦

联系电话：5281871 邮政编码：100005 （梁颖）

【国际业务】 国际结算量比上年增长488%，任务完成率列分行系统第一。销售个人外汇理财产品"汇利丰"五期，均超额完成销售任务。（梁颖）

【创新产品和服务】 通过现金管理业务营销，拓展多个集团性客户。首次与证券公司合作开展银券通业务。实现二手房贷款零的突破。通过为房地产项目提供优质服务，带来存款大幅增长。（梁颖）

【考核激励机制】 出台《东城支行存款奖励办法》、《东城支行银行卡消费奖励办法》、《东城支行市场营销奖励办法》、《东城支行个人住房贷款业务奖励办法实施细则》等，增加激励机制的可操作性，加大考核力度，建立以客户经理营销为主导，全员营销为补充的营销机制。（梁颖）

【清收不良贷款】 制定清收目标，将不良贷款分类排队，制定清收进度表，实行清收责任制，分户到人，责任到人，提前完成清收任务，不良贷款余额占比较年初下降3.9个百分点，资产质量得到提高。（梁颖）

【贷后管理】 将客户经理业绩与贷后管理频率、内容、要求逐项分解挂钩，年末考核兑现。推行风险经理制，成立风险资产管理委员会，对贷后管理工作进行检查。建立电子化信贷档案管理制度，指定专人专职负责档案管理，落实《东城支行档案管理办法（试行）》。（梁颖）

【内控制度】 组建督查办对规章制度、优质文明服务、客户经理考核、网点考评等进行督办检查。严格开户管理，对开户情况进行统计、整理。加大检查监督和案件防范力度，做好外部监管整改落实工作。（梁颖）

【网点建设】 支行所辖东单、交道口、祁家豁子3家分理处经北京市银监局审批，本年升格为支行，农行内部称为二级支行。在朝阳区东坝乡成立奥园分理处，完成交道口支行迁址工作。（梁颖）

【企业文化建设】 按总分行部署，开展整肃行风行纪活动，提高队伍凝聚力。组织学习十六届四中全会文件，推进本行的党建工作。组织各种业务培训和制度学习，创建图书室，提高员工综合素质。通过内部刊物《东支通讯》，反映全行业务经营和员工精神面貌。开展规范化服务达标活动，提高窗口服务水平。（梁颖）

【热心公益事业】 组织员工参加为贫困母亲献爱心"汇聚善款，回报母亲"活动。支持西部植树造林活动，组织员工参与共建万亩"农业银行员工林"活动。

组织全体共青团员向北京市希望工程捐款。　(梁颖)

中国银行东城区支行

【概况】　中国银行东城区支行，内设4个部室，下设1个营业部，6个网点支行，7个分理处，员工305人。本年贯彻执行上级指示和工作要求，以发展为第一要务，以实现效益最大化为追求目标，各项业务得到全面发展，部分业务实现历史性突破。本年营业利润比上年增长77.19%，人均利润增长65.88%。

单位名称：中国银行东城区支行
单位地址：交道口东大街81号
联系电话：4063168　邮政编码：100007　(周晓明)

【存款业务】　年末各项人民币存款比上年新增36.8%。其中人民币对公存款新增25.45%，人民币储蓄存款比上年新增46.5%。　(周晓明)

【贷款业务】　在国家宏观经济调控情况下，面向市场，寻找和挖掘客源，消费信贷业务保持较快发展。消费信贷余额比上年新增21.53%，公司贷款业务有了新突破，同时注重行业特点和结构调整，收缩抗风险能力较差的中小企业小规模授信。拓展赢利空间，增加新的业务品种，先后开展外币、银团、间接银团贷款和807项目融资等授信业务。全年授信余额比上年增长6.18亿元。　(周晓明)

【中间业务】　在传统业务基础上开展基金和保险业务代销工作。根据城区人口密集，外汇储源丰富的特点，开展外汇买卖、期权、汇聚理财等业务，定期举办外汇买卖分析讲座，在媒体发表多篇关于外汇知识、理财业务文章，创办"中银理财半月刊"。继支行营业部开设理财中心后，在部分网点先后开办理财中心，并开设VIP专区和窗口，为支行高端客户提供优质优惠服务。本年外汇买卖交易额比上年新增21.62%。外汇买卖交易量在中行北京分行的占比由2003年的8%提高到14%，期权业务量占北京分行总交易量的90%。本年信用卡业务收入完成上级下达任务的130%，代理卡收单完成全年任务的120%，分别在中行北京分行排名第一和第三。　(周晓明)

【网点建设】　为扩大资产规模，保持持久发展，提高支行的综合能力和市场竞争能力，年内筹建5个新网点并在年末全部对外营业，当年实现本币及外币折人民币5.6亿元。新网点开办不仅满足不同区域客户需求，同时促进支行各项业务发展和效益增长，提升了市场竞争力。　(周晓明)

【制度建设】　从内部管理入手，加强全员思想教育，组织员工学习行纪行规、国家法律法规和上级有关文件，提高认识，培养员工遵章守纪，按规定办事，按流程操作的意识。建立健全规章制度和操作流程，业务管理做到前、中、后台分离。加强岗位责任制，明确岗位任务、职责、职权，减少业务不规范行为。加强对章、证、卡的使用、管理、交接登记及重要凭证的保管。加大检查力度，发挥职能部室的检查监督作用，定期对重要岗位、业务、环节进行检查，多次组织夜查，发现问题及时整改，有效控制各类风险。落实"三防一保"工作，在提高全员安全防范意识基础上，对安全设施进行全面检查维护，完成支行监控室改造，监控系统全部实行数字化，确保支行办公楼24小时处于监控状态。　(周晓明)

【干部队伍建设】　坚持干部学习制度，提高干部政策理论水平和对国家相关政策的理解，提高素质和修养，强调领导干部廉洁自律。加强对干部的管理和考核，制定《科级干部管理考核办法》和网点正职绩效考核办法，实行末位淘汰制。本年对38名科级干部进行考评，6名干部进行岗位交流。注重对后备干部的培养，经过公开竞聘有9名优秀员工走上基层领导岗位，12名员工列入后备干部人才库。　(周晓明)

【企业文化建设】　坚持"以人为本"的企业文化，培养员工发扬企业文化精神，教育员工爱岗敬业、积极向上、努力工作，创造佳绩，鼓励员工积极参与支行建设和发展，在本职岗位实现个人价值和理想。开展"企业文化与做好本职工作"有奖征文活动和树标兵、评先进活动，对优秀员工提供外出参观学习机会。开展健康向上的文体活动，在中行北京分行举行的第五届职工运动会上取得团体第五名。　(周晓明)

中国光大银行北京东四支行

【概况】　中国光大银行北京东四支行依托总行整体优势，将自身发展与北京地区经济繁荣相结合，重视业务创新和规范管理，致力于为客户提供优质高效的金融产品和全方位的金融服务。秉承"让每一位客户都满意"的服务宗旨，年内推出"阳光理财A计划、阳光理财B计划、阳光理财E计划"，为市民提供多种理财方式。拓展私人银行业务，开展个人存单质押贷款、二手房按揭贷款业务，推广网上银行、电话银行、阳光卡、全国一柜通等现代化服务手段，提供24小时自助银行服务,24 小时自助缴费服务,力争以优质的服务满足客户需求。支行年末存款余额 16.7 亿元,贷款余额 11.9 亿元,全年完成利润 1265 万元,连续三年持续增长。

单位名称:中国光大银行北京东四支行
单位地址:东四北大街 337 号
联系电话:4079358　邮政编码:100010　（吴杭）

北京银行和平里支行

【概况】 北京银行和平里支行,是北京银行 118 家支行中规模较大的支行。本着"立足东城,支持首都经济建设"的方针,为国有企业、高新技术产业及中小企业提供贷款,把自身发展和东城区经济繁荣紧密结合。现有员工 50 人,内设公司金融部、个人金融部、信贷管理部、办公室、营业室。本年日均存款 18 亿,实现利润 1236 万元。

单位名称:北京银行和平里支行
单位地址:和平里东街 1 号
联系电话:4232251　邮政编码:100013　（宓婷）

【建立健全管理制度】 支行将各项工作纳入规范化管理,编制《和平里支行管理制度汇编》。加强内部控制,建立内审员岗位。　（宓婷）

【拓展业务】 创新业务体系,完善服务方式,丰富业务品种,为客户提供银行、保险、证券、基金等"金融超市"式服务。　（宓婷）

【运用信息技术】 推出电话银行、网上银行、自助缴费业务等,在对外经贸大学设立自助银行,新开发自助缴纳电费、车船使用税,方便广大市民,提高工作效率。　（宓婷）

【特色服务】 本行是区基本医疗保险代办行,承担区内医保业务。京卡电话预约挂号为市民提供就医便利。银证通业务使客户通过电话银行即可完成 A、B 股交易。　（宓婷）

北京银行股份有限公司安外支行

【概况】 根据北京银行总行文件指示,北京市商业银行安外支行于 2004 年 10 月更名为北京银行股份有限公司安外支行。年内业务发展保持良好的发展势头,日均存款余额较上年增长 6000 万元,总体经营规模实现较快发展。

单位名称:北京银行股份有限公司安外支行
单位地址:安定门外东河沿乙 4 号
联系电话:4250977　邮政编码:100011　（高天啸）

【经营情况】 支行年内工作重点为个人消费贷款,累计发放个人消费贷款 3000 万元。年末支行存款余额 8 亿元,实现贷款增长 4000 万元。　（高天啸）

【经营范围】 人民币、外币存款业务,开立个人、企业、本外币存款账户,发放短、中、长期贷款,办理国内结算,办理票据贴现,发行金融债券,代理发行、兑付政府债券,提供信用证服务及担保和经人民银行批准的其他业务。　（高天啸）

中国人民财产保险股份有限公司北京市东城支公司

【概况】 本年是中国人民财产保险股份有限公司北京市东城支公司从国有独资向股东多元化方向转变的第一年,经历了薪酬制度改革、劳动合同完善、财务核算方式改变、业务流程再造和领导班子人员变化与充实。克服由于市场主体增加而变得更加激烈的市场竞争和汽车市场萎缩及调整车险费率给企业和经营带来的困难,完成上级公司下达的主要经济指标。实现保费收入 2 亿元,处理赔案 6.6 万件,支付赔款 1.27 亿元,向地方缴纳税金 1151 万元。

单位名称:中国人民财产保险股份有限公司北京市东城支公司
单位地址:和平里东街 20 号
联系电话:4254315　邮政编码:100013　（李兵）

【经营思路】 年内,公司经营理念从规模经济向效益经济方向转变,确定"以效益为中心,以利润为龙头,以管理促发展,以服务为纽带"的经营原则。立足现在,着眼未来,使全员思想统一,目标明确,积极开展业务,调整险种结构,有效控制规模,实现企业利润最大化的经营目标。　（李兵）

【业务培训】 随着保险市场的变化,条款不断更新,为提高人员业务能力,公司加大业务培训力度,针对不同险种需求,全年组织各类业务知识讲座 13 次。　（李兵）

【调整领导班子】 年内,分公司党委根据实际情况,对东城支公司领导班子进行调整,李兵担任公司党组书记、总经理。宋玉森任党组成员、总经理助理。

(李兵)

中国人寿保险股份有限公司北京市东城支公司

【概况】 本年,中国人寿保险股份有限公司北京市东城支公司开展依法合规经营的效率、效益、效果监察工作,及时发现和纠正经营管理薄弱环节,推进诚信建设和内控制度建设。实施IS09001:2000质量管理体系,规范优化业务流程,为客户提供优质服务,并通过英国标准公司BSI外部机构跟踪审核。年内,公司开展百日大会战、百万大回访"双百大竞技"活动,进一步提升了中国人寿品牌。

单位名称:中国人寿保险股份有限公司北京市东城支公司

单位地址:东直门外东中街32号楼

联系电话:4132881　邮政编码:100027

(左欣)

【保险业务】 年内,团体业务保费收入1.09亿元,其中意外险558万元,健康险3480万元,普通寿险6816万元。营销险保费收入1.11亿元。全年共赔付1.43万人次,赔付金额1286万元。

(左欣)

金融保险机构负责人

工商银行东城支行行长	倪锡林
工商银行王府井支行行长	包永康
建设银行东四支行行长	王志宏
农业银行东城区支行行长	高松林
中国银行东城区支行行长	周殿君
光大银行东四支行行长	王少英
北京银行和平里支行行长	周　岳
商业银行安外支行行长	田和珍(女)
中国人民财产保险股份有限公司北京市东城区支公司经理	李　兵
中国人寿保险股份有限公司北京市东城区支公司经理	李　明

CHENGSHI
JIANSHE YU GUANLI
城市建设与管理

城市管理

【概况】 本年,区城市管理工作以“建首善、创一流、争第一”为目标,坚持科学发展观、正确的政绩观和群众观,求真务实,开拓创新,探索城市管理体制机制改革,优化全区发展环境。完成各项折子工程、重点工程及为民办实事工作。提高城市管理整体水平,改善城市环境状况。

单位名称:北京市东城区城市综合管理委员会
单位地址:东四北大街什锦花园胡同23号
联系电话:64006002 邮政编码:100007 (刘红)

【城市管理新模式】 年内,按照区委、区政府部署,城市管理体制机制创新,重点是分析查找城市管理中存在的问题、城市部件调查、城市事件分类和协同办公系统培训。各城市管理职能部门和街道办事处配合,调查全区市政公用、交通、环卫、园林绿化、房屋土地设施等6大类56种16.8万个城市部件。分类整理大件废弃物、街面秩序等7大类47种城市管理事件,并按照37个部门职责规定责任细化分解,落实城市部件(事件)的处理责任单位。城市管理新模式试运行中,市、区有关职能部门、各街道办事处配合,保证新模式正常运转。经过试运行,城市管理新模式全时段、全区域、全方位覆盖的特点得到发挥。中国科学院、国家信息办、国务院信息办、国家基础地理信息中心、建设部、国家测绘局、中编办政策法规司、市信息办、新华社、国务院信息办、市政协等部门领导和专家观看了汇报演示。认为新模式在管理理念、体制创新、技术整合、系统应用、安全保障、延伸扩展等方面都具有独特优势。年内,共办理有效案件3000多件,解决了一批城市管理中历史遗留问题和群众关心的热点、难点问题。 (陈晔)

【北京站东街环境整治】 北京站东街环境整治工程是市本年环境整治项目的重点工程和为民办实事项目。整治中投入资金逾亿元,共拆迁居民、商户及单位150户,腾退占地近1公顷,建成60米宽的机非分离三块板路。新增绿地千余平方米,建成宽2米的绿化带并因地制宜建成三个绿化景池。实施架空线入地,改造电力电信和路灯设施。对保留的平房按传统风貌装饰装修并完善市政设施。 (赵冰蕾)

【胡同整治】 依照整洁有序和保护胡同历史文化风貌要求,年内,整治胡同环境112条,其中建成精品胡同26条。整修、粉饰墙面2万平方米,拆除违法建设2300平方米,铺装胡同路面7万平方米,整修门楼、门窗200处,清理垃圾渣土及大件废弃物343吨,清理乱设广告牌匾140块,清理破损遮阳棚64处,清理占道台阶18处,实现“黄土不露天”铺装路面1000平方米。 (赵冰蕾)

【拆除违法建设】 坚持“六个结合”做法,即:拆违与建设精品工程项目相结合、与改善居民生活环境相结合、与市政工程改造建设相结合、与文物保护相结合、与社区建设创建国家卫生区相结合、与群众反映的急难热点问题相结合。全年拆除违法建设3.5万平方米。 (赵冰蕾)

【“城中村”现状实地勘察】 为弄清区域“城中村”现状,全面实地勘察区平房保护区、危旧房改造片及有重大工程项目以外的平房区。按照“城中村”界定的标准,确定柳荫公园园内、北二里庄、和平里中街14号、东营房四处“城中村”。 (赵冰蕾)

【拆除地铁通风亭周围违法建筑】 6月,按照市政府为保障地铁安全运行,要求各区整治地铁通风亭周围违法建筑物。拆除2个地铁通风亭周围违法建筑,共600平方米,腾退占地800平方米。 (赵冰蕾)

【甘水桥西营房环境整治】 甘水桥、西营房环境整治工程是东城区重点整治工程项目。在整治中,共拆除违法建筑3400平方米。 (赵冰蕾)

【校园周边环境整治】 整治改善中小学校园周边环境,重点打击学校门前占路摆摊、非法经营和贩卖假证书及伪劣商品,依法规范校园周边小餐馆、小商店、小发廊等影响学生身心健康的经营场所。完成《北京市学校周边环境整治项目台账》中确定的9所学校周边环境的整治。 (赵冰蕾)

【整治主要大街】 继续推行责任制,整治主要大街门窗乱贴、乱摆、乱放、乱挂物品和宣传广告标志牌从主要大街、胡同内的暴露垃圾和大件废弃物,基本达到大

街、胡同无暴露垃圾。（赵冰蕾）

【园林绿化】 全区植树5.78万株，栽摆花卉36万株（盆），扩大改造绿地15.45公顷，铺植草坪5.1公顷。营造区重点道路及绿地三季有花四季常青的景观。五个花园式单位的绿化建设各具特色。完成东四奥林匹克社区公园一期、青年湖公园北岸、地坛公园一区、柳荫公园北岸等绿化改造。（金晓君）

【环境卫生】 完成翻改建二类以上公厕77座，将100个死粪井改造为活粪井并改造粪污管线合流28条。在全区46个居住小区、大厦开展垃圾分类推广工作。（金晓君）

【市政道路】 完成胡同道路升级改造20条。完成掘路修复工程0.95万平方米，道路维护工程1.08万平方米。（金晓君）

【燃气管理】 完成东直门内北中街20号楼接通天燃气工程，按照市市政管委的要求，组织区消防处、区技术监督局、区工商局等部门联合开展多次区燃气企业安全检查。完成区燃气规划编制修订。（金晓君）

【人防工作】 指导协调人防办实施早期人防工事回填二期工程，本年，回填1.96万平方米，加固8490平方米。研究和论证区应急避难场所的建设，制定“东城区应急避难场所规划建设方案”，在皇城遗址公园、地坛园外园建设2个应急避难场所。（金晓君）

【防汛工作】 制定区防汛方案和应急预案，汛前做好物资设备的储备和调试工作。7月10日，区遭受强降雨天气，共出现险情12处，平房漏雨和院落积水623处，全区立即启动防汛紧急预案，各职能部门和街道办事处2490名干部职工坚守防汛一线，迅速排除险情和问题，由于采取“三提前、一到位”措施（“三提前”即提前解决隐患树木，本年伐除危险隐患树木404株，修剪树木3260株；提前检修危险平房，汛前检修平房17.4万间次；提前完善排水系统，维护改造汛前低洼地区、主要路口和立交桥下排水系统；“一到位”即防汛指挥部领导及成员及时到位），全区无发生塌房伤人事故和严重交通拥堵现象。（金晓君）

【供暖工作】 制定《东城区供暖应急预案》，成立三支供暖应急抢险队伍。加强检查区属各供暖责任单位的供暖准备工作，及时消除隐患。2004～2005年供暖期到来之前，各区属供暖单位的燃料储备、设备调试、人员培训等工作全部就位。本年供暖矛盾突出，管委向社会公布供暖热线，坚持24小时接听群众反映供暖问题，保证供暖。（金晓君）

【洗车站点】 加强对洗车行业管理，组织城管、节水、环保等部门联合检查区现有25家洗车站点。（金晓君）

【户籍工程】 历时两年，投资130万元，完成区直管和代管公房1.3万户的邮政信报箱安装工程。方便群众生活。（金晓君）

【夜景照明】 配合节假日和各项重大政治活动安排，完成全区夜景照明设备的检修、准时开启工作。协调相关单位及时修复改造老旧破损设施，保证夜景照明安全。（金晓君）

【道路微循环】 协调区规划局、区建委、区文委、交通支队等单位研究区道路微循环工作规划方案，区长办公会讨论确定后上报市交通委，为区市政道路交通发展提供依据。（金晓君）

【无障碍设施建设】 结合市争创无障碍城区工作，配合区无障碍建设领导小组，开展市政设施无障碍建设工作，加强督促与协调市政道路、园林、环卫等部门无障碍设施建设。（金晓君）

【停车场登记备案】 根据市人民政府令《北京市机动车公共停车场管理办法》〔第75号〕和市市政管理委员会《关于对本市机动车公共停车场经营企业进行登记备案的通告》精神，开展机动车公共停车场登记备案工作。本年通过审核领取备案证停车场共213个，其中居住区停车场63个，路外公共停车场96个，临时占道停车场54个。（路兵）

【停车资源普查】 完成第二阶段停车资源普查。本区共备案经营性机动车停车场所197处（含市批备案停车场），停车泊位2.92万个，其中地下停车场77处，停车泊位1.43万个。共有从业人员2299名，其中管理人员1172名，收费人员898名，协管员229名。停车资源资料由市运输管理局汇编成册。（路兵）

【占道费收入管理】 根据市财政局《关于占道费预算管理问题的通知》精神。7月1日起，停车场占道费收费采取“部门开票，银行收款，资金直接上缴财政部门指定专户”的“票款分离”缴款方式。收取的“占道费”

收入,不再作为预算外资金管理,纳入财政预算作为区县一般预算资金管理。 (路兵)

【创建节水型单位小区】 年内,区完成节水型单位和小区创建工作,完成创建市级节水型单位18个、社区13个。区级节水型单位12个、社区1个,完成53个居民社区的创建整合。 (苏嘉兴)

【用水计划指标】 本年,核定下达区用水单位计划指标。对2772户用水单位下达用水计划1126万立方米,下半年调整各单位8~12月份用水计划,全区总体压缩用水指标10%。对区22家机动车清洗站(点)下达下半年用水指标。征收超计划用水加价1285户次,收款108万元,全年"三同时"(即:节水设施应当与主体工程同时设计、施工、投入使用)立项审批6户,验收5户,审批临时施工用水35户,共批临时施工用水3.5万立方米。实现公共场所无淘汰用水器具,居民更换节水器具提高10个百分点。 (苏嘉兴)

【节水技术改造】 启动南馆公园中水系统,除对公园湖区补水外,全天向环卫部门提供道路喷洒用水,实现中水社会化应用。治理改造青年湖、柳荫湖湖水。史家小学中水利用和雨水回收工程、市妇产医院污水处理改建工程完工。二中中水利用、雨水回收项目立项。在区各街道开展绿地节水灌溉推广应用,10.2万平方米绿地微喷改造通过验收,每年可节水10万吨。 (苏嘉兴)

【节水宣传】 5月,利用流动宣传车在各社区、工地滚动播出节水宣传片,累计播放155场次。参加节水宣传的各级领导248人次,工作人员1000人次。挂横幅1157条,插彩旗500面,张贴宣传画1000张,发放宣传材料2.79万份,发放节水宣传品1万份,摆放节水展板、黑板报661块,展出节水宣传图片700张。制作节水宣传专题光盘1000张,发放各单位和社区。市民接受节水教育14.7万人次。 (苏嘉兴)

【节水检查】 本年,节水实施"六必须"即:所有的水龙头和卫生间便器冲洗装置必须使用节水型器具;职工浴室必须安装冷热水混水器,使用节水装置;单位绿化必须采用节水灌溉方式,有条件的使用雨水或中水;景观用水不得使用自来水,有条件的使用雨水或中水;单位内部洗车使用自来水,必须配套水循环装置,有条件的使用雨水或中水;单位对外出租房屋用水必须单独装表计量并考核分解用水指标。3~7月,调查用水单位2980个。10月专项检查节水"六必须",发现问题限期整改,符合节水标准的单位达97%。11月开展节水检查,共检查1509户次。 (苏嘉兴)

【平房院用水一户一表试点】 10月10日,区5个街道办事处9条胡同直管公房平房院用水一户一表试点工作全面展开。至11月22日,共有278个院2738户居民实现一户一表。 (苏嘉兴)

城市管理监督中心

【概况】 根据市编办(京编办行〔2004〕136号)文件,8月20日批复。东城区成立东城区城市管理监督中心,为区政府负责城市管理监督与评价工作的行政机构,机构规格为正处级,处级领导职数1正3副。行政执法专项编制为50名。按照精简、统一、效能的原则,聘用的城市管理监督员不占编制。区城市管理监督中心是城市管理体制的信息枢纽。主要职责:负责组织建立城市管理电子信息系统,研究拟定城市管理监督与评价办法,建立科学完善的监督评价体系。负责城市管理中出现各种问题的现场信息和处理结果信息的采集、分类、处理和报送,随时掌握城市管理现状、出现的问题和处理情况,实施区城市管理全方位、全时段监控。负责各类城市管理信息的整理、分析,监督考核评价城市管理状况及有关部门和责任人履行城市管理职责情况。负责领导和管理城市管理监督员队伍,负责城市管理监督员的配置、招聘、培训、考核及日常管理,负责组织城市管理信息传递系统、处理系统的日常维护和管理,建立城市管理工作电子台账,实施信息管理。监督中心设办公室、调研室、人力资源部、宣传教育部、监督考评部、监督员管理部和呼叫中心等机构。

单位名称:城市管理监督中心

单位地址:什锦花园胡同23号　邮政编码:100007

联系电话:64050608　传真:64031118转8760 (赵铁汉)

【城市管理新模式】 是采用万米单元网格管理法和城市部件管理法相结合的方式,应用、整合多项数字城市技术,研发"城管通",即:信息集器,是基于无线网络,以手机为原型,为城市管理监管员现场信息快速采集与传递而研发的专用通讯工具,东城区已申报专利。创新信息实时采集传输的手段,创建城市管理监督中心和指挥中心管理体制,再造城市管理流程,实现精确、敏捷、高效、全时段、全方位覆盖城市管理模式,它进一步确定城市管理空间、管理对象、管理方式和管理主体,是管理思想、理念、技术和体制的整合和创新。10月22日至年末,新模式试运行,共立案3883件,结案3580件,解决了一些历史遗留问题,提升了城市管

理水平。（赵铁汉）

【筹备组成立】 7月19日，召开城市管理监督中心筹备组会议，任命高琦为组长，陈大鹏、马增欣为副组长，高萍为总工程师。筹备组进驻什锦花园23号办公。（赵铁汉）

【基本建设】 7月20日，进行办公楼、中心大厅等设计、装修、安装等方案协调。9月9日，培训教室现场工程初验，交付监督中心筹备组。9月30日，完成了监督中心墙面、顶板、木门、楼梯间栏板装修和监督大厅防静电地板安装。呼叫中心的设备进行安装和测试。10月5日，完成监督中心、指挥中心大厅装修建设。10月10日，完成协同工作系统与安全平台系统信息共享接口调试工作。（赵铁汉）

【编写培训教材】 7月23日，区委调研室牵头编写《培训教材》、《监督员手册》。8月17日，完成《城市管理新模式培训教材》（初稿）、《城市管理新模式培训教材》（修改稿）、《城市管理监督员工作手册》（修改稿），交区委领导审阅，提交相关部门征求意见。8月23日，通过审定。（赵铁汉）

【划分负责区】 筹备组派出工作人员到各街道办事处，实地了解区域布局、社区划分、道路建设、重点部位、责任区划分等情况，并与各街道办事处和主管部门负责人共同研究制定城市管理监督员责任区域划分初步方案。（赵铁汉）

【人员招聘】 10月12日，面向社会公开招聘事业编制工作人员10名。11月13日面向社会公开招考公务员4名。11月15日录用军转干部10名。（赵铁汉）

【监督员招聘】 8月12日，招聘城市管理监督员报名工作在地坛公园东城职业介绍服务中心举行。招收对象为区域下岗、失业人员。8月18日，在区各街道办事处社保所举行面试。共有574人参加面试，其中多数应聘人员为就业困难的“35～40”、“40～50”人员。按照“身体健康，责任心强，政治素质高，有一定的文化水平、居住在本行政区域”等条件，确定符合条件的人员为390人。9月2日举行第二次面试，77人参加，58人通过面试。（赵铁汉）

【监督员培训】 9月13～19日、10月8～10日，全区448名参加招聘的监督员，共分5个班次，分批接受培训，每批4天。10月10日城管监督员“城管通”手机实操培训工作结束。10个街道的监督员分成26个班在地坛体育场进行军训。（赵铁汉）

【接线员培训】 9月24日，对呼叫中心接线员面试，录用4人。10月14日，呼叫中心的接线员、分析员及系统维护员共10人，接授网格化城市管理受理平台坐席应用系统培训。（赵铁汉）

【新模式培训】 9月27日，召开区城市管理新模式培训动员会，部分区级领导干部、全区各处级单位党政一把手和主管城市管理工作领导、与城市管理相关科室负责人、市政管委系统单位科级以上干部及城市管理监督员代表350余人参加。冯熙作培训动员，要求：提高认识，树立全区一盘棋的思想，支持这项工作。重视新模式培训工作。（赵铁汉）

【创办《城管监督员》报】 10月26日，《城管监督员》报创刊，年内编发四期，发行4000份。其宗旨：塑造监督员爱岗敬业的品格，培养新的城市文化管理理念，培育具有战斗力、凝聚力的团队精神。（赵铁汉）

【新模式演习】 10月22日，举行首次城市管理新模式试验性演习。全面检验新模式各项功能和效能。演习现场总指挥李荣庆。演习第一个阶段是在城市管理监督中心的呼叫中心大厅进行监督员上岗、监督员上报部件、事件问题和社会公众举报案例的受理、分析全过程演习。第二个阶段是在城市综合管理委员会指挥大厅进行接到监督中心立案后任务派遣、办理核实过程演习。第三个阶段是在监督中心的呼叫中心进行核查结案、案卷督办、查询统计、短信群呼的演习。演习以全区为单位，20个社区为重点。城市管理监察大队等专业部门共470人参加演习。11月14日，第二次演习。陈平、卢彦、李荣庆等及有关科、室、单位观看演练。陈平提出要求：监督中心的领导要熟练掌握新模式工作流程。加强流程操作讲解内容与大屏幕演示之间的协调。大屏幕显示状态等修改工作要限期完成。11月20日，第三次演习。克服了存在的问题。陈平、卢彦等观看了演习。（赵铁汉）

【区领导调研】 11月1日，陈平到城市管理监督中心视察工作，检查上次演习后发现问题的整改情况，听取监督中心试运行以来工作汇报，对撰写成果汇报稿的具体内容提出总体方案，要求技术部门加大工作力度，克服困难，尽快攻克系统中存在的技术难题。区委研究室、区发展与改革委员会、区信息办、区城市综合管理委员会负责人陪同调研。2日，陈平与区委研究室、区发改委、区信息办、区城市管理监督中心筹备组负责人座谈，就城市管理新模式的创新点、技术亮点、体会和思考等问题深入讨论，明确成果汇报稿的框架、观点、主要内容和具体分工。

11月22日，区级领导班子成员到区监督中心的呼叫中心，现场观看区城市管理新模式工作情况演示，听取依托数字城市技术创建城市管理新模式的情况汇报，通过呼叫中心系统与城管监督员通话。（赵铁汉）

规划管理

【概况】 本年，围绕四个重点开展工作：贯彻落实党的十六届四中全会和中共东城区第九次代表大会的精神，增强党组织的战斗力和凝聚力，提高领导干部的执政能力。落实区委区政府拟定的“折子工程”和“为民办实事工程”。按照市、区政府的工作部署，把握工作重点，以服务意识、精品意识完成各项工作任务。加强教育和培训，提高全局人员思想素质和专业技术水平。加强调查研究，提高规划管理工作水平。

单位名称：北京市规划委员会东城分局

单位地址：和平里五区甲19号楼

联系电话：84225641 邮政编码：100013 （李婷）

【规范地图市场调查】 1月中旬，组织区地图市场工作领导小组主要成员单位召开会议，研究本年地图市场工作。根据市勘察设计管理处“关于对地球仪和公开展示、出版的地图中中国图形的国界问题进行调查的通知”要求，会同区文委、王府井工商管理所调查王府井大街地球仪和公开展示、出版地图中中国图形国界问题。（李婷）

【推进危改】 ①结合北京历史名城保护方案，总结危改经验，借鉴危改成功举措，创新危改组织和建设形式，探索危改新机制、新模式。②依据危改政策，寻找风貌保护与危改的结合点，力争启动新太仓、后永康、菊儿三期试点，解决区历史风貌保护与城市现代化建设之间矛盾的突破口。③做好芍药居经济适用房建设，寻找城外建设与内城保护工作的结合点。（李婷）

【区领导调研】 1月26日，陈平到东华门、交道口街道调研危旧房改造和历史文化风貌保护工作。到甘雨社区西堂子9号院听取有关汇报，与该院居民座谈拆迁改造等问题。在听取南锣鼓巷四合院风貌保护情况汇报后，陈平指出，要高度重视并做好历史文化风貌保护工作，工作中要坚持一个方针，即以保为主、应保尽保。探索政府主导、社会参与、提升文化内涵、恢复原有风貌新的工作思路；在实施过程中要把历史风貌保护作为主线，具体把握好四个环节，街道办事处要做好居民群众的拆违搬迁和原有风貌保护工作；文物部门要研究提出维修保护方案；规划部门要认真审批规划施工方案；房管部门要研究提出房产置换意见。强调：历史文化风貌保护工作，要把群众的利益放在首位，调动群众的积极性。既要改善居民居住条件，又要做好文物保护工作。

2月22日，卢彦等到分局调研。与规划分局、建委、交道口街道等单位负责人研究如何在区开展历史文化保护区房屋保护和修缮工作。在听取各部门情况汇报后，指出：要探索政府在推进此项工作中所应该充当的角色，力争形成可持续发展的运行和操作模式。（李婷）

【地理信息数据调查项目】 2月3日，张家明在本局召开调研会，建委、区文委、区房地局、交道口街道办事处参加。听取规划分局关于全区地理信息数据调查项目情况的汇报，包括系统应用开发和建设信息资源数据库的情况。认为该系统提供的图形和属性数据等基础资料很全面，既有广度又有深度；在进行数据统计、面积测算时简便快捷，为了解东城区的基本情况特别是历史文化保护区及历史文化保护区以外的平房现状资料提供充足的数据依据，有利于城市的规划管理工作及历史文化保护区风貌保护研究工作。张家明指出，应提高该系统的利用率，做好系统的完善和数据的更新及宣传培训和推广工作。（李婷）

【防火自救知识讲座】 3月5日，市火灾防救中心教官为全体工作人员讲解火灾救助知识并现场演示。主要讲解火灾发生初期自救应急措施、逃生知识及灭火器种类、特点和使用。使本局干部强化安全意识，增强自救能力，将安全隐患排除在萌芽阶段。（李婷）

【宣传《城市规划法》】 4月3日，《中华人民共和国城市规划法》颁布实施14周年，分局以东四奥林匹克社区为中心，在各办事处设点宣传《城市规划法》，解答群众咨询，共发放各类宣传材料5000。（李婷）

【平房院落普查培训会】 4月6日召开。宣读普查工作实施方案，明确各普查成员单位职责分工，强调普查工作的重要性，印发普查工作流程图和按照房屋产权性质划分三种类型5万张调查表，讲解填写普查表要求和注意事项。4月7日，开始入户调查常住人口情况、鉴定房屋完损等级、填写普查表、绘制房屋示意图等。4月7日~6月2日,区完成平房、中式楼房、部分简易楼房实地调查。按直管公房、私房、单位自管房三类产权,按院落共普查单位自管房977处、私房5361处、直管公房6342处,参与人员1040人。完成全区平房院落、房屋、人口情况实地普查。7月22日,完成数据处理及收尾工作。（李婷）

【专家论证会】 5月13日,在东方文化国际文化交流中心区政府组织召开玉河及三眼井保护规划方案论证会。专家朱自煊、王世仁、陈一峰、边兰春、董光器、孔庆普、段伟,市规划委、市建委、市文物局、市水务局及区政府、规划分局和区文委有关人员参加。七位专家听取规划方案的汇报,对相关情况深入了解后,各自阐明了对两个方案的意见及建议。（李婷）

【区重点项目规划工作会】 7月7日,张家明主持召开“东城区重点项目”规划工作会。市规划委姚莹及建管二处、用地处、基础设施规划处负责人,区规划分局、区建委、区文委、东二环交通商务区建管办、区住宅发展中心、区房地经营管理中心、及实施单位和设计单位有关人员参加。会上,向市、区领导汇报玉河、三眼井、中石油大厦及新太仓危改等项目规划方案进展情况及所需解决的问题,与会人员对各实施项目的运作提出规划意见和建议。（李婷）

【宣传《测绘法》】 8月29日是《中华人民共和国测绘法》宣传日,根据国家测绘局、司法部关于加强测绘法宣传工作通知精神,分局组织街道办事处在辖区繁华地段设立宣传站,向市民宣传《中华人民共和国测绘法》,共发放《中华人民共和国测绘法》等各类法规材料3000份。（李婷）

【规划展览馆开馆】 9月1日,位于前门东大街市规划展览馆新馆开馆,成为对外宣传规划的重要窗口。使公众了解规划、理解规划、监督规划。东城分局负责完成规划展览馆东城展厅中多媒体、大屏幕演示设施及展板展示内容等各项布展工作展示东城建设发展成果。（李婷）

【全国游泳比赛】 9月11日,在武汉市举行第七届全国成人游泳公开赛,分局李平作为北京代表队成员之一参加比赛。在比赛中,李平以28秒54的成绩获男子45~49岁年龄组50米自由泳比赛的冠军,还在男子50米蝶泳比赛中获第四名。（李婷）

【中国石油大厦开工奠基】 11月7日,中国石油大厦项目举行开工奠基典礼。该项目是东二环交通商务区第9个总部大厦建设项目。市规划委副主任王文红,市、区领导参加。（李婷）

【规划工作会】 12月2日,张家明在市规划委东城分局主持召开“东城区建设项目”规划工作会。市规划委王文红有关负责人,市划规委东城分局、区住宅发展中心及实施单位的有关人员参加。就东四旅馆、松竹园浴池翻改扩建、建内危改二期、和平House翻改扩建及新太仓、后永康危改项目的规划方案进展情况及所需解决的问题向市、区领导汇报,王文红及市规划委有关负责人对各实施项目的运作提出意见和建议,并表示将帮助区政府推动重点项目的进行。（李婷）

【年度考核】 12月23日,分局召开年度考核工作会,科级干部述职。全局人员对科级干部工作评议打分,使中层干部接受群众的监督和考察。（李婷）

国土资源和房屋管理

【概况】 东城区国土资源和房屋管理局(以下简称区国土房管局),加挂区人民政府住房制度改革办公室(以下简称区政府房改办)的牌子,是区政府对全区土地、房屋和住房制度改革实施行政管理的职能部门。本年,以十六届四中全会精神和“三个代表”重要思想为指导,围绕“一切为东城社会经济改革、发展、稳定服务,一切为人民群众的根本利益服务”的目标,对内坚持以人为本,抓公务员队伍建设,提高全局的依法行政、房地管理和综合服务水平,对外营造百姓安居环境、外部经济发展环境、优质服务环境,推进政务公开和全程代理服务,按计划完成全年工作任务。

单位名称:东城区国土资源和房屋管理局
单位地址:育群胡同21号　邮政编码:100010
联系电话:64043393　64033693　（张月明 焦志清）

【物业管理】 完成审查三级物业管理企业81个、二级物业管理企业8个、一级物业管理企业2个及全区物业管理企业基础数据调查134个,指导组建业主委员会备案7个。在本年优秀物业管理项目创优评选中,获市优秀示范小区(大厦)项目8个,通过全国优秀示范大厦复检项目2个,通过市示范小区(大厦)复检项目7个。收缴、归集、上报商品房公共维修基金1324户4041.42万元。（张月明 焦志清）

【标准租私房腾退】 公示所有腾退户的相关情况。制定《东城文保区标准租私房腾退工作流程》。建立督查办例会制度。启动标准租私房腾退市、区联动工作机制,先后制定《市区联动工作办理程序》、《标准租私房腾退交接单》、《标准租私房腾退协议书》及《市区联动标准租私房腾退协议》等相关规范,明确各方职责。全区有标准租私房3901户,占全市总量的三分之一,本年按市、区要求,完成年度标准租私房腾退任务。全区完成3720户,其中:区属任务3091户,完成3006户,占区属任务的97.3%。 (张月明 焦志清)

【防汛工作】 本年,向全区8988户自住私房(平房)产权人发放《公开信》,向686个自管房单位及物业管理公司发放《关于做好东城区2004年度自管房单位及物业管理公司防汛工作的通知》,汛期发放房屋安全检查、修缮、抢险提示卡约1.3万张。督促自住私房产权人、自管房单位及物业管理公司,做好汛前房屋安全检查和修缮,全区检查房屋共929.92万平方米。为解决标准租私房腾退后造成标准租私房查房、修缮动员工作难度加大问题,成立9个汛期专业查房小组,实行标准租私房动态管理,汛期巡查727人次,巡查房屋2820户6165间,在巡查中苫盖漏雨房屋389间,发现问题及时解决,连续三年实现"少塌房,不死人"目标。 (张月明 焦志清)

【权属管理工作】 严格执行登记发证审批程序,确保颁发证照的合法性、权威性和准确性。全年共发证2.38万件。其中,公、私产房屋发证3354件,建筑面积55.12万平方米;房改售房登记发证4032件,建筑面积27.01万平方米;危改登记发证1.25万件,建筑面积83.54万平方米;土地登记发证299件,土地使用面积92.58万平方米;抵押登记发证3624件,建筑面积105.44万平方米。做好经租产、宗教产、代管产、文革产的确权工作。开展经租产重点排查,摸清全区经租产底数,共1971户6.6万余间,建筑面积约98.9万平方米。共办理宗教房产登记17处,1084间,2万平方米。发还代管产、文革产61处,610.5间,1.2万平方米。年内,共完成初始登记审批单位房产99件,2.14万间,47.71万平方米。共核实拆迁地区产权情况190处,1565间,9390平方米。完成辖区不同产别平房院落的权属调查。完成地铁五号线、北京站治理等工程项目权属核查。 (张月明 焦志清)

【土地管理】 年内,共办理19块建设用地项目的规划征询意见书、5块区属划拨用地、3块施工临时用地的用地审批手续。完成全区城镇土地利用情况调查摸底。配合完成固定资产投资清理工作中有关土地使用情况清理。清理2003年以来全区土地占用情况和随意改变用途等问题,检查土地占用情况和土地审批情况,完成土地市场秩序治理整顿,通过中央五部委联合检查组的检查和验收。清理全区开发建设经营性用地,确保符合协议出让条件建设项目用地在"8.31"规定时限内办理有关用地手续。清理全区2000~2003年已批准的各类广场、道路建设项目。协调解决四片危改小区非住宅项目交纳土地出让金政策问题。完成景山街道试点100宗具有代表性划拨用地使用情况检查。 (张月明 焦志清)

【地籍调查】 区城镇国有土地地籍调查工作2000年6月开始,本年10月结束,共涉及全区10个街道,884个街坊,1.36万宗地籍,城镇总面积25.38平方公里。地籍测绘共设GPS点167个,图根控制点4560个,界址点6.08万个,公告1539宗地,3237个权利人,注册820宗,发证411个。完成地籍调查及初始登记,完成全区土地权调、复核、测绘、数据库录入、档案整理归档、地籍调查分类汇总,通过市地调工作领导小组检查验收。完成地籍管理信息系统建库和地籍调查成果档案资料归档。 (张月明 焦志清)

【拆迁管理】 全年共核发拆迁许可证24件,涉及拆迁居民2949户,建筑面积14.8万平方米。完成拆迁项目7个。检查清理整顿全区13处拆迁项目。共调解拆迁纠纷190余次,发出拆迁纠纷裁决书35份,司法强迁2份。本年区实施拆迁项目引入市场竞争机制,采取招投标方式选择拆迁和评估单位。加大控制拆迁工地扬尘污染管理,采取不定期检查,有效控制拆迁工地扬尘污染。 (张月明 焦志清)

【交易管理】 房地产经纪机构管理,召开"东城区房地产经纪机构工作会"区40余家参加,部署房地产经纪机构房屋租赁委托银行收、付租金的暂行办法及开展租赁经纪活动整顿工作安排。房屋租赁市场管理,做好租赁备案登记、领发租赁许可证等工作,实现租赁手续办证率95%,年检率98%。坚持走访检查房地产经纪机构的日常管理,共调查31家经纪机构的经营情况。年内,共办理房地产经纪机构备案证书初审46件,办理分支机构备案16件,受理中介纠纷投诉14起,办结10起。实现商品房现房的登记发证"一条龙"服务模式,商品房预售登记备案实现立等可取。引进税源,10~12月,有4家房地产企业的5个项目纳税地转入本区。年内商品房现售完成1539件,商品房预售1476件。代收契税6389.7万元,代收印花税315万元。

(张月明 焦志清)

【住房制度改革】 年内,按计划完成离休干部、1999年1月1日以后参加工作的新职工,未通过任何解决途径退出标准租私房承租职工住房分配货币化的准备、培训、申请、汇总阶段工作。全区56个单位上报机关事业单位职工住房普查资料,3718人符合申请住房补贴条件,累计约需资金7384.1万元。基本完成区离休干部的住房补贴资金发放。年内办理房改售房方案备案77份,审批房改方案14份,结案114份。协助114个单位办理登记发证手续,共1662套楼房,建筑面积11.48万平方米,审核售房款1.97亿元,审核维修基金591.7万元。 (张月明 焦志清)

【廉租住房管理】 上报申请廉租房低保家庭266户,上报拆迁地区申请租金补贴还贷购房低保家庭16户,全部通过复审,具备配租资格。广渠门廉租住房申请核查,优抚家庭具备资格52户,入住广渠门廉租房42户,通过租金补贴的方式解决住房困难问题4户。全区共登记符合廉租条件家庭684户,全部具备配租资格,落实家庭住房590户,配租率86%。本局2人被评为市廉租住房管理工作先进个人,第二管理所被评为先进单位。 (张月明 焦志清)

【供暖管理】 供暖期间,加大供暖单位的管理、监督、检查力度,保证供暖期100%按时点火、确保100%室温不低于16℃,做到100%不间断供暖,实现供暖"三个百分百"的目标。为理顺工作职责,经区政府同意,6月区供暖管理职能移交区市政管委。 (张月明 焦志清)

【房屋测绘鉴定】 完成公、私产房屋所有权发证测绘5009件,224.8万平方米;完成危改回迁房屋测绘8976件,69.96万平方米;完成地籍调查测绘808.38万平方米,基本完成区地籍调查测绘。对产权登记属于市场行为的测绘实行前置,在委托合同商定的时间内完成测绘任务。年内共做出房屋安全鉴定报告351份,鉴定房屋建筑面积23万平方米。 (张月明 焦志清)

【派出机构管理】 区国土房管局下属三个管理所。明确定位与职责。对编纂造册房屋、地下空间管理等基础信息,建立电子化数据库。三个管理所在物业管理、防汛抢险、标准租私房腾退、地下空间管理和平房院落普查等方面做好基础性和中间环节工作,加强与街道办事处和社区沟通与协作。 (张月明 焦志清)

【法制建设】 推行全程办事代理和政务公开,制定《东城区国土房管局推行全程办事代理制实施细则(试行)》。采用多种媒介公示行政审批事项和许可事项的名称、承办科室、受理室、受理人、受理电话、承诺期限、法律依据、应提交的材料、办事流程、监督投诉部门及电话等内容。推行网上审批,压缩审批期限,提高办事效率。行政应诉、答复按照相关程序办事,坚持按季度分析行政诉讼、复议案件,总结分析败诉案件。地下空间整治,共发出调查通知900余份,调查自管房单位地下空间2258处,201.81万平方米。以领导会前学法、编写《东城区国土房管局法制宣传资料》、组织征文比赛、参加各种社会宣传咨询活动、发放法律知识材料等形式,开展法制宣传教育。年内共受理全程办事代理4098件,办结3550件,满意率达100%,一次办结率为100%。 (张月明 焦志清)

【信访工作】 坚持领导接待日制度、领导包案制度,形成"一把手负总责,分管领导亲自抓、有关领导协同抓、部门领导负首责"的工作局面。坚持信访联动工作机制,主动与区政府信访办及各责任主体沟通,积极化解矛盾。排查、分析、建册、汇总经租产重点户62户,依据政策逐一疏导和信访答复。配合做好全区4片危改区回迁遗留问题处理工作,维护社会稳定。本年接待来信、来访、来电、咨询1.85万件,答复率100%。受理市、区两级人大建议、政协提案46件,答复率100%,代表、委员满意率99%。 (张月明 焦志清)

【信息化建设】 完成网络办公软件系统升级,实现局域公文行文、传输网络化。实现督查全程查询与跟踪,为工作落实提供督促手段。完成"数字东城"网站东城区国土房管局分站点制作,完善局政务公开触摸屏查询系统,为群众提供方便快捷的服务窗口。完成区地籍调查信息管理系统数据库录入和网上录入司法协助执行通知书工作。配合完成区视频会议系统建设。按照区《网格化城市管理系统》的要求,认真做好相关信息的接收、反馈。 (张月明 焦志清)

【档案管理】 配合区档案局完成《区国土房管局房地权属档案、拆迁档案管理现状存在的困难和今后思路的调查报告》及档案利用典型案例材料的撰写。全年共对外调阅档案458人次,对内调阅1821人次,配合房屋普查调阅档案90人次,2100卷次,补修破损档案247件,完成2225个门牌地名权属档案的"袋改盒"工作,接收执法大队行政执法档案135卷。

(张月明 焦志清)

房屋土地经营管理中心

【概况】 本年,房地中心贯彻落实区委第九届党代会精神,在区委、区政府的领导下,全面完成各项任务。

单位名称:东城区房屋土地经营管理中心
单位地址:美术馆东街甲24号
联系电话:64026854　邮政编码:100010　(刘国宏)

【解危工程试点】 “解危工程”试点工作,是中心受区政府委托,本着以民为本的服务宗旨,探索旧城文保区危旧房改造工程。管理中心有关部室联合相关单位详细调查和分析区直管公房中式楼、简易楼247幢。确定五四大街28号、东四南大街28号、寿比胡同5号三处中式楼和简易楼作为试点。三处试点楼共有居民42户、商企6户,建筑面积1519.8平方米。人口157人,人均面积9.68平方米。经过三处试点楼调查摸底、资金测算及安置办法制定等反复调研后,9月20日试点工作启动,10月20日,完成45户居民及单位的搬迁安置工作。　(刘国宏)

【一户一表试点】 市政府倡导要关注“民心、民情、民生”,城市建设协调发展和确保广大人民群众的切身利益,房地中心经过调研直管公房中水、电的使用情况,确定在区部分直管公房平房院实施自来水“一户一表”试点。10月工程起动。工程共开竣工278个院落,安装水表2738块,2600户居民受益。　(刘国宏)

【电梯改造】 本年,完成青年湖东里13、14、15号楼及青年湖南里22号楼8部陈旧电梯更新改造,通过市技术监督局安全检测并领取市技术监督局颁发的安全运行许可证。青年湖小区6栋楼房10部电梯具备可视监视功能、远程监控系统和三方通话功能。经过试运行及审批检测,工程质量符合国家标准。电梯安全运行率100%。　(刘国宏)

【标准出租私房腾退】 标准租私房腾退工作是政府为民办实事的一项重要举措,是实践“三个代表”的具体体现。本年共签订腾房协议2436户,占总数的97.8%。　(刘国宏)

【直管公房】 经营管理。直管公房建筑面积172.86万平方米,比上年减少1.74万平方米。直管公房累计租金收缴率为99.58%。全年共优惠售出区内直管楼房117套,区外直管楼房52套。修缮服务,本年,共完成房屋大修764间,占年计划的114%。完成房屋平台刷油6.66万平方米,占年计划的124%。完成楼房防水35栋,占年计划的130%。房屋中修项目,完成拆砌墙396间,屋面整修3426间,大沟挑修380间。累计接到报修2.08万户次,零维修及时率100%。　(刘国宏)

【防汛工作】 汛期,制定防汛预案,准备充足防汛物资,各级防汛工作人员坚持“雨声就是命令”优良传统。汛期查房累计工日3298个。实际查房5.45万间,占应查房屋总数的61.59%。完成抢修附柁5架,附檩50根,附柱43根。实现“少塌房,不死人”的工作目标。　(刘国宏)

【供暖管理】 本年,首次使用燃煤锅炉改造工程后供暖,供暖期内,室内温度不低于16摄氏度标准,确保供暖合格率100%。　(刘国宏)

【物业管理】 本年,东旭佳业物业公司完成内部重组及机构调整。重组后公司重点完善各项管理机制,提高服务意识,规范服务标准。接管10万平方米的商品住宅物业管理。东屿物业公司本年投资100万元,完善芍药居小区配套设施,整治小区环境,为居民办实事10件。　(刘国宏)

【房屋交易】 本年,东旭鸿业房地产经纪公司共完成交易面积1.2万平方米,成交金额4196万元。办理直管公房置换手续380件。　(刘国宏)

【信访工作】 本年,共受理来信、来访、来电1147批,935人次,同比分别上升20.5%和42.3%。坚持接待日制度。共受理市、区人大议案、建议及政协提案42件,办结率和代表满意率100%。　(刘国宏)

园林绿化

【概况】 东城区园林局是东城区城市绿化和公园行业管理主管部门,属全民所有制事业单位,代行部分政府职能。下辖绿化队和地坛公园、青年湖公园、柳荫公园、南馆公园管理处5个基层单位。年末全局实有在岗职工622人,其中干部171人、女职工301人。

年内,完成新植树木5.78万株、新植草坪3.71万平方米、新植宿根花卉10.66万株,新增园林绿地5.64公顷。折子工程项目和目标责任书各项指标按期完成。新建东四奥林匹克社区公园,完成青年湖公园北岸和柳荫公园北岸改造工程。青年湖和柳荫湖湖水综合治理问题经过论证,实施柳荫湖污水处理项目。完成北京站东街、和平里东街、安定门东侧绿地绿化改造。完成甲申地坛庙会,在地坛公园成功举办春、夏季书市和第六届北京图书节。安馨园小区、北京市财经学校、大龙公寓、海运仓小区、东四危改小区单位通过检查验收,获首都绿化美化花园式单位。

市园林局、市人事局授予区“园林杯”优秀园林城区，授予区园林局“园林杯”管理服务奖、规划设计管理奖、园林科技奖、绿化养护奖，授予东四奥林匹克社区公园精品工程奖、南馆公园精品公园奖。通过ISO质量和环境管理体系双认证。

年末，全区实有园林绿地645.56公顷，公共绿地面积171.29公顷。绿化覆盖率27.83%，绿地率25.44%，人均绿地面积10.37平方米，人均公共绿地面积2.75平方米。公园7处，面积128公顷，接待游人1182万人次。

单位名称：东城区园林局
单位地址：东直门内北中街甲1号
联系电话：64041796　邮政编码：100007　（李鸿斌）

【申甲年地坛庙会】 1月21～28日（农历除夕至正月初七）举行。庙会开幕前，马振川、刘志华等市领导到地坛庙会活动场所检查安全工作。组委会制定预防“非典”预案，以确保游人安全。本届庙会集祭地表演、民间花会、戏曲曲艺、天桥绝活和风味美食于一会，突出金猴闹春，共接待游人100万人次。庙会期间，副市长张茅陪同全国假日办领导到现场检查工作，慰问工作人员。本年地坛庙会走出京城，与重庆市总工会、重庆市渝中区政府联手在重庆市劳动人民文化宫设地坛庙会分会场，接待游人13万人次，让重庆市民感受到京味春节。（李鸿斌）

【《古槐移植复壮技术》鉴定会】 3月28日召开。2002年1月，区绿化队在东直门交通枢纽规划区域移植一株古槐，获得成功。此树树龄300年，树高和冠幅均为20米。树干中空，最薄处不足10厘米，处于濒危状态。绿化队采用顶箱涵技术和龙门架平移就位技术，历时1个月，将此树保持树冠平移到距原位120米的规划绿地内。根据古树长势和土壤化验结果，制定养护和复壮措施，经过两年精心养护，移植后的古槐枝繁叶茂，长势良好。鉴定会上，来自北京林业大学、中科院植物所和北京市园林局的7位专家对此项成果给予肯定，认为顶箱涵技术和龙门架平移就位技术在国内园林行业属首次应用，达到国内领先水平。此项目获区2003年科技进步一等奖。（李鸿斌）

【义务植树】 4月3日，市人大副主任赵久合，区领导卢彦等和战士、学生200余人到设在奥林匹克社区公园工地的区植树日活动主会场，种下各种树木150余株。区绿化委员会、区科协、各街道设多处植树点和宣传点，全区5万余人参加植树、养护和宣传活动。柳荫公园和区青少年科技馆联合举办“我和柳树交朋友”活动，青年湖公园组织党团员到安外三条小学，指导师生在校园植树。（李鸿斌）

【北京春季书市】 4月16日～25日在地坛公园举办，为期10天，接待读者55万人次。书市开幕前，对园内树木进行打药，对草坪进行浇水和修剪，确保树木草坪正常生长。公安消防部门进行安全检查。北京和外埠出版社数百个参展单位，汇集上万种新品、精品图书，在方泽坛外组成精品图书展区。本届书市以服务为中心，减少摊位，拓宽空间，改变拥挤状况。在公园门口设置展位图，预报当日活动资讯。书市期间，多位文坛名家、影视明星先后亮相，新书首发、热点咨询、专题讲座等近百场主题活动。（李鸿斌）

【南馆公园中水系统】 4月南馆公园中水站建成中水配送站。随着民安小区5000余户居民回迁入住，污水源得到保障，5月18日中水系统启动，日处理污水1720立方米。除公园湖区补水之外，每日向环卫部门供水用于道路喷洒，实现中水社会化应用。

合理利用中水是区委、区政府高度重视的一项工作。5月30日区长卢彦到南馆公园调研、察看中水站运行情况，听取园林局和相关单位的汇报后提出：要尽快组织项目验收，确保中水处理系统正常运转，从根本上解决处理中的臭味，开拓中水市场。（李鸿斌）

【青年湖改造工程】 5月31日竣工。工程于4月12日开工。开工前公布改造方案，征询群众意见。通过招标，绿化工程由世纪经典园林绿化公司中标，铺装工程由河北曲阳第二建筑工程公司中标。改造面积1.8公顷。调整植物配置，新植以花灌木和宿根花卉为主的苗木3.77万株，铺草坪1万平方米。铺装4000平方米，增建小广场和亲水平台，形成“临水观月”景区。改造项目包括上水管线和排水管线安装、照明电缆铺设，更新园灯、椅凳、果皮箱，增设健身器和其他便民设施。7月30日，工程通过区市政管委、区财政局检查验收。（李鸿斌）

【北京夏季书市】 6月2～14日在地坛公园举办。书市为期13天，20余万种图书以低价亮相，接待读者35万人次。为确保活动安全，书市开幕前，公安消防部门举办消防防暴演练。书市为读者提供多项方便措施，开放时间延长到晚7点，以满足上班族购书需求。在公园主路上方搭建遮阴棚，形成一条凉爽通道。在公园门口设置活动介绍和购书推荐牌示。3日举行“北京禁毒志愿者在行动主题游园活动暨中国禁毒者汽车万里行活动启动仪式”。强卫、马振川出席。书市期间，举行“拒绝毒品，参与禁毒”艺术家笔会，多位知名书画家现场创作40余幅书画作品参加拍卖，所得款项用于禁毒宣传教育。“艺术拒绝毒品”公益演出同时举行，多位演艺界明星参加演出。（李鸿斌）

【柳荫公园改造工程】 6月24日完工。工程6月3日开工，通过砌筑山石保护改造北岸地形。清除湖内水草，恢复水质清澈。沿湖岸增加蜿蜒曲折的小径和梯田式花池，广场铺装冰裂纹石板地面，石板之间镶嵌草坪。栽植了沙地柏、大叶黄杨球、玫瑰和一些地被植物，以消除露天黄土。为突出“山村野趣、田园风光”的特有风貌，栽植玉米、黄豆和瓜菜等农作物，提高景观效果，增设便民设施。公园西北部上水管线改造和湖心岛爱莲亭修缮工程同时完工。6月25日开放。（李鸿斌）

【主题游园会】 9月18日在地坛公园举行。活动主题“我们共同成长”，首都精神文明建设委员会办公室与区联合举办，3万学生和家长参加法制课堂、科技展示、手工表演和义卖等活动。市委常委、宣传部长蔡赴朝、市人大副主任赵凤山、区领导陈平、刘朋庆参加活动。（李鸿斌）

【建国55周年花卉布置】 9月，协调各街道办事处和各公园、专业绿化队布置花坛，营造节日气氛，共摆放主题花坛8个、栽摆花卉30万盆。9月25日全部完成。分别为：青年湖公园北门的《万众一心》，柳荫公园西门的《又是丰收年》和东门的《龙腾鱼跃贺华诞》，东方新天地门前的《鱼跃》，世都百货商场对面的《追求》，美术馆东街南口的《祖国万岁》，东四十条立交桥的《雅苑叠翠》和东内北小街南口的《祖国万岁》。（李鸿斌）

【东四奥林匹克社区公园】 9月22日竣工。公园位于东二环路西侧新拓宽的仓南胡同口，面积1.08公顷。2月16日开工。由北京创新景观园林设计公司设计，区园林局组织施工。公园以高8米的圣火雕塑、长20米的奥林匹克雕塑墙和12个风标雕塑为景观主体，以体现奥运主题。为突出“绿色奥运”理念，通过大规格树木营造自然绿色空间，栽植乔木和灌木600株，栽植宿根花卉7900余株、新优品种花卉5万余盆、色块7万株和冷季型草坪2700平方米。铺装花岗岩和卵石路面，安装白色蘑菇石道牙和铁艺围栏、树篦子、坐凳等。为增强夜景效果，安装各种灯具627套。9月24日举行开园仪式，社区居民和区近百个健身团队开展健身[illegible]席开园仪式。（李鸿斌）

【第六届北京图书节】 10月1～10日在地坛公园举行。本届图书节以“传承文明、弘扬文化、繁荣出版、走向世界”为主题，接待读者100万人次，销售额4000万元。开幕式上表彰20户藏书状元。书市期间组织专题活动近百场，“书房春秋”展览直观地反映书房的变迁。闭幕式上揭晓“十大畅销书”和“十佳文明经营单位”。（李鸿斌）

【地坛修缮工程】 10月29日开工。工程被列入“人文奥运”计划项目，由市文物局和区共同实施。修缮遵循“修旧如旧”的原则，包括恢复1981年以来修缮中改动的原状和翻修破损部件。铲除主体建筑方泽坛内水泥砖地面，恢复城砖海墁，粉刷围墙，黄琉璃瓦顶配钉帽。主体建筑皇祇室挑顶，更换破损望板，同时更换室内破损的金砖。查补各大殿屋顶。全部工程预计2006年完成。（李鸿斌）

【古树定位】 11月上旬完成。采用卫星定位技术，准确测出古树所在地的径纬度和树高、胸径、冠径等基础数据，通过电脑数据处理输入市规委网，以便在城市规划建设中保护和管理。全市古树定位始于2003年，区已完成分布于街巷、居住区和单位庭院内的古树定位，今年继续对太庙（劳动人民文化宫）、故宫、地坛、孔庙、国子监5处古树管护大户的古树定位，8月26日开始，市、区园林技术人员历时两个多月，完成5处共1479株古树定位。（刘模）

【质量管理体系认证】 2月下旬开始，成立领导小组，具体工作分贯标培训、体系文件编写、体系试运行和审核认证等阶段。由各科室确定体系文件编写人员，8月体系文件编写完成，经过三个月试运行，通过内审和认证中心外审，12月下旬获兴原质量认证中心颁发的《质量管理体系认证证书》。（马芳）

【南馆公园】 南馆公园位于东直门内民安社区，始建于1956年，2002年改建为以中水造景的水景园。改建后的公园面积3公顷，其中水面5000平方米，绿地率为70.94%，年接待游人16万人次。

本年，在公园大门增设残疾人坡道和中英文双语公园简介及导游牌示，为游人提供小药箱、针线包、打气筒和轮椅等便民设施。在湖岸、湖底泵坑安装防护设施和警示牌示。在公园东北侧开辟健身区，将公园改造时保留下来的藤萝架改造为兼有避雨功能的科普画廊，周边增设儿童活动设施，安装石桌凳，改建卫生间，[illegible]公园被评为北京市第二届精品公园。（[illegible]）

环境卫生

【概况】 东城区环境卫生服务中心(原东城区环境卫生管理局)。主要负责全区市容环境卫生的规划管理和组织实施。本年,在行政管理、专业技术服务和革新改造等方面取得较好成绩。完成区折子工程中按二类标准改造公厕77座和死粪井100个,区符合二类标准的公厕233座。全区新增46个小区、大厦推行垃圾分类工作。9月9日,新建文化宫垃圾楼投入使用。全年共清运垃圾41.43万吨,抽运粪便23.18万吨。确保全区97条主要大街道路324万平方米和绿地58.2万平方米干净整洁。实行人、机结合作业方式,对区域85条主要大街(含辅路)、5座立交桥共137万平方米的道路实行机械清扫和冬季融雪。负责区内51条大街、3座立交桥,83万平方米的白天喷雾压尘和夜间道路冲刷工作,保证区空气质量良好。在节假日和重大活动期间完成重点地区和各大庙会、游园会的清扫保洁和垃圾收运任务。

单位名称:东城区环卫服务中心
单位地址:什锦花园胡同甲26号
联系电话:64032275 邮政编码:100007 (陈静)

【区领导慰问 视察】 1月22日(大年初一),卢彦等区领导到环卫服务中心一所慰问一线职工并送慰问品。7月,卢彦到环科中心视察工作。参观环卫设备生产车间,询问产品生产和使用状况并亲自试驾新型电动式扫地车。7月12日,陈平到王府井所辖区菖蒲河公园检查指导工作,表扬王府井所的管理方法和工作质量,并对近期防汛工作和大雨中应急处理能力,保证公园环境卫生,给游人创造良好休闲环境给予肯定。8月4日,陈平率区委、区人大、区政府、区政协四套班子领导慰问一线环卫职工与工人们亲切交谈,将慰问品发到职工手中。10月3日,卢彦到王府井大街检查节日期间加大保洁力度的管理方法和工作服务质量,对节日安全防范和实行区网格化管理给予肯定。

(陈静)

【医疗改革】 1月,根据市基本医疗有关政策和其他区环卫服务中心医疗改革的精神,结合区环卫服务中心具体情况制定《医疗管理暂行办法》,1月1日起执行。 (陈静)

【党员培训】 2月3~4日,区环卫服务中心党委在区委党校举办第十五期党员培训班,220名党员和积极分子参加培训。 (陈静)

【防控禽流感】 启动防控禽流感工作预案,成立“防控应急队”,制定《防禽流感日常工作规定》。防禽流感期间对区内7.08万平方米鸟类聚集地区每天两次消毒保洁,根据市、区管委指示,为防禽流感及迎接“两会”召开,对区管辖的道路、便道鸟类聚集地集中清刷、消毒。 (陈静)

【户外广告管理】 2月12日,为确保区户外广告的设置安全,杜绝隐患,区环卫服务中心市容科检查全区111处经济广告,向辖区有大型户外广告的42家广告公司下发《关于加强户外广告安全工作的通知》。

(陈静)

【公厕研讨会】 2月26日,区市政管委在环卫服务中心组织召开区公厕建设工作会。区领导及有关单位负责人参加。环卫中心汇报区公厕状况和本年建厕任务。 (陈静)

【治安宣传】 3月10日,组织开展“征集社会治安综合治理书法、篆刻、绘画、摄影作品活动,环卫中心职工白春光的漫画作品《井与警》被选送市展出。 (陈静)

【公厕升级改造】 3月17日,公共卫生间改造招投标工作开标,前期向16家企业发售招标文件,在开标现场,由政府采购办及环卫服务中心、纪检部门全程监督。

3月,在国子监57号、王府井大街西辅路、王府井大街215号、雍和宫大街22号及地坛南门外等处新改建公厕中首创设置“无性别厕间”,也称作“第三空间”,可以让帮助如厕者的人一同进入,为老年人和残疾人如厕提供便利条件。北京日报、北京电视台,特别关注栏目及东城报等媒体给予报道。在交北头条11号建成一座高科技生物菌公厕,投入使用。该公厕产生的“污物”由生物菌自动分解,无需排污,为循环式生态公共卫生间。在前拐棒胡同3号建设一座“轻体钢结构”二类标准公共卫生间。通过市市政管委验收。该厕外墙面使用日本进口UB外墙装饰板,墙体内装有保温材料,这种外墙板坚固耐用、阻燃、耐水浸。屋面采用“欧纹斯克宁玻纤瓦”,有很好的防水性能。这种轻体钢结构公共卫生间的落成,解决了在平房区、小胡同狭窄地区公厕升级改造的课题。7月,在东四十二条80号落成一座“排挡式公厕”。该公厕为独立卫生间,厕间直接对外,不仅符合二类公共卫生间的标准,而且占地面积小,并设有“第三类空间”,开辟了建厕新思路。为方便居民和过往行人、游客,在各重点大街、胡同口设立“公厕引导牌”,共计90块。中央电视

台、北京青年报、搜狐网等17家媒体播报。 (陈静)

【守信企业】 4月,环科中心被评为守信企业,将享有工商局年检免审,免于日常检查,并享有办理行政事项优先权,有关部门组织的招投标、各种商事和展览活动将优先选择“守信企业”。 (陈静)

【信访工作】 年内,共接办群众来信、来访、来电140件,受理政协委员提案4件,人大代表建议29件,领导批阅、答复率100%。连续10年被评为区信访先进单位。赵福利被评为先进信访工作主管领导,陈静被评为先进信访干部。 (陈静)

【中水降尘】 5月18日,区环卫服务中心机扫中心开始使用“南馆公园中水处理站”的中水,主要用于喷洒路面冲刷、喷雾降尘和融雪剂。 (陈静)

【职工培训】 5月26日,举办职工安全生产与劳动保护知识培训。聘请市总工会劳动保护部张秀平讲解,加强安全规范管理、工会发挥劳动保护监督检查作用、维护职工合法权益、检查法律、法规的落实、安全等问题。 (陈静)

【圣火传递】 6月9日,为保证“奥运圣火”传递,渣土所通知沿途工地做好工地渣土运输,创造良好卫生环境,确保“圣火”传递工作完成。 (陈静)

【行政许可法】 为落实《行政许可法》的规定,方便客户需要,区环卫服务中心广告、渣土审批工作均实施全程代理办公,一站式服务。12月8日,市渣土处到区环卫中心渣土所考核工作,重点考核贯彻落实行政许可法实行一站式服务及网上办公情况。 (陈静)

【劳模座谈会】 6月11日,环科中心主任、全国劳模张永江,出席市委、市政府在市总工会召开的劳模座谈会,受到刘淇和到会领导接见。 (陈静)

【安全生产】 6月1日至7月1日,开展主题“以人为本、安全第一”的“安全生产月活动”。开展多次安全检查,共检查重点部位246处,查出隐患18处,限期整改。 (陈静)

【劳动竞赛】 6月12日至7月31日,开展“战高温、保安全,大干60天”劳动竞赛活动,巩固安全生产50人竞赛活动成果。9月6日,举办“职工安全生产知识”电视培训,各所安全生产管理人员、工会干部及班组安全员共36人参加培训,并进行安全知识考核。同时500名职工参加全国职工安全生产知识百题竞赛答卷活动。 (陈静)

【城市管理新模式】 6月28日,组织科级以上干部收看区“依托数字城市技术创建城市管理新模式”讲座录像。7月1日,组织召开“城市管理新模式”研讨会,与会人员根据区城市管理新模式,结合环卫工作特点,进行探讨。认为:管理模式对城市的发展具有促进作用。给环卫中心带来了压力,同时也带来了机遇和考验。环卫中心要适应城市管理新模式,就要加强环卫局内部机制的整合和人力资源的调配,在管理模式和运行机制上要有新突破。 (陈静)

【献血工作】 7月23日,区环卫中心无偿献血,在环卫中心共有57人参加体检,25人献血。 (陈静)

【环卫科技】 10月,张永江带领技术人员利用新技术、新工艺、新设备,自力更生、艰苦拼搏,共完成92项新科技成果,一项申报国家专利。其中:BXH—II型电动静音扫地机、地面刷地机、BXH5044TSC型解放两吨扫路车、BQI5041TSC型干式除尘扫路车、BXH5060TSC型干式除尘扫路车、BXH5050TQX型护栏清洗车、BXH5040ZZZ型自卸式垃圾车、新型“弹拨除尘器(已申报国家专利)”BXH5120TSC型6吨解放扫路车等产品的开发研制填补当前市场空白,增强环卫企业产品市场竞争力,使扫路产品做到大、中、小型系列配套。 (陈静)

【市领导慰问】 10月5日,吉林看望一线环卫工人。区环卫中心锡梓荣介绍广场责任地段划分、作业时间安排、工力和机械设备投入情况。 (陈静)

【世界厕所峰会】 11月17~19日,“第四届世界厕所峰会”在北京隆重召开,共有19个国家和地区的代表参加。区市政管委、区环卫中心领导等20人参加。展会上,区参展的公厕成为各国代表们关注的交点。代表们对公厕的设计理念和实用效果(包括公厕中的电动天窗、婴儿打理床、儿童园地、无性别的“第三空间”、梳妆台)给予肯定。 (陈静)

【党风廉正建设】 11月29日,召开党风廉政建设会议,传达“北京市党风廉政建设责任制”电视电话会议精神。要求党政主要负责人要坚持率先垂范,以身作则,敢抓敢管。分管领导要抓好职责范围内的反腐倡廉工作,对党风廉正建设负直接领导责任。结合实际,

突出重点，抓各项任务落实。元旦、春节，各级领导干部要警钟长鸣。（陈静）

【清运落叶】 11月24日，市大风降温。区环卫中心做好提高清运标准的工作安排。垃圾清运车由33部增加到44部，为使树叶清扫节省时间，采取人机结合收运方式，共清运树叶4308吨，保证大风后区各主要大街干净整洁。（陈静）

【ISO体系认证】 12月，环卫中心机关各科室和基层等10个单位通过ISO9001和ISO1400国际质量体系认证。（陈静）

【融雪铲冰】 12月16日，冬季第一场降雪，区环卫中心启动铲冰除雪预案。环卫职工紧急到位融雪，凌晨4点至清晨6点全区97条道路基本完成融雪。保证早上班高峰期间车辆正常行驶。共出动708人、融雪剂撒布机23车次、撒水车21车次、其他机械车辆11部，使用融雪剂98吨。（陈静）

【爱心捐款】 发起以"关注灾区、关注灾民、捐赠一日工资、奉献一片爱心"捐款活动。环卫中心机关及10个基层所（中心）459名党员、干部、职工，为内蒙古、江西灾区灾民捐出一日工资，部分基层领导干部捐赠两日工资。捐款1.36万元。为响应区计生委开展"幸福工程活动"和市红十字会组织的"博爱在京城"大型募捐救助活动，全体职工共捐款7081元。（陈静）

【档案管理】 9月2日，区档案局和有关部门领导，检查环卫中心档案管理工作。通过听取汇报、查看档案室及现场评审，通过"一级"档案管理复查。12月21日，区环卫中心二所档案管理工作经审核达到区档案局规定，晋升区合格级。（陈静）

【计划生育】 12月28日，举办以科学文化婚姻家庭教育为主题演示会。演示题材由职工自编自演，题材多样，贴近生活。参加活动80人。（陈静）

环境保护

【概况】 区环境保护局依法对辖区环境保护工作实施监督管理。本年，实施北京市第十阶段控制大气污染措施。更新、改造燃煤锅炉8台，削减燃煤1.34万吨，削减二氧化硫160.32吨，削减烟尘100.20吨。治理噪声污染源30个。治理餐饮业污水30家。检测机动车尾气1万辆。完成市妇产医院污水处理改建工程。工商办照，环保后置审批管理，全年办理"三同时"审批项目492项，完成备案登记39项，燃煤锅炉改造登记6项，依法征收排污费11.54万元，对572家工业污染源进行排污申报登记，办理验收项目323项。

市环境保护委员会根据北京市环境综合整治目标管理考核办法，考核评比2003年度各区县、各部门完成各项环境保护任务情况，东城区人民政府名列第一。

单位名称：东城区环境保护局
单位地址：东四六条甲17号
联系电话：64043663　邮政编码：100007　　（马春华）

【大气环境质量】 本年，继续实施治理大气污染措施，完成市政府发布的第十阶段控制大气污染各项任务，大气污染得到控制，大气环境质量得到改善。本年本市空气污染指数（API）二级和好于二级的天数229天，占全年总天数的62.6%，比上年增长1.2个百分点，比本年大气环境质量62%的目标增长0.6个百分点。前门子站地处东城、崇文、宣武三区交界，本年目标61.0%，实际完成57.5%，与目标差13天。东四子站本年目标60.0%，实际完成60.4%，超额1天，提前1天完成目标。

硫酸盐化速率：全区年平均值0.43毫克/日·平方分米，比上年降低8.5%，低于国家推荐标准（0.50毫克/日·平方分米）。其中采暖期污染较重，均值为0.62毫克/日·平方分米，非采暖期只有0.30毫克/日·平方分米。

二氧化氮：全区年平均值为88微克/立方米，超过国家年平均值二级标准（80微克/立方米），日均值超标率19%。其中采暖期为75微克/立方米，非采暖期为96微克/立方米。

一氧化碳：全区年平均值为1.5毫克/立方米，低于国家标准（国家日均值二级标准为4.0毫克/立方米），日均值超标率8.8%。其中采暖期为2.3毫克/立方米，非采暖期为1.1毫克/立方米。

降尘：全区年平均值为8.6吨/平方公里·月，比上年降低23.2%。

噪声：全区区域环境噪声平均值为52.7dB（A），与上年持平。交通干线噪声平均值为68.1dB（A），与上年持平。

全区烟尘控制区覆盖率为100%；炉、窑烟尘浓度达标率100%，黑度达标率100%；烟控区清洁能源使用率99.5%；全区清洁能源使用率99%；环境噪声达标区覆盖率为100%；工业企业废水、烟尘、二氧化硫排放达标率100%。（马春华 王贺建 郑宏伟）

【环保十件实事】 本年制定十件环保实事计划全部

完成。完成东四奥林匹克小区绿化工程,绿化面积1.08万平方米;完成朝内危改小区绿化工程,绿化面积5500平方米;翻建厕所,由三级升至二级77座;完成东四子站周边屋顶绿化5499平方米;控制机动车尾气,检测机动车1万辆;完成市妇产医院污水处理改建工程;完成治理噪声污染源30个;完成治理餐饮业污水50个(计划30个);完成北京站东街综合整治工程;完成行道树池黄土不露天工程,4760个树池铺装嵌草屏砖,铺装7141平方米。　(马春华　李智)

【信访工作】　本年接到群众来信、来访、来电和电子邮件913件,其中从本市有关方面转来347件,从区有关部门转来81件,本局自接485件。其中反映大气污染的452件,占49.5%;反映噪声污染的431件,占47.2%;反映水污染的9件,占1.0%;反应其他污染的21件,占2.3%。以上信件处理率100%。解决了一批群众反映强烈的热点和难点问题。坚持局长接待日制度,全年共接待群众60人次,反映各类问题27件。办理人大代表建议12件,政协提案1件,由区人大转群众来信2件,办理率100%,答复率100%,结案率100%,代表满意率100%。　(郭玉环)

【环保法制】　制定《推进依法行政工作实施方案(2004年~2008年)》,健全完善行政执法责任制,层层签订责任书,提高依法行政水平。组织《中华人民共和国放射性污染防治法》、《排污费征收使用管理条例》、《行证许可法》等法律法规培训。按照要求三次清理行政许可事项,现有6项许可事项,分别为:建设项目环境保护审批;建设项目环境保护验收;防治污染设施的闲置或拆除;排污许可证;危险废物收集、贮存、处置综合经营许可证;在砂石坑、窑坑、滩地等低洼地倾倒、存贮废弃物批准。并对办理行政许可事项进行月备案。制定行政许可申请表、受理通知书等12种配套文书;制定行政许可公示、申请与受理等6项制度。制定全程办事代理制实施方案。6项许可事项全部纳入全程代理。制定全程办事代理制受理事项告知单、受理事项登记表、投诉登记表等8种配套文书及全程代理统一受理送达窗口制度、内部运行流转、投诉督查办法等11项配套制度,以便监督管理执法人员的行政许可行为。公开环境保护法律、法规、规章及办事职责,公开环境管理全程代理事项、行政许可事项依据、条件、程序、时限和结果等。制定政务公开公示、听证会、重大事项讨论决定、考核奖惩制度等配套制度。

(姚鸿滨　马春华)

【行政处罚听证】　根据《北京市实施〈中华人民共和国大气污染防治法〉办法、《中华人民共和国行政处罚法》以及当事人的听证申请,于1月7日,1月15日分别公开举行北京起重运输机械研究所、中华全国工商业联合会未按环保限期要求完成燃煤锅炉改清洁能源工作,仍使用燃煤锅炉设备向大气排污的行政处罚听证会。　(马春华　刘军妍)

【新噪声功能区划】　2月15日,《东城区区域环境噪声适用区划分方案》正式实施。新噪声功能区划将区内85条大街及两侧区域划分为三类区,将东直门交通枢纽、北京火车站周边地区划分为三类区,王府井商业区划分为二类混合区,其他区域为一类区。

(马春华　钟妮华)

【环境保护工作会】　4月5日,召开第12次区长办公会,讨论并通过《东城区落实北京市第十阶段控制大气污染措施任务分解表》,下发《东城区关于落实第十阶段控制大气污染措施的通知》。4月23日,区政府与区环保局、区城管大队、区园林局、区环卫局、各街道办事处等26个责任单位签订《落实第十阶段控制大气污染措施责任书》,把环保工作列入区政府折子工程进行督办。提出"确保前门、东四子站全年空气污染指数二级和好于二级天数的比例分别达61%、60%的工作目标",并列为各责任单位首要任务。

(钟妮华　马春华)

【简化审批程序】　根据市环保局通知,由传统审批型向监管型管理转变。5月1日,实行部分建设项目环境保护审批管理的简化程序。对部分在现有建筑内开办餐饮、洗浴、洗衣、美容、美发、汽车维修等建设项目的环保审批程序进行改革。对符合受理条件的建设项目环保申请即时受理,即时批复。　(顾仝　马春华)

【行政诉讼】　5月17日,东四十一条居民孙树洪以不服行政处理决定案由向区法院起诉区环保局,请求撤销2003年9月28日《关于水来生美食城噪声扰民投诉的处理结果》和3月22日《答复》,重新作出处理决定。7月14日区法院经过公开审理,认为区环保局接孙树洪信访投诉后,即对被举报单位进行现场检查,对噪声源进行监测。在监测时,通知孙树洪到场,并在监测后出具了监测报告。因此作出认定水来生美食城噪声排放符合国家噪声标准的《处理结果》和《答复》,事实清楚、证据确凿,适用法律正确,并驳回原告诉讼请求。孙树洪不服区法院一审判决结果,继续向市第二中级人民法院上诉,市二中院经审理认为一审法院判决事实清楚,适用法律正确,审理程序合法,11月5日

驳回上诉,维持一审判决。（姚鸿滨 马春华）

【信息化建设】 6月,开展局域网建设工程,提升局内办公自动化水平,提高环境管理应急事件处理能力,适应网格化城市管理模式需要。11月,局域网工程验收。实现通知、文件、数据等部分无纸化办公,多用户实时监控远程工地可视化监视系统,与市环保局、区政府和区市政管委等部门的实时联系,加强同市环保局的信息化平台、"数字东城"、"数字城管"的信息沟通。（严绮红 马春华）

【高考期间环境噪声监督】 5月,突击检查东二环工地密集地区夜间施工,对违法夜施行为予以行政处罚。与区环境保护监测站组成监测执法小组,对居民反应强烈的总政解放军电视中心、中国青年旅行社大厦、新闻出版局信息中心三处在施工程夜间监测,严格限定强噪声设备使用,责令采取建电锯房、加装隔声屏等措施。解决民安小区318号楼电锯施工噪声、市高检工地拆迁噪声扰民。单项治理达标噪声源20余处,消除噪声超标排放扰民。6月2日夜,出动6人次两组检查施工工地21处。6月4日~7日,出动32人次共检查施工工地109处,严查未经许可夜间施工等产生噪声扰民违法行为。发现违法夜施现象,执法人员当场要求施工单位停止施工,施工车辆返回。（郝冬晟 马春华）

【环保监测站计量认证】 计量认证是具有中国特点的对实验室的计量认证/审查认可。1月,区环保监测站按照新《产品质量检验机构计量认证/审查认可(验收)评审准则》(试行)要求建立新质量管理体系。《质量手册》全面改版,建立配套运行支持《程序文件》32个,自编《作业指导书》19个,质量记录表式88份,技术记录表式62份。4月1日,新体系试运行。9月,新体系运行情况通过专家评审。10月10日,取得计量认证合格证书。（周俊雅 马春华）

【环保教育】 组织辖区小学生于6月5日参加由市环保基金会、市环保宣教中心、市人民广播电台联合举办的"北京市第八届小学生'我爱地球妈妈'演讲比赛"。景山学校吴天一"让北京的水更清天更蓝"获二等奖,丁香小学于天昊获优秀奖,区环保局获优秀组织奖。10月31日,组织辖区中学生参加市环保基金会、市环保宣教中心、千龙网主办的"北京市第四届中学生'绿色行动我参与'中英双语演讲比赛"。第五中学分校马梦乔获一等奖,区环保局获优秀组织奖。（郭玉环）

【扰民投诉】 2月,区环保局接罗克韦尔自动化公司关于北京恒基燕莎商城装修扰民投诉。罗克韦尔自动化公司列世界500强企业之一。区环保局立即赶到现场对施工单位下达整改通知书。承建单位未按要求整改,扰民现象反复发生。区环保局根据《北京市环境噪声管理暂行办法》对北京恒基燕莎商城下发限制作业时间决定;装修所用材料异地加工,现场组装;所用油漆涂料必须符合国家标准,保证排风通畅,减少异味;装修期间措施公示上墙。解决扰民问题。（郝冬晟 马春华）

【节能技术推广使用研讨会】 区能源结构改造基本完成。针对运行中出现的能耗高、运行费用较多等问题,3月4日,区环保局召开节能技术推广使用研讨会。市源深公司、绿洲德翰公司、北京医院、协和医院、区供暖中心、解放军7453工厂等单位参加交流。（刘媛春 马春华）

【蓝天行动】 6月3日,区环保局组织辖区公众参与"蓝天行动"动员会号召公众参与防治尘污染。7月16日,东四街道办事处公众参与"蓝天行动",在五条社区举办"绿色狂澜刮起来,爱心社区你我他"科普绿色环保志愿者队伍启动仪式,号召居民从我做起,从身边小事做起,为还首都蓝天作出贡献。11月14日,市环保局青年志愿者与东四街道办事处社区群众代表在区环保局召开"公众参与守护蓝天"动员会,呼唤蓝天,号召群众行动起来参加防治尘污染。12月11日,区环保局、市环保局青年志愿者在东四北大街举行"公众参与环境保护"大型街头宣传活动。（郭玉环）

【档案管理】 3月,结合本市安全月活动,依照档案法规和内部档案管理制度,对档案库房安全保管和档案齐全完整进行自查。4月25日,与门头沟区环保局交流档案工作经验。8月25日,档案管理通过市档案目标管理一级复查考核。区档案局档案工作目标管理考核组认定本局获《北京市区县级机关档案管理工作一级证书》继续有效。（马春华 严绮红）

【远程监控扬尘系统】 4月,安装4套远程监控扬尘系统。系统具有360度旋转、焦距自由变动、清晰探测下载监控工地动态图片、可随机移动、动态监控等特点。通过该系统,执法人员密切关注辖区重点在施工地、土方工程,快速处理违法现象,保护子站周边大气环境。系统的运行强化对施工工地动态管理,实时监控。先后制止、处理中青旅大厦、北京电信工程、天盛大厦工程等施工工地土方施工过程中的扬尘污染。

(王智博　马春华)

【油烟治理】　4 月 ~5 月,普查辖区餐饮业油烟污染源。经查,辖区大型餐饮项目油烟污染净化设施使用基本规范,中、小型餐饮项目部分存在未正常使用油烟净化设施的违法行为,均予以行政处罚。

(王瑞　马春华)

【医疗废物法规培训】　5 月,为加强医疗废物的安全管理,防止疾病传播,保护环境,保障人体健康,区环保局、卫生局针对医疗废物的收集、运送、贮存、处置及监督管理,对辖区 50 余家三级及以下医疗单位进行《医疗废物管理条例》法规培训。　(刘媛春　马春华)

【机动车尾气污染控制】　为改善前门和东四子站空气质量,区环保局加强对子站周边机动车尾气排放的监督管理。前门车辆高峰出现早、车辆多,每日早 5:30 ~8:00 突击检查前门子站周边车辆尾气,疏导车辆,减少空气污染。夜间巡查和定点检查东四子站周边工地工程车、货车,配合城管直属队管制车辆道路遗撒,减少扬尘污染,控制东四子站周边尾气排放超标车辆行驶。抽查辖区公交车辆和长途车辆,限制高排放车辆上路。　(张岩　马春华)

【城市环境管理网格化】　10 月,区依托电子地图和空间网格技术,建立网格化城市管理工作平台。该套系统利用空间地理概念,将辖区划分为 1652 个万米单元网格,在每个网格内,由城市管理监督员负责 24 小时巡视。当出现工地扬尘、噪声扰民等环境污染现象时,协管员应用手机发送图文信息给城市管理监督中心。城市管理监督中心再通过 GIS 系统迅速定位,报送城市管理委员会。城市管理委员会将发现问题情况通知环境管理部门。该系统为区环保局及时了解环境污染问题增加了途径,提高辖区环境保护工作的科技含量,控制辖区大气污染。　(郑宏伟　马春华)

【站东街环境整治】　5 月 11 日启动。该工程是本年度市政府为民办实事,市级环境整治重点工程。5 月 12 日至 6 月 10 日,拆迁涉及近 182 户居民及商业单位。为确保站东街施工工地达到《北京市建设工程施工现场环境保护标准》和《奥运工程绿色施工指南》要求,区环保局成立专门检查组,指导拆迁作业,控制扬尘。9 月末竣工,加大了车辆通行能力,改善环境面貌,提升空气质量。

(郑宏伟　马春华)

【扬尘污染控制】　1 月 1 日,突击检查环保子站周边污染源,重点检查在施工地和地铁五号线工地扬尘控制情况。对人民保险大厦和电信大楼进行土方作业工地提出环保要求,责令施工单位清扫带土车辆,确保进出车辆不带泥上路,指定专人负责工地周边卫生责任区保洁工作。2 月 23 日,区控制扬尘污染工作领导小组办公会召开控制扬尘污染联动机制单位会。3 月 10 日,市首次出现沙尘天气。根据市局统一部署,区环保局出动两组巡查,确保子站周边工地降尘措施落实,保证两会期间空气质量。26 日,防止辖区各类施工工地扬尘污染出现反弹,区扬尘办组织成员单位分南北两队,联合普查 30 个在施工地。4 月 19 日,区扬尘办组织 23 个成员单位召开扬尘工作会,下发《关于落实控制工地扬尘污染检查考评制度的通知》。防止前门子站空气质量下滑,要求区园林局加强子站周边绿地喷灌,区环卫局加大对子站周边道路清扫和冲刷力度,区环保局加强检查和执法。针对东四子站可吸入颗粒物数值偏高,22 日,市、区两级扬尘办单位在朝内危改召开现场工作会,责令工程施工单位明确责任落实,按照工地环境保护管理要求整改施工现场。23 日,区城管大队、区建委、区环保局联合检查前门子站周边工地。5 月 13 日,联合检查凯恒大厦工程及东四危改 D 区工程。23 日,联合检查站东街拆迁改造工程。6 月 16 日,组织辖区 50 个重点施工工地负责人召开工地控制扬尘工作会,下发《建筑施工环境保护规范》。6 月末,扬尘污染检查周报改为日报。

8 月 10 日,召开前门、东四子站扬尘控制工作会,部署子站周边绿化、洒水、重点工地综合整治等工作。21 ~22 日,检查东四、前门子站周边重点地区 26 家施工工地扬尘污染控制情况。9 月,绿网覆盖拆而未建裸露地面 20 万平方米,绿化王府井周边地区 1 万平方米,喷雾降尘施工工地 8 处,覆盖小街沿线树池 2860 余个,修补子站周边破碎路面 7 处,确保减少子站周边扬尘污染。11 月,东华门街道智德社区组织志愿者、辖区单位开展防尘治理活动。　(董险峰　马春华)

【控制大气污染】　1 月 15 日,区环保局检查辖区医院医疗废物处置情况。未发现医疗废物与生活垃圾混存、医疗废物露天存放现象。辖区医院均按医疗废物贮存场所设立标识,环保措施要求基本落实到位。3 月,检查辖区水源防护区油库、加油站密闭水污染设施的运行状况及水源井周边危险品存放等状况。6 月,与区工商局、城管监察大队、卫生局、和平里办事处联合,突击检查辖区六铺炕地区 10 家炭火烧烤项目,取缔露天烧烤 1 处,各职能局按职责分工分别作出行政处罚和停业整顿共 10 处。遏制六铺炕地区“屋檐下烧烤”、“挂靠烧烤”现象。7月，在数字东城网站公布控制扬尘工作动态信息，每周更新。公布二级和好于二级天数累计完成情况，下一阶段二级和好于二级天数完成目标，首要污染物浓度走向和趋势，原因分析，公布不达标工地名单、违法行为及处理意见，曝光工地扬尘污染违法行为等。便于社会及时了解辖区当前大气污染控制工作现状，督促执法部门加强监督管理，警示违法施工单位。8月2日，区政府第27次区长办公会专题听取关于第十阶段控制大气污染工作汇报。卢彦提出要求。8月中旬，区环保局完成远程监控系统的安装和调试，加强辖区重点工地和道路的监管力度，成立应急处理小组，针对远程监控发现的环境污染问题及时处理消除污染。9～10月汛期，检查辖区水源防护区油库、加油站密闭水污染设施运行及水源井周边危险品存放等状况。成立“十一”环境保障小组，重点检查辖区工业污染源、医院污水、加油站、水源井以及群众反映的重点、难点问题。同时加强子站周边地区在施工地和餐饮污染源排查。11月2日，召集25个责任单位在区环保局召开冬季控制大气污染紧急会，布置冬季控制大气污染紧急方案，分解任务和措施。区环保局严查油烟污染违法排放行为，查处室内、露天烧烤及经营性违法用煤，控制二氧化硫排放。区城管大队严查私贩劣质民用型煤的违法行为。区交通支队和区环保局严查机动车尾气超标的违法行为。区建委普查辖区降尘措施落实情况；各街道办事处检查辖区施工工地扬尘、违法烧烤、经营性用煤等情况。区环卫局加强机扫除尘、加大洒水压尘力度。区园林局完成子站周边树堰临时性覆盖。11月，联合检查综合整治辖区经营性用煤、炭火烧烤，以子站为中心，检查主要大街10条、胡同33个，经营性用煤或炭火烧烤单位600家，发现并制止违法烧烤19处，没收烧烤用具6套，查处违法使用燃煤55处，没收用具7套。出动检查组14个，检查各类施工工地127个次，查处工地扬尘污染行为28起。12月22日夜，联合检查东四北大街、朝内北小街、东四六条、东内南北小街，出动14人次，检查单位34家，查处炭火烧烤行为14起，查处违法炭火烧烤架8部，经营性使用煤炉5台。东四子站完成219天二级好天目标。（李炳火 姚鸿滨 马春华）

城市管理监察

【概况】 东城区城市管理监察大队成立于1998年12月1日。建队6年来，职能从建队之初的5项扩展到14项308个处罚权。

根据京政办函[1998]110号、京政发(2002)24号和京政发(2004)3号文件，城市管理监察组织履行以下职能：①市容环境卫生管理的全部处罚权。②工商管理方面对无照经营的部分处罚权。③交通管理方面对违章占道的部分处罚权。④城市规划方面对违法建设的部分处罚权。⑤城市绿化管理（除主要公园外）的全部处罚权。⑥停车管理（机动车公用停车场、非机动车停车）的全部处罚权。⑦施工现场（含房屋拆迁现场）管理的8项处罚权。⑧城市河湖管理的9项处罚权。⑨市政管理（道路桥梁、市政排水设施、地下设施检查井井盖）的全部处罚权。⑩环境保护方面的7项处罚权。⑪公用事业管理（城市公共供水、城市燃气、清洁燃料车辆加气站、城市公用热力设施）的全部处罚权。⑫城市节水管理的全部处罚权。⑬对非法从事出租汽车（含旅游客运汽车）、小公共汽车和人力三轮车业务行为的行政处罚权。⑭对无导游证进行导游活动行为的行政处罚权。

全年，大队立案处理各类案件6153起，罚款159.94万元，其中，市容管理类861起，无照经营4596起，规划管理4起，交通管理235起，园林绿化31起，城市节水管理9起，环保管理14起，施工现场管理63起，市政管理1起，黑车管理339起。现场纠正各类违法行为6.21万起，当场处罚1.73万元。

本年，被市城管执法局评为市城市管理综合行政执法系统先进大队，被首都精神文明建设委员会授予首都文明单位。大队被评为区办理人大代表建议、政协委员提案工作先进单位，信访工作先进单位，落实行政执法责任制优秀单位，新闻宣传先进单位。区精神文明建设委员会授予区城市管理监察大队综合行政执法本年区“窗口”规范化服务达标行业。纪检组长陈守海被授予2002～2004年度“北京市优秀纪检监察干部”，高荣春获区“人民满意公务员”并记二等功。大队评选市城管综合行政执法系统先进集体1个，先进个人2名。区城管大队先进集体6个，区城管大队先进个人38名。

4月，大队新增设宣传科，编制3人。8月9日，大队机关、直属分队迁址东城区老钱局胡同甲14号新办公楼。大队“24小时接受举报，20分钟到达现场处理”的承诺不变，举报电话变更为85120900。

拆除违法建设3万平方米。

单位名称：东城区城市管理监察大队
单位地址：老钱局胡同甲14号
联系电话：85120951 邮政编码：100005 （张文侠）

【领导慰问】 1月21日，大年三十上午，刘淇、王岐山到故宫神武门看望坚守岗位的城管队员并表示节日问候，鼓励大家努力工作，为维护首都城市环境秩序作出更大贡献。22日（大年初一），卢彦等区领导到北新桥分队看望节日期间坚守岗位的城管队员。5月1日,陈平等区领导到北京站广场慰问节日期间坚守工作岗位、维护城市环境秩序的城管队员。10月2日,国家主席胡锦涛到朝阳区劲松街道,专程看望广大基层干部,代表党中央向全国广大基层干部群众表示节日的问候。中央办公厅主任王刚,市委书记刘淇和市长王岐山等陪同。大队和平里分队李淑萍等30名市各部门干部代表接受领导慰问并参加座谈。 (张文侠)

【城管新职能】 3月1日起,城市管理综合行政执法组织开始行使查处无证从事出租运营和无证从事导游活动职能。9月20日起,车辆在便道上乱停或无车位停车,城管部门张贴《违法停车通知单》并将底单送至辖区交通部门上网公布,司机必须按指定地点及时到交管部门接受处理后,才能进行年度车辆检验。 (张文侠)

【环境保障】 1月5日起,开展"严格执法为人民、十项整治保环境"的专项整治活动。4月30日结束,历时4个月。五一、十一期间,按照区委、区政府和市城管执法局部署,开展环境保障工作。以重点地区、主要大街、旅游景点为中心,详细部署工作方案,保障节日期间全区各重点地区环境秩序良好。 (张文侠)

【专项整治】 故宫北门的环境整治,采取超前介入,适时组织执法、杜绝违法事态蔓延。在本队值守时坚决守住,达到"有我无他"的执法效果。根据周边情况的变化,组织协调有关部门,打击监控区域外围的违法行为,缓解故宫北门的压力。在北京站地区实行"动静"监控相结合的方式管理,即:对反复出现问题的部位实行定岗、定责、定人的静态管理,为北京站分队配备30名城管协管员,加大机动巡查力量,做好点与面结合,保证执法效果。王府井地区百日整治。组织调度各分队参与王府井地区集中整治,抽调60名队员7458人次,集中打击无照游商、清理散发小广告,劝阻、救助流浪乞讨人员。实施重点案件登记、取证、拍照、备案留底,三次以上移送公安机关处理治理方案。共登记143起143人,移送公安机关拘留49人。东外地区夏季百日综合整治。打击地区新疆人为主的无照经营团伙,取缔各种无照经营和从事非法出租车客、货营运、黑摩的、无照人力三轮车及乱写、乱画、散发、张贴小广告等违法行为,规范坐商、治理报刊亭乱摆、乱放、乱挂和门前出摊等不文明经营行为,5月,组织各分队部分队员协助东直门分队,按照四个地段,两个时间段进行整治和盯守。东直分队对临近的东河园至东直门外斜街路段巡查和突击整治,防范无照商贩就近转移。 (张文侠)

【黑车整治】 在北京站地区举行以"打击'黑车'、'黑导游',维护公民合法权利"为主题的新职能法规宣传活动。发挥专群结合的优势,告诫乘(旅)客提高自身防范意识,拒绝"黑车"、"黑导游"。按照市城管执法局部署,大队多次开展"黑车"专项整治行动,联合交通、公安和三轮车管理部门组织集中整治,打击全区交通枢纽、旅游景点、商业网点周边"黑车"。区成立打击黑车专业队伍,采取定点盯守和流动巡查相结合的方式,联合打击黑车行为,行动过程中,大队集中公开销毁近百辆黑三轮、摩的。 (张文侠)

【施工工地管理】 加强检查施工工地。依法从严治理夜间施工扰民、工地扬尘等问题。依据施工工地台账,加强施工工地管理力度,严厉查处无证夜施扰民、不按规定设置围挡、工地内部不按规定硬化路面、不及时清理工地内部生活垃圾、建筑垃圾,工地内部不按规定苫盖暴露土方、车轮带泥行使、无准运证运输等问题。 (张文侠)

【打击小广告】 在长安街、神武门、王府井周边等旅游景点和重点商业区,开展大规模打击行动和重点地区队员延时监控,没收非法小广告300万张。9月,启动小广告信息警示系统。 (张文侠)

【城管新模式】 10月22日,区城市管理新模式试验性实战演练。大队出动203名队员、49辆执法车辆参加演练。上午,大队共接到任务信息7条,经统一调度,7项任务被及时处理并回复。11月28日,区网格化城市信息管理平台再次演习,大队在9:30~13:30期间,共接受信息举报30条,处理反馈15条,当场办结率50%。11月14日同类演习,大队接受信息举报51条,当场办结率为30%。12月7日,大队就新模式运行后相关程序的操作及存在的问题开展培训。 (张文侠)

【ISO9001质量管理体系】 8月27、28日,大队进行ISO9001质量管理体系监督审核。依据大队质量管理手册和相关文件审核领导层、机关各科室、北新桥、景山、北京站分队体系运行情况、质量方针贯彻情况和质量目标实现情况。经认证中心审核,大队通过ISO9001质量管理体系监督审核。11月,大队在国际认证联盟(IQNet)论坛被授予"管理优秀奖"。 (张文侠)

【爱心捐助】 在扶贫帮困活动爱心献助基金捐助仪式上,队员们踊跃捐款7950元,首批捐款全部用于帮

助困难家庭子女上学、残疾人改善生活条件等公益活动。 （张文俠）

【主题教育活动】 按照区委、区政府和市城管执法局的统一部署要求，上半年，大队集中开展“新时期、新面貌”主题教育活动。分为动员部署统一思想、学习理论提高认识、座谈讨论找准问题、分析原因明确思路、制定措施总结整改等阶段。专题研究重点讨论主题教育活动中的问题和解决办法，把主题教育活动列入折子工程和大队年度工作报告，制定实施计划，提出标准和要求，签订目标责任书，指定分管部门负责，列入年度考核内容。通过措施使主题教育活动有组织、有计划、有检查、有落实。基本达到理解新时期、明确新任务、制定新标准、树立新形象的目的。 （张文俠）

【信息宣传】 在市级以上新闻媒体发表稿件1258篇。上报市城管执法局信息441条。在《东城信息》和《昨日区情》上刊载信息190条，被市政府《昨日市情》采用8条，被评为区级优秀信息6条。10月创刊《城管尖兵》月刊。 （张文俠）

【文体活动】 在市城管系统第一届秋季运动会上，大队共派出100名队员参加队列行进和69个项目的比赛。区56名女队员组成的方阵在全市执法系统队列比赛中获“优秀受阅方队奖”。在大队本年运动会进行的39个项目比赛中，直属分队、机关、王府井分队分列总成绩前3名，建国门分队获风格奖，交道口分队获入场式最佳精神风貌奖，北新桥分队获广播体操比赛优胜奖。 （张文俠）

【防控禽流感】 1月，接市局“关于开展禽流感防范工作的紧急通知”后，大队立即部署，严查“六不养”，深入社区调查饲养鸽子及其他禽类情况，坚决查处无照经营禽类行为，遇重大、紧急情况及时汇报，做好禽流感防范。联合工商、卫生部门检查餐饮企业、集贸市场，做好预防工作。 （张文俠）

城 市 建 设

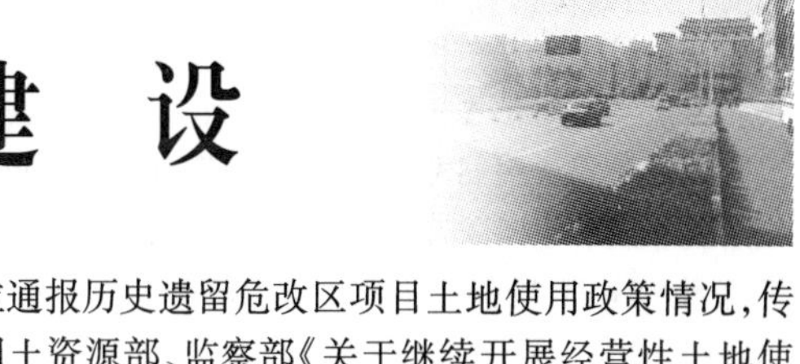

【概况】 本年，在区委、区政府的领导下，实践“三个代表”重要思想，推进危改、风貌保护、重点工程建设及各项建设市场管理工作，完成各项城市建设任务。全年，实现开复工面积512万平方米，新开工面积100万平方米，竣工面积120万平方米。危旧房改造继续推进，在施危改按计划施工，建内危改工程全部竣工，居民回迁工作基本完成，朝内危改一至三期居民实现回迁，甘水桥危改实现结构封顶。受全市风貌保护政策调整影响，新太仓、后永康、美仑、黄图岗危改项目处于方案调整阶段。东二环西辅路全面贯通，地铁五号线扩拆完成，海关东侧路等一批路网加密工程完成，缓解区交通拥堵状况。东二环交通商务区各项重点工程按计划进行。开展建筑行业管理，规范市场，确保工程质量、安全及社会稳定。完成清理拖欠工程款和农民工工资、清理固定资产投资和土地项目、解危工程、税源建设任务。

单位名称：东城区建设委员会

单位地址：东直门内大街3号

联系电话：64008943 邮政编码：100007 （余全卫）

【危改及风貌保护】 4月16日，召集18个项目实施单位通报历史遗留危改区项目土地使用政策情况，传达国土资源部、监察部《关于继续开展经营性土地使用权招标拍卖挂牌出让情况执法监察工作的通知》（国土资发(2004)71号）文件精神，要求项目实施单位4月23日前到国土局登记备案。5月18日，市政协委员调研区文物保护与危旧房改造，听取汇报并提出：危改要坚持科学发展观，处理好危改与保护的关系，以人为本，统筹安排。6月9日，张家明邀请市开发办、市房地局等单位主要领导探讨玉河、三眼井及简易楼改造问题。会议确定玉河、三眼井项目实施单位，要求将立项手续上报，研究外迁居民安置房源问题。8月11日，建委根据市危改办会议精神，召开危改区人均住房5平方米以下情况调查部署会，要求本着实事求是原则，做好基础数据统计，以点带面，确定总量。 （苏博）

【解危工程】 解危工程是区政府调研确定的一种风貌保护模式，以直管公房简易楼和中式楼为对象，鉴定为危险的楼房，由产权人对使用人进行再安置，基本原则为“政府协调、街道牵头、产权人实施”。全区有简易楼247栋、中式楼80栋需要改造，年内，选定东四南大街28号、寿比胡同5号、五四大街24～34号三处简易楼试点改造，共有居民42户，商业6户，人口157人，建筑面积1520平方米。实施方案反复研究讨论，具体实施中确保政策的严肃性。试点的成功为区其他简易楼改造积累了经验和借鉴。（余金卫）

【重点工程建设】 本年，一七一中学教学楼按期交付使用，新史家小学即将竣工验收，东直门中学建设工程实现结构封顶，二中综合教学楼正在进行拆迁，五中综合教学楼正在调整前期方案。地税大厦和政府服务经济大厅竣工。区法院大法庭具备开工条件，检察院办公楼、残疾人活动中心选址基本落实，交通指挥中心规划选址已有初步意见。光彩、信远等开发项目均实现年度计划。302、304号楼实现结构封顶。（余金卫）

【清理拖欠款】 区工程款拖欠总额为1.97亿元，开展工程款清欠，共清理工程款近1.2亿元。会同区劳动局，采取措施确保农民工工资“月清季结”，维护社会稳定。（余金卫）

【地铁五号线扩拆】 经市政府研究决定，对地铁五号线东城段扩大拆迁范围。共拆迁住宅98户2831平方米，非住宅59个1.5万平方米。1月27日，地铁五号线张自忠路站人民日报社宿舍公告拆迁，公告期和奖励期，拆迁住宅65户，2720平方米；非住宅6个，566平方米。12月14日，内蒙古驻京办事处签定拆迁协议，地铁五号线扩拆工作圆满完成。（丁华）

【北京站东路市政道路改造】 8月23日，北京站东路（大羊毛胡同）市政道路公告拆迁，公告期8月23日至9月23日，奖励期8月23日至9月13日，共拆迁住宅7户181平方米，非住宅12个4000平方米，11月1日拆迁工作完成。9月27日道路改造工程开工，12月10日竣工通车。共改造道路390米，规划实现宽度19米，新建雨、污、电力、电信、热力、有线、路灯等市政管线，有部分电力、电信、有线拆改移工程及绿化、街景整治和交通设施。（丁华）

【北极阁市政道路拆迁】 10月15日北极阁市政道路公告拆迁，公告期10月15日至11月15日，奖励期10月15日至11月5日，共拆迁住宅8户110平方米，非住宅4个698平方米。（丁华）

【改造工程】 改造工程是中央国家机关公务员住宅建设项目，由区协助拆迁工作。10月30日，召开和平里一、二区拆迁准备会，11月1日公告拆迁，公告期、奖励期为11月1日至2005年2月5日，应拆迁住宅1053户，非住宅14个。（丁华）

【金宝街7号地拆迁】 12月18日，公告拆迁，拆迁期和奖励期均为12月18日至2005年1月18日，需拆迁住宅288户，非住宅9个。（丁华）

【企业资质年检】 3月，按照市开发办工作部署，对区属企业进行资质年检。区共有115家企业参加年检，经区开发办初检，市开发办复检，92家企业资质合格通过年检，并办理资质证书延期手续，同时向17家不合格企业发放告知单。6月，按照市建委的工作部署，统计区房地产开发企业专业技术管理人员情况，101家房地产企业共有职工3910人，其中专业技术管理人员2041人（包含专业技术职称的2019人）。

按照建设部关于《房地产开发企业资质管理规定》要求，在区新备案的房地产开发企业共22家，其中内资16家，外资6家。（苏博）

【固定资产清理】 5月，市政府转发《国务院办公厅关于清理固定资产投资项目的通知》，决定开展固定资产项目清理。区制定具体实施方案，由区发改委、建委牵头完成项目统计、审核工作。5月10～18日，建委负责清理在建项目，逐个筛选项目，确定51个项目作为清理对象，从立项、规划意见书、设计方案、年度开工计划、环保批准文件等清理检查。共查出未完善施工许可证工程8项，督促建设单位在年末全部完善手续，通过清理检查，规范建设市场。（陈蓓）

【异地纳税清理】 10月，由发改委牵头，将税源引进工作细化分解到各单位，每周汇总、督促进度。区建委负责56个在施建设项目施工企业税源引进工作。首先对56个项目分析归类，分为17项，由建委工程办牵头，抽调人员组成专项工作组，分头会同项目所在街道、税务部门，到工地现场联合检查，向企业宣传政策、限期办理，督促在区办理税源登记。年末，区建委引进税源项目6个。（陈蓓）

【工程款结算】 区海运仓、交东、东四、民安四片危改小区相继竣工，工程款结算缓慢，直接影响到解决拖欠工程款和农民工工资问题。本年，海运仓小区30个栋号全部结算完毕，民安、交东、东四小区分别完成结算13、6、6个栋号。（陈蓓）

【获市开发办表彰】 12月10日，市建委综合开发办公室召开本年度开发、危改工作总结会，表彰区开发

办、危改办本年度工作业绩颁发荣誉证书。　（苏博）

【信访工作】　本年，共接来信118件，同比下降28%，其中，区信访办转106件，市建委转9件，市开发办转1件，建委自接2件。接待来访336人次，其中涉及工程质量问题98人次，施工扰民问题69人次，拆迁问题95人次，拖欠工资问题54人次，其他问题20人次。答复处理率100%。收到提案议案36件，按规定时限全部办结，满意和基本满意率100%。　（马靖华）

【人事工作】　本年，建委下属事业单位建筑行业管理处进行改革，经区政府批准，其经费由自收自支变更为全额拨款，重新核定全额拨款事业编制。调整合并原有科室为：办公室、安全监督站、质量监督站、建设市场管理科。　（王冰）

王府井地区建设管理

【概况】　本年，为王府井地区的商业建设活跃市场举办多种活动。对商业、服务业的发展创造良好的购物环境等方面取得了一定的社会效益。

单位名称：王府井地区建设管理办公室

单位地址：王府井大街99号世纪大厦A座608室

联系电话：65274688　邮政编码：100006　（谢庆东）

【王府井“百日整治”】　原救助条例废止后，王府井地区散发小广告、无照游商、乞讨要饭、滋活拉客现象日渐增多，为维护王府井地区良好的社会秩序和窗口形象，区委、区政府领导决定成立卢彦担任组长的“王府井地区百日整治”行动小组，由区综治办和王府井建管办牵头，区公安、工商、城管、民政等职能部门协同配合，综合执法，于2003年12月6日至本年3月16日联合开展“王府井地区百日整治行动”，将灯市西口至长安街一线的王府井“金十字”地区整治范围划分为4个责任区，每个责任区36人，每日早9时至晚22时，分三个班次清理无照游商，整治散发小广告和滋活拉客行为，劝阻、救助流浪乞讨人员。通过治理、巩固、提高3个阶段的清理整治，共清理无照游商167起，383人次，没收小商品6243件，罚款2360元。查处散发小广告359起，372人次，没收小广告近10万张，罚款22040元。劝阻、移送公安机关滋活拉客人员421人次。劝阻、告知流浪乞讨人员600人次，民政救助流浪乞讨人员253人次，其中未成年人21人。劝阻轮滑和滑板人员31起，203人次。公安机关拘留104人，程序处罚78人次，当场处罚194人次，教育释放569人次。城管部门重点案件登记、取证、拍照、备案留底143起，143人次，移交公安机关予以拘留49人。王府井地区社会秩序环境得到优化。　（谢庆东）

【文明经营示范店】　为推进王府井地区精神文明建设，7～12月开展以“文明礼仪树形象”，建设“礼仪金街、诚信金街、魅力金街”为目标，以“遵纪守法、诚信守实、文明经商、优质服务、礼仪规范、环境整洁、制度健全、安全稳定”为内容的创建“文明经营示范店”活动。地区“金十字”范围160多个商家参与。年末，在参与创建活动企业申报的基础上，经过综合检查验收，评出百货大楼、东安市场、工美大厦、王府井书店、利生体育商厦、新中国儿童用品商店、吴裕泰茶庄、萃华楼、华女内衣公司、同陞和、远东祥达手机店11个商家为“文明经营示范店”。　（谢庆东）

【王府井国际啤酒广场活动】　11月，在江苏省吴江市召开全国特色文化广场颁奖暨展示活动上，王府井国际啤酒文化广场活动被授予全国优秀群众文化广场。王府井国际啤酒广场活动以文兴商，以文促商为特色，从2000年开始，连续举办了5届。　（谢庆东）

【王府井法国食品节】　10月29～31日，王府井大街举办第三届法国食品节，是法国文化年系列活动之一。展示近百种法国葡萄酒及各种包装的奶酪、奶油、黄油、水果泥等。主办者法国食品协会为营造气氛，特请法国4人小乐队，吹拉弹唱法国乐曲和歌曲，让游人欣赏和了解法国文化。　（谢庆东）

【双拥共建】　11月9～13日，王府井建管办邀请共建部队——长期在王府井巡逻执勤的卫戍区警备纠察二连的代表，赴上海“南京路上好八连”交流学习，并参观“南京路上好八连”事迹展览。在两条著名的商业街上执勤的两支连队，相互交流了连队建设、学习、管理、训练、执勤等情况，在王府井建管办的提议下，北京卫戍区警备纠察二连与“南京路上好八连”结为友好连队。　（谢庆东）

【王府井实施升级战略】　为促进王府井商业中心区经济持续健康发展，区委、区政府提出王府井实施升级战略，重点在硬件建设、经营理念、经营结构、管理层面、信息化程度、经营者素质等方面提升档次，坚持“文化与商业、传统与现代、民族与世界”三个结合的方针和“人本、文化、简洁、统一”四项原则，建设成为布局合理、设施完善、功能齐备、服务齐全、管理高效、经济繁荣，有中国特色的国际一流现代化商业中心区。王府井商家积极响应，东方广场、百货大楼、新东安市场、工美大厦等大型商厦带头调整经营环境、经营结构、商品结构,引进国内外著名、知名品牌,提升企业形象,增强王府井商业区的核心竞争力。 (谢庆东)

东二环建设管理

【概况】 根据区编办批复,东二环交通商务区建设管理办公室(以下简称建管办)于3月15日成立,地址:东扬威街11号。建管办为区政府直属全民所有制事业单位,正处级,经费形式为全额拨款,核定编制15名,处级干部4名(1正3副)。根据职能设:行政管理部、规划发展部、商务信息部和协调服务部。

建管办是东二环交通商务区建设管理工作领导小组的办事机构,统一协调管理东二环交通商务区规划、建设、管理及服务。主要职责:研究制定东二环交通商务区的建设项目、城市景观、交通组织发展规划并组织实施。负责商务区的招商工作。统筹规划和调整商务区的经济结构和产业结构布局。统筹协调东二环交通商务区建设项目的设计、论证、审批。在建设过程中为建设单位提供协调和服务。研究制定该地区商务环境、税源建设方案和有关措施。统一协调有关部门,为进驻商务区的企业总部和商务机构在设立登记、行政审批、财税登记、政策支持、信息咨询等方面提供优质服务。为商务区企业总部和商务机构提供完善的社会公共服务。会同并协助公安、工商、城管监察、交通、市政、园林、环卫等职能部门和监督执法部门及有关街道办事处,对东二环交通商务区的经济秩序、环境秩序实施综合管理,承办区委、区政府和领导小组交办的其他事项。

年内,完成人员配备。调入科长1名,干部11名,其中向社会公开招聘工作人员4名。有正式党员6名,经区直属机关工委批准,成立建管办机关党支部。加强制度建设,共建立岗位责任制等各项规章制度6大类40项,使各项工作健康有序地开展。

单位名称:东二环交通商务区建设管理办公室
单位地址:东扬威街11号 邮政编码:100007
单位电话:84063473 单位传真:84063473 (尹兰英)

【开工项目建设】 全年共召开69次专题协调会及12次现场会,保证东二环交通商务区各总部大厦开工建设。年内,新开工项目5家。年末,共开工建设项目9家,即移动通信综合楼3月21日开工、中青旅大厦4月18日开工、北京第五广场9月27日开工、中石油大厦11月7日、国华大厦12月27日开工、新保利大厦(2003年开工)、人保办公楼(2003年开工)、中国电信指挥楼北京电信机房楼(2003年开工)、海洋石油办公楼(2003年开工),总开工建筑面积97.4万平方米。 (马启贤)

【逃生梯】 国庆节前,区长卢彦在检查工地中提出:各在施工地的民工宿舍全部安装双向逃生梯。年末,东二环交通商务区6个项目,即中青旅大厦、移动通信综合楼、新保利大厦、人保办公楼、中国电信指挥楼北京电信机房楼、海洋石油办公楼全部安装宿舍双向逃生梯。 (马启贤)

【信访工作】 4月20日,建管办实行处级领导信访接待制度,领导包案和预测排查制度,协调解决管辖建设项目的民扰、扰民问题21起。全年领导阅批信访率100%,领导班子召开专题信访工作会3次,协调处理重点问题4件,领导接待日上参与接待领导35人次,其中党政一把手12人次。开展矛盾纠纷预测排查3次,排查出矛盾纠纷9件,其中化解集体访苗头问题1件。全年受理信、访2件,结办1件。 (马启贤)

【信息员联系会】 6月15日,召开东二环交通商务区建设项目信息员联系会。传达6月12日区安全会议精神,按照区安全检查活动安排,要求各企业检查并落实责任制。对报送信息渠道及内容作出要求。将东二环交通商务区通信联络表下发各企业,并为各企业信息员颁发聘书。 (马启贤)

【治理施工扬尘】 8月13日,会同区环保局、建委、行管处等部门组织召开"扬尘治理协调会",要求在施工地安装喷雾降尘设备,中青旅大厦、移动通信综合楼、新保利大厦、人保办公楼、海洋石油办公楼在规定时限内安装并运转正常。缓解施工扬尘扩散。 (马启贤)

【土地出让】 8月31日,是国家规定停止经营性土地协议出让期限,政策涉及东二环交通商务区的7个建设。在建管办协助下,中石油大厦、国华大厦、海运仓B3、新保利大厦、北京第五广场5个项目完成办理完土地出让手续并缴纳全额地价款。东直门交通枢纽由于涉及削减面积问题,土地出让协议尚未批复。东方文化艺术中心由于资金问题,只缴纳全额地价款的50%。 (马启贤)

【工地安全管理】 7月2日,建管办要求建设、施工单位落实各级安全生产责任制;建筑企业主要负责人、安全生产管理人员及特种作业人员坚持做到持证上岗;落实职工安全教育工作;落实安全机构设置和安全监督人员设置和开展企业安全生产质量标准化工作。各建设单位制定检查计划，落实安全生产主体责任，根据国家和行业标准自查和复查企业安全生产状况，及时消除事故隐患。11月20日，建管办牵头，由区建委、安全生产监督管理局、东城分局消防处等组成检查组，实地检查东二环交通商务区在施工地。重点检查施工现场用电安全设备、堆物堆料、民工宿舍、食堂环境卫生和消防设施的配备，对电插座不符合要求、操作人员无证上岗、吸烟室设置不规范、工地值班人员脱岗和消防通道未清理等安全隐患问题立刻整改。中青旅大厦施工现场的消防水龙头及管线不完备、施工洞口无防护设施等问题，检查小组对承建方（中国国际建设公司）作出停工半天，限期整改的决定。对承建人保办公大厦的民工居住在条件较差的地下室问题，责令承包方（中铁建设集团）尽快将民工搬出，另行妥善安置。11月22～23日，建管办派专人连续两次安全检查辖区在施工地，中青旅大厦、人保办公楼等在施工地整改自身问题，确保各项安全措施和预案到位。

（马启贤）

【移动通信综合楼失火】 11月18日晚6:45分左右，移动通信综合楼项目工地宿舍楼发生火灾，建管办7:10分抵达现场，立即上报区政府值班室及区领导。陈平、卢彦等区领导赶赴现场指挥救火抢险，大火于晚8:00左右扑灭。8:30召开紧急现场会，市、区有关领导参加。卢彦要求工地立即停工，查清民工有无伤亡，妥善解决民工住宿、睡觉、衣物问题。11月19日上午10:30分，召开东二环沿线所有项目工地安全现场会。要求各项目工地立即检查本单位安全隐患，狠抓落实。

（马启贤）

【税源建设】 加强税源建设，制定措施。①研究制定加强税源建设方案和措施。②强化税源建设责任制，明确责任部门，落实到人。③转变思想观念和工作思路，与各建设单位、施工单位做好有关在区纳税沟通工作。④协调服务职能，与区服务经济大厅、工商、地税等部门协作，主动替企业办理注册手续，落实房地产建设开发企业注册机制、施工企业营业税代扣代缴机制。年末，开发建设项目实际缴纳税款1316万元，其中人区级财政收入631万元。

12月8日，中铁建设（人保办公楼项目）在东城区办理注册登记。

东二环交通商务区在施项目全部实现区注册登记。

12月18日，与区地税局搭建商务区在建项目纳税信息平台，建立电子台账。利用区地税局征管核心系统建立网络查询机制，及时掌握商务区各建设项目缴纳税款情况。

（李梅）

【信息宣传】 年内，制作三维动画多媒体宣传片展示交通商务区建设发展情况。年内，建管办报送信息120篇，信息专刊9篇，信息摘编4期，周报35期，月报5期及信息调研2篇。完成调研报告1篇。

（蔡毅 尹兰英）

【领导视察】 3月30日，陈平听取建管办工作汇报。提出要求：工作思路要创新。做好基础调查。抓好制度建设。完善自身建设。6月6日，建管办就上半年工作总结暨下半年工作计划向卢彦、副区长张家明作全面汇报。10月2日晚，陈平、卢彦等区领导视察东二环西侧围挡墙。指出：围挡墙其他地段要加快建设速度，要将东城的人文环境、古都风貌、文化底蕴、精神文明通过这个载体展现出来。

（尹兰英 林永祥）

【调研工作】 5月，完成经济社会、地理综合现状数据采集和实地核实工作。11月，完成《东二环交通商务区现状调查报告》。为了解入驻商务区企业社会化公共服务现状，开展总部经济服务需求调查，根据调查结果起草“东二环交通商务区公共服务需求调查”。为探讨指导商务区今后发展趋势和政府部门服务管理模式，分别在12月14日与驻商务区香江国际发展有限公司、12月16日与中国电信集团北京市电信有限公司、12月19日与中国保利集团、12月29日与北京中海油房地产开发有限责任公司、12月30日与中铁泰博房地产开发有限公司负责人座谈研讨。

（陈萌 胡荣）

【代表提案】 年内，接到并办理3份代表议案：“加快推进东二环交通商务区的建设”、“关于东直门交通商务区规划建设的问题”和“东外清真寺应纳入东直门交通枢纽周边环境改造之中”。协助办理石述思委员“塑造东城品牌”统领“三区建设”提案。做到密切与代表的联系与沟通。议案办结率100%。答复结果满意率100%。

（尹兰英）

建筑行业管理

【概况】 本年，按照市、区两级建委的工作要求，加大属地质量、安全监督执法检查和建设市场、招投标管理力度，严格履行行业监管职能，为企业服务，维护首都建筑市场和建筑业企业的正常秩序。

属地质量监督在监工程263项382.07万平方米，责令整改58项次，责令检测15项次。施工现场安全监督管理257项，建筑面积541.93万平方米，责令整改367项次,办理房屋拆除工程备案4项。建设市场监管对属地归口管理建筑业企业93家进行企业资质年检。区招投标办公室全年共办理建设工程招标手续42项,中标造价1.96亿元,中标面积10.07万平方米。本年,全区建设领域共清理拖欠工程款1.25亿元。

区建设工程质量监督站被市建设工程质量监督总站评为市质量监督系统先进单位和市质量监督系统信息先进单位。区建筑行业管理处被首都精神文明建设委员会评为首都文明单位。

单位名称:东城区建筑行业管理处
单位地址:安外东河沿乙7号楼
联系电话:64250005　邮政编码:100011　(李玉山)

【质量监督】　年内,加强工程质量预控管理,落实参建各方质量责任,确保结构质量安全。重点监控市、区重点工程和问题多的工程。强化"依法行政"观念,严格履行政府监督职能。所有注册监督工程施工质量处于受控状态,无重大工程质量事故,工程质量合格率100%。　(张立新)

【食品卫生】　本年,安全监督站配合食品安全专项整治办公室及卫生监督部门,督查建筑工地食堂卫生和食品安全,并配合卫生部门在建筑工地开展有关卫生防疫、高温作业、职业病防治等宣传教育和联合检查。本年全区建筑工地未发生集体中毒事故及公共卫生事件。　(谢四林)

【建材打假】　本年,质量监督站代表区建委配合区质量技术监督局及区监察局开展建材质量打假专项整治,将建材质量打假工作总结上报区质量技术监督局。区属地建设工地通过专项整治,使工程建设各方提高质量意识,保证建设工程质量。　(张立新)

【资质年检】　按照市建委京建管[2004]181号文件精神,本年对本区有资质的93家建筑业企业进行资质年检。撤消不合格企业资质2家,办理新企业资质7家,区有资质的建筑企业共98家。　(李荔)

【资质管理下放】　按照市建委施工企业资质管理下放的原则,9月,由市建委转入本区行业管理企业52家,年末,区有资质的建筑业企业共150家,其中:一级企业16家,二级企业37家,三级企业97家。(李荔)

【防汛工作】　安全监督站在汛期前受建委委托拟定建筑工地防汛责任制和防汛应急工作预案。汛前召开工地防汛动员大会与属地在建工地签订防汛责任书、与区卫生部门联合组织工地防汛紧急救护演练。做好各项防汛应急准备包括应急器材、设备、车辆、通讯、值班等。分两轮组织督查属地在建工地的防汛应急抢险预案、物资、人员、制度、措施等落实情况。汛期,加强督查,保证属地在建工地安全渡汛。　(谢四林)

【扬尘治理】　本年,行管处作为区扬尘办成员单位,负责配合区环保局做好在建工地的降尘工作。坚持日常督查,定期将督查情况报送扬尘办。会同环保、城管等部门联合检查,每季度组织一两次集中督查。实现年度降尘指标。　(谢四林)

【安全工作】　本年,属地工地未发生三级以上重大事故,未发生工地集体中毒、施工重大火灾事故。海关总署信息中心工地和皇城大厦工地被市安全生产监督局评为市建筑行业安全质量标准化样板工地。(谢四林)

【清理拖欠款】　本年,区建设领域清理拖欠工程款1.25亿元,共49个项目工程,约占总拖欠工程款的63.3%,完成市建委下达清理拖欠工程款本年度工作目标责任书,剩余16个项目工程,完成拖欠工程款7228.72万元。　(李荔)

【质量投诉】　质量监督站完善质量投诉处理制度,对危改工程居民回迁后存在的质量问题,督促各责任单位落实保修责任。派人参加海运仓、交东、东四危改区的工作组,对信访投诉做到有访必答、及时处理,保证社会稳定。　(张立新)

【建立信息平台】　本年,建立监理与质量监督站工作信息平台,设3个信箱。在建工程每月定期以电子邮件形式报监理月报。质量监督站通过质量月报及时掌握动态,支持监理客观公正履行监理职责,监督实体质量和各方行为,同时也实现资源共享,建立站长信箱致监理公司一封信的方式对工作监督反馈。　(张立新)

东方置地投资发展有限公司

【概况】　本年,完成年度预算管理的各项指标,保持改制重组后持续增长态势。实现:开复工面积3.65万平方米,其中新开工面积1.91万平方米,竣工面积1.74万平方米,投资额2.28亿元,其中危改1.34亿元、项目9432.18万元,主营业务收入1.24亿元,实现利税1835.31万元,其中实现净利润677.06万元,资产负债率[illegible],总资产报酬率[illegible],国有资产保值增值率108.30%,主营业务利润率13.55%,成本费用率 12.53%。

单位名称:北京东方置地投资发展有限公司

单位地址:安外小黄庄小区一区 8 号楼 10 号

联系电话:84129632　邮政编码:100013　（李海）

【民安危改结算】 公司工作重点是民安危改工程结算,公司经与施工单位洽商结算,与中介机构反复调整,与住宅发展中心核对,完成民安 12 栋住宅楼 13 个工号、海运仓 10 栋楼的结算,并分别与中心、施工单位签订还款协议,基本完成民安公建 10 栋楼的结算,共确定合同 292 份,合同价 6.23 亿元,结算价约 7 亿元。

完成相应的市政工程、配套工程和改造工程的结算,向住宅发展中心催要工程款并及时准确地拨付。全年共审核预结算 104 份,9237.13 万元,签订合同 101 份,拨款 1.64 亿元,旧欠拨款 1688.62 万元。　（李海）

【民安危改收尾】 本年完成制作住宅大产权证 12 件、非住宅大产权证 13 件、住宅房产证 2969 件、非住宅房产证 30 件,其中已发住宅房产证 2326 件,发放率 83.5%,商户回迁 68 户,回迁率 81%。

公司做到保驾维修及时到位、认真负责,协调处理问题,如:水泵房、锅炉房的降噪处理,地下室、公共部位的装修整治,非住宅回迁的专项改造等,完成小区发电。物业管理实行"亲情服务"。公布服务收费标准,承诺维修内容,规范电梯、保安保洁等服务,加强了供暖、设施设备等管理,建立楼门长会、专题协调会、居民座谈会等制度。　（李海）

【三项建设工程】 克服设计变更、工程洽商、进度调整、手续滞后、资金拖欠、关系复杂等不利因素,保证民安 318、319 号楼竣工,地税大厦通过结构长城杯验收。　（李海）

【党建工作】 本年,健全公司改制后的党群组织,召开全体党员大会、第一届工会会员大会,分别选举产生党总支和工会,健全党群组织,完善工作机制,编制党建工作制度汇编,工作有序规范。

原住开公司集体私分国有资产案,公司高度重视,其中违纪款的清退工作十分困难,公司组织参观警示教育展览和赴西柏坡参观,学习两个条例和区委通报,全体员工对此有了正确的认识和态度,制定实施办法,做耐心细致的思想工作,得到全体员工的理解和支持。首次还款数额,中层人员达 65%,普通员工达 40%。　（李海）

【构建新型企业文化】 公司启动实施企业形象识别系统,设计公司全新的宣传彩页,编制《员工手册》。开展企业文化建设活动,自主编纂置地信息,及时传递企业经营、管理、文化动态,开展文体活动,组织学习培训,形成企业氛围和谐融洽、公司风气积极向上。　（李海）

【民主管理】 坚持职代会、企务公开、集体决策、民主监督等制度,保证各种渠道畅通,广泛听取员工意见,制定和实施各项规章制度,维护员工的合法权益。

重视公司管理规范化、制度化的建设,建立健全经办会、业务协调会、总支会、专题研讨会、计划考核、资金预算、文件流转等机制,全年共召开经办会 30 次,业务协调会 49 次,计划考核会 16 次,颁布各种规章制度及有关通知 30 件,修订汇编档案制度。　（李海）

东兴建设有限责任公司

【概述】 本年,公司在"与时代俱进,与东城同辉"企业宗旨的指导下,不断增强企业的"谋事、造势、创新、争先"意识,以"干出精神,干出精明,干出精品"为目标,发展民营经济,工作取得显著成绩。公司全年完成产值 3.22 亿元,开复工面积 41.11 万平方米/41 栋。实现利润 621.97 万元。上缴税金 1345.72 万元。公司获长城杯金质奖 1 项,银质奖 5 项。通过了质量、职业健康安全、环境管理体系"三位一体"认证,企业的综合实力得到提高。

东兴物业管理有限公司经市建委审验获物业管理三级资质证书。

单位名称:北京东兴建设有限责任公司

单位地址:朝阳区春杰路甲 1 号

联系电话:64156699　邮政编码:100027　（门嘉红）

【职代会 股东会】 1 月 6 日,公司召开职代会首届二次会议和股东会第二次会议。会议听取并审议通过《树立全面、协调、可持续的发展观,加强创新改革,同心同德奔小康》的董事会和行政执行层工作报告、《企业安全生产情况报告》、《财务预、决算报告》、《业务招待费使用情况报告》、《内部审计报告》及工会《关于提请职代会予以确认的几项决定的报告》等专项报告,并对公司高层管理人员进行民主评议。　（门嘉红）

【建立财务例会】 2 月 10 日,公司财务部召开财务主管会议。财务部经理传达公司首届职代会二次会议精神,总结上年财务管理情况,布置本年工作。研究室主任明确公司内审与财务管理工作的关系。总会计师重申在新体制下会计工作的重要性,强调财务人员加强

业务学习和遵守职业道德的必要性并提出本年财务工作的具体要求。会议决定建立财务月例会制度、月巡查制度。（门嘉红）

【保安全会】 2月27日，公司召开党政领导、各基层单位党政一把手保“两会”安全工作会。会上，董事长传达区有关会议精神，提出要求：各单位要检查各在施工地，做好安全防事故工作。做好本单位的排查调处。机关、各基层单位、在施工地整治环境卫生。要实行领导带班制度。（门嘉红）

【安全生产技术质量会】 3月10日在区委党校报告厅召开，公司党政领导、中层管理人员及有关部室管理人员参加。会上，工程部、技术质量部、安保部的领导分别作专项工作报告。工会主席布置年度经济技术创新工程安排。副总经理讲话，指出安全生产技术质量工作中存在的突出问题，强调安全、质量工作的重要性。（门嘉红）

【换届选举】 3月16日，公司党委召开基层党支部书记会，部署党委和党支部换届选举工作。根据《中国共产党党章》和《中国共产党基层组织选举工作暂行规定》，党委决定分别于4月、6月进行党委、党支部换届选举工作。（门嘉红）

【创“结构长城杯”专题讲座】 3月23日公司五分公司在东直门中学工程施工现场举办。为提高工程施工质量争创“结构长城杯”，聘请专家专题辅导“结构长城杯”的施工规范要求和技术难点等问题。全体人员及外包工队伍的技术人员参加讲座。（门嘉红）

【区领导视察】 3月31日，陈平等区领导视察新史家小学工程的样板间并在现场办公，帮助解决施工中急需解决的问题。5月3日，卢彦视察公司承建的东直门中学、新史家小学工程。10月2日，卢彦等区领导到东直门中学工地慰问国庆期间坚守在工作岗位的职工并到职工宿舍与工人亲切交谈，了解工人工作和生活情况。视察工程建设质量情况。（门嘉红）

【薄建华当选工会代表】 4月6日，公司薄建华在区总工会第十五届七次委员会议上当选为出席市工会第十一次代表大会代表。（门嘉红）

【党员会】 4月27日，在区委党校二楼报告厅召开公司党员会。审议通过上届《党委工作报告》、《纪委工作报告》、《关于党费收缴管理和使用情况的报告》和相关决议。大会选举产生公司新一届党委和纪委。新一届党委、纪委分别召开第一次会议并选举产生正、副书记，报经区企业工委审批同意。（门嘉红）

【党风廉政宣传月】 5月11日，公司党委、纪委组织中层以上管理人员参观原东城区住宅开发公司违法违纪案件为反面教材的《预防职务犯罪警示教育展览》。使公司全体中层以上管理人员受到反腐倡廉教育。5月14日，公司召开中层以上管理人员会，部署开展警示教育暨党风廉政宣传月活动。公司开展主题“求真务实，清正廉洁”教育活动。分“讲”、“学”、“查”、“改”四个步骤。（门嘉红）

【施工管理现场会】 6月4日，在东直门中学校舍工地召开施工管理现场会，公司高、中层管理人员、各基层单位项目经理、工地主任、专业工长、安全员、质量员等150多人参加。与会人员听取项目经理介绍，参观该工地施工区、办公区、宿舍区，学习施工管理的做法，促进公司施工现场管理水平。（门嘉红）

【组建项目部工会联合会】 6月13日公司稻香村工程、东直门综合楼工程、民安危改318号和319号工程项目部工会联合会建立。公司在施的7个工程项目部全部完成建会任务。（门嘉红）

【安全工作会】 6月14日召开。公司基层各单位党政一把手及机关有关部室领导参加，传达市安全工作会议精神，陈平提出全区安全工作要求。公司董事长具体布置公司安全生产工作。要求各基层单位严格落实安全生产责任制，加强检查力度，对重大安全隐患整改不及时的有关领导和直接责任人要严肃处理，做好安全防事故工作。会后公司抽出3名监查员，参加全公司范围安全生产大检查，共检查9个在施工地现场及生活区安全隐患情况，并提出整改要求。（门嘉红）

【长城杯奖】 8月10日，经市优质工程评审委员会评审，公司承建的芍药居303号住宅楼、育什危改小区2号楼、育什危改小区8号楼工程、东内综合楼及地下车库、区新史家胡同小学五项工程被评为2003年度市建筑结构长城杯银质奖，育什危改2号楼工程被评为2003年度市建筑竣工长城杯银质奖工程。（门嘉红）

【集体合同】 8月19日，公司改制后第一份《集体合同》被区劳动关系三方协商会议评为区最佳集体合同，公司平等协商双方首席代表王玉芹、薄建华被评为区集体合同工作优秀个人。（门嘉红）

【档案复查】 8月27日，区档案局公司档案行政执法检查暨升级复查。公司通过档案升级复查。

（门嘉红）

【外施队伍建会交流会】 9月2日，召开外施队伍建会工作总结交流会。公司工会以《外施企业建会是维护进城务工人员合法权益的重要渠道》为题作经验介绍。 （门嘉红）

【安全保卫】 9月13日，召开公司党政、基层单位党政安全生产、保卫工作会。要求各基层单位自查在施工地、办公地点、仓库的安全生产、治安防范、消防工作。强调安全生产、保卫工作重要性，以确保"国庆节"和"党的十六届四中全会"期间社会稳定。

（门嘉红）

【送温暖活动】 中秋、国庆两节期间，公司工会开展"党心连民心，亲情进万家"活动。走访、慰问困难职工、离退休人员38人，发放慰问补助金5000多元。为外施员工改善节日伙食送月饼、水果、猪肉等折合人民币3万多元。为32名农民合同工补发3万多元的效益工资，使终止劳动合同工作顺利完成，两级工会组织开展文体活动，总计投入人民币2万元。 （门嘉红）

【警示教育】 10月21日，公司在中层以上管理人员中开展廉洁自律教育，促进《中国共产党党内监督条例（试行）》和《中国共产党纪律处分条例》贯彻落实，收看《扭曲的人生》——李真贪污受贿案剖析录像，使大家受到党风廉政教育。 （门嘉红）

【监督审核】 10月29～30日，中建协认证中心上海分中心派出审核组，监督审核公司质量、环境、职业健康安全三个管理体系。体系运行良好，通过第一次监督审核。 （门嘉红）

【财产清查】 12月23日，召开财产清查总结会。分析财务核算和企业管理中存在的问题并提出要求，公司要加强预算、财务等专业技术人员的业务培训，做好工程预算、财务核算等工作，把好各个管理关口，为公司发展奠定基础。 （门嘉红）

【"安康杯"交流会】 本年，市"安康杯"竞赛，公司作为区惟一的建筑企业代表参加市在北京建工集团召开的"安康杯"现场经验交流会。

（门嘉红）

筑邦建设有限责任公司

【概况】 本年，公司积极应对建筑市场激烈竞争的挑战，深化改革，调整经营管理机制，扩大公司业务领域，推进企业健康有序发展，确保本年经济指标的完成。实现开复工面积7万平方米，竣工面积3.2万平方米，完成产值1.01亿元，缴纳营业税等353.9万元，实现利润20.44万元。连续五年获市工商局"重合同、守信用"先进单位。

3月，公司建筑装修装饰工程专业承包资质由三级升为二级，新增钢结构工程专业资质三级。

单位全称：北京筑邦建设有限责任公司

单位地址：东四三条67号

联系电话：64041224　邮政编码：100010 （田景焕）

【法人治理结构】 1月2日，董事会第17次会议调整执行层人员，由陈小虎、何广林、高叔洪、高治亭、高子渡、刘辉、赵毅7人组成。3月2日，公司职代会召开一届二次会议，选举马春和以职工代表的身份进入公司监事会。3月30日，经股东会第5次会议选举产生何广林、张嘉礼、陈小虎、赵京都、顾玉成、高叔洪、焦振清任第二届董事会董事；永桂兰、高治亭任第二届监事会监事。当日，董事会、监事会分别召开会议，选举陈小虎为董事长，永桂兰为监事会主席。 （田景焕）

【安全生产教育培训】 2月，工程部组织全公司主要安全生产管理人员、项目经理36人参加北京市安全生产监督管理局的安全生产资格培训，学习《建设工程安全生产管理条例》、《北京市安全生产条例》。配合各项目部对进京农民工进行安全教育培训并考核、测试。 （田景焕）

【股东会第5次会议】 3月29～30日召开。29名股东出席，公司监事会监事、集体资产管理协会理事和监事、公司执行层人员、公司各部门、各分公司（工程处）副经理以上经管人员和职工代表等近40人列席会议。选举产生新一届公司董事会、监事会，通过《公司〈章程〉修正案第3号》、董事会和执行层《2003年工作报告》、《监事会2003年工作报告》和公司《2003年财务报告》；批准公司《2003年利润分配方案》，确定本年度的经济计划指标、工作重点。 （田景焕）

【董事会会议】 年内，先后召开董事会第17次至22次会议，审议应向股东会提交通过的文件等，听取公司季度、年度生产经营和财务等情况汇报，分析公司生产形势,做出工作部署。集体讨论研究公司重大事项、重大决策、重要人事任免和大额资金使用等情况,做出决议,批准事项。先后作出《2003 年分公司(工程处)目标责任考核奖惩方案》、《关于公司执行北京市有关独生子女奖励办法》等多项决议。　　(田景焕)

【党建工作】　公司坚持党总支理论中心组学习,召开主题为“保持党的先进性”专题民主生活会。组织党员、入党积极分子、经管人员观看影片《惊心动魄》、《疑案忠魂》、《张思德》等,组织党员收看《中国共产党党内监督条例(试行)》和《中国共产党纪律处分条例(试行)》的辅导录像。先后参观“东城区现代化建设五年成就展”、《牢记两个务必,弘扬西柏坡精神》、《世纪伟人邓小平》等展览,进行革命传统和重温入党誓词教育,增强党员发挥先锋模范作用的自觉性。

(田景焕)

【企业文化建设】　编辑印发《筑邦建设》特刊 1 期,专刊 2 期。开展文明礼仪教育实践活动,普及礼仪知识,培育礼仪意识。向各支部发送《文明礼仪》一书及光盘,向各分公司(工程处)印发《文明礼仪知识简介》宣传材料及《筑邦建设 < 文明礼仪知识专刊 > 》1 期,组织员工收看《商务礼仪》培训录像。关心职工生活,为 160 余名在职职工办理 120 生命绿卡和住院保险。组织离、退休老干部秋游雁栖湖。元旦、春节期间走访慰问离、退休老干部及病、退职工,共发放慰问品和补助金合计金额 1.2 万元。4 月,在参加由北京与青岛两城市八个单位进行的“英派斯杯”奥运伙伴城市全民健身交流展示活动登山比赛中,获团体第三名。做好社会公益活动,为街道、人大提供会议活动场所,与东四社区共同举行“迎接子弟兵回家”联谊活动。公司获本年区文明单位和区交通安全先进单位。

(田景焕)

【质量体系管理】　年初,制定公司质量体系《2004 年培训计划》,参加质量体系培训 260 多人。3 月 31 日至 4 月 2 日,由工程部牵头,第一次内部审核本年度公司 ISO9001:2000 质量体系运行情况。审核范围包括总部各部门、一公司、二公司及东城区税务局征税大厅及业务用房工程项目经理部。4 月 20 ~ 21 日,通过北京中安质环认证中心对公司质量体系进行第一次监督审核,获认证中心颁发的质量体系保持注册证书。9 月 3 日,公司召开年度质量体系管理评审会各分公司(工程处)经理、技术负责人等 20 余人参加,评审公司质量管理体系运行情况,结论:公司体系文件符合选定的 GB/T19001 ~ 2000 标准要求,公司质量体系进入运行状态,基本有效。　　(田景焕)

【结构长城杯工程】　5 月,将东城区地税局征税大厅工程向市工程建设质量管理协会建筑评审办公室申报“北京市建筑结构长城杯工程”。6 月 4 日、27 日,两次通过市结构“长城杯”工程初评,检查小组的初评检查并对工程的各项创长城杯措施及工程质量给予认可。　　(田景焕)

【联合检查在施工程】　6 月下旬,由工程部牵头,联合检查公司在施工程技术、质量、安全、文明施工现场管理,提出整改意见,督促项目经理部及时落实整改,并对整改情况进行复查。　　(田景焕)

【财务人员培训】　9 月,财务部组织分公司(工程处)财务人员《如何编制现金流量表》专项培训。分析讲解公司日常经营情况如何填写编制现金流量表。

(田景焕)

【竣工工程】　南池子危改配套公建工程:一公司施工,建筑面积 5600 平方米,框架结构为地下一层地上二层,2003 年 3 月开工,本年 3 月竣工。魏家胡同综合楼工程:三公司施工,建筑面积 2.59 万平方米,框架结构为一期地下一层地上六层,二期地下二层地上七层。2000 年 1 月开工,本年 4 月竣工。　　(田景焕)

王府井房地产综合开发公司

【概况】　本年,按照区委、区政府关于开发企业改革与发展的要求,坚持深化企业改革,强化内部管理,认真抓好现有开发项目的建设,重点解决各种遗留问题,全年完成投资额 2510 万元,开复工面积 9.46 万平方米,其中东四商业回迁楼、东平园 C 座回迁楼竣工投入使用。

单位名称:北京市王府井房地产综合开发公司
单位地址:北池子大街 15 号
联系电话:65229396　邮政编码:100006　　(邵秀珍)

【东四商业回迁楼】　7 月,东四商业回迁楼竣工并投入使用,总建筑面积 4.8 万平方米,结构为地下三层地上九层商业综合楼,供电局、朝内大街市政拆迁户入住并对外营业。　　(邵秀珍)

【东平园 C 座综合楼】　9 月,东平园 C 座综合楼竣工并投入使用,总建筑面积 1.58 万平方米,结构为地下三层地上六层的商业综合楼,平安大街市政工程拆迁

户办理回迁手续，区劳动和社会保障局、区残联、区计生办等单位进驻。（邵秀珍）

住宅发展中心

【概况】 东城区住宅发展中心受区政府委托履行统筹协调组织全区实行危改与房改相结合危旧房改造工作，开发建设芍药居住宅小区。本年，围绕“五点一线”工作计划，求真务实、开拓创新，落实折子工程任务，完成危旧房改造任务。

单位名称：北京市东城区住宅发展中心

单位地址：地安门东大街58号

联系电话：84035379　邮政编码：100009（李斐）

【海运仓危改小区】 3月20日，开始办理海运仓危改区多层公摊退款工作，将不再分摊的海运仓多层地下物业管理用房向回迁居民返还，退还相应面积的公共维修基金、物业管理费、供暖费等，并按同期银行贷款利率支付利息。（李斐）

【中国青年报宿舍楼拆迁】 自2003年9月5日实施市政工程拆迁，应安置居民总户数66户。本年办理延期拆迁手续，11月继续拆迁，12月完成中青报宿舍楼拆迁任务。（李斐）

【芍药居经济适用房建设】 4月15日芍药居北里小区303号楼竣工，该楼是为南池子危改区外迁居民安置使用的经济适用房，总建筑面积2.3万平方米，工程获“长城杯”工程。南池子危改区外迁居民开始入住。芍药居三区302号、304号楼总建筑面积10万余平方米。成立项目部专项实施，克服前期手续办理周期长等困难，工程建设按计划稳步推进。9月20日通过结构“长城杯”第2次检查，10月2日封顶，两栋楼均通过市质检总站结构验收。（李斐）

【育什危改小区回迁】 6月10日育什危改区回迁启动，回迁工作首次试行八公开制度，即：回迁政策公开、工作流程公开、测绘结果公开、工作人员身份公开、监督电话公开、工程维修保修及接待地点公开、收费标准公开、工作纪律公开，增加拆迁工作透明度。8月14日，发放住宅产权证，10月20日，回迁居民全部办理完入住手续。（李斐）

【信访工作】 本年，中心共受理政府转办信访件238件，接待来访758批1500人次，其中集体访17批615人次，引导居民走司法程序解决80件。维护群众的根本利益，解决危改区回迁反映的实际问题。集体访、重复访较多。（李斐）

【产权证发放】 3月20日，开始发放海运仓危改区住宅产权证书，交东、东四、民安二三区拆迁结案，完成住宅产权证书发放工作；朝内小街西危改区非住宅结案及产权证书发放工作完成。（李斐）

【东二环交通商务区建设】 完成民安三区、海运仓B区公建项目用地树木伐移、电线、电缆改移工程等。海运仓B4区中青旅控股股份有限公司、海运仓B5区北京移动通信有限责任公司，海运仓B2区国华京都置业有限公司、民安中石油，东四地区中海油、中国电信、人保、新保利、中铁物流等项目开工建设。（李斐）

【党组织建设】 根据区委工作部署，贯彻落实十六届四中全会精神，以服务群众为重点推进危改工作。结合新宪法实行，对员工进行普法教育，组织宪法知识竞赛。结合中心内部出现的违法、违纪行为，组织党员及科级以上干部观看警示教育图片展览，增强领导干部廉洁自律意识，提高立党为公、执政为民的自觉性，查处违纪行为。学习《中国共产党党内监督条例》、《中国共产党纪律处分条例》。（李斐）

宏远工程建设监理有限责任公司

【概况】 本年，公司贯彻党的十六届三中全会精神，实践“三个代表”重要思想，保持党的先进性教育，落实科学发展观。按照上级的部署，结合企业情况，转变观念、增强素质，做好责任范围的各项工作。

单位名称：北京宏远工程建设监理有限责任公司

单位地址：地安门东大街58号

联系电话：64064428　邮政编码：100009（尚国斌）

【党组织建设】 组织领导干部学习贯彻党的十六届四中全会精神，定期召开党风廉政专题民主生活会和领导班子民主评议工作。定期完成礼品填报和干部收入申报工作。组织干部参加廉政教育、企业管理、财会、综合经济考核指标培训。开展专题教育活动。学习通报原住开公司私分国有资产的案例，参观区“预防职务犯罪展览”，做到警钟长鸣。做好入党积极分子的培养、教育、考察工作。（尚国斌）

【ISO质量管理】 3月，组织公司内部审核员和新调入的资料员共12人脱产专题培训ISO质量体系，采取授课、讨论、交流相结合,印发学习材料,参观建内危改工地质量体系运行情况,通过学、交、传、带活动,使内审员了解体系运行规则,基本操作方法,推动公司体系运行和质量管理水平。 (尚国斌)

【公司资料管理】 年内,按照资料管理规程,建立公司资料档案库,共整理编制工程归档资料50份,规范管理公司资料。清理外来文件,建立明细台账。加强公司现有专业设备、检测工具、仪器仪表管理,核查并建立明细台账手册。规范办公用品制度管理,建立《关于基础设施、办公用品的管理办法》试行。创建《公司监理信息》刊物,按季度编制、收集公司动态、法律法规、标准规范的变更和监理业务经验交流,共编制下发4期。指导公司质量体系运行,共发放工作联系单4份,其中有"关于质量目标分解的编制方法"、"关于质量体系记录重点说明"、"监理部质量体系运行考核办法"和"关于对技术人员季度的考核办法"等书面指导材料。撰写质量体系运行效果评价报告。 (尚国斌)

东城区开发、建筑企事业单位负责人

王府井房地产综合开发公司
经理 关德余(满族)
王府井地区建设管理办公室
党组书记 卢 彦(兼)
东二环交通商务区建设管理办公室主任 李 强(5月任)
东城区人民政府住宅发展中心主任 张长有(8月免)
王小英(11月任)
北京东兴建设有限责任公司
经理 张建忠
党委书记 张建忠
北京筑邦建设有限责任公司
经理 陈小虎
党总支书记 陈小虎(兼)
宏远工程建设监理有限责任公司
经理 吕松岭
北京东方置地投资发展有限公司
董事长 高 照
总经理 张 跃(兼)
党总支书记 张 跃

WENHUA JIAOYU

文化教育

教　育

【概况】 本年，有托幼园所37所，其中，市立园13所，街道办园7所，单位自办园16所，民办园1所；收托幼儿7265人，教职工1326人，其中，专任教师636人。小学46所，913个班，招生4024人，毕业5505人，在校生27196人；教职工3093人，其中，专任教师2266人。入学率100%，巩固率100%，毕业及格率99.93%。中学27所，其中，初中校4所，高中校2所，完全中学20所，一贯制学校1所；教学班1027个(初中570个，高中457个)，招生12607人(初中6309人，高中6298人)，毕业14731人(初中8975人，高中5756人)，在校生41430人(初中22182人，高中19248人)，初中入学率100%，巩固率100%；教职工4870人，其中，专任教师3162人。工读学校1所，在校生145人，教职工86人，其中，专任教师33人；特教学校1所，19个班，招生15人，毕业11人，在校生140人，教职工70人，其中，专任教师47人；残疾儿童入学率100%，巩固率100%，毕业率100%。校外教育单位5个，教职工197人，其中，专任教师89人。中小学教师学历合格率96.8%，其中，小学教师合格率99.6%，初中98.8%，高中95.2%。中小学教师具有高级专业技术职务755人，其中，小学教师40人，初、高中教师715人。全年教育投入9.92亿元，其中，国拨7.75亿元，自筹2.16亿元。改扩建教学设施及修缮1.11亿元，设备购置投入9252万元。至年末，全区教育事业拨款5.95亿元，比上年增长12%，高于区财政经常性收入增长8%的比例。生均教育事业费支出7490元，比上年增加3335元。生均公用经费1594元，比上年增加179元。

单位名称：东城区教育委员会
单位地址：金鱼胡同10号
联系电话：65134626　邮政编码：100006　(秦晓芳)

【教学活动】 1月17日，召开2004届初、高三期末统测分析会。围绕期末考试信息反馈、第二阶段复习工作思路、下学期重点工作等方面对教研中心和教研员提出要求，30人参加。

2月9日，本区中学在五中召开初、高三寒假教学工作会。以《总结经验、查找不足、以务实的精神扎实的工作迎接中考》为题总结第一学期全区初三教学工作的状况，针对期末考试命题、阅卷及成绩统计情况，分析存在的问题及其原因，提出下学期工作思路与建议。各中学校长、书记、主管教学副校长、教学主任、教研员170余人参加。

2月24日，在五中分校召开“多元智能”课题启动会。布置教师培训、参加国际、国内交流等项工作。“多元智能”课题实验是各参与学校通过实验推动课程改革、培养学生创新精神和实践能力及树立“人人都能成功”的价值观、因材施教的教学观、“多元”评价观等目标。区教委有关科室、科研所课题负责人及17所课题参与校负责人20余人参加。

3月3～12日，全区小学开展“心理健康教育研究课评课周”活动。西中街小学等17所心理健康教育课题实验校和德育组长校分四组观看课堂教学录像，根据《心理健康教育课评价参考》进行评课，撰写教学评价意见，评选1～2节有代表性的心理健康教育研究课在“心理健康教育交流研讨会”上现场展示。

3月9日，召开全区小学教学干部会，部署秋季新教材选用工作。确定本学期小学工作总体思路：以课程改革为中心，加强业务培训，全面推动全区小学工作。为做好部分年级推开新课程工作，区教委成立教材选用审定委员会，制定《东城区小学课程改革推进方案》，确定新教材版本。

3月16日，教育系统在六十五中礼堂举办“全面推进素质教育，深化基础教育课程改革”专题报告会。教育部有关人员围绕基础教育课程改革的背景、新课程方案的制定过程、新课程在实验区实验后的效果、对当前教育问题的思考作专题报告。全系统副校级以上干部400余人参加。

4月19～23日，全区小学开展课程改革实验校课堂教学开放展示活动。7所实验校共展示开放课42节，涉及语文、数学、英语等10个学科。各小学校级领导、教师519人及河北省涿鹿县实验小学教师30人、部分学生家长参加，收回教师反馈表453份，家长反馈表80份。

5月14日，在史家小学分校召开第三届“东兴杯”教学大赛总结表彰会。表彰219名教师(其中，一等奖35名，二等奖40名，三等奖144名)。全区各小学校长、教学干部、骨干教师近200人参加。

5月17～21日，区小学开展第四届教学互检活动。互检活动以学校两年来开展校本培训和加强教学质量监控情况为主要内容。小学教学干部98人及机关小教科、小教研、信息中心、督学室等部门100余人组成检查团，分16组对各校进行为期一天的检查。

6月3日，在史家小学召开《小学数学基础知识与创新素质培养关系》课题阶段性总结会。与会者观摩史家、分司厅小学两节专题展示课，听取分司厅、丁香小学成果介绍，交流实验校经验集、论文集。与会专家对两节课进行点评，并提出指导性意见。表彰实验先进校、优秀干部及先进教师。52人参加。

9月9日，在校尉胡同小学召开小学教学干部工作会。明确本学年小学教学工作的总体目标，以实施新课程为龙头，带动全区小学教学改革，确保教学质量提高。全区小学教学干部参加。

9月22～23日，区中学在稻香湖培训中心召开毕业年级教育教学工作会。毛桂芬、两委班子领导、全区中学校长、德育和教学副校长及主任、区教研中心、东城分院、信息中心、考试中心及机关有关科室负责人160余人参加。李奕以《持续发展，开创教育教学的新局面》为题作报告，教研中心总结和部署初、高三工作，交流二中、国子监中学的典型经验，分7组就如何做好毕业年级学生思想工作、如何创新毕业年级教学管理、持续提高教学质量等问题进行讨论。

12月10日，组织小学小班化课题组20余位校长及教师分别到分司厅、新中街两所幼儿园进行交流研讨活动。分司厅幼儿园园长以《自主发展，办高质量的幼儿园》为题，介绍经验。新中街幼儿园园长介绍将“以人为本”的教育理念融入教育环境建设的经验。

（秦晓芳）

【德育工作】 3月17日，与海淀区教委共同开展“数字德育”实验课题交流研讨活动。“数字德育”实验课题是原有班级德育工作的重要补充，利用网络的开放性和自主性，使学生拥有一个新的德育平台和更多的教育方式。五中、二十七中、六十五中、一七一中、景山学校等为本区首批实验校参与实验。

3月，区中学开展“法制教育宣传月”活动。本次活动以“规范行为，遵纪守法”为主题，要求各校根据青少年生理、心理的成长规律及特点、社会治安形势开展法律常识教育，促使未成年人依法保护自己、预防犯罪、遵守社会公共秩序、远离毒品。中国青少年法律援助中心主任佟丽华就新颁布的《北京市未成年人保护条例》进行专题讲座。各中学德育主管领导就法律听证、学生在校纪律处分、家长纠纷协调等问题与专家交流。

4月6日，团市委、市教委在宏志中学举行“送片入校”启动仪式。此项活动由团市委、市教委联合主办，市青年宫、市电影公司承办，每年向各中小学推荐主题健康、适合青少年观看的故事片、动画片、纪录片及科普影片。国家广电总局、共青团中央、市委宣传部、市文化局、市广电局、区委、区政府等部门领导及500余名师生参加。

4月23日，在中学开展德育干部问卷调查。对全区29所中学的275名班主任、51名德育干部、14名专、兼职心理教师进行调查，涉及自然状况、健康状况、对自己未来的发展情况以及对德育工作的基本思路等25个问题。结果显示：德育教师中女教师所占比例较大，其中，班主任，女教师占78%；德育干部，女占55%；心理教师，女占93%。20～45岁教师占74%；大专以上教师占90%以上。

5月28日，在区少年宫举行“弘扬和培育民族精神，确立远大志向，提高基本素质，规范行为习惯”庆“六一”表彰大会。表彰区十佳少先队员、市级先进班集体10个、区级三好学生1747名、区先进集体171个、环保小卫士958名、合格小公民958名、雏鹰奖章获得者1233名、红十字会小会员41名。各小学的校长、德育干部、学生代表近950人参加。

11月21日，区小学全面启动以“讲诚信、讲规则、讲孝敬、讲节俭、讲勤奋，语言美、行为美、心灵美、仪表美”为内容的新“五讲四美”活动。以班队为主体，组建“一张纸小队”、“一度电小队”等一系列新“五讲四美”活动小分队。此项活动开展一学年。

11月22～24日，“京、津、沪、渝”四市区德育研讨会在京东宾馆召开。会议由本区教育工委、教委主办。以“树立新德育资源观，拓展德育新空间”为主题，探讨“以新北京、新奥运为契机，加强和改进未成年人思想道德建设”等问题。区教委、天津市南开区、上海市长宁区教育局、重庆市沙坪坝区教师进修学校分别发言。中国教育学会副会长陶西平为会议作《关于加强与改进学校德育的几个问题》的专题报告。期间，组织代表分别到二十五中、二十七中，灯市口、史家胡同小学就校园文化、尊重教育、和谐教育等问题进行专题研讨。天津、上海、重庆、珠海、鹤岗、安庆等地代表分别在会上交流经验。大会表彰四市区德育研讨会首届论文获奖者。编辑出版《京津沪渝四市区德育研讨会论文集》和《京津沪渝四市区德育研讨会数字德育引领学生健康成长专题论坛文集》。天津市南开区、上海市长宁区、重庆市沙坪坝区、安徽省安庆市、黑龙江省牡丹江市和鹤岗市、本市各区、县德育工作者、本区教育系统代表300余人参加。（秦晓芳）

【课程改革】 3月31日、4月7日、21日，分三次召开小学教学干部研讨会。40余位教学干部围绕“我与新课程”主题，就自身对课改的认识及教学管理的反思进行研讨。

5月9日，在校尉小学召开《深化小班课题研究，全面推进课程改革》第二轮小班化教育研究启动仪式。各课题组汇报课题方案制定思路，交流北锣鼓巷小学《在小班化教学中关注学生差异，促进个体发展的研究》及东师附小《小班教学中个性化学习的实验与研究》课题方案。区教研中心通报第二轮小班化教育研究课题《基于新课程环境下的小班化教学策略研究》情况，课题成员校25所，校级子课题25个，参与研究的干部教师464人，分析全区课题成员校调研情况，反馈方案制定情况。25所实验校、30余名教师参加。

9月16日、10月29日和11月25日，区小学在和平里四小举办3轮“课程改革教学研讨会”。以“如何将三维目标整体落实在课堂教学中”为主题，分别组织小学校长、教学干部及教师研讨，推出3节研究课。全区小学教师600余人次参加。

10月15日，市教育学会、区教委、教育学会在东直门中学举办东直门中学课程改革展示暨“东直门杯”课改征文颁奖大会。东直门中学校长从课程改革的探索、收获及思考等几方面介绍该校开展课程改革情况。与会者观摩8个学科、19节课程改革研究课成果展示。市、区有关领导、各区教育学会秘书长、学校校长及教师代表、本区各中学校长、有关学科教师200余人参加。　（秦晓芳）

【未成年人思想道德建设】　4月13日，市教育学院、市教委在丁香小学召开“生活价值”教育教学创新研讨会。会议就新形势下如何加强学生基础道德教育问题进行交流、研讨。与会者观摩丁香小学4位班主任教师上的主题班会，听取该校开展“生活价值教育”研究与教育创新情况介绍。联合国教科文组织亚太地区“生活价值观教育”联络员Chris、北京教育学院院长李芳在会上发言，60人参加。

5月16日，一七一中在天桥剧场举行“扬帆花季”专场音乐会。音乐会演出“青春舞曲”等12首中国曲目和用俄、日、英语演出“加沃特舞曲”等13首外国曲目。2月，该团代表市童声合唱团参加教育部举办的“首届全国中小学生文艺展演”获金奖，并获市教委颁发的艺术教育最高荣誉“金帆艺术奖”。该团录制的CD唱片在全球发行。市、区有关领导、14位知名合唱专家、家长、教师、学生代表1200余人观看演出。

6月21日，召开教育系统未成年人思想道德建设座谈会。区委、区政府及各单位的代表21人参加。围绕《中共中央国务院关于进一步加强和改进未成年人思想道德建设的若干意见》研讨在开展未成年人思想道德建设方面的经验、存在的问题及下一步工作思路。

6月29日，在西总布小学召开区小学心理健康教育交流研讨会。全区小学德育干部、心理健康教师及部分校长100余人参加。与会者观摩回民小学、西总布小学心理健康教育课，听取回民、礼士、西总布、史家小学关于课堂教学渗透心育等内容介绍。表彰北官厅小学等14所学校参与小学心理健康教育研究活动教师及市、区教育研究征文活动获奖教师代表。

7月5日，召开校长会，部署暑假期间组织学生开展文体科技及社会实践活动。假期，全区40余所学校向社会开放，接纳3.6万人次。

8月4～10日本区举办中国·北京王府井中学生国际音乐节。本次活动以“青春、友谊、和平、发展”为主题，由市对外文化交流协会、市教委、市广播电视局、区委、区政府、北京电视台、《北京青年报》联合主办。澳大利亚、奥地利、加拿大等10个国家在内的17支中学生音乐团队共706名师生与本区近万名师生参与。先后举办10余场音乐会及艺术教育论坛，编印《中国·北京王府井中学生国际音乐节论文集》。团中央、中国文联、外交部、中国对外友协、教育部、文化部、市委、市政府、市教育工委、市教委及区委、区政府主要领导分别参加开、闭幕式。

9月18日，在地坛公园举行“我们共同成长”未成年人素质教育主题游园会。活动由首都文明办、区委、区政府主办，区教委、文明办、园林局承办。设立欢乐迎宾、德育硕果、艺术天地、英语广角等11个活动区域，3万余名中小学师生及家长参加。活动期间，团中央书记处书记杨岳为本区第一所未成年人法制教育示范校——二十七中揭牌；同时，组委会还举办《新童谣》（首都精神文明办、市教委、团市委、市少儿出版社联合编辑出版）首发式。

10月1日，区教育系统1200余名师生参加国庆55周年中山公园游园活动。胡锦涛在史家小学4名学生陪同下参观和平里四小“我与祖国共成长”10米画展，并与孩子们一起为画卷上的3只和平鸽点睛；观看美术馆后街小学的小鼓队表演、二中等校的文艺节目、二十七中、六十五中等校的才艺展示，与六十五中学生一起编中国结。与一六六中学管乐队师生合影。

11月4日，在五十五中举行第22届学生科技节开幕式。向二中、五中等14所获市科技示范校的学校颁牌。五十五中介绍开展科技教育经验。获全国青少年科技创新大赛一等奖的五中张博欣、市青少年科技创新大赛一等奖的景山学校林宜宁代表获奖学生展示科技成果。

11月16日，中国教育学会在府学胡同小学举行“国学教育示范校”挂牌仪式。同时，中国教育学会国学教育课题（国家“十五”课题）实验研究正式启动。府学胡同小学成为中国教育学会国学教育示范校。该

校在办学中将注重中国传统文化教育，增加古诗文诵颂等国学课程。（秦晓芳）

【招生考试】 1月6～8日进行2004年春季高中毕业会考。共报名6147人，其中，普通高中5561人，私立高中391人，职业高中194人，社会考生1人。报考17872科次。全区共设22个考点，190个考场。

4月13～15日，初三年级毕业生体育考试在地坛体育馆举行。9125名学生参加，成绩比上年有所提高。

5月23日，在二十五中举办高考学科咨询活动。2700多名考生及家长参与。

6月7～8日，进行高考。本区设10个考点、229个考场，共报名6842人，其中，普通高中5904人，社会青年考生938人。文科2855人，占报名总数的41.73%；理科3987人，占报名总数的58.27%。缺考49人。高考上线率86.03%。普通高校录取5770人，录取率84.94%，其中，理科3474人，文科2296人，提前本科497人，提前专科24人，一批本科1815人，二批本科1637人，高职1797人。高职单考单招共设2个考点、35个考场，共报名1030人，录取500人，录取率48.54%。

6月24～26日，进行中考。9385名学生参加。设27个考点，326个考场。

7月3日，小学升初中电脑公开派位在区教育考试中心进行。2821名小学毕业生分7片由电脑随机分配，分别被录取到19所中学，来宾、学生及家长代表在电脑操作员的指导下按下键盘，录取工作在半小时之内完成，录取数据库软盘及打印的录取名单由区公证处当场公证封存。部分区人大代表、政协委员、党风廉政监督员、纪检监察员、区监察局、区委教育工委、区教委领导、机关有关科长、中小学校长及部分学生和家长代表参加。（秦晓芳）

【安全工作】 1月15日，区教育团工委向全区8万余名中小学生发放新年“贺卡”——健康平安过年卡。此卡由区教委制作，印有“健康平安过年”倡议书及未成年人法律援助站、未成年人维权热线等一些必备咨询和求助电话号码。

2月16日，分司厅小学229名寄宿制学生在东城公安分局内保处干警及教师的指挥下进行火情疏散演练。全部学生撤出三层宿舍楼的整个过程用时一分钟。随后，分局内保科向学生讲解防火及自救知识，发放安全知识手册。（秦晓芳）

【学科竞赛】 2月10日，区青少年科技馆举办首届技术创新竞赛暨全国未来工程师比赛东城区预赛。此项活动由中央教科所策划、市学生活动管理中心主办，区青少年科技馆承办。比赛分小学低年级组、高年级组及初中组、高中组，包括会徽、纸容器、自制乐器、风力发电、降落伞等11个竞赛项目，涉及机械、动力、电气电子、自动控制、交通、广告等领域，全区20余所学校的近百名学生参赛。和平里四小、灯市口小学、二十二中、一六六中等校分获各项目第一名。获奖队代表市参加全国比赛，并取得一等奖2个、二等奖3个、三等奖5个、优秀奖3个。

2月，二十二中臧鹏远在教育部、中国科协举办的“全国第四届小小科学家”评选中获特等奖，并获“小小科学家”称号和5万元奖金。本区同时获一等奖1个、二等奖1个。

3月13日，区教育系统首届电脑机器人比赛在六十五中举行。10所中小学的近百名学生参赛。灯市口小学、六十五中分获两个项目的小学组及初中、高中组第一名。

3月28日，在市第24届青少年科技创新大赛颁奖会上，二十二中臧鹏远、景山学校杨歌、一六六中凌方穹获“北京市青少年科技创新市长奖”，获奖率为全市获奖总数的60%。

7月29日，举办中学暑期“东城数字德育网电子竞技挑战赛”。高中、初中组各有32支队伍、近260名学生参赛，六十五中、一七一中分获初一、高一组冠军。

10月21日，本区首届“索尼探梦”杯中小学DR－01机器人大赛启动仪式在东方广场“索尼探梦”科技馆举行。本次活动历时3个月，60余支代表队的近千名学生参赛。一六六中、灯市口小学分获中、小学组冠军，10所小学、7所中学在比赛中获奖。（秦晓芳）

【卫生工作】 2月12～13日，组织中教科、小教科、学前教育科、职成科、社管科等业务部门检查各单位安全及食品卫生工作。检查中学28所、小学26所、市立幼儿园14所、2所职高校及部分社会力量办学学校。2月15日，召开全系统自办食堂学校卫生日，两委领导率队对一二五中、一九六中等校进行安全检查。

11月29日，教育部在二中举行预防艾滋病宣传活动暨向部分地区学校赠送预防艾滋病专题教育系列教学资料仪式。联合国儿童基金会代表武德琛、教育部副部长陈小娅、人教社、中国协和医科大、北京师范大学、区委、区政府、区教委等部门有关负责人及二中学生200余人参加。向云南、广西、河南、安徽等20个省的农村学校赠送价值70万元的预防艾滋病专题教育教学资料。与会领导、来宾和二中学生一起举行“预防艾滋病、青少年责无旁贷”主题签名活动。

（秦晓芳）

【特殊教育】 2月18日,召开中小学随班就读工作研讨会。10所中学、4所小学的30余位教师就认识和尊重学生的差异、关注有特殊需求的学生及学生的特殊需求等问题研讨。

2月23~25日,到区工读学校进行专项调研。该校汇报学校3年发展规划、校外工读学生管理条例及学校硬件改造、招生等情况。调研组共听课10节次,师生访谈20人次。

4月27日,特殊教育学校举行"特奥运动会",进行30米、100米、跳高、足球运球跑等12个项目的比赛。特殊奥林匹克运动会东亚区总监司马乔及夫人、加拿大慈善舞会委员会代表瑞查德·刘、埃雷奥特·哈德森及市残联、市特教中心、区教委、区体育局、部分区县代表200余人参加。

5月14日,在六十五中举行"弘扬人道主义,倡导助残风尚"——区教育助残基金启动仪式。宣读《关于建立东城区教育助残基金的决定》,景山学校严扬代表景山学校、府学小学等10所中小学的学生向全区中小学生发出《关心我们的兄弟姐妹》助残倡议。向首批受资助的73名中、小学生代表颁发教育基金300元/人。向捐助教育基金的单位及个人代表颁发证书。

6月1日,特殊教育学校在六十五中举行"放飞心灵的文化"首届艺术节。市残联、市青联、区残联、区民进、峰力兴业听力设备公司、北京小博士服装公司、西门子助听设备公司等单位向学校捐赠慰问金及慰问品。与会领导与教师共同观看学生文艺演出。

(秦晓芳)

【幼儿教育】 4月13日,在东四五条幼儿园召开"尊重教育在幼儿园的探索与实践"现场观摩研讨交流会。中国教育学会副会长陶西平、全国教育科学规划办公室、中央教科所、市教委、部分区县幼儿园园长及教师、本区部分中小学、幼儿园领导及教师100余人参加。与会者观摩东四五条幼儿园的教育活动,观看研究成果录像片,交流东四五条、分司厅幼儿园等10所幼儿园经验。与会专家对现场活动进行点评,肯定本区开展尊重教育的研究成果。

5月25日,区政府召开学前教育工作联席会议第一次全体会议。联席会议成员单位的20个委、办、局、10个街道办事处主要领导参加。学习《北京市学前教育条例》和《国务院办公厅转发教育部等部门(单位)关于幼儿教育改革与发展指导意见的通知》(简称《指导意见》)等文件精神,就贯彻和落实文件精神进行动员。讨论并原则通过《学前教育工作联席会议成员名单》、《学前教育工作联席会议工作职责及议事制度》、《学前教育工作联席会议成员职责分解表》以及联席会议首次下发的本区落实《指导意见》意见的通知、《关于开展社区0~3岁婴幼儿早期教育的意见》等文件。

6月4日,与区精神文明办在东四五条幼儿园联合召开从小学做人——培养幼儿良好行为习惯现场观摩研讨会。东四五条幼儿园园长、教师、家长分别发言,与会者观看幼儿行为规范操及幼儿园创编的生活自理儿歌表演。市、区领导及幼儿园干部、小学德育主任100多人参加。

9月15日,教育部"十五"课题《在普通幼教机构中对发育迟缓儿童进行早期干预》教育培训现场会在分司厅幼儿园召开。分司厅、七幼、东棉花3所幼儿园作为全市第一批示范园分别在会上发言。全市18个区县试点园的干部、教师40余人参加。 (秦晓芳)

【团队活动】 3月23日,区教育团委在文天祥祠举行"弘扬民族精神,传承历史文脉"主题团队活动。二十一中梁艳代表全体团员向全区中小学生发出倡议:走进爱国主义教育基地,开展入团、入队、成人宣誓等各项活动。本区12家爱国主义教育基地代表表示,将密切与全区中小学的联系,充分发挥"基地"作用。二十一中、二十二中、府学小学、国学小学50余名共青团员、少先队员参加。

4月3日,团市委"社区携手成长行动"暨东城区"阳光·成长"伙伴行动启动仪式在和平里街道青年中心举行。与会领导为宏志中学贫困生发放"阳光·成长"助学金和学习用品,10名青少年结为阳光成长小伙伴并互赠礼物。景山学校、一六六中学、安外三条小学等10所学校的60多名团、队员参加。(秦晓芳)

【管理工作】 2月16日,区中学召开学籍管理暨中考报名工作动员会。总结上学期学籍管理情况,对本学期的工作及核查学籍时间作出安排,并就CMIS(电子化学籍管理)数据准备情况、录入方式作讲解和说明。下发《东城区中学学籍管理工作评比办法(征求意见稿)》,部署系统升级及中考报名等项工作。各校学籍工作负责人、中考考务负责领导、考务工作人员及学校网络管理人员90余人参加。

4月23日,举办"树立科学发展观"教育改革与发展研讨会。全系统各单位书记、校长及教育系统人大代表、政协委员、民主党派代表200余人参加。会议介绍教育改革与发展的总体思路与设想。要求全体干部统一思想,着眼大局,稳妥推进教育改革。与会人员分13个小组进行讨论。

6月3日,在区少年宫召开教育大会。会议以《与时俱进,锐意改革,办人民满意的东城教育》为题,回顾和分析本区5年来的教育工作及成绩，阐述东城教育的定位和发展方向，部署下一阶段教育改革与发展工作。同时下发区委、区政府《关于深化教育改革，加快东城教育发展的意见的通知》及《东城区教育改革与发展总体方案》。市委常委、市教工委书记朱善璐，副市长范伯元、市教委有关领导及全区各部门近千人参加。

9月8日，本区中小学、婴幼儿住院互助金启动仪式在六十五举行。该互助金是经市政府批准、市红十字会、市教委、市卫生局联合建立的以"互助共济"为原则的非营利性社会公益事业。具有市户籍的中小学校(含中专、技校、职校、特殊学校)的在册学生、托幼园所在册婴幼儿及出生满一个月的学龄前散居婴幼儿(无论孩子健康还是患病)均可参加。区红十字会、全区122所中小学、幼儿园主管领导及校医参加仪式。

9月10日，召开第二十届教师节庆祝表彰大会。全区各单位有关领导、各学校书记、校长、教师、学生代表900余人参加。表彰优秀校长12名、"人民教师"19名和"教育新秀"30名；景山学校徐伟念、史家胡同小学严佶分别以《以学生的发展为本，做学生满意的人民教师》、《以爱载德，以爱育德》为题发言。宏志中学校长代表获奖教师宣读《办人民满意的教育，做人民满意教师》。

9月13日，在史家胡同小学召开学籍统计工作会。会议总结上学年学籍管理工作落实情况，传达市教委关于做好进城务工就业农民子女义务教育工作文件精神，布置2004~2005学年度统计工作。中小学学籍管理负责人85人参加。

11月19日，制定并下发《关于加强专项补助资金管理工作的通知》及《关于实行编制项目预算管理工作的通知》。召开部分中小学校长、书记座谈会听取意见，并对有关政策进行讲解。 (秦晓芳)

【信息技术】 2月18日，召开网上德育平台课题研讨会。网络技术数据支持负责人介绍网上平台基本框架。五中等5所实验校针对基本框架提出完善网络平台的建议。区教委要求各校根据区级课题计划制定本校子课题实验计划，做好实验课题全面启动的各项准备工作。

3月10日，本区学校卫生保健综合信息平台在区中小学卫生保健所举行开通仪式。已开通突发公共卫生事件网络上报、SARS上报、禽流感管理、用餐卫生管理、校医管理、政策法规、保健论坛等模块，形成保健所与学校之间的信息共享与互动，同时与教育网有机结合、资料互补、资源共享，为教育部门宏观管理提供数据。市教委、北京大学、市疾控中心学校卫生所、区教委及部分区县中小学卫生保健所负责人40余人参加。

4月1日，区小学德育网开通试运行。该网站设法规文件、德育干部、班主任、旗前讲话、校园环境、计划总结等栏目，设微观教育、尊重课题、心理健康、家庭教育、法制教育、安全教育、少年军校、环保教育、公民道德等9个专题。

4月19日，举行东城数字德育网开通仪式。启动仪式以网络主题班会形式展开，全区中学学生、家长及社会各界网上同步浏览并给予回复。有关单位通过网络表示祝贺。5所实验校的3500名学生会员以"中学生上网吧利弊观"为题，与到会领导、来宾近150人共同在网上讨论。

10月17日，本区学前德育网(http://xqdy.dcjy.net)开通。该网站包括德育专题、师德风采、活动果篮等6个板块。全区37所各类型幼儿园可以通过网络及时进行沟通和交流，查阅相关资料。 (秦晓芳)

【对外交流】 2月23日，六十五中接待苏里南共和国总统鲁纳多·罗纳德·费内希恩来校访问。(秦晓芳)

【队伍建设】 2月27日，教育系统8名援疆教师启程赴疆。按照教育部和市教委支援西部地区的统一部署，区教委首批选派五中、二十二中、六十五中、综合高中、和平里三小、四小、回民小学、丁香小学8所学校的8名教师如期赴新疆和田地区执行为期一年半的支教任务。

3月5日，两委机关公开竞聘6名副科级职位。具有公务员身份、本科以上学历、连续3年考核称职以上的机关干部均有资格参加竞聘。6位干部均竞聘成功。

3月5日，区教育团工委在少年宫举行团队干部"十五"继续教育开班典礼。此项工作将于2006年结束。全系统101名团队干部参加。

3月8日，在青蓝大厦召开全区中学特级教师座谈会。毛桂芬、区委教育工委、区教委有关领导及全区28名特级教师参加。

3月27日，与北师大国家基础教育课程改革"促进学生成长和教师发展的评价体系研究"项目组在史家小学分校举行"新课程中的教育评价改革与促进教师成长和学生发展"研修班开班典礼。全区40所小学近300名干部和教师参加。北师大教授董奇、博士赵德成为学员上第一课。该班学期一年。

3月，教育系统786名专业技术人员通过职评，其中，事业单位副高级141人、中级316人、助理级318人、员级11人；企业单位新备案11人，全部为助理级。

3~12月，学前系统开展第三届"师德、师能"双优之星评选活动,3月,为园内评选推荐,11月,为区级评选,12月,为总结表彰。24名教师进入区级评选,11人当选。

4月19日,在史家胡同小学举行“名教师工作室”、“名校长工作室”启动仪式。向9位名教师、3位名校长工作室分别颁牌。区委、区政府、两委领导、名教师及名校长工作室主持人、部分特级教师、骨干教师代表及机关有关科室负责人200余人参加。

4月29日,全区小学举行“东城区班主任研究小组”启动仪式。向史家小学严佶等10名研究小组成员颁发聘书。聘请史家小学特级教师孙蒲远为研究小组顾问。

6月10日,在史家小学举办“办好人民满意的学校”为主题的校长论坛。以史家小学校长卓立、灯市口小学校长孙衍惠为坛主,结合自己几十年的管理经验从理论到实践,就什么是人民满意的学校,如何办好人民满意的学校进行讲演。与会校长就本校在管理中的困惑与坛主进行交流。全区各小学校长60余人参加。

7月5~6日,在六十五中举行教育系统2004年大学生迎新会,并对287名新到岗大专院校毕业生进行为期两天的培训。其中,中学201人,小学64人,幼儿园22人;来自全国26个省市、48所院校,硕士及双学士毕业生64人,学生党员64人。清华、北大等全国重点院校毕业生占17%。 (秦晓芳)

【对口交流】 3月20日,组队赴延庆县开展对口教育教学研讨活动。金旭在延庆县网络课程资源项目正式开通之际,代表区教委向延庆县教委传输网络密码,从此两地师生可以同步分享网上课程资源。特级教师薛川东等22位教研员在延庆一中设立14个分会场,与1800余名中学毕业年级师生交流研讨。

7月5日,与平谷区教委就教育发展问题进行研讨。本区教委介绍教育改革中实施教育的优质均衡发展、深化人事制度改革等工作。双方就加强教师交流及教科研协作、合作办学等内容达成意向。(秦晓芳)

【领导视察】 3月25日,市委副书记龙新民,市委常委、市教工委书记朱善璐等一行到区进行教育改革专题调研。听取办学体制改革、教育优质均衡发展战略、中小学人事制度、教育管理体制及教育科研改革等改革构想,对方案中的重点、突破点给予肯定。

5月31日,史家胡同小学师生在市少年宫与胡锦涛共同庆祝“六一”儿童节。王刚、刘淇、王岐山等领导参加。

6月4日,王岐山到六十五中视察高考考场准备情况。听取考务工作汇报及具体时间安排,对准备情况给予肯定。市领导朱善璐、范伯元、区领导陈平、卢彦等陪同。

9月10日,胡锦涛到宏志中学看望师生。陈至立、刘淇、王岐山、周济、王刚等陪同。听取宏志中学校长关于学校办学情况汇报,参观校史展览,到高一(2)班、生物实验室、计算机教室,看望正在学习的学生,观摩语文、生物、计算机课,又到高二年级办公室,与正在备课的教师交谈。最后,在教学楼前厅发表讲话,并与校领导、教师、学生代表合影。

11月24日,市人大副主任范远谋一行到景山学校调研。有关部门负责人陪同。听取景山学校校长关于学校教育改革等方面情况汇报,对景山学校教育教学改革所取得的成绩给予肯定。 (秦晓芳)

【职业教育】 本年,有职业中学6所,其中,独立设置校2所,职普联合设校2所,民办2所。开设专业54个,教学班254个;招生1944人,完成招生计划108%,毕业2079人,在校生7017人。教职工987人,其中专任教师592人。专任教师学历合格率81.1%,高级专业技术职务113人。

5月13日,北京市中澳职教合作项目启动仪式在北京饭店举行。该项目是市教委与澳大利亚教育国际开发署(IDP)所签署的《北京市中澳职教合作协议》的内容之一。项目引进澳大利亚商业技术学院(IBT)的课程和教材。财经学校等5所市职业高中被批准为首批项目学校。其中,财经学校率先在初中毕业生中招收学生,首批开设国际商务和信息技术2个专业。5月15日,中澳职教合作项目负责人在财经学校向初中毕业生解答有关事宜。 (秦晓芳)

【成人教育】 本年,有各级各类成人学校4所。其中,成人高校2所,开设30个专业,招生1766人,毕业937人,在校生3812人,教职工117人(专任教师50人)。成人中等学校3所,开设8个专业,招生52人,毕业252人,在校生424人,教职工37人(专任教师30人)。职工学校2所,全年培训490人次,教职工14人。

有社会力量办学教育机构204所,其中,单位办学123所,个人办学81所,5所外区设点校。在校生67623人,结业139447人,总计培训人数20.71万人;专职教职工1377人,其中,专职教师565人,兼职教职工2867人,兼职教师2333人。

2月28日,东城职工大学举行首届春季招生入学开学典礼。240余名新生参加。3月,职工大学“迎奥运学英语培训班”开班,全体教师参加。

3月11日,北京华夏管理学院接受英国剑桥大学评估。院长汇报华夏管理学院概况、办学宗旨、师资力量、机构设置、办学规模及考试保密系统及流程。专家组考察学院的环境、教学设施等,查阅教学及管理制度等资料,召开师生座谈会,对教学管理等各方面给予肯定,提出建议,双方就下步合作达成共识。

5月9日,在一六五中举办民办教育机构法制培训。教育部法制办副主任作《民办教育促进法》、《民办教育促进法实施条例》学习辅导报告。全区各级各类民办教育机构负责人、部分机关干部200余人参加。(秦晓芳)

【资源整合】 6月2日,区政府与北京铁路局北京铁路分局在青蓝大厦举行铁路一小交接仪式。毛桂芬与铁路分局副局长金力代表双方签署铁路学校交接《协议书》。北京铁路分局、劳动、人事、编办、区国土资源局等有关部门负责人参加。铁一小有教职工43人,其中,专任教师28人,退休教师90人,学生93人,7个教学班,学校占地1960平方米,建筑面积5279.4平方米。

10月12日,在一七一中学召开和平里学区建设座谈会。会议围绕在学区内学校进行交流,打破校际间、学前与中小学之间的界限,树立大教育观念,充分实现资源共享,推进教育改革进行研讨。区委教育工委、区教育督导室、学区内中小学、幼儿园领导40余人参加。

11月10日,为整合区教研中心、东城分院资源,成立教师研修中心。李梅英任主任、孟大军任书记。研修中心任务是对教师教研与继续教育指导服务、对优秀教师教育理论与实践进行推广。(秦晓芳)

【基础建设】 9月29日,一七一中举行新教学楼竣工仪式。教学楼占地面积1.85万平方米,建筑面积3.4万平方米,地上9层、地下3层,设有47个普通教室,19个理生化实验室,有图书馆、阅览室、信息中心等现代教学设施,是一座较为完善的教育教学综合楼。(秦晓芳)

教育督导室

【概况】 本年,围绕教委的中心工作开展各种督导活动,发挥教育督导在教育改革中的作用。加强对学校实施自评工作的领导和管理,建立对自评工作情况的随访督导制度。完成国家级重点研究课题的子课题《学校实施素质教育的发展水平监督机制与督导制度建立》研究报告,完成督政、督学的各项任务。

单位名称:东城区人民政府教育督导室
单位地址:金鱼胡同10号
联系电话:65124948 邮政编码:100006 (章力红)

【加强督政】 重新修改《东城区政府实施素质教育"自主发展"指标体系》,将区委、区政府《关于深化教育改革加快东城教育发展的意见》中的发展目标纳入其中,并进行职责分解,落实相关委、办、局作为新一年教育执法检查的内容。

制定《东城区2004年教育执法检查工作的安排意见》,把教育执法检查与素质教育结合起来,敦促各相关委、办、局依据区政府关于贯彻落实《北京市区县政府全面实施素质教育评价方案(修订·试行)》的意见、《东城区政府全面实施素质教育评价指标体系职责分解(一表一文)》、《东城区政府实施素质教育"自主发展"指标体系》,开展自查,边查边改。

配合区人大对教育经费以及初中校建设问题进行专项督导。完成市教育执法检查领导小组对本区教育执法检查的迎检工作。(章力红)

【专项督导】 5月,为争创"学习化社区建设先进区",与教委对东华门、北新桥、和平里3个街道办事处争办"示范性社区教育中心"和奥士凯云龙旅游饭店公司争办"示范性学习型企业"的情况进行专项督导检查。

本年,督导室对五中、一二五中、一六六中、一七一中、二十一中、东直门中学以及西中街、青年湖、艺美、分司厅、府学胡同、安外三条小学、史家胡同小学分校等校的发展规划和规划实施的可行性、可操作性情况进行专项督导。(章力红)

【加强督学】 在全区76所中小学、14所公办幼儿园、4所职业高中以及校外教育单位,试行"中、小、幼、职、校外评价指标体系"的基础之上,深入30余所学校,听取学校领导、干部、教师、学生及家长和社区工作人员的意见与建议,先后3次召开教委各相关科室座谈会,听取对"指标体系"与"指标体系职责分解"的意见与建议,与区委教育工委、区教委共同制定并下发《东城区教育评价指标体系汇编》。(章力红)

【高中示范校试评】 10月中旬,为贯彻市教委"对各区县申办高中示范校提前自评"的要求,督导室会同教委各科室,对一七一中、五十五中、一六六中、东直门中学进行验收前的试验性评估,以促进各校发展。(章力红)

财贸干校

【概况】 本年，围绕区经济工作发展，提高干部职工素质，开展多种类型培训，举办学历教育。有专兼职教师18人，高级职称2人。继续实行经济目标责任制，成立学历部、培训部、管理部等部门。年内，创收75.15万元。举办公务员电子政务、计算机网络平台、计算机基础知识、会计继续教育等培训班18期，培训1074人次。继续与高等院校联合办学，招收中央党校函授学院《经济管理》、《法律》专业专、本科学员。

单位名称：东城区财政贸易干部学校
单位地址：北官厅甲10号　邮政编码：100007
联系电话：64020421　（杨振芳 崔崇和）

【公务员电子政务培训】 本校系市人事局确定的国家公务员信息技术与电子政务培训与考试指定考点。全年举办国家公务员电子政务培训12期，748人次参加考试。（杨振芳）

【计算机网络平台】 6月，与区信息中心合作，举办计算机网络平台培训，30人次参加。10月，为本区实现万米单元网络管理法培训监督员，110人次参加。（杨振芳）

【学历教育】 与中央党校函授学院市国资委党校分院联合办学。招收《经济管理》、《法律》专、本科学员293人。198名学员参加新生补习班。经过考试，录取专科学员133人、本科学员103人。完成144名2001级专科学员和32名2002级本科学员的毕业工作。在校生697人。（崔崇和）

校办产业管理中心

【概况】 区校办产业管理中心是教育系统主办的以筹措教育经费为主要目的的经济实体，主要业务涉及到教育产业，学校后勤服务，国内外教育交流培训及合作，饭店旅游服务，房地产开发、物业管理、建筑装修、建材，专业培训，教育教学设备开发销售和加工业等行业。本年，有企业39家，资产总额2.91亿元，从业职工736人。全年完成总收入7829万元，补充教育经费977万元。

单位名称：东城区校办产业管理中心
单位地址：报房胡同82号
联系电话：64032966　邮政编码：100010　（王德立）

【学校后勤服务】 年初，为推进学校后勤服务社会化，将全区普教系统学校后勤服务社会化工作全部纳入市阳光彩虹教育服务有限公司业务范围。阳光彩虹公司于1月由东城、西城、崇文区校办企业公司与市京教学生用品中心4家股东组成，是以学校后勤服务为主营业务的有限责任公司。按统一管理、统一标志、统一格局、统一配送、统一价格的管理模式，将校园服务部连锁店扩展到16所学校。严格校车车辆安全管理，将接送学生上下学的校车增加到113部，运营线路增加到71条，服务学生1516人。（王德立）

文　化　文　物

【概况】 本年，以“突出文化特色、环境特色、现代化特色和国际化特色”为出发点和立足点，发展群众文化事业，丰富群众文化生活，开拓文物修缮与保护的新形式，促进文化市场的繁荣和发展。协调各有关部门开展文化资源调查工作，初步摸清本区文化资源底数，为制定“文化强区”发展规划做好前期准备。完成区城市雕塑调研，对本区城市雕塑的规划、管理和后期维护工作提出建议。按照文化部和区政府的要求，完成民族民间文化保护的前期调研，成立区历史文化保护委员会办公室，强化文委在全区历史文化研究、规划和保护中的综合管理职能。培育以国子监为代表的国学社区、以文天祥祠、府学小学为代表的府学社区、以现代化社区文化设施为代表的交东社区等一批“文化型社区”示范点。加强公共图书馆的管理，10个街道图书馆和部分社区图书馆实现计算机管理。

加强文化市场管理，加大文化市场的整治力度，坚持集中整治与日常检查相结合，执法检查到位率100%，行政处罚执行率100%。加大“扫黄打非”力度，开展对文化娱乐场所的专项检查，探索文化市场为社会服务的新形式。完成全程办事代理制度的相关工作，优化文化市场发展环境。

加强对文物的监督管理，建立文物安全责任制，执法到位率100%。加大《文物法》宣传力度,提高公众法律意识,做好古都风貌的保护工作。完成区级文物保护单位的保护范围及建控地带划分的基础工作。

11月7日,在江苏省吴江市举办的首届全国特色文化广场颁奖暨展示活动中,由区文委和王府井建管办共同举办的王府井啤酒文化广场获“全国特色文化广场”称号,区文委获“全国特色文化广场活动组织奖”。

单位名称:东城区文化委员会
单位地址:交道口东大街85号
联系电话:64068856 邮政编码:100007 (韩凤伟)

【街道图书馆工作】 1月,为3个街道馆安装“全国文化信息资源共享工程”软件,至此,10个街道网点全部建立。

1月19日,景山街道图书馆开馆,有各类藏书1.5万册。为社区居民和机关干部发放图书借阅卡130余个。

5月20日,交道口街道图书馆在交东小区荷园内举办“书香工程”公益宣传活动。活动以“全民读书,人人成才”为主题,与科普宣传相结合,设立法律法规、中老年保健、节水知识等8个咨询台。社区居民200多人参加。 (韩凤伟)

【新春联谊会】 1月19日,区文化工作者新春联谊会在文化馆召开。王红兵、毛桂芬、王建军、肖幼谊、戚安国等领导与全区的社会文化工作委员会成员、各街道、各系统的文化工作者近150人参加。 (韩凤伟)

【新春游乐会】 1月19日,区文化馆春节室内文化庙会开幕。文化部、市文化局、群众艺术馆及区有关领导出席。毛桂芬致辞。区文化馆室内文化庙会已办14届,成为本区标志性的春节文化活动和文化品牌。

(韩凤伟)

【“新秧歌”大赛】 1月24日,本区组织参加北京“新秧歌”大赛,4支舞蹈队全部进入决赛,“京调秧歌”获一等奖,“扇花秧歌”、“花绢秧歌”获二等奖,“拉罐秧歌”获三等奖,本区获优秀组织奖。 (韩凤伟)

【文化志愿者工作会】 2月11日在文化馆召开。144名志愿者及10个志愿团的代表出席。市文化局、市群众艺术馆、区委宣传部、文委有关领导及各街道办事处主管领导和文教科科长参加。总结上年工作,对第二批88名新聘文化志愿者颁发证书和铜牌,实现文化志愿者队伍建设“一街一团、一居一员”的目标。会议下发联席会议制度和评比考核标准征求意见稿。与会者观看反映文化志愿者工作的专题片《艺术彩虹社区》。

(韩凤伟)

【娱乐场所安全工作】 2月12日,与区公安分局、区工商分局联合,在区文化馆召开娱乐场所安全检查动员会,区属各影剧院、歌舞厅、网吧、台球、电子游戏、棋牌、保龄球、桑拿洗浴等文化娱乐服务场所的负责人参加。区公安分局消防处、信通处、治安总队,区工商分局企监科,区文委的负责人分别就娱乐场所的安全工作提出具体要求。

2月13日,杨艺文、毛桂芬带领区文委、区公安分局等有关部门领导及执法人员检查文化娱乐场所安全工作。通过检查,发现个别经营场所存在消防通道不畅、安全门上锁、长明灯、应急灯损坏、未悬挂证照、没有安全疏散标志图、食品卫生制作间不合格等问题,要求经营者尽快整改,各执法部门进行复查,确保安全。

2月14日,市文化局副局长带队检查本区文化娱乐场所安全工作。检查阳光俱乐部、和平宾馆歌舞厅、王府饭店幻境音乐酒廊歌厅、台湾饭店凯星雅客歌厅等文化娱乐场所。个别经营场所存在问题,要求立即整改。

6月21日,与区公安分局、区工商分局联合,在区文化馆召开娱乐场所安全工作会议,区属歌舞娱乐、网吧、桑拿洗浴等250多家场所的负责人参加。传达市、区委、区政府安全工作会议精神,布置本区娱乐场所综合整治工作方案。区公安分局消防处、治安支队、信通处、区工商分局的负责人分别就娱乐场所的消防、守法经营、网吧治理、食品安全等问题提出具体要求。

9月15日,与区公安分局治安支队、消防处、网监处、区工商分局等部门联合召开由歌舞厅、洗浴、电子游戏、网吧等经营单位负责人参加的“迎国庆文化娱乐服务场所安全工作动员会”。要求各经营单位要高度重视节日安全工作,杜绝各类违法现象的发生。

(韩凤伟)

【安全月活动】 2月17日,召开区文博系统安全月动员会暨2004年安全防火责任书签订仪式。辖区市、区级文物保护单位及文委所属单位负责人参加,签订以防火为重点的责任书。会上,区消防监督处通报全市火灾形势和文物古建防火知识,传达市、区开展安全月活动内容,结合本区文物建筑情况,提出具体要求。区文委成立以主任、副主任和科、所长组成的活动领导小组。

6月14日,召开全系统安全工作会议。文委领导班子全体成员、机关科级以上干部、各基层单位党政一把手参加。要求文委全系统从即日开展安全宣传活

动。会议当日，在图书馆报告厅组织消防知识讲座。文委系统的干部、职工100余人参加。　（韩凤伟）

【外事活动】　2月19日，社会党国际主席古特雷斯率领社会党国际代表团一行10余人，在中联部和市文物局的有关领导陪同下，参观文天祥祠文物保管所，观看文天祥生平展，并题词“向英雄致敬”。　（韩凤伟）

【区图书馆工作】　区图书馆进行地方文献收集整理，520种关于东城的地方文献整理完毕，200余种正在分编加工之中。并结合实际进行探讨，将皇城文化作为本馆地方文献的特色，决定收藏、开发和利用。

2月26日，对10家街道图书馆管理员进行“全国文化资源共享”系统培训。掌握“共享”软件的使用和操作技能，以便更好地发挥该系统的作用，充分享用文化信息资源。　（韩凤伟）

【文化工作会议】　3月9日，在区图书馆召开文化委员会工作会。布置文委本年工作，印发2004年折子工程，明确工作任务，强化工作时限，狠抓责任落实。

3月24日，社会文化工作委员会工作会议在区图书馆召开。区宣传部领导、社文委成员近60人参加。会议总结上年工作，布置本年工作要点并向与会者展示讲解东城文化网的建设。　（韩凤伟）

【红领巾读书活动】　3月16日，红领巾读书活动表彰大会在区图书馆召开。全区近60所学校的150余名师生参加。会上总结上年红领巾读书活动，部署本年工作方案，表彰获奖师生。二十五中、东四三条小学获市红领巾读书活动先进单位。区图书馆和区少年宫连续获市优秀组织奖。全区有近40所中小学、2万多名学生参加“争做新北京好少年”系列活动。　（韩凤伟）

【周末相声俱乐部】　3月20日，周末相声俱乐部揭牌仪式在区文化馆举行。相声表演艺术家马季、市曲艺家协会主席、俱乐部主席李金斗与众多相声界著名演员参加。马季为俱乐部揭牌。

5月2日，周末相声俱乐部举办为北京科技经营管理学院患白血病的大学生李志凌的救助义演，著名相声演员杨少华、李金斗、李建华及青年演员贾伦、李伟建、武宾等20余人参加。义演共筹得人民币12818.60元，其中，票款收入为1万元，观众捐款为2818.60元。当场演出的全部收入捐给李志凌。

9月18～19日，由市文联、市文化局、市曲艺协会等单位联合主办、区文化馆周末相声俱乐部承办的“笑在金秋”北京幽默艺术节——笑星与您面对面专场演出在区文化馆举行。两场演出是为全市60岁以上的老年朋友免费举办的，共接待老年人近千人。

11月6日，中国曲艺家协会将“相声之家，娱乐大众”的牌匾赠给周末相声俱乐部。

12月9日，与中国曲协联合举办周末相声俱乐部经验座谈会。由中国曲艺家协会党组书记、著名相声演员姜昆主持，周末相声俱乐部秘书长宋德全介绍情况。中国文联副主席、党组成员、书记处书记李牧、中国文联副主席、中国曲艺家协会主席刘兰芳、李金斗、苏文茂、常宝华、陈涌泉、常贵田、孟凡贵等出席并发言。　（韩凤伟）

【驻区文化单位座谈会】　3月23日召开。中央戏剧学院、空政话剧团、中国儿童艺术剧院、国家话剧院、北京人艺、北京儿艺、中山公园音乐堂、保利剧院、中国美术馆、长安文化娱乐中心10家艺术院团及演出场所的负责人参加。围绕“文化强区”的发展战略，对本区的文化事业和产业的发展提出中肯建议。　（韩凤伟）

【文物收存】　3月29日，散落在地安门北月牙胡同原慈慧寺的石碑，运至钟楼由文物管理部门收存。据历史资料记载，在北月牙胡同原有一座慈慧寺，现尚存大殿和东配殿各3间，但已为单位用房或居民住房。原寺中的一块石碑散落在胡同旮旯，其碑有榫无座，通高1.85米，宽0.66米，碑首长0.65米，石质为青白石，碑的左下角已缺。碑名为《敕建古慈慧寺中兴碑序》，刻于清宣统三年（1911年）。碑文记载慈慧寺的历史沿革及历次修缮情况。

9月13日，北京站东街市政改造工程中发现铁炮。区文委执法人员与市文物研究所鉴定专家进行现场勘察。铁炮是从地下2～3米处发现的，呈散落分布，基本分为1米和1.2米两种型号，共13门。经鉴定确认为清代铁炮，根据发现位置推测，可能原为东南城墙配备铁炮。区文委在施工单位协助下，对铁炮现场整理，确认没有残留火药后，全部收存。　（韩凤伟）

【“扫黄打非”总结表彰会】　4月6日，“扫黄打非”工作总结表彰大会在区图书馆召开。区委宣传部领导出席，公安、工商、城管、文化等部门执法人员及10个街道办事处和有关部门负责人参加。总结上年工作，通报各行政执法部门协调合作打击违法经营的情况以及各街道办事处在“扫黄打非”工作中作出的贡献；表彰在“扫黄打非”工作中作出突出成绩的单位及个人。

（韩凤伟）

【行政许可法培训】　4月11～12日，组织处级干部、

机关公务员、行政许可人员、行政执法人员进行《行政许可法》学习培训。40余人参加。 （韩凤伟）

【古建修缮】 4月30日，列入“人文奥运”文物修缮计划的吉安所大殿开始抢险修缮。吉安所是明清两代宫眷停棂之地，大殿是吉安所的主要建筑，坐北朝南，面阔五间，进深三间，前后各出抱厦三间，有围廊，歇山顶，调大脊带吻兽、垂兽，绿琉璃瓦黄剪边，檐下有一斗三升斗拱。雀替窄而扁长，椽子粗壮，有清早期的建筑特点。聂荣臻元帅生前曾在吉安所居住工作多年，现已辟为聂帅的纪念室。11月19日修缮竣工，并通过工程验收。该工程得到市领导关注，市文物局拨付58万元的修缮费用，是本区得到市专项资金修缮的区级文物保护单位。

6月20日，经文委协调，市文物局拨出专款11万元，对九条胡同小学的一座敞亭（原为清代奕谟贝子府花园遗存）进行修缮，重新铺瓦，方砖漫地，恢复亭顶上的宝顶，绘制苏式彩画，使其成为平安大街上的一座具有古建园林特色的标志性建筑。

11月16日，市文物局质量监督八分站对文天祥祠修缮工程进行验收，验收合格。该工程施工2个月，完成对大门、匾额、过厅、享殿的彩画修缮任务。

（韩凤伟）

【夏日文化广场活动】 5月15日，本区配合文化部、国家广电总局、中国文联、市委、市政府在钟鼓楼文化广场举办第四届“相约北京”钟鼓楼文化广场联欢活动暨本区第19届夏日文化广场开幕式。首都文明办、市文化局、市群众艺术馆、区委、区人大、区政府等有关领导与千余名群众观看演出。

7月10日，举办以“市民激情燃奥运，文明礼仪秀东城”为主题的夏日文化广场演出活动。本次活动以地坛公园为主会场、南馆公园为分会场，全区10个街道及安定门街道的12个社区同时展开广场文化活动。

（韩凤伟）

【国标舞 交谊舞大赛】 5月22日，由区社会文化工作委员会、区卫生局主办，区文化馆承办的第13届“北京市白衣天使杯”国标舞、交谊舞大赛结束。来自全市的100多对选手参赛。设舞厅舞、国标摩登舞、拉丁舞3类，每类又分若干组别，每组取前6名。54对选手分获不同奖项。 （韩凤伟）

【少儿书法表演赛】 5月29日，由市文天祥祠文物保管所、市书法协会共同主办，区少年宫承办的“弘扬民族精神，培养少年儿童爱国主义情感”的市“正气杯”少儿书法表演赛在区少年宫广场举行。6～12岁的小书法爱好者200余人参加，现场书写《正气歌》等爱国诗篇。 （韩凤伟）

【文化馆被评一级馆】 6月2日，区文化馆在文化部全国首次群众艺术馆、文化馆评估定级中，被评为全国一级馆。评估工作从2002年开始，文化馆结合评估标准，制订相应工作方案和措施，逐项分解，责任落实到人，定期检查，取得预期效果。 （韩凤伟）

【文保单位安全紧急会】 6月25日，在区图书馆召开。42家区级文保单位参加。下发市文物局《关于护国寺部分建筑遗存失火被毁的情况通报》，传达通报精神。针对部分区级文保单位存在的安全隐患问题，提出明确要求。 （韩凤伟）

【第十八届文化艺术节】 第十八届文化艺术节以“祖国在我心中”为主题，以群众参与文化细胞展示活动为内容，进行3个月的基层展演活动，经评委选拔，评出一批优秀节目。6月30日，7月1～2日，分别举办合唱、街道、系统专场演出。有关领导与2000多名观众观看。

7月29日，在长安大戏院举办《胡同情》专场演出，第十八届文化艺术节闭幕。市文化局、市精神文明办、市群众艺术馆有关领导、区领导陈平、卢彦、刘朋庆、吴弘勇等和群众一起观看。艺术节共演出各类文艺作品1910件，新创作文艺作品160件，演出160场次，演员1.31万人，参与人数30余万人。 （韩凤伟）

【赠书活动】 7月2日，区文委、区图书馆有关领导向遂安伯小学赠送100套（册）的优秀少儿读物，并作“读好书、上好网、远离盗版”的动员和宣传。

（韩凤伟）

【传统文化保护研讨会】 7月15日在区图书馆召开。市群众艺术馆、市文化局、区文委、区文化馆有关领导及10个街道办事处文教科有关人员参加。会议通报本区民族民间传统文化保护工作调查报告。区民间工艺协会代表、安定门街道文教科科长分别发言。市群艺馆、市文化局有关领导讲话，对本区民族民间传统文化保护工作给予肯定。 （韩凤伟）

【电脑捐赠活动】 7月26日，区网吧协会在区图书馆举行向辖区内10个街道赠送电脑捐赠仪式。毛桂芬及市文化局市场处、区文委有关领导出席。共赠送40台电脑，用以建立社区绿色网上空间。 （韩凤伟）

【“曲艺大观苑”揭牌】 8月1日，区文化馆、周末相声俱乐部和市曲艺家协会在区文化馆举行“曲艺大观苑”揭牌仪式。刘兰芳、市文联党组书记、常务副主席吕浩才、李金斗等及市曲艺家协会理事、曲艺界著名作家、演员出席。市曲艺家协会名誉主席、著名琴书演员关学增为“曲艺大观苑”题词并揭幕。

“曲艺大观苑”活动是继“周末相声俱乐部”之后，又一旨在弘扬民族民间艺术的文化活动形式，内容包括北京琴书、京韵大鼓、单弦、快板、河南坠子、梅花大鼓、乐亭大鼓、评书等。将于每月最后一个星期日演出。 （韩凤伟）

【金秋老年书画展】 8月21日，与区委宣传部、区民政局、老干部局、老龄委等单位联合举办的“纪念邓小平同志诞辰100周年书画展暨第三届金秋老年书画展”在区文化馆开幕。此次展览共收到作品182件。 （韩凤伟）

【文学和文艺作品征集获奖】 9月24日，在国庆55周年暨市第六届职工艺术节闭幕式上，首届职工文学和文艺作品征集评奖活动揭晓。区文化馆文艺部文学干部杜染创作的诗歌《胡同情》获文学类一等奖，由其辅导的文化馆文学协会会员李征创作的诗歌《我漫步在天安门广场》获文学类二等奖。音乐干部荆小扬创作的管弦乐《北京海洋馆》获文艺类音乐作品二等奖。 （韩凤伟）

【文明礼仪展示活动】 11月4日，与区文明办共同主办，区委宣传部、区委教育工委、区工会、团委、妇联共同协办的“文明礼仪展示”活动在文化馆举行。区委、区政协及各主、协办单位有关领导、群众和驻区单位代表400余人参加。卫生、街道系统、私个协、教工委以及国旗班护卫队等单位分别以模特、舞蹈、合唱、相声、小品、队列表演等形式为大家展示文明礼仪形象。 （韩凤伟）

【社区文化干部培训】 11月10日，在文化馆举办街道和社区的文化专、兼职干部培训班，100多人参加。分别就舞台演出、广场活动、文艺比赛等工作的策划、组织与实施以及文化信息撰写等内容进行培训。 （韩凤伟）

【玉河北段 三眼井保护论证会】 11月18日，在东方文化交流中心举行“玉河北段、三眼井保护修缮方案专家论证会”。专家郑孝燮、徐苹芳、李准、谢辰生、王世仁及市水利设计院副院长高振宇、市城市规划设计院副院长柯焕章、边兰春，市河湖处总工程师丁凯，市建委、规委、文物局有关负责人、区领导卢彦、张家明及区各有关部门领导参加。听取玉河北段、三眼井保护修缮方案，对修缮方案给予肯定。 （韩凤伟）

【抗击艾滋病宣传活动】 12月1日，在王府井科普文化长廊举办“抗击艾滋病，倡导科学‘性’”现场宣传活动。中国人口宣传教育中心、市科协及北京科技报、区有关部门领导参加。著名演员、艾滋病防治公益活动形象大使濮存昕宣读《国际艾滋病日倡议书》，并为在场的众人签名赠送本期《北京科技报》。濮存昕还为王府井古人类文化遗址博物馆留言“科普的园地，知识的海洋。” （韩凤伟）

体 育

【概况】 区体育局是区政府主管体育工作的职能部门，下属东单体育中心、体育运动学校、地坛体育中心、地坛体育馆、社会体育管理中心、体育局后勤服务中心、体育科研所、体育培训中心8家事业单位。

区体育总会是联系、团结全区体育工作者的群众性体育组织，下辖18个专项体育协会：武术、门球、钓鱼、毽绳、网球、田径、游泳、信鸽、风筝、登山、足球、篮球、乒乓球、棋类、残疾人、老年人、社会体育指导员、华威体育俱乐部。本年，本区参加市级比赛活动1项，举办区级示范性活动9项，各街道、地区工作委员会、系统体协、体育社团、单项协会以及驻区中央、市属、区属单位共举办比赛、宣传、测试等活动595项，参与人数达24.16万人次，参与率为41.6%。

本年，在本局训练的市女子柔道队在三项国际比赛中获1枚金牌、2枚铜牌，三项国内比赛中获1枚金牌、2枚银牌、1枚铜牌，1名运动员获第27届雅典奥运会参赛资格。

区运动员参加全国比赛获金牌16枚、银牌13枚、铜牌12枚。参加市各类比赛获金牌155枚、银牌112枚、铜牌118枚。向市级以上运动队输送优秀运动员93人。输送的7名运动员获第27届雅典奥运会参赛资格,其中2人获3枚金牌。新发展二级运动员130人,二级裁判员27人。

本年区体育局获得国家级荣誉1项,市级荣誉13项,区级荣誉10项。

单位名称:东城区体育局

单位地址:安定门外大街168号

联系电话:64263729 邮政编码:100011 （于东泊）

【群众体育工作】 本年,举办区级活动11项,各街道、地区、系统共举办活动70余次。区16个体质测试点共测试1.35万人次,合格率达79%。培训三级技能型社会体育指导员216人。

2月25日,国家体育总局、市体育局和社会体育的专家、教授组成的调研组到区进行群众体育工作调研。6月29日,在北新桥海运仓文体中心举行驻区中央、市属单位群体工作经验交流会。9月24日,东四街道奥林匹克社区公园开园,10月,建成东四奥林匹克社区体育文化中心并在新建小区安装室内、外健身设施。同月,中央文明办和国家体育总局授予朝阳门、交道口街道办事处、景山街道黄化门社区居委会、和平里街道六区社区居委会为第4批全国城市体育先进社区。 （于东泊）

【重要赛事】 3月5日,迎新春健身秧歌比赛在地坛体育馆举行,10个街道的30支代表队、500余人参加。

3月10～13日,第十一届“会员杯”门球比赛在地坛门球场举行。区门球协会819名运动员参加。

4月22日,“北京第五届‘地坛杯’门球邀请赛”在地坛公园举行,82支代表队、600多名运动员参赛。

5月14～16日,“上达文化杯”北京首届体育舞蹈大会暨第四届全国城市体育舞蹈锦标赛在地坛体育馆举行,800人参赛。国家体育总局副局长张发强和市委副书记龙新民等市、区有关领导出席开幕式。

6月2日,区全民健身周橡筋健骨操比赛在青年湖公园举行,10个街道社区及驻区单位的20支代表队参赛。

6月5日,“上洲屋健身杯”东城区钓鱼比赛在顺义区三利渔场举行。驻区中央、市、区属单位的36个代表队、近150人参加。

6月9日,区首届退休干部趣味运动会在地坛体育中心田径场举行,300多人参加。

7月15日,“地坛体育馆”杯职工保龄球比赛在地坛体育馆保龄球馆举行,38个代表队、350余人参赛。

7月19～21日,由耐克公司主办,上海捷胜市场咨询有限公司协办的NIKE“三对三”篮球比赛在东单体育中心室外篮球场举行,1152人参赛。

7月26日,由耐克公司主办的“嘉年华”篮球比赛在东单体育中心足球场举行,1500人参加三分球、一对一单挑、法国花式扣篮表演赛。

8月4日,第十五届“东华门”杯游泳比赛在八一游泳馆举行。驻区中央、市属、武警部队及区属、10个街道的36支代表队、近350名运动员参赛。

8月12～13日,市青少年摔跤锦标赛在地坛体育馆举行,全市12个代表队、200余名运动员参赛。

8月16～22日,市青少年篮球锦标赛暨业余体校比赛男子甲组、女子甲组赛在东单体育中心篮球馆举行。本区队获男子甲组第二名。

8月20日,“和平里杯”中国象棋棋王挑战赛在区社体中心举行。各街道选出的17名选手参赛。

8月24～25日,市青少年武术锦标赛在地坛体育馆举行,本市12个远郊区县的180余名选手参赛。

9月18日,市“少林武术”杯传统武术比赛在地坛体育馆举行,全市38支代表队、800余人参赛。

9月24～26日,“2004可口可乐NBA嘉年华”在东单体育中心举行。中国男篮主力队员李楠、郭仕强出席开幕式。

10月14～15日,“顶峰杯”2004年羽毛球比赛在地坛体育馆举行,120人参赛。

10月21～22日,中国国际标准舞第七届“院校杯”全国锦标赛在地坛体育馆举行。800名选手参赛。

10月22日,中华民俗运动会在地坛公园举行,街道、教育系统体协的1200多名运动员参赛。

11月9～13日,中国记者协会乒乓球比赛在地坛体育馆举行,全国27个省、自治区、直辖市和中央新闻单位共52个代表队,400余名新闻工作者参赛,中国记者协会主席邵华泽及有关领导出席开、闭幕式。

11月19～20日,中钢集团总公司主办的“中钢杯”羽毛球比赛在地坛体育馆举行,800余人参赛。

11月20～21日,LG集团举办的“希望之星”轮滑选拔赛在地坛体育馆举行,参赛选手约50人。

12月11日,市保龄球协会主办,北京卷烟厂协办的“北京市保龄球协会会员联赛暨北京中南海保龄球队巡环赛”在地坛体育馆举行,24名运动员参赛,北京电视台对此进行录播。

12月16～17日,“景山杯”保龄球赛在地坛保龄球馆举行。10个街道及驻区中央、市属单位的14支代表队参赛。

12月26日,“迎新杯”中小学生长跑比赛在地坛体育中心举行,本区40所中小学校的500余名学生

参赛。 （于东汩）

【全民健身交流展示活动】 4月23～26日，与青岛市体育局联合主办，青岛市市南区教体局承办，青岛奥帆委、《青岛日报》报业集团、青岛电视台、青岛英派斯集团有限公司协办的“东城·青岛奥运伙伴城区全民健身交流展示活动”在青岛举办。

4月24日，在青岛市“五四广场”举办启动仪式。京、青两地千余名健身爱好者分别在主会场和分会场进行健身秧歌、花毽、空竹、少年拉丁舞等健身展示。4月25日，京、青两地登山比赛在石老人风景区举行，8支代表队参赛，本区公安分局和筑邦公司代表队分别获第一、三名。中央电视台、北京、山东、青岛电视台、《中国体育报》、《青岛日报》等媒体对活动进行报道。

（于东汩）

【健步走活动】 5月15～17日，本区全民健身周10万市民健步行活动启动仪式在故宫午门、建国门大风车广场以及区主要街道、公园展开。与交通部工会、市政协等单位联合印发健步行活动倡议书10万份，号召参与“人人健身，与奥运同行”健步行活动。各街道、地区体育工作委员会和系统体协，分别组织驻区300多个单位，1万余名干部、职工参加。市、区、街道、地区体育工作委员会、系统体协的主要领导分别出席各点的启动仪式。 （于东汩）

【全民健身周系列活动】 6月1～13日，开展全民健身周系列活动。主题是“科学健身，走向2008”。举办体质测试宣传日、科学健身讲座、橡筋健骨操、五子棋、乒乓球、健身路径、钓鱼等比赛。各街道、地区体育工作委员会、系统体协、体育社团开展多种竞赛、宣传、体质测试、科学健身讲座、培训活动50余项。全区共有20余万人次参加。 （于东汩）

【体育市场管理】 举办《行政许可法》专题讲座，进行全员培训。5月12日组织局机关全体公务员参加市行政许可法考试。

6月13日和6月30日，参加市安全生产月宣传咨询日活动。7月13日举办以“人人参与奥运”为主题的奥林匹克及体育法律法规知识竞赛。筹备制作《东城区体育局行政审批执法人员实用英语100句》小册子。

7月，与区卫生局、区公安分局联合检查全区体育设施。对全区具备自有经营场所的87家体育经营单位进行消防安全检查和经营资质审核确定。检查游泳场馆40家、体育经营单位52家，未发现安全隐患。

（于东汩）

【体育场地普查】 7～9月，完成第五次体育场地普查工作。本局负责此次工作总体协调、全区各级各类体育项目经营单位的普查，以及普查数据的收集、汇总、审核、上报和建立体育设施信息资源库工作。区政府街道办负责协调各街道工作，包括全民健身工程、星光计划工程及中央、市属单位内部体育场地的普查。区统计局负责区属各单位内部体育场地的填报、审核、软件录入和体育场地普查清查结果核实工作。区教委负责全区大、中、小学、幼儿园和教育系统内部体育场地的普查。区文委负责台球体育场地和文化系统内部体育场地的普查工作。区工商分局负责提供全区各级各类体育项目经营注册单位的相关资料，包括名录、隶属关系、经济成分、建成年份、投资金额、上年经营收入、联系方式、详细地址等。区工会负责区级以上工会系统体育场地的普查。 （于东汩）

【联合检查游泳场馆】 7月13日，由市体育局、公安局、卫生局等有关负责人组成的联合检查工作小组对本区部分游泳场馆进行抽查。检查验收游泳场馆的安全管理、卫生防疫及消防等工作，对检查结果表示满意。 （于东汩）

【承接收容上访人员】 7月28日，地坛体育馆承接市公安局收容上访人员工作。自27日下午接到任务始，将中央空调全天打开，调用全部工作人员做好服务。28日，全馆闭馆一天，保证接待工作的使用。

此次共接待上访人员75名，公安干警400余人。接访工作于28日下午结束，上访人员由各区县接回。市委、区委、区政法委、区公安分局有关领导到场指挥工作。 （于东汩）

【国家体育总局检查】 9月3日，国家体育总局有关领导率队对北新桥、东直门、安定门及建国门街道全民健身工程进行检查，检查结果：全民健身工程完好率100%，管理人员配备率100%，群众满意率99%。特别肯定东直门街道吸纳“四零”、“五零”人员（40至50岁下岗或无工作人员）管理全民健身工程的经验，希望能普遍推广。 （于东汩）

【奥运场馆考察】 9月8日，市发改委奥运办一行7人的考察团到地坛体育馆考察作为2008年奥运会拳击训练馆筹备情况。地坛体育馆馆长就改造计划、资金预算情况进行汇报。考察团参观场馆后，对设施和设备情况表示满意，并提出建设性的意见。

12月9日，市2008奥运工程指挥部顾问、原市政府副秘书长陈树栋率队一行8人到地坛体育馆考察了

解场馆情况。陈树栋要求要高质量、高标准保证和满足奥运训练场馆的要求，并要与场馆周围环境统筹考虑。 （于东泊）

【争创全国先进游泳场馆】 11 月 30 日，国家体育总局、市体育局专家组成的考评团检查验收地坛游泳馆争创全国先进游泳池馆工作。地坛体育中心主任汇报地坛游泳馆的开发建设、业余训练、经济创收等方面的工作。专家组成员在审查资料、听取汇报和实地考察后对地坛游泳馆的各方面工作给予肯定。 （于东泊）

【学校体育工作】 与教委配合，推行《国家体育锻炼标准》，本年，全区中学达标率 98%，小学达标率 97%。全区日体育锻炼平均一小时的学校达中小学校总数的 95%。

建立和完善区体育传统项目学校管理制度，经检查，各传统校全部达标。二十二中被国家体育总局、教育部评为国家级体育传统项目学校。截至 10 月，本区已成立 14 个青少年体育俱乐部。6 所幼儿园被命名为“体育特色园”。

本区培养输送的乒乓球运动员张怡宁、体操运动员滕海滨在雅典奥运会上获金牌，实现本区奥运金牌零的突破。向市运动队输送 93 名运动员。

（于东泊）

卫　　生

【概况】 本年，全区共有医疗卫生机构 362 个，其中，卫生部所属 18 个、市卫生局所属 7 个、区属医疗卫生机构 18 个，另有卫生局卫生监督所 1 个、疾病预防控制中心 1 个、急救站 1 个，民社办医疗机构 319 个（医院 12 个、门诊部 39 个、医务室、诊所、红医站 268 个）。

辖区各级卫生系统共有卫生技术人员 21967 人。其中，卫生部所属单位 8724 人、市卫生局所属单位 6495 人、区属单位 4191、企事业民社办 2557 人。

卫技人员分类：医生 6374 人、护士 5624 人、其他技术人员 1958 人。

辖区卫生机构实有病床 8033 张，其中，卫生部所属 3102 张、市卫生局所属 2556 张、区属 1791 张、企事业民社办 584 张。

平均每千人拥有医师 10.25 人，护士 9.04 人、床位 12.92 张。完成疾病监测点出生、死亡、传染病、人口数收集、汇总、计算机录入、上报工作，共监测人口数 13.83 万人。

办理建议、议案、提案和上级转办件等 147 件，接待来访 80 人次。3 个单位的档案工作通过基础级考评。

本年，全区出生 2348 人（男 1195 人、女 1153 人），出生率 3.78‰，死亡 3397 人（男 1807 人、女 1590 人），死亡率 5.46‰，自然增长率 -1.68‰。死因顺位前十位依次为：恶性肿瘤，心脏病，脑血管病，呼吸系疾病，消化系疾病、内分泌，营养和代谢疾病，泌尿生殖系疾病，损伤中毒，神经系疾病，传染病。期望寿命男性 80.93 岁、女性 84.30 岁。

单位名称：东城区卫生局
单位地址：东四十一条 83 号
联系电话：64040302　邮政编码：100007 （赖南沙）

【卫生改革】 本年，在不改变产权的前提下，引进南京华山医院的资金和管理模式托管东四医院。在医院公立性质不变、原行政隶属关系不变、非营利性质不变、职工原有身份不变、按承担社区卫生服务工作任务享受政府“以奖代补”的政策不变的原则下，实行国有资产所有权和经营权分离的改革试点。

及时总结会计委派工作经验，本年又向 3 家单位委派会计。

局机关实行科长竞聘上岗制。医疗机构完善聘后管理，逐步加大自主分配力度。第六、和平里、鼓楼中医医院等进行改革后的第二次全员聘任。

继续加强审计和政府招标采购工作。全系统完成基建工程项目委托审计 8 项，审减额 71.4 万元，报审审计率 100%。 （赖南沙）

【传染病防治】 本年，全区甲乙类传染病发病 2444 例，发病率 381.00/10 万，其中，痢疾发病 1675 例，发病率 261.12/10 万，肝炎发病 268 例，发病率 41.78/10 万，丙类传染病发病 2376 例，发病率 370.40/10 万。全年未发生重大食物中毒事件。4 月 1 日启动传染病网络直报系统，实现传染病和突发公共卫生事件的动态统计和分析。

全年重点监督检查医疗卫生机构、社会办医、托幼园所中的传染病疫情报告、管理、院内感染以及生物制品的管理等，累计检查2504户次，行政处罚3户次，罚款金额2000元。（赖南沙）

【防治“非典”】 4月发生“非典”疫情时，立即启动“非典”防控体系，医疗专家组、各医疗机构发热门诊严阵以待，落实对不明原因肺炎的诊断程序。卫生局卫生监督所加强对各医疗机构进行消毒隔离和院感工作的监督检查。区疾控中心完成在地坛医院住院的7名“非典”病人和169名密切接触者的流行病学调查。至5月10日，累计隔离观察密切接触者14人，二代密切接触者155人，均未发现异常，并全部按时解除隔离，没有续发病例。（赖南沙）

【防控高致病性禽流感】 制订《东城区防控禽流感救治工作方案》、《禽流感疫情监测方案》等，督察全区鸽子放飞情况，本区共有养鸽户1895户，鸽子总数4.61万只。至3月10日，全区共出动监督检查人员3.95万人次，检查车辆2214车次，累计检查7688户次，消毒鸽舍16.6万平方米，并监控辖区内所有水域的野生禽鸟，同时在北京站和东直门长途汽车站建立活禽回收点和返京人员体温检测点。未发现禽流感疫情。（赖南沙）

【计划免疫】 本年，共接种脊灰、白百破、麻疹等15种疫苗17.29万人次，本市和外来儿童加强免疫接种率均达到99%以上；连续20年没有发生野毒株引起的小儿麻痹病例。（赖南沙）

【消毒与有害生物防治】 全年检查医院、医务室、联合诊所、社区卫生站、个体诊所等782户次，覆盖率176.52%，检测4034件，合格率87.85%。对蚊、鼠、个体医和流行性出血热进行专题调查。对蚊、蝇、蟑螂和鼠进行抗药性实验。对环氧乙烷残留量和产品消毒效果进行检测。（赖南沙）

【慢性病防治】 在基线调查的基础上确定目标，开展患病人群、高危人群的行为干预活动。完成高血压高危人群、肥胖人群干预课题。组织各社区卫生服务中心专职人员到鞍山、大连进行工作调研。全年组织培训班60期、847人次参加。（赖南沙）

【艾滋病防治】 开展“中美艾滋病预防监测合作项目”，完成吸毒、娱乐服务业等各类人群的综合监测705人份，访视咨询艾滋病感染者或病人，完成“艾滋病综合示范区”基线调查。开展“红丝带志愿者”活动，深入戒毒所、看守所、娱乐场所、建筑工地和中小学校开展艾滋病宣传活动，其中，对建筑工地（流动人口）巡回宣传9次，6000余人。（赖南沙）

【食品卫生】 2004年全区共有食品经营生产单位6850户，预防性监督新审批1750户次，复验1759户；全年累计监督50042户次，合格47760户次，合格率95.84%，监督频次7.31。全年共监测食品3616件，其中生产加工业44件，合格率97.87%；销售服务业3572件，合格率98.10%。

与区工商分局共同开展市场食品安全检测工作，其项目主要为卫生指标、亚硝酸盐、二氧化硫、食品污染物等。

全年行政处罚290户次，其中，警告141户次，责令销毁食品22户次、食品880.5公斤，没收违法所得1户次，取缔违法经营活动68户次，罚款金额为29.02万元。（赖南沙）

【公共场所卫生】 有公共场所1461户，预防性监督新审批458户次，复验274户。累计监督3564户次，达标3194户次，达标率89.62%。全年共检测249户，检测样品9592件，合格率99.4%。行政处罚16户，罚款金额1万元。

监督22个游泳场馆，监督频次3.25。检测游泳池水191件，合格率97.9%。

全区共有二次供水单位332户，累计监督345户次，预防性新审批34户，复验197户，新增加供水设施17个。检查水箱及供水设施516个，检测236个单位、543件样品，合格率94.1%。完成全国城市生活饮用水监测及北京市生活饮用水监测网的任务，枯水期取水样1件，取得微生物数据3项，理化21项，基本符合卫生要求。市政末梢水检测120户次，样品120件，合格70件，合格率58.3%。全年行政处罚17户次，其中，警告8户次，罚款9户次，罚款金额8万元。未发生水污染事故。

在完成日常性的检测项目之外，区疾控中心拓展二次供水常规检测业务，检测项目由原来的23项增加到26项。

本年，健康体检7.58万人，检出五种病247名，调离率100%，培训6万余人次。（赖南沙）

【劳动卫生】 监督有毒有害作业场所003户次；监督放射源应用单位114户次。预防性放射工作场所审批29户、31台机器，新办放射工作许可证14户。全年共检测各类存在职业病危害因素的单位33户（主要以物理因素及化学因素为主，涉及到印刷，干洗，建筑防水等行业),检测样品342件,合格率95.2%。行政处罚36户,其中责令改正20户次、警告10户,罚款6户,罚款金额3.8万元。 (赖南沙)

【学校卫生】 对2所学校教室的照明进行预防性检测、评价。对4所中学、6所小学40件课桌椅样品进行产品检测。完成学生健康监测和1.2万人的健康体检,其患病率为:视力低下70.53%、肥胖18.80%,营养不良23.22%,沙眼3.35%,贫血5.26%,龋齿7.44%,恒牙42.8%。完成《全国儿童青少年行为危险因素监测》调查问卷4800份,对一所小学的948学生进行监测,学校伤害的发病率约5%。 (赖南沙)

【健康教育】 制定本年度健康促进工作要点,修改并完善《2004~2005年度东城区社区卫生服务绩效考核标准》。在社区、医院、学校、行业和机关等全面推动健康促进工作的开展。全年共举办骨干人员培训班17期,2150人次参加。发放宣传品105种、100万份,发行《生活与健康》7期、10万份。完成3个示范社区的8个干预点、干预单位的全员建档、目标人群分类及患者干预前调查问卷等科研工作。

完成对4所学校"健康促进学校"的验收、10所学校"健康促进学校"金牌校的复验。 (赖南沙)

【医疗工作】 完善区急救医疗救援体系建设,为各单位急救车配备先进抢救设备和定位系统。制定紧急医疗救援工作预案,专项培训急救队伍。区急救站承担市紧急救援中心东城分中心工作,在多次重大急救任务中发挥作用,特别是密云灯会事件中,出动及时,受到好评。

本年,全区诊疗总人次797.13万人次,平均日门诊人次4.49万人次。全年开放病床8033张,收住院14.18万人次,其中,卫生部属门诊292.35万人次,收住院6.69万人次,市卫生局属门诊280.73万人次,收住院5.14万人次,局属医院的诊疗总人次为150.10万人次,收住院2.10万人次,企事业民社办门诊73.95万人次,收住院2490人次。区级医院住院病人治愈率45.35%,病死率5.20%。住院病人7日确诊率96.28%,病房抢救成功率68.70%,无菌手术感染率1.34%,平均住院天数18天,病床使用率72.13%,病床周转14.88人次,出院诊断符合率98.91%。

完成256家一级以下医疗机构的评审工作,总体评审合格率76%。对不合格的医疗机构下达限期整改通知书。

和平里医院引进神经科人才,开展内镜下经鼻蝶垂体瘤切除术、开颅脑膜瘤切除术、颅内外脑血管介入检测和治疗等新业务和项目。隆福医院引进协和医院先进的管理模式和诊疗技术,将五官科病房改成肿瘤病房,拓宽医院发展之路。鼓楼中医医院完善重点学科建设,开展股骨头置换术,实现骨科手术零的突破。

执行《医疗事故处理条例》,全年共接收卫生局移交鉴定申请32件,东城法院委托申请13件,医患双方共同委托的2件、部队委托的1件,召开鉴定会35次,电话咨询1000人次,接待来访700人次。 (赖南沙)

【妇幼保健】 对有100名以上女职工的单位女工五期保健、使用五卡的工作进行统计分析,在航星公司、市人才交流中心召开女工保健工作现场会。对114名妇女进行"恶性肿瘤的现患病"问卷调查。启动生殖道感染试点医院工作。

本年,孕产妇死亡率0。全区共有妇产科病床1074张,其中,产科床354张,康乐床26张,家庭式单间76间。儿科床47张,其中,母婴同室床位293张,新生儿床位257张。

开展《中国提高出生人口素质、减少出生缺陷和残疾行动计划(2002~2010)》暨《母婴保健法》颁布10周年宣传活动的宣传、统计工作。规范产科质量报表的填写,提高档案登记的完整率和准确率。对全区一、二级医院的计划生育手术人员进行《计划生育技术规范》全员培训。加强对辖区医疗保健机构进行胎儿性别鉴定和施行终止妊娠手术工作的督察工作。对辖区398名个人和8所医院母婴保健技术服务进行重新申报、审批等发证工作。

全年接受婚前医学检查人次1.2万,检出疾病1294例,疾病检出率10.7%。举办孕妇学校247期,8000余人次参加。

0~6岁儿童13554人,儿童系统管理率100%,围产儿死亡率5.71‰,5岁以下儿童死亡率4.17‰,母乳喂养率90.35%。为8~9个月儿童做智力筛查。

对625名0~6岁残疾儿童进行抽样调查。完成托幼园所的儿童肥胖调查问卷和0~2岁儿童肥胖干预。参与北京医科大学妇儿保健中心《母亲参与婴幼儿保健》对照组课题研究。完成市0~2岁先天性心脏病发病率课题调查。 (赖南沙)

【社区卫生服务】 调整卫生局社区卫生服务领导小组,建立医师晋升前到社区卫生服务站工作的制度,加强社区卫生服务队伍的素质建设。通过全国社区卫生服务示范区的复核验收,有2个站达到市星级社区卫生服务站标准。和平里、北新桥、朝阳门社区卫生服务中心完成市政府"143"生活方式疾病综合干预示范社区的中期考核、评估、验收。 (赖南沙)

【医学教育与科研】 通过公开招聘、考核,引进博士、硕士5人,大本生129人。5名管理人员接受卫生经济管理硕士(EMBA)培训。全年共有3973人参加不同类型的培训,占职工总数的87.18%。组织学术活动375场,举办各种培训班33个,参加学习达4.49万人次。全年教育经费投入217.79万元,占全系统工资总额1.7%。在辖区20家医疗机构推广应用IC卡管理系统。

落实城市医生在晋升专业技术职务前到基层服务工作,42名医务人员到平谷区基层卫生单位服务。组织辖区医院开展"三下乡"活动,共捐款、捐物、捐药近13万元;接待就诊、咨询700人次。为赤峰市元宝山区卫生局培训院长3批、9人,专业人员1人,捐赠原价值214万元的日本东芝全身CT机。

全年共组织科普录像357场,1.89万人次观看;举办科普宣传256次,2.16万人次参与。举办科普展览27次,7802人次参加。举办科技知识竞赛10次,2.07万人参加。设立科普橱窗113个,科普经费投入31.04万元。

完成区、局课题申请立项31项,其中5项被列入区2004年科技发展项目计划。全系统共申报科研课题99项,其中,市级课题6项,市、区科研经费投入达110万元。第六医院参与研究的《我国食物碳水化合物营养学分类及血糖生成指数的基础和应用研究》成果,获2003年中华医学科技奖二等奖。全系统有10项科研成果获区科学技术奖。

本年申报的2003年度首都医学发展科研基金,共申报医学卫生科技联合攻关项目1项,重点支持项目2项,医学卫生科技自主创新和普及推广项目3项。经专家评审,鼓楼中医医院的《马氏疗法治疗SARS早期骨坏死临床研究》、第六医院的《SARS无创通气胸部CT影像变化的研究》、和平里医院的《0~2岁儿童低血红蛋白与铅中毒对智能发育的影响》、区口腔医院的《东城区中小学口腔健康状况数据库》4个项目获资助经费19万元。

全年,全系统共召开学术年会21场,上交学术论文833篇,发表、交流论文337篇,其中,在国家级刊物发表92篇;省、市级刊物发表88篇;内部刊物发表125篇。国际、国内学术会议交流论文32篇。出版书籍6部,内部刊物、书籍印刷7.07万册。 (赖南沙)

【卫生行政执法】 区卫生局作为全区首批全程代理的试点单位,有10项审批、1项核准纳入全程办事代理制。[illegible]管理,规范行政审批事项,公布行政审批程序,实行责任追究。全年共受理2233件相关行政审批工作,结案1971件,没有发生行政诉讼事件。卫生监督所连续7年获得政府经济服务大厅先进单位称号。

坚持局长办公会会前学法制度,组织全系统学习《行政许可法》、《传染病防治法》等法律法规。

按照《医疗机构管理条例》等法律法规,加大对营利、非营利性医疗机构监督管理力度,完成执业医师报名考试、医师执业注册和护士注册等项工作。注销、吊销医疗机构许可证121家。查处非法行医,维护群众健康权益和医疗机构利益。及时召开会议,通报评审、监督检查中查出的问题,并对群众投诉较多的单位进行警示谈话。执行医疗广告审批制度,规范辖区内医疗广告。 (赖南沙)

【血液管理】 加强对区域内献血的规范化管理,杜绝冒名顶替献血行为的发生。在原有2个街头采血点的基础上新增2个采血点,街头自愿无偿献血3.46万人,完成计划献血5519袋。

加强对辖区医院用血管理的监督检查,保证输血安全,各医疗用血单位严格按照计划用血,成分用血率达到部、市标准,自体输血率也有较大幅度上升。

(赖南沙)

【精神文明建设】 加强卫生系统医德医风教育和职业道德建设,开展向吴英恺学习活动。全系统评出文明科室10个、文明窗口15个、文明社区卫生服务站6个。制定文明行业考核标准,启动全行业创优工作,年末通过文明行业验收。

隆福医院被评为市精神文明标兵单位,并被中华医院管理学会授予"全国百姓放心示范医院"称号。和平里、朝阳门医院被评为首都文明单位。卫生局等14家单位被评为首都公共卫生文明单位。

全系统开展加强行风建设活动,在卫生系统行业作风建设工作会上,和平里医院代表12家医疗单位向系统发出《倡议书》。隆福医院向社会承诺拒绝红包、提成和回扣。局党委书记、局长分别与局属医疗单位的书记、院长签订《行业作风专项治理责任书》。制定《关于对医用设备配置采购加强管理的若干规定(试行)》,对局属13家医疗单位进行专项检查。

(赖南沙)

【财务工作】 本年,卫生经费1.36亿元。全系统拥有固定资产3.17亿元。局属区级卫生事业单位业务收入4.74亿元。医疗收入占业务收入36%,药品收入占64%。支出总额为6.13亿元。

(赖南沙)

爱国卫生

【概况】 区爱国卫生运动委员会(以下简称区爱卫会)负责全区爱国卫生工作,由33个部门和单位的36人组成。主任委员由副区长李荣庆担任,副主任委员5名。下设办公室(以下简称区爱卫办),负责区爱卫会的日常工作。区爱卫会主要负责组织和发动全区各单位和群众开展巩固“国家卫生城区”成果、建设国际健康城区和“达标、争先、创优”等系列活动。负责全区《北京市除四害工作管理规定》和《北京市公共场所禁止吸烟的规定》两个法规的执法检查,爱国卫生组织管理、除四害以及四害防治设施的建设和达标工作,落实10个街道办事处、北京站地区、王府井地区、区属各系统单位、驻区中央、市属单位及其他社会单位的爱国卫生目标管理工作。

本年,按照《国家卫生区标准》,开展巩固“国家卫生区”成果活动,确保复查达标。开展国际健康城区的考察调研工作,起草和制定本区建设国际健康城区工作的决定、规划、标准等文件。开展爱国卫生工作研讨,完善爱国卫生工作长效管理机制。开展爱国卫生红旗评比考核,调整和增补新的爱国卫生红旗单位4个。开展除害灭病,全年四害密度控制在国家规定的标准之内。加强社会单位和居民区卫生的治理。逐步建立和完善爱国卫生工作的法制化、制度化、规范化和经常化。加大健康教育和宣传工作力度。

单位名称:东城区爱国卫生运动委员会
单位地址:东四十一条83号
联系电话:64077590　邮政编码:100007　(吕顺勇)

【内部建设】 年初,调整管理模式,实行属地管理,将区属局、公司爱国卫生工作交由所在街道爱卫会管理。重新确定办公室内部岗位分工,制定岗位责任书、学习计划。编写、修改和制定《爱卫办工作规则》、《爱卫办2004年度岗位目标责任制考核办法》、除四害药品管理责任制度等10项规章制度。其中,《工作规则》中涉及依法行政、工作效能、行政监督、调查研究、公文管理等方面的制度共计16章47条。　(吕顺勇)

【城市清洁日】 全年清洁日活动11次。2月27日,主题“人人动手,清洁城市,迎接‘两会’”。3月26日,主题“大搞室内外卫生营造健康生活环境”。4月30日,主题“巩固创建国家卫生区成果,提高城市卫生水平”。5月28日,主题:“让北京的‘窗口’更靓丽”。6月25日,主题“大家参与,为城市环境增光添彩”。7月30日,主题“人人动手,消灭蚊蝇”。8月27日,主题“治理包装废弃物污染,净化自然环境”。9月24日,主题“‘世界清洁日’在北京”。10月29日,主题“改善社区卫生面貌,创建健康人居环境”。11月26日,主题“消灭鼠害,保护健康”。12月31日,主题“从我做起,不随地吐痰,不乱扔废弃物”。共出动人员17.01万人次,其中,各级领导90人次、将军3人、部队官兵4万余人次,张挂标语横幅1.5万条(次),宣传画4万张,发放宣传资料20万份,累计清理绿地26.4万平方米。　(吕顺勇)

【灭鼠活动】 实行“常年灭鼠,有鼠就灭”的原则。2月12日,召开春季集中灭鼠动员会,部署开展春季灭鼠活动,下发灭鼠工作技术方案,区疾病预防控制中心有关人员介绍全区鼠情,讲授鼠类危害、鼠的生活习性特点、投药方法、科学使用灭鼠药、械等,全区10个街道及北京站地区、王府井地区的主管领导参加。各单位、居(家)委会利用广播、黑板报、宣传栏、横幅等形式进行春季灭鼠知识宣传,共张贴宣传画1万余幅。对工地、公共用地、绿地、河湖两岸、下水管线等重点投药。2月17~21日为全区统一投药灭鼠时间,投药员按标准标明鼠药投放点,定期进行补药和鼠密度监测。监测结果:灭前鼠密度为0.2%,灭后为0.062%。

冬季集中灭鼠工作,11月15日开始,12月10结束。11月15~24日为宣传发动及药械准备阶段;11月25~29日为灭前密度监测阶段;11月30~12月2日为统一投药时间;12月5~10日为灭后密度监测时间。经监测,灭前鼠密度为0.12%,灭后为0.014%。

12月14~22日,对10个街道及王府井地区、北京站地区冬季灭鼠工作考核验收。共查60个单位的600间房,防鼠设施完善。

全年,各级爱卫会组成一支4500余人的专、兼职灭鼠投药员队伍,全年投放鼠药8吨,张贴宣传画5000张。　(吕顺勇)

【爱卫会委员会】 4月14日召开。会上,公布新调整的爱卫会委员名单,表彰上年度获市爱卫会先进单位和先进工作者,部署本年度工作任务,及市迎“五一”卫生检查和区爱卫会的第一次综合考核安排。明确开展国际健康城区建设是爱国卫生的一项重要内容。市爱卫会有关领导、主管副区长李荣庆到会并讲话。区爱委会委员、街道办事处、地区、区属各局、公司及驻区部分中央、市属单位主管卫生负责人100余人参加。　(吕顺勇)

【市卫生综合检查】 4月27日,市爱卫会对本区进行卫生综合检查,涉及市容环境、食品卫生、公共场所卫生、除四害及单位和居民区卫生。现场抽签选定交道口和安定门2个街道办事处,共查22个餐饮单位、12个公共场所、2个食品加工单位、2所医院、5个社会单位、2个集贸市场、2个居民区、4条主要大街、8条胡同及公厕等47个单位的卫生。

9月20日,市爱卫办进行迎接国庆卫生综合检查。对景山、东华门、建国门、朝阳门进行市容环境卫生检查,对北新桥、和平里进行食品卫生、单位卫生、除四害检查。共查15个中、小餐馆、8个社会单位、6个集贸市场、4条主要大街、12条胡同及12个公厕和20个门前三包单位。认为所查单位卫生基础设施基本到位,资料齐全,群众的卫生意识较强。

年内,全国爱卫会、市爱卫会组织专家对本区"国家卫生区"成果进行两次暗查,重点检查安定门、北新桥、交道口、建国门地区、国际饭店、东方国际文化交流中心、东内篡街、苏州胡同以及钟楼湾集贸市场、东不压桥集贸市场、灯市口华宝市场等。专家对本区在巩固"国家卫生区"成果方面所做的工作表示满意。

(吕顺勇)

【灭蟑工作】 重点是:有蟑居民家庭,宾馆饭店、旅馆、浴池,餐饮业,食品加工业,商场、副食店、超市,医院,机关、学校、企事业单位,市政地下管道等。5月10~18日为宣传发动、技术培训、灭前密度调查和药品准备阶段。5月19~21日为第一次集中投药日,6月16~18日为第二次集中灭蟑投药日。6月30日前为灭后密度监测阶段。经监测,灭前密度为0.46%,灭后为0.06%。

(吕顺勇)

【世界"无烟日"活动】 5月31日,是世界卫生组织发起的第17个"世界无烟日",与区教委联合在五中开展"拒吸第一支烟,做不吸烟的新一代"宣誓暨现场签名活动,6000名中学生参加。五中学生代表宣读倡议书,代表全区中小学生发出做健康文明有为青年的号召。当天,还邀请部分区人大代表、区人大、区政府及办公室、区教委有关领导视察宏志中学、国家安全生产监督管理局、和平里医院、和平里街道办事处等单位的禁烟、控烟工作,并进行座谈。

(吕顺勇)

【行政执法监督暨培训】 对各街道爱国卫生执法监督员进行《行政许可法》、《行政诉讼法》、《北京市公共场所禁止吸烟的规定》、《北京市除四害工作管理规定》以及居民区卫生、除四害工作系统培训。全年公共场所禁止吸烟累计执法检查1582个单位,检查中未出现违法现象的单位1573个,合格率为99.43%。除四害检查2056个,未出现违法现象的单位2009个,合格率为97.7%。因违法而受到各种处罚的单位47个。印制发放1万张法制宣传画。

(吕顺勇)

【灭蚊蝇工作】 7~9月开展,重点是居民区、集贸市场、餐饮店、宾馆饭店、食品加工行业、医院、车站、垃圾收集点、公共厕所、建筑工地及蚊蝇密度较高的场所和单位等。7月20~30日宣传动员和药械准备阶段,对辖区内蚊蝇孳生地和蚊蝇密度较高的地点和单位进行摸底调查和灭前监测。7月30日~8月27日为集中灭蚊蝇阶段。8月30日后为巩固成果、灭后密度监测阶段。经监测,灭前密度为0.76%,灭后密度为0.27%。

(吕顺勇)

【世界清洁日活动】 9月17~19日进行,主题"清洁城市,绿色北京"。9月17日为主题宣传日活动时间;9月18~22日为重点清理社区和胡同时间;9月23~28日为重点清理大街时间;9月24日为全区城市清洁日活动时间,大搞重点街巷和重点地区的环境卫生。全区10个街道办事处和2个地区同时设立宣传站。区爱卫办与东华门街道、王府井建管办联合在王府井大街设立宣传站主会场。共出动医务人员、宣传员、志愿者及文艺工作者1000余人,发放宣传材料10万份,展出展板240块,张挂横幅36条,在北京站、王府井两地区利用电子大屏幕宣传。

(吕顺勇)

【考察交流】 10月22日西城、丰台等6个城区在市爱卫会组织下,到区考察,参观驻区的故宫博物院,主管院长介绍建设爱国卫生红旗单位的经验和做法。10月29日区爱卫办全体人员到天津塘沽区学习考察创建国家卫生区情况,参观集贸市场和市容环境。

(吕顺勇)

【综合考核】 全年以10个街道、2个地区为单位,进行4次综合考核。累计检查各类单位303个,130条胡同,20个垃圾楼,120座公厕。绝大多数受查单位环境整洁,卫生达标。4个单位存在严重问题受到通报批评。

(吕顺勇)

【健康城区建设】 完成《关于巩固和发展国家卫生区成果全面开展建设国际健康城区活动的决定》、《东城区建设国际健康城区三年规划(2005年~2007年)》以及建设健康城区10项标准、责任任务分解等一批文件、材料的编写工作。8月下旬至9月1日,区长办公会、区委书记会和区委常委会分别审议并批准上述文件,区委、区政府办公室联合下发开展国际健康城区活动的决定和3年(2005年~2007年)工作规划。成立区建设国际健康城区工作领导小组，区委书记、区长为组长；区委副书记，区委常委、常务副区长等为副组长，成员为全区各有关委、办、局、街道办事处和两个地区的主要领导，领导小组下设办公室，主管副区长任办公室主任，办公室设在区爱卫办。

成立区建设国际健康城区专业委员会，即健康环境委员会、健康服务委员会、健康单位委员会、健康人群委员会、宣传教育委员会、督察委员会。由区城管委、卫生局、发改委、人口与计生委、区委宣传部、区监察局任主任单位。

8月中旬，组织各街道主管科长及卫生干部近30人进行健康城区知识培训，市健教所有关人员作题为《健康，健康问题与健康促进》讲座。市疾病预防控制中心、区食品卫生监督所有关人员进行除四害知识、食品卫生监督检查标准及检查方法的培训。

10月19日召开健康城区办公室第一次全体会。传达区委和区政府办公室联合下发的开展国际健康城区建设工作的决定和3年工作规划；讨论并修改建设国际健康城区第一批向全区下发的文件，包括10项标准、任务分解等；研究部署下一阶段的工作。 （吕顺勇）

科 技

【**概况**】 本年，贯彻落实《2003～2008东城区科技工作规划纲要》（以下简称《纲要》），促进经济结构调整和科技服务体系建设，不断提高城市服务功能、管理功能及城市运行效率。经过调研，制定《纲要指标体系》，以促进《纲要》中的各项重点工程按时完成，推进全区科技工作的发展。

继续发挥信息化的先导作用，完成全区政务宽带网的铺设与接入工程，包括政务专网50个点，以及公安专网、学校、税务所、社区等；建成区网络视频会议系统，覆盖全区机关44个节点；完成政务地理信息系统，电子政务安全平台工程建设；初步建成主要由社区服务、社会保障、教育服务、医疗卫生服务等方面构成的社会公共服务网络体系。“数字东城”网站规范分站点的建设原则、内容、技术、管理等方面。1月2日，科技信息网（www.dchst.com）开通。建成王府井步行街多媒体触摸屏系统，启动刷卡无障碍工程。会同研究室、信息办等部门进行城市管理新模式研究，市科委已予立项500万元支持。

科技创安工作取得新进展。完成重点地区视频监控系统，覆盖全区10个派出所管辖涉及7个街道、2个重点地区和36条大街；社区技防设施普及率达76.6%，科技创安小区达标率34%，86%的地下通道安装监控设备。

科技进步与经济和社会发展相结合，建立城管监察视频监控网络。制定《城管监察大队城市管理指挥中心视频监控系统工作实施方案》。完成东四三至八条煤改电示范工程。在东直门交通枢纽建设工程中，园林局将一棵树龄300多年的一级古槐移植到120米以外的规划绿地内。该成果通过市科委主持的鉴定。

北京东城星火环卫设备厂通过市科委立项支持，研制成功多功能路桥设施养护洒水车和生活垃圾中转站压块机组，并通过市科委验收。

区统计局以科研项目启动，建立区域经济预测系统，对全区经济运行状况起到事前监测预警作用。

本年，全区科技发展项目计划25项，其中，信息及高新技术6项，新产品新技术7项，软科学6项，医疗技术6项。获市委组织部优秀人才专项经费资助1项、4万元。

工程技术人员职称评审，共评出工程师28人，助理工程师32人，技术员1人。办理人大代表建议2件；政协委员提案4件。其中，科技孵化器1件、高科技产品的研发2件、发展软件产业1件、科普方面2件。完成区折子工程第82项。

组织完成本区《区域创新服务体系研究》、《知识产权发展和保护状况与对策研究》、《中医药技术交易平台调研》（市科委支持）的课题调研。

对科技孵化器在管理模式上采取“集中管理和分散孵化相结合、以点带面”等形式，探索首都创业孵化器在中心城区的发展。金兰巢科技孵化器为入孵企业做好各种服务，有入孵企业14家，中介机构5家，其中，高新技术企业5家。本年，高新技术企业总计45家，科技民营企业3家，科技社会团体11家，科技事业单位3家。

根据《东城区科学技术奖励办法》，区科学技术奖评出获奖项目30项。区生产力促进中心的技术合同登记处于年初成为全市第一批实现网上申报的登记处。技术合同项目总成交合同748项，总金额9.78亿元。

开展科普工作,建设160米的王府井科普文化长廊。全国科技周、北京科技周等活动中,各基层单位开展各种科普活动近300项。

单位名称:东城区科学技术委员会
单位地址:东四十一条83号
联系电话:64041867 邮政编码:100007 (裴连邦)

【东城区综合技术研究所撤消】 2月13日,区机构编制委员会办公室批复(东编字[2004]2号)撤消东城区综合技术研究所。 (裴连邦)

【南馆公园中水系统】 3月,经市监测中心提供的检测报告,北京第一座以中水造景的生态水景公园南馆公园中水应用系统启用。中水应用系统占地面积892平方米,每日可处理附近5000户居民生活污水1720立方米,不仅实现对公园湖区的补水,而且可以24小时向区环卫局机扫中心供水。 (裴连邦)

【全国知识产权宣传周】 4月19日,由全国整顿和规范市场经济秩序领导小组办公室等9部委主办的以"尊重知识产权、维护市场秩序"为主题的"保护知识产权宣传周"'活动开幕式在王府井大街举行。全国整顿和规范市场经济秩序领导小组办公室主任、商务部副部长张志刚、副市长范伯元、副区长胡晓松等出席开幕式,200多名各界代表参加。国家知识产权局、市知识产权局、市工商行政管理局、北京海关、市高级法院、区科委、文委、工商分局、技术监督局等17家单位现场咨询。 (裴连邦)

【科技工作研讨会】 5月10日,市四城区科技工作研讨会在东方文化交流中心召开,市科委主任马林及有关处、室领导、本区区长卢彦、西城区副区长杨义春、崇文区副区长宋甘澍、四城区科委主任、副主任参加。四城区汇报科技工作情况,反映存在的主要问题,研讨如何做好城区科技工作。 (裴连邦)

【科技项目验收】 5月27日,受市科委委托,区科委组织对东城承担的市科技计划项目《多功能路桥设施养护洒水车》、《生活垃圾中转站压块机组研制》课题的验收会。验收组认为东城星火环卫设备厂完成的这两项课题有较好的经济效益,社会效益、环境效益,希望完善后,扩大应用。 (裴连邦)

【奥林匹克市民日活动】 7月10日,"文明东城、牵手奥运"第二届"北京2008"奥林匹克文化节市民日——"科技、节水、奥运、生活"大型科普活动暨北新桥地区第19届文化广场演出在南馆公园举行。曾刚健到会讲话,有关领导参加。 (裴连邦)

【高新技术企业座谈会】 8月6日,召开区内高新技术企业座谈会。中国航空工业动力公司、北京莱软电子科技有限公司和北京水电物探研究所等7家高新技术企业经理、总工等参加,会议听取政务公开方面的建议和意见,探讨建立高新技术企业交流日或成立企业家协会。 (裴连邦)

【科技"三下乡"活动】 10月13日,与科协共同组织科技"三下乡"活动,为延庆县大庄科乡农民送去农业科技书4000多册及电视机、VCD机以及多种科技示范光盘等,价值1万元。 (裴连邦)

【考察科普教育基地】 10月20日,与科协共同组织科协委员和学会、协会干部30余人先后考察古观象台、古人类博物馆、王府井科普文化长廊、和平里六区社区科普工作。 (裴连邦)

【公共卫生监测信息管理系统启动】 10月28日,区疾控中心正式启动公共卫生监测信息管理自动化系统建设工作。该系统包括现场监测、样品检验、信息查询、统计汇总、仪器管理和系统管理6个模块,是东城疾控网络信息化建设规划的一部分。 (裴连邦)

【第二十二届学生科技节】 11月4日,在五十五中召开区22届学生科技节开幕大会。市科协青少年部部长吕家香出席并讲话,市、区有关领导、近百所中小学的校领导、科技教师参加。会上颁发新一轮"科技教育示范校"奖牌,五十五中校长陈茹姗代表示范校发言,有关领导讲话。 (裴连邦)

【科普联席会议】 11月18日,区政府召开科技领导小组暨科普联席会议。胡晓松主持。冯书武汇报创建文明城区科普工作情况及下阶段工作计划,审议通过区科学技术奖获奖项目,讨论2003~2008年区科技工作规划纲要指标体系。卢彦对科技工作提出要求。 (裴连邦)

【黄承祥视察】 11月29日,市政协副主席黄承祥视察本区城市管理监督中心,区领导陈平、冯熙、李荣庆、罗嘉陵参加。在听取城市管理新模式课题成果及试运行情况汇报后,黄承祥强调:城市管理新模式立足于为百姓服务,是构建和谐社会的重要组成部分,希望加强与群众的互动,不断改进提高。 (裴连邦)

【中医药科技成果转化调研研讨会】 12月22日召开。北京技术市场管理办公室、区有关人员参会并讲话。中国中医研究院、首都医科大学附属北京中医医院等单位专家就如何利用本区现有中医药优势资源发展中医药产业,促进区域经济发展进行研讨。
(裴连邦)

【高新技术产业孵化基地】 12月27日,市科委批准包括北京金兰巢科技孵化器有限公司在内的4家单位为高新技术产业孵化基地。金兰巢科技孵化器有限公司位于菊儿胡同,经过一年多的发展,成为本区第一家高新技术产业孵化基地,享受优惠政策即:自认定之日起3年内所缴纳各项税收的地方收入部分,由市财政安排专项资金予以支持。财政专项资金作为孵化器种子资金,用于孵化基地建设和在孵企业的项目贴息、投资和补助拨款等支持。 (裴连邦)

科协工作

【概况】 全区拥有学会、协会、街道科协20个,会员7000多人。举办各种科普活动400场次,参与人数40万人次,其中,科普宣传咨询活动100场次,人数12万人次,举办科普报告会、科普讲座、学术研讨200场次,人数14万人次。社区科普活动50次,5万人次参加。科普展板700块,黑板报100期,宣传画1400幅,发放资料60种、24万份(册)。获市科普工作先进集体、市科协组织工作奖。

单位名称:东城区科学技术协会
单位地址:东四十一条83号
联系电话:64033034 邮政编码:100007 (王学全)

【《东城变化与科技》出版座谈会】 1月12日召开。区信息中心、北京数字王府井科技有限公司、北京城建东华房地产有限责任公司、区园林局、体育局、卫生局等单位有关人员参加。《东城变化与科技》一书,展示本区在城市建设、城市管理和重点工程中应用新科技取得的成就。突出科学就在身边,普及科学文化知识。
(王学全)

【防治禽流感科普宣传】 3月,按照中央有关防治禽流感的指示精神,及时收集关于防治禽流感的有关资料,创编科普展板一套(4块),发放10个街道,普及相关知识。 (王学全)

【工作研讨会】 3月10~11日召开。街道科协、学会秘书长和机关工作人员27人参加。传达区委第九次党代会精神和市科协本年工作要点,部署本年工作。表彰上年度先进集体15个、先进个人16名和优秀信息员7名。会议就如何开展创新型的特色活动、发挥驻区单位的作用等问题进行研讨。

4月29日,就本年工作召开四届三次全委会。科协委员及特邀代表共50余人参加。 (王学全)

【医学会学术年会】 5月8日,区医学会在卫生教育中心分别召开"内科年会"和"护理年会",共500多人参加。年会收到北京、协和、同仁医院等单位论文76篇,内科选出8篇,护理选出10篇,在大会上交流。
(王学全)

【科技周活动】 5月15日,全国科技周活动暨北京科技周开幕式在美术馆东侧举行。区政府、政协、纪委、组织部等有关领导出席。会后举办"科技以人为本,全面建设小康"为主题的大型科普咨询活动,市红十字会、区工商分局、"610"办公室、技术监督局、园林学会、医学会、预防医学会、景山街道等20多个单位为2000多群众咨询服务,发放《东城科普》、《预防保健手册》、《21世纪生活方式》、《崇尚科学、关爱生命、维护人权、反对邪教》等科普资料40种、3万份(册),发放科普光盘100张。

活动周期间,开展咨询活动50场次,举办各种科普讲座、报告会160场次,发放各种科普资料15万份,制作科普展板300块,受益群众18万人次。
(王学全)

【城八区特色联动活动】 5月16日,在和平里街道安贞苑社区举行"城八区特色联动活动"暨社区青少年科普活动。天元利生体育商厦的工作人员介绍羽毛球、乒乓球、轮滑等有关知识,社区学生与专家就使用中的问题进行交流。 (王学全)

【胡家园社区科协成立】 5月21日,东直门街道胡家园社区科协成立,是本区第一个社区科协。区科协、文委、街道办事处有关领导、14个社区主任和文教主任等40多人参加。 (王学全)

【参观活动】 5月21日,组织科普专业委员会和街道主管科协工作领导、秘书长、学会秘书长等30余人到崇文区金鱼池社区学习。参观数字家园、综合社区服务中心、科普气象站等,学习经验。 (王学全)

【园林学会科研成果】 园林学会在2003年度科研课题中有7项获奖,《TLF系列感应式电子巡更系统在地坛公园中的应用》和《虚拟全景在地坛公园网站的应用和商业开发》获市园林局科技成果推广二等奖,《中水在园林绿化行业中的应用》和《微喷技术在公园试应用》获三等奖。《古危国槐移植复壮技术》获区科技进步一等奖,《青年湖公园雨水利用与湖水循环系统改造》和《柳荫公园绿兰种植调查》获三等奖。

(王学全)

【预防医学会活动】 6月11日,预防医学会在区疾病预防控制中心召开继续教育课目研讨会,学会会长、常务副会长和各专业委员会负责人等19人参加。会长黄涌部署下年度预防医学继续教育课目的申报工作,提出具体要求。 (王学全)

【科普日咨询宣传活动】 6月29日,与科委、精神文明办、节水办、园林局、北新桥街道等单位,在南馆公园联合举办以"科学节约用水,建设绿色家园"为主题的全国科普咨询宣传活动。冯熙、胡晓松、戚安国及有关部门负责人参加。

展出"21世纪文明生活方式"、"节约用水"等展板50块,展示节水器具。居民参观中水处理运行情况。发放《科学节约用水,建设绿色家园》、《东城科普》等资料4000份、为60人测血压,400人参与。

(王学全)

【科普之夏活动】 以"科学普及你我共参与"为主题,在10个街道开展消夏纳凉晚会、电影晚会、文化广场、科普宣传、健康知识讲座、青少年科普夏令营等科普活动100场次,制作展板100块、出黑板报100期,张挂科普宣传画300幅,发放各种科普宣传资料4万册,10万居民参加。 (王学全)

【科普基地建设】 加强科普基地建设,古观象台、王府井古人类博物馆和和平里安贞苑社区科普教育活动站成为区科普教育基地。 (王学全)

【科技交流学术月活动】 10月,举办第七届科技交流学术月活动。围绕"以人为本·科学发展"的主题,开展各种活动。共举办学术研讨、报告会、科技讲座44场次,征集专家建议28篇,征集论文26篇,有8700人次参加。

10月15日,与卫生局、预防医学会在和敬府宾馆联合举行《预防医学与公共卫生》论坛。市卫生局、市科协、区政协等有关领导出席并致辞。中国医师协会会长殷大奎、中国疾控中心教授颜江瑛、海淀区卫生局局长和本区卫生局局长分别作公共卫生方面专题报告。市、区医疗机构领导和医务工作者近200人参加。

(王学全)

【社区科普工作】 和平里街道在地坛体育馆举行"科学健身迎新春"活动,2000多人参加。安定门街道与国子监共同创建北京少儿科普阅览馆,开展国防教育科普网站和科普教育一条街活动。交道口街道举办交通安全知识竞赛,妇女健康教育讲座。景山街道在7个文明站台开展科学防治禽流感宣传教育,律师讲法律课。东直门街道举行"文明东城,牵手奥运"万人签名仪式。东四街道成立"社区科学生活兴趣小组",在科普工作中发挥作用,几万居民参加"文明东城,牵手奥运——做奥林匹克社区文明人"主题活动,千人太极拳表演,在平安大街展风采。建国门街道科协与天士力集团举办"慢性脑供血不足"健康知识讲座,举办"新社区、新女性、新风采"科普才艺展示,开展"扬社区文化之帆,建文明美好家园"系列活动。北新桥街道聘请中国农科院、中国水科院教授为社区居民作主题为"水土资源与人类健康"的科普报告,开展科普知识进军营活动,举办家庭教育讲座。 (王学全)

【青少年机器人俱乐部】 11月19日,在二中礼堂召开成立大会。清华大学自动化系教授张乃尧、华北电力大学计算机系副教授柳长安、中国医学科学院基础研究所教授邓希贤、区政协及有关部门领导,10所中小学机器人爱好者共200多人参加。 (王学全)

【青少年科技活动】 3~8月,组织十几所学校参加市青少年科技创新大赛,获一等奖13名,二等奖19名;参加全国青少年科技创新大赛和机器人创新大赛,本区推荐的选手成为北京代表队的主力,并占市获奖总数的45%。在青少年科技活动表彰大会上,本区3名青少年获最高奖项——北京市长奖。 (王学全)

【总结表彰会】 12月24日召开,街道科协和学会干部等30余人参加。冯书武总结本年工作,戚安国围绕创建全国文明城区等全区的中心工作,提出2005年工作思路。表彰和平里街道科协等6个优秀组织工作奖,区振动学会等8个组织工作奖,王秋凤等10名科协工作先进个人。 (王学全)

驻区文化单位

故宫博物院

【概况】 故宫博物院是在明清两代皇宫和宫廷旧藏文物的基础上建立起来的,以宫殿建筑群、古代艺术品及宫廷文化史迹为主要展示内容的大型综合性国家级博物馆。隶属文化部。

紫禁城始建于明成祖永乐四年(1406年),建成于永乐十八年(1420年),占地72万余平方米。故宫现存多为清代建筑,共8700余间,约17万平方米。1914年2月4日,位于紫禁城南部的古物陈列所成立。1924年11月20日,清室善后委员会成立。1925年10月10日,故宫博物院成立。1948年3月1日,古物陈列所并入故宫博物院。1961年3月故宫被国务院列为第一批全国重点文物保护单位,1987年被列入《世界文化遗产名录》。

故宫博物院院藏文物100万件(套),其中一级文物8272件(套)。分陶瓷、玉器、青铜、碑石、印玺、书画、漆器、珐琅、金银器、宝石制品、竹木牙骨雕刻和家具等。内设29个部、处,主要有宫廷部、古器物部、古书画部、展览部、宣教部、文保科技部、文物管理处、科研处、资料信息中心、古建部、工程管理处、图书馆、紫禁城出版社等。拥有专业人员482名,其中正高13人,副高74人。

故宫博物院的陈列展览,有前三殿(太和殿、中和殿、保和殿)、后三宫(乾清宫、交泰宫、坤宁宫)和西六宫等处的原状陈列,还有青铜、陶瓷、工艺、书画、珍宝、钟表等专馆。另外还举办临时专题展览、引进国内、外其他博物馆收藏文物展。对外开放面积43万平方米,全年不间断开放。淡季(11月1日~翌年3月31日)门票价格40元,旺季(4月1日~10月31日)门票价格60元,珍宝馆、钟表馆单独售票,各10元。1.2米以下儿童免费参观。大、中、小学学生凭学生证、学校介绍信购20元优惠门票(不含专馆)。离休人员凭离休证免费参观。残疾军人、荣誉军人、老年人、持有社会保障金领取证人员凭证门票半价优惠。"三八"妇女节,妇女半价参观。"六一"儿童节,儿童免费参观(随同家长一人半价)。"八一"建军节,军人凭证件免费参观。

本年,共接待中外观众802万人次。其中,"五一"和"十一"黄金周共接待观众65万人次。

单位名称:故宫博物院
单位地址:景山前街4号 联系电话:65132255
邮政编码:100009 网址:www.dpm.org.cn (蒋英林)

【中小学生免票参观】 2月6日,第三次院务会议决定于3月1日起,在每星期二对预约登记的中小学生集体参观故宫实行免票,2月13日召开新闻发布会对社会公布具体措施。自预约登记免票实施以来,全年排满。 (蒋英林)

【人事制度改革】 3月末,起草改革方案及配套文件,方案经过反复讨论修改,院务会审议通过,报文化部人事司批准,于7~9月落实全员聘用制,改革津贴分配办法。改革后,部处干部实行任期制,任届期满可安排其他工作,为干部能上能下提供制度保障。新招聘人员实行人事代理或人事派遣制,疏通人员出口,初步建立能进能出的用人机制。 (蒋英林)

【院第六次党代会】 4月14~16日召开。任务是:审议院党委和院纪委的工作报告;选举产生第六届党的委员会和纪律检查委员会;总结5年来的工作,明确深化改革和不断发展的目标。大会审议并通过郑欣淼代表第五届党委所作的《改革创新 求真务实 加快向世界一流的现代化博物馆迈进》工作报告;通过张之铸代表院纪律检查委员会所作的工作报告。选举产生中国共产党故宫博物院第六届委员会和纪律检查委员会。 (蒋英林)

【陈列展览】 4月20日至7月30日,珍宝馆、钟表馆和石鼓馆进行改陈工程,并于"十一"前夕向观众开放。同时,丽景轩《溥仪生活原状陈列展》也对外展出。年末,位于畅音阁阅是楼的清宫戏曲文化展馆开放。本年,院内展览有酒具精品——第六届故宫特色文物展,清代宫廷画谱展、郑振铎捐献陶俑特展、孙瀛洲捐献陶瓷展。来院展览有巴西亚马逊——原生传统展、玉缘·何柱国德安堂藏玉展、姜国芳·紫禁城系列油画展。外展有赴法国的康熙时期艺术展、赴美国乾隆大帝展(第一、二展场)、赴英国"相逢"——亚细亚遇欧罗巴展等10余项。同时还举办扬州八怪展、"鸟语花香庆生平"——宋代花鸟画册页特展、故宫文房

用具等网上虚拟展览12项,平均每月一项网上陈列。（蒋英林）

【机构调整】 成立文物管理处、外事处并将原研究室的职能扩大,组成科研处(研究室)。将原纪检监察处、审计处进行调整,重组为监察审计处(法律顾问处)、纪检办公室。（蒋英林）

【古建修缮】 6月4日,在熙和门举行中轴线及周边建筑(西侧)维修开工仪式。本年,正在进行的工程项目有武英殿、午门正楼、钦安殿及东路四井亭、太和门西庑及周边建筑、中和殿西庑及周边建筑、后三宫西庑及周边建筑、戏衣库和御茶膳房等文物建筑修缮工程和午门展厅建设工程。（蒋英林）

【科研与出版】 6月,召开院学术委员会全体委员会,增补8个新委员,修改原学术委员会章程。9月,成立以郑欣淼任主任委员的院编辑出版委员会,委员由业务副院长和各业务处处长组成。本年起《故宫博物院院刊》每期由原来的96页增加为164页,由8个彩色插页改为全彩印。《紫禁城》由季刊改为双月刊,由48页增至128页,由部分彩印改为全彩印;采用国际流行大16开本。（蒋英林）

【紫禁城国际摄影大展】 10月1~31日在故宫举办。大展由故宫博物院主办、中国国际文化艺术公司和北京早春文化传播有限公司承办、云南红河实业公司赞助。（蒋英林）

【观众服务中心】 10月1日,箭亭观众咨询服务中心成立。该中心具备设备咨询、人工咨询、休息小憩等多项功能。（蒋英林）

【雅尔激光音乐会】 10月,中法文化年在中国的法国文化年开幕式活动——雅尔激光音乐会在故宫午门广场举办。为准备音乐会,连续10余天关闭午门,并暂停午门维修工程。（蒋英林）

【招聘志愿者】 11月,面向社会招收讲解志愿者,志愿者经测试合格录用后进行集中培训,充实到各个专馆中为观众进行义务讲解。（蒋英林）

【文物管理工作】 召开文物管理工作会议,制定《文物清理工作十年规划》,明确并落实全面摸清家底工作的内容和时间表,文物清理工作全面展开。至年底,涉及14大类、49万件文物已验收。完成年度重点项目——书版清理工作,将东华门城楼、东南和东北两角楼三处书版18.48万块全部运到慈宁宫清理、除尘、分类。与中国文物信息咨询中心就国家文物局存放在本院雁翅楼等处40万件文物代管权移交反复协商,协议书已经国家文物局批复同意。（蒋英林）

【安全工作】 本年,调整健全院防火、治保、交通安全3个委员会,层层签订《故宫消防安全责任书》。组织举办3期职工消防安全知识培训班,各部处102人参加。对新调入大学生进行上岗前的安全教育培训。为各部处订阅《中国消防》杂志。编写印发《故宫职工消防知识手册》1400册,全院职工人手一册。购买发送各部处《北京市消防安全责任监督管理办法》。于2月中旬至3月中旬在全院开展“安全月”活动,重点抓紧职工的安全教育,查找部门安全隐患,落实各项安全工作制度。在文华殿,故宫义务消防队与驻院消防队、武警中队共118人进行联合消防演习。（蒋英林）

【信息化建设】 召开信息化会议,规划协调全院信息化建设。继续进行院藏文物、古建筑和档案资料信息的采集、录入工作。全院信息综合管理系统项目已经启动,制订档案信息化方案,整合公文运转、即时消息、视频会议、文物管理、古建信息、影像管理等多种数字库系统。（蒋英林）

故宫博物院负责人

文化部副部长兼故宫博物院党委书记、院长: 郑欣淼

首都博物馆

【概况】 首都博物馆在孔庙内,隶属市文物局,是北京市一座综合性的博物馆,北京孔庙始建于元大德六年(1302年),是全国重点文物保护单位,建筑面积9106.5平方米,系元、明、清三代皇家祭孔的场所。孔庙院内有祭孔礼乐器的原状陈列;有元、明、清进士题名碑林,公车翰墨,名家迭出,是中国科举制的珍贵实证。十三经碑林、金书玉雕,华章璀璨,是中国古代文化的钟秀集锦。

首都博物馆筹建于1954年2月,1960年建制撤销。1963年新的博物馆筹备处建立,定名为首都博物馆筹备处。1969年9月建制再次撤销,1979年10月重新恢复。同年11月以原孔庙为馆址,经筹备于1981年10月1日正式对外开放。由于孔庙无法适应博物馆发展需要,2000年市政府批准13亿元,在长安街西延长线(复兴门外大街16号)兴建首都博物馆。

新馆各项工程建设、展览陈列等开馆前的各项准备工作正在进行。

首都博物馆馆藏文物精品荟萃,有石器、玉器、青铜器、瓷器、书画、碑帖、竹木牙雕、古钱币、宗教艺术、丝织品、金银器、经版、古籍善本等13类,总计20余万件。馆内展览有大成殿原状陈列和进士题名碑、十三经碑林原状陈列等。6月,受市文化局、市文物局委托,开始接收国子监移交、调研工作,制定《国子监交接方案》。

首都博物馆设17个部门,其中,行政部门6个,业务部门11个,职工125人。各类专业技术人员108人,其中,副高以上职称21人,中级以上职称36人。本年,招聘应届毕业生10人,其中,博士生1人,硕士生2人。聘用高级顾问项目被市引智办确立为市重点引智项目。建立各项规章制度7个。被首都精神文明建设委员会评为2003年度首都文明单位。

单位名称:首都博物馆
单位地址:国子监街13号
联系电话:64012118　邮政编码:100007　(李秀茹)

【陈列展览】 2月,召开展陈设计单位交底会,确定首博新馆展陈设计分工,制定展陈总体时间计划。确定新馆基本陈列为北京通史和民俗展,初步完成馆藏文物借调、复制文物目录及大纲上展文物700组件。专题展陈新增《书房文玩精品展》,完成相关工作。

本年举办临展、巡展10次,其中有金中都精品文物展、孔子圣迹图展、爱晚书画协会画展、朴京惠女士油画展、第二届北京2008迎奥运体育收藏展、公民道德教育、中华民族传统美德展等。5月,赴希腊的《古代文物展》开幕。馆属博华天工展览制作装饰有限公司承接海淀博物馆、卧佛寺、乐亭博物馆、青岛市南区海滨大道、焦庄户抗战纪念馆等展览设计工作。

(李秀茹)

【旅游接待】 本年,接待观众50万人次,其中,到馆参观的有20万人次,购票入馆人数为15万人次。

3~11月,加拿大皇家安大略博物馆馆长、泰国博物馆馆长、加拿大多伦多中国贸易中心有限公司董事长、加拿大纺织博物馆创始人佛莱德·布瑞达、东京都议会团、捷克共和国总理瓦茨拉夫·克劳斯、意大利总理访华团、美国盖蒂基金会、法国建筑专家团、安哥拉、卢旺达等博物馆同仁参观孔庙并观看祭孔乐舞小乐队的表演。

开展志愿者培训工作,与清华大学美术学院、北京工商大学等高校共同建立社教基地。在主题为"无形遗产与博物馆"——5·18国际博物馆日纪念活动中发放宣传材料6000余份。在北京地区"雷锋杯"讲解大赛中本馆讲解员焦阳获二等奖。　(李秀茹)

【学术研究与科研出版】 完成编写《首都博物馆科研工作专项方案》、《首都博物馆数字化建设专项方案》。本馆的《金中都综合研究》、《文物修复计算机管理系统》分别被市、局列为科研课题。与北京大学、民族大学、工商大学计算机学院合作课题4个。10月,参加在日本举行的以"博物馆的未来"为主题的中、日、韩博物馆学术研讨会,在会上作《首都博物馆的发展现状、科研课题和展览》、《与时俱进兼容并蓄——对首都博物馆经营观念及有关问题的探讨》的发言。同月,在德庆举办中国孔庙保护协会第九次会议,编写出版《中国孔庙保护协会论文集》。与孔子学会和国际教育基金会共同举办纪念孔子诞辰2555周年——社会家庭伦理与人格培养学术研讨会。编辑《文博信息》6辑、馆刊1期、北京收藏家会刊2期。完成《北京文物精粹大系陶瓷卷(下卷)》、《金银器卷》出版工作。

进行计算机、博物馆基础知识、新员工入职、安全知识、拓展、境内、外参观学习等培训,500多人次参加。共计3千多学时。其中,9月,1人到英国维多利亚博物馆培训70天;11月,2人到香港历史博物馆、文化博物馆培训50天。　(李秀茹)

【宣传教育】 制作文物图片1998张。启动新馆筹备工作新闻宣传,配合新馆建设、奥运收藏、孔庙修缮等工作,增加各媒体的宣传报道,扩大博物馆影响,继续与安定门社区开展合作,开办国学启蒙馆学习班1期,招收学员90人。全年报送信息149条,其中,向市文物局报送信息44期,向市委宣传部报送信息2期;实现博物馆信息网上报送。制定新馆"阳光工程"廉政制度。组织职工学习《工会法》,维护职工合法权益。

(李秀茹)

【文物保护与征集】 本年,共征集古代艺术品、近代、民俗文物296件套,接受奥运文物和社会捐赠2955件套,其中,社会捐赠198件套,奥运文物2757件套,使用文物征集费2133.26万元。对延庆、房山等8个区、县的库藏情况实地调研,就调拨、借展和复制文物事宜与有关单位达成初步协议。完成文物征集办法草案。接收调拨"文流"文物6267件套;完成调拨文物8000余件。7月2日,举行首都博物馆从海外购回珍贵文物暨入藏仪式,故宫博物院研究员耿宝昌、李久芳,北大教授赵朝洪,市文物鉴定委员会委员张如兰、曲得龙对入藏的清乾隆御制绿松石地粉彩花卉龙把多穆壶和白玉镂空雕龙纽方形玺进行鉴定。全年修复文物531

件套。其中,字画30件、青铜器400件、丝织品80件、瓷器8件、古代家具13件。聘请专家和技术顾问,利用新工艺、新方法对堇鼎进行修复。7月14日意大利翁布里亚大区政府财政预算部长维琴佐·里奥米一行3人参观文物修复室并观摩修复工作。（李秀茹)

【安全保卫】 组织安全培训6次。安全检查11次,对馆内消防设施、器械及部分电路进行检查、维修和整改。6月,受文物局委托,对国子监安全实施管理,成立由首都博物馆、少儿图书馆共同组成的国子监安全领导小组。7月,对国子监辟雍避雷针进行抢修。完善、细化《安保实施方案》,确定武警随迁方案。11月末,完成孔庙院内消防蓄水池建设。安全押运文物41车。（李秀茹)

【新馆建设与筹备】 8月,市长王岐山、市委副书记龙新民、副市长张茅视察国子监、孔庙,观摩馆藏文物,听取北京文物工作概况、首都博物馆新馆功能定位、展陈与藏品情况汇报。10月,副市长张茅、刘志华、孙安民等到首博新馆工地参观视察并召开工程协调会。

完善《开放管理实施方案》、《新馆宣传实施方案》、《物业管理实施方案》、《社教工作方案》、《科研工作实施方案》、《博物馆数字化、信息化建设实施方案》、《孔庙复原、展览实施方案》、《专项经费管理方案》等17个工作方案。

新馆土建结构工程基本完成,其中,金属吊顶、石材幕墙基本完成,铜质幕墙1米标高以上安装完成,木质幕墙西墙完成80%,玻璃幕墙大部分完成。10月,外立面亮相。年末,完成公共部分和行政办公楼部分精装修。（李秀茹)

【古建筑保护与修缮】 《北京孔庙古建修缮方案》获国家文物局、市文物局批准。12月,部分碑亭开始搭架修缮。国子监开始拆除临时建筑复原古建工作。制定《首都博物馆古树复壮方案》及《首都博物馆古树保护应急预案》。（李秀茹)

【文化产业与发展】 12月20日,完成新馆文化产业发展经营方案可行性分析报告,并召开项目评估会议,中润文物鉴定中心在完善文物鉴定标准体系的同时,为社会服务,全年共鉴定各类文物、艺术品1045件。（李秀茹)

首都博物馆负责人

馆长: 韩　永
党支部书记、常务副馆长: 崔学谙
副馆长: 关少坚　王武钰　安理　高凯军

SHEHUI SHENGHUO

社会生活

民族工作

【概况】 本年,贯彻落实《北京市少数民族权益保障条例》,开展马克思主义民族观和党的民族政策、法律法规宣传教育,依法维护少数民族合法权益,进行民族政策检查,繁荣民族经济,被市民委(宗教局)评为信息工作先进单位一等奖,被推荐为国务院第四次全国民族团结进步表彰大会模范集体。

全年更改民族成分183人,其中,回族13人,满族134人,蒙古族12人,土家族8人,锡伯族5人,朝鲜族3人,毛难族2人,白族2人,壮族1人,瑶族1人,畲族1人,汉族1人。审核办理清真标志牌19个,清真生产经营许可证19个,其中,清真饮食16个,副食3个。

单位名称:东城区人民政府民族宗教侨务办公室

单位地址:钱粮胡同3号

联系电话:64031118~3113 邮政编码:100010 (马专)

【民族教育】 2月24日,回民小学欢送参加支援新疆教育事业活动的青年教师张悦。这是本区首例民族学校教师参加支援西部活动。

"六一"儿童节前夕,民宗侨办主任代表区委、区政府到回民小学、回民幼儿园,看望和慰问师生员工,送去慰问款共7000元。

6月10日,市民委副主任马大军和市民委宣教处有关负责人到区就民族教育工作开展情况进行调研。对本区民族教育工作给予充分肯定并对今后工作提出具体要求。 (马专)

【民族文化】 4月9日,和平里街道组织社区11名少数民族舞蹈队积极分子参观游览中华民族园。

6月17日,举办以"祖国在我心中——民族团结,情满东城"为主题的文艺汇演。10个街道民族宗教界、民族学校、宗教团体以及国家民委"三社"、市民族文化交流中心、市民族联谊会等16个单位选派的160余名演员参加演出。市民委、中国民族报社、区委统战部、区人大、区政府、区政协有关负责人观看演出。 (马专)

【民族经济】 4月,北京金漆镶嵌厂举办"古典家具发展年"系列活动之一的"古韵新风"古典家具展。中央电视台、北京电视台、《北京日报》、《北京晚报》、《晨报》等多家媒体给予报道。

10月9日,"古典家具发展年"系列活动之一"民族家具文化展"在北京金漆镶嵌厂举办。市民委副主任马中璞等到场参观视察。

北京东方燕都经贸有限公司改制后在思路上创新,改善经营,在全国轻工行业质量效益型先进企业表彰大会上,该公司被评为2002~2003年度全国轻工业质量效益型先进企业。

7月20~21日,国家民委经济司有关负责人到东方燕都经贸有限公司、金漆镶嵌厂两家民族用品定点生产企业,检查"十五"期间民族贸易和民族特需用品生产有关政策落实情况。 (马专)

【社区民族工作】 6月19日,本市首家进京创业少数民族青年俱乐部在东四奥林匹克社区揭牌。区委统战部、区民宗侨办、东四街道有关领导参加揭牌仪式,并向少数民族青年代表发放俱乐部活动卡。10余个民族成分、100余名进京创业少数民族青年代表参加。

6月23日国际奥林匹克纪念日,东四奥林匹克社区举办群众传递奥运火炬接力长跑活动。市妇联主席荣华、区领导冯熙、毛桂芬及奥组委的有关官员出席仪式。辖区内总参、北京奥组委团委等33个单位和10个社区居委会参加。 (马专)

【领导调研】 6月24日,马中璞等到区调研社区民族工作。对本区开展社区民族团结创建工作给予肯定。7月21日,市民委主任张恕贤到东四街道调研民族工作。章冬梅等陪同。10月29日,市民委专职委员赵宏生到和平里街道交通社区调研社区民族工作。 (马专)

【民族知识竞赛】 8月上旬,组织参加"走进民族大家庭"——纪念《北京市少数民族权益保障条例》颁布实施5周年民族知识竞赛活动。各街道工委、办事处,区委、区政府各部、委、办、局及区属单位共160个单位、137个社区参加。本区获优秀组织单位奖。 (马专)

【民族体育】 10月17日,东四奥林匹克社区举办第二届民族民俗运动会。市民委民族一处、区体育局、民宗侨办、民政局、东四街道办事处有关负责人出席开幕式。驻社区单位、居民、少数民族近800人分别组队参赛。

11月26~27日,举办由市民委主办、本区承办的陀螺项目教练员培训班。全市14个区县少数民族较多地区和民族学校选派的近30名教练员参加。（马专）

【民族政策培训】 11月8日,在区委党校举办民族政策培训班。各街道办事处负责民族工作的科长和干部,有关局、处、公司有关人员,各工商所、派出所、城管分队主管领导,各超市、清真饮、副食网点负责人近100人参加。马中璞做辅导报告,就进一步加强民族工作提出要求。（马专）

【社区民族工作研讨会】 12月3日召开。市、区民族工作重点街道东四、和平里、北新桥、朝阳门等街道主管主任、科长、干部,市民族工作重点社区东四豆瓣社区、和平里交通社区及其他有关社区书记、主任,民族教育系统一九六中学、回民小学、回民幼儿园的主要负责人共30余人参加。（马专）

宗教工作

【概况】 本年,贯彻全国宗教工作座谈会精神,落实《北京市宗教事务条例》和党的宗教政策、法律法规,依法管理宗教事务,加强宗教团体自身建设,重视对宗教教职人员的培养教育,引导宗教与社会主义社会相适应。依法维护宗教界合法权益,发挥宗教界人士的积极性,为本区三个文明建设服务。

禽流感疫情期间,对3个养有鸽子的宗教场所和4个清真寺的宰生问题进行检查督导,没有发生问题。多次检查10个宗教场所,制定安全防范措施,解决存在隐患。5月,崇文门基督教堂东面防火通道的12间临建房被拆除。

单位名称:东城区人民政府民族宗教侨务办公室
单位地址:钱粮胡同3号
联系电话:64024593　邮政编码:100010（郭秀明）

【宗教房产落政工作】 2月,崇文门地铁5号线二期工程拆迁,占用河北省天主教张家口教区宗教房产2100平方米,经协商解决,按国家有关政策共补偿张家口教区人民币1840.42万元。

4月16日,区伊斯兰教协会和北京欧美同学会,就南湾子胡同32号、34号共计88.7平方米宗教房产的补偿问题达成协议,拆迁补偿款83.32万元。

7月3日,区教委和市基督教女青年会进行房产落实交接仪式。将原北京第二幼儿园使用的宗教房产43间,767.1平方米交还市基督教女青年会(其中包括教委自盖房10间、211平方米)。（郭秀明）

【宗教活动场所年检】 4月23日,召开年度宗教场所年检总结工作会议。各宗教团体和宗教场所负责人参加。向9个宗教活动场所年检合格单位颁发责任书(其中一个场所因故缓发),雍和宫、崇文门、王府井、东交民巷教堂、东外二里庄清真寺被评为“五好宗教活动场所”。（郭秀明）

【区基督教第一次代表大会】 4月28日召开。市宗教局、市基督教“两会”、区委统战部、区人大、区政府有关领导出席。大会审议并通过《北京市东城区基督教“三自”爱国运动委员会筹备工作报告》及《北京市东城区基督教“三自”爱国运动委员会章程》(草案),选举产生区基督教“三自”爱国运动委员会第一届领导班子。（郭秀明）

【宗教聚会点管理】 4月30日,建国门街道反映,西总布胡同64号楼6单元501室有宗教活动,经调查,此处为北京泰丽盛科技有限公司经理傅彬华承租用房,参加宗教活动的人员(40余人)均为在北京经商人员,没有办理宗教场所许可证,经细致工作,此聚会点于8月停止宗教活动。

5月21日,根据群众举报,安定路20号院3号楼1503室有宗教活动,经调查,此点未经合法登记,传教人系四川省甘孜州德格县生机寺僧人——仁青彭措(27岁)。参与宗教活动的人数40余人,经做工作,停止宗教活动。

8月,得到反映,东湖宾馆有外国人进行宗教活动。经调查,此点未经合法审批。计80余人参加宗教活动,主要对象为在京留学生和经商人员。经与首钢党委统战部共同工作,于11月初停止宗教活动。（郭秀明）

【宗教问题报告会】 5月11日,区委、区政府以理论中心组扩大学习的形式,举办宗教问题报告会,邀请国家宗教事务局局长叶小文做报告。区级领导班子成员、全区处级干部及各单位主管统战、民族宗教、宣传思想工作部门负责人和干部350余人参加。杨艺文主持会议。（郭秀明）

【民族宗教界人士学习班】 5月18~20日举办。市宗教局局长张恕贤、中央党校教授龚学增、区委研究室主任分别就宗教团体建设、国内外宗教形势和本区未来5年展望作报告。区天主教、基督教、佛教、伊斯兰教的教职人员、宗教场所管理组织人员和宗教团体的主要负责人以及部分民族宗教界政协委员共100余人参加。

（郭秀明）

【崇文门堂建堂100周年纪念】 6月2日，区基督教“三自”爱国运动委员会在崇文门堂举办建堂100周年纪念座谈会。市宗教局、基督教“三自”爱国运动委员会、区委统战部、区政府、民宗侨办有关领导出席。

9月13日，庆祝建国55周年暨纪念基督教“三自”爱国运动54周年和崇文门基督教堂建堂100周年，市、区基督教“三自”爱国运动委员会联合在东单北大街21号(市基督教爱国会)一楼举办书画展。市委统战部、市宗教局、市基督教“三自”爱国会、区委统战部、民宗侨办有关领导参加开幕式。

10月23日，庆祝建国55周年暨纪念崇文门基督教堂建堂100周年音乐会在区少年宫举行。共演出13个合唱节目。市宗教局、区民宗侨办有关人员出席。 (郭秀明)

【宗教工作座谈会】 7月22日召开。学习贯彻全国、市宗教工作座谈会精神。区领导冯熙等出席，区五大机关各委、办、室有关负责人，区属各单位党委(党组)主管宣传、统战工作的书记，主管民族宗教工作的行政领导等150余人参加。 (郭秀明)

【雍和宫纪念宫改寺260周年】 9月23日，雍和宫举行纪念雍和宫宫改寺260周年“雍和宫藏传佛教造像艺术展”开幕式。国家宗教局、中国佛教协会、市委统战部、市民委、宗教局、中国藏语系高级佛学院、市文物局博物馆处、国家博物馆、首都博物馆及区委、区政府民宗侨办等有关单位领导出席。 (郭秀明)

【考察宗教活动场所】 10月14日，中央党校省部级领导学习班学员一行60余人到雍和宫、崇文门基督教堂进行考察。国家宗教局、市委统战部、市宗教局有关领导陪同。

11月9日，区人大内务司法委员会组织部分人大代表视察崇文门基督教堂、东交民巷天主教堂和通教寺。

11月8～9日，市民委主任、宗教局局长张恕贤、市委统战部副部长周伯琦分别到区伊斯兰教协会和3座清真寺视察工作。 (郭秀明)

【职业技能培训部揭牌】 12月9日，北京基督教女青年会举行“职业技能培训部”揭牌仪式，同时举办的“老年护理员初级培训班”开课。全国妇联、国家宗教事务局、市宗教局、基督教“三自”爱国运动委员会及部分省市青年会有关负责人参加，区社会和劳动保障局为“职业技能培训部”颁发许可证书。

(郭秀明)

【区天主教爱国会一届五次全会】 12月11日召开。市宗教局、市天主教爱国会、区委统战部、区政府民宗侨办有关领导出席。 (郭秀明)

【宗教节日活动】 2月2日是伊斯兰教古尔邦(宰牲)节。东外、南豆芽、安外清真寺举行宗教活动，共720余名信教群众参加，活动期间共宰牛3头，宰羊66只。

2月1～7日，雍和宫共接待游人和信众11.1万人。

4月11日是天主教、基督教“复活节”。王府井、东交民巷天主教堂、崇文门基督教堂举行庆祝活动。10～11日参加活动的信教群众共1.38万人。其中，外宾290人，韩语弥撒450人。

5月2日，东外、南豆芽清真寺举行“圣纪”庆祝活动。全国政协常委、中国伊斯兰教协会会长陈广元、市伊斯兰教协会副会长杨智敏到东外清真寺参加庆祝活动。区政府民宗侨办和有关街道办事处领导分别到两寺走访看望教职人员及穆斯林群众。参加活动的穆斯林群众共750余人。

5月26日是佛教浴佛节，汉传佛教场所通教寺举行宗教活动。

5月30日是天主教圣神降临节，王府井、东交民巷天主教堂举行宗教活动，两堂共进行弥撒7台次，3500余名信教群众参加。其中，韩语弥撒一台，500余人，外宾35人。

8月15日，王府井、东交民巷教堂举行“圣母升天”瞻礼活动。王府井教堂举行3台弥散共3535人参加，其中外宾35人，领洗26人；东交民巷教堂3台弥撒共1300人参加，其中，韩语弥撒400人，其他外宾5人。

11月9日，3座清真寺分别举行“盖德尔夜”宗教活动。共260余名穆斯林群众参加。区民宗侨办和各寺属地街道办事处干部分别到寺向穆斯林群众表示庆祝和慰问。

11月14日是伊斯兰教的开斋节，区四套班子领导到3个清真寺向广大穆斯林群众、全体阿訇、区伊斯兰教协会工作人员祝贺节日，并与大家座谈。共1600名穆斯林群众上殿礼拜，其中外宾42人。区委、区政府当天中午举行开斋节招待会，宴请区伊斯兰教协会全体工作人员、阿訇以及民管会主要负责人。

12月22日，举行“圣诞节招待会”。市宗教局、市基督教“两会”、区委统战部、区人大、区政府、区政协等领导出席。

12月25日圣诞节，王府井、东交民巷天主教堂、崇文门基督教堂举行两天的庆祝活动。24日平安夜，市委常委、市委统战部部长尤兰田、副市长孙安民、市委统战部周伯琦、市民委张恕贤及区四套班子有关领导到教堂走访慰问。近万人参加活动，其中，外宾310

人,韩语弥撒500人。 （郭秀明）

侨务工作

【概况】 本年,侨务工作围绕区委、区政府的各项工作部署,坚持依法行政,服务大局,确保稳定的指导思想,树立全面、协调、可持续的发展观,以社区建设为重点,全面贯彻落实党的侨务政策,为本区经济建设和各项事业的发展创造良好的社会政治环境,在学习侨务法规、落实侨务政策、开展侨界联络联谊、加强引资引智、增强与海外侨团交流等方面做了大量工作,完成各项任务。

单位名称:东城区人民政府民族宗教侨务办公室
单位地址:钱粮胡同3号
联系电话:64024593 邮政编码:100010 （许孝萍）

【走访慰问】 春节期间,在区侨界同胞中开展"真情关怀,送温暖活动"。共走访归侨24户,送去慰问款及慰问品折合人民币1.8万元。走访10位侨资企业家,带去节日礼物及祝贺(约人民币5000元)。

9月2日,与区民政局、东四街道办事处有关领导,到东四奥林匹克社区二条3号侨眷尤志成(系原中国侨联副主席尤扬祖之子)的家中慰问,送去慰问金5000元。

9月15～27日,与区侨资企业协会先后走访慰问协会会员8家,对会员们给予政府、侨资企业协会的支持与帮助表示衷心感谢。

9月22日,走访侨界代表人士,98岁的原区政协副主席方定埙,68岁的原区侨联副主席陈广昌,76岁的苏联老归侨张锦秀。 （许孝萍）

【调查研究】 3～6月,在按时完成"香港专项工作"的基础上,区侨资企业协会对辖区内226家港资企业进行基础调查,其中,投资百万元以上的79家。

6～10月,与区侨联联合开展归侨、侨眷、海外留学人员及其家属基本情况调查。 （许孝萍）

【侨务干部培训班】 3月25～26日举办。各街道及有关局、处、公司负责人约40人参加。传达市侨办领导在区县侨办主任会上的讲话精神,就新形势下如何更好地推进侨务工作提出要求。 （许孝萍）

【落实房产】 6月7日,与国土资源房管局及天元发展集团共同为美籍华人洪炳熙解决长达10余年的房产问题。为此天元利生商厦按政策规定向职工发放住房补贴26.15万元。4月已将产权交洪炳熙。 （许孝萍）

【宣传活动】 7月8日,在王府井大街设立宣传站进行《侨法》宣传咨询活动。10个街道共制作16块展板介绍有关的侨务政策、《侨法》知识及依法维护归侨、侨眷开展工作的情况。发放《中华人民共和国归侨侨眷权益保护法》单行本400册,宣传提纲200份。市侨办、市侨联、区委统战部、区人大等有关领导参加。 （许孝萍）

【接待工作】 7月8日,接待美国中文学校协会理事何剑,就东直门中学与美国俄亥俄州华文中学开展华文教育活动进行沟通与交流,并创造条件尽快落实。

7月26～30日,接待美国纽约北京中文学校一行7人到中国参加寻根之旅夏令营活动。为营员们安排参观雍和宫、孔庙和王府井购物等活动。

8月5～10日,以"青春、友谊、和平、发展"为主题的"中国·北京王府井中学生音乐节"举行,区侨资企业协会负责接待英国啼芬男校合唱团一行70余人,为其安排驻地——紫檀宾馆。富华集团为此次音乐节投资57.45万元,其中,包括区侨资企业家、区侨资企业协会会长、富华集团总裁赵勇为印制画册捐款10万元。 （许孝萍）

【第二次企业家日座谈会】 7月9日召开,就产业链问题研讨。区领导陈平、卢彦、冯熙、边振英、岳鹏等及有关部门负责人及部分侨资企业家出席。陈平介绍区经济发展态势及未来规划,重点介绍面向入驻企业的"企业绿卡制度"、"跨部门全程代理制"等本区特色服务。卢彦表示,希望能经常与企业家沟通信息,为企业提供更好的服务。 （许孝萍）

【组织活动】 8月3日,邀请从香港归来的原区侨联主席钟贵仁夫妇,就香港、大陆的经济发展建设等问题召开座谈会。区台湾事务办公室、区侨办及统战部有关工作人员等10余人参加。9月27日,组织侨界代表人士40余人参观京城亮点工程。 （许孝萍）

【外省市交流】 8月5日,广西壮族自治区柳州市外事侨务办公室领导到和平里街道兴化西里社区参观,就社区侨务工作进行座谈交流。 （许孝萍）

【侨资企业协会工作会】 8月26～27日召开。市侨办、市侨资企业协会有关领导及区协会会员30余人参加。会上,赵勇总结协会工作。市侨办领导对协会的发展及中心工作做指导性发言。 （许孝萍）

【侨资企业家捐款】 9月24日,举行奥林匹克社区体育活动日暨奥林匹克公园开园仪式。赵勇向公园雕塑建造捐款89万元，协会常务理事、三吉嘉喜房地产开发有限公司董事长孙权为公园雕塑建造捐资79万元。在开园仪式上，赵勇、孙权被东四街道办事处授予东四奥林匹克社区荣誉居民称号。　（许孝萍）

【侨政工作推进会】 12月9日召开。市侨办、区委统战部有关领导及有关单位50余人参加。区政府侨办主任就全区侨政工作及华文教育工作的开展情况作报告。和平里、东直门、东华门街道办事处、卫生局、教育局的主管领导及东直门中学校长发言。市侨办对区侨政工作给予肯定。　（许孝萍）

计　划　生　育

【概况】 本年，按计划生育统计年度统计，全区户籍人口出生2131人；计划生育率为98.08%，全面完成市政府下达的有关人口控制指标。改革目标管理考核评估办法，将整个目标体系分为总体目标、评估项目、考核项目和创新项目。2月23日，召开区人口和计划生育工作座谈会。兑现2003年计划生育目标管理奖励，签订2004年目标管理责任书。7月14日，区计划生育委员会更名为人口和计划生育委员会，增加了两项新的职能：研究人口发展战略，组织和参与人口发展规划工作；提出人口发展的建议，推动人口和计划生育工作的综合协调，加强人口的宏观调控。调整后，区人口计生委设办公室、调研管理科、宣传教育科3个职能科室，行政编制为12人。本区继续保持全国计划生育优质服务先进区称号，连续第四年保持市人口与计划生育工作示范区称号。

单位名称：东城区人口和计划生育委员会办公室
单位地址：钱粮胡同3号　联系电话：64072574
邮政编码：100010　网址：http://jshw.bjdch.gov.cn（曾敏）

【依法行政】 本年，依法落实计划生育各项奖励和社会保障政策，开展调查研究，提出落实方案，协调区财政局等部门，保证资金到位。至6月30日，共落实没有工作单位人员的1000元一次性奖励403人，计40.3万元；原在人才交流中心和职业介绍中心存档人员的独生子女父母奖励费，改为由户籍所在地计划生育部门发给，共落实10.25万元。至8月31日由区财政落实5000元一次性帮助44人，计22万元。

在区及街办事处、社区设立固定的政务公开栏；在区人口计生委开设专线咨询服务及投诉电话；印发数万份政策宣传资料、办事指南和便民服务手册；在"一站式"服务大厅设立计生工作政务公开、办事公开橱窗，设置计生咨询服务台；对网站进行改版更新，将区人口计生委网站与社区卫生服务网页进行链接，开展指南服务。在街道全面推行计划生育全程办事代理制。制定《街道计生办推行全程办事代理制实施方案》。

9月17日，召开执法监督员座谈会。区人口计生委为深化政务公开工作，加强对区、街道两级计划生育政府部门依法行政工作的监督和检查，调整执法监督员队伍，从社区居委会和驻区单位中新聘任13名执法监督员，其中包括区人大代表4名。　（曾敏）

【婚育新风进万家】 各街道计生办对有实际困难的独生子女家庭进行筛查，在元旦、春节期间，有计划地对弱势群体开展走访慰问。各社区从具体实际出发，将计划生育优质服务送到群众的身边。将慰问贫困家庭和帮助独生子女健康成长以及下岗职工再就业结合起来，确保办实事活动落到实处。进一步完善服务网络，为社区群众提供帮助。区五套领导班子成员带头走访慰问独生子女贫困家庭，计生委送去被子和1000元现金。

2月24日，召开宣传工作会议。总结上年工作，下发本年宣传工作计划，反馈年终考核评估情况。街道计生办科长和局处公司计划生育干部20余人参加，和平里、景山、东华门街道介绍经验。

7月11日，在第15个世界人口日期间，组织50余人参加国家人口计生委在海淀剧场的宣传活动。本区分别在地坛公园西门、建国门大风车广场、美术馆街心花园、平安大街青蓝广场等地举办文艺演出和咨询活动。朝阳门街道在二中操场、朝阳门立交桥健身乐园内举办为期一个月的电影回顾展。交道口街道举办优秀女孩演讲会。

9月，由区人口计生委组织不同领域学者、专家20多人，历时一年编写的《国学、国粹、国策》一书在京发行。完成《生殖健康处方》《避孕药具服务指南》和《性安全性健康》手册的制作工作。

和平里街道利用"阳光就业行动"与辖区单位建立联系制度,为483名独生子女家庭人员提供了再就业培训。在暑期组织26个社区居委会的独生子女50余人,参加中央电视台《成长在线》的录制。东四街道计生协志愿者邀请青春期独生子女召开"了解自己和异性"青春教育班会。东华门街道计生办与校尉小学、锡拉幼儿园在韶九社区联合举办未成年人思想道德教育成果展示活动。办事处领导、区人大代表及社区居民150余人参加。校尉社区带领少年儿童参观区爱国主义教育基地,走访慰问残疾、单亲、特困及流动人员的子女22人;正义路社区开展"儿童文明画展"展评活动,联手军民共建单位与单亲特困家庭签订"一带一"帮带协议,每年捐助独生子女1200元;南池子社区组织编写健康知识系列宣传材料,发送给社区儿童家长。建国门街道组织社区家教志愿者146人,将独生子女家庭教育做到邻里之间。景山街道与红十字会联手在暑期为独生子女开办急救培训,传导自卫、自救、互救常识。朝阳门街道开设"计生互动地带",独生子女家庭成员通过接受心理、生理健康咨询,促进情感交流,为未成年人创造良好家庭成长环境。交道口街道开展"青春健康生活走进校园"生活技能培训,宣传爱滋病防护知识,中央戏剧学院的30余名大学生参加。北新桥街道开通"街道青少年电子信箱"倾听未成年人的心声,开展"爱心牵手活动"与贫困家庭和流动人口独生子女进行交流和沟通。

开展"关爱女孩"、"关怀贫困母亲"活动。制定并下发《"关爱女孩行动"实施意见》和《关心贫困母亲实施意见》。开展评选区"优秀女孩"工作、举办以"女儿长大了"为主题征文活动,启动"帮助贫困母亲的贷款工程"。评出134名品学兼优,多才多艺优秀女孩。计生协利用"幸福工程"贷款项目,帮助安定门街道独生子女贫困母亲自主创业争取贷款,并捐助一台"联想"电脑。（曾敏）

【创建"生命蓝岛"】 "生命蓝岛"项目以区生殖健康技术服务指导中心为总部,由各社区居委会筹建,街道计生办指导,利用社区医疗资源,作为公益性计生宣传服务阵地,实行自我管理、自我教育、自我服务,以服务居住地育龄群众为主,关注弱势群体,实现五大基本功能:提供计生各项公共信息、提供免费避孕药具、提供生殖健康知识宣传、提供个性化生殖健康服务、培植计划生育志愿者。

9月15日,在交道口街道交东社区举办"生命蓝岛"现场会,市人口计生委副主任耿玉田及区有关领导、交道口街道负责人到会,10个街道的计生工作主管主任、计生办科长和干部、社区计划生育主任百余人参加。《北京晚报》、《北京青年报》、北京电视台等新闻单位记者现场采访。现场会上,交道口、建国门街道办事处分别介绍经验,书面交流景山街道经验材料。（曾敏）

【计生卫生联手】 3月19日,召开计生、卫生联手领导小组会议,调整计卫联手领导小组成员、研究深化"负神圣使命,做爱心天使"计卫联手实施方案、讨论科级日常联络制度,明确计卫联手的工作成效指标体系及评优创先奖励措施。（曾敏）

【"群众需求信息采集"工作】 3月22日,根据国家计划生育优质服务先进区评估指标的要求,进一步完善区、街、居三级维权、服务、知识宣传等群众需求信息汇集渠道,制定《东城区"2004年育龄群众生殖健康需求信息采集"工作计划》。一季度共采集信息2976条,信息来源渠道主要有街道计生办、居委会、社区卫生站、社会单位、综治部门以及区计生委、区计划生育生殖健康服务中心。针对服务需求信息加强专项调查,寻求对策,拟定解决方案,写出预期投入和预期结果报告。第二季度共采集需求信息2476条。（曾敏）

【社区计划生育服务】 在基层基础工作中,抓队伍的建设和人员的培训及责任书的签订和落实,抓"六好社区"的创建和信息引导服务的完善。街道计划生育服务各具特色:交道口社区服务大厅设置电脑触摸屏和避孕药具自取柜;社区内的数字图书馆建立计划生育图书档案库;开设人口学校和"生殖健康艺苑"。安定门街道与鼓楼中医院和郎家卫生站联手,为社区群众提供具有中医特色的生殖健康服务。建国门街道设立"生殖健康驿站",与协和医院、中医医院、建国门医院联手,为社区居民提供以女性更年期为主的计划生育生殖健康服务。东华门街道与市红十字会联手,开展早期教育和青春期教育活动。针对韶九社区地处王府井商业街附近,社区人员中未婚社会青年较多的特点,在非公企业中开展青春期教育和性病、艾滋病知识教育,把社会青年的生殖健康教育融入社区。（曾敏）

【流动人口管理】 3月24日,召开流动人口计生工作会议,对全区流动人口计生管理工作进行全面部署。驻区单位计生办科长和外管干部20余人参加。

5月,制发《东城区关于贯彻落实〈流动人口计划生育管理和服务工作若干规定〉的实施意见》,启动流动人口管理与服务区、街、居管理业务层层培训,重点针对流动人口计划生育管理中的《婚育证明》和《生育服务证》办理进行业务指导。

6月9日,在景山街道召开流动人口计划生育工作现场会。市、区有关领导、各街道计生主管主任、区、街、居、驻地单位计生干部等150余人到会。会上,张淑静作《求真务实　开拓进取,做好新时期流动人口计划生育工作》发言,景山街道介绍开展流动人口管理服务的经验。参会人员参观魏家社区的流动人口计划生育受理室和计划生育生殖保健服务阵地"生命蓝岛",并与流动人口进行座谈。

贯彻落实《流动人口计划生育管理和服务工作若干规定》。北新桥街道加强宣传,与劳动、司法、妇联、团委等部门联合开展维权和健康咨询活动,发送《致流动人口育龄群众的一封信》、《流动人口服务指南》等200余份,发放《计划生育优质服务调查问卷》,搜集生殖健康需求信息;表彰17个社区的宣传板报。东华门街道对专业管理人员进行培训,组织近百名社区计生主任、招用流动人口的部分单位计生干部学习流动人口的管理规定和政策法规,在8个社区举办5场流动人口宣传培训班,近200人参加,发放宣传材料300余份。向辖区内餐饮业、集贸市场及发廊等流动人口比较集中的地方发放《流动人口计划生育服务指南》宣传册近千余册。14个社区共组织培训9场,参加人数约500人。8月16~17日,安定门街道对花园市场、豆腐池市场流动人口开展管理执法检查,共查育龄妇女93人,对未持有《流动人口婚育证明》的人员发放限期补办通知单,对符合条件的当场办理《流动人口婚育情况临时证明》。景山街道魏家社区建立《流动人口全程办事代理服务站》,6月至7月,为流动人口办理各种手续306件(次)。其中,子女入学43人、入托8人、《婚育证明》4人、孕妇围产期保健4人、维权18人、咨询225人(次)。交道口街道制定流动人口工作日志,定期到流动人口较多的社区单位办理《流动人口婚育证明》。　(曾敏)

【避孕药具发放】 2月,完成计划生育药具自助发放机试点安装工作。3台药具发放机分别设在安定门街道头条社区居委会、和平里街道青年湖卫生服务站、北京列车段。作为计划生育药具自助发放试点的居委会、卫生站、驻区单位计生工作人员向社区育龄群众发放2200余张计划生育药具自取IC"一卡通",持卡人可享有免费在全市的100台药具自取机上,自主领取免费避孕套的全天候服务。

区药具站投入业务经费2.4万元自行制作一批集避孕药具自取架、计生知识自取栏为一体的"生殖健康服务柜"100个,分别放置在街道办事处大厅、社区卫生服务站、街道社会保障所、工商所等综合部门的服务大厅和社区居委会。实现免费避孕药具自取方式全区覆盖率100%。　(曾敏)

【计划生育培训】 区人口教育培训学校,针对育龄群众各类生殖健康需求开办讲座12次,3863人接受培训。基层计生干部589人次接受各类业务培训。

4月1~2日,组织全区各街道计划生育主管主任、计生办干部、区属局、处公司计生干部60余人进行素质培训。

4月9日,对全区社区居委会计生主任、协管员近200人进行《创建人口与计划生育工作的"六好社区"》业务培训。针对创建的意义、目标、内容、做法进行理论指导,提出用"留心、细心、关心、爱心"收集、记录群众需求信息,做好社区计划生育优质服务工作。

4月27日,举办避孕药具管理工作培训班,10个街道药管员和140个社区居委会的发药员和协管员223人参加。　(曾敏)

【协会工作】 2月10日,中国计生协帕斯组织成员到区检查国际合作项目"青春健康"工作进展情况。区计生协在东城公安分局为近30名公安干警举办题为"青春健康"生活技能培训。国际项目组、美国帕斯组织、天津市计生协、市、区计生协有关负责人参加。

7月16日,区计生协在建国门礼堂举行预防艾滋病宣传项目启动仪式,80余名红丝带志愿者参加。

10月22日,开展"党心连民心,亲情进万家"活动。区人口计生委和区计生协在安定门街道北头条"生命蓝岛——生殖健康超市"举办"关爱贫困母亲——发放'幸福工程'贷款仪式",市计生协有关领导参加。区计生协按照全国"幸福工程"组委会工作程序规定,经过脱贫项目可行性分析,与安定门街道计生协共同为家庭困难残疾人开办的蓝翔羽打字复印部申请为期两年的2万元无息贷款在仪式上发放。　(曾敏)

【调查研究】 5月25日,组织计生干部参观中国计划生育宣传教育中心,近30人参加,了解面向广大育龄群众与社会各界的以生殖健康为主要内容的专业性综合服务网站建设情况。

分别深入东四、东华门、交道口、北新桥、建国门、安定门街道、社区及区属非公企业开展调查研究,写出《关于对我区两街道独生子女贫困家庭情况的调查》、《计划生育优质服务在"率先基本实现现代化进程中走在前列"中的地位和作用》、《关于景山街道流动人口计划生育工作情况的调查》、《东城区非公企业落实独生子女奖励政策情况的调查》等。　(曾敏)

老 龄 工 作

【概况】 本年,以创建全国老龄工作先进区为契机,坚持为老年人办实事、解难题。接受市民政、老龄联合检查组对本区老龄工作的检查。对10个街道、10个社区和10户空巢家庭老人帮扶工作情况进行实地随机检查。开展对生活不能自理、常年患病导致经济困难、80岁以上需特殊照顾、独居、孤老、低保等6种重点老人的调查。对10个街道近百个社区进行《北京市创建全国老龄工作先进区检查考核内容》辅导培训及检查。参加"国际家庭日"宣传咨询活动,发放《老年法》500余册。完成市老年人步行安全调查。完成《全国老龄事业统计年报》工作;组织全区社区主任、老协会长观看"《无声的革命》——中国老龄行动报告"大型纪录片。本年新闻媒体刊登播发老龄工作稿件200余篇,市《老龄信息》采用66条,印发东城《创建活动专刊》9期、《老龄工作信息》12期。全区创建活动、老龄问题宣传4.09万人次,知识答卷8200份,横幅标语2631条、橱窗板报719块,宣传会124次、8250人参加,发放宣传材料2.53万份。表彰2003年度老龄工作先进单位、先进个人。接待越南老年人协会代表团,交流老龄工作经验。区老龄办被评为市老龄工作先进单位。按照市《创建敬老先进社区居委会标准》评出交东、皇北、韶九等10个老龄工作精品社区。

本区60岁以上老年人111907人,占全区总人口数的17.97%,80岁以上高龄老人17742人,占老年人总数的15.85%。其中,女性60945人,占老年人总数的54.5%。百岁老人20人,其中女性15人,年龄最长者106岁。

单位名称:东城区老龄工作委员会办公室
单位地址:藏经馆11号
联系电话:64035912 邮政编码:100007 (王玉萍)

【创建老龄工作先进区】 本年,按照全国老龄委开展创建活动6条标准和市检查考核内容,分为战前动员、培训工作、组织实施、检查验收4个阶段开展争创活动。区委书记会、区长办公会专题听取活动情况汇报,研究决定建立年人均3元的老龄经费保障机制和区老年人活动中心。召开动员大会,市老龄办、区委有关领导提出创建意见。调整充实老龄工作委员会,投入老龄活动经费65.9万元。建立健全街道老龄工作档案,召开建国门街道老龄工作规范化管理现场会,60%社区老龄工作档案实现规范管理。按照市创建工作考核内容,进行老龄工作培训。发挥街道老龄委成员单位的职能作用,完善社区为老服务体系。机构网络到位、制度档案到位、宣传维权到位、组织协调到位。6月24日,市老龄检查团分3组对本区进行检查,区老龄办、和平里街道、区卫生局代表本区接受检查考核,本区进入全国老龄工作先进候选区。 (王玉萍)

【老年人协会】 本年,建有街道老年人协会2个(和平里街道、北新桥街道)、社区老年人协会134个。街道老年人协会对社区老年人协会指导、监督和服务。5月,召开经验交流暨表彰大会,评出10佳社区老年人协会。和平里街道老协在市老年人协会座谈会上介绍经验,承办本市与贵州省安顺市老年人大型联欢活动,办事处腾出80平方米的办公用房,投资2万元装修、购置办公设备,支持老协建设。 (王玉萍)

【老年福利服务设施】 建成北新桥街道88张床位老年公寓,民安、内务部街社区上千平方米的星光老年之家,扩展服务功能。和平里街道安德里社区新建50平方米老年活动中心,民办"吉安老年护理院"解决不能自理老人的需求。全区共有养老设施10所,床位400张。老年病医院、老年康复护理院、老年临终关怀病区各1所,设立老年家庭病床145张。 (王玉萍)

【困难老人帮扶工作】 建立子女与空巢老人定期联系制、社区楼门院长和低保人员与老人"每日见面制"、社区老年人协会和志愿者为老人提供"定向服务制"。累计为751名空巢家庭老人安装应急求助铃。开展"千百万"活动,为万名空巢老人制作"情系夕阳爱心卡"提供信息服务;为千名90岁以上老人体检;为145名老人发放3.01万元特困慰问金,为20位百岁老人发放2万元营养补助金。开展青年志愿者"亲情陪伴——欢度大年夜"活动,3000余人次到敬老院、孤寡老人家中送温暖、义诊。投入283.8万元为老干部办实事514件,为166位孤老户安装市999医疗健康自动呼叫器,为1454名老干部体检,解决83件老同志反映的住房、生活待遇等问题。开展重点老人"一带一"结对子活动,加强对社区"星光老年之家"的管理服务,落实1692名地退人员工作。投资万元改造社区服务中心浴池,低价为社区老人提供服务。集中为辖区老年人健康体检,完善《社区老年保健工作制度》、《家庭病床工作制度》、《上门服务工作制度》、《医疗救助及社区老年保健服务制度》。 (王玉萍)

【老年文体活动】 下发《关于组织老年志愿者春节期间开展“三个一”活动的通知》。举办老年新春联欢会、第14届老年文艺演出、第3届金秋老年书画展、第12届“长寿杯”中国象棋赛暨第3届围棋赛,免费为千名老人举办“笑在金秋”相声演出。各级老龄组织举行金婚庆典、为老人集体祝寿、逛京城、知识竞赛、联欢会、手工展示、“十佳健康老人”评选等系列文化体育活动。组织退休人员座谈、疗养活动8660人次,组织退休干部笔会、运动会、棋类赛等。举办社会体育指导员培训班、健康知识讲座200余场。东四、安定门、景山街道老年体协被评为市老年体育先进单位。(王玉萍)

【调查研究】 《城区老年群团组织的现状与发展》调研报告在全国《老龄问题研究》上发表。与市社科院联合开展《城市特困老人的社区帮扶》问题调研,完成《特困老人帮扶的思考与对策》调研报告,检查“十五”时期老龄事业发展情况,完成执行情况报告。涉老部门围绕老干部“一老户”需求、老年社区卫生服务需求、困难老人法律援助、老年门协活动、退休人员社会化管理、残疾老人情况、老年人协会作用、星光老年之家运营、社区养老、高龄特困老人问题开展调研。

(王玉萍)

【老年维权】 全区统一制作老年人优先优待标识;修改完善《关于加强社会敬老优待服务工作的意见》。本年,为3103位老人办理《老年优待证》。检查8家承办单位所属的医院、公园、影剧院、公共文化场所、法律中心等优待服务活动和设施。全区有14所公共文化场所免费或优惠向老年人开放。办理老年法律援助案件13件,减免困难老人公证费16件。法援中心开通2部老年人维权专线,分别为84212148、84228066,开通1个月,有110人次拨打。法院办理涉老救助案件37件,老龄系统接待来信来访5508人次。全区企业基本养老保险和医疗保险覆盖率达100%,离退休人员养老金按时足额发放,实现社会化管理服务退休人员6262人。 (王玉萍)

【老年教育】 完善老年教育管理体制,形成区、街道、社区三级老年教育管理网络。有老年大学3所、老年学校135所,在校学员1.4万人。老年学术组织6个,老年活动中心(站、室)295个,老年文化教育体育组织694个。区老年大学办学规模适度发展,共开班39个,学员1403人次,结业750人次。举办研习班结业展、学员成果展,展出作品188件。承办市老年大学第26次校长联席会议。建国门街道投资4000元为街道老年学校添置教具。 (王玉萍)

【百岁老人】

姓名	性别	年龄	原职业	住地
曹佐政	女	100	无	景山街道
胡景兰	女	100	无	北新桥街道
钟俊秀	女	100	无	东华门街道
杨镇江	男	100	无	交道口街道
揭亚彩	女	101	无	东华门街道
田淑仪	女	101	无	东直门街道
陈淑兰	女	101	无	安定门街道
李瑞清	女	101	无	建国门街道
邹作新	女	101	无	朝阳门街道
王刘氏	女	102	无	东华门街道
王玉珍	女	102	无	交道口街道
杨翠玉	女	102	无	和平里街道
刘惠	女	103	无	安定门街道
王静荷	女	103	无	安定门街道
白奎士	男	103	售货员	建国门街道
孙辅世	男	103	高级技术干部	和平里街道
左克明	男	104	眼科专家、教授	东华门街道
王玉环	女	105	无	东四街道
李俊坡	男	106	售货员	北新桥街道
蔺来香	女	106	无	和平里街道

(王玉萍)

【全国健康老人】

姓名	性别	年龄	住地
缪秀芳	女	87岁	北新桥街道

(王玉萍)

【北京市健康老人】

姓名	性别	年龄	住地
张济舟	男	85岁	东华门街道
康岱沙	女	85岁	东华门街道
缪秀芳	女	87岁	北新桥街道
田馨作	男	91岁	安定门街道

(王玉萍)

残疾人工作

【概况】 本年,新增(办证)残疾人1380人,至年末全区共有办证残疾人12794人。残疾人工作贯彻党的十六大和区委九次党代会精神,求真务实、与时俱进、开拓创新,完成各项工作任务指标,推进残疾人事业发展。

单位名称:东城区残疾人联合会
单位地址:北新桥石雀胡同甲20号
联系电话:64010807 邮政编码:100007 (谭金雅)

【社区残疾人工作】 根据市有关文件精神,与有关部门共同签发《关于进一步加强社区残疾人工作的意见》,规范社区残协的职责任务、工作制度、档案要求。重新调整社区残协组织结构,下拨工作经费13.7万元,各街道按每个社区残疾人人均10元标准下拨经费,共计26.7万元。本年有7个社区成为市级"温馨家园"。 (谭金雅)

【教育就业】 社会单位安置残疾人就业50名,社区就业45名,扶持就业27名;安置街道残疾人工作协管员10名,收缴残疾人就业保障金900万元;培训残疾人225名,其中55名取得劳动部门的职业资格证书。启动残疾人失业登记工作,有73名符合条件的残疾人进行登记,40人领取《再就业优惠证》,其中10人建立人事档案,确保失业残疾人享受优惠政策。"助残日"期间,组织残疾人大学生参加市残联大学生专场招聘会,区、街两级残联举办3次双向选择会,在区办的双向选择会上,北京天益兴达装订厂等6个招聘单位和求职残疾人及亲属共200余人参加,其中,20多名残疾人与用人单位达成用工意向。9人实现就业。与区劳动、财政等部门协调,制定《东城区招聘街道残疾人工作协管员实施方案》,经过公示培训,10名街道残疾人工作协管员全部与各街道社保所签订劳动合同,人员由公益性就业组织管理,工资由政府再就业基金开支。残疾人职业培训学校在特教校挂牌开班,有22名智障人在校学习,其中1人被推荐到装订厂工作。14名聋生通过全国计算机办公软件考试并获得证书。 (谭金雅)

【康复工作】 完成白内障手术1173例,低视力康复12例,培训家长20人。智残儿康复11人,聋儿语训5人,脑瘫儿训练21人,培训家长34人。社区肢体残疾系统训练190人,成年智障人训练83人。为3499名精神残疾人进行监护服务,为新增68名精神残疾人建立档案。免费为4名白内障患者手术,为138名精神残疾人免费用药,5名精神残疾人免费入住农疗基地,1名聋儿和1名脑瘫儿在市康复机构进行免费训练,为6名肢体残疾人安装假肢,捐赠轮椅55辆,发放小型康复用品用具205件。完成2538件残疾人用品用具供应服务和130人安装矫形器登记服务。

会同卫生、财政及老龄委制定《东城区残疾人康复需求调查实施方案》,与卫生局、老龄委等部门配合,完成全区残疾人康复需求的调查建档工作。完成建国门、安定门两个街道0~6岁残疾儿童调查试点工作,为全市开展0~6岁残疾儿童调查提供经验和借鉴。成年智障人康复训练是本年一项全新工作。制定《东城区成年智力残疾人康复训练服务工作实施方案》,对训练对象进行筛选,确定83人为训练对象。结合设施条件确定4个试点街道。区特教学校为区成年智障人培训指导中心,区残联投入1万元,开辟一间专门教室,购置专用教材教具。接受训练的成年智障人生活能力、社会常识等方面有不同程度的提高,其中2人参加职业培训学校的学习。 (谭金雅)

【扶贫解困】 配合民政部门落实低保和分类救助政策,新办低保328人,鉴定、出具重残证明450份,办理重残人生活补贴10人,待业补助178人。争取财政支持,使213名残疾人得到免费康复服务。与财政局联合签发《东城区对考入中、高等院校残疾学生及贫困残疾人子女考入高等院校奖励办法》,奖励学生20名,共计1.9万元。联合区政协、民政、教委、红十字会等单位筹集教育助残资金43.74万元,帮助解决517名残疾学生和残疾人子女的就学困难。"两节"和"助残日"期间,对一户多残、老残一体、生活不能自理和有突发困难的残疾人7333人次进行走访,投入资金59.32万元。动员社会力量开展"帮包带扶"活动和志愿者服务,511名残疾人受益。

本年全国助残日,国务院残工委确定"情系我的兄弟姐妹——帮扶贫困残疾人"的主题,本区启动"六大"(安居、教育、扶贫、就业、康复、维权)爱心助残工程。政府各部门提出15项扶残助残举措,5月14日,以区政府名义召开工程启动大会。区四套班子及有关委、办、局领导参加，向残疾人发放教育助残金、临时救助金、康复用品用具和“爱心家园”捐助的生活用品。街道办事处助残日活动形式多样，交道口街道协调税务所浴池每周为残疾人开放一次，解决残疾人洗澡难的问题。东华门办事处出资为110名贫困残疾人建立居民健康档案，社区医生定期上门为残疾人体检。东直门街道工委书记协调东方康泰公司出资4万元，为东外大街31、33号楼修建无障碍坡道。

区残联取得区政协、慈善协会、红十字会对教育助残的支持，216名政协委员捐助教育助学款7.15万元。红十字会动用20万元募集善款用于扶贫助学。本区的教育助残工作得到市残联的肯定，教育助残实施方案在全市转发。（谭金雅）

【无障碍建设】 结合“全国无障碍建设示范城”检查，制定《东城区无障碍设施重点建设和改造54项折子工程》。成立由卢彦为组长的“全国无障碍设施建设示范城”检查验收工作领导小组。制定实施方案，明确各部门职责分工。建立无障碍设施建设执法检查联席会制度和无障碍监督员队伍。在《北京市无障碍设施建设和管理条例》出台后，利用《今日东城》专版刊登无障碍知识和规范要求，举办无障碍知识讲座和咨询活动，召开各街道、各部门无障碍工作专题座谈会，制作55块展板和宣传折页。《北京日报》、《北京晚报》、《挚友》、《北京社会报》等媒体多次报道本区无障碍设施建设工作成果。（谭金雅）

【信访维权】 全年共接待各类来信、来访623人次。重点处理上级来信、来访25件，办结率100%。开通“148”残疾人法援热线，发放法援爱心卡2000张，免费为贫困残疾人提供服务。区法援中心、东华门、东直门街道法律援助站被评为法律援助示范岗。（谭金雅）

红十字会工作

【概况】 东城区红十字会(简称区红会)是区级从事人道主义工作的社会救助团体。本年，区红十字会系统各级组织和会员，贯彻落实《中华人民共和国红十字会法》与市实施办法，组织开展群众性人道主义救助工作，热情关注孤老残、下岗职工等社会弱势群体；开展红十字志愿服务与健康教育、红十字青少年活动等。

单位名称：东城区红十字会

单位地址：东四十一条83号

联系电话：64033179　邮政编码：100007　（李树信）

【红十字会管理体制调整】 11月，区机构编制委员会下发《关于调整北京市东城区红十字会机关管理体制的通知》，将区红十字会机关列为区政府直接联系的独立设置的群众团体，不再挂靠区卫生局，机构规格为正处级。人员由5名调整至8名，设办公室和业务部。（李树信）

【社区红十字服务活动】 根据中国红十字总会、民政部和市红十字会、市民政局《关于开展社区红十字服务工作的通知》精神，在上年10月部分街道通过市红十字会“创建全国社区红十字服务示范区”工作验收基础上，11月25日本区接受全国社区红十字服务工作评审，10个街道办事处全部达到社区红十字服务示范区标准。（李树信）

【社会救助工作】 元旦、春节期间，继续开展“双百特困送温暖活动”，与各街道红十字会共同慰问救助100户孤老残特困家庭；与区教委红十字学校工委共同组织开展“博爱助学”活动，资助129名特困家庭学生完成学业；协助市红十字会资助12所“北京市红十字学校”36名困难家庭学生。活动中，市、区、街三级红十字会、与学校工委共投入救助资金9.3万元。其他救助活动有：1月，安定门街道红十字会救助因煤气使用不当发生火灾，造成家庭财产损失的净土胡同居民张印强一家。送去米、面等生活用品及200元慰问金。1月13日，与区政法委、北新桥街道红十字会共同慰问因烧伤致残的北新桥街道一居民。“六一”儿童节期间，北新桥、东四、建国门街道红十字会组织慰问辖区残疾儿童及残疾困难家庭的儿童，赠送价值4000余元的学习用品。（李树信）

【“博爱在京城”募捐救助】 4月10日至7月10日，在全区范围内组织开展群众性“博爱在京城”募捐救助活动。制定和印发《东城区“博爱在京城”募捐系列活动方案》与《劝募书》，通过区政府“政务专网”向全区各单位劝募。区学校工委在区教委的支持下在电传网络上发布通知，部署各校红十字会开展募捐活动。提出“一元不少，爱心无限”，支持帮助困难家庭学生。

不到一周时间,65 所中小学数万名师生捐出善款10.02万元。北新桥街道办事处机关全体干部捐款1.73万元。建国门街道 13 个社区募集善款1.2万余元。和平里街道红会以“博爱在京城”募捐救助为主题,在地坛西门广场组织大型宣传活动,发放宣传材料千余份。

活动中,全区各级红十字会累计发放“劝募书”等宣传材料 1 万份、各种宣传板报 200 余块、张贴宣传画 200 幅,截至 7 月 10 日,共收到捐款 41.27 万元。其中,市政协机关、故宫博物院、中医医院、稻香村食品集团、史家胡同小学等单位捐款在万元以上。

9 月 22 日,在区人大政协礼堂召开“博爱在京城”募捐总结救助大会。总结前一阶段募捐工作,并现场救助 60 名孤寡老人、残疾人特困户以及 200 名困难家庭学生。中国红十字总会副会长孙爱明、市红十字会赈济部等市、区有关领导出席,孙爱明讲话。会上表彰故宫博物院、市政协等 7 个作出突出贡献单位和区学校工委、建国门、北新桥街道红十字会 3 个募集善款先进单位。

此次救助活动动用募集善款 20 万元,救助孤寡老人 100 名、特困老人 100 名、特困残疾人 100 名、困难家庭学生 200 名(包括市红十字会资助 100 名)。

(李树信)

【“关怀非典受难者基金”结尾工作】 在上年抗击“非典”疫情斗争中,由于当时“非典”患者有相当一部分是外地在京务工人员,康复后不在北京。区、街红十字会克服困难想方设法进行联系,多方查找,逐人落实。2 月,区红十字会将工作完成情况及关怀慰问金发放余额上报市红十字会。 (李树信)

【中小学生 婴幼儿住院互助基金】 市中小学生、婴幼儿住院互助基金是由市红十字会主办、市教委、市卫生局协办,为患有危重病的中小学生、婴幼儿弱势群体家庭设立的互助基金,具体工作由各区、县红十字会负责。9 月 8 日,与区教委在二十七中礼堂共同召开东城区中小学生、婴幼儿住院互助基金启动大会。中小学校、幼儿园主管领导和校医参加。市中小学生、婴幼儿住院互助基金办公室主任到会动员,区红十字会常务副会长讲解互助金管理办法。区教委副主任部署“少儿住院互助基金”工作。7 月 21 日,章冬梅会长主持召开区少儿住院互助金领导小组会议,明确各有关单位职责并提出要求。截至 12 月 31 日,共有 136 个中小学、幼儿园(所)及区域内散居学龄前婴幼儿共46320 人参加,收缴率为 60%,累计收缴互助金额231.6万元。 (李树信)

【世界红十字日】 本年是中国红十字会建会 100 周年,5 月 8 日是世界红十字日,全区各级红十字会组织开展形式多样的红十字活动。北新桥街道红十字会利用“五一”假日,在全社区开展“博爱在京城”募捐救助和各种宣传服务活动。辖区 17 个基层红会以不同形式开展“送温暖、送温情、送一份爱心”活动。组织红十字志愿工作者为孤寡困难家庭、残疾人义务测量血压、理发、修理电器,开展卫生咨询等项服务。发放宣传品 4000 余份、悬挂横幅 30 余条、标语 120 条、摆放宣传版 80 块、服务 1138 人次、募集善款 1400 元。和平里街道红会与街道科委、妇联等部门在地坛公园西门广场联合举办大型宣传服务活动。发放近千份宣传材料,设立募捐箱,现场收到捐款 300 余元。安定门街道头条社区红十字会开展主题为“献一份爱心、增一份温暖”募捐活动。捐出电视机、电饭煲、收音机、衣物等 285 件。

5 月 8 日,向各街道红会发放全市统一印制的纪念中国红十字会建会 100 周年宣传画 120 套、480 张,进行张贴。组织街道近百名社区红会干部参观红十字总会举办的中国红十字会建会 100 周年展览,观看以红十字捐献造血干细胞挽救白血病人为题材的话剧《以红十字的名义》。 (李树信)

【群众性健康教育】 本年,区各级红十字会开展各种健康教育活动。朝阳门、安定门街道红会先后举办防治禽流感知识讲座。聘请区动物检疫所、鼓楼医院专家讲授有关知识,提高群众的安全防范意识。建国门街道红会举办《血脂异常及防治》知识讲座。东华门、东直门街道红会会同有关部门,在繁华街头设站开展“预防疾病,保障健康”宣传服务活动,散发宣传材料,进行健康咨询。 (李树信)

【初级救护员培训】 本年,区、街两级红十字会落实初级救护员培训工作任务,4 月,组织街道红十字会秘书、秘书长及驻地会员单位红会干部培训,学习救护知识,50 名学员全部取得市红十字会颁发的“初级救护员”证书。至 12 月,北新桥、东华门、东直门,景山、和平里、建国门、朝阳门等街道红十字会先后组织开展初级救护培训。北新桥街道红会利用寒假,组织本地区中学生学习现场初级救护知识;东直门街道红会开展救护培训进军营活动,聘请专家为驻地武警六支队官兵进行现场初级救护培训。70 名官兵参加学习,并通过市红十字会的考核;和平里街道红会分两次集中250 人参加初级救护员学习,办事处领导带头,全体机关干部及社区主任均取得初级救护员证书。5 月,购买市红会编发的《避险逃生手册》3000 本,由 10 个街道红会和学校工委下发。景山街道红会组织隆福医院医务人员到长虹电影院施工工地,为近百名工人进行现场救护知识培训。全年全区共有1016名机关干部、社区居民、武警战士、驻区单位职工取得市红十字会统一颁发的初级救护员证书。　　(李树信)

【中小学校红十字会工作】　元旦、春节期间,开展敬老助残献爱心活动。3~4月,学校工委组织各中小学红十字会参加由中国红十字会总会举办的“红十字基本知识大赛”。69所学校参加,1000名红十字青少年填写竞赛试卷,绘画作品120幅、书法2幅、手工制作1件;组织参加“飘扬的红十字——庆祝中国红十字会成立100周”征文活动,47所中小学红十字会选送征文128篇。经区会选评向市红十字会推荐优秀征文50篇,其中,获二等奖2人、三等奖23人。5月,区特殊教育学校参加由保加利亚红十字会主办的“你喜欢我的作品吗?”国际残疾少年儿童艺术竞赛。该校26名身患听障、智障学生的21件(幅)手工制作、绘画作品参赛。六一儿童节,区红十字学校工委评选45名学生为区优秀红十字青少年。　　(李树信)

【宣传报道评比】　2月,对上年度街道红十字会与学校工委的宣传报道工作进行年终评比。根据在《中国红十字报》、《北京电视台》、《北京红十字报》、《区红十字信息》以及其他新闻媒介所刊登的宣传稿件数量,按照区会有关文件评出安定门、北新桥、建国门街道红十字会及区学校工委为宣传工作先进单位,并表彰优秀通讯员。　　(李树信)

居 民 生 活 状 况

【居民收入】　据东城区居民家庭生活调查资料显示,本年居民人均家庭总收入为17921元,比上年增加1997元,增长12.5%。人均可支配收入16705元,比上年增加1825元,增长12.3%。人均借贷收入3305元,比上年增加1107元,增长50.4%。

在人均家庭总收入中,工薪收入11220元,比上年增加1594元,增长16.6%。经营净收入211元,比上年减少37元,下降14.7%。财产性收入183元,比上年减少97元,下降34.6%。转移性收入6306元,比上年增加536元,增长9.3%。其中,养老金或离退休金收入5608元,比上年增加246元,增长4.6%。(杨怡)

【居民支出】　居民人均家庭总支出为15381元,比上年增加1631元,增长11.9%。人均借贷支出5560元,比上年增加1868元,增长50.6%。

在人均家庭总支出中,消费性支出为13017元,比上年增加1410元,增长12.1%。购房与建房支出342元,比上年增加258元,增长3.1倍。人均转移性支出1017元,比上年减少228元,下降18.3%。人均社会保障支出1003元,比上年增加191元,增长23.5%。

在居民人均消费性支出中,食品类支出占人均消费性支出的33.1%;衣着类支出占8.8%;家庭设备用品及服务支出占5.[illegible]%;医疗保健支出占11.1%;交通和通讯支出占12.5%;教育、文化、娱乐服务支出占17.0%;居住支出占8.1%;杂项商品和服务支出491元,占3.8%。　　(杨怡)

【食品类支出】　居民家庭人均购买食品的支出为4304元,比上年增加365元,增长9.3%,低于人均消费支出增幅2.8个百分点。其中:购买粮油类食品支出420元,增长5.0%;肉禽蛋水产品支出924元,增长1.8%;蔬菜支出317元,增长2.9%;调味品支出75元,增长1.4%;糖烟酒饮料支出437元,增长0.7%;干鲜瓜果支出362元,增长0.3%;糕点、奶及奶制品支出449元,增长4.9%;其他食品支出77元,下降13.5%;饮食服务支出1243元,增长32.5%。本年恩格尔系数为33.1%,比上年下降0.8个百分点。

(杨怡)

【衣着类支出】　居民家庭人均购买衣着的消费支出为1142元,比上年增加72元,增长6.7%,低于人均消费支出增幅5.4个百分点。其中:购买各类服装支出774元,增长9.6%,人均购买服装11件。购买鞋类支出279元,增长4.5%,人均购鞋3.4双。其他衣着用品、衣着材料和支付衣着加工服务费共计支出89元,下降8.2%。　　(杨怡)

【家庭设备用品及服务支出】　居民人均家庭设备用品及服务支出为750元,比上年增加30元,增长4.2%。其中,人均购买耐用消费品的支出为375元,比上年增加44元,增长13.3%。床上用品支出54元,下降1.8%。家庭日用杂品支出221元,下降5.2%。家庭服务支出52元,下降7.1%。 (杨怡)

【医疗保健支出】 居民家庭人均用于医疗保健方面的支出为1443元,比上年增加174元,增长13.7%。其中:购买药品支出647元,下降14.1%;滋补保健品支出288元,增长41.2%。医疗费支出405元,增长63.3%;购买医疗、保健器具和其他医疗支出共计103元,增长60.9%。 (杨怡)

【交通和通信支出】 居民家庭人均用于交通和通讯方面的支出为1631元,比上年增加222元,增长15.8%。其中:交通费用支出(包括购置家庭交通工具、购买车辆用燃料及零配件、交通工具服务支出和交通费)共790元,增长32.8%。其中,购置家庭交通工具支出351元,增长20.2%;支付交通费321元,增长28.4%。

通讯费用支出(包括购置通信工具和支付通信服务费用)840元,增长3.2%。其中,购置通信工具支出144元,下降31.4%;通信服务费用支出696元,增长15.2%。 (杨怡)

【教育文化娱乐服务支出】 居民人均用于教育文化娱乐服务方面支出为2219元,比上年增加520元,增长30.6%。其中:购置文化娱乐用品支出718元,比上年增加105元,增长17.1%;文化娱乐服务方面支出582元,比上年增加196元,增长50.8%;支付各种教育费用919元,比上年增加218元,增长31.1%。 (杨怡)

【居住支出】 居民家庭人均居住支出1051元,比上年减少77元,下降6.8%。其中:住房支出453元,比上年减少193元,下降29.9%;其中,住房装潢支出为281元,比上年少支出148元,下降34.5%。水电燃料及其他支出575元,增长23.9%;居住服务费支出23元,增长27.8%。 (杨怡)

【居民储蓄】 居民人均存款为4256元,比上年增加1728元,增长68.4%;人均取款2463元,比上年增加426元,增长20.9%;存款比取款多1793元。居民人均储蓄性保险支出304元,购买有价证券90元,归还住房和购车贷款348元。 (杨怡)

【主要消费品拥有量】 本年,每百户居民平均购买大件生活消费品的数量为:洗衣机5.9台,电冰箱3.5台,空调器6.2台,淋浴热水器7.4台,抽排油烟机3.5台,彩色电视机7.1台,影碟机8.3台,家用电脑(整机)5.9台,摄像机1.6架,照相机5.9架。

年末,每百户居民主要大件生活消费品拥有量为:汽车7辆,洗衣机102台,电风扇150台,电冰箱101台,冰柜11台,微波炉85台,空调器132台,电炊具135台,淋浴热水器81台,排油烟机73台,彩色电视机151台,影碟机69台,录放像机53台,家用电脑83台,组合音响36台,摄像机15台,照相机108架,各种健身器材11件。自行车217辆,家用汽车7辆,普通电话114部,移动电话168部,传真机2部。 (杨怡)

JIEDAO
街 道

街 道 工 作

【概况】 年内,按照区委、区政府总体要求,以“三个代表”重要思想为指导,街道围绕区委、区政府中心工作,发挥“统筹辖区发展、强化属地管理”的职能,在社区建设、城市管理、安全稳定等重点工作中,开拓进取,深化改革;加强“法制型、文化型、学习型街道”建设,开展“国学文化”、“奥运文化”、“胡同今昔展”、“党在我心中”及体育、健身等具有文化内涵而又丰富多彩的活动,推进街道工作走向法制化、规范化和学习化,使各项事业稳步发展;在信访、综治、安全生产及节日庆典、游园布置、防控“禽流感”和“非典”等工作中,承担重要任务。街道办按照职能、职责,加强自身建设,增强为区领导和街道服务意识,发挥“综合协调、督查调研、信息反馈”作用,完成各项工作任务。

单位名称:东城区人民政府街道工作办公室

单位地址:钱粮胡同3号　邮政编码:100010

联系电话:64031118转2120 (彭喜乐)

【街道工作会】 2月,主持召开区政府二次全体(扩大)会街道工作分会。区领导卢彦、梁军、费文勇、章冬梅及区有关部门、街道、社区负责人参加,章冬梅总结街道上年工作,安排本年街道工作任务。卢彦讲话。(彭喜乐)

【街道经济】 年内,清理异地纳税企业353户。街道财政总收入2.5亿元,比上年增长13.5%。(彭喜乐)

【城建城管】 街道配合区委组织开展“依托数字城市技术创建城市管理新模式”课题研究。通过实地勘查,在1:1000的社区基础图上,逐个社区绘出万米单元划分示意图,完成社区万米单元网格划分。完成辖区交通标志牌、车站路牌、电线杆和各种井盖等城市管理部件的分类调查,掌握16万个城市部件的分布情况。共整治胡同112条,其中精品胡同26条。(彭喜乐)

【社区建设】 按照“以硬件为突破口,以软件为推动力”的指导思想,确定“创新体制、健全制度、打牢基础、形成特色”的工作思路,结合区委、区政府研究制定《关于加强新时期和谐社区建设的意见》,从调研入手,解决社区居委会硬件设施和改善社区环境,完善社区服务功能,加强学习型社区建设,培育社区民间组织,强化社区自治功能。重点社区建设总投资7200万元,其中街道投资2000万元,驻区社会单位集资5200万元。(彭喜乐)

【社区准入制】 为给社区减负,将区委、区政府27个部门进社区工作分为会议、培训、报表、检查评比、活动、建社区组织、信息采集及其他等8方面统计、规范,对其他临时性工作,要求实行准入制度。年末,初步确定规范项目。(彭喜乐)

【服务合约】 完成《服务合约》的制定。对与社区签订《服务合约》的区委、区政府27个部门的服务内容进行统计、调研,整理和规范。服务内容以群众实际需求为标准(管理性工作不列入服务内容),包括:咨询、投诉、网络类服务,提供具体的电话号码、网址,为社区承诺的服务要落实;志愿者无偿服务;无偿提供服务、设施、场地、用品;无偿提供宣传资料、信息;办实事(钱、物、智力支持等)。(彭喜乐)

【优扶社救】 街道深入开展“为民送方便、情系千万家”活动,共为各类困难家庭解决难题2561个,救助老、困、残、孤1.53万名,给予155名见义勇为者一次性补助共计12.55万元,资助334名困难家庭学生共计23.26万元,开展“一对一”、“一帮一”、“一带一”等帮扶活动1360件,为社区办实事1567件,惠及20万居民。(彭喜乐)

【信息服务】 全年编发《街道情况》30期、《社区直通车》8期。(彭喜乐)

东华门街道

【概况】 东华门街道位于东城区西南部，面积5.35平方公里，街巷90条。户籍人口8.13万人，中央、市、区属机关单位300个，商企单位2500个。

本年，工委、办事处围绕"新北京、新奥运"发展目标，强化首善意识、责任意识、服务意识，依法行政，严格规范化管理，整合社区资源，启动和谐社区建设。深化政务公开，推行全程办事代理制工作。

全年完成税收3250万元，同比增长18.7%；其中印花税收511万元，同比增长77%。财政支出保障工作重点，坚持"费随事走"，预算审批程序，全年收支平衡。加强区域经济服务，开发税源。3月，成立经济服务办公室，为辖区企业提供服务，发放服务卡400余张，宣传政府有关政策，征求企业对政府的意见、建议，营造良好经济环境。

年内，联合开展防火、交通、外来人口、地下空间等安全检查，举办防火知识专题讲座、现场灭火演习等，增强居民防火意识和自我保护能力。全国两会、重大节假日、敏感日及重要活动期间，组织4.66万人次参加值班巡逻。集中整治东长安街、神武门等重点地区21次。在东长安街以南地区安装监控探头5个，实现全辖区全天候的监控目标。组织30余家单位在各社区，开展爱国卫生联组检查、互查，基本实现街道、单位(社区)两级联动与互动。以创建卫生达标社区和卫生达标街巷为标准，组织单位员工、社区居民2万多人次开展卫生公益劳动。加大对工地安全、环保及扬尘控制的检查，接受市环保局扬尘暗查，合格率100%。

宣传失业人员再就业优惠政策，制作《失业人员再就业指南》一万册。失业率1.02%，就业率64.63%，"4050"人员就业率66%。社区开发就业岗位1030个，安置失业人员791人。加大社会保障力度，办理失业人员自谋职业349人。走访问慰失业人员特困家庭84人，发放慰问金4.52万元。发放保障金233.29万元，粮油帮困39.36万元。关注低保和困难家庭，为346户低保家庭发放绿色通道优惠购药卡。

单位名称：东华门街道办事处
单位地址：灯市口西街14号
联系电话：65120858　邮政编码：100006　(刘利成)

【维护民工权益】 1月2日，街道办事处在政务大厅向王府井饭店工地24名民工发放追讨回的拖欠工资6万余元。(刘利成)

【春节团拜会】 1月16日，举办第二届新春团拜会。辖区中央、市、区级机关、企业、事业单位负责人、人大代表、政协委员、社区居民代表共600人参加，观看文艺演出。(刘利成)

【防控禽流感】 根据市、区工作部署，街道及时制定防控禽流感工作方案，成立领导小组，紧急拨款5万元，启动防病紧急预案。各社区分别成立防控领导小组，摸底调查辖区以鸽子为重点的家禽数量及外来高危人群流动情况，向社区居民宣传防控禽流感知识，通报各种可疑情况。全辖区形成严密的禽流感疫情防控网络。3月30日，本地区全部禽类健康情况正常，未发现饲养人员发热现象。(刘利成)

【社区网络互通】 2月，办事处机关同14个社区实现网络互通。社区居委会可以通过拨号上网与办事处局域网连接，实现各类信息相互传递。(刘利成)

【整合社区资源】 本年，将银闸、智德、东厂、黄图岗、校尉、霞公府、菖蒲河、南池子8个社区，本着便民原则，采取先易后难、稳步实施的方法，再次整合社区资源，将原有4个社区党委分别与4个社区党总支合并，由社区党员大会选举产生4个社区临时联合党委。整合后，社区功能扩展。(刘利成)

【文体工作会】 3月24~25日，召开地区文体工作会。地区文体协会的33个成员单位及6个非成员单位的领导和主管干部参加会议。会上通过媒体展示辖区上年文体工作成果和本年的主要任务。(刘利成)

【资助重症武警战士】 4月5日，办事处领导前往武警十四支队看望身患重病的战士朱玉峰并送特困补助金5万元，鼓励他配合治疗，早日康复。(刘利成)

【爱国卫生工作交流】 探索建立爱国卫生长效管理机制，利用资源优势，组织辖区单位联合检查、研讨和交流活动。4月9日，中华医学会负责人到民政部和东华门幼儿园学习调研和工作交流。(刘利成)

【绣奥运会旗】 4月10日，区"绣奥运会旗抒爱国情怀”接力绣活动启动仪式在故宫午门隆重举行。街道向到场各界群众散发以奥林匹克精神和公民道德建设为内容的精美书签。奥运会旗以本街道社区居民绣制为主。发起并组织接力绣活动。辖区中央市属机关、知名人士、部队官兵、学生、社区居民及外来务工人员等各界代表积极参与，亲手绣制出北京和雅典两面奥运会旗。北京奥运会旗由奥组委送到国际奥委会总部，永久收藏于奥林匹克博物馆。（刘利成）

【社区建设工作会】 4月15日，召开街道社区建设工作会。辖区部分人大代表、政协委员、区民政局、街道党政领导、社区专职工作者200余人参加。听取《夯实基地，开创社区建设新局面》工作报告。工委书记讲话：加强社区软、硬件建设夯实基础；加强为民服务意识，增强为民服务动力；加强特色社区创建，提升社区工作水平。5月，组织14个社区150名社区工作者进行为期三天集中培训，介绍社区工作基本规律及各科室工作职责、任务和特点。（刘利成）

【演讲比赛】 4月20日，举办“我说道德”演讲比赛。3月，组织“我说道德”征文，从54篇征文中精选11篇参加演讲。来自机关、辖区单位和社区的参赛者围绕文明乘车，建设文明美德之家，展示首都市民良好精神风貌，共筑美好家园，恪守职业道德等主题演讲。东安市场周丹获一等奖。（刘利成）

【廉政监督】 4月，在党风廉政监督员与机关职能科室之间开展“结对子，促服务”活动。由5个党风廉政监督员小组与机关15个职能科室结成对子，建立工作联系。通过了解有关科室工作的性质、权限和任务，在沟通中互相理解，在参与中实施监督，在监督中促进整改，更好地为辖区单位和百姓服务。（刘利成）

【经济普查】 4月，成立经济普查办公室。确定校尉社区为第一次全国经济普查试点，6月初实施。从机关抽调13名干部，社会招聘23名具有统计工作经验的人员担任普查员，由校尉社区选派一名普查指导员。试点清查中，核实在库单位1080家，个体经营58户。

8月10日，副市长张茅在区领导卢彦等陪同下，到王府井大明眼镜店、东华服装公司、红光照相器材公司参加登记工作。13日，辖区经济普查办清查入户任务完成。清查单位9700户，完成计划的104%。（刘利成）

【社区田径运动会】 5月21日，街道第五届社区田径运动会在地坛体育场举行。民革中央副主席李赣骝，欧美同学会秘书长于隶群，国家博物馆副馆长姜丰义等市、区、街有关领导出席开幕式。来自辖区文体协会成员单位及中央、市、区属单位1241名运动员参加。入场仪式上，400名社区居民表演健身操，40名青少年表演篮球操，60名武警战士表演军体操。比赛选手在22个项目中角逐。民政部机关，民革中央和故宫博物院获团体前三名。（刘利成）

【全程办事代理制】 5月，办事处以“一站式”政务大厅为依托，将25项工作列入居民事务全程办事代理制，以此辐射到各职能科室部门，配合开展工作。20名公务员参与政务公开和全程代理，为辖区居民提供零距离优质服务。（刘利成）

【顾秀莲调研】 5月，全国人大副委员长顾秀莲，内务司法委员会副主任张志坚，民政部办公厅法制办调研员吴明，市人大副主任赵凤山，市民政局副局长聂志达到智德社区调研区贯彻《居委会组织法》、《北京市实施<居委会组织法>办法》和推进社区建设工作基本情况、存在问题和建议等。（刘利成）

【安全保卫】 8月，配合参加中国社科院国际问题研讨会的来自英、德、韩、荷、丹麦等国30名外宾参观菖蒲河公园、南池子历史文物保护区活动，街道主管主任牵头，协同派出所，与区建委联动做好治安保障工作，确保外宾参观顺利。（刘利成）

【解危工作试点】 8月，街道成立由党政一把手任组长，东华门房地分中心、东华门派出所、王府井工商所及办事处有关部门参与的解危领导小组，抽调专人参与解危工作。辖区试点楼情况较为复杂，公房、私房、商户、空挂户等情况并存。领导小组召开6次会议，调度五四大街28号试点楼有关工作，及时沟通相关信息。10月20日，试点楼13户居民、5家商户，除1家私房户未能搬迁外，17家签定搬迁协议。（刘利成）

【社区矫正】 本年，街道为增强矫正对象爱祖国、爱社会，在劳动中净化心灵，改过自新，组织8名矫正对象到门头沟区绿化基地开展植树劳动。9月10日，司法部基层工作指导司、预防犯罪研究所领导等到街道调研社区矫正工作，参观社区矫正办公室和心理矫正谈心室。（刘利成）

【王国强调研】 9月4日，国家人口与计划生育委员会王国强、发展规划司张春生一行到南池子和菖蒲河社区调研计划生育工作。区长卢彦等陪同调研。社区联合党委书记介绍“孩子与妈妈互动教学”、计生国策的宣传普及情况。王国强讲话:开展社区"亲情热线"、"育苗工程"等活动切实体现"以人为本"的宗旨。指出:人口管理不仅是计划生育问题,还是一个社会性综合管理问题,应该借鉴国外好的做法搞好我们的人口与计生工作。与会者还参观社区生殖健康教育"生命蓝岛"展。（刘利成）

【捐赠衣物】 9月20日,街道在北京医院工地举行为施工工地务工人员捐赠衣物仪式。向8个工地2300名务工人员捐赠由办事处机关党员干部和社区居民汇集的衣物7千余件。（刘利成）

【发放灭火器材】 9月3日,南池子、菖蒲河社区揭牌暨为居民发放灭火器仪式举行。全国政协委员、中国侨联顾问唐闻生,区、街有关部门领导和社区居民代表100人参加。东城公安分局及消防处领导向居民发放灭火器材。9月,针对地区平房院落多、危旧楼房多、存在火灾隐患的实际情况,在"党心连民心,亲情进万家"活动中,街道启动"放心安居"工程,投资25万元,为地区1006个平房院落、13栋木制楼,4317户居民免费配备1974套灭火器材,为消除火灾险情提供必要的硬件设施。（刘利成）

【国庆环境布置】 9月,本街道承担国庆55周年中山公园坛南区环境布置。按照隆重、热烈、勤俭的要求,从大局着眼,从细节着手,统筹规划,统一高度,整体安排,完成活动各项任务。（刘利成）

【交通安全图片展】 10月9日,举办"关爱生命,出行安全,严守交通法规"大型图片展览。在办公楼大厅陈放由公安部交通管理局制作的大型交通案例共12块展板,供机关、社区干部和居民群众观看。图片反映交通事故及生命财产损失,警示参观者,严守交通法规,关爱生命,维护首都交通秩序。（刘利成）

【小鸟人民调解委员会】 10月,东华门街道小鸟人民调解委员会成立。专为外来打工者服务的民间性调解委员会,调解委员会在街道司法所指导下开展工作。（刘利成）

【和谐社区建设】 12月14日,成立和谐社区建设领导小组。办公室设在社区建设办公室。15日,在北京空军后勤部召开街道新时期和谐社区建设工作会。区人大代表、政协委员,部分辖区单位代表,机关科级以上干部及全体社区专职工作者共150人参加。传达《中共东城区委、东城区政府关于加强新时期和谐社区建设的意见》,宣读《东华门街道加强和谐社区建设领导小组成员名单》,介绍试点社区挂职干部。（刘利成）

【学习十六届四中全会精神】 年内,举办学习十六届四中全会精神辅导报告、区第九次党代会精神辅导宣讲、台湾形势报告、任长霞同志事迹报告,参观《伟人——邓小平》、《延安精神永放光芒》展览,观看《小平你好》、《张思德》电影,组织党员学习《中国共产党纪律处分条例》和《中国共产党党内监督条例(试行)》等活动,提高党员干部的政治理论水平。（刘利成）

景　山　街　道

【概况】 景山街道办事处位于东城区西部,东依东四北大街,与东四街道办事处相连;西至景山东街、景山后街、地安门内大街东侧,与西城区什刹海街道办事处毗连;南临东四西大街、五四大街、景山前街,与东华门街道办事处为邻;北靠地安门东大街、张自忠路,与交道口街道办事处为界。南北最长1024米,东西最宽1702米,面积为1.62平方公里。辖区内有常住人口1.73万户,4.47万人。分9个社区,其中规模最大的是隆福寺社区,有2679户,6946人;规模最小的是美术馆社区,有1007户,2600人。辖区有大街7条,胡同84条。辖区有大学1所:北京教育学院;中学1所:北京165中学;小学4所:东高房小学、织染局小学、美术馆后街小学、什锦花园小学;街属幼儿园2所:黄化门幼儿园、魏家幼儿园;医院2所:中医医院、隆福医院;影剧院2座,银行、储蓄所4家。

街道有公务员编制88人,城管监察分队编制19人,事业编制21人。现有副处级以上干部14人,副科级以上干部57人,科员65人。设工委部门12个,办事处部门14个,城管监察分队1个,事业单位4个。

年内,认真学习贯彻"三个代表"重要思想和党的十六届四中全会精神,实施"坚持一个主题,抓好六方面工作,采取三项措施"的总体思路,坚持抓班子核心领导能力、开拓创新、求真务实,完成发展战略研究、首都级文明社区创建、干部队伍建设和党风廉政建设,完成街道党政领导目标管理责任书的各项任务。开展引税工作,共引进四家注册资本在1000万元以上的大型企业。完成财政收入2800万元,实现年递增7.7%。获国家体育总局、中央文明办社区级"全国体育先进社区","首都文明街道"等10项市级先进,"党风廉政建设先进单位"等43项区级先进。

单位名称:景山街道办事处

单位地址:美术馆东街1号

联系电话:64041147 邮政编码:100010 (柴晓力)

【党心连民心 亲情进万家】 响应区委号召,在全地区实施"听民心、重民意、解民困"工程。广泛征集社区急、难、热点问题147件,解决136件,完成率92.5%。11件不能及时解决的问题,对居民进行详细答复。发挥人大代表的作用,协调有关部门,解决了17个院、355户长年拖欠水电费问题。社区开展"把关爱送到群众家门口"活动,促进再就业。 (周菲)

【精神文明建设】 年内,投资175万元,整体改造市民中心校,利用中心校、社区教育分院(街道党校)、文明市民学校分校三级教育网络优势开展市民教育工作,全年授课129次,受教育人数1万人。开展全国文明城区创建,以提高"创建知晓率、群众参与率、百姓满意率"为重点,把创建工作与"党心连民心,亲情进万家"活动相结合。在机关公务员中开展"创建学习型机关、树文明礼仪形象"活动,做到人人知礼、懂礼、讲礼、行礼,提高公务员队伍素质。年内,吉祥、黄化门、隆福寺社区被评为区级文明社区。 (柴晓力)

【经济普查】 4月开始。从宣传入手,成立600人的党员志愿者宣传队,协助52名普查员在9个社区,利用各种形式开展宣传,使经济普查工作家喻户晓。在经济普查实施阶段,采取多种措施,确保清查数据质量。10月,完成阶段经济清查工作,本街道正常营业单位1466个(含个体)。 (柴晓力)

【全程办事代理】 5月31日,街道"全程办事代理大厅"启用。大厅面积300平方米,设服务窗口13个、服务柜台10个,办理事项45项。年内,平均日接待群众65人次,解决承诺事项和即办事项共6614件,完成率100%。6月9日,流动人口全程办事代理服务站在魏家社区建立。年末,共接听服务热线110次,办理生育服务证80个,流动人口婚育证10个,子女入学5人次、入托3人次,为流动人口提供服务。 (周菲)

【政务服务网站】 5月,街道信息中心自行研发的"景山街道政务服务网站"正式启用。街道投资30万元,为机关和9个社区居委会安装宽带、计算机等设备,实现以政务服务网站为平台的网络化办公。网站设居民信息库、辖区单位信息库、新闻信息库及社区人才库。成为街道与社区居委会、辖区单位、社区居民联系的桥梁和纽带。年内,网站访问量3.6万人次。 (柴晓力)

【中长期发展规划】 年内,开展大规模街情调查活动。从经济、历史文化、四合院等9方面入手,在抓培训、选题、落实的基础上,由14名处级干部结合分管工作中热点、难点问题,深入基层调查研究,写出调研报告。聘请专家、学者研究分析,制定《景山街道中长期发展规划》,提出构建传统四合院休闲商业区的设想。对收集的史料进行归纳分析,整理出版《景山街道通览》。 (柴晓力)

【机关改造工程】 年初,改造机关南北楼、基础设施、庭院,解决机关基础设施陈旧老化、服务设施不足、办公条件落后等问题。改造南、北楼面积1590平方米,庭院总面积272平方米,工程历时9个月。机关办公环境得到改善。 (周菲)

【重点社区建设】 将黄化门社区定位为体育·生活·休闲一体化社区,突出体育"生活化"的新理念,开展群众性体育活动,使大众体育走进社区、迈进胡同、踏进庭院、步入家庭,成为群众生活中除"衣、食、住、行"之外的第五要素。先后投资15万元,创建黄化门"体育生活化一条街",投资21万元升级改造碾子户外文体乐园。11月,黄化门社区获社区级全国城市体育先进社区。

将魏家社区定位为管理·服务型社区。新建居委会办公用房260平方米,投资47万元,装修和配备办公用品。计划生育,投资5万元在魏家社区建立"生命蓝岛",开展计划生育优质服务,帮助流动人口排忧解难。建立流动人口"阳光地带",为流动人口提供学习法律、法规园地。6月9日,区计生委在魏家社区召开流动人口计划生育工作现场会。 (周菲)

【便民服务卡】 设计制作服务卡集社区文化标识、社区服务内容于一体。卡上印有社区居委会的办事程序和服务内容,有9个社区的区徽、区歌、区口号、历史沿革以及社区主题雕塑等人文景观。7月23日,在隆福广场举行社区便民服务卡发放仪式。 (柴晓力)

【社区文体】 发挥文化团队、文化细胞和户外文体乐园的作用,以群众喜闻乐见的活动为切入点,开展多层次的文化体育活动。举办第11届社区运动会和第十八届文化艺术节暨"祖国在我心中"文艺汇演,举办主题科技周活动,举办多场消夏纳凉晚会及各项体育竞赛活动,丰富社区居民文化生活。(周菲)

【社会治安综合治理】 加强治安队伍建设,完成"两节"、"两会"安全保卫工作。在隆福寺商业街安装18个室外电视监控探头,在隆福寺派出所建立电视监探中心,利用技防手段管理隆福寺商业街。开展地区单位安全生产大检查,建立安全隐患工作台账,制定解决隐患问题的流程图,消除不安全因素。(柴晓力)

【信访调解】 坚持和完善处级领导下社区和每周二接待制度。全年接待各类群众来信、来访247件次,办结率100%。成功化解12起集体访事件。与社区签订目标责任书,做到小矛盾不出社区,大矛盾不出街道。全年共受理各类民事纠纷603起,调解成功577起,调解成功率95%。受理劳动争议投诉案件8起,为进京务工人员讨回工资2778.56元。(柴晓力)

【环境整治】 完成魏家、什锦花园、钱粮、黄化门、南吉祥、刚察等胡同整治任务。共整修仿古门楼47座,油饰大门75个,做仿古窗户201个,粉刷油饰1.3万米。整修胡同路面,共铺装道路2598米。结合重点社区创建,拆除黄化门大街、碾子胡同、魏家胡同违法建设70处,总面积500余平方米。加大沙滩后街、景山东街、东板桥街重点地区整治力度,共查处无照经营3500起,规范"门前三包"9000余次,确保地区秩序,提高环境卫生水平。(柴晓力)

【创建国家卫生区】 年内,开展城市清洁日活动12次,参加人数1.48万人次,维护绿地2100平方米。结合"居民区卫生达标街巷"的创建,共清运垃圾渣土29车,56吨,清理大件废弃物53车,106吨。开展春、冬季统一灭鼠活动,发放灭鼠药1820斤。开展"垃圾不出院"工作,清运垃圾27万吨,日保洁面积1.4万平方米,将垃圾暴露率控制在5%以内。(柴晓力)

【再就业工作】 深入到社区居民中间,结合劳动政策开展宣传咨询服务,结合"4050"特困人员具体情况开展再就业服务,结合劳动者实际利益开展维权服务,结合劳动协管员队伍建设帮助解决劳动保障困难和问题。年内共登记失业人员1175人,为失业人员发放《再就业优惠证》651个,再就业率66.51%,城镇登记失业率为1.32%,开发就业岗位1037个,安置失业人员就业612人,超额完成上级下达指标。(柴晓力)

【社区服务】 以"96156"网络服务为平台,建立家政服务、环卫服务、三产便民服务网点、敬老院、社区卫生服务站为一体的社区服务框架体系。全年共接听求助、咨询电话3268次,完成率100%,为用户提供家政服务600余次,收入34.9万元。收缴残疾人保障金45.32万元。10月,开展"关注灾区、关爱灾民、捐赠一日工资、奉献一片爱心"为主题的捐赠活动,捐款14万元,募捐棉衣、棉被1.32万件。提高敬老院为老服务水平,共接收36名老人,入住率94.7%。(柴晓力)

【一户一表试点】 为解决老城区平房院居民用水问题,对平房院用水实施地下管线和一户一表改造。钱粮、大佛寺两条胡同作为市试点单位,自10月10日起实施改造工程。11月18日完成,共安装水表620块,69个院落、474户居民受益。(柴晓力)

【危楼抢险】 5月13日晚,纳福胡同11号楼南楼因地基沉降造成楼体出现险情。区领导陈平、卢彦等亲赴现场指挥。办事处立即组成抢险小组,经过连日奋战,8天时间完成13户居民(12家)的搬迁任务。按照区政府"原拆原建、解危不解困"的工作原则,景山房地经营分中心投入约50万元,历时90天重建纳福11号楼南楼。新建筑面积约250平方米,13户居民于9月2日全部回迁。(柴晓力)

【隆福寺地区规划建设】 年初,区政府将隆福寺地区规划建设列入景山街道折子工程。年内,推进隆福寺商业区建设和改造项目。"隆福广场"6000平方米写字楼完工。4月28日,1.2万平方米"东方隆福食府"开业,由于经营不善,9月1日停业。2003年8月31日开业的"娃哈哈大酒家"经营状况良好,年收入5000万元。2003年10月31日开业的"中财隆福数码视听广场",由于经营不善,本年6月14日停业。(周菲)

交 道 口 街 道

【概况】 交道口街道位于东城区的西北部,东临东四北大街,西靠地安门外大街,北接鼓楼东大街,南与平安大街相连。面积1.47平方公里,有5条大街,41条胡同,10个社区居委会。常住人口2.1万户、5.36万人,流动人口7000人。辖区有满、回等14个少数民族2418人,占总人口的4.5%。有中央、市、区属单位80家;大学1所、中、小学校6所和幼儿园2所;社区服务中心2个,社区文体中心1个,社区卫生服务站6个;国家级文物保护单位1个、市级文物保护单位16个、区级文物保护单位10个。

年内,街道以邓小平理论和“三个代表”重要思想为指导,树立科学发展观、正确的政绩观和群众观,坚持立党为公、执政为民,坚持解放思想、求真务实,稳步推进街道三个文明建设。

单位名称:交道口街道办事处
单位地址:雨儿胡同乙15号
联系电话:64033210　邮政编码:100009　(闫向东)

【经济工作】 以科学发展观统领经济建设,按照“加大引资力度,培育新经济增长点,确保财力稳步提高”的发展思路,优化发展环境,不断增强街道经济总量,实现财政收入1650万元,比上年增长14.5%;引进企业20余家,配合税务所协征协缴印花税394万元。挖掘文化旅游资源,发展四合院商务,培育特色经济。国有资产管理,对6处产权不清的街道房产重新确权,开展街道债权债务的清理整顿。(闫向东)

【经济普查】 年内,街道成立领导小组,制定工作方案,4月完成经济普查试点工作,8~11月,清查被调查单位及进行“单位基本情况调查表”的培训和收、审、录、报、填等系列工作。10月21日,代表区接受抽查。(闫向东)

【古都风貌保护】 按照“整体保护、合理保存、适度更新、有效利用”的原则,本着“深入实际、调查研究、成熟一处、改造一处”的方针,完善《风貌保护规划和实施方案》,制作《南锣鼓巷历史文化保护区投资指南》和《历史风貌保护与危改结合新模式工作流程》,宣传保护区的文化底蕴,吸引社会力量参与历史风貌保护,与10家投资企业洽谈、推荐文化保护区可开发项目。年内,完成寿比5号楼“解危工程”和景阳2号院改造前期准备工作。(闫向东)

【四合院风貌保护】 年内,全面普查辖区平房院落,完成收集整理平房四合院影像资料,对地区1000多个院落进行影像资料拍摄,收集照片5000张,建立影像档案40本,举办四合院风貌保护风情摄影展。与区有关职能部门研讨历史名城保护与规划、人口疏散与改造的关系及外迁政策等问题。(闫向东)

【干部队伍建设】 坚持并完善理论中心组学习制度,开展16次学习和专题研讨会;建立定期与机关干部、社区主任谈心制度和联系社区制度,为基层解决实际问题。组织科级干部开展“求真务实谋发展”等学习教育活动。先后对9名科级干部进行考察,重新调整充实后备干部队伍。以“求真务实、开拓创新、提高素质”为主题举办机关工作人员理论学习培训班。(闫向东)

【机关建设】 年内,改造洗手池、食堂和浴室,修整院内地面、门窗,美化环境,改善办公条件。建立局域网和办公自动化系统,提高服务和管理水平。购置工作服,调整就餐补助标准。(闫向东)

【党组织建设】 年内,调整机关党支部,10个社区成立社区党委。加强党员教育和管理,开展无职务党员设岗定责工作,成立党员服务中心及党员服务站。成立非公经济联合党支部。围绕党员的先进性教育,积极开展“党心连民心、亲情进万家”活动。(闫向东)

【党风廉政建设】 落实党风廉政建设责任制,完善领导体制、宣传教育、责任落实、监督检查、谈话和汇报六个机制。开展两个《条例》和“求真务实,勤政为民”宣传教育月活动及警示教育。深化政务公开,加强街道债权债务清理和整顿规范工资等项工作的监督检查。(闫向东)

【宣传工作】 以学习贯彻“三个代表”重要思想和十六届四中全会精神和区委九次党代会精神作为全年宣传思想工作的主线,坚持宣传工作与街道精神文明建设、社区建设、重点工作相结合,服务大局,为街道建设提供精神动力、思想保证和舆论支持。全年在各级新

闻媒体、报刊发表稿件500余篇。（闫向东）

【共青团】 年内,依托交东社区服务中心,成立街道青年中心,吸纳会员团体8个,个人会员60人。（闫向东）

【工会工作】 贯彻宣传《工会法》,非公经济组织中新建会35家,发展新会员1000名。执行街道办事处与工会联席会议制度,健全三方协商、集体合同及民主管理制度,维护企业职工的合法权益。（闫向东）

【人大工作】 全年代表提议案5件、建议17件,召开座谈会32次,走访驻区单位26个,接待选民2000人次,按期办结人大代表建议3件和政协委员提案1件。（闫向东）

【社会治安综合治理】 全年,安全事故死亡率为"0",连续五年刑事发案率0.3‰,"四无"社区达标率100%,法轮功人员反复率低于1%。（闫向东）

【交东危改遗留问题】 3月,交东小区居民因危改遗留问题多次集体上访、出现上街堵路行为。对影响地区稳定的突发性事件,区委区政府成立领导小组。街道工委牵头、协调后续工作组各职能部门,从稳定大局出发,坚持求真务实和群众利益无小事的原则,维护居民的利益,解决业主反映的普遍问题,重视个体问题解决。街道班子成员联系重点人,"一对一"开展工作,抽调机关干部参与入户走访、接待和做好居民思想工作,全年投入20万元,确保小区稳定。（闫向东）

【社区建设】 开展创建学习型社区试点。交东社区为丰富居民文化娱乐生活,从"安、居、乐、业"方面入手,建设文明祥和的新型社区。菊儿社区以社区党组织为核心、社区自治组织为主体,拓展社区服务,繁荣社区文化。圆恩寺社区以建设平安社区和亲情就业为特色,为社区困难群体提供各种服务,就业率90%以上,获市级再就业先进社区和市级平安社区。

贯彻区《加强新时期和谐社区建设的意见》精神,在10社区设立居民事务办理站,开展系列服务活动,建立和完善社区专职工作者考核制度,举办社区居委会主任培训班。面向社会公开招聘社区专职工作者,充实社区专职工作者队伍。投入资金近200万元改善居委会硬件设施,为10社区配置传真机、三轮车等办公设备。（闫向东）

【城市管理】 年内,借助网格化城市管理新模式的运行,健全街道指挥、处置、反馈体系,提升城管反应速度和处置能力。城管分队按照ISO9001质量管理体系的标准,以"一区一员"为基础,以城管法规宣传学校为载体,强化社区居民、驻地单位城管监察工作。全年共查处各类违法案件2700起,规范"门前三包"单位5600家(次);清除非法小广告16万余张。（闫向东）

【胡同工程整治】 年内,完成胡同环境综合整治18条,配合相关部门完成胡同重新铺装7条及公厕改造20座。（闫向东）

【节水工作】 年内,为地区各单位发放全年用水指标,为帽儿胡同500平方米绿地安装节水微喷设备,完成超水加价催交任务6次和调查270家社会单位关于"北京市用水单位用水情况调查"的任务;开展节水宣传,举办《中华人民共和国水法》讲座,利用节水宣传周开展节水宣传教育活动。创建节水示范胡同4条,修复和改造30个漏水院的地下管线,为30个居民院落改装一户一表。根据地区平房节水创建经验,在本区5个街道开展"一户一表"改造试点。（闫向东）

【防汛工作】 成立防汛领导小组,制定防汛预案、责任制、责任追究制度等相关文件。召开地区防汛会。筹备成立专、兼职防汛抢险队伍7支。各部门检查、维修、购置防汛抢险工具和物资。组织房管、人防、绿化等防汛队伍检查和修缮各管辖房屋、人防工事、危险树木。实现"少塌房,不死人"工作目标。（闫向东）

【绿化工作】 年内,普查和登记造册地区危险树木,修剪树木580棵,伐除危险树、枯死树69棵。专项检查、维护古树名木。为府学胡同500平方米绿地补种地锦,为帽儿胡同100多平方米绿地补种灌木,指导改造中剪子巷甲6号中直机关管理局宿舍绿化500平方米。树木除虫打药3次。（闫向东）

【社会公益事业】 开展扶贫济困和救助赈灾,为659户低保家庭按时足额发放低保金。做好劳动监察,规范用工,维护外地农民工合法权益。配合有关部门完成标准租私房腾退任务。（闫向东）

【精神文明建设】 年内,根据区《关于进一步深化全国文明城区创建工作的意见》精神,成立街道党政领导挂帅的创建小组,制定创建方案和折子工程,对任务逐项分解,落实到职能科室和相关责任人,明确时限要求,层层抓落实。年内按时完成争创首都文明街道,创建交东、圆恩寺首都文明社区;创建大兴、细管、菊儿三个区级文明社区。开展文明礼仪系列教育实践活动和群众性精神文明活动。发挥地区丰厚历史文化底蕴和教育基地区域特色,实现争创双拥模范街道目标。 (闫向东)

【计划生育】 年内,确保完成低生育率指标,以开展优质服务为重点,举办“树婚育新风,建幸福家庭”皮影专场宣传演出,创建交东计划生育精品社区,成立交东社区“生命蓝岛——健康人生艺苑”。 (闫向东)

【再就业】 年内,建立大龄就业困难对象重点援助制度,开展日常援助活动,实施重点援助项目,实行就业助理服务,就业“托底”安置,形成大龄就业困难对象帮扶长效机制。圆恩寺社区先后被评为区级、市级再就业先进社区。城镇登记失业率1.43%,城镇登记失业人员就业率为70.4%,“4050”就业困难人员再就业率69.14%,公共职业介绍机构失业人员推荐成功人数818人,免费培训失业人员459人,社区就业开发岗位数和安置人数分别为568人和466人。实现临时就业200人,自谋职业373人,劳务派遣4人,弹性就业2人,托底安置55人。招开大小招聘会14场,471人参加应聘,与12家用人单位建立友好关系并签订空岗信息服务协议书。开辟再就业服务热线,随时解答特困人员遇到的就业问题,为求职人员提供政策咨询、就业岗位和培训项目等全程免费服务。 (闫向东)

安定门街道

【概况】 安定门街道位于东城区西北部,北至二环路,与和平里街道交界;东以雍和宫大街为界,与北新桥街道相邻,南临交道口东大街、鼓楼东大街,与交道口街道相接;西以旧鼓楼大街为界与西城区新街口街道相连。南北长950米,东西宽1850米,总面积1.76平方公里。辖区有3条大街,66条胡同,12个社区居委会,辖区总户数2.1万户,总人口5.4万人。区域有钟鼓楼、孔庙(首都博物馆)、国子监等8处全国和北京市文物保护单位及其300余个驻地单位。安定门街道工委、办事处是东城区委、区政府的派出机构。

年内,按照“三个代表”重要思想的要求,坚持以“解放思想、实事求是、深化改革、整体推进”作为街道工作的指导思想,全面推进各项事业发展。

单位名称:安定门街道办事处
单位地址:安定门内大街分司厅胡同41号
联系电话:64040994 邮政编码:100009 (杨沁诗)

【市领导视察】 6月3日,市司法局局长到街道调研司法和社区矫正工作。8月10日,王岐山等市领导到街道国子监、孔庙考察。 (杨沁诗)

【区领导视察】 7月11日,卢彦等到街道净土胡同19号查看暴雨后房屋修缮情况。7月21日,毛桂芬到钟鼓楼文化广场察看即将于8月举行的钢琴表演场地。8月17日,卢彦等到街道调研平房保护与发展工作。9月24日,驻区中央部委、机关、部队及区领导到街道视察精神文明建设及文明城区创建工作。12月24日,卢彦到街道调研社区建设,到国旺社区、五道营社区听取社区居委会书记、主任汇报并询问社区居委会开展建设和谐社区情况。 (杨沁诗)

【领导慰问】 6月30日,区领导冯熙到街道看望地区困难党员并送慰问品和慰问金。8月1日,开展庆“八一”慰问官兵活动。区领导刘朋庆等到驻地空军后勤部慰问部队官兵。11月1日,区领导到街道调研“构建和谐社区工作”。 (杨沁诗)

【文体活动】 3月22日,在钟鼓楼文化广场开展全民健身活动。市、区有关领导参加。活动内容有踢毽、变脸、太极剑、健身操等精彩表演,受到居民群众欢迎。5月15日,第四届“相约北京”联欢活动暨东城区第十九届夏日文化广场开幕式在钟鼓楼文化广场举行。22日,召开“六院杯”第14届地区运动会。吴弘勇等区领导出席开幕式。设置21个比赛项目,共有39个单位,1700余人参加。29日,开展“圣人邻里,弘扬国学,实践道德,做有礼之人”主题活动。文化部图书司副司长刘小琴及市文化局局长降巩民、区有关领导参加。7月1日,“庆七一暨党旗飘扬在社区”党建宣传咨询服务日活动。街道党政领导、机关干部、社区居委会主任、地区居民约200余人参加。2日,“庆七一社区党建宣传活动咨询日”活动。参加活动的党员、积极分子共500余人,服务1350余人次,发放宣传材料3000多份。7月10日,举办“文明东城,牵手奥运”暨第十九届消夏纳凉文化广场活动。9月24日,参加区“北新桥"杯第八套广播体操比赛,获二等奖。参加比赛的空后代表队、社区居民代表队分别获一等奖、二等奖。10月15日,组织区10个街道在宁夏大厦门前进行拔河比赛。22日,"关爱贫困母亲,发放'幸福工程'贷款"仪式在街道头条社区生殖健康超市举行。市计生协、区计生协领导出席启动仪式。　(杨沁诗)

【领导班子建设】　本年,学习贯彻党的十六届四中全会精神及区委九届一次会议精神,解放思想、更新观念、拓宽思路,带领地区人民完成区委、区政府各项工作任务。坚持中心组及扩大中心组学习制度,把学习理论与市、区工作部署、街道的工作实际相结合,增强学习的实效性。加强对"四五普法"工作的领导,做到领导班子带头学法。认真坚持民主集中制原则,做到工委、办事处职责分清,分别议事;工委会研究决定,让各位委员充分发表意见,尔后根据少数服从多数的原则作出决定。　(杨沁诗)

【干部队伍建设】　街道投资9万元脱产封闭培训科级以上领导干部及社区居委会专职工作者170人,组织学习贯彻十六届四中全会精神和第五次城管工作会精神。组织新任职务的公务员参加任职培训。开展公务员信息技术及电子政务培训,培训合格率90%。25人参加英语培训,合格率100%。

6月4日,在六院礼堂举办"干部素质与能力"专题报告会。机关全体干部及社区主任参加。7～19日,分两批组织机关干部赴革命老区江西进行传统教育。　(杨沁诗)

【党风廉政】　落实党风廉政建设责任制及各项规章制度,加强检查考核与责任追究,严格执行《廉洁从政准则》,通过民主生活会开展批评与自我批评,组织领导班子和机关干部撰写征文,确保领导班子及机关干部不发生违纪行为。10月19日,街道纪工委对10个行政执法科室和公共服务窗口进行政务公开、依法行政、廉政勤政、规范服务等行风评议。　(杨沁诗)

【社区党建】　调整充实社区党建协调委员会成员,建立社区党建协调委员会分会。在社区党组织中开展无职务党员设岗定责工作,首批上岗党员200人。专题研讨部分社区党组织与自治组织工作不协调问题。解决了三个社区党政工作不协调及工作开展不畅等问题。坚持例会制度,开展以会带训,加强对社区党委、党总支书记的培训。　(杨沁诗)

【社区建设】　3月17日,召开特色社区、重点社区研讨会。探讨如何突出重点,找出特色,切合实际地开展各项工作。6月17日,街道拨经费4000元,联系区职工中专学校老师为社区专职工作者讲授计算机课程,117人参加。　(杨沁诗)

【国学文化社区建设】　3月6日,国子监社区单亲俱乐部成立。9日,办事处领导与人文奥运研究会博士金元浦、孔子研究院研究交流部博士彭永捷就创建国学文化社区座谈。9月12日,街道与人民大学联合举办"实践人文奥运,建设国学社区专题座谈会暨合作项目启动仪式"。市精神文明办、中国人民大学、中国人民大学人文奥运研究中心、区有关领导参加活动。11月17日,编写出版"国学、国粹、国策"系列丛书,并免费向地区未成年人发放。　(杨沁诗)

【和谐社区建设】　12月13日,区领导到街道部分社区调研创建和谐社区工作。并询问在创建和谐社区工作中遇到的困难与阻碍,希望居委会书记、主任能够献计献策。15～17日,召开社区党委(党总支)、支部书记研讨会。重点学习《中组部关于进一步加强和改进街道社区党的建设工作的意见》及《东城区委关于加强新时期和谐社区的意见》。12月22～23日,街道组织30余名科级以上干部,开展新时期和谐社区建设专题研讨。本着"以人为本,为民服务"的原则,建设和谐社区。　(杨沁诗)

【全程办事代理】　年内,专设对外办公窗口,变集中接待为分散接待,变一个大厅为多个窗口(每个办公地都接待群众),变让群众找为机关干部代理,方便了群众。　(杨沁诗)

【再就业工作】　办理求职证874人次,单位招工档案转出1128人次。为失业人员按月发放失业保险金2615人次,120万元,一次性领取失业保险金526人次,341万元。为失业人员报销医药费649人次,30.6万元。办理自谋职业445人次,办理再就业优惠证808个。完成城镇失业人员就业率64.43%,失业率1.06%。职业介绍推荐成功657人,职业技能培训752人,社区岗位开发732人,其中安置622人,"4050"就业率为64.46%。　(杨沁诗)

【城市管理】　创建达标胡同12条,精品胡同2条。新建绿地500平方米。拆除违章建筑2000平方米,铺装黄土不露天工程900平方米。查处各类违法案件925起,处罚367起,罚款3万元。检查"门前三包"2250人次。完成人防工程加固740平方米,完成早期工事回填

1200平方米。下达年用水计划指标136个单位。开展平房四合院、国土资源和市政设施等基础性调查。完成一户一表直管公房水表改造63个院655户。（杨沁诗）

【计划生育】 头条生殖健康超市、爱心超市、国旺社区中医生命蓝岛(生殖健康超市)等特色试点。继续完善人口文化教育，成功组建“安定门国粹馆”和“安定门国策馆”。出版《国学、国粹、国策》书籍，在国子监街树立仿古宣传栏。计生办获市红旗单位。1月12日，举办计生法规培训暨贺新春计生工作研讨会。利用多媒体为驻地单位计生干部和各社区居委会主任、计生主任讲解《北京市计划生育条例》相关规定和计生日常工作。3月25日，召开“安定门街道驻地单位、综合治理部门计划生育工作会”。计生办与各单位、综合治理部门签订计划生育责任书，表彰上年度区计划生育先进集体和个人。4月17日，街道计生办、计生协与首都博物馆在国子监孔庙举办安定门国学馆第二期开学典礼。（杨沁诗）

【扶贫济困送温暖】 春节前夕，走访慰问街道孤老户、残疾人、下岗失业人员以及地区特困家庭、特困党员。共走访困难党员191人，送去慰问款1.36万元，走访低保家庭1512户3041人，发放慰问款51.41万元。4月1日，开展“扶贫济困春风行动与东城文明同行”扶贫助学活动。共收到募捐款3870元。开展以“关注灾区、关爱灾民，捐助一日工资、奉献一片爱心”为主题的募捐活动。发动驻地单位、部队、社区踊跃捐款2.76万元，捐衣被1.62万件。10月21日，组织地区中央、市、区属单位、部队、社区居民为困难群众募捐，收募捐款2万元，衣被1.6万件。举办“九九”重阳节金秋联欢会，演出文艺节目奉献给敬老院及地退老年人。（杨沁诗）

【爱国卫生】 1月8日，爱卫会、健康教育委员会联合召开“安定门地区爱国卫生、健康教育新春茶话会”。2月，开展春季灭鼠工作。街道爱卫会为12个社区居民免费发放溴敌隆蜡块210袋，溴敌隆原粮350袋，粘鼠板432张。（杨沁诗）

【群团工作】 3月19日，召开街工会与办事处联席会议。街道劳动科与近300个驻地单位签订责任书，保障地区务工人员合法权益，街道工会监督各个单位责任书的履行情况。5月13日，街道妇联受北京电视台《身边的故事》栏目组邀请，到电视台与群众共同探讨为老服务问题。街道领导及社区40名群众参加。6月1日，街道团工委组织辖区医院为400余名外来务工人员子女义务检查身体。7月21日，成立全市首家汽配行业联合团支部青年组织。（杨沁诗）

【精神文明】 3月5日，开展“弘扬雷锋精神，文明乘车从我做起”宣传、教育活动。北锣小学全体师生、外地务工人员、文明乘车监督员、社区文明乘车志愿者共240余人参加。7月13日，开展“迎奥运，共建文明乘车秩序”志愿者服务日活动。来自社区的文明乘车志愿者、驻地单位的团员青年、部队战士、外来人员、社区居民及文明乘车监督员共400余人参加。（杨沁诗）

【法制建设】 全体机关干部参加北京市公务员《行政许可法》考试。4月22～23日，街道组织执法科室部分干部30余人，进行法律专业知识培训，增强干部法律意识。9月17日，举办法制宣传文艺汇演。宣传《道路交通安全法》，区法制办、街道领导与社区100余名群众参加。（杨沁诗）

【防控非典 禽流感】 组织社区居委会每日检查辖区养鸽户333户1.01万只鸽子，7个工地宿舍、食堂消毒情况，建立日报制度。4月26日，召开防非典工作动员会。部署辖区草厂胡同一名密切接触者的看护工作，要求机关干部随时待命，做好各项防控“非典”工作。（杨沁诗）

【雅典奥运火炬传递】 6月9日，办事处组织机关、社区共100余名标兵到朝内大街参加雅典奥运火炬传递活动。（杨沁诗）

【信访工作】 信访排查，全年接待群众来访76批，126人次，成功化解三起集体访。全年开展6次矛盾排查，解决潜在矛盾40件，避免群体上访3起。成功调处各类纠纷119件，调解成功率100%。（杨沁诗）

【统计工作】 完成280家企业统计年报和30家单位的统计执法检查工作。完成分司厅社区全国第一次经济普查试点。7月开始，参加全国第一次经济普查。共清查单位1300个。根据普查规定，有425个单位参加街道101表和101－1表的填报。（杨沁诗）

【武装部工作】 完成18岁至22岁适龄青年兵役登记4600人，民兵训练80课时，国防教育120课时，完成年度征兵工作。（杨沁诗）

【献血工作】 一次性完成区无偿献血38名任务。（杨沁诗）

北 新 桥 街 道

【概况】 北新桥街道位于东城区东北部,北起北二环路,南至平安大街,东至东二环路,西至东四北、雍和宫大街。经过辖区有13、24、44、106、107、116、815、406、713、807路公交车和环线地铁。辖区面积2.62平方公里,户籍人口2.95万户,7.84万人。中央单位30个,市级单位33个、区属单位62个。新型社区2个。社区居委会16个、社区中心2个、文体中心1个,学校8所。绿化面积35.9万平方米,辖区有俄罗斯使馆、雍和宫、通教寺、柏林寺等文物保护单位。

年内,认真实践"三个代表"重要思想,围绕年初确定的发展思路及折子工程任务,团结协作,克服困难,开拓进取。加强社区党建、社区建设、城市管理、安全稳定基础建设。

单位名称:北新桥街道办事处

单位地址:东直门内北小街草园胡同6号

联系电话:64043994　邮政编码:100007　（王潇）

【领导慰问】 1月22日,陈平等区领导到88岁有62年党龄的老党员耿玉芬家慰问。向老人赠送慰问金、慰问品,并代表区委、区政府向耿玉芬老人拜年。1月22日,卢彦等到北新桥城管分队慰问。　（王潇）

【领导视察】 2月4日,国信办副主任杨学山到海运仓社区事务受理中心调研社区信息化建设,市、区领导朱炎、章冬梅陪同。2月7日,市委书记刘淇、市委秘书长孙政才、副市长刘敬民等领导到海运仓液化气供应站检查安全工作,区领导陈平、岳鹏陪同。2月7日,市委副书记于均波,副市长张茅到雍和宫进行安全检查。区领导陈平、刘朋庆等陪同。2月23日,市143折子工程项目专家组组长冯霭兰、市CDC副主任王星火、市健教所副所长田向阳等领导到街道验收《生活方式疾病综合防治示范社区》项目(市143折子工程)。2月26日,区领导刘朋庆、吴弘勇等到柏林寺调研"古都风貌保护"工作。3月17日,市、政法委书记吉林、首都综治办副主任李万钧到北新百姓房地产经纪中心调研。10月30日,卢彦到街道调研,听取街道工作汇报。11月22日,陈平到小菊社区调研建设和谐社区工作,指出:创建和谐社区的目的就是使人民群众都能享受改革发展的成果,调节不同群体的利益需求,传承共同理想,促进社会发展。建设和谐社区工作中要通过加强学习型组织建设来鼓舞人心、通过加强民主法制建设来推进依法治区的各项工作,要善于通过良好的社区服务来凝聚人心、通过加强社区党建来统领社区工作全局。　（王潇）

【领导班子建设】 落实中心组理论学习制度,1～12月份中心组共学习22次,出勤率95%。先后组织学习邓小平理论、提高执政能力,建设和谐社区等7个学习研讨会。完善处、科级干部联系制度,建立联系手册及主管领导定期审阅制度。在中心工作和日常工作安排上与联系制度紧密结合,保证处、科级干部每月到联系点调研不少于2次。召开书记办公会15次,工委扩大会19次,主任办公会22次,坚持会前学法制度,主任办公会讲法7次。坚持党政领导周二信访接待制度。　（王潇）

【干部队伍建设】 年内,制定《北新桥街道工作人员上岗工作要求》、《北新桥街道工作人员考核处罚实施细则》、《北新桥街道办事处关于机关聘用临时工作人员管理办法的通知》等规章制度。组织机关72名公务员参加行政许可法的开卷考试,25名公务员参加市行政许可法闭卷考试。按照公务员培训计划,机关116名工作人员参加计算机"6个模块"的培训和考试,114人员通过考试。年内,录用4名硕士研究生。　（王潇）

【365阳光驿站】 七一前夕,街道在16个社区创建365阳光驿站,构筑社区常态化党员服务体系。制定《关于创新社区党建工作机制,加强365阳光驿站工作的意见》、《365阳光驿站工作制度》、《365阳光驿站志愿者守则》等文件。统一16个社区365阳光驿站的名称、服务功能,规范日常工作。在全地区对以党员为骨干的近4000名志愿者登记注册,通过社区党组织向社区居民发放征求意见表、需求调查表1万份,汇总99个问题和建议,街道和社区制定措施整改完善。7月1日挂牌,365阳光驿站共为社区党员服务4087人次,为流动党员服务245人次,为社区居民服务1.26万人次,提供服务项目563项。　（王潇）

【防控禽流感】 街道召开防控禽流感,开展群防群控。拉网式检查辖区四个农贸市场及超市、副食商店等经营活禽、分割鸡的单位和个人,登记经营人员,责成主办单位清除鸡舍及宰杀工具,对经营场地消毒。建立快速反馈网络,发现疫情,及时报告。成立防治禽流感督察组,检查和督察辖区禽流感防控各项措施落实情况。向17个社区居委会、街道图书馆和辖区工地发信,要求按时向督察组汇报情况。 (王潇)

【胡同工程】 7月,完成北新桥三条、戏楼一巷、二巷、十四条、板桥、板桥南巷、北巷、西仓门、九道弯东巷、西巷、南巷、北巷、中巷13个胡同和市民政局宿舍2号院的整治工作。共拆除违法建设65处,拆除面积333平方米。共粉刷胡同墙面1.44万平方米,修缮门楼112个,拆除破损广告招牌39处,残旧遮阳棚59处,雨搭子43个,清除占路台阶18处。 (王潇)

【簋街餐饮】 簋街为丰富百姓餐桌,在"春节"期间举办"共享中华美食,相约簋街过年"主题活动。1月16日,成立簋街餐饮服务协会,选举产生会长、副会长、秘书长和理事,第一批协会会员29家,理事8家,成立协会将推动簋街的发展。 (王潇)

【维稳工作】 1月6日,成立调查组,进驻海运仓小区,开展调查研究海运仓、民安社区回迁遗留的房屋质量、公摊面积等问题。3月8日,成立专题工作组。组织社区党委、居委会、党员、积极分子学习相关政策法规,统一思想,发挥骨干带头作用。同时将法律、法规和相关文件在小区公示,举行政策宣讲会,做到政策公开透明,争取群众的理解。在矛盾尖锐时期,坚持每天下午召开工作组例会,按照政策做好解释工作,每日汇总问题,研究相应解决方案。对部分重点人提出的综合性、技术性的问题,组织相关部门进行联合接待。根据现实情况,及时调整力量,解决居民提出的问题。组织开展争当文明人、争创文明楼院等活动,动员社区各类文娱活动团队召开家庭趣味运动会、举行文艺汇演和知识竞赛,增强社区的凝聚力。 (王潇)

【信息工作】 年内,在《东城信息》和《昨日区情》刊登信息673篇。在国内外新闻媒体发表稿件900篇,制作《阳光北新 文明家园》录像片,编辑出版调研性书刊《北新桥社区建设探索》之六。编辑《北新桥风采》报刊11期。 (王潇)

【再就业】 2月27日,举办妇女就业专场招聘会,提供就业岗位264个,中年妇女的就业岗位占70%,接待应聘妇女500余人,其中达成就业意向242人,成功率50%。开发就业岗位、多渠道安置下岗失业人员。年内,共开发用工单位337个,用工岗位2756个,推荐就业2203人次,共安置失业人员1908人(其中职介安置1025人),安置"4050"人员共计635人,再就业免费培训792名,为2554名失业人员提供职业指导。城镇登记失业率控制在1.5%。就业率70.51%。在九道湾创建了无失业社区。 (王潇)

【纳税公益站】 3月4日,街道纳税公益站成立,现有志愿者10人,可提供财税咨询、法律、财会服务等服务项目,为地区纳税弱势群体提供志愿服务,确定10个单位为首批服务对象。 (王潇)

【群团工作】 东城少儿茶艺阳光课堂在九道湾社区成立。"小茶人"与九道湾社区低保家庭学生进行茶艺交流,填写"友谊卡",相互结"一助一"帮扶对子。"簋街"成立青年雷锋岗。京城活雷锋孙茂芳为青年雷锋岗揭牌,并鼓励志愿者做新时代青年的先锋。街道向青年雷锋岗赠送便民服务工具,为学雷锋小组授旗。非公企业学雷锋标兵向"簋街"全体党团员、青年志愿者发出倡议,号召大家从我做起,从身边的小事做起,从点滴做起,共同融入学雷锋行列。成立社区团建协调委员会,修改并通过《北新桥社区团建协调委员会章程》及成员建议名单,选举产生主任1名,常务副主任1名,副主任4名,委员10名。10月29日街道青年中心成立。总面积3000多平方米,青年中心以海运仓社区服务中心为依托,根据青年人兴趣设有台球厅、乒乓球厅、健身房、图书馆、电子阅览室等场所,有团体会员48个,个人会员200人。 (王潇)

【连锁便利店】 4月15日大连锁便利店"7-11"北京1号店在簋街开业。标准面积120余平方米,提供1500至2000种商品。 (王潇)

【经济普查】 3月,成立街道经济普查领导小组,办事处主任任组长,抽调专人成立普查办公室。4月28日~6月初,完成草园试点社区的普查工作。8月2日开展地区经济普查,按区普查办工作部署,完成清查及基本单位表的填报工作。 (王潇)

【老年人协会】 4月28日成立,选举产生会长、副会长、秘书长及理事成员,不定期地召开理事扩大会议,为地区老年人服务。 (王潇)

【党风廉政建设】 8月23日,街道举行党风廉政宣教月总结暨党员干部廉洁自律“三联卡”签字仪式。街道处、科级干部及党员代表学习“三联卡”的内容，并在廉洁自律“三联卡”上签名。

街道中心组和各社区党组织组织党员学习讨论《中国共产党党员权利保障条例》。（王潇）

【全程办事代理】 成立“全程办事代理制实行一站式服务”领导小组，建成400平方米政务服务大厅。制定《办事事项告知书》，实行一事一告知。利用电话、信函、网络等形式，延伸和提高服务内容和服务水平。在各社区居委会设立若干代理员，对各社区特殊群体和有特殊要求的群众进行全程办事代理服务。

为群众办实事，优化办事程序，街道把一些简单的办事手续放到基层。如计生办将办理《生育服务证》、《流动人口婚育证明》等7项内容交社区计生协管员代办。如果育龄群众需要办理上述7项内容的事项，只须将材料准备齐全交给计生协管员，协管员亲自到计生办办理并交到育龄群众手中。民政科将低保申报、初审，医疗救助申报、初审，办理老年证初审等6项内容交由社区福利主任代办等。（王潇）

【再建煤棚听证会】 8月26日，街道召开藏经馆社区是否再建煤棚专家论证会，邀请清华大学公共管理学院副院长王名教授、中国社科院研究员杨团教授等专家学者。与会专家分析、研讨听证会实施方案和操作程序，认为：社区以听证会形式进行民主决策，在东城、乃至北京市都是一次创新，以听证会形式进行民主决策，有利于推进基层民主建设，提高社区群众参与社区建设的热情，实现社区自治。9月2日藏经馆社区召开再建煤棚社区居民听证会。戏楼一巷、二巷的居民代表，社区党支部、社区居委会等代表参加，共66人。发出选票66张，收回65张，其中不同意再建的58票，同意再建的7票。会后，藏经馆社区居委会协调有关部门采取志愿者定期送煤、按季节修建临时煤棚等方式解决家庭储煤问题。参加听证会的居民和专家认为，社区听证会发扬基层民主，提高社区居民参与社区事务的热情，有助于建立公共约束机制，树立公共权威。（王潇）

【信访工作】 开展信访排查，对重大信访问题实行领导包案制度，年内，共接待来电、来访238件，接待群众51人次，使各类矛盾化解在基层。（王潇）

【档案工作】 9月17日综合档案室通过区档案局市档案管理一级三年复查。（王潇）

【献血工作】 年内，辖区工地、餐馆和社区居委会共献血53人。超额完成献血任务。（王潇）

【城市管理网格化】 成立街道城市管理指挥监控分中心，制定《北新桥街道分中心工作人员责任制》，《北新桥街道办事处城市管理事件责任分解图》和《交办事项统计表》。同时，成立社区公共设施维修队，确保准确、快捷完成区监控中心交办的任务。12月1日社区局域网开通。实现街道和社区联网。（王潇）

【创建全国文明城区】 9月9日，召开驻街中央、市属单位会，动员和部署区创建全国文明城区工作。①成立创建工作领导小组、创建办公室。②对辖区所属单位和社区进行拉网式检查，对检查出的问题，以社区为单位，建立问题台账。③加强责任制管理，将查处的问题上账，把问题和责任落实到人，以消账法对创建工作进行动态管理。

年内，制作“建和谐社区”彩旗1000面，悬挂在社区；设计印有“同心协力，共创文明东城”宣传口号的围裙3万条，发放到社区每一个家庭；“簋街”悬挂印有“创文明城区”字样的红灯笼；东直门桥头制作“创文明城区 建和谐北新”的瀑布灯。（王潇）

东 四 街 道

【概况】 东四街道位于东城区东中部，面积1.65平方公里。东起东二环路西侧，西至东四北大街，北起平安大道十条段，南到朝内大街北侧。辖区主要大街4条，胡同34条，社区居委会10个。有常住人口4.65万人。驻地单位597个，其中中央、市属单位88个。辖区内有中小学校5所，医院1所，托幼园所1个。

本年，以十六大精神和“三个代表”重要思想为指导，围绕践行“三个代表”重要思想，加快奥林匹克社区建设这条主线，推进奥林匹克社区软件、硬件建设，抓好组织保证、思想保证、财力保证，突出机制体制创新，提高人的素质，优化环境，群众参与，全面推进奥林匹克社区建设工作，完成年初制定的工作任务。全年，在20余家主流媒体刊登信息162篇。

单位名称：东四街道办事处
单位地址：东四六条17号　邮政编码：100007
联系电话：64042663　64044922　　（张杉）

【奥林匹克社区建设】 年内，围绕奥林匹克社区建设，开展系列研讨及建设工作。2月24日，国家体育总局群体司、市体育局及北京体育大学科研处等有关领导到东四街道调研东四奥林匹克社区建设情况。8月12日，陈平到奥林匹克社区沙盘模型制作现场，听取沙盘制作情况汇报，要求把沙盘模型做成既能体现古都风貌，又能体现现代文明的模型中的精品。9月24日，东四奥林匹克社区公园建成并投入使用，公园位于东二环路东四立交桥南侧，占地面积1.08万平方米，园内建有“圣火”、“奥林匹克风”等多座雕塑，栽种各种花草树木，辅以各类设施，是东四地区最大的主题公园。12月17日，卢彦主持召开奥林匹克社区建设协调会。（张杉）

【解放思想大讨论】 2月6～19日，街道在全体机关干部和社区居委会主任、社区党支部开展第十三次“解放思想，加快发展”学习讨论活动。围绕基本工作思路，通过分组讨论、自学等方式，大家统一认识，提高理论学习自觉性，完善工作思路。（张杉）

【签订责任书】 3月12日，召开责任书签订大会，层层签订岗位目标责任书，把责任落实到部门，落实到人头。为落实岗位目标责任制，采取岗位目标责任制考核与公务员考核相结合、个人年度考核等次与科室考核等次相结合等措施。（张杉）

【联席会议】 3月4日，召开街道办事处与工会第二次联席会议，区工会有关负责人出席，总结建会工作、维权工作、收缴工会经费、职工互助保险等工作并讨论如何吸纳进京务工人员加入工会组织。（张杉）

【献血工作】 2月25日，街道组织辖区有关人员36人义务献血，超额完成区献血办下达的35个献血任务指标。（张杉）

【党建工作会】 3月22日召开，基层党组织全体委员、机关全体干部、在居委会任职的所有党员及主任共150人参加。会上布置组织、宣传、党风廉政、精神文明和统战工作。（张杉）

【社区文体】 6月23日，街道举行奥林匹克社区群众“奥运火炬传递接力长跑”活动开幕仪式，市妇联主席荣华出席仪式。仪式上宣读致国际奥委会主席罗格的一封信，仪式后由社区单位、群众组成的长跑队伍遍及东四奥林匹克社区大街小巷、行程约5000米的火炬传递活动。通过活动，增强社区成员参与意识和对奥林匹克社区的归属感。7月12～13日，奥林匹克社区几万名居民自发举行主题“文明东城，牵手奥运——做奥林匹克社区文明人”的群众性庆祝活动。12日晚举办庆祝申奥成功三周年奥运会会旗转交仪式暨社区群众消夏纳凉晚会，市奥组委及区有关单位领导参加活动。杨艺文将北京奥运会会旗和雅典奥运会会旗转交给林向义，委托转送给国际奥委会，表达社区居民企盼奥运的心情。居民代表宣读“致国际奥委会主席的信”。随后举行文艺晚会。13日早晨，举行千人太极拳活动，表达普通市民对奥林匹克的热爱和尊崇。13日下午举办大型才艺展示“我为奥运添光彩”演讲比赛和大型民族、民俗绘画、书法、摄影、手工制作才艺展活动，共收集30件具有民族特色的作品。9月24日，在东四奥林匹克社区新落成的社区公园举办主题为“展示奥林匹克社区风采，欢庆北京奥运起航”的市民体育健身展示活动。以东四奥林匹克社区居民为代表的来自区近百个社区健身团队展示各式各样的健身活动。滕海滨、王涛等奥运冠军到现场。市、区有关领导和居民一起参与体育健身活动。9月28日，社区居民在奥林匹克社区公园举行迎第二个“奥林匹克社区日”庆祝活动。在开幕式上地球村村长廖晓义女士向大家宣讲环保知识，环保志愿者舒志刚先生向社区捐赠环保书籍，社区居民崔忠喜向奥林匹克社区赠送全家制作的奥运五环中国结和一本奥运百年史的手抄本。在奥林匹克社区公园圣火前开展“锦绣家园、绿色庭院”花卉展评、“生态脚印测试”等活动。10月17日，召开东四奥林匹克社区第二届民族民俗运动会。设有丢砂包、抬轿子、转棍子等22项民族民俗特色的比赛项目，社区单位和居民近800人参赛。（张杉）

【精品院直通车】 10月22日，召开“创建卫生精品院”表彰会。推动和谐社区建设。制定10项精品院达标标准，评选出38个卫生精品院和76个达标院，精品院被挂牌表彰。并专门开通“精品院直通车”，免费提供花卉养殖技术和花卉、提供院内设施的改造等个性化服务。（张杉）

【民族工作】 7月21日，市民委主任张组贤一行到奥林匹克社区调研民族工作，并参观街道举办的民族、民俗艺术展。（张杉）

【计划生育】　本年,街道与41个区属单位、社区单位、各职能部门签订《2004年计划生育目标管理责任书》,下发《街道计生办对社区计划生育工作的指导意见》及《东四街道2004年社区人口与计划生育工作的评估和标准》。出资为社区弱势群体女性健康检查。举办第二届奥林匹克社区人口文化节,开展辖区青少年"了解自己和异性"的青春期教育班会、流动人口"我爱北京——第二故乡情京城一日游"、"育龄群众计划生育生殖健康需求"调查问卷等活动。启动创建"生命蓝岛"项目,成立中老年生殖保健俱乐部。推行计划生育全程代理制,印制"计划生育全程办事代理制程序告知单"等,下发社区居委会。年内街道出生新生儿172人,计划生育率为98.8%。　(张杉)

【精神文明建设】　5月27日,奥林匹克社区文明礼仪系列教育活动启动。社区居民、外来青年共计200多人参加启动仪式。聘请"京城活雷锋"孙茂芳为文明礼仪形象大使,向各个社区授予文明礼仪志愿者队旗。社区居民代表向全社区居民发出了倡议,宣读自编的文明道德新三字经,四字歌。市精神文明导刊主编崔跃松为居民们讲文明礼仪知识课。

年内,开展市民公益英语大课堂活动,举办小型提高班、中高级班,举行各类英语征文和英语口语演讲比赛,在各社区建立英语学习复读班和英语口语对话角,以满足不同文化层次人群的需求,全年举办两期共31讲的培训班,参加讲座5600人次。

3月5日,在地区开展"学雷锋,见行动,争做文明社区人"活动。在各社区设立宣传站,以黑板报、条幅、发放宣传材料进行宣传;组织单位党员干部、社区团员青年、学生志愿者、辖区医院500人为群众义务修车、理发、裁剪、送医送药上门等服务;孙茂芳志愿入户为社区的军烈属、残疾人和孤寡老人量血压、体检。　(张杉)

【危改后续工作】　3月,街道机关干部和有关工作人员100人分成33个调查小组,到危改回迁小区A、B、C、D四区24栋居民楼共3662户居民家中,民意调查回迁小区建设状况、物业管理、周边环境等问题,共回收问卷2224张,记录相关意见和建议。成立东四危改小区后续工作领导小组。6月,街道召开东四危改小区党员、部分居民代表座谈会,交流居民反映的共性问题。东四危改小区后续工作组各成员单位负责人现场办公,现场设立政策解释组、工程质量组和物业管理组,居民提出的专项解答问题。各小组共接待反映居民60余人次。29日,由区房地局、康泰公司等有关单位为AB区居民发放房屋产权证,实发证903户,发证率65%。7月8~16日,东四危改小区产权证工本费退费工作实施,街道、社区居委会和物业公司联合抽调工作人员60人,组成19个小组,小区应退款1900户15.2万元,实退款1584户12.67万元。退款率83.3%。9月9日,东四危改小区后续工作领导小组召开街道、危改小区居民代表、开发商三方协商会,8名居民代表、20名旁听代表、街道办事处和区住宅发展中心有关部门负责人参加。与会双方探讨回迁房合同系数、壁挂炉、提供设计图纸等问题,经过反复协商、讨论,各有关部门与居民代表初步达成共识,解决了壁挂炉的维修、更换问题。25~29日,CD区产权证集中发放,应发放产权证1603个,实发产权证840个,占应发证的52.4%。12月16~17日,东四危改小区产权证补发工作结束,补发产权证625个,占发放总数的52.1%。　(张杉)

【社保所人事制度改革】　社保所借助"东四奥林匹克社区再就业服务超市"开业契机,采取"按需设岗,按岗定责,竞争上岗"的办法进行人事制度改革,首批推出三名首席办事员,改革打破原有分工,重新定岗。将岗位分为"三类两级","三类"即:失业、退休、低保。在每一类工作中设立"两级",即首席办事员和助理办事员。设定首席办事员和助理办事员职责及管理办法,初步实现一专多能的转变。社保所根据各岗位工作需要合理界定工资待遇,体现多劳多得原则。实行动态管理,实施一年一聘,解除终身制。　(张杉)

【档案管理晋升市一级】　4月27日,东四街道档案工作经区档案工作目标管理检查考评小组按市一级标准审查评议,批准东四街道档案管理工作晋升市一级并颁发证书。　(张杉)

【城市管理】　本年,东四地区施工工地多、管理难度大,为加强控制环境污染,开展专项执法整治,规范各类施工工地,解决"三堆"(土堆、煤堆、灰堆)及垃圾暴露,露天烧烤等环境污染问题。以打击散发小广告、无照经营、门前脏乱为重点,加大综合整治力度,共出动629车次,3275人次,清除、罚没小广告2.7万张,查处违法行为为161起,累计罚款5.23万元,办理群众举报73起,遏制违法经营现象。

开展全民绿化、美化工程。以首都第20个植树日为契机,在奥林匹克社区公园举行绿化植树活动。开展屋顶绿化,在社区单位种植1万平方米具有耐寒、耐旱、可粗放管理的佛甲草,防风抑尘节水节能,调节顶层室内温度。为社区居民开通"精品院直通车",免费提供花卉、养植技术及院内设施的改造等服务措施,推进和谐社区建设。街道精心设计占地120平方米,由

30余个花卉品种、3000多盆景花草组成“雅苑叠翠”大型花坛。开展绿色环保活动,新建小区全面实施垃圾分类,平房区推广节能环保灯具、节水器具及免冲洗生态厕所,使广大居民感受到“绿色”、环保与家庭生活密不可分,影响和带动社区居民建设“绿色家园”的参与热情。开展“巩固创建成果,共建奥林匹克美好家园”城市清洁日公益劳动,实施辖区除四害活动。组织发动驻街单位、机关干部、武警官兵、文明监督员、区保安人员、在校学生及社区居民等上万人对东四十条和二环路及居民小区共4000米绿地投药,免费发放各类除四害药品400余袋,清洁绿地5000平方米,擦洗护栏1000多米、广告牌匾30多个、电话亭26个,清除小广告90处,清理卫生死角573处,发放宣传材料万余份。 (张杉)

【扶贫济困送温暖】 两节期间街道开展走访慰问活动,区、街党政领导和机关各部门负责人共走访慰问低保困难户、特困群体、统战对象、“法轮功”重点人、两劳释放人员、辖区单位职工、武警官兵等近3000人,发放慰问金及慰问品共计20余万元。

开展“一带一”扶贫济困群众性帮扶和社会捐助活动,年内共收到单位和个人捐款1.17万元,为特困群体发放补助6万元,为650户困难家庭申请爱心卡。办理按比例安排残疾人就业的单位共146个,完成率为99.3%,共收缴残疾人就业保障金16.49万元,完成社会单位新安置残疾人就业4人、扶助重残2人、社区就业4人,为未就业残疾人推荐就业12人次。开展2次为灾区募捐活动。共接收捐款4.14万元、捐衣被467包1.45万件。街道团工委开展“阳光成长”、“学子阳光”活动,调查地区特困学生,建立数据库,为15名特困生争取奖学金共计1万元,为1名考入大学特困学生争取助学金5000元。 (张杉)

【环保厕所】 3月29日,高科技环保厕所在东四奥林匹克社区建成,并投入使用。采用高科技生态环保技术,在电脑控制下,通过高科技处理手段,使粪便在无需用水的环境下快速分解、合成转换成优质的有机肥料,再次利用。节约用水,降低成本。 (张杉)

【信访工作】 落实信访责任制、领导接待日制度,加强排查,主动化解矛盾,为居民群众解决实际问题。全年接信访电104件,结案率和回访率均为100%,被评为区信访工作先进单位。 (张杉)

【综合治理】 为整合社区综合治理力量,增强看门护院人员和值班巡逻能力,与辖区90家单位、10个社区居委会签订《东四地区社会治安综合治理领导责任书》。年内,共破获各类治安案件36起,其中大案6起,未发生重大刑事案件。帮教“法轮功”习练者,使其全部转化,地区警示教育覆盖面100%;落实安全生产责任制,加大安全生产宣传与培训力度,对驻街单位分行业组织召开专题安全防范会议20次。全年开展40次拉网式消防安全大检查,组织各种力量1998人,出动检查人员7000人次,会同有关部门检查辖区木质楼、地下空间、旅馆、娱乐场所、学校、居民区。四次普查地区所属人防工事,普查面积3万多平方米。全年未发生重特大火灾伤害及安全生产事故。制定经商务工人员出租房屋登记清理整顿工作实施方案,年内重新核实和登记外来务工人员5800人,出租出借房屋567户1360间,向外地来京务工人员发放宣传材料1.23万张。两会、重大节日和敏感时期,平均每个社区每天上街巡逻30余人,确保地区“0”事故。 (张杉)

【再就业工作】 5月27日,举行“东四奥林匹克社区再就业服务超市”揭幕仪式,市劳动和社会保障局、市劳动服务管理中心、区劳动和社会保障局等有关领导参加。年内共接收失业人员822人,办理失业登记446人,失业登记控制率1.48%,为304名失业登记人员办理领取失业保险,为374人办理自谋职业和实现社区弹性就业。开发再就业岗位861个,安置失业人员851人,为3277人次发放失业保险金366万元,落实再就业基金50万元。年内新接收退休职工103人,发放退休金473万元,报销医药费329万元。规范辖区近300家企业劳动用工行为。建立企业劳动用工信息沟通平台,实行企业用工空岗报告制度,年内辖区单位向再就业服务超市提供岗位信息266条,就业岗位700多个。再就业服务超市对提供用工信息的单位提供免费政策咨询、用工指导、劳动争议调解等服务。开展以就业援助和助困为内容的“再就业援助活动周”和“阳光就业行动宣传月活动”,发放宣传材料万余份,接待用人单位100家,提供就业岗位500个,安置失业人员180人次,接待咨询人员250人次,援助就业困难人员33人。 (张杉)

【平房院人口普查】 年内,调查辖区平房院落、简易楼、文物保护单位涉及房屋质量、居住情况、人员构成等情况。共调查房屋1048处。户籍人口1.5万人。收集各类相关资料,绘制地区整体规划图、保护范围图、绿化平面图的初稿,调查登记辖区城市管理部件。使地区平房区各种数据清晰、详实,为今后平房区的利用与开发提供准确的数据资料。 (张杉)

【经济普查】 街道党政领导重视，在人财物力上给予大力支持，普查人员对试点社区542个机关、企事业单位、社会团体和个体工商户的相关情况进行全面普查，基本摸清全社区驻地单位和个体经营户的经营状况。（张杉）

【政务公开】 4月19日，办事处"一站式服务政务大厅"对外办公，主要受理居民事务。位于办事处门外西北侧的"居民事务大厅——再就业服务超市"，主要受理失业人员的各类事项。一站式服务政务大厅纳入27项服务受理事项，编印"东四街道便民工作流程手册"5000份，通过大厅文件自取架和社区居委会向社区办事群众发放。"再就业服务超市"由社保所实施，共接待办事群众6万余人次。（张杉）

【一户一表试点】 11月26日，东四地区一户一表水表改造试点工程结束并通过验收。9月，试点工程开始，历时两个月，先后协调、解决20多起影响施工的问题。五条、六条胡同共铺设主管线1210米，99个院落793户居民实现一户一表（五条77个院落531户，六条22个院落262户）。（张杉）

朝阳门街道

【概况】 朝阳门街道位于东城区东南部，朝阳门立交桥西南侧，总面积约1.24平方公里，辖区主要大街4条，胡同31条。下设12个社区居民委员会，有居民1.67万户，总人口4.4万人。主要商业区为东四南大街，商业网点100多个，其中有三友纺织品商场和清真老字号瑞珍厚饭庄。辖区驻有国家新闻出版署、人民出版社等中央单位36个，市商务局、市化学试剂公司等市属单位97个及区属单位161个，有医院1所。大专院校1所和北京二中、史家胡同小学等重点中小学在内的中学1所、小学5所。

本年，贯彻党的十六届四中全会、区第九次党代会和区政府一次全会精神，围绕街道"1451"工作思路，发扬"团结、务实、争优、创新"的朝阳门精神，完成各项任务。财政收入1321万元，同比增长10%。获国家级先进集体1项、市级先进集体8项、区级先进集体21项，获市级先进个人10人、获区级先进个人12人。

单位名称：朝阳门街道办事处

单位地址：朝内南小街大方家胡同38号

联系电话：65129256　邮政编码：100010　（牛燕秋）

【社区居委会建设】 为社区居委会配置电脑，安装管理软件和网络宽带，初步建立居委会办公自动化系统和信息发布平台，优化社区管理模式。制定居委会班子管理考核办法，严格落实财务管理、档案管理、社区事务公示等制度。加大社区专职工作者的管理和培训，全年，举办各类培训20余次。（牛燕秋）

【特色社区建设】 累计投入资金300万元，街道和社区以创建为主线，结合自身资源优势，开展社区服务、治安防范、计划生育、文体活动和精神文明等工作，各有特色。涌现出以演乐、史家为代表的学习型社区，以内务、礼士、朝东为代表的服务型社区。（牛燕秋）

【社区服务】 街道投资50万元，建成内务社区服务中心，面积345平方米，具有办公、活动、服务等社区综合服务功能，建有社区党校、文明市民学校、社区信息服务中心（便民呼叫中心）、社区医疗站、社区计生"互动地带"等公共服务内容，初步形成精品胡同示范型社区服务网络。胡同便民呼叫中心，24小时为居民提供优质服务。（牛燕秋）

【领导调研】 5月24日，全国人大副委员长顾秀莲就《中华人民共和国城市居民委员会组织法》修订问题到内务社区进行专题立法调研，市、区及街道党政领导陪同。（刘珊）

【二届二次社区会议】 4月22日召开。113名社区代表参加，评议办事处、朝阳门派出所、城管分队工作报告。与会代表谏言献策，大会共收到代表意见、建议表48份，已全部办结，代表满意率100%。（牛燕秋）

【再就业工作】 全年开发社区就业岗位1139个，安置失业人员596人，免费培训失业人员494人。开展"4050"就业困难人员再就业援助，使249人实现再就业，再就业率为83.52%。全年，登记失业人员就业率67.19%，登记失业率1.53%。（牛燕秋）

【维护劳动者权益】 扩大“劳动用工规范一条街”成果,开展规范劳动力市场秩序和维护民工合法权益等专项检查,共涉及员工2.69万人次。设立朝阳门地区职工维权服务站,公布热线电话,向企业职工发放“维权名片”,为劳动者维护合法权益提供有效帮助。全年处理职工举报15起,为169名外地务工人员追回拖欠工资20余万元,结案率100%。 (牛燕秋)

【扶困 助残 送温暖】 全年,辖区享受低保的人员共计574户1242人,累计发放低保金244万,做到应保尽保。开展“一带一”扶贫济困工程,筹集资金2.1万元,帮带贫困家庭63户。签订《帮扶空巢家庭老人合作协议书》300份,调查70岁以上独居老人需求,增加帮扶项目,安装求助门铃36个,为9名困难老年人发放一次性补助。完成残疾人特困补助金的申报、发放及社区、公共场所无障碍设施改造,指导12名残疾人康复训练,开展“助残日”大型义诊活动。走访慰问优抚对象、残疾人、百岁老人、军烈属等特困群体及驻区部队,送慰问金41万元和慰问品。动员辖区单位和社区开展“首都人民献爱心”募捐活动,募集资金8万余元。为江西、内蒙古募集衣被1.6万件,资金5.7万元。 (牛燕秋)

【标准租私房工作】 全年共接受39户,开展逐户调查和宣传工作,使每个承租人和产权人掌握国家有关腾退政策,耐心解答并处理好当事人的问题和实际困难,完成腾退工作。 (牛燕秋)

【防控禽流感】 加大对驻地单位、社区卫生日常管理和中小餐馆除“四害”检查整治力度。全年开展“主题城市清洁日”活动40余次。发挥街道禽流感防治指挥协调作用,做好检查监控,指导社区启动防控网络,开展群防群控,确保地区无禽流感疫情。 (牛燕秋)

【疾病综合防治示范社区】 开展“生活方式疾病综合防治示范社区”工作,先后举办《早戒烟早健康》、《关注血糖远离糖尿病》等健康讲座、义诊活动和大众健身操比赛,开展社区医学监测和干预活动,提高社区群众对生活方式等慢性病防病知识的知晓率,做到早发现、早治疗、早诊断,不断提高社区居民的健康意识和生活质量。街道在市20个示范社区考评工作中,取得第三名。 (牛燕秋)

【计划生育】 开展义诊咨询、计生电影周、知识讲座和“婚育新风进万家”等系列宣传教育活动,在内务社区建立“计划生育生命蓝岛”,发挥宣传服务主阵地的作用,使社区群众从多方位获取科学婚育知识,树立科学婚育观。全年,实现计划生育率98.8%。(牛燕秋)

【城市环境整治】 加强市容环境、公共场所和集贸市场监管,联合城管、工商所、派出所、卫生监督所等专业部门对朝内小街农贸市场和朝内危改工地进行环境整治,全年,查处各类违法违章行为214起,罚款4万元。建设城市管理网格化运行模式,投入资金10万元,试运行良好。 (牛燕秋)

【胡同和危改工程】 街道投资100万元,整治内务、史家、本司等胡同。年内朝内危改区正在抓紧施工,一至三期回迁居民1120户,街道做好朝内回迁和二中拆迁协调服务工作。 (牛燕秋)

【解危安置工作】 8月,按照区委、区政府统一部署,街道对东四南大街28号院14户居民开展解危安置工作。成立由书记、主任挂帅的工作领导小组,明确部门责任,有计划、有步骤地完成安置任务。 (牛燕秋)

【绿化 防汛工作】 开展绿化、环保和节水宣传活动,发放宣传材料1.5万份,督导鸿安大厦完成500平方米绿地建设并通过区园林局验收。除虫打药苗木600余株。辖区5个单位完成垃圾分类。完善本年防汛预案,建立防汛组织指挥系统,落实相关部门责任,加强对危旧房、人防工事和枯死树的普查,确保地区安全渡汛。完成地区用水单位普查和治理大气污染第九阶段任务。 (牛燕秋)

【信访工作】 建立处级领导联系社区、单位制度,坚持实行领导包案责任制、分级负责制、定期排查集中调处制度。年内,受理群众来信来访来电231件,共371人次,结案率100%。 (刘珊)

【社会治安综合治理】 与驻地220个重点单位、14个社区居委会签订社会治安综合治理责任书。坚持专群结合,群防群治,在辖区构成了公安、城管控制大街,社区积极分子负责街巷,机关干部流动巡逻的社区防范网络,逐步实现社会治安综合治理社会化、制度化、科技化。开展联合整治行动。全年,累计出动5000余人次参加值班巡逻,确保辖区稳定。 (牛燕秋)

【创建平安社区】 在社区开展安全生产、防火、交通宣传教育活动,建立交通宣传栏,营造人人保安全的良好氛围。开展社区安全月活动,组成联合检查组对地区重点单位、公共场所和社区500个单位进行两次拉网式安全大检查。加强出租房屋、流动人口的管理。重点解决朝内南小街51号红楼消防隐患和朝内菜市场防火通道不畅通等问题。（牛燕秋）

【社区矫正】 健全社区矫正对象接收、执行、考核与奖惩等制度，完善“五位一体”的工作体系，按照“四三模式”和“二一〇〇指标”对人员实行分类管理和分阶段教育，摸索社区矫正工作的规律，增强社区矫正工作的科学性和实用性。工作中坚持以人为本，教育与感化相结合，做到“三清”（矫正对象犯罪原因、改造情况、思想状况清）、“三见面”（社区居委会、社区民警、监狱警察）和“七谈”（回归居住地上门谈、安置就业上门谈、遇到困难帮助谈、发现苗头及时谈、思想疙瘩交流谈、老弱病残关心、对待特困户主动谈），确保对象在社区得到良好矫正。（牛燕秋）

【清理税源】 财政税收工作，定期联系重点企业，积极引进和涵养税源。全年，共引进税源7户，其中区重点一户。走访调查地区54户异地纳税户、18户外资企业和10户工地，迁出8户。（牛燕秋）

【全国经济普查】 街道成立领导小组，制定实施方案，辖区划分为8个普查区，开展地毯式入户清查和登记。共清查各类单位3176户，完成企业登记填报后续报表单位873户，完成试点、清查、登记三个阶段工作。中央电视台焦点访谈栏目和国家、市区经济普查网站专题报道街道经济普查工作。（牛燕秋）

【依法行政】 成立推行全程办事代理制领导小组，结合贯彻《行政许可法》，确定全程办事代理事项共20项，将政务公开扩展到部门职能、内部机构和投诉监督电话，既方便不同层次的群体通过各种渠道了解公开事项，又对街道受理群众投诉形成社会监督，提高办事人员的工作效率和服务质量。开展城管监察进社区，树立政府良好形象。全年未发生行政复议或诉讼案件，执法到位率99%。（牛燕秋）

【干部队伍建设】 调整并完善处级领导联系社区工作制度；制定街道党政主要领导岗位工作目标责任书，完成副处级、科级干部、科员的岗位目标责任制签订；修订完善《科级干部管理规定》等五项制度；调整处级后备干部，确定处级后备干部人选；在机关干部中开展主题教育活动，组织开展纪念邓小平同志诞辰100周年活动，完成25篇“邓小平理论与东城发展”征文。观看电影《小平你好》并开展有奖征文活动，共征稿件90篇；结合街道实际，组织机关党员干部深入学习胡锦涛重要讲话和十六届四中全会精神，统一思想，提高认识。（刘珊）

【基层党组织建设】 在全体党员中开展学习两个《条例》活动。召开机关党建工作座谈会，发挥党支部和党员在街道各项工作中的作用。调整、充实街道社区党建协调委员会成员单位，制定《朝阳门街道关于发挥街道社区党建工作协调委员会作用，进一步推动社区党建工作深入开展的意见》，通过专题研讨、座谈，增强与成员单位的沟通和联系。抓好社区党组织书记的培训、社区党组织制度建设，成立内务社区党总支。开展“三谈二问一访”（即：支部书记、党员、群众和积极分子座谈会，党员、群众和积极分子问卷调查，到各社区支部访）活动，做好无职务党员设岗定责工作，9个社区共设各种岗位37个，有224名党员自愿认岗。开展流动人员中的党员调查摸底工作，共登记党员87人。（刘珊）

【党风廉政建设】 学习中纪委三次全会和市、区党风廉政建设工作会议精神，落实“两个条例”、行政许可法和区公务员服务行为规范等规定，加大对服务窗口的监督检查力度，落实政务公开和全程办事代理制度。结合全区“求真务实、勤政为民”活动的开展，制定《2004年朝阳门街道反腐倡廉宣传教育工作的安排意见》，拟定《朝阳门街道无缺位制度》等，开展党风廉政建设宣传教育月活动，组织“求真务实、勤政为民”征文活动，宣传先进典型、开展反面警示教育。（刘珊）

【党心连民心 亲情进万家】 落实扶助一名生活特困人员，帮助解决医疗费问题。动员政府和社会力量，为社区办10件实事。社区党组织为群众办100件实事。救助、慰问各类困难人员1000人。为1万名外来务工人员捐衣服，献爱心。开展扶困助学，使25名贫困学生得到救助。走访慰问老党员、老干部、低保困难户，残疾人员、下岗失业人员31名。街道民政科、内务社区党总支带头开展“一帮一”结对子活动。（刘珊）

【社区统战工作】 贯彻落实市区统战工作会议精神，围绕街道工作重点，依托社区资源，注意发挥社区统战的组织优势、文化优势、名人优势、网络优势。邀请统战知名人士参加街道和社区的重要会议，听取他们的意见和建议，扩大和提升统战人士的影响力。举办统战人士“第二届迎中秋书画笔会”，开展以“弘扬胡同院落文化，传承中华传统美德”为主题的文化活动，促进社区工作的开展。（刘珊）

【群团工作】 组织地区非公单位和社区工会干部学

习中国工会十四大文件。召开办事处与工会第二次联席会议,通过《关于帮助、支持非公企业发展的若干意见》。建立健全维权工作机制,成立街道职工维权服务站。推进外来务工人员工会的组建,有9个施工项目部1万余人完成工会组建。成立社区外来务工人员工会组织,共吸收160名外地家政服务员参加社区工会组织。成立街道青年中心、青少年爱国主义教育基地,建立青年中心网站。在《朝阳门时讯》中设立"青少年优秀图书推荐榜",定期向地区青少年推荐优秀读物。为20名特困学生申请捐助和奖学金共7800元。妇联实施"女性素质工程",动员社区妇女参与社区建设,举办"庆三八展风采,本职岗位做贡献"主题座谈会和社区妇女联欢会。实施"家庭文明工程",开展"三代同读一本书"活动。实施儿童健康成长工程,开展青少年道德、礼仪系列活动。宣传《妇女法》、《劳动法》、《继承法》、《婚姻法》等法律、法规内容,依法维护妇女儿童合法权益。　(刘珊)

【人大工作】　为提高新一届代表的履职能力,加强法律法规、业务知识的学习和培训,组织代表检查街道低保、工会工作,听取派出所工作汇报,走访选民231次、召开群众座谈会12个、电话联系选民232人次、网上联系选民166人次,联系选民总人数629人次,听取选民意见108条,提出代表建议27条。　(刘珊)

【建设和谐社区】　学习《区委、区政府关于加强新时期和谐社区建设的意见》(东发[2004]26号)和陈平讲话,在领导班子、科级干部、机关干部及社区工作者中开展学习和研讨。街道领导班子成员采取封闭式集中学习、分专题研讨的方法,统一思想。处级领导带队、有关科长参加分别深入到所联系的社区,同社区干部同学习、同研讨。社区党组织、居委会也利用多种形式开展学习。形成《朝阳门街道关于贯彻落实〈区委、区政府关于加强新时期和谐社区建设的意见〉的意见》,制定《认真落实和谐社区建设工作的实施方案》,成立朝阳门街道和谐社区建设工作指导委员会,明确工作思路、细化责任落实。　(刘珊)

【精神文明建设】　召开精神文明工作会议,调整精神文明建设委员会成员,制定精神文明建设折子工程,将工作指标下达到责任部门和责任人。制定创建首都文明街道、文明社区、优秀文明市民学校工作方案。成立创建全国文明城区工作领导小组,召开创建动员会,制定实施方案,在辖区开展宣传活动,使创建活动家喻户晓。依照创建测评体系指标,做到与街道的整体发展相结合,与文明礼仪教育相结合,与各项精神文明活动相结合;与确定明年工作目标任务相结合。　(刘珊)

【宣传报道】　围绕社区党建、社区建设、区域经济发展等重点工作,宣传报道街道工作新思路、新举措、新亮点。发表稿件270篇,编辑出版发行《朝阳门时讯》报纸19期。　(刘珊)

【信息化建设】　投资30万元,建成机关办公局域网,开通街道办公管理自动化系统。配齐电脑、打印机等设备,建成办事处政府网站。投资20万元,在内务社区实现便民服务呼叫系统,为居民服务。　(刘珊)

建国门街道

【概况】　建国门街道位于东城区东南部,北起禄米仓、干面胡同,南至崇文门东大街,东邻二环路,西至崇文门内大街、东单北大街,面积2.69平方公里。地区总户数1.85万户,5.79万人,下设13个社区。有建内大街、东单北大街、朝内南小街、金宝街等主要大街8条,胡同89条。辖区有中国社会科学院、全国妇联、交通部、海关总署、中国红十字会、国家旅游局等中央单位216个,北京市政协、北京日报社、长安大戏院等市级单位87个,区委党校、档案局等区级单位16个。有中学4所,小学6所,托幼园所1所,医院3所,影剧院1座。

年内,以邓小平理论和"三个代表"重要思想为指导,落实区委、区政府的工作部署,围绕"1231"工作思路(即打造一个工程:"为民"工程;实现二个突破:在营造环境上有所突破、在机制创新上有所突破;抓好三方面工作:经济建设、城市管理、优质服务;提供一个保障:坚持党工委的领导,充分发挥党组织的政治保障作用),以奋发有为的精神状态、求真务实的工作作风、与时俱进的创新精神和争创一流的工作标准,真抓实干,稳步推进街道各项事业发展。

年内，被授予北京市社区矫正工作先进集体，北京市计划生育先进集体，市残疾人就业工作先进集体，市0～6岁残疾儿童抽样调查工作先进单位，市军休职工工作先进单位，市社区公共服务平台、服务系统先进单位等数十项荣誉称号。在全区城市秩序整治工作评比中，被评为区先进整治办；在上半年区街道“居民安全感满意度”调查中，位居全区第一。

单位名称：建国门街道办事处
单位地址：新开路胡同6号
联系电话：65126891　邮政编码：100005　（张小安　张洪亮）

【领导班子建设】　调整党政领导分工，明确工作职责。组织中心组学习，修订中心组学习制度，扩大中心组成员范围，开展“今日我主讲”活动，出席率95%。结合征文和警示教育活动，处级领导撰写体会文章22篇，全年深入基层调研100人次。组织班子成员参加各类培训，提高领导班子的决策水平和执政能力。
（张小安　张洪亮）

【科级干部队伍建设】　调整和选拔任用17名科级干部，调整补充处级后备干部队伍人选。建立干部队伍管理信息系统，清查科级干部学历，实现科级干部数字化、动态化管理。夯实科级干部理论基础，加强培训和交流，组织科级干部参加区情街情培训、法律法规培训、党风廉政教育等培训。制定《关于选派机关干部异地挂职锻炼的实施办法》，开展与外省市街道干部异地挂职的准备工作。　（张小安　张洪亮）

【缔结友好街道】　强化科级干部队伍建设，工委经过研究，周密安排，10月，由办事处主任带领组织部、工委和办事处办公室等科室，前往重庆市沙坪坝区石井坡街道办事处进行实地考察和工作交流，并签署缔结友好街道协议，协议内容主要包括加强双方联系沟通，及时交流工作信息及相关经验；互相作为干部培训基地，接受和安排对方干部挂职锻炼等。　（张小安　张洪亮）

【社区党建】　制发《社区党建工作的指导性意见》，明确职责，提高社区专职党务工作者素质和水平。通过公开招聘选拔，为缺额的社区配齐专职党务工作者，并进行系统培训。开展社区无职务党员设岗定责活动，共有740名党员参加，上岗人数达9000余次。完善党员教育管理，建立和完善党员资料库，开展“在流动人员中的党员调查摸底工作”。抓好非公经济党组织建设，完成8个非公经济党支部换届选举，组建新经济组织党委。加强社区党建调研，完成关于社区党建、探索非公经济党建新机制等经验材料。（张小安　张洪亮）

【精神文明建设】　以市民文明学校为载体，开展以“文明礼仪社区行”主题系列教育活动，营造“讲礼仪、讲文明”的社会氛围。开展“文明乘车从我做起”宣传教育活动，开展创“文明乘车精品站台”竞赛，3个站台分别被评为市、区级最佳文明站台。根据区开展创建全国文明城区要求，制定《建国门街道全国文明城区创建工作意见》，召开驻区中央、市、区属单位和部队、社区居委会大会进行普遍动员，印制宣传横幅、宣传展板及宣传手册，扩大宣传覆盖面。
（张小安　张洪亮）

【党风廉政建设】　以党内《监督条例》和《处分条例》颁布为契机，建立党风廉政宣传教育联席会议制度。落实与延伸党风廉政建设责任工作，领导干部抓好职责范围的党风廉政建设，推进党风廉政工作向社区延伸，初步尝试党务公开。调整街道纪工委兼职委员和第六届党风廉政监督员，发挥“两员”在民主监督中的作用，开展行政效能监察。　（张小安　张洪亮）

【救助帮扶】　开展“党心连民心，亲情进万家”活动，构筑5个救助帮扶平台，即：党建协调委员会平台，工青妇群团组织平台，红十字会理事会、计划生育委员会平台，残疾人联合会平台，职业介绍网络平台。整合地区资源，形成救助帮扶组织体系，先后筹措救助金50万元，慰问帮扶地区部分老红军、老干部、居委会主任、武警官兵、民警、特困下岗职工、失业人员、残疾人、单亲家庭等共2000余人。　（张小安　张洪亮）

【群团工作】　在辖区10个施工工程项目部建立工会联合会，发展会员3000人，收缴工会经费18万元。完成北极阁社区团委直选工作，东总布社区获市青年文明社区。成立单亲姐妹互助组，维护妇女权益；举办“新社区、新女性、新风采”综艺展示和国际家庭日活动。　（张小安　张洪亮）

【国防教育】　完成民兵整组和征兵工作。举办两期国防教育宣传教育报告会，组织全体机关干部140人到部队开展军事日活动。　（张小安　张洪亮）

【主题系列活动】　包括《外交部街胡同今昔图片展》、《社区书画展》、《街道和社区建设成果展》等12项活动，13个社区共举办各类活动287场次，参与群众3万余人。其中《外交部街胡同今昔图片展》、社区文化论坛等活动得到社会各界好评，原外交部部长助理王言昌、民政部档案馆馆长曹国英等市、区有关领导参加活动。　（张小安　张洪亮）

【经济工作】 经济普查作为市试点单位,完成各阶段工作,为开展正式普查提供实践经验。加大税源建设力度,成立街道税源建设办公室,加强与地区重点企业和持绿卡企业的沟通、联系,开展纳税志愿者服务活动。 (张小安 张洪亮)

【城市管理】 胡同整治工程,投入资金 33 万,筹集社会资金 103 万元,拆除违章建设 31 处 825 平方米,完成东堂子、外交部街、后沟精品胡同建设及 10 条胡同整治任务。开展“创建卫生城区”活动。开展地区灭鼠、灭蟑、灭蚊蝇及 11 次城市卫生清洁日活动。以崇内社区为试点,在地区启动“垃圾不乱倒工程”,5 个单位和 1 个小区实现垃圾分类达标并通过市考核验收。加大执法力度,查处各类违章案件 925 起,启动新执法职能,在全区对“黑车”行政处罚。完成直管公房、私房、平房、院落人口普查、地区土地利用状况普查、用水单位基本情况调查、锅炉供暖基本情况调查。完成人防工事、工地管理、环境保护等各项工作,组织地区防汛,制定预案,筹措物资,排查隐患,确保安全度汛。完成街道地退人员和本单位工作人员 26 户标准租私房腾退工作。 (张小安 张洪亮)

【计生工作】 年内,推进计划生育优质服务,创建外交部街社区“生殖健康驿站”,联合同仁医院开展以“防聋进社区”主题咨询活动,中央电视台、北京电视台、《北京日报》、《北京晚报》等多家媒体给予报道。 (张小安 张洪亮)

【劳动与社会保障】 年内,新增社区就业岗位 1238 个,完成全年指标的 106%。培训失业人员 680 人,完成全年指标的 148.86%。登记就业率 71.87%,登记失业率 0.64%。公益性就业组织安置“4050”失业人员 79 人,开展再就业援助活动周、“建联杯”调酒师技能大赛等活动。开展劳动监察,共监察用工单位 452 家,处理举报案件 37 起,追缴拖欠劳动用工工资 12 万元。 (张小安 张洪亮)

【民政工作】 为 412 名地退、军工人员、158 名优抚对象调整待遇标准,举办“助残日”大型宣传活动,建立 3 个社区残疾人康复站,完成地区百岁以上老人调查,开展“一带一”社会救助活动,扶贫 20 户。募捐月活动,共募集捐款 27.55 万元,衣被 2 万余件。完成低保档案管理。 (张小安 张洪亮)

【社区文体】 举办地区第 18 届艺术节、“与奥运同行、与健康同在”万人健步行活动,组队参加区“稻香村杯”广场舞蹈大赛并获一等奖。完成地区文化遗产调查、古旧四合院保护工作调查、卫星插转播普查。 (张小安 张洪亮)

【卫生防疫】 制定《建国门街道应对突发公共卫生事件应急处理实施方案》。开展非典型肺炎及禽流感防控,针对禽流感疫情情况,做好群众思想引导。组织家禽扑杀,实施鸽子禁飞,购买消毒药品,消毒防控;对餐饮业、集贸市场、外来人口集中地、工地等加强监测、检查等,防控工作落实到位。针对年初地区出现一例流行性出血热病例,采取措施做好防控工作,组织动员疫点群众接种疫苗,控制疾病传播。 (张小安 张洪亮)

【社区建设】 落实《建国门街道社区居委会管理制度》、《建国门街道社区专职工作者行为规范》等制度。作为区社区居委会制发印章工作试点街道,指导 13 个社区居委会启动居委会专用印章的使用、管理。投入 83.7万元、社区融资 1294 万元建设社区内外环境。开展社区特色活动,依托 13 个社区 367 支群团组织1.19 万名志愿者,解决居民实际问题 195 件,完成崇内、丰收、东总部、外交部街精品社区建设及干面、崇内、苏州、泡子河、大雅宝五个一级达标社区的建设任务。“96156”社区服务热线接听便民服务热线电话 2766 人次,提供社区便民服务 2212 人次;新建、规范社区便民网点 86 个,建成“建国门图书馆”并投入使用,完成社区服务综合大楼的建设。 (张小安 张洪亮)

【依法行政】 学习贯彻《行政许可法》,推行全程办事代理制,深化政务公开。组织开展第二届法律知识竞赛,举办《行政许可法》大型宣传活动。设置投诉箱、意见建议箱、便民桌及便民电话,建立科室“政务公开办事专栏”,完善电子触摸屏政务公开的内容,实行 A 角、B 角制,确保机关工作无缺位。做好 8 名社区矫正对象的教育、管理,按期解除市第一例矫正对象的社区矫正。法律进社区活动,受教育面达 3 万人次。开展“两会”、“国庆”等重点时期、建内危改回迁矛盾纠纷排查和重点人员的监控工作,依法调解矛盾纠纷 180 件,确保地区稳定。 (张小安 张洪亮)

【信访工作】 全年,接待来电、来信、来访群众 162 件次。妥善解决处理居民反映西总部燃气站安全及换气不便、北京站周边居民反映铁路提速扰民、建内危改回迁居民分户供暖、北京站扩建工程和进出车辆扰民引发居民阻断交通等问题。 (张小安 张洪亮)

【社会治安】 全国、市“两会”期间、开展安全宣传,组织拉网式安全大检查,共排除安全隐患386处。开展城市秩序综合整治,重点整治智化寺、崇文门三角地、木制楼等地段、部位。摸排原法轮功习练者,对法轮功练习者办班转化。检修、监控光接点、放大器。实行疏堵、防控、检查与监督相结合,管理流动人口。完成6个社区的"平安社区"创建任务。　(张小安　张洪亮)

【国庆55周年活动】　组建中山公园后河区分指挥部,投入10万元,完成后河区园容设计及制作安装。成立应急小分队,做好各项突发事件准备。完成环境维护、安全保障、游园组织等各项工作任务。

(张小安　张洪亮)

东直门街道

【概况】　东直门街道位于东城区东部偏北,面积2.2平方公里。街道南、东、北三面分别与朝阳区的朝外街道、三里屯街道、左家庄街道、和平街街道连接,西与本区的东四、北新桥街道隔路相望。辖区南起潘家坡,东至工人体育西路、春秀路、左家庄西街,北达水闸沿线、香河园北街、柳芳南里,西临东二环路。辖区常住人口1.8万户,4.8万人。辖区有14个社区居委会,职工大学1所,中小学8所,大型体育场馆和少年宫各1处,星级饭店6家,高档写字楼及涉外小区6个。

本年,街道在社区建设、城市管理开发、区域经济发展等方面创造性地开展工作。对内加强管理、完善制度、创立机制,以增强各项职能,提高工作效率,努力开创新的局面。对外以社区党建为龙头,以社区建设为重点,以社区服务为基础,以建设和谐社区为目标,使各项工作贴近群众需求。

单位名称:东直门街道办事处

单位地址:新中街1条67号

联系电话:64156273　邮政编码:100027　(李莹)

【再就业】　全年,共接收失业人员档案3592份,办理求职证715个,为350人办理自谋职业,7人完成弹性就业;对520名社会化退休人员全部登记造册,建立台账;地区享受最低生活保障金待遇的共599户1343人,做到应保尽保;推荐就业成功人数620人,实现就业率55.8%;动员组织失业人员参加岗前培训387人,开发社区就业岗位961个,安置社区就业602人,城镇登记失业率1.32%,城镇登记失业人员就业率66%,4050就业困难人员再就业率62%,完成各项工作指标。　(李莹)

【无职务党员设岗定责】　根据社区建设和居民群众需要及党员的履职能力,制定下发《社区无职务党员上岗手册》,结合工作需要为党员设置义务指路岗、党员互助岗、社区卫生监督岗、社区治安巡逻岗、就业信息指导岗等44个岗位,650名党员按照完全自愿、力所能及的原则在本社区认岗,为社区困难群体办实事。共为困难家庭办实事12件,惠及1954人。救助老、困、残、孤30人用款1.2万,一次性补助6名见义勇为者3000元,为5个建筑工地的2500余名外地民工捐赠衣物5000余件。　(李莹)

【扶贫济困】　年内,结成"一帮一"扶贫对子113个,形成长效机制,使其"平常能吃饱穿暖,过节有所改善,有灾有病有人管"。街道14名处级领导、街道党工委管辖的24个党委(总支、支部)、驻街区属15个党组织、7名区人大代表、19个非公经济单位、武警部队共与地区113户贫困家庭结成帮扶对子,27名困难家庭学生接受资助重返校园。　(李莹)

【组织工作】　制定《东直门街道科级非领导干部及科员、办事员岗位目标责任制考核办法(试行)》,干部均签订年度岗位目标责任书。5人获助理政工专业职务,1人获政工员专业职务。科级干部交流调整科级干部12人(含科室负责人)。举办两期科级干部团队建设培训,一期创建和谐社区主题研讨班。　(李莹)

【防汛工作】　汛前,修订防汛计划,制定特大突发性险情抢救预案,做到思想、组织、措施、物资四到位。落实抢险物资,召开地区防汛工作动员会,与地区工地签订防汛责任书,对低洼地区等重点地域进行联合检查,汛前排查人防工事,结合防汛修剪处理危险树木,连续18年安全渡汛,未发生伤亡事故。　(李莹)

【节水工作】　本年,为做好节水型社区建设达标工作,在14个社区开展节水宣传周活动,发放节水宣传材料2000份。开展节水宣传文娱演出及家庭节水器具推广活动,以横幅、报栏等形式加强宣传。对香河园北里社区公房居民家庭进行一户一表可行性调查,落实节水到户。对地区92户用水单位发放计划用水指标，对超标用水发放超水加价通知。成立用水联合检查组，拉网式排查地区用水漏管户。　（李莹）

【新中街四条改造】　新中街四条周边单位多，权属分散，长期缺乏统一规划，街道协调区市政管委、园林局、规划局等有关单位制定具体规划方案，并分别与民航售票处、长城文化楼、生化仪器厂、紫铭大厦、双鹤药业等6家产权单位协商，按统一规划各自改造单位门前的新中街四条路面，彻底治理了该地段的脏乱环境，新增绿地600余平方米。　（李莹）

【察慈社区综合改造】　针对社区改造中存在的问题，多次协调区园林、规划、残联、民政、交通等单位及社区物业管理部门召开工程改造论证会、听证会，听取多方意见，及时修改、调整规划方案，形成了“方案听证、内容公示、队伍招标、会议确定、工程监理、决算审计”的“阳光工程”建设机制。共建道路铺装、路面修补、调整绿化、拆除违法建设、修建高层住宅无障碍通道等多项工程，改善了社区环境。　（李莹）

【拆除违法建设】　结合社区建设、改造，深入调查各社区的违章建筑，协调区规划局、社区居委会，拆除东方银座售楼处、王家园胡同内、东外大街社区、新中西里社区等处的违法建设共4000余平方米，共清理无主渣土和大件废弃物60余车次210余吨。　（李莹）

【环境综合整治】　全年，坚持按照区、街整体部署，完成“冬季攻势整治”、“东外地区百日整治”、“国庆节环境整治”、“亚洲杯足球赛期间环境保障”等大型整治活动。2003年12月25日至本年4月2日，参加全区“冬季攻势”百日整治，全员参与阶段整治，每天出动执法人员20人次、执法车辆6车次以上，集中整治违章占道、无照经营、露天烧烤、施工扬尘扰民等现象。5月27日，展开“夏季百日综合整治”，根治东直门外大街、东外斜街、东直门北大街长期存在店外经营、黑车载客、张贴散发小广告等违法行为。全年共查处违法行为568起，收缴罚款7.8万元，没收三轮车93辆、小商品1250件、非法小广告3.02万张，有效改善地区市容环境及社会秩序。　（李莹）

【经济建设】　本年，修改、调整街道经济工作领导小组职责、任务，定期召开会议，研究、分析街道经济工作存在的问题，提出“保住存量、扩大增量”的工作思路；针对东二环商务区写字楼密集的特点，取得各物业公司支持，摸底调查地区“两业企业”和“总部企业”情况，掌握底数。调查本地经营异地纳税企业，宣传相关政策，规范经营行为。落实区发展战略，在政策上倾斜，向重点企业发放《服务指南》。全年共引进税源单位30户，同比增长20%。　（李莹）

【统计工作】　地区统计年报工作共涉及10个行业，年报单位增至891个，同比增长57.4%。先后对行政事业、商业、餐饮业、服务业、劳动工资等400余个单位进行年报培训，对156名新增单位统计人员岗前培训，结合四五普法工作，举办统计法律法规培训班500人参加。组织统计执法检查，分行业抽查30个单位，对迟报、漏报表的企业作出书面鉴定。　（李莹）

【经济普查】　按照经济普查统一部署，本年是准备、清查及部分报表登记阶段。成立领导小组，建立普查机构，落实普查经费，购置普查设备，选调普查员，确保人、财、物到位。共清查各类单位6609个，其中个体单位823个，正常经营单位2025个。　（李莹）

【信访工作】　建立健全信访和排查调处工作网络，坚持处级干部信访接待日制度和每季度、重大节日排查矛盾工作制度，及时处理人民来信来访，解决群众反映的各类问题。全年，街道主要领导阅批信访率100%，办结率100%，信访件回复办结率100%。采取措施，妥善处理聚龙花园物业纠纷，维护地区稳定。（李莹）

【司法工作】　发挥人民调解委员会和人民调解员的作用，主动介入调解各类纠纷。全年共接待398件，成功调解395件。对刑释解教人员落实帮教安置措施，对现有88名工作对象坚持区别对待、因人帮教、重点帮救，帮教与解难结合，协助落实低保5人，安排工作2人。接受社区矫正对象3人，解除矫正2人，与派驻街道狱警协作，制订矫正个案，坚持谈话、训试，与家庭、社区签订矫正协议，引入心理矫正手段，收到良好成效。　（李莹）

【法制宣传】　年内，整修启用春秀路口治安岗亭，建立街道常设法制宣传站，干部、执业律师、法律志愿者定期定时值守，陈设资料，宣传法规，义务咨询。协调恢复保利大厦前大型电子屏幕，宣传法律与公益有关内容。在14所社区市民文明学校、3处法制教育基地坚持每月一次法律宣传课，每季度组织一场法律服务活动。采取邀请、聘任、建立法律援助协会等方式，组织由学校校长、派出所法官、检察官、律师组成的社区宣传力量，开展大型社区法制文艺汇演与知识竞赛活动，确保宣传活动经常性、群众性、针对性、专业性。　（李莹）

【社区建设】 通过“四减”(减会、减文、减事、减评)、赋予社区“三权”(拒绝权、监督权、评议权),切实减轻社区居委会负担。14个社区完成特色社区建设的论证和可行性分析,制定具体工作方案,初步形成各自特色。年内,东外大街社区推行居住报告制度、社区事务听证制度,提高居民参与社区日常管理意识。(李莹)

【残疾人工作】 实施爱心工程,在康复、安置就业、扶贫帮困、教育等方面为残疾人办实事。向14个社区残疾人协会按人数下拨经费,确保协会正常开展活动。全年,收缴保证金161万元。安置残疾人单位就业6名、社区就业5名,扶持残疾人就业2名。开展残疾人康复需求调查,按照肢残、智残、聋哑、盲残等分类,入户调查1300余名残疾人。社区康复站,完成16个残疾人康复工作。协调东外大街31楼、33楼改造规范无障碍设施,监督检查辖区阳光都市、海晟名苑、万国城、万国公寓等清水苑、察慈等小区无障碍设施改造,地区无障碍设施建设达到技术要求。(李莹)

【老龄工作】 以创建全国老龄先进区为契机,健全14个社区老年人协会、老年人维权组织网络图等。社区志愿者队伍开展与空巢老人及高龄特困老人结“一帮一”对子、入户服务、团员亲情陪伴行动等活动。社区卫生服务站定期开展为老年人义务体检,为60岁以上的常住老年人建立健康档案,规范办理老年优待证,为地区老年人办理老年证193个。组织社区老年人文化团队开展活动。(李莹)

【劳动监察】 年内,组织开展维护民工合法权益专项检查。以东中街为试点,推动“劳动用工规范一条街”工程。制定应急预案,妥善处理民工工资拖欠纠纷。举报案件查处,结案率100%。全年,共接待、处理举报17件,涉及民工197人,追回拖欠工资21万元。(李莹)

【社区党组织建设】 本年,举办两次社区党务工作培训班,要求社区党组织做到“四个延伸”,即延伸到社区精神文明建设、延伸到社区建设和社区管理、延伸到为民办实事、延伸到居民自治管理的具体实践中。发挥党建协调会作用,用“参与社区建设,建设美好家园”的共同目标凝聚社区党建成员单位,形成各方联动的工作机制。完成流动党员调查,把确定党员身份的26名京外党员编入相应的社区党组织。(李莹)

【双拥工作】 开展军地联欢、京城第二故乡一日游等活动,激发官兵积极参与地区各项建设。处级领导定期走访优抚对象,组织辖区单位慰问驻地武警部队,看望地区现役军人。为部队干部战士开办英语学习班,组织“红十字会”救护培训进军营活动,受到武警官兵欢迎。(李莹)

【社区文体】 年内,成功组织社区田径运动会、迎奥运万名市民健步行启动仪式、第18届文化艺术节、社区健身球(操、舞)比赛,举办地区文化细胞展示比赛、民俗手工艺品展示会,推动“科教、文体、法律、卫生”进社区活动,举办社区健康大课堂、全民健身体质测试进社区活动。(李莹)

【防控“禽流感”】 年初,成立工作组,采取地毯式摸底调查辖区养禽户,并免费提供消毒工具,为控制疫情做准备。将全民爱国卫生运动与防控工作相结合,开展4次全民大扫除活动,坚持专人负责消毒公共场所、室外健身场地、人群聚集地。地区设立流动瞭望哨、至高瞭望点,密切监控重点地区、重点人群。以开办讲座、《致居民的一封信》、板报、宣传栏等形式全方位宣传防控知识。(李莹)

【精神文明建设】 以创建全国文明城区活动为载体,按照创建要求,投资80万元,综合改造二里庄、十字坡社区环境,察慈、东外大街等4个社区成为“绿色社区”。开展“雷锋精神与东城文明同行”、文明礼仪知识竞赛等群众性道德实践活动,推进创建文明家庭、文明楼院,发挥文明市民学校作用,开展不同类型人群的公民道德教育、家庭美德教育。(李莹)

【人口与计划生育】 本年,以社区、驻地单位、流动人口的计划生育工作为主线,与30个驻地单位签订计划生育目标管理责任书,将为居民办理的事项印制服务指南,实现计划生育全方位覆盖。创建社区生殖、生理、心理健康服务区,开展青春期、更年期、优生优育、生殖健康等综合服务。开展形式多样的人口与计划生育宣传,计划生育率98.5%。(李莹)

【民兵组织建设】 年内,调整民兵编组范围和重点,编成基干民兵415人,完成120人应急分队的编组任务。落实组建对空观察分队56人和通讯分队61人,提高民兵分队的专业技术水平。对辖区有一定规模的单位加强兵员调查,掌握可编民兵数量、质量及其分布情况,挖掘新兵员增长点。对可编的小型规模非公企业进行联片编组,建成以社区为依托的民兵组织建设。(李莹)

【保稳定】 年内，落实社会治安综合治理责任制，从宣传教育、组织发动、认真部署、仔细排查、检查落实入手，做好重大节日、重要会议、敏感时期的安全防范。以创建平安社区为载体，整合资源，建立治安重点管理防范、社会面巡逻、社会安全防范、单位内部防范网络，扩大治保防范网络覆盖率。实现社区交通、防火工作站、社区警务站合一，建立地区社会治安综合治理工作站，实现公安、交通、巡警、防火、社区保安、治保积极分子合署办公。投资近10万元，为街道办事处政务大厅安装监控设备。 （李莹）

【队伍建设】 本年，实行岗位职责管理。层层签订目标责任书，把签订考核范围扩大到一般干部，明确岗位目标职责、工作任务、考核标准。落实公务员岗位无缺位制度，先后举行3次科级干部培训(研讨)班，提高后备干部政治、道德、业务素质，加强公务员培训，选调公务员参加科级任职、电子政务、英语培训及《行政许可法》系统培训。制定科务会议事制度，各科室每周召开一次全员会，干部均要做好周工作日志记录，监察、人事部门随时检查制度执行情况。 （李莹）

【全程办事代理服务】 年内，投资50万元，建立街道办事处政务大厅，直接为居民服务的科室进驻大厅，公开办事制度、工作人员身份、工作程序和流程、收费标准、办事时限、举报电话，提出“热情、便民、快捷、到位”的服务承诺，落实首问负责制、责任追究制，规范文明礼貌用语。全年，政务大厅未接到投诉举报电话、信件。 （李莹）

【国庆55周年安全保卫】 成立党政主要领导为组长的领导小组，制定安全保卫工作预案。出动机关人员参加值班200人次，负责中山公园西树林地区游园秩序及安保工作，做到领导到位、保卫力量到位、安全措施到位、安全责任落实到位，完成中山公园游园活动安全保卫。 （李莹）

【社区服务】 开展居民需求调查，了解平房区、老旧小区、高档住宅小区不同人群、不同层次的服务需求。发挥96156热线作用，为社区居民提供热情、便民、快捷、到位的服务。全年，接听热线电话4000余个，做到件件有反馈。在地区开展96156网上报名登记，经考核，招收家政服务员104名，配合解决下岗失业人员的弹性就业。 （李莹）

和平里街道

【概况】 和平里街道位于东城区北部，东起东仪表公司东墙、国家林业局东墙，西至人定湖北巷、旧鼓楼外大街，南达安定门外东、西滨河，北接青年沟路、地毯集团总公司北沿、柳荫公园北墙。辖区内有大街23条，胡同16条，地下通道4条，过街天桥6座。常住人口3.54万户、10.8万人，少数民族31个、5000余人，占总人口的4.8%。年内出生408人，死亡461人。外来人口1.75万人。有居民小区38个，社区居委会26个。有人事部、劳动和社会保障部、国家林业局、驻军及中央机关所属单位386个，街属单位36个，无上级主管单位1800个。有大学2所，中学7所，小学10所，托幼园所10所，医院5所，特殊教育学校1所，运动学校1所。商业企业550个，公园3个，48路公共电汽车从辖区内通过。

年内，围绕街工委“一抓两创一[illegible]”的工作思路，全面推进街道党的建设、精神文明建设、社区建设和区域经济的发展。财政收入4560万元，同比增长11.22%，财政支出5271万元，同比增长13.3%。

单位名称：和平里街道办事处

单位地址：和平里6区5号楼

联系电话84221886　邮政编码是：100013 （高劲鹏）

【社区矫正】 街道成立“新生艺术团”，著名演员冯远征任名誉团长。1月17日，新生艺术团到市监狱管理局清河分局柳林监狱演出，慰问监狱干警、武警官兵，也为服刑人员送去节目。办事处和监狱正式签订《关于加强对服刑人员接受社区矫正的衔接协议书》。 （杨炳武）

【物业协调工作委员会】 3月6日，和平里街道物业协调工作委员会成立。畅通物业公司与街道工委、办事处沟通的渠道，是社区居委会与物业公司联系的纽带。 （高劲鹏）

【计划生育服务中心】 4月24日，在初保中心举行"和平里街道人口和计划生育服务中心"落成暨"关爱女孩行动"启动仪式。（高劲鹏）

【兴化社区公共服务社】 6月6日。社区公共服务社是非政府、非赢利的社区中介服务组织，宗旨是在社区内开展各项社区服务活动，为社区成员提供全方位服务，减轻居委会负担，扩大志愿者队伍。（高劲鹏）

【街道老年人协会】 3月16日成立。按法规登记注册、按章程管理成立街道级老年人协会，弥补街道与社区老龄工作衔接不足，整合社区资源，推进街道老龄工作健康发展。（高劲鹏）

【扶贫帮困】 年内，开展三次捐赠活动，募集衣被8.27万件，人民币55.02万元。发动驻地单位与40户困难家庭结对子，开展"一助一"扶贫济困活动。与100多名空巢老人签订《帮扶空巢老人协议书》，开展"三声"（即：敲门声，志愿者每天电话或上门询问孤寡独居老人情况；慰问声，逢节日上门慰问；关怀声，在老人患病或天气变化时，志愿者服务队上门嘘寒问暖）服务，防止老人发生意外。（高劲鹏）

【联席会】 3月中旬，街道建立由司法所、综治办、派出所、交通队、防火办公室及城管分队6个部门共同参与的联席会制度。每月定期召开一次，通报矛盾排查情况，根据排查出的矛盾纠纷，保证部门解决。（高劲鹏）

【社区党员服务站】 6月13日，东河沿社区成立党员服务站。为困难党员服务，帮助困难党员解决实际问题。（高劲鹏）

【青年中心】 3月13日，和平里街道青年中心成立。采用电子技术手段管理，集组织、教育、管理、服务、休闲娱乐多项功能于一体，是街道本年为民办的十件实事之一。市、区领导为中心揭牌并参观青年中心教室。《中国青年报》《北京新闻》《北京日报》《北京晚报》《北京青年报》等新闻媒体进行报道。（高劲鹏）

【工地工会组织】 年内，街道在建筑工地建会5家，发展会员150人。施工工地建立工会组织，巩固党的群众基础，维护外来务工人员合法权益，推动企业建立稳定协调的劳动关系，激发广大外施企业职工的积极性、创造性。（高劲鹏）

【送温暖】 "两节"期间走访慰问特困户1287户、2237人，低保户755户、1705人，特困党员61人，残疾人员15人。送慰问品及慰问金计55.5万元。（高劲鹏）

【环境整治】 年内，查处各类违章752起，罚款10.57万元。拆除违法建设800平方米，新建绿地2760平方米，完成5.7万平方米绿地微喷改造任务。（高劲鹏）

【档案管理】 10月29日，街道档案管理工作通过区档案局晋升考评，街道档案管理工作符合市机关一级标准晋升。（高劲鹏）

【经济普查】 年内，街道共抽调、招聘经济普查员170人，建立工作责任制。与各社区工作站站长签订《普查工作目标管理责任书》。层层落实责任制，将工作目标责任分解落实到个人。基本完成第二阶段的普查任务。（高劲鹏）

【维护劳动者合法权益】 年内，检查用工单位557个，受理举报36件，为劳动者追回拖欠工资105万元。行政处罚违法用工单位4家，维护劳动者合法权益。（高劲鹏）

【再就业】 疏通就业渠道，落实再就业政策，开发就业岗位1535个，安置失业人员1053人。城镇失业人员就业率70.5%，城市登记失业率0.5%。（高劲鹏）

【建立楼宇党支部】 本年，街道工委把新经济组织党建工作纳入社区党组织工作范围，为拓展党建工作"三延伸"（即：在党建工作范围上，向非公经济组织和社区各层面党员延伸；在党建工作内容上，由重点抓党务工作向解决社区居民群众实际问题延伸，与社区建设紧密结合，形成合力；在社区党建活动开展上，由抓自身活动向驻地单位和社区成员单位共同开展活动延伸），相继在天安医院、金太阳酒家2个非公企业建立"楼宇党支部"。（高劲鹏）

【信访工作】 年内，共处理群众来信来访来电135件，处理信访突发事件和化解重大矛盾纠纷3起，同比下降66%。坚持处级领导每周接待制度，保证信访问题及时妥善得到解决，有效控制了集体访的苗头，全年没有出现越级集体访。（高劲鹏）

【双拥工作】 八一前夕，街道和驻地单位为部队赠送价值5万元的生活用品，街道机关干部捐资1.4万元，慰问8名家庭困难的战士。召开"爱心献功臣"八一军政联欢会,开展百名拥政爱民好战士表彰活动,增强驻地基层官兵“驻和平里、爱和平里、建和平里”的责任感和使命感。 (高劲鹏)

【低保工作】 年内,街道加强低保工作与再就业工作衔接,在“低保”审批之前,对有劳动能力和就业条件的困难人员进行岗位推荐,鼓励低保人员再就业。全年新增低保户84户、171人,停止低保待遇113户、266人,其中,25户、57人通过再就业脱贫停止低保待遇,低保户数呈下降趋势。 (高劲鹏)

【“阳光成长”伙伴行动】 4月3日,北京共青团“社区携手成长行动”暨东城区“阳光成长”伙伴行动启动仪式在和平里街道青年中心举行,“知心姐姐”卢勤等五名专家被聘为全国首批未成年人社区成长环境监督员,团中央书记处书记杨岳,团市委、区委和城八区有关领导参加启动仪式。 (高劲鹏)

【献血工作】 2月27日,和平里街道组织辖区单位献血,献血101人,超额完成区下达的献血指标。 (高劲鹏)

【防汛工作】 街道成立紧急抢险指挥部,向辖区公布热线电话。协调辖区单位改造污水管线1.26万多米,清理污水井355个,楼房顶部防水铺油粘3950平方米,维修房屋100余处,人防工事回填15处、3344平方米,处理危险树45棵。 (高劲鹏)

东城区街道工委、办事处负责人

东华门街道工委书记	费文勇(1月免)
	孙 旺(1月任)
办事处主任	朱宪一
景山街道工委书记	于蓟生(1月免)
	赵明杰(1月任)
办事处主任	赵明杰(1月免)
	董桂玲(女、3月任)
交道口街道工委书记	章冬梅(女、1月免)
	张树槐(1月任)
办事处主任	李铁生
安定门街道工委书记	张宗平
办事处主任	王伟东
北新桥街道工委书记	吕德成
办事处主任	李荣庆(1月免)
	韩小平(女、3月任)
东四街道工委书记	牛怡平
办事处主任	袁燕生
朝阳门街道工委书记	孙 旺(1月免)
	杨占堂(1月任)
办事处主任	杨占堂(1月免)
	王玉伦(女、3月任)
建国门街道工委书记	李 力(女、1月免)
	于蓟生(1月任)
办事处主任	武建军
东直门街道工委书记	李 强
办事处主任	王红兵(1月免)
	李立军(3月任)
和平里街道工委书记	苑成悦
办事处主任	张树槐(1月免)
	靳云华(3月任)

RENWU

人物

先　进　人　物

陈海忠　中国侨联系统先进工作者。1945 年 8 月生，中共党员，北京市侨联副主席、东城区政协常委，东城区海外联谊会副会长、区侨联主席。在工作中围绕侨联实际，努力探索侨联工作的新领域，积极维护侨眷的合法权益。组织区、街侨联干部赴香港、澳门参加回归祖国的庆祝活动，派干部参加市侨联组团赴美、澳大利亚、法国、加拿大考察。积极引见海外经济界人士参与区的经济建设，为区领导多次引见海外留学人员、美国华府华人专家协会主席、德意志银行(香港)董事马骏博士，就发展东城区经济、金融、教育产业发展进行合作交流。积极参与联系在东城区创业的留学人员，帮助他们解决创业困难。多次接待海外华人第二、三代夏令营团、马来西亚吉隆坡华文小学校长教育访问团、泰国企业家协会代表团和曼谷学生访问团。接待马来西亚沙巴北京同乡会访问团的华人企业家、美国华侨医学代表团国庆观光团、海外优秀学者访京团、南非企业家代表团、香港南亚路德会幼稚园教育考察团，发展与海外华侨华人社团的联系。东城区侨联和香港、澳门的 13 个、欧美加 22 个及印尼、马来西亚的 5 个华侨华人社团建立联系。先后帮助落实私房 2 户 11 间，协助解决拆迁 7 户 11 间，协助解决住房困难安居房 5 套。组织归侨、侨眷捐款，在内蒙古植树 20 亩 837 棵。为抗击 SARS 捐款 30.8 万元。编印《三代领导人论侨务》一书。1999 年获全国先进侨务工作者称号，2002 年、2003 年获区委嘉奖，2004 年获首都侨界先进个人称号。

林燕虹　全国优秀婚姻登记员。1956 年 1 月生，女，中共党员，中专学历，东城区民政局婚姻登记办公室主任。从事婚姻登记工作 11 年，爱岗敬业、锐意进取，以身作则。对登记处的建设始终坚持高标准、严要求。在她的带领下，婚姻登记员以服务人民，奉献社会为宗旨，以争创一流为目标，以规范化服务为基础，以群众满意和执法合格为标准。在全市率先实现婚姻登记计算机制证，率先推行结婚登记颁证仪式，率先实行首问责任制及两次受理申请完毕制度。2000 年，婚姻登记处获北京市婚姻登记管理文明服务示范窗口单位，连续四年获东城区文明执法先进单位称号。

周西平　全国军休系统先进个人。1960 年生，中共党员，东城区军队离退休干部安置办公室主任。2000 年 5 月转业到东城军休办任主任。军休工作历史遗留问题较多，他以加强工作人员队伍建设为突破口，以落实“两个待遇”为落脚点，迎难而上，开拓进取，为军休干部办事实，为解决四个军休所没有室内活动场所积极筹措资金，建立图书、阅览室，建成 400 多平方米的多功能厅和活动室，并对军休所周围进行绿化、改造，修建长廊、休闲亭，配置健身器材，给 584 户军休干部和工作人员宿舍安装楼宇对讲机系统。从 2002 年起，军休工作处于市军休系统先进行列。

岳慧青　全国法院系统少年法庭工作先进个人。1965 年 6 月生，女，中共党员，法律硕士，一级法官。热爱本职工作，事业心强，有较强的社会责任感。依法、公正审理案件，贯彻“教育为主、惩罚为辅”的审理原则，将审判工作延伸到学校和社区，通过广播、电视进行法律宣讲 40 多场，听众近 10 万人。2001 年，跟随中央电视台《社会经纬》栏目组“送法下乡”，给农村孩子讲法制课。中央电视台作了特别报道。进行未成年人犯罪预防和维权法律问题研究，著有《十字路口启示录——少年法官谈问题少年》一书，出版《成长航灯》电脑动画光盘一套，由于普法教育成就，2004 年入围北京市十大青年志愿者候选人。作为全国第一批未成年人社区成长环境监督员接受了中央电视台《新闻联播》记者采访。在二十七中成立“未成年人法律保护研究中心”，作为送法进校典型案例被编入北师大出版的初中政治课教材。多年来，经岳法官帮教的少年犯有的顺利度过危险期，已长大成人；有的考上了大学；有的走上工作岗位成为自食其力的劳动者。曾被评为北京市先进工作者、优秀法制校长、法院系统先进法官、关心未成年人保护优秀工作者称号。

光 荣 榜

全国双拥模范城
东城区
全国民政先进区
东城区
全国民政系统信访工作先进单位
东城区民政局
全国民政政务信息工作先进单位
东城区民政局
全国五四红旗团委
和平里街道团工委
全国清理超期羁押先进集体
东城区检察院监所检察处
全国巾帼文明岗集体
东城环卫服务中心王府井所
全国先进离退休干部党支部
东城区奥士凯集团公司离休干部党支部
全国三八红旗集体
王府井地区环境卫生管理所
全国统计系统先进集体
东城区统计局
北京市全国依法统计先进单位
东城区统计局
全国城调系统基本情况调查先进集体
东城区统计局
中国侨联工作先进集体
东城区侨联
全国侨务系统先进单位
东城区民族宗教侨务办公室
全国体育先进社区
景山街道办事处
全国城市体育先进单位
朝阳门街道办事处
全国绿化模范单位
东直门街道办事处
第四届全国五好文明家庭
交道口街道 庄则平家庭
北新桥街道 李世森家庭
首届全国学习型家庭
东华门街道 李邵琴家庭
和平里街道 高寿蕙家庭
全国公安装备财务系统先进集体
东城公安分局装备财务处
公安部授予“五进”交通安全宣传工作先进集体
东城交通支队东四队
全国金融系统女职工双文明示范岗
工商银行王府井支行新东安分理处
民进中央先进集体
民进北京景山学校支部
北京市纪委、监察局授予一等功
东城区纪委“12·06”办案组
东城区纪委“3·27”办案组
北京市检察院授予二等功
东城区检察院反贪局住开专案组
北京市公安局公安交通管理局授予三等功
东城交通支队东四队一警区
首都劳动奖状
东城区法院未成年人案件审判庭
北京市思想政治工作优秀单位
东城公安分局政治处
北新桥街道工作委员会
北京市统计系统先进集体
东城区统计局
北京市人民满意的政法单位
东城交通支队帅府园队
东城区人民检察院
北京市治安管理标兵单位
东城公安分局治安支队行动队群体性事件处置组
北京市检察院授予优秀反贪局
东城区检察院反贪局
北京市检察院授予优秀渎检处
东城区检察院渎职侵权检察处
北京市优秀纪检监察信息先进单位
东城区纪律检查委员会
北京市先进纪检监察组织
东城公安分局纪委
北京市公安局巡逻抓捕标兵车组
东直门派出所宋小庆巡逻车组
北京市公安局科技应用先进单位
王府井大街派出所
北京市公安局治安系统标兵单位
王府井大街派出所
北京市公安局十佳派出所窗口单位
交道口派出所
北京市春运工作先进集体
北京站地区管理处
北京市三八红旗集体
王府井地区环境卫生管理所
区卫生局机关妇委会
北京市维护妇女儿童权益先进集体
东城区妇联
北京市儿童工作先进集体
东城区妇联
北京市妇联系统基层妇女组织先进集体
和平里街道妇联
交道口街道大兴社区妇联
景山街道汪芝麻社区妇联
区公安局机关妇委会
北京市“7574”爱心助残工程先进集体
东直门街道办事处
北京市青年文明号
中共东城区委办公室
东城区统计局商业科
区检察院反贪局侦查二处
北京皇城艺术馆

景山街道社会保障事务所
宝岛眼镜东四分店
北京医院老北楼重建项目经理部
王府井全聚德烤鸭店餐厅部引位组
东安市场照相器材组
王府井书店一层财政金融部
北京市新世纪号
王府井旅游观光车服务有限公司
北京市团建先进区
共青团东城区委员会
北京市五四红旗团委
朝阳门街道团工委
东城区教育团工委
北京市五四红旗团支部
建国门街道北极阁社区团支部
第二十一中学高三(3)班团支部
北京市巾帼建功岗先进单位
东城区环卫服务中心王府井所
北京市总工会授予经济技术创新先进企事业单位
东城区环卫服务中心环科中心
首都侨界先进集体
东城区侨联
北京市盟务工作先进集体
东城体育局支部
中国中医研究院委员会
东城医务支部
国家煤炭局支部
北京教育学院东城分院支部
国家林业局支部
新闻出版总署支部
民进北京市委先进集体
民进北京二中支部
民进北京五中支部
民进北京二十五中支部
民进北京二十七中支部
民进北京景山学校支部
民进北京东直门中学支部
民进北京财经学校支部
北京市信访工作优秀单位
东城区信访办
北京市信息工作优秀单位
东城区信访办
北京市安全保卫先进单位
东城区机关事务管理服务中心安全综合科
北京市防震减灾先进单位
东城区人防办
北京市交通战备工作先进单位
东城区人防办
北京市档案系统优秀爱国主义教育基地
区档案馆爱国主义教育基地
中国工商银行北京市分行百家名店三星级名店
工商银行王府井支行新东安分理处
中国工商银行北京市分行授予五四红旗团委
工商银行王府井支行
北京市药品监督管理系统先进集体
东城区药监局
北京市科普工作先进集体
东城区科学技术协会
北京市体育先进单位
朝阳门街道办事处
北京市体育特色工作
东城区体育局
北京市减弱工作先进单位
东城区体育局
北京市第四届全民健身体育节先进单位
东城区体育总会钓鱼协会
北京市劳动保障系统三优文明窗口
北新桥街道社会保障事务所
北京市再就业先进单位
北新桥街道办事处
北京市先进社区居委会
和平里街道东河沿社区居委会
安定门街道分司厅社区居委会
交道口街道菊儿社区居委会
景山街道景山东街社区居委会
建国门街道崇内社区居委会
建国门街道外交部街社区居委会
朝阳门街道内务社区居委会
东四街道罗家社区居委会
北新桥街道藏经馆社区居委会
东直门街道东外大街社区居委会
东华门街道韶九社区居委会
东华门街道南池子社区居委会
北京市计划生育工作先进集体
和平里街道办事处
景山街道办事处
东华门街道办事处
东直门街道办事处
北新桥街道办事处
东四街道办事处
朝阳门街道办事处
建国门街道办事处
安定门街道办事处
东城区委组织部
东城区人事局
东城区财政局
东城公安分局人口处
东城区卫生局
东城区民政局
东城区文明办
东城区委党校
东城区教育委员会
东城区劳动和社会保障局
东城区新闻中心
东城区妇幼保健院
协和医院妇产科计划生育组
北京市六十五中学
首都文明单位标兵
隆福医院
东城区环卫服务中心
东城区人民检察院
北京站地区管理处
东城区民政局
朝内菜市场
东城区图书馆
三友商场有限责任公司
稻乡村食品集团
北京和平印刷有限责任公司
吴裕泰茶庄
北京市第六医院
首都文明单位
天元集团公司利生体育商厦
兴华美食总公司松鹤楼菜馆
北京市华女内衣有限责任公司
王府井食品商场
德昌厚食品店
东城区绿化队
东城区园林局机关
东城区环境保护局
东城区人民防空办公室
东城区司法局机关
东直门街道敬老院

东城区劳动和社会保障局机关
北京市第五中学
北京市公安局东城分局
和平里派出所
东四派出所
交道口派出所
朝阳门派出所
东城分局巡察执法支队
东城区人民法院
东城区建筑行业管理处
东方容和物业管理有限责任公司
地坛体育馆
东城区朝阳门医院
和平里医院
东单体育中心
东城区文化馆
北京市第二中学
北京市第二十二中学
北京市第二十七中学
北京市第一七一中学
东城区职工业余大学
灯市口小学
东城区西中街小学
北官厅小学
东城区少年宫
东城区委党校
北京站国运实业开发总公司
王府井地区建设管理办公室
东城区审计局
北京市规划委员会东城分局
北京市工商局东城分局
东城区财政局
东城区质量技术监督局
北京市国税局东城分局
东城区人事局
北京市地税局东城分局
汇利民商贸公司干面门市部
东城区体育运动学校
东城区私营个体经济协会
东城区委老干部局
北京天元和平商业大厦
王府井医药器械分公司
北京市国家安全局东城分局

首都文明社区

建国门街道东堂子社区
建国门街道丰收社区
建国门街道赵家楼社区
建国门街道大雅宝社区
东直门街道胡家园社区
东直门街道察慈社区
东直门街道东外大街社区
东直门街道东环社区
东直门街道清水苑社区
东华门街道甘雨社区
东华门街道台基厂社区
东华门街道正义路社区
东华门街道韶九社区
和平里街道化工社区
和平里街道青年湖社区
和平里街道黄寺社区
和平里街道小黄庄社区
和平里街道冶金社区
和平里街道六区社区
和平里街道东河沿社区
和平里街道五区社区
和平里街道安贞苑社区
北新桥街道海运仓社区
北新桥街道小菊社区
北新桥街道九道湾社区
交道口街道府学社区
交道口街道帽儿社区
交道口街道福祥社区
朝阳门街道礼士社区
朝阳门街道朝内头条社区
朝阳门街道内务社区
景山街道景山东街社区
景山街道汪芝麻社区
景山街道皇城根北街社区
安定门街道分司厅社区
安定门街道空后社区
东四街道罗家社区

首都文明街道

和平里街道
景山街道
东直门街道
建国门街道
东华门街道

首都文明示范街

东城区南北河沿大街

首都文明旅游景区

故宫博物院景区
青年湖公园景区
中山公园景区
古观象台景区
钟鼓楼景区
雍和宫景区
地坛公园景区

北京市爱国卫生红旗单位

天湖别墅
天伦王朝饭店
总政直工部管理处
故宫博物院
北京市第一幼儿园
东四五条幼儿园
北京市中医医院
北京市长虹电影院
地坛公园
北京铁路分局北京站
裕龙商贸公司北新桥菜市场
王府井食品商店
美白美发厅
萃华楼饭庄
松鹤楼菜馆
北京饭店
新侨饭店
首都宾馆
贵宾楼饭店
雍和宫
中山公园
中国人民解放军总参二部机关
国家煤炭局
和平宾馆
北京市和平里医院
毛主席纪念堂管理局
国际饭店
商务部国际贸易经济合作研究院
国家旅游局
中华人民共和国民政部机关

北京市爱国卫生先进单位

北京市委机关
中华人民共和国文化部机关
中华人民共和国交通部机关
北京市人民政府机关
国家新闻出版总署机关
中国人民对外友好协会机关
国家林业局
国务院国有资产监督管理委员会（安外办公区）

东城区人民政府办公室
东城区爱国卫生运动委员会办公室
东城区城市综合管理委员会
东城区城管监察大队
东城区环卫局
东城区园林局
东城区卫生局
北京站地区管理处
王府井地区建设管理办公室
北京三元金安
北京市百货大楼
王府井全聚德烤鸭店
鼓楼中医医院
和平里街道办事处
北京航星机器制造公司
北京市人才服务中心
北京市疾病预防控制中心
北京市燃气集团有限责任公司燃气输配分公司
北京中旭三利百货公司
北京金湖苑宾馆有限公司
化工幼儿园
北京和平里宾馆
东城区体育运动学校
东城区柳荫公园管理处
东城区和平里第四小学
中国青年报社
东城区北官厅小学
北京市第一九六中学
奥士凯连锁公司新味市场
北新桥街道办事处
东城区人民检察院
东城区北新桥医院
北京市公安局出入境管理处
信息产业部电子工业标准化研究所
北京市工商行政管理局东城分局
北京市第二中学
东城回民小学
国管局朝阳门办公区
朝阳门医院
北京市商务局
东城国税局
礼士宾馆
竹园宾馆
黄化门幼儿园
求是杂志社
中国社会科学院法学研究所
内蒙古宾馆
建设银行东四支行
隆福医院
什锦花园小学
康铭大厦经营管理中心
北京市基督教会宽街堂
北京沪江香满楼会府
东城交通支队东四队
北京平安房地产有限责任公司
北京市第一六六中学
北京奥士凯集团公司朝内菜市场
市政工程管理处第二管理所一工区
北京军区总医院
北京韩中阁三千里烤肉城
东城区环境保护局
东城区文化馆
东城区图书馆会议中心
东城区劳动和社会保障局
东城区妇幼保健院
北京市文物局
东城区府学胡同小学
北京公交广告有限责任公司
北京市公安局东城分局
东城区人民法院
东城区财政局
健康报社
港澳中心有限公司
北京银达物业管理有限责任公司
北京奥士凯集团公司新兴里菜市场
东城区西中街小学
东城区东外医院
东城区天山派食府
东华门幼儿园
民革中央
北京市第一六五中学
北京市公安医院
北京市总工会
北京市公安局
商务部幼儿园
中华医学会
北京医院
灯市口华宝综合市场
中国社会科学院近代史所
解放军空军后勤部
北京市第六医院
首都博物馆
东城区国学胡同小学
东城区分司厅幼儿园
东城区财经学校
奥士凯集团公司朝莱交道口超市
隆福寺小吃三分店
中交水运规划设计院
北京河北饭店
北京市邮政管理局
东城区委党校
北京华润大厦有限公司
北京中粮广场发展有限公司
北京市华美伦酒店有限责任公司
北京邮区中心局
北京市第二十四中学
北京同仁医院
煤炭工业部东单招待所
东城区建国门医院
北京肯德基有限公司东单餐厅
德昌厚食品店
东城区建国门街道办事处

北京市先进社区

和平里街道东河沿社区
和平里街道化工社区
北新桥街道十二条社区
北新桥街道海运仓社区
朝阳门内务社区
景山街道景东社区
东四街道铁营社区
交道口街道交东社区
东直门街道十字坡社区
东直门街道清水苑社区
东华门街道正义路社区
东华门街道菖蒲河社区
安定门街道分司厅社区
建国门街道崇内社区
建国门街道干面社区

东城区信息工作优秀单位

东城区信访办

区岗位目标责任制考核特等单位

东城区信访办

全国三八红旗手

郝培华　[illegible]

全国优秀团干部

袁海鹏

全国公安机关国内安全保卫工作先

进个人
黎 莉
全国少年法庭工作先进个人
岳慧青
中国侨联系统先进工作者
陈海忠
全国归侨侨眷先进个人
王 蕾 赵 勇
全国优秀婚姻登记员
林燕虹
全国军休系统先进个人
周西平
北京市全国依法统计先进个人
孙书振
全国城市社会经济调查先进个人
任羽利
全国城调系统基本情况调查先进个人
周文勇
全国饭店业优秀女企业家
张 崎
中国消费者协会颁发的3·15荣誉奖章
陈凤翔
首都劳动奖章获得者
赵锡京 白素云 孟 波
张 岩 诸雪峻 李进江
宋朝金
北京市五四奖章获得者
杨淑雅 孟 艳
北京市纪检、监察局授予一等功
曾刚健 李立军
北京市纪检、监察局授予二等功
顾广林 代剑锋
北京市纪检、监察局授予三等功
牛红伟 崔 征 杨卫平
北京市公安局公安交通管理局授予二等功
范海宽
北京市公安局公安交通管理局授予三等功
丁力川 陈和新 胡铁钢
刘 众 陈 嵬 杨庆义
邢凤山 于连水 郭金成
侯振平
北京市统计系统先进个人
肖 泳
北京市城调系统基本情况调查先进个人
任羽利 张明周
北京市三八红旗奖章获得者
郭培华 梁文芳
北京市妇联系统基层妇女组织先进个人
梁纯一 吴祥明 赵梦云
孔建平 申永莲
北京市妇女儿童工作先进个人
陈笑平
北京市优秀团干部
郑智凤 赵 斌
北京市优秀团员
王 婷 边鹏程
北京市社区系统青年岗位能手
李 晨 王 诚 杨凤莲
邹开红 王建辉 邢 兵
李 睿 贾 巍
北京市群众体育工作先进个人
闻永康
北京市百名优秀法制校长
李 凌 王 涛 岳慧青
孙宇红 马秀清 冯 莹
邓晶晶
北京市统战工作先进个人
谢国立
首都侨界先进个人
陈海忠 岳钦礼 谭 菲
赵 静 王 蕾 赵 勇
北京市优秀盟员
王 钢 王 莺 王刘岐
王连福 乔宝琴 刘艳骄
刘惠琴 朱梅林 冷金花
宋剑南 张慎趋 李 工
李秋海 李鸿斌 杨文增
杨静婷 苏 钢 谷悦群
邱长乐 陈学军 陈雪鸣
陈紫云 麦凤初 季 元
易溥筠 郑玉春 俞悠仲
柳学全 奚静平 耿光怡
郭 健 康亚宏 曹 欢
梁国庆 章静波 路宏宇
民进北京市委参政议政先进个人
计静晨 王连仲 尹瑞鸾
卢 青 史启超 叶 禾
吕宝宏 朱 柯 陈 萱
陈占仙 杜建平 李青萍
李宏泰 李美联 杨子慧
杨进华 张 昱 张 毅
张亚强 张松凌 周 蓉
郭传玉 袁士良 程 华
崔立新 龚学勤
民进北京市委社会服务先进个人
王有声 王秀增 明知白
胡 敏 贺信淳 康振明
梁 捷
北京市优秀纪检监察干部
陈志军
北京市纪检监察信息工作先进个人
陈大龙 杨春兰
北京市纪检监察督查工作先进个人
朱懋荣
北京市优秀派出所所长
宋朝金
北京市治安管理业务标兵
李长春 赵 跃
北京市好警嫂标兵
李 华 丁 丽 姚精华
王 蕾
北京市优秀女民警标兵
龚海英 张海燕 李庆玲
胡竹筠
北京市十佳优秀内勤民警标兵
李 娟 孙燕民
北京市巡逻抓捕标兵
刘 彬 宋小庆 刘长龙
北京市科技应用先进个人
郑荣贵
首都十佳社区民警
胡竹筠
北京市先进科普工作者
戚安国 王秋凤
北京市优秀社会体育指导员
孙文平 苗 智 王福国
王 龙 李桂香 徐亚娟
王维钧
北京市体育社团先进工作者
王卫民
北京市安全保卫先进个人
王世渊

北京市消防安全先进个人

王世渊

市药品监督管理系统先进工作者

王继珍

北京市先进社区居委会主任

李　微　王金铭　张玉华
李　平　王学军　李桂珍
杨海杰　王　华

东城区优秀校长

钮小桦　李　源　李　铬
丁尔庆　袁为民　马　刚
王汴生　孙善麟　刘焕林
孙衍慧　薛锡兰　冯惠燕

东城区人民教师

杨惟文　孟　艳　李　颖
井　文　周业虹　王　蕾
闫来凤　徐伟念　杜　玫
陈　红　江　萍　金　辉
王　岚　白博立　陈凤伟
刘长明　唐富春　张　玫
刘金玉

东城区教育新秀

袁　全　杨京津　陈　颖
张　筠　柴　荣　王　含
刘　畅　张志忠　唐　晴
沈　宇　李　伟　赵　盈
刘　雯　付　燚　李德胜
林红焰　邱　悦　王山平
束　旭　郝　萍　赵　玉
吴　华　王　萱　苗　青
张又佳　严　佶　寿春秀
李云飞　霍艳平　铁艳红

获高级职称人员

北京市中学高级教师

黄翠坤　丁　涛　丁　力
谢小军　李桂兰　张明俐
郭　萱　周　洁　李月福
张　芮　师立忱　李　峰
柴　荣　钱继荣　上官卫红
赵　伟　郭翀婕　于　立
楚艳玲　高　捷　王俊臣
甄敬萍　杨雅芹　王　颖
泉　东　姚欣燕　夏　宇
张欣之　刘　青　冯　睿
孙素梅　田京京　张为红
闫纳新　韩亦军　申轶勍
聂茹山　刘金玲　刘　燕
李　睢　吴宁馨　王琰琰
郝立萍　许立群　孟昭荣
葛晓红　周传章　陈德平
何育竹　蒙建民　邹晓青
曹洪文　傅国红　王　桔
常　宏　陈　明　庄咏梅
戴　田　凌秀华　周　卫
闫宝玲　雷　宏　卢京阳
矫莉萍　张国平　王　乾
杨京津　孙冠芳　况红梅
陈　洁　罗　斌　王春红
邝　悦　解海涛　李桂玉
俞　扬　李集民　徐　岚
张斌平　刘　娟　李冬梅
张海燕　王　玉　邢　瑛
崔文英　温　岩　冉　峰
尚晶一　赵红梅　朱培红
张素云　王　讯　段　勇
吴晓峰　刘同栾　肖玉莲
孟　艳　那丽华　金亚东
戴敦冀　吴之越　崔　齐
陈　萱　杨　琳　关富娟
庄　静　李京莲　张　荔
施志文　李淑芬　孙改敏
刘　波　顾力群　张俊菊
侯玉茂　郑晓红　韩云霞
王秀鲜　刘长明　胡蝶妹
滕亚杰　商凤西　许觊潘
邢东平　张可义　范学军
王丽颖　戴晓萱

逝 世 人 物

郭传周　王府井百货集团原董事长,1931年12月生,河北饶阳人,中共党员,大专文化,因病于3月23日逝世,终年72岁。

郭传周1950年3月参加工作,1954年7月加入中国共产党,先后在北京市百货公司第一、第二门市部工作。1955年9月调入北京市百货大楼,历任党委办公室科员、团委书记、商品部主任、党委副书记、副经理。1979年4月调任北京东风市场党委书记、经理。1984年1月调任北京西单商场党委书记。1985年11月到百货大楼任党委书记,后兼任总经理。1991年9月任北京百货大楼集团党委书记兼总经理。1993年4月任北京王府井百货(集团)股份有限公司党委书记、董事长。1999年6月退休。此后一直担任北京王府井百货股份有限公司高级顾问。在中国商业界有很高威望,先后担任中华全国工商业联合会执行委员、北京市工商联合会副主任委员、北京市商会副会长、中国百货商业协会常务理事、中国百货商业协会零售企业委员会主任委员、中国商业企业管理协会执行理事、中国企业家协会理事、北京市商业企协常务理事等职务。曾先后获北京市劳动模范、北京市商业优秀企业家、北京市商贸系统优秀党委书记、北京市商贸系统优秀共产党员、北京市优秀职工之友、北京市教育先进工作者等称号。郭传周是北京市百货大楼建店元勋之一。是首都乃至全国商业界著名企业家。

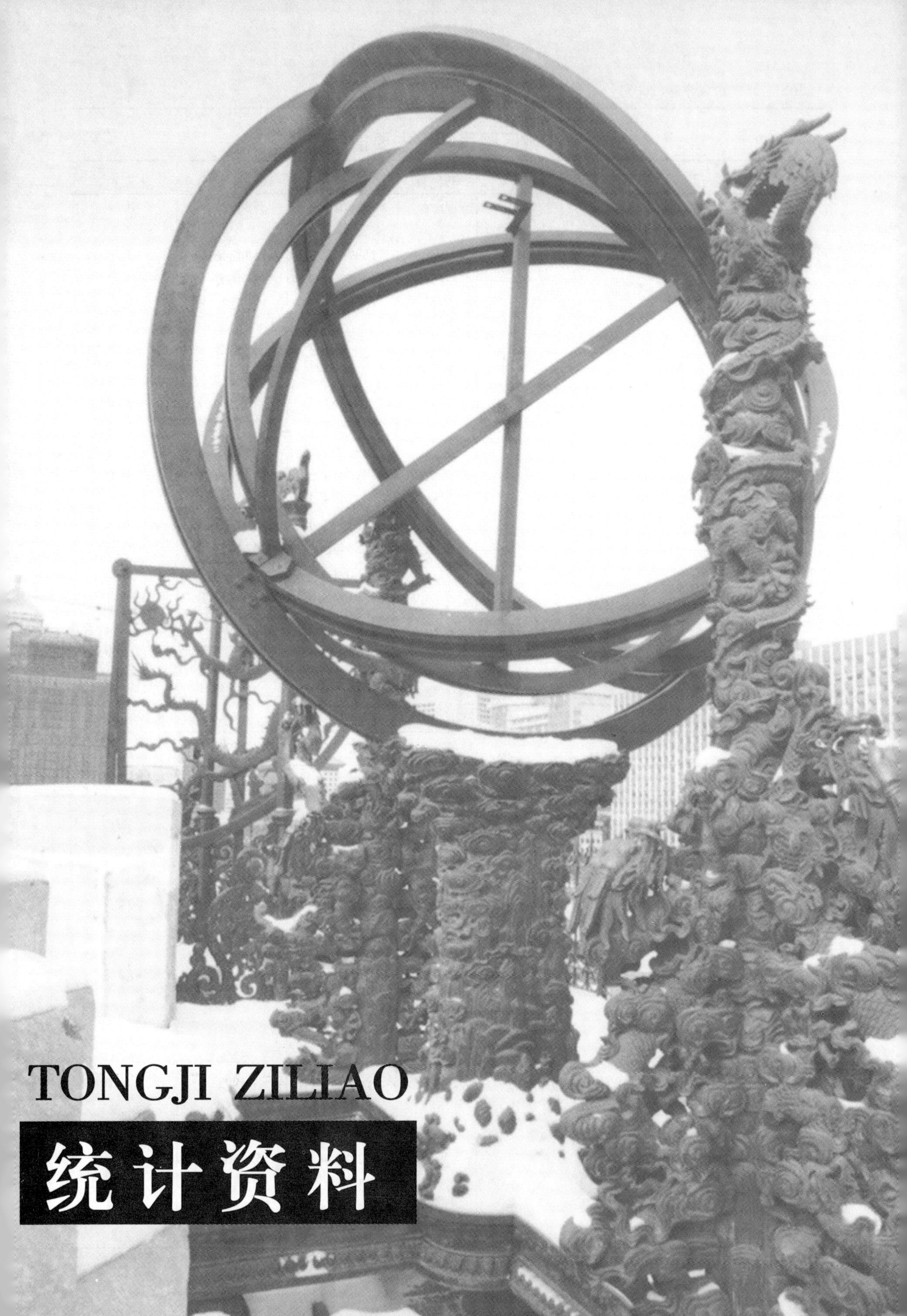
TONGJI ZILIAO
统计资料

表 1－1 东城区国民经济主要指标

指　　标	单　位	2004 年	2003 年	±%
一、地区生产总值合计	万元	3636625.6	3294121.4	10.4
按隶属关系分组				
中央单位	万元	1532012.8	1544346.0	-0.8
市属单位	万元	495790.7	464602.6	6.7
区属单位	万元	1608822.2	1285172.8	25.2
按行业分组				
第二产业	万元	202738.4	209961.1	-3.4
工　　业	万元	104851.2	104745.8	0.1
建 筑 业	万元	97887.2	105215.3	-7.0
第三产业	万元	3433887.2	3084160.3	11.3
交通运输仓储和邮政业	万元	245206.8	355714.0	-31.1
批发和零售贸易业及餐饮业	万元	716216.5	596731.9	20.0
金　　融	万元	437485.4	450474.5	-2.9
房地产业	万元	151502.4	149567.4	1.3
其　　它	万元	1883476.2	1531672.5	23.0
在总计中:高科技产业	万元	50912.6	49196.7	3.5
现代服务业	万元	1651155.8	1463892.8	12.8

说明:本年鉴表1中"一至十"项中有关经济指标2004年度数据,由于经济普查代年报,目前数据未经国务院经济普查领导小组办公室审定,不得公布使用。为保证《东城年鉴》的按时发行,表中2004年数据均用2004年1－12月份月报数据替代。

表 1－2 东城区国民经济主要指标

指　　标	单　位	2004 年	2003 年	±%
二、全区概况				
1. 全区从业人员平均人数	人	343553	339521	1.2
其中:企业单位	人	244723	241363	1.4
事业单位	人	64936	62758	3.5
国家机关	人	33894	35400	-4.3
其中:中央单位	人	113601	115038	-1.2
市属单位	人	80472	81177	-0.9
区属单位	人	149480	143306	4.3
2. 全区从业人员人均劳动报酬	元	34414	30685	12.2
其中:企业单位	元	31841	29596	7.6
事业单位	元	38401	33750	13.8
国家机关	元	45356	32681	38.8
其中:中央单位	元	42071	36911	14.0
市属单位	元	32308	26502	21.9
区属单位	元	29728	28058	6.0
3. 全区企业经营总收入	万元	19298344	15226696.4	26.7
其中:中央单位	万元	11368500.7	8034680.8	41.5
市属单位	万元	1860500.7	2038303.6	-8.7
区属单位	万元	6069276.6	5153712	17.8

表1-3　东城区国民经济主要指标

指　　标	单位	2004年	2003年	±%
其中:三资企业总收入	万元	4351080.4	3416396.3	27.4
4.全区企业利润总额	万元	1228578.4	905906.4	35.6
其中:中央单位	万元	712016.2	255808.3	178.3
市属单位	万元	-15202.6	60503.1	
区属单位	万元	531764.8	589595	-9.8
其中:三资企业利润总额	万元	605440.5	584094.1	3.7
5.全区企业应缴税金总额	万元	710237.8	748502.9	-5.1
其中:中央单位	万元	185792.2	276375.5	-32.8
市属单位	万元	82628.5	103078.1	-19.8
区属单位	万元	441817.1	369049.3	19.7
其中:增值税	万元	178577.2	187974.1	-5.0
营业税金及附加	万元	249232.5	203090.1	22.7
应交所得税	万元	282428.1	357438.7	-21.0
其中:三资企业应缴税金	万元	352313.3	316448.8	11.3
三、工　业				
工业总产值(现价)	万元	879561.9	519448.1	69.3
工业销售收入	万元	896828.1	558446.8	60.6
工业利润总额	万元	36149.9	28615.5	26.3
工业应缴税金	万元	15661.8	23846.4	-34.3
其中:增值税	万元	8988.6	18082.6	-50.3
产品销售税金及附加	万元	736.5	842.4	-12.6
应交所得税	万元	5936.7	4921.4	20.6
四、建 筑 业				
建筑业总产值	万元	692483.0	613280.0	12.9
建筑业施工面积	平方米	4543848	4796684	-5.3
建筑业竣工面积	平方米	1514962	1576564	-3.9
建筑业总收入	万元	644642.2	669648.2	-3.7
建筑业利润总额	万元	-2292.3	6712.3	
建筑业应缴税金	万元	20388.5	22959.9	-11.2
其中:增值税	万元	85.7	242.1	-64.6
工程结算税金及附加	万元	18309.7	19771.0	-7.4
应交所得税	万元	1993.1	2946.8	-32.4
五、运输邮电业				
运输邮电业总收入	万元	1238270.8	1130816.4	9.5
运输邮电业利润总额	万元	538708.7	513286.7	5.0
运输邮电业应缴税金	万元	230564.8	210280.2	9.6
其中:增值税	万元	25.9	19.5	32.8
营运税金及附加	万元	37078.4	30286.9	22.4
应交所得税	万元	193460.5	179973.8	7.5
六、批发零售贸易餐饮业				
全区社会商品零售额	万元	1838912.2	1660120.0	10.8

表1－4　东城区国民经济主要指标

指　　标	单　位	2004年	2003年	±%
隶属关系:中央单位	万元	264389.5	215344.0	22.8
市属单位	万元	627837.3	590464.0	6.3
区属单位	万元	946685.4	854312.0	10.8
用途分类:吃的商品	万元	526694.3	442879.0	18.9
穿的商品	万元	298790.8	281137.0	6.3
用的商品	万元	1000962.9	923365.0	8.4
烧的商品	万元	12464.2	12739.0	-2.2
批零贸易及餐饮业经营总收入	万元	11085884	7997301.2	38.6
其中:餐饮业	万元	333080	276005.4	20.7
批零贸易及餐饮业利润总额	万元	842493.6	240160.2	250.8
其中:餐饮业	万元	16483.3	16651.7	-1.0
批零贸易及餐饮业应缴税金	万元	275998.4	214798.1	28.5
其中:餐饮业	万元	23224.7	14514.2	60.0
(1)、增值税	万元	163554.5	130529.5	25.3
(2)、营业税金及附加	万元	33394.7	19254.8	73.4
(3)、应交所得税	万元	79049.2	65013.8	21.6
七、开　发　业				
开发业经营总收入	万元	813529.4	715397	13.7
开发业利润总额	万元	-48548.9	-28963.6	
开发业应缴税金	万元	62152.6	49474.6	25.6
其中:营业税金及附加	万元	46122.8	35549.2	29.7
应交所得税	万元	16029.8	13925.4	15.1
八、金　融　业				
金融业经营总收入	万元	1342838.6	732010.6	83.4
金融业利润总额	万元	-157625.7	-65900.2	
金融业应缴税金	万元	-22636.5	32954.3	
其中:营业税金及附加	万元	33634	14723.9	128.4
应交所得税	万元	-56270.5	18230.4	
九、服　务　业				
服务业经营总收入	万元	3276350.9	3423076.2	-4.3
服务业利润总额	万元	19693.1	211995.5	-90.7
服务业应缴税金	万元	128108.2	194189.4	-34.0
其中:增值税	万元	5922.5	39100.4	-84.9
营业税金及附加	万元	79956.4	82661.9	-3.3
应交所得税	万元	42229.3	72427.1	-41.7
十、固定资产投资				
1.固定资产投资总额	万元	1238128	1702707	-20.4
其中:基本建设投资	万元	107701	385468	-48.7
更新改造投资	万元	7553	19293	-60.9
开发业投资	万元	1032174	1269155	-9.4
其　　他	万元	700	28791	-97.6

表1－5　东城区国民经济主要指标

指　　标	单 位	2004 年	2003 年	±%
2.固定资产开复工面积	平方米	7952729	10402669	-21.1
其中:基本建设开复工面积	平方米	1028883	1260775	-18.4
更新改造开复工面积	平方米	43867	55763	-21.3
开发业开复工面积	平方米	6876979	9015308	-20.9
其　他	平方米	3000	70823	-95.8
3.固定资产竣工面积	平方米	1633640	3768791	-51.0
其中:基本建设竣工面积	平方米	237562	83783	183.5
更新改造竣工面积	平方米		11896	
开发业竣工面积	平方米	1396078	3673112	-56.2
十一、外经、外贸				
利用外资签订协议额	万美元	19124.5	22252	-14.1
实际利用外资额	万美元	16849.2	21088.8	-20.1
十二、财政收入	万元	345182	313801	10.0
其中:区级各项税收	万元	332395	294221	13.0
十三、财政支出	万元	298075	251302	18.6
十四、储蓄存款年末余额	万元	3509603	3098607	13.3
十五、货币回笼	万元	75340	513406	-85.3
十六、个体工商、集贸市场				
1.个体工商户数	户	16975	13836	22.7
其中:商业	户	10644	8978	18.6
饮食业	户	1588	1490	6.6
服务业	户	3508	2450	43.2
2.个体工商从业人员	人	28959	25083	15.5
其中:商业	人	14114	12182	15.9
饮食业	人	6828	6491	5.2
服务业	人	5898	4730	24.7
3.个体工商营业额	万元	70755	47895.1	47.7
其中:商业	万元	32586	25549.9	27.5
饮食业	万元	29486	15740.6	87.3
服务业	万元	1012	4088.1	-75.2
4.集贸市场个数	个	30	36	-16.7
其中:工业品市场	个	10	14	-28.6
农副产品市场	个	16	15	6.7
早市市场	个	1	1	
夜市市场	个	1	2	-50.0
其他市场	个	2	4	-50.0
5.集贸市场累计上市摊位	个	989520	1016459	-2.7
6.集贸市场月平均上市品种	种	261	264	-1.1
7.集贸市场成交额	万元	24880.2	28027.1	-11.2
8.集贸市场成交量	万公斤	3073	3510	-12.5
十七、计划生育(计生办数据)				
出生率	‰	4.35	2.46	
死亡率	‰	5.53	4.28	

表1-6 东城区国民经济主要指标

指标	单位	2004年	2003年	±%
自然增长率	‰	-0.94	-1.83	
十八、教育				
1.学校数	个	80	86	-7.0
小学	个	46	48	-4.2
普通中学	个	30	32	-6.3
中等专业教育	个	4	6	-33.3
2.招生数	人	18956	19238	-1.5
小学	人	4084	3988	2.4
初级中等学校	人	6363	6804	-6.5
高级中等学校	人	6841	6931	-1.3
中等专业教育	人	1668	1515	10.1
3.在校生数	人	76686	79363	-3.4
小学	人	27435	28022	-2.1
初级中等学校	人	22551	25219	-10.6
高级中等学校	人	20650	19493	5.9
中等专业教育	人	6050	6629	-8.7
4.毕业生数	人	22321	22404	-0.4
小学	人	5525	5979	-7.6
初级中等学校	人	9228	9576	-3.6
高级中等学校	人	5523	5221	5.8
中等专业教育	人	2045	1628	25.6
幼儿园、托儿所个数	个	37	40	-7.5
幼儿入托数	人	7265	7382	-1.6
十九、文化				
文化馆、站	个	11	11	
公共图书馆	个	1	1	
公共图书馆藏书	万册	43.5	41.2	5.6
电影放映单位	个	6	7	-14.3
区级以上重点文物保护单位	个	127	127	
二十、卫生				
卫生机构数	个	362	373	-2.9
其中:医院	个	29	26	11.5
实有病床数	张	8033	7457	7.7
其中:医院	张	8033	7457	7.7
平均每千人拥有病床数	张	12.91	11.6	11.3
卫生技术人员	人	15702	14876	5.6
其中:医生	人	6374	6233	2.3
二十一、公用设施				
区级以上公园	个	7	7	
体育场馆	个	4	4	
道路长度	公里	309	266.3	16.0

表2 东城区人口年龄统计表 单位:人

年 龄	合 计	占总人口(%)	男	女	年 龄	合计	占总人口(%)	男	女
0 岁	2279	0.37	1166	1113	51 岁	12692	2.04	6252	6440
1 岁	1462	0.23	732	730	52 岁	11492	1.85	5695	5797
2 岁	2564	0.41	1296	1268	53 岁	10684	1.72	5328	5356
3 岁	2528	0.41	1257	1271	54 岁	9306	1.50	4736	4570
4 岁	3058	0.49	1620	1438	55 岁	8119	1.30	4104	4015
5 岁	3076	0.49	1575	1501	56 岁	6546	1.05	3304	3242
6 岁	2948	0.47	1501	1447	57 岁	6365	1.02	3208	3157
7 岁	3628	0.58	1924	1704	58 岁	5831	0.94	2926	2905
8 岁	3471	0.56	1762	1709	59 岁	5134	0.82	2534	2600
9 岁	3677	0.59	1872	1805	60 岁	4313	0.69	2167	2146
10 岁	3933	0.63	2042	1891	61 岁	4109	0.66	2051	2058
11 岁	4203	0.68	2107	2096	62 岁	4586	0.74	2247	2339
12 岁	5230	0.84	2626	2604	63 岁	4572	0.73	2130	2442
13 岁	3953	0.64	2010	1943	64 岁	4932	0.79	2225	2707
14 岁	6935	1.11	3512	3423	65 岁	5139	0.83	2179	2960
15 岁	7252	1.17	3700	3552	66 岁	5342	0.86	2236	3106
16 岁	8214	1.32	4264	3950	67 岁	5841	0.94	2518	3323
17 岁	8739	1.40	4382	4357	68 岁	5751	0.92	2552	3199
18 岁	7561	1.21	3867	3694	69 岁	5953	0.96	2600	3353
19 岁	8152	1.31	4097	4055	70 岁	5750	0.92	2606	3144
20 岁	8927	1.43	4522	4405	71 岁	5583	0.90	2625	2958
21 岁	10621	1.71	5377	5244	72 岁	5127	0.82	2443	2684
22 岁	12053	1.94	6046	6007	73 岁	4593	0.74	2163	2430
23 岁	10994	1.77	5675	5319	74 岁	4605	0.74	2133	2472
24 岁	10338	1.66	5282	5056	75 岁	4366	0.70	1997	2369
25 岁	9762	1.57	4991	4771	76 岁	4024	0.65	1873	2151
26 岁	10309	1.66	5305	5004	77 岁	3454	0.55	1532	1922
27 岁	8581	1.38	4430	4151	78 岁	3169	0.51	1486	1683
28 岁	7800	1.25	4148	3652	79 岁	2900	0.47	1312	1588
29 岁	7353	1.18	3776	3577	80 岁	2716	0.44	1239	1477
30 岁	7438	1.20	3912	3526	81 岁	2422	0.39	1085	1337
31 岁	9040	1.45	4635	4405	82 岁	2157	0.35	949	1208
32 岁	9240	1.48	4772	4468	83 岁	1871	0.30	825	1046
33 岁	9032	1.45	4619	4413	84 岁	1553	0.25	698	855
34 岁	9434	1.52	4837	4597	85 岁	1224	0.20	523	701
35 岁	9815	1.58	4855	4960	86 岁	1191	0.19	524	667
36 岁	10985	1.76	5389	5596	87 岁	924	0.15	418	506
37 岁	7259	1.17	3490	3769	88 岁	745	0.12	305	440
38 岁	7468	1.20	3771	3697	89 岁	633	0.10	251	382
39 岁	8472	1.36	4261	4211	90 岁	558	0.09	249	309
40 岁	12124	1.95	6110	6014	91 岁	416	0.07	157	259
41 岁	18670	3.00	9392	9278	92 岁	326	0.05	121	205
42 岁	15725	2.53	7957	7768	93 岁	230	0.04	97	133
43 岁	11242	1.81	5669	5573	94 岁	211	0.03	74	137
44 岁	13433	2.16	6823	6610	95 岁	185	0.03	55	130
45 岁	12802	2.06	6511	6291	96 岁	111	0.02	33	78
46 岁	14480	2.33	7194	7286	97 岁	68	0.01	21	47
47 岁	16005	2.57	7941	8064	98 岁	70	0.01	19	51
48 岁	14182	2.28	7045	7137	99 岁	55	0.01	24	31
49 岁	13764	2.21	6690	7074	100 岁以上	86	0.01	23	63
50 岁	14184	2.28	6956	7228	合计	622425	100.00	308545	313880

表3　土地面积、人口密度及社区居委会

地　　区	土地面积(平方公里)	比　重(%)	人口密度(人/平方公里)	社区居委会(个)
全　区	25.38	100	24980	137
东华门街道	5.35	21.08	15570	14
景山街道	1.64	6.46	28268	9
交道口街道	1.45	5.71	37212	10
安定门街道	1.76	6.93	32343	12
北新桥街道	2.62	10.32	30250	16
东四街道	1.53	6.03	30231	10
朝阳门街道	1.24	4.89	34612	12
建国门街道	2.7	10.64	23603	14
东直门街道	2.07	8.16	23058	14
和平里街道	5.02	19.78	22622	26

注:人口密度指标用公安局人口数据。

表4　户数及人口数(户籍统计)

单位:户、人

地　区	户　数(户)		常住人口(人)		暂住人口(人)	
	2004年	2003年	2004年	2003年	2004年	2003年
全　区	224478	234641	622425	642682	103990	82001
东华门街道	20257	22278	64305	68490	11293	4685
景山街道	17180	18202	44830	47658	5878	5236
交道口街道	20152	20542	53414	53766	7026	5226
安定门街道	22691	22824	56757	56875	7290	5089
北新桥街道	29425	30465	78181	79987	9612	6527
东四街道	17500	18617	44944	47367	6440	6417
朝阳门街道	15516	16744	41296	44182	5957	7359
建国门街道	16094	17343	42859	45759	7277	6942
东直门街道	16834	17607	47019	48266	9872	11726
和平里街道	35389	35625	107944	107038	17471	14135
东交民巷	4006	4153	16631	16738	3678	3489
黄寺大院	2638	2658	6182	6177	882	1524
北京站	6796	7583	18063	20379	4493	3646
安外大街					6821	

表5　常住人口性别比

单位:人

地　　区	2004年				2003年			
	合计	男	女	性别比	合计	男	女	性别比
全　区	622425	308545	313880	98.3	642682	319120	323562	98.6
东华门街道	64305	32559	31746	102.6	68490	34788	33702	103.2
景山街道	44830	22168	22662	97.8	47658	23608	24050	98.2
交道口街道	53414	26046	27368	95.2	53766	26251	27515	95.4
安定门街道	56757	27706	29051	95.4	56875	27837	29038	95.9
北新桥街道	78181	38631	39550	97.7	79987	39634	40353	98.2
东四街道	44944	22460	22484	99.9	47367	23749	23618	100.6
朝阳门街道	41296	20336	20960	97.0	44182	21686	22496	96.4
建国门街道	42859	20909	21950	95.3	45759	22345	23414	95.4
东直门街道	47019	23298	23721	98.2	48266	24016	24250	99.0
和平里街道	107944	54034	53910	100.2	107038	53671	53367	100.6
东交民巷	16631	8731	7900	110.5	16738	8763	7975	109.9
黄寺大院	6182	2624	3558	73.7	6177	2614	3563	73.4
北京站	18063	9043	9020	100.3	20379	10158	10221	99.4

表 6　户籍人口自然变动人数(户籍统计)　单位:人

地　区	出生人数	死亡人数	自然增加人数
全　区	2736	3442	-706
东华门街道	297	333	-36
景山街道	194	339	-145
交道口街道	233	262	-29
安定门街道	234	336	-102
北新桥街道	328	485	-157
东四街道	207	309	-102
朝阳门街道	192	213	-21
建国门街道	174	272	-98
东直门街道	171	252	-81
和平里街道	484	461	23
东交民巷	109	54	55
黄寺大院	29	18	11
北京站	84	108	-24

表 7　人口出生情况　单位:人

地　区	2004 年		2003 年		两年出生数相比(+、-)	两年出生率相比(↑↓)
	出生数	出生率(‰)	出生数	出生率(‰)		
全区合计	2753	4.35	1575	2.46	+1178	↑1.89
东华门街道	400	4.81	245	2.90	+155	↑1.91
景山街道	186	4.02	137	2.90	+49	↑1.12
交道口街道	191	3.56	106	1.99	+85	↑1.57
安定门街道	215	3.80	133	2.36	+82	↑1.44
北新桥街道	315	3.98	150	1.88	+165	↑2.10
东四街道	219	4.73	101	2.12	+118	↑2.61
朝阳门街道	208	4.86	106	2.37	+102	↑2.49
建国门街道	299	4.71	183	2.76	+116	↑1.95
东直门街道	174	3.65	104	2.16	+70	↑1.49
和平里街道	546	4.83	310	2.75	+236	↑2.08
全　区	自然增长数	自然增长率(‰)	自然增长数	自然增长率(‰)	两年自增数相比(+、-)	两年自增率相比(‰)
	-592	-0.94	-1174	-1.83	+582	↑0.89

表8 东城区2004年人口性别年龄结构示意图

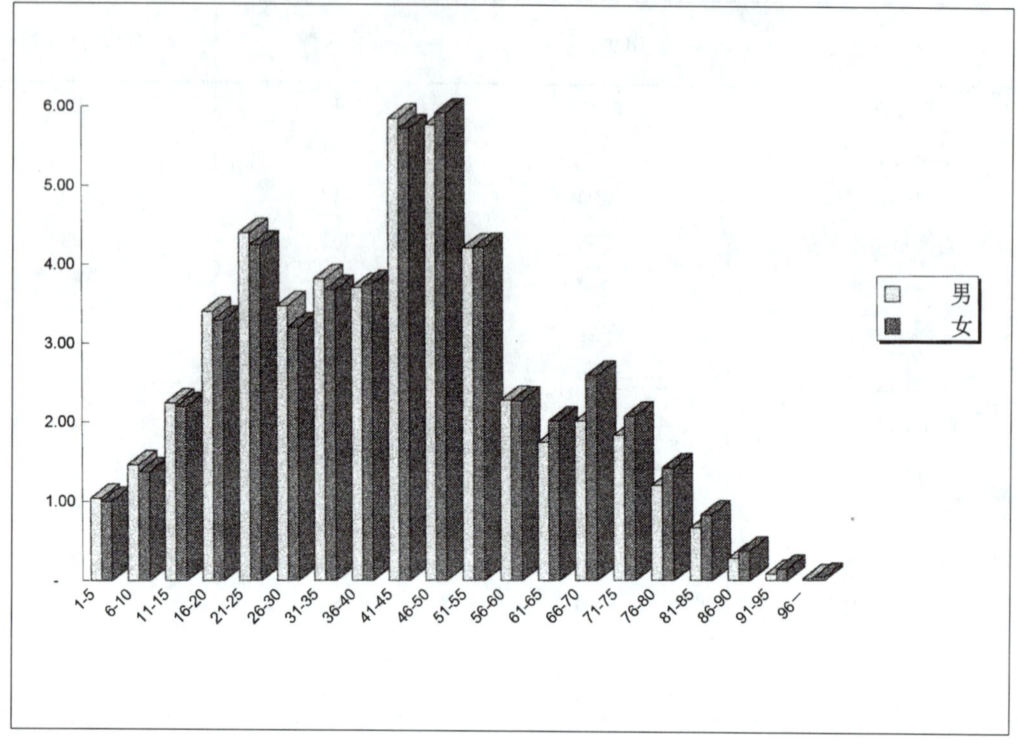

表9 2004年常住人口变动表

（东城公安分局提供）

项目			增加							上年末实有	本年末实有
			计	市外迁入	出生	市内移动			其他		
						城近郊区	远郊县	本区			
非农业	户数		745	41	4	316	2	199	183	225516	224478
	人数	计	3407	600	344	1735	17	709	2	624779	622425
		男	1677	318	164	863	5	325	2	309798	308545
		女	1730	282	180	872	12	384		314981	313880

项目			减少							本年增减比较（+或-）
			计	迁往市外	死亡	市内移动			其他	
						城近郊区	远郊县	本区		
非农业	户数		1783	9	38	1436		210	90	-1038
	人数	计	5761	157	277	4627	7	690	3	-2354
		男	2930	134	151	2324	6	314	1	1253
		女	2831	23	126	2303	1	376	2	-1101

表10　个体工商户基本情况

单位：户、人、万元

项目		2004年	2003年	±%
总户数		16975	13836	22.7
总人数		28959	25083	15.5
总营业额		70755	47895.1	47.7
工　业	户　数297	293	1.4	
	人　数	546	528	3.4
	营业额	2266.3	1235.7	83.4
建筑业	户　数	37	37	
	人　数	107	110	-2.7
	营业额	45.2	30	50.7
交通运输业	户　数	210	294	-28.6
	人　数	293	376	-22.1
	营业额	1276.7	440.9	189.6
商　业	户　数	10644	8978	18.6
	人　数	14114	12182	15.9
	营业额	32585.7	25549.8	27.5
饮食业	户　数	1588	1490	6.6
	人　数	6828	6491	5.2
	营业额	29486.1	15740.6	87.3
服务业	户　数	3508	2450	43.2
	人　数	5898	4730	24.7
	营业额	3940.4	4088.1	-3.6
修理业	户　数	536	262	104.6
	人　数	815	572	42.5
	营业额	1011.8	704.2	43.7
其它业	户　数	155	32	384.4
	人　数	358	94	280.9
	营业额	142.8	105.8	35.0

表11　各类学校和幼教基本情况(一)

项目	学校(所)		教职工数(人)		在校生数(人)	
	2004年	2003年	2004年	2003年	2004年	2003年
总　计	119	128	10398	10916	82380	87056
中学小计	34	38	5684	6290	47395	51341
初级中学	4	4	632	442	3644	3225
完全中学(九年一贯制)	22	24	3651	4340	34110	37776
高级中学(含社会力量办学)	4	4	489	494	3591	3711
职业高中	4	6	912	1014	6050	6629
小学小计	46	48	3055	3148	27435	28022
教育部门办	46	47	3004	3050	27196	27694
社会力量办	1(附设)	1	51	98	239	328
幼儿园小计	37	40	1503	1320	7265	7382
教育部门、集体办	20	21	754	579	3585	3494
民　办	1	3	52	107	98	387
自办园	16	16	697	634	3582	3501
特殊教育小计	2	2	156	158	285	311
工读学校	1	1	86	87	145	167
特殊学校	1	1	70	71	140	144

表 12　　各类学校和幼教基本情况(二)　　单位:人

项　　目	招生数		毕业生数	
	2004 年	2003 年	2004 年	2003 年
总　　计	21069	21901	26398	25198
中学小计	14872	15250	16796	16425
初　　中	6363	6804	9228	9576
普通高中	6841	6931	5523	5221
职业高中	1668	1515	2045	1628
小学小计	4084	3988	5525	5979
教育部门和社会力量办学	4024	3979	5505	5922
其他部门办学	60	9	20	57
幼儿园小计	2075	2518	4030	2612
教育部门办、集体办	1102	1194	891	1240
社会力量办	50	183	65	111
其他部门办	923	1141	3074	1261
特殊教育小计	38	145	47	182
工读学校		117		102
特殊学校(包括随班就读)	38	28	47	80

表 13　　各类成人教育学校教职工数　　单位:人

项　　目	教师人数合计		专职教师		兼职教师		校数(教学点)(所)	
	2004 年	2003 年	2004 年	2003 年	2004 年	2003 年	2004 年	2003 年
总　　计	189	147	55	55	135	92	5	5
高等教育	157	113	49	46	108	67	2	2
广播电视大学	78	46	5	5	73	41	1	1
东城职大	79	67	44	41	35	26	1	1
中等专业教育	32	34	6	9	27	25	3	3
广播电视中专	20	25			20	25	1	1
职工中专学校	7	4	3	4	5		1	1
成人高中学校	5	5	3	5	2		1	1

表 14　　各类成人教育学校学生数　　单位:人

项　　目	在校生数			毕(结)业生数			招生数		
	2004 年	2003 年	±%	2004 年	2003 年	±%	2004 年	2003 年	±%
总　　计	4282	4118	4.0	1146	887	29.2	1818	1382	31.5
高等教育	3858	3345	15.3	937	608	54.1	1766	1205	46.6
广播电视大学	3108	2093	48.5	462	221	109.0	1383	822	68.2
东城职大	750	1252	-40.1	475	387	22.7	383	383	0.0
中等专业教育	424	773	-45.1	209	279	-25.1	52	177	-70.6
广播电视中专	177	472	-62.5	84	233	-63.9		50	
职工中专学校	247	301	-17.9	125	46	171.7	52	127	-59.1

表 15 文化市场基本情况

单位:家

项目	2004 年	2003 年
全区总计	972	798
其中:歌厅	108	104
舞厅	6	6
电子游艺厅	15	15
台球厅	36	35
电影放映单位	6	7
录像厅		4
中国字画经营	36	41
录音、录像制品经营	192	75
个体书摊	40	19
书店(含电子出版物)	309	260
印刷厂	70	79
报刊点、亭	123	123
棋牌室	21	20
保龄球厅	10	10

表 16 医疗卫生机构基本情况(区域)

项目	单位	2004 年	2003 年
一、卫生事业机构	个	362	373
医院	个	30	26
门诊部、所	个	39	34
医务室、诊所、红医站	个	268	288
疾病预防控制中心	个	2	2
专科防治所、站	个	2	2
其它卫生事业机构	个	21	21
二、床位	张	8033	7457
平均千人拥有医院床位	张	12.91	11.60
三、卫生技术人员	人	15702	14876
医生	人	6374	6233
护师(士)	人	5624	5426
平均每千人拥有医生	人	10.24	9.70
平均每千人拥有护士	人	9.04	8.44

注:表内数据含门诊部以下单位。

表 17 区属医疗卫生机构基本情况

项目	单位	2004 年	2003 年
一、卫生事业机构	个	18	18
医院	个	12	12
疾病预防控制中心	个	1	1
专科防治所、站	个	2	2
急救站	个	1	1
卫生学校	个	1	1
二、床位	张	1791	1749
平均每千人拥有医院床位	张	2.88	2.72
三、卫生技术人员	人	3048	3115
医生	人	1336	1336
护师(士)	人	1196	1203
平均每千人拥有医生	人	2.15	2.08
平均每千人拥有护士	人	1.92	1.87

表 18 医院病床、卫生技术人员构成情况

项目	实开病床数(张)				卫技人员数(人)			
	2004 年	构成	2003 年	构成	2004 年	构成	2003 年	构成
总计	8033	100.00	7457	100.00	15702	100.00	14876	100.00
卫生部直属医院	3102	38.61	3072	41.20	5603	35.68	5466	36.74
市卫生局医院	2556	31.82	2079	27.88	4959	31.58	4377	29.42
区卫生局医院	1791	22.30	1749	23.45	3048	19.41	3115	20.94
民社办及职工医院	584	7.27	557	7.47	2092	13.33	1918	12.90

表 19 医院诊疗构成情况

项目	治疗总人次数(人次)				医院收治病人数(人)			
	2004 年	构成	2003 年	构成	2004 年	构成	2003 年	构成
总计	7971332	100.00	5789876	100.00	141831	100.00	104703	100.00
卫生部直属医院	2923490	36.67	2043026	35.29	66918	47.18	44935	42.92
市卫生局医院	2807307	35.22	2208659	38.15	51402	36.24	38387	36.66
区卫生局医院	1501039	18.83	1375382	23.75	21021	14.82	19649	18.77
民社办及职工医院	739496	9.28	162809	2.81	2490	1.76	1732	1.65

表 20 体育场所拥有量

单位:个

项目	2004 年	2003 年
总计	404	352
体育场	2	2
体育馆	2	2
游泳、跳水馆	39	34
游泳池	2	2
各种训练房	125	79
足蓝排手球场	208	208
门球场	8	8
保龄球厅	18	17

表 21 举办体育活动情况

项　　目	单位	2004 年	2003 年
举办体育活动次数	次	1133	862
其中:体育系统办	次	26	62
其他系统办	次	1107	800
举办体育活动参加人数	人次	438798	320000
其中:体育系统办	人次	163270	150000
其他系统办	人次	275528	170000

表 22 达到《国家体育锻炼标准》的学生数

项　　目	计量单位	合　计	小　学	中　学	高　中
在校学生总数	人	67891	28962	17847	21082
参加达标人数	人	67242	28760	17632	20850
达到优秀级人数	人	21414	9461	5659	6294
达到良好级人数	人	23258	10555	5669	7034
达到及格级人数	人	21310	8065	5913	7332
达　标　率	%	98.2	97.6	97.8	99.1

数据提供单位:区体育局

表 23 运动员获奖牌情况

单位:块

项　　目	金　　牌		银　　牌		铜　　牌	
	2004 年	2003 年	2004 年	2003 年	2004 年	2003 年
总　　计	159	134	96	60	98	52
国际比赛	1	2			2	
国内比赛	16	43	16	13	13	14
市内比赛	142	89	80	47	83	38

表24 城市环境卫生

项　　目	单　位	2004年	2003年
年末职工数	人	2696	2344
清扫面积	平方米	3243357	3243357
其中:机扫面积	平方米	1717704	1230980
喷雾降尘面积	平方米	1986876	831522
清运拉圾	吨	413419	448897
清运粪便	吨	231868	224304
公共厕所年末实有数	座	1016	1016
其中:二类以上公厕	座	233	156
三类公厕	座	783	860
本年新建	座	1	4
果皮箱	个	1021	1364
环卫机械拥有量	辆	164	155
其中:公路清扫车	辆	19	15
抽粪车	辆	15	14
垃圾收集车	辆	76	41
洒水车	辆	21	
密封式垃圾站	座	60	59
全年经费支出	万元	16788	12474

表25 全区市政道路基本情况

项　　目	单　位	2004年	2003年
一、年末实有道路长度	公里	309	266.3
其中:区管道路长度	公里	245.9	203.2
二、年末实有道路面积	万平方米	312	297.8
其中:区管道路面积	万平方米	114.9	100.7
三、年末实有步道长度	公里	218.7	176
其中:区管步道长度	公里	116	73.3
四、年末实有步道面积	万平方米	84.2	75.6
其中:区管步道面积	万平方米	28.9	20.3
五、年末实有道路条数	条	613	612
其中:区管道路条数	条	552	551
六、全区人均拥有道路面积	平方米	6.37	5.81

表26 城市园林绿化

项　　目	单　位	2004年	2003年	±%
年末公共绿地面积	公顷	171.29	170.6	0.4
人均公共绿地面积	平方米	2.75	2.65	3.8
城市绿地覆盖率	%	27.83	27.62	0.8
年末实有树木	万株	104.00	101.76	[illegible]
其中:本年新植	万株	5.31	10.57	49.8
年末实有草坪	万平方米	139.60	138.52	0.8
其中:本年新植	万平方米	1.16	2.57	-54.9

表27 公园游乐场基本情况

项目	单位	2004年	2003年	±%
公园	个	7	7	
公园面积	公顷	127.92	127.92	
其中:游乐场面积	公顷	4	4	
游船	条	108	116	-6.9
大型游艺设施	座	7	7	
小型游艺设施	件	17	18	-5.56
全年游园人数	万人次	1182.3	1169.8	1.1

表28 社会福利事业情况

项目	单位	2004年	2003年
一、敬老院			
(一)有敬老院的街道	个	7	7
(二)院数	个	9	8
(三)职工人数	个	97	108
(四)床位数	张	316	277
(五)收养人数	人	277	197
其中:老人	人	271	192
二、福利工厂			
(一)单位数	个	11	13
(二)职工人数	人	260	334
其中:残疾职工	人	126	171
(三)年营业收入	万元	2178.6	2145
(四)年免征税金总额	万元	139.5	188.4
(五)年缴纳税金总额	万元	154	54.9
(六)年利润额	万元	48.9	-153.8
三、福利商业、服务业			
(一)单位数	个	3	5
(二)职工人数	人	71	110
其中:残疾职工	人	32	52
(三)年营业收入	万元	2431.9	1855.1
(四)年免征税金总额	万元	1.3	1.8
(五)年缴纳税金总额	万元	87.2	122.1
(六)年利润额	万元	30.3	38.7
四、城镇社区服务			
(一)城镇社区服务设施数	个	130	148
其中:城镇社区服务中心	个	11	11
(二)便民、利民服务网点	个	411	515

表29 东城区居民家庭生活调查情况

项目	单位	2004年	2003年	±%
一、调查户数	户	255	130	96.2
二、月均家庭人口数	人	2.86	2.86	0.0
其中:有收入者人数	人	2.37	2.40	-1.3
其中:就业人口数	人	1.62	1.58	2.5
其中:国有、集体职工人数	人	0.86	0.98	-12.2
三、全年人均可支配收入	元	16704.59	14880.07	12.3
四、家庭总收入	元	17920.92	15924.42	12.5
五、全年人均借贷收入	元	3304.66	2197.87	50.4
六、家庭总支出	元	15381.08	13749.53	11.9
1.消费性支出	元	13016.89	11607.27	12.1
其中:食品	元	4304.11	3938.87	9.3
衣着	元	1142.27	1069.54	6.8
家庭设备用品及服务	元	735.75	706.36	4.2
医疗保健	元	1442.50	1269.10	13.7
交通通信	元	1630.67	1409.40	15.7
教育文化娱乐服务	元	2219.15	1699.42	30.6
居住	元	1051.42	1128.43	-6.8
杂项商品与服务	元	491.02	386.15	27.2
2.购房与建房支出	元	342.39	84.04	307.4
3.转移性支出	元	1016.69	1245.06	-18.3
4.财产性支出	元	2.23	1.26	77.0
5.社会保障支出	元	1002.87	811.90	23.5
七、全年人均借贷支出	元	5560.31	3691.69	50.6

表30 百户居民大件耐用消费品年末拥有量

名称	单位	2004年	2003年	±%
自行车	辆	217.25	216.15	0.5
洗衣机	台	102.35	100.00	2.3
电冰箱	台	101.18	100.77	0.4
冰柜	台	10.98	13.08	-16.1
彩色电视机	台	151.37	156.92	-3.5
影碟机	台	69.41	65.38	6.2
录放像机	台	52.94	63.85	-17.1
家用电脑	台	82.75	66.15	25.1
摄像机	台	14.90	10.77	38.3
照相机	架	108.24	115.38	-6.2
钢琴	架	5.10	3.08	65.6
微波炉	台	85.49	83.08	2.9
空调器	台	132.16	114.62	15.3
电炊具	个	134.90	124.62	8.2
淋浴热水器	台	80.78	76.15	6.1
健身器材	套	11.37	12.31	7.6
移动电话	台	168.24	130.77	28.7

主要统计指标解释

一、地区生产总值:简称GDP。是反映一个国家或地区在一定时期内生产活动最终成果的指标。以前我国习惯上将国家和地区的GDP统称为国内生产总值。为了更加准确和规范化地表述,国家统计局统一规定将地区GDP的中文名称作如下调整:地区GDP的中文名称改为"地区生产总值",特定地区的GDP用行政区的名字作定语,如"××市(区)生产总值,"简称为"××市(区)GDP"。

二、人口数:指一定时点、一定地区范围内的有生命的个人的总和。年度统计的年末人口数是指每年12月31日24时的人口数。

三、出生率:指在一定时期内(通常为一年)平均每千人所出生的人数的比率,一般用千分率表示。

计算公式:出生率=年出生人数/年平均人数×1000‰

出生人数是指活产婴儿,即胎儿脱离母体时(不管怀孕月数),有过呼吸或其他生命现象。年平均人数是年初、年底人口数的平均数,也可用年中人口数代替。

四、死亡率:指在一定时期内(通常为一年)一定地区的死亡人数与同期平均人数(或期中人数)之比,一般用千分率表示。

计算公式:死亡率=年死亡人数/年平均人数×1000‰

五、人口自然增长率:指在一定时期内(通常为一年)人口自然增加数(出生人数减死亡人数)与该时期内平均人数(或期中人数)之比,一般用千分率表示。

计算公式:人口自然增长率=(本年出生人口数-本年死亡人口数)/年平均人数×1000‰

人口自然增长率=人口出生率-人口死亡率

六、全社会固定资产投资:固定资产投资是全社会固定资产再生产的主要手段。通过建造和购置固定资产的活动,国民经济不断采用先进技术装备,建立新兴部门,进一步调整经济结构和生产力的地区分布,增强经济实力,为改善人民物质文化生活创造物质条件,这对我国的社会主义现代化建设具有重要意义。全社会固定资产投资包括基本建设项目投资、更新改造项目投资、国有单位其他投资、城镇集体经济、联营经济、股份制经济、城镇私营经济、城镇个体经济、外商投资经济、港澳台投资经济及其他经济类型企业投资,以及各种经济类型的房地产开发企业、城镇和工矿区私人建房和农村固定资产投资。

七、基本建设投资:是指经有权单位批准,包括在一个总体设计范围内进行建设,由一个或若干个设计文件规定的有内在联系的单项工程所组成的,经济上实行统一核算,行政上有独立组织形式,实行统一管理的基本建设单位建造和购置固定资产的投资。包括:⑴列入中央和各级地方本年基本建设计划的建设项目,以及虽未列入本年基本建设计划,但使用以前年度基本建设结转资金(包括基建库存设备和材料)在本年继续施工的建设项目;⑵本年基本建设计划内投资与更新改造计划内投资结合安排的新建项目和新增生产能力(或工程效益)达到大中型项目标准的扩建项目,以及未改变生产力布局而进行的全厂性迁建项目;⑶国有单位既未列入基本建设计划,也未列入更新改造计划的总投资在50万元及以上的新建、扩建、恢复项目和为改变生产力布局而进行的全厂性迁建项目,以及行政、事业单位增建业务用房和生活福利设施的项目。

八、更新改造投资:是指经有权单位批准,具有独立设计文件或项目建议书,能独立发挥效益的更新改造投资。包括:(1)列入中央和各级地方本年更新改造计划的建设项目,以及虽未列入本年更新改造计划,但使用以前年度更新改造结转资金(包括库存设备和材料)在本年继续施工的建设项目;(2)本年更新改造计划内投资与基本建设计划内投资结合安排的对企、事业单位原有设施进行技术改造或更新的项目,增建主要生产车间、分厂等其新增生产能力(或工程效益)未达到大中型项目标准的项目,以及由于城市环境保护和安全生产的需要而进行的迁建项目;(3)国有企事业单位既未列入基本建设计划也未列入更新改造计划的总投资在50万元及以上的属于改建或更新改造性质的建设项目,以及由于城市环境保护和安全生产的需要而进行的迁建工程。

九、城镇集体经济投资:是指县及县以上人民政府所在地建制镇地域内的城镇集体经济单位建造和购置固定资产的投资。

十、房地产开发投资:包括各种经济类型的房地产开发公司及其他房地产开发单位统一开发的包括统建、代建、拆迁、还建的住宅、厂房、仓库、饭店、宾馆、度假村、写字楼、办公楼等房屋建筑物和配套的服务设施、土地开发工程,(如道路、给水、排水、供电、供热、通讯、平整场地等基础设施工程)等开发投资。还包括非房地产开发企业实际从事房地产开发或经营活动的开发投资,不包括单纯的土地交易活动。

十一、城镇私营、个体经济投资:是指县及县以上人民政府所在地建制镇地域内的全部城镇私营、个体经济的固定资产投资。城镇私营经济投资包括总投资2万元及以上的建造和购置固定资产的投资;城镇个体经济投资包括总投资2000元及以上的建造和购置固定资产的投资。

十二、房屋施工面积:是指报告期内施工的全部房屋建筑面积。包括报告期新开工的面积、报告期施工过并在报告期竣工的面积,以及以前年度已停建在报告期继续施工的面积。房屋建筑面积是从房屋外墙线算起的各层平面面积的总和,包括房屋结构(如柱、墙)占用的面积和地下室面积。多层建筑按各自然层面积总和计算,包括房屋内的楼隔层,突出墙面的眺望间、门斗、有柱雨罩的面积。不包括突出墙面结构的构件、艺术装饰等所占的面积,如台阶等。凹阳台、挑阳台按其水平投影面积一半计算建筑面积。

十三、房屋竣工面积:指在报告期内房屋建筑按照设计要求已全部完工,达到住人和使用条件,经验收鉴定合格(或达到竣工验收标准)正式移交使用单位的建筑面积。

十四、工业总产值:是以货币表现的工业在一定时期内生产的已出售或可供出售工业产品总量,它反映一定时期内工业生产的总规模和总水平。它包括:在本企业内不再进行加工,经检验、包装入库(规定不需包装的产品除外)的成品价值,工业性作业价值,自制半成品、在产品期末期初差额价值。工业总产值采用"工厂法"计算,即以工业作业为一个整体,按企业生产活动的最终成果来计算,企业内部不允许重复计算,不能把企业内部各个车间(分厂)生产的成果相加。但在企业之间、行业之间、地区之间存在着重复计算。

十五、建筑业总产值:是指建筑业企业自行完成的以工程预(概)算为依据,按工程进度计算的建筑安装总价值。它包括建筑业产值、设备安装工程产值、其他产值。

(1)建筑工程产值:是指列入建筑工程预算内的各种工程价值。

(2)安装工程产值:指需要安装设备的安装及与设备相联接的工作台、梯子、栏杆等工程。安装工程产值中不包括被安装设备本身的价值。

(3)其他产值:建筑业总产值中除建筑工程、安装工程以外的产值。包括房屋构筑物修理产值、非标准设备制造产值、总包企业向分包企业收取的管理费、以及不能明确划分的施工活动所完成的产值。

十六、社会消费品零售额:指各种经济类型的批发零售贸易业、餐饮业及其他行业对城乡居民、社会集团的消费品零售额。这个指标反映通过各种商品流通渠道向居民和社会集团供应的生活消费品来满足他们生活需要,是研究人民生活、社会消费品购买力、货币流通等问题的重要指标。

社会消费品零售额包括:(1)售给城乡居民作为生活用的商品和修建房屋用的建筑材料;(2)售给机关、团体、学校、部队、企业、事业单位的职工食堂和旅店(招待所)附设专门供本店旅客食用、不对外营业的食堂的各种食品、饮料;企业、单位和国营农场直接售给本单位职工和职工食堂的自己生产的产品;(3)售给部队、战士生活用的粮食、副食品、衣着品、日用品、燃料;(4)售给来华的外国人、华侨、港澳台同胞的消费品;(5)居民自费购买的中、西药品、中药材及医疗用品;(6)报社、出版社直接给居民和社会集团的报纸、图书、杂志、集邮公司出售的新、旧纪念邮票、特种邮票、首日封、集邮册、集邮工具等;(7)旧货寄售商店自购、自销部分的商品;(8)煤气公司、液化石油气站售给居民和社会团体的煤气灶具和罐装液化石油气;(9)售给社会集团的办公用品、纸张、账册、文印用品、计算工具、书报杂志和奖品;公共用品和纺织品、针织品;学校用的教学用品;文体用品;非专用的劳动保护用品;日用百货和杂品;家具、设备、日用电器、电讯设备、电影器材和照相器材等;取暖用的设备和燃料,防暑、降温的饮料;非生产经营用的交通工具;零星修理用的各种零配件、材料、工具、建筑材料等;举办各种招待会、茶话会、宴会用的烟酒茶和各种食品及馈赠的礼品;从公费医疗经费中开支的中、西药品、中药材和医疗器材以及其他非生产性设备和用品。

社会消费品零售额不包括售给国民经济各部门企业、事业单位(包括国有经济的农场)生产经营用的各种原材料、燃料、设备、工具等和售给批发零售贸易业、餐饮业作为转卖用的商品、旧货寄售商店受托寄售卖出的商品、服务业的营业收入、邮局出售邮票的收入、自来水、电力、煤气生产(供应)单位的产品供应收入,也不包括农民之间的商品销售。

十七、网点:指本批发零售贸易企业(单位)设立的从事批发、零售贸易业务的自然单位[包括本企业(单位)自身],具有独立固定的营业场所,配备一定的业务人员,不论单位大小,不论是否单独核算,均按自然网点计算,即有一个点就算一个网点。不包括同一营业场所内各柜组以及派出的流动推销小组,流动售货车等。

十八、人员:指在批发、零售贸易网点工作并取得劳动报酬的从业人员。包括职工、聘请的离退休人员等。

十九、实际利用外资:是指批准的合同外资金额的实际执行数。

二十、卫生技术人员:指由卫生机构支付工资的全部固定职工和合同制职工中现任职务为卫生技术工作的专业人员,不包括从事管理工作的卫生技术人员。

二十一、城镇居民家庭可支配收入:指调查户可用于最终消费支出和其他非义务性支出以及储蓄的总和,即居民家庭可以用来支配的收入。它是家庭总收入扣除交纳的所得税、个人交纳的社会保障费以及调查户的记账补贴后的收入。计算公式为:

可支配收入 = 家庭总收入 - 交纳所得税 - 个人交纳的社会保障支出 - 记帐补贴

二十二、城镇居民家庭消费性支出:指调查户用于本家庭日常生活的全部支出,包括食品、衣着、家庭设备用品及服务、医疗保健、交通和通讯、娱乐教育文化服务、居住、杂项商品和服务八大类等。不包括用于赠送的商品或服务。消费性支出按商品(服务)的用途分类。

二十三、公共绿地:指向公众开放的市级、区级、居住区级各类公园、街旁游园、包括其范围内的水域。其中居住区级公园应不小于1万平方米,街旁游园的宽度不小于8米,面积不小于400平方米。

二十四、每人平均占有公共绿地面积:是指每个非农业人口平均占有的城市公共绿地面积。

每人平均占有公共绿地面积 = 公共绿地面积(平方米)/非农业人口(人)

二十五、公园:指常年开放供休息游览、进行科普教育、开展科学文化活动、有较好的植物配置,有一定设施和艺术布局的各级、各类公园。包括综合性公园、儿童公园、游乐公园、文物古迹公园、纪念性公园、郊野公园、风景名胜公园、小游园、植物园、动物园。

二十六、年底实有草坪:指上年末实有草坪 + 本年新增 - 本年减少。

二十七、城市绿化覆盖率:指报告期末区域内绿化覆盖面积与区域面积的比率。

绿化覆盖率(%) = 区域内绿化覆盖面积/区域面积 × 100%。

FULU
附　录

中共北京市东城区委主要文件目录

中共北京市东城区委主要文件

文号	标题
东发[2004]1号	解放思想,加快发展,为东城区在首都率先基本实现现代化的进程中走在前列而努力奋斗——在中国共产党北京市东城区第九次代表大会上的报告
东发[2004]2号	中国共产党北京市东城区第九次代表大会关于中共北京市东城区第八届委员会报告的决议
东发[2004]3号	中国共产党北京市东城区第九次代表大会关于中共东城区纪律检查委员会工作报告的决议
东发[2004]4号	区委常委会2004年工作要点
东发[2004]5号	关于印发《2004年区委常委会议题计划》的通知
东发[2004]6号	关于印发《关于处级领导干部选拔任用实行全委会投票表决和闭会期间征求意见的办法(试行)》的通知
东发[2004]7号	关于印发《关于开展无职务党员设岗定责试点工作的意见》的通知
东发[2004]8号	关于印发《加强区级领导班子思想政治建设的意见》的通知
东发[2004]9号	关于进一步深化学习型城区创建活动的工作意见
东发[2004]10号	关于推行全程办事代理制的实施意见
东发[2004]11号	印发《关于在党员领导干部中开展警示教育的工作方案》的通知
东发[2004]12号	印发《关于进一步加强和改进公安工作的意见》的通知
东发[2004]13号	印发《关于深化教育改革加快东城教育发展的意见》的通知
东发[2004]14号	关于印发《东城区依法治区工作规划(2004-2008)》的通知
东发[2004]15号	关于印发《区级党政机关与所办企业和管理的直属企业、营利性事业单位脱钩的工作方案》的通知
东发[2004]16号	关于印发《北京市东城区人民政府机构改革方案》的通知
东发[2004]17号	关于印发在区委九届四次全体(扩大)会议上陈平同志讲话和卢彦同志所作工作报告的通知
东发[2004]18号	关于《实施〈中国共产党党内监督条例(试行)〉监督制度的若干规定(试行)》的通知
东发[2004]19号	关于印发《加强对领导班子主要负责人监督的若干意见》的通知
东发[2004]20号	关于印发《进一步加强人才工作的意见》的通知
东发[2004]21号	关于印发《进一步加强督促检查工作的意见》的通知
东发[2004]22号	关于开展"党心连民心、亲情进万家"活动的通知
东发[2004]23号	关于认真学习宣传贯彻党的十六届四中全会精神的通知
东发[2004]24号	关于印发《关于对区属国有及国有控股企业高层管理人员的管理权限及任免办法(试行)》的通知
东发[2004]25号	关于认真学习贯彻《中国共产党党员权利保障条例》的通知
东发[2004]26号	关于加强新时期和谐社区建设的意见
东发[2004]27号	关于印发《东城区未成年人思想道德建设实施纲要》的通知
东发[2004]28号	认真落实党的十六届四中全会精神全面扎实推进东城区各项事业的发展——在中共东城区委九届五次全体(扩大)会议上的报告
东发[2004]29号	贯彻《中共中央关于加强党的执政能力建设的决定》的意见
东发[2004]30号	中共东城区委九届五次全体(扩大)会议决议
东文[2004]1号	关于中共东城区第九次代表大会选举结果的报告
东文[2004]2号	关于中共东城区第九次代表大会选举中共东城区纪律检查委员会委员、常委、书记、副书记结果的报告

东文[2004]3 号	关于北京市东城区第十三届人民代表大会第一次会议选举结果的报告
东文[2004]4 号	关于中国人民政治协商会议北京市东城区第十一届委员会第一次会议选举结果的报告
东文[2004]5 号	关于调整区委常委分工的通知
东文[2004]6 号	关于转发《中共北京市委关于中共北京市东城区第九次党代会和九届区委一次全会、区纪委一次全会选举结果的批复》的通知
东文[2004]7 号	关于区级领导干部2003 年度考核工作报告
东文[2004]8 号	关于聘请特邀监察员党风廉政监督员的暂行规定
东文[2004]11 号	关于《2004 年北京市党风廉政建设和反腐败工作主要任务》落实情况的报告
东文[2004]13 号	关于《东城区政府机构改革方案》的请示
东文[2004]14 号	关于申请建立“东城教育改革试验区”的请示
东文[2004]25 号	关于调整部分区政府工作部门主要职责、内设机构和人员编制的通知
东文[2004]26 号	关于印发新组建区政府工作部门主要职责、内设机构和人员编制规定的通知
东文[2004]27 号	关于区政府有关机构调整与设置的通知

中共北京市东城区委办公室主要文件

东办发[2004]2 号	关于转发《2004 年东城区政法、维稳工作要点》的通知
东办发[2004]3 号	关于进一步加强信访排查调处工作的意见
东办发[2004]4 号	关于印发《关于进一步做好党派提案工作暂行办法》的通知
东办发[2004]5 号	关于调整区级领导工作联系点分工的通知
东办发[2004]6 号	关于印发《2004 年东城区党风廉政建设和反腐败工作主要任务的分工意见》的通知
东办发[2004]7 号	关于印发《区委 2004 年工作目标责任制(折子工程)》的通知
东办发[2004]8 号	转发东城区社区教育委员会《关于全面推进社区教育促进学习型城区建设的意见》的通知
东办发[2004]9 号	转发《关于积极推进东城区企业退休人员社会化管理服务工作的实施方案》的通知
东办发[2004]10 号	关于加强东城区因公出访管理工作的通知
东办发[2004]11 号	关于严格执行区级领导干部出访迎送工作规定的通知
东办发[2004]12 号	关于印发《东城区国家工作人员六种交通违法行为抄告制度(试行)》的通知
东办发[2004]14 号	印发《关于聘请区政协委员担任监督员的管理办法》的通知
东办发[2004]15 号	关于印发《东城区全程办事代理投诉督查暂行办法》的通知
东办发[2004]17 号	关于转发《中共北京市委办公厅 北京市人民政府办公厅关于清理整顿本市机关津贴补贴奖金规范国家公务员收入的通知》的通知
东办发[2004]18 号	关于印发《进一步深化政务公开工作的意见》的通知
东办发[2004]19 号	关于印发《在全区广泛开展“求真务实找差距、勤政为民促发展”活动的工作意见》的通知
东办发[2004]20 号	关于印发《东城区创建全国双拥模范城三年规划(2004 年 - 2006 年)》的通知
东办发[2004]21 号	关于印发《进一步深化全国文明城区创建工作的实施意见》的通知
东办发[2004]22 号	关于转发《东城区网络视频会议系统使用管理规定》的通知
东办发[2004]23 号	关于继续坚持领导干部联系学校制度的通知
东办发[2004]24 号	关于印发《进一步严格会议管理提高文件实效的意见》的通知
东办发[2004]26 号	关于调整东城区国防动员委员会等委员会(领导小组)成员的通知
东办发[2004]27 号	关于印发《巩固和发展国家卫生区成果全面开展建设国际健康城区活动的决定》的通知
东办发[2004]28 号	关于印发《东城区建设国际健康城区三年规划(2005 年 - 2007 年)》的通知
东办发[2004]29 号	关于印发《2004 年东城区军队转业干部安置工作实施意见》的通知
东办发[2004]33 号	关于印发《北京市东城区国民经济和社会发展“十一五”规划编制工作方案》的通知

北京市东城区人民政府主要文件目录

北京市东城区人民政府主要文件

东政发[2004]1号　关于印发2004年区政府折子工程的通知
东政发[2004]2号　关于2004年在直接关系群众生活方面拟办的重要实事的通知
东政发[2004]3号　关于印发东城区环境噪声功能区划分实施细则的通知
东政发[2004]4号　关于印发东城区人民政府工作规则的通知
东政发[2004]5号　关于东城区人民政府领导成员行为规范的通知
东政发[2004]6号　关于开展第一次全国经济普查的通知
东政发[2004]7号　关于印发东城区贯彻实施《中华人民共和国行政许可法》工作方案的通知
东政发[2004]8号　关于落实第十阶段控制大气污染措施的通知
东政发[2004]9号　关于印发区政府工作部门和区属事业单位安全监管(管理)职责的通知
东政发[2004]10号　关于印发东城区预算外资金管理暂行办法的通知
东政发[2004]11号　关于印发东城区行政许可事项清理结果的通知
东政发[2004]12号　东城区人民政府 东城区人民武装部2004年冬季征兵命令
东政发[2004]13号　关于向全区公开征集2005年拟办实事项目建议的通告

北京市东城区人民政府办公室主要文件

东政办发[2004]1号　关于区长、副区长工作分工的通知
东政办发[2004]2号　关于印发东城区国家公务员公共服务行为规范暂行规定的通知
东政办发[2004]3号　关于加强高致病性禽流感防治工作及本区防控禽流感实施方案的通知
东政办发[2004]4号　关于利用零点公司测评成果促进政府职能部门作风建设的通知
东政办发[2004]5号　关于转发北京站地区管理处2004年北京站地区环境和社会秩序整治方案的通知
东政办发[2004]6号　关于印发东城区临时救助实施办法的通知
东政办发[2004]7号　关于进一步加强2004年办理人大代表议案、建议和政协委员提案工作的通知
东政办发[2004]8号　关于印发2004年人大代表议案、建议和政协委员提案办理工作折子工程的通知
东政办发[2004]9号　关于印发2004年政府常务会和区长办公会议题预安排的通知
东政办发[2004]10号　关于成立北京站东街环境整治工程指挥部的通知
东政办发[2004]11号　关于转发东城区交通文明宣传教育五年规划(2004年—2008年)的通知
东政办发[2004]12号　关于整顿统一着装的通知
东政办发[2004]13号　转发关于开展资源节约活动文件的通知
东政办发[2004]14号　关于转发北京市人民政府办公厅关于做好2004年夏季电力需求管理工作的通知
东政办发[2004]15号　关于印发东城区食品安全专项整治工作方案的通知
东政办发[2004]16号　关于成立东城区政府食品安全协调领导小组的通知
东政办发[2004]17号　关于成立北京市企业信用信息系统东城区系统平台建设工作领导小组的通知
东政办发[2004]18号　转发东城区卫生局东城区民政局关于东城区创建全国社区卫生服务示范区活动方案的通知
东政办发[2004]19号　转发东城区财政局关于东城区土地出让金管理暂行办法的通知
东政办发[2004]20号　转发东城区关于纳入规范公务员收入管理的单位加班、值班管理暂行办法的通知
东政办发[2004]21号　转发东城区关于纳入规范公务员收入管理的单位聘用临时工的规定的通知

驻区中央、市级党、政、群机关

单位名称	地　址	电　话
最高人民检察院	北河沿大街147号	65209904
最高人民法院	东交民巷27号	65299761
中华人民共和国公安部	东长安街14号	65202114
中华人民共和国国家安全部	东长安街14号	65244702
中华人民共和国民政部	北河沿大街147号	65235511
中华人民共和国劳动和社会保障部	和平里中街12号	84201127
中华人民共和国交通部	建国门内大街11号	65292512
中华人民共和国对外贸易经济合作部	东长安街2号	65197268
中华人民共和国文化部	朝阳门北大街10号	65551505
中华人民共和国外交部	朝阳门南大街2号	65961114
中华人民共和国新闻出版署	东四南大街85号	65264624
中华人民共和国海关总署	建国门内大街6号	65195931
中国关心下一代工作委员会	朝阳门大街225号	66034026
国家安全监督管理局	和平里北街21号	64217766
国家宗教事务局	交道口北三条32号	64023355
国家文物局	朝阳门北大街10号	65551572
国务院新闻办公室	朝内大街225号	86521199
国家冶金工业局	东四西大街46号	65133322
国家林业局	和平里东街18号	84238319
国家纺织工业局	东长安街12号	63081114
国家旅游局	建国门内大街甲9号	65201114
中国民用航空总局	东四西大街155号	64048821
国务院参事室	前门东大街11号	65130941
中国国民党革命委员会中央委员会	东黄城根南街84号	65255511
中国民主同盟中央委员会	东厂胡同北巷1号	65265522
中国农工民主党中央委员会	安定门外大街55号	65255629
九三学社中央委员会	安定门外大街55号	64255642
中国致公党中央委员会	安定门外大街55号	64255615
台湾民主自治同盟中央委员会	景山东街20号	64012172
中国社会科学院	建国门内大街5号	65137744
中华全国妇女联合会	建国门内大街15号	65221133
中华全国工商业联合会	北河沿大街93号	65136677
中华全国归国华侨联合会	北新桥三条甲1号	64033781
中国残疾人联合会	北池子大街44号	65137722
中国共产党北京市委员会	台基厂3号	65121118
北京市人民政府	正义路2号	65192233
中国人民政治协商会议北京市委员会	建国门内大街13号	65272233
河北省人民政府驻京办事处	黄化门街锥把胡同1号	64031116
重庆市人民政府驻京办事处	新中西街2号	65061182
内蒙古自治区人民政府驻京办事处	崇文门内大街47号	65242131
宁夏回族自治区人民政府驻京办事处	分司厅胡同15号	64035587

中华全国律师协会	东四九条	64060213
中国对外友好协会	台基厂大街	65122474
中国丝网印刷协会	钱粮胡同	64034996
中国戏剧家协会	东四八条	64033769
中国人民外交学会	南池子大街71号	65120588
中国文物学会	宝钞胡同	64063301
中国国际文化书院	东厂胡同	65249886
中国金属学会	东四西大街46号	65133322
中国文学艺术界联合会	沙滩北街	64033209
中国煤矿文化艺术联合会	和平里北街	64202120
中国女企业家协会	张自忠路	64075808
中国对外贸易经济合作企业协会	台基厂头条	65128960
中国出版工作者协会	东四南大街	65228632
中国花卉协会	和平里东街	84238521
中国青少年发展基金会	后圆恩寺胡同	64033907
中国国际工程咨询协会	安定门外东后巷28号	64245409
中国铁合金工业协会	东四西大街46号	65271757
中国儿童少年基金会	建国门内大街15号	65221133
首都精神文明建设委员会办公室	台基厂大街	65193121
中国国民党革命委员会北京市委员会	东皇城根南街84号	65257920
中国致公党北京市委员会	魏家胡同9号	64062423
北京市对外经济贸易委员会	朝内大街190号	65251089
北京市总工会	台基厂三条3号	65135588
中国共产主义青年团北京市委员会	台基厂3号	65192820
北京市学生联合会	台基厂	65138010
北京市妇女联合会	台基厂3号	65192626
北京市归国华侨联合会	王府井大街	65231869
北京市人民对外友好协会	南河沿	65256908
中华医学会北京分会	东单三条	65223488
北京儿童少年福利基金会	新鲜胡同	65131581
中国国际贸易促进委员会北京分会	安外青年湖北街	64227788

小　　学

校　　名	地　　址	电　话
和平里第一小学	和平里中街甲21号	84223287
和平里第二小学	民旺南胡同20号	64210942
和平里第三小学	和平里兴化路小黄庄9号	84289706
和平里第四小学	和平里交林夹道1号	64208856
和平里第九小学	和平里七区20号楼	64213341
安外三条小学	安外上龙北巷3号	64234525
和平北路小学	和平里中街18号	64264968
青年湖小学	安外安德里北街20号	64266716
东城区师范学校附小	安定门外东河沿乙7号楼	64241767
地坛小学	安外兴化西里九区甲2号	84254106

分司厅小学	鼓楼东大街小经厂2号	64045348
北锣鼓巷小学	安定门内千福巷5号	64034326
方家胡同小学	方家胡同17号	64041044
国学胡同小学	国子监街40号	64044007
黑芝麻胡同小学	黑芝麻胡同11号	64076854
府学胡同小学	府学胡同65号	64027574
帽儿胡同小学	帽儿胡同17号	64043275
北新桥三条小学	北新桥三条38号	64050207
东四十四条小学	东四十四条100号	64031726
史家小学分校	北门仓胡同1号	84070081
北新桥小学	东直门北大街乙2号	64660556
雍和宫小学	藏经馆27号	84017218
北官厅小学	北官厅胡同10号	64041402
曙光小学	东直门外新中街10号	64168826
西中街小学	十字坡东里10号楼	64158589
中央工艺美院附中艺美小学	东外胡家园20号楼	64677028
东四七条小学	东四七条31号	84025587
东四九条小学	东四九条67号	64014670
回民小学	朝内大街124号	85110074
育芳小学	东四六条内育芳胡同10号	64040569
美后小学	美术馆后街57号	64043310
什锦花园小学	美术馆后街48号	64042123
东高房小学	沙滩北街东高房胡同13号	64032063
织染局小学	水簸箕胡同甲5号	64040463
校尉胡同小学	校尉胡同8号	65257871
灯市口小学	灯市口北巷14号	65243522
北池子小学	北池子大街46号	65253049
东交民巷小学	台基厂大街14号	65231284
礼士胡同小学	礼士胡同123号	65239649
春江小学	南水关胡同60号	65253606
新鲜胡同小学	新鲜胡同36号	65253525
史家胡同小学	史家胡同59号	65239705
西总布小学	西总布胡同19号	65231053
东总布小学	贡院头条4号	65253728
新开路小学	新开路胡同55号	65262491
遂安伯小学	遂安伯胡同15号	65124033
丁香小学	丁香胡同7号	65241994
铁路职工子弟第一小学	小报房胡同63号	65136499
特殊教育学校	安外小黄庄路一区16号楼	84270773

中 学

校 名	地 址	电 话
一中	宝钞胡同甲12号	64043280
二中	内务部街34号	65255945

二中分校	南竹杆胡同 81 号	65282335
五中	细管胡同 13 号	64068564
五中分校	鼓楼东大街 152 号	64042514
二十一中	交道口北三条 57 号	64043394
二十二中	交道口东大街 77 号	64042225
二十四中	东堂子胡同 30 号	65254402
二十五中	灯市口大街 55 号	65257525
二十七中	东华门智德前巷 11 号	85115537
五十四中	和平里六区 9 号	84211412
五十五中	新中街 12 号	64164252
六十五中	北河沿大街 115 号	65251745
一二五中	崇内后沟胡同乙 2 号	65246227
宏志中学	和平里中街 43 号	64274985
国子监中学	国子监街 26 号	64041183
一六三中	东直门外铜厂子胡同 8 号	64168936
一六五中	育群胡同 45 号	84018507
一六六中	灯市东口同福夹道 3 号	65255651
一七一中	和平里北街 8 号	64212702
一七七中	青年湖南街 23 号	64211145
一九六中	东直门内北官厅 11 号	64071799
中央工艺美术学院附中	东直门外大街甲 27 号	64626733
东直门中学	东内北顺城街 2 号	64014988
财经学校	宝钞胡同 21 号	64059402
东城综合高中	地安门大街 127 号	64043985
景山学校	灯市口大街 53 号	65223416
景山学校分部	昌平北七家镇	81783294
职教中心学校	北京站东街柳罐胡同 2 号	65598391
工读学校	顺义后沙峪古城村	80482393
翔宇中学	安外安德路西营房 2 号	64248312
外国语学校	北京站西街船板胡同 1 号	65596702
私立绿州职业高中	东四六条月芽胡同 23 号	64038917
汇成中学	东直门北大街甲 2 号	64631693
经济技术学校	北京经济技术开发区天宝北街甲 2 号	67878697

高等院校

校　名	地　址	电　话
中国协和医科大学	东单三条 9 号	65135844
中央戏剧学院	东棉花胡同 39 号	64043485
北京联合大学职业技术师范学院	安定门外外馆斜街 5 号	64217711
北京联合大学中医药学院	蒋宅口花园街 22 号	64045305
北京市财贸管理干部学院	东四礼士胡同 41 号	65128343
东城区职工业余大学	朝阳门外潘家坡 1 号	65522778
北京会计专修学院	交道口东公街 9 号	64050967
北京摄影函授学院	红星胡同 61 号	65136128

北京玄宇艺术研修学院(中外合作)	黄化门街5号	64014405

医疗机构

单位名称	地　址	电话
北京医院	东单大华路1号	65131363
协和医院	帅府园1号	65125539
同仁医院	崇文门内大街2号	65131256
北京市妇产医院	骑河楼17号	65121602
北京公安医院	银闸胡同25号	65127106
北京军区总医院	南门仓5号	66721629
北京中医医院	美术馆后街23号	64015884
东直门中医医院	东直门海运仓5号	64041769
中医研究院骨伤科研所医院	东直门内南小街甲50号	64561267
北京地坛医院	地坛公园13号	64211031
北京市第六医院	交道口北二条	64033703
北京市和平里医院	和平里北街18号	64212297
北京市隆福医院	美术馆东街18号	64040695
北京联合大学中医药学院附属鼓楼中医医院	豆腐池13号	64044405
东城区妇幼保健院	交道口南大街136号	64043259
东城区建国门医院	后赵家楼9号	65256218
东城区朝阳门医院	灯草胡同31号	65138019
东城区北新桥医院	东直门内大街184号	64040500
东城区东外医院	察慈小区7号楼	64681578
东城区急救站	安定门中绦胡同甲2号	64034567
交通部北京交通医院	安定门车辇店胡同15号	64032255
市房管局职工医院	大甜水井胡同21号	
航天机械制造公司东城航星医院	和平里东街11号	
东城区老年康复护理院	东四六条甲62号	84046478
北京市东城区疾病预防控制中心	北兵马司甲6号	64040807
北京市疾病预防控制中心	和平里中街	64212461

社区卫生服务中心

名　称	地　址	电话
和平里社区卫生服务中心	和平里北街甲18号	64212297
和平里社区卫生服务站	青年湖东里9号楼北	64211998
小黄庄社区卫生服务站	小黄庄前街2院3楼	84282143
航星社区卫生服务站	和平里东街11号	84212781
地毯庄园社区卫生服务站	安定路20号院南	64426798
安德路社区卫生服务站	安德路甲10号	64250209
人定湖社区卫生服务站	安外安德里北街25号	62019911－5220
交道口社区卫生服务中心	交道口北二条36号	64033703
白米仓社区卫生服务站	白米仓胡同18号	64063192

东不压桥社区卫生服务站	东不压桥胡同23号	84021084
景山社区卫生服务中心	美术馆东街18号	64040695
三眼井社区卫生服务站	三眼井胡同68号	84036071
沙滩社区卫生服务站	五四大街	64048211
安定门社区卫生服务中心	豆腐池胡同13号	64044445
永康社区卫生服务站	永康胡同18号	64005673
安内社区卫生服务站	安内大街93号	64012101
郎家社区卫生服务站	郎家胡同13号5－501	84021345
朝阳门社区卫生服务中心	灯草胡同31号	65596448
朝阳门社区卫生服务站	灯草胡同31号	65596526
新鲜社区卫生服务站	新鲜胡同47号	65250722
东直门社区卫生服务中心	东外小街甲8号	64681578
新中街社区卫生服务站	新中街红二楼	64160965
王家园社区卫生服务站	新中西街12号	65519556
公用局社区卫生服务站	公用局小区4－2－107	64611494
胡家园社区卫生服务站	胡家园小区19号楼	64619139
北新桥社区卫生服务中心	东直门大街184号	64040500
育树社区卫生服务站	育树胡同二条15号	84026003
东四十一条社区卫生服务站	东四十一条6号	84044872
东四社区卫生服务中心	东四六条甲62号	84046478
东四六条社区卫生服务站	东四六条62号	64042412
建国门社区卫生服务中心	老钱局胡同14号	65256218
建内社区卫生服务站	抽屉胡同23号	65261754
苏州社区卫生服务站	苏州胡同120号	65246021
东华门社区卫生服务中心	柏树胡同23号	65137016
柏树社区卫生服务站	(同中心)	65263950

剧场 影院 街道文体中心

名　　称	地　　址	电　话
长安大戏院	建国门内大街7号	65101310
保利国际大剧院	东直门南大街14号	65001188－5126
北京之夜	大雅宝胡同1号	
儿童剧场	东安门大街64号	65211425
首都剧场	王府井大街22号	65250996
中央戏剧学院剧场	东棉花胡同39号	64041498
中央实验话剧院剧场	帽儿胡同甲45号	64031009
北京儿童艺术剧院	后圆恩寺17号	64041752
中国青年艺术小剧场	交道口南大街67号	65596575
中山公园音乐堂	中山公园内	65598285
天尚电影厅	建国门内大街7号	65101155
东四工人文化宫	隆福寺街47号	64031596
大华影院	东单北大街82号	65274420
十字坡影院	新中街3号	64151905
劳动剧场	劳动人民文化宫内	65250602

明星娱乐中心	东四北大街 537 号	64043159
市老干部活动中心	和平里东街 19 号	64238811
东城区图书馆影剧院	交道口东大街 85 号	64042764
东城区少年宫剧场	东直门南大街 10 号	64157775
东城区金帆音乐厅	王府井大街 24 号	65289047
东城区文化馆	交道口东大街 111 号	64010696
东城区老干部活动站	方家胡同 15 号	64012169
东华门街道文体中心	甘雨胡同 2 号楼	65251858
景山街道文体中心	黄化门街 8 号	64013873
交道口街道文体中心	前圆恩寺 28 号	64044121
安定门街道文体中心	分司厅胡同 41 号	64058964
北新桥街道文体中心	青龙胡同 3 号	64000847
海运仓社区文体中心	南颂年 3 号	84074007
东四街道文体中心	东四六条 17 号	64054151
朝阳门街道文体中心	演乐胡同 59 号	65252505
建国门街道文体中心	禄米仓 66 号	65230338
东直门街道文体中心	东直门外大街春秀路 14 号楼	64150150
和平里街道文体中心	安外青年湖南里 24 号楼	84256299

东城区法律服务所

名　称	地　址	电　话
和平里法律服务所	和平里六区 5 号	64210306
安定门法律服务所	分司厅胡同 41 号	64044810
交道口法律服务所	雨儿胡同乙 15 号 209	64029694
景山法律服务所	美术馆东街 1 号	84017954
东华门法律服务所	灯市口西街 14 号	65248621
东直门法律服务所	新中街一条 67 号	64165479
北新桥法律服务所	草园胡同 6 号	64034116
东四法律服务所	东四六条 17 号	64001548
朝阳门法律服务所	史家胡同 21 号	65125881
建国门法律服务所	新开路胡同 6 号	65142699

驻区律师事务所

名　称	地　址	电　话
北京市中恒律师事务所	东总布胡同 4 号弘通商务楼 208 室	65227284
北京市正义律师事务所	历史博物馆南侧新大陆	65246275
北京市中润律师事务所	东中街 9 号东环广场 A 座七层 J－K 室	64182056
北京市中京律师事务所	东中街 58 号美惠大厦 A－1204	65543491
北京市智浩律师事务所	灯市口大街 33 号柏景大厦 702－703 室	65223372
北京市万博律师事务所	和平里东街民旺甲 19 号五层	64278199
北京市伟拓律师事务所	东直门南大街 14 号保利大厦 662－664 室	65011280
北京市商海律师事务所	王府井大街 99 号世纪大厦 A821 室	65283621
北京市商泰律师事务所	东四北大街 343 号长寿宫大厦七层	64052707

北京市同达律师事务所	南河沿天安大厦519室	65132136
北京市陆通联合律师事务所	东中街58号美惠大厦4单元202-204室	65542880
北京市莫少平律师事务所	中山公园水榭	66058311
北京市君泽君律师事务所	安定门西滨河路9号中成大厦1009室	64217701
北京市京工律师事务所	灯市口大街100号506室	65252373
北京市汉华律师事务所	朝阳门北大街8号富华大厦F-18	65541431
北京市汉龙律师事务所	王府井大街57号421室	65223760
北京市华鼎律师事务所	东四十一条83号	64034984
北京市华卫律师事务所	东直门外小街甲6号	84511877
北京市方略律师事务所	安德里北街奥星大厦302号	64268138
北京市宝鼎律师事务所	崇文门西大街7号	65238540
北京市博华律师事务所	南河沿华龙街天安大厦	65132031
北京市博盟律师事务所	王府井大街277号	65229259
北京市孚晟律师事务所	王府井大街99号世纪大厦写字楼A727室	65286742
广东非凡精诚律师事务所北京分所	建国门南大街乙1号金龙温泉公寓110室	65594013
北京市国汇律师事务所	东单北大街43号	65251090
北京市华意律师事务所	王府井大街2号华侨大厦308室	65132229
北京市九众律师事务所	东单大华路甲2号海诚大厦616室	65122101
北京市佳扬律师事务所	和平里东街民旺乙19号中粮兴达大厦809室	64295763
北京市立天律师事务所	新中街乙12号紫铭大厦302室	64159622
北京市尚公律师事务所	东长安街10号长安大厦三层	65288888
北京市信利律师事务所	建国门内大街18号恒基中心1座609室	65186980
北京市中进律师事务所	新中街68号聚龙花园8号楼607室	65525063
北京市晟信律师事务所	灯市口大街100号华翔商务楼368室	65229294
北京市华联律师事务所	新中街68号聚龙花园7号楼4E	65515885
北京市安律律师事务所	东皇城根南街84号	65140911
北京市翰佳律师事务所	新中街68号聚龙花园7号楼4G	65532176
北京市泽譬律师事务所	王府井大街世纪大厦A512室	65233345
陈韵云律师行北京办事处	东长安街10号长安大厦508室	65227072
北京市晨信律师事务所	灯市口大街100号华翔商务楼一层	65229294
北京市田汇律师事务所	东单北大街43号	65251090
北京市贝朗律师事务所	前门东大街3号首都大酒店写字楼5层	65120341
北京市公职律师事务所	正义路2号10号楼404室	65193442
广东广大律师事务所北京分所	东直门外大街30号3楼	64173687
北京市恰文律师事务所	东中街58号美惠公寓D座604室	65543439
北京市中京律师事务所	东中街58号美惠大厦A-1203室	65543493

驻区证券交易营业部

名　称	地　址	电　话
北京恒通信托投资有限责任公司 证券交易营业部	新中街	64158700
辽宁省国际信托投资公司 北京证券营业部	地安门东大街	64070214
华夏证券有限公司北京东四营业部	东直门南大街	64159999

浙江省证券有限责任公司北京营业部	和平里东街	64261855
中国银河证券公司北京安外大街证券营业部	安定门外大街66号	84278988
南方证券北京分公司东方广场证券营业部	东方广场WE座7层	65182233
中信证券公司北京安外大街证券营业部	安外大街57号	64282483
中信证券公司北京张自忠路证券营业部	张自忠路7号	64046800
光大证券公司东中街证券营业部	东中街29号东环广场B座	64182868
金信证券公司朝阳门北大街证券营业部	朝阳门北大街8号富华大厦	65546300
亚洲证券公司北京和平里证券营业部	小黄庄19号	84273912
国都证券公司	工体北路	65067621
原中国新技术创业投资公司北京证券营业部	东单北大街3号	65287502

驻区会计师事务所

名　称	地　址	电　话
方圆华信会计师事务所有限公司	王府井大街138号新东安写字楼1座705室	65281519
中润会计师事务所有限公司	建国门内大街5号	65137744－5629
中交会计师事务所有限公司	安定门外大街丙88号	65292027
公正会计师事务所有限公司	东直门南大街9号华普花园B座903室	13681294525
中达正会计师事务所有限责任公司	和平里强佑花园4号楼14B	13011215887
东湖会计师事务所有限公司	东中街29号(29－2南写字楼506)	64185572
鑫正泰会计师事务所有限责任公司	灯市口大街33号911室	65126410
兴业会计师事务所有限公司	安定门外大街丙88号	84255934
华庆会计师事务所有限公司	雍和宫大街52号	84046200
中信佳会计师事务所有限公司	朝阳门内大街甲190号	64062935
正义会计师事务所有限责任公司	和平里东街1号爱地大厦605室	68014256
信永中和会计师事务所	朝阳门北大街8号富华大厦C座12层	65542288
东方会计师事务所有限责任公司	东长安街12号512室	85229518
华颂会计师事务所有限公司	和平里南街龙绍衡大厦6层	84210760
富尔会计师事务所有限责任公司	青年湖南里24号楼	65225307
华益会计师事务所有限公司	东四十条94号万信商务大厦208室	88086566
三川会计咨询事务所有限责任公司	东四南大街7号	84015425
中荣衡平会计师事务所有限责任公司	安外大街185号510室	64256259
中天华正会计师事务所有限公司	东长安街10号长安大厦3层	65263618
嘉合广信会计师事务所有限公司	新中街乙12号3806－3808	64163982
新时代兴盛会计师事务所有限责任公司	胜古中路1号安贞苑公寓1门1012室	64206709
红日会计师事务所有限责任公司	安定门外大街2号安贞大厦2108室	64482651
中青瑞会计师事务所有限公司	东交民巷甲23号539号	65235576
安永华明会计师事务所	东方广场E3座16层	65246688
安徽华普会计师事务所北京分	雍和宫大街52号	84046189

全国重点文物保护单位（19项）

名　称	时　代	地　址	公布时间
天安门	明		1961
北京大学红楼	民初	五四大街29号	1961

人民英雄纪念碑	1958年	天安门广场	1961
故宫	明、清		1961
智化寺	明	禄米仓胡同5号	1961
国子监	元、明、清	国子监街15号	1961
雍和宫	清	雍和宫大街12号	1961
皇史宬	明	南池子大街136号	1982
古观象台	明	东裱褙胡同2号	1982
北京城东南角楼	明	建国门南大街	1982
正阳门	明、清	天安门广场南	1988
太庙	明、清	天安门东侧	1988
社稷坛	明、清	天安门西侧	1988
北京孔庙	元、明、清	国子监街13号	1988
崇礼住宅	清	东四六条63、65号	1988
钟楼、鼓楼	明、清	钟楼湾3、9号	1996
孚王府	清	朝内大街137号	2001
可园	清	帽儿胡同9号	2001
东交民巷使馆建筑群	清、民国	东交民巷地区	2001
(包括:日本公使馆旧址	1886年	东交民巷21、23号	
日本使馆旧址	1909年	正义路2号	
英国使馆旧址	1910年	东长安街14号	
意大利使馆旧址主楼	1910年	台基厂大街1号	
比利时使馆旧址	1910年	崇文门西大街9号	
法国使馆旧址	1910年	东交民巷15号	
奥地利使馆旧址	1910年	台基厂头条3号	
正金银行旧址	1910年	正义路4号	
花旗银行旧址	1914年	东交民巷36号	
东方汇理银行旧址	1917年	东交民巷34号	
国际俱乐部	1912年	台基厂大街8号	
法国兵营	年	台基厂三条3号	
俄华道胜银行	1918年	东交民巷39号)	

北京市文物保护单位(66项)

名　称	时　代	地　址	公布时间
毛主席纪念堂	1977年	天安门广场	1979
毛主席故居	民国	吉安所左巷8号	1979
文天祥祠	明	府学胡同63号码	1979
孙中山逝世纪念地	民国	张自忠路23号	1984
柏林寺	元、明、清	戏楼胡同1号	1984
东四清真寺	明	东四南大街13号	1984
地坛	明、清	安定门外大街	1984
普度寺大殿	清	普庆前巷35号	1984
嵩祝寺及智珠寺	清	嵩祝院北巷23号、北河沿大街77号	1984
宣仁庙	清	北池子大街2、4号	1984
凝和庙	清	北池子大街46号	1984

和敬公主府	清	张自忠路7号	1984
于谦祠	明、清	西裱褙胡同23号	1984
老舍故居	现代	灯市西街丰富胡同19号	1984
茅盾故居	现代	后圆恩寺13号	1984
旧宅院(婉容故居)	清	帽儿胡同35、37号	1984
四合院	清	礼士胡同129号	1984
四合院	清	内务部街11号	1984
四合院	民国	后圆恩寺胡同7、9号	1984
四合院	清	国祥胡同2号	1984
循郡王府	清	方家胡同13、15号	1984
四合院	清	府学胡同36号、交南大街136号	1984
国子监街	元、明、清		1984
明北京城城墙遗迹	明	崇文门以东	1984
南新仓	明、清	东四十条22号	1984
北新仓	明、清	北新仓胡同甲16号	1984
禄米仓	明、清	禄米仓胡同73号	1984
原中法大学	民国	东皇城根北街甲20号	1984
原协和医学院	民国	东单三条9号	1984
中华圣经会旧址	民国	东单北大街21号	1984
顺天府学	明、清	府学胡同65号	1984
段祺瑞执政府旧址	民国	张自忠路3号	1984
京师大学堂建筑遗存	清、民国	沙滩后街55、59号	1984
大慈延福宫建筑遗存	明	朝内大街203号	1990
四合院	清	西堂子胡同25－37号	1990
东堂	清	王府井大街74号	1990
亚斯立堂	清	后沟胡同丁2号	1990
军调部1946年中共代表团驻地	1946年	南河沿大街1号	1990
北京大学地质馆旧址	1934年	沙滩北街15号	1990
北京饭店初期建筑	1917年	东长安街33号	1990
淳亲王府	清	东长安街14号	1995
孑民堂	1947年	沙滩北街2号甲2号	1995
法国邮政局旧址	1910年	东交民巷19号	1995
圣弥厄尔教堂	1904年	东交民巷甲13号	1995
四合院	清	帽儿胡同11号	1995
京师大学堂分科学院旧址	清、民国	安德里北街21号	1995
美国使馆旧址	1903年	前门东大街23号	1995
荷兰使馆旧址	1909年	前门东大街11号	1995
四合院	清	帽儿胡同5号	2001
四合院	清	美术馆东街25号	2001
拱门砖雕	清	东棉花胡同15号	2001
四合院	清	前鼓楼苑胡同7、9号	2001
四合院	民国	鼓楼东大街255号	2001
宁郡王府	清	北极阁三条71号、新开路94号	2001
陈独秀旧居	民国	箭杆胡同20号	2001
僧格林沁王府	清	板厂胡同30、32号	2003
四合院	清	黑芝麻胡同13号	2003

四合院	清	秦老胡同35号	2003
四合院	清	沙井胡同15号	2003
四合院	清	前永康胡同7、9号	2003
皇城墙	明、清	天安门东侧、景山东街等	2003
原麦加利银行		东交民巷93号	2003
总理各国事务衙门建筑遗存	清	东堂子胡同49号	2003
恒亲王府	清	朝阳门内大街	2003
协和医院别墅群	清	外交部街59号、北极阁三条26号	2003
北京大学学生宿舍		沙滩北街乙2号	2003

东城区文物保护单位(42项)

名 称	时 代	地 址	公布时间
名人(杨昌济)故居	民国	豆腐池胡同15号	1984
普胜寺(欧美同学会)	清	南河沿大街111号	1984
通教寺	明	针线胡同19号	1984
惠王府	清	富强胡同3号	1984
吉安所遗址	清	吉安所右巷10号	1984
朱启钤宅	清	赵堂子胡同3号	1984
段祺瑞宅	民国	仓南胡同5号	1984
四合院	清	史家胡同51号	1984
四合院	清	史家胡同53号	1984
四合院	清	史家胡同55号	1984
大宅院	清	东皇城根南街32号	1984
大宅院	清	北总布胡同2号	1984
田汉故居	民国	细管胡同9号	1986
欧阳予倩故居	民国	张自忠路5号	1986
梁启超故居	清	北沟沿胡同23号	1986
僧格林沁祠堂	清	地安门东大街47号	1986
东外清真寺	(1988年移建于此)	东直门外察慈小区6号	1986
当铺遗址	清	门楼胡同3、5号	1986
四合院	清	黄米胡同5、7、9号	1986
顺天府大堂	清	东公街9号	1986
荣禄故宅	清	菊儿胡同3、5号 寿比胡同6号	1986
桂公府	清	芳嘉园胡同11号	1986
大宅院	清	麻线胡同3号	1986
四合院	清	雨儿胡同13号	1986
四合院	清	板厂胡同27号	1986
四合院	清	东四六条55号	1986
四合院	清	东四四条5号	1986
四合院	清	东四八条71号	1986
四合院	清	富强胡同6号甲6、23号	1986
四合院	清	什锦花园19号	1986
马辉堂花园	清	魏家胡同18号	1986
大宅院	清	东总布胡同53号	1986

多富巷胡同44号法华寺“德悟和尚行实碑记”			1986
沙滩北街15号“乾隆14年三月初七日内阁奉”碑			1986
南吉祥胡同21号“慧仙女校”碑			1986
帽儿胡同21号“皇帝敕谕碑”			1986
帽儿胡同21号“明御制护国文昌帝君庙旧碑”			1986
灯市口北巷7号门前“宝和店重修玄帝庙碑”			1986
东四十三条19号“慧照寺修建碑记”			1986
柏树胡同21号“皇帝敕谕官员军民人等”碑			1986
蔡元培故居	民国	东堂子胡同75号	1985
清代邮局旧址	清	小报房胡同7号	1996

（注：①凡在名称一栏中为“四合院”的文物保护单位，正式名称均为××街（胡同）×号四合院，如，国祥胡同2号四合院，因有“地址”一栏，故略去；②东交民巷使馆建筑群中使馆、银行所标年代为现存建筑始建年代。）

（东城区文化委员会提供）

东城区爱国主义教育基地

名　称	地　址	联系电话
北京新文化运动纪念馆	五四大街29号	64024929
王府井商业区	王府井大街	65283603
北京警察博物馆	东交民巷36号	85225027
东城区档案馆	东单外交部街甲28号	65240980
老舍纪念馆	灯市口西街丰富胡同19号	65599218
茅盾故居	后圆恩寺胡同13号	64044089
文天祥祠堂	府学胡同63号	64014968
钟鼓楼	钟楼湾临字9号	84027869
东交民巷	东交民巷	65252063
火烧赵家楼遗址	赵家楼胡同1号	65127722－1017
三一八惨案发生地	张自忠路3号	64029678
北京文博交流馆	禄米仓胡同5号	65253670

（东城区委宣传部提供）

北京市历史文化保护区

（北京市25片，东城区12片）

一、景山前街：

位于故宫紫禁城筒子河与皇家园林景山之间，全长740米。明清时，景山与故宫之间建有北上门、北上东门、北上西门。1931年各门拆除辟路，划分三段：中为景山前街，东为景山东前街，西为三座门大街，1965年统一定名为景山前街。

二、景山后街

位于景山公园北侧，东起景山东街，西至景山西街，中与地安门内大街相连，全长482米。元代为大都御苑；明清为皇城。临街南侧古建筑是清乾隆年间所建寿皇殿，为清代皇家供奉先祖神像之所。街北东、西两侧建国后建设的办公楼，屋顶采用中国传统建筑坡屋顶形式，立面为传统建筑形式的装饰，与南侧景山相互呼应、衬托，形成对景，是保持古都历史风貌的范例。

三、景山东街

位于景山公园东侧，全长546米。街旁明代曾设有司礼监、都知监、印绶监等衙署。因西邻景山，清末称景山东大街，1956年定现名。街两侧绿树成荫。街

细管	2069	孙凤珍	64029725	细管胡同甲 28 号	100007
府学	2008	陶　聪	64070445	中剪子巷甲 26 号	100007
菊儿	1820	周美茹	64061129	鼓楼东大街 96 号	100009
圆恩寺	1516	张玉华	64045811	南锣鼓巷 27 号对面	100009
鼓楼苑	2750	孟立新	64017698	鼓楼东大街 272 号	100009
帽儿	2352	李京兰	64023660	帽儿胡同 36 号旁门	100009
福祥	2136	徐淑珍	64043395	东不压桥 57 号对面	100009

安定门街道

居委会名称	管辖户数	主　任	联系电话	办公地址	邮　编
交北头条	2223	王金铭	64041893	交北二条 44 号	100009
国子监	2266	南静明	64040786	国子监 42 号	100009
五道营	2761	张其芳	64043204	永康胡同 1 号 9 楼 1 门地下室	100009
分司厅	2351	马　芸	64040176	分司厅 17 号 1 号楼地下室	100009
花　园	2800	呼秀娟	84091244	车辇店 12 号楼 3 门地下室	100009
空　后	1014	孙晓梅	66725226	北锣鼓巷 99 号	100009
宝　南	1300	王志鲜	64035088	宝钞胡同甲 70 号	100009
北　锣	1699	李淑兰	64040725	郎家胡同 13 号 5 门半地下	100009
钟楼湾	1735	李茂俊	64071059	草厂胡同 4 号	100009
豆腐池	812	黄　伟	64043998	铃铛胡同 4 号	100009
国　旺	1300	成立强	64045711	国旺西巷 19 号	100009
国　祥	1012	郭雅平	64077310	国祥胡同 13 号	100009

北新桥街道

居委会名称	管辖户数	主　任	联系电话	办公地址	邮　编
草园	1519	胡进贤	64000855	草园胡同 12 号	100007
二条	1380	何秀英	64066547	北新桥头条 18 号	100007
前永康	2094	秦景棉	64040317	北新桥三条 67 号	100007
藏经馆	1466	刘翠仙	64004112	戏楼一巷 27 号旁门	100007
青龙	1675	吴玉凤	64000858	育树胡同 19 号	100007
炮局	1361	赵慧敏	64044977	炮局胡同甲 56 号	100007
民安	3252	杨海杰	64027404	民安胡同 14 号	100007
小菊	3229	孙全敏	64020638	小菊胡同 9 号	100007
十三条	1094	马淑云	64027569	东四十四条 82 号	100007
门楼	1836	左向萍	64027400	门楼胡同 37 号	100007
十二条	1178	曾兰馨	64006598	东四十二条 68 号	100007
板桥	1375	张　颖	64062872	西门仓甲 2 号	100007
九道湾	1189	曹建军	64044893	九道湾中巷 3 号	100007
海运仓	3100	从　文	84073272	南颂年 3 号楼	100007
北官厅	2343	李桂珍	84064928	北官厅 3 号楼 1－102	100007
北新仓	4000	王淑梅	84072141	北新仓 8 号楼 207	100007

东四街道

居委会名称	管辖户数	主　任	联系电话	办公地址	邮　编
北大街南	1136	李　玲	64001125	东四北大街 303 号 -2-207	100010
二　条	1527	罗淑云	64043296	东四二条 15 号楼地下室	100010
五　条	2084	王　溪	64041741	东四五条 85 号	100010
铁　营	2499	韩丽元	64040802	东四流水巷 15 号	100010
八　条	2732	臧淑清	64043193	东四八条 111 号	100007
十　条	1295	林士荣	64075332	东四十条甲 34 号 -1-405	100007
总　院	1427	李桂珍	64042215	朝内北小街 2 号	100700
罗　家	1021	尹淑芬	64005653	仓南 8 号	100010
南门仓	1960	韩宝利	64063629	南门仓 2 号楼下平房	100010
豆　瓣	1891	穆　芳	84045893	豆瓣 1 号楼西侧平房	100010

朝阳门街道

居委会名称	管辖户数	主　任	联系电话	办公地址	邮　编
史　家	1123	李　丛	65244161	史家胡同 30 号	100010
内　务	1465	王学军	65257583	内务部街 73 号	100010
演　乐	2125	顾庆荣	65230389	灯草胡同 24 号	100010
礼　士	2251	纪秀慧	65287674	礼士胡同 44 号	100010
朝　西	942	傅秀华	65286524	朝内大街 218 号楼 7-103	100010
新　鲜	1613	李秀英	65254679	新鲜胡同 40 号	100010
朝　东	1081	谭荣花	65275801	朝内大街 130 号平房	100010
小牌坊	1292	李　媛	65232084	小牌坊 36 号	100010
大方家	1821	杨志韫	65252789	大方家胡同甲 24 号	100010
南竹杆	1790	应月仙	65254679	新鲜胡同 40 号	100010
南小街	799	孙连凯	65254679	新鲜胡同 40 号	100010
朝内头条	614	吴丽丽	64028750	朝内大街 203 号	100010

建国门街道

居委会名称	管辖户数	主　任	联系电话	办公地址	邮　编
东总布	2087	张小庄	65139944	东总布 38 号	100005
赵家楼	2175	沈丽华	65220277	大羊宜宾 31 号院平房	100005
大雅宝	2036	贾玉芹	65255752	北总布胡同 32 号	100005
禄米仓	2108	马贵鑫	65253698	赵堂子胡同 12 号楼前平房	100005
镇　江	669	杨桂荣	65243598	丁香胡同 3 号	100005
苏　州	2600	郭　华	65126998	苏州胡同 107 号	100005
崇　内	2550	阎桂英	65592181	船板胡同 25 号	100005
泡子河	1368	郁宝臻	85111699	盔甲厂胡同 1 号	100005
丰　收	1211	杨石敏	65126997	柳罐胡同	100005
北极阁	2014	沈玉敏	65253781	北极阁胡同 10 号	100005
西总布	2195	杜桂荣	65244164	西总布胡同 19 号	100005
外交部街	1287	李仪凤	65237046	外交部街 38 号	100005
东堂子	2126	班桂华	65255724	红星胡同 20 号	100005
干　面	2190	王燕萍	65592011	干面胡同 59 号	100005

东直门街道

居委会名称	管辖户数	主　任	联系电话	办公地址	邮　编
王家园	1629	汤永平	65523201	新中西街4号楼对面平房	100027
新　南	1746	张义良	65513623	工体北路40号楼101室	100027
新中街	1546	孙爱华	64165396	新中街一条9号	100027
新中西里	1418	姜春艳	64165148	新中西里10号楼对面	100027
十字坡	1353	王　华	64167798	十字坡东里9号楼楼下平房	100027
东外大街	1728	韩秀花	64153749	春秀路17号楼旁平房	100027
东中街	988	李富玲	64167698	东中街36号楼2门101	100027
东　环	1375	赵玉泉	64166798	东直门南大街4号楼下平房	100027
清水苑	1417	宋淑贤	64653698	东直门北大街4号楼2－101	100027
察　慈	1691	张德乙	64673320	察慈小区14号楼111室	100027
二里庄	1025	张玉英	64675276	东外小街8号院1－101	100027
胡家园	2738	赵玉琢	64674581	胡家园社区甲21号	100027
香河园	1840	关丽清	64673576	东直门北大街10号楼4－101	100027
香河园北里	548	焦　燕	64612801	香河园北里华夏出版社对面	100027

和平里街道

居委会名称	管辖户数	主　任	联系电话	办公地址	邮　编
交　通	780	张　健	64229534	和平里东街10号	100013
林　调	856	司立芝	64289228	和平里东街12号二宿舍平房	100013
民　旺	2279	刘卫红	64279345	和平里民旺22号楼103室	100013
柏　林	1012	谢凤华	84214137	柏林寺西7号楼103室	100013
六　区	940	宋国华	84214298	和平里五区甲4楼北侧	100013
五　区	1886	王静艳	84215289	和平里五区3号楼6－02号	100013
二　区	1624	李素清	84221986	和平里一区6号楼2－102号	100013
七　区	1812	张军红	64228347	和平里七区38－8－103	100013
化工大院	581	景路生	64291097	兴化东里7号楼东平房	100013
兴　化	2183	孙秀清	64463844	兴化西里8号楼前平房	100013
小黄庄	3645	赵跃桀	84275406	小黄庄一区3号楼2－106	100013
安贞苑	913	马青山	64425424	安贞苑50号楼2－5－102	100013
地　坛	1547	沈　青	64226182	地坛北里12号楼前平房	100013
东河沿	1505	伟　娜	64279527	安外东河沿乙6号楼	100011
西河沿	1448	陈国荣	64246346	安外地兴居9－1－001室	100011
上　龙	2118	王子岩	64216028	上龙30楼东侧平房	100011
安德路	813	武冬敏	64243562	安德路47号5－7－002	100011
冶　金	753	张明花	64211081	安德路55号	100011
青年湖	1480	李　薇	64246505	青年湖东里13号楼105室	100011
六铺炕	1154	张　莉	64211561－1151	安德路乙61号平房	100011
安德里	1182	张仁乾	64263223	六铺炕甲7号楼	100011
人定湖	607	郭进义	66791740	安德里北街25号	100011
总　政	2435	任　霞	66794475	安德里北街21号	100011
黄　寺	736	任建红	66740841	黄寺大街甲1号4－3－1	100011
新建路	692	郑成富	64256514	安外大街3号	100011
青年湖北里	877	徐景霞	64249752	黄寺大街甲2号航储局	100011

内 容 索 引

说 明

一、本索引是全书条目内容的主题分析索引。
二、索引主题按汉语拼音字母的顺序排列,第一字相同时,按第二字,余类推。以符号开头的索引词排在最后。
三、索引主题之后的阿拉伯数字和字母依次为:出现的页码、区域。标引词后的第二页码,表示该条目参见内容所在位置。本文正文的版面区域划分如右图。
四、大事记、文献、统计资料、附录等栏目的内容及表格和插图等不作索引。

A	D
B	E
C	F

A

C

D

H

L

M

N

Q

R

S

T

Z

符号